Johann Wolfgang von

Goethe

Die Leiden des jungen Werther.

Iphigenie auf Tauris.

Faust I.

Faust II.

Neudruck nach der Weimarer Ausgabe

STUDIENKREIS **Edition**

Text-, seiten- und zeilenidentischer Neudruck
nach den Bänden
19 (1899; *Die Leiden des jungen Werther*),
10 (1889; *Iphigenie auf Tauris*),
14 (1887; *Faust I*) und
15.1 (1888; *Faust II*)
der ersten Abteilung der Weimarer Ausgabe.

Herausgeber: STUDIENKREIS
44799 Bochum; Tel.: (0234) 9760-01
Lektorat und Nachwort: Georg Höfner
Korrektur: Jasmin Hlatky und Agnes Weber

Auflage 3 / 2005
ISBN 3-935723-13-X
Umschlag: Boros GmbH, Wuppertal
Satz: Satz-Zentrum West, Dortmund
Druck und Bindung: C. H. Beck'sche Buchdruckerei, Nördlingen

Inhalt

Die Leiden

des

jungen Werther.

Erstes Buch.

Was ich von der Geschichte des armen Werther nur habe auffinden können, habe ich mit Fleiß gesammelt und lege es euch hier vor, und weiß, daß ihr mir's danken werdet. Ihr könnt seinem Geiste und seinem Charakter eure Bewunderung und Liebe, seinem Schicksale eure Thränen nicht versagen.

Und du gute Seele, die du eben den Drang fühlst wie er, schöpfe Trost aus seinem Leiden, und laß das Büchlein deinen Freund sein, wenn du aus Geschick oder eigener Schuld keinen nähern finden kannst.

Am 4. Mai 1771.

Wie froh bin ich, daß ich weg bin! Bester Freund, was ist das Herz des Menschen! Dich zu verlassen, den ich so liebe, von dem ich unzertrennlich war, und froh zu sein! Ich weiß, du verzeihst mir's. Waren nicht meine übrigen Verbindungen recht ausgesucht vom Schicksal, um ein Herz wie das meine zu ängstigen? Die arme Leonore! Und doch war ich unschuldig. Konnt' ich dafür, daß, während die eigensinnigen Reize ihrer Schwester mir eine angenehme Unterhaltung verschafften, daß eine Leidenschaft in dem armen Herzen sich bildete! Und doch – bin ich ganz unschuldig? Hab' ich nicht ihre Empfindungen genährt? hab' ich mich nicht an den ganz wahren Ausdrücken der Natur, die uns so oft zu lachen machten, so wenig lächerlich sie waren, selbst ergetzt, hab' ich nicht – O was ist der Mensch, daß er über sich klagen darf! Ich will, lieber Freund, ich verspreche dir's, ich will mich bessern, will nicht mehr ein bißchen Übel, das uns das Schicksal vorlegt, wiederkäuen, wie ich's immer gethan habe; ich will das Gegenwärtige genießen, und das Vergangene soll mir vergangen sein. Gewiß, du hast Recht, Bester, der Schmerzen wären minder unter den Menschen, wenn sie nicht – Gott weiß, warum sie so gemacht sind – mit so viel Emsigkeit der Einbildungskraft sich beschäftigten, die Erinnerungen des vergangenen Übels zurückzurufen, eher als eine gleichgültige Gegenwart zu ertragen.

Du bist so gut, meiner Mutter zu sagen, daß ich ihr Geschäft bestens betreiben und ihr eh'stens Nachricht davon geben werde. Ich habe meine Tante gesprochen, und bei weitem das böse Weib nicht gefunden, das man bei uns aus ihr macht. Sie ist eine muntere heftige Frau von dem besten Herzen. Ich erklärte ihr meiner Mutter Beschwerden über den zurückgehaltenen Erbschaftsantheil; sie sagte mir ihre Gründe, Ursachen und die Bedingungen, unter welchen sie bereit wäre alles herauszugeben, und mehr als wir verlangten. – Kurz, ich mag jetzt nichts davon schreiben, sage meiner Mutter, es werde alles gut gehen. Und ich habe, mein Lieber, wieder bei diesem kleinen Geschäft gefunden, daß Mißverständnisse und Trägheit vielleicht mehr Irrungen in der Welt machen, als List und Bosheit. Wenigstens sind die beiden letzteren gewiß seltener.

Übrigens befinde ich mich hier gar wohl, die Einsamkeit ist meinem Herzen köstlicher Balsam in dieser paradiesischen Gegend, und diese Jahrszeit der Jugend wärmt mit aller Fülle mein oft schauderndes Herz.

Jeder Baum, jede Hecke ist ein Strauß von Blüthen, und man möchte zum Maienkäfer werden, um in dem Meer von Wohlgerüchen herumschweben und alle seine Nahrung darin finden zu können.

Die Stadt selbst ist unangenehm, dagegen rings umher eine unaussprechliche Schönheit der Natur. Das bewog den verstorbenen Grafen von M.. seinen Garten auf einem der Hügel anzulegen, die mit der schönsten Mannichfaltigkeit sich kreuzen, und die lieblichsten Thäler bilden. Der Garten ist einfach, und man fühlt gleich bei dem Eintritte, daß nicht ein wissenschaftlicher Gärtner, sondern ein fühlendes Herz den Plan gezeichnet, das seiner selbst hier genießen wollte. Schon manche Thräne hab' ich dem Abgeschiedenen in dem verfallenen Kabinettchen geweint, das sein Lieblingsplätzchen war und auch meines ist. Bald werde ich Herr vom Garten sein; der Gärtner ist mir zugethan, nur seit den paar Tagen, und er wird sich nicht übel dabei befinden.

Am 10. Mai.

Eine wunderbare Heiterkeit hat meine ganze Seele eingenommen, gleich den süßen Frühlingsmorgen, die ich mit ganzem Herzen genieße. Ich bin allein, und freue mich meines Lebens in dieser Gegend, die für solche Seelen geschaffen ist wie die meine. Ich bin so glücklich, mein Bester, so ganz in dem Gefühle von ruhigem Dasein versunken, daß meine Kunst darunter leidet. Ich könnte jetzt nicht zeichnen, nicht einen Strich, und bin nie ein größerer Mahler gewesen als in diesen Augenblicken. Wenn das liebe Thal um mich dampft, und die hohe Sonne an der Oberfläche der undurchdringlichen Finsterniß meines Waldes ruht, und nur einzelne Strahlen sich in das innere Heiligthum stehlen, ich dann im hohen Grase am fallenden Bache liege, und näher an der Erde tausend mannichfaltige Gräschen mir merkwürdig werden; wenn ich das Wimmeln der kleinen Welt zwischen Halmen, die unzähligen unergründlichen Gestalten der Würmchen, der Mückchen näher an meinem Herzen fühle, und fühle die Gegenwart des Allmächtigen, der uns nach seinem Bilde schuf, das Wehen des Allliebenden, der uns in ewiger Wonne schwebend trägt und erhält; mein Freund! wenn's dann um meine Augen dämmert, und die Welt um mich her und der Himmel ganz in meiner Seele ruhn wie die Gestalt einer Geliebten; dann sehne ich mich oft und denke: ach könntest du das wieder ausdrücken, könntest du dem Papiere das einhauchen, was so voll, so warm in dir lebt, daß es würde der Spiegel deiner Seele, wie deine Seele ist der Spiegel des unendlichen Gottes! – Mein Freund – Aber ich gehe darüber zu Grunde, ich erliege unter der Gewalt der Herrlichkeit diese Erscheinungen.

Am 12. Mai.

Ich weiß nicht, ob täuschende Geister um diese Gegend schweben, oder ob die warme himmlische Phantasie in meinem Herzen ist, die mir alles rings umher so paradiesisch macht. Da ist gleich vor dem Orte ein Brunnen, ein Brunnen, an den ich gebannt bin wie Melusine mit ihren Schwestern. – Du gehst einen kleinen Hügel hinunter, und findest dich vor einem Gewölbe, da wohl zwanzig Stufen hinab gehen, wo unten das klarste Wasser aus Marmorfelsen quillt. Die kleine Mauer die oben umher die Einfassung macht, die hohen Bäume die den Platz rings umher bedecken, die Kühle des Ortes; das hat alles so was Anzügliches, was Schauerliches. Es vergeht kein Tag, daß ich nicht eine Stunde da sitze. Da kommen dann die Mädchen aus der Stadt, und holen Wasser, das harmloseste Geschäft und das nöthigste, das ehemals die Töchter der Könige selbst verrichteten. Wenn ich da sitze, so lebt die patriarchalische Idee so lebhaft um mich, wie sie alle, die Altväter, am Brunnen Bekanntschaft machen und freien, und wie um die Brunnen und Quellen wohlthätige Geister schweben. O der muß nie nach einer schweren Sommertagswanderung sich an des Brunnens Kühle gelabt haben, der das nicht mitempfinden kann.

Am 13. Mai.

Du fragst, ob du mir meine Bücher schicken sollst? – Lieber, ich bitte dich um Gottes willen, laß mir sie vom Halse! Ich will nicht mehr geleitet, ermuntert, angefeuert sein, braus't dieses Herz doch genug aus sich selbst; ich brauche Wiegengesang und den habe ich in seiner Fülle gefunden in meinem Homer. Wie oft lull' ich mein empörtes Blut zur Ruhe, denn so ungleich, so unstät hast du nichts gesehn als dieses Herz. Lieber! brauch' ich dir das zu sagen, der du so oft die Last getragen hast, mich vom Kummer zur Ausschweifung und von süßer Melancholie zur verderblichen Leidenschaft übergehen zu sehn? Auch halte ich mein Herzchen wie ein krankes Kind; jeder Wille wird ihm gestattet. Sage das nicht weiter, es gibt Leute, die mir es verübeln würden.

Am 15. Mai.

Die geringen Leute des Ortes kennen mich schon und lieben mich, besonders die Kinder. Wie ich im Anfange mich zu ihnen gesellte, sie freundschaftlich fragte über dieß und das, glaubten einige, ich wollte ihrer spotten, und fertigten mich wohl gar grob ab. Ich ließ mich das nicht verdrießen; nur fühlte ich, was ich schon oft bemerkt habe, auf das lebhafteste: Leute von einigem Stande werden sich immer in kalter Entfernung vom gemeinen Volke halten, als glaubten sie durch Annäherung zu verlieren; und dann gibt's Flüchtlinge und üble Spaßvögel, die sich herabzulassen scheinen, um ihren Übermuth dem armen Volke desto empfindlicher zu machen.

Ich weiß wohl, daß wir nicht gleich sind, noch sein können; aber ich halte dafür, daß der, der nöthig zu haben glaubt, vom sogenannten Pöbel sich zu entfernen, um den Respect zu erhalten, eben so tadelhaft ist, als ein Feiger, der sich vor seinem Feinde verbirgt, weil er zu unterliegen fürchtet.

Letzthin kam ich zum Brunnen, und fand ein junges Dienstmädchen, daß ihr Gefäß auf die unterste Treppe gesetzt hatte, und sich umsah, ob keine Kamerädin kommen wollte, ihr es auf den Kopf zu helfen. Ich stieg hinunter und sah sie an. – Soll ich Ihr helfen, Jungfer? sagte ich. – Sie ward roth über und über. – O nein, Herr! sagte sie. – Ohne Umstände. – Sie legte ihren Kringen zurecht und ich half ihr. Sie dankte und stieg hinauf.

Den 17. Mai.

Ich habe allerlei Bekanntschaft gemacht, Gesellschaft habe ich noch keine gefunden. Ich weiß nicht, was ich Anzügliches für die Menschen haben muß; es mögen mich ihrer so viele und hängen sich an mich, und da thut mir's weh, wenn unser Weg nur eine kleine Strecke mit einander geht. Wenn du fragst, wie die Leute hier sind, muß ich dir sagen: wie überall! Es ist ein einförmiges Ding um das Menschengeschlecht.

Die meisten verarbeiten den größten Theil der Zeit, um zu leben, und das Bißchen, das ihnen von Freiheit übrig bleibt, ängstigt sie so, daß sie alle Mittel aufsuchen, um es los zu werden. O Bestimmung des Menschen!

Aber eine recht gute Art Volks! Wenn ich mich manchmal vergesse, manchmal mit ihnen die Freuden genieße, die den Menschen noch gewährt sind, an einem artig besetzten Tisch mit aller Offen- und Treuherzigkeit sich herumzuspaßen, eine Spazierfahrt, einen Tanz zur rechten Zeit anzuordnen, und dergleichen, das thut eine ganz gute Wirkung auf mich; nur muß mir nicht einfallen, daß noch so viele andere Kräfte in mir ruhen, die alle ungenutzt vermodern und die ich sorgfältig verbergen muß. Ach, das engt das ganze Herz so ein. – Und doch! mißverstanden zu werden, ist das Schicksal von unser einem.

Ach, daß die Freundin meiner Jugend dahin ist! ach, daß ich sie je gekannt habe! – Ich würde sagen, du bist ein Thor! du suchst, was hienieden nicht zu finden ist; aber ich habe sie gehabt, ich habe das Herz gefühlt, die große Seele, in deren Gegenwart ich mir schien mehr zu sein als ich war, weil ich alles war was ich sein konnte. Guter Gott! blieb da eine einzige Kraft meiner Seele ungenutzt? Konnt' ich nicht vor ihr das ganze wunderbare Gefühl entwickeln, mit dem mein Herz die Natur umfaßt? War unser Umgang nicht ein ewiges Weben von der feinsten Empfindung, dem schärfsten Witze, dessen Modificationen, bis zur Unart, alle mit dem Stempel des Genies bezeichnet waren? Und nun! – Ach ihre Jahre, die sie voraus hatte, führten sie früher an's Grab als mich. Nie werde ich sie vergessen, nie ihren festen Sinn und ihre göttliche Duldung.

Vor wenig Tagen traf ich einen jungen V.. an, einen offnen Jungen, mit einer gar glücklichen Gesichtsbildung. Er kommt erst von Akademien, dünkt sich eben nicht weise, aber glaubt doch, er wisse mehr als andere. Auch war er fleißig, wie ich an allerlei spüre, kurz, er hat hübsche Kenntnisse. Da er hörte, daß ich viel zeichnete und Griechisch könnte (zwei Meteore hier zu Lande), wandte er sich an mich und kramte viel Wissens aus, von Batteux bis zu Wood, von de Piles zu Winckelmann, und versicherte mich, er habe Sulzers Theorie, den ersten Theil, ganz durchgelesen und besitze ein Manuscript von Heynen über das Studium der Antike. Ich ließ das gut sein.

Noch gar einen braven Mann habe ich kennen lernen, den fürstlichen Amtmann, einen offenen treuherzigen Menschen. Man sagt, es soll eine Seelenfreude sein, ihn unter seinen Kindern zu sehen, deren er neun hat; besonders macht man viel Wesens von seiner ältesten Tochter. Er hat mich zu sich gebeten, und ich will ihn eh'ster Tage besuchen. Er wohnt auf einem fürstlichen Jagdhofe, anderthalb Stunden von hier, wohin er, nach dem Tode seiner Frau, zu ziehen die Erlaubniß erhielt, da ihm der Aufenthalt hier in der Stadt und im Amthause zu weh that.

Sonst sind mir einige verzerrte Originale in den Weg gelaufen, an denen alles unausstehlich ist, am unerträglichsten ihre Freundschaftsbezeigungen.

Leb' wohl! der Brief wird dir recht sein, er ist ganz historisch.

Am 22. Mai.

Daß das Leben des Menschen nur ein Traum sei, ist manchen schon so vorgekommen und auch mit mir zieht dieses Gefühl immer herum. Wenn ich die Einschränkung ansehe, in welcher die thätigen und forschenden Kräfte des Menschen eingesperrt sind; wenn ich sehe, wie alle Wirksamkeit dahinaus läuft, sich die Befriedigung von Bedürfnissen zu verschaffen, die wieder keinen Zweck haben, als unsere arme Existenz zu verlängern, und dann, daß alle Beruhigung über gewisse Puncte des Nachforschens nur eine träumende Resignation ist, da man sich die Wände, zwischen denen man gefangen sitzt, mit bunten Gestalten und lichten Aussichten bemahlt – Das alles, Wilhelm, macht mich stumm. Ich kehre in mich selbst zurück, und finde eine Welt! Wieder mehr in Ahnung und dunkler Begier, als in Darstellung und lebendiger Kraft. Und da schwimmt alles vor meinen Sinnen und ich lächle dann so träumend weiter in die Welt.

Daß die Kinder nicht wissen, warum sie wollen, darin sind alle hochgelahrten Schul- und Hofmeister einig; daß aber auch Erwachsene gleich Kindern auf diesem Erdboden herumtaumeln, und wie jene nicht wissen, woher sie kommen und wohin sie gehen, eben so wenig nach wahren Zwecken handeln, eben so durch Biskuit und Kuchen und Birkenreiser regiert werden: das will niemand gern glauben, und mich dünkt, man kann es mit Händen greifen.

Ich gestehe dir gern, denn ich weiß, was du mir hierauf sagen möchtest, daß diejenigen die Glücklichsten sind, die gleich den Kindern in den Tag hinein leben, ihre Puppen herumschleppen, aus- und anziehen, und mit großem Respect um die Schublade umherschleichen, wo Mama das Zuckerbrot hinein geschlossen hat, und wenn sie das gewünschte endlich erhaschen, es mit vollen Backen verzehren und rufen: Mehr! – Das sind glückliche Geschöpfe. Auch denen ist's wohl, die ihren Lumpenbeschäftigungen oder wohl gar ihren Leidenschaften prächtige Titel geben, und sie dem Menschengeschlechte als Riesenoperationen zu dessen Heil und Wohlfahrt anschreiben. – Wohl dem, der so sein kann! Wer aber in seiner Demuth erkennt, wo das alles hinausläuft, wer da sieht, wie artig jeder Bürger, dem es wohl ist, sein Gärtchen zum Paradiese zuzustutzen weiß, und wie unverdrossen dann doch auch der Unglückliche unter der Bürde seinen Weg fortkeucht, und alle gleich interessirt sind, das Licht dieser Sonne noch eine Minute länger zu sehn; – ja der ist still, und bildet auch seine Welt aus sich selbst, und ist auch glücklich, weil er ein Mensch ist. Und dann, so eingeschränkt er ist, hält er doch immer im Herzen das süße Gefühl der Freiheit, und daß er diesen Kerker verlassen kann, wann er will.

Am 26. Mai.

Du kennst von Alters her meine Art, mich anzubauen, mir irgend an einem vertraulichen Ort ein Hüttchen aufzuschlagen, und da mit aller Einschränkung zu herbergen. Auch hier hab' ich wieder ein Plätzchen angetroffen, das mich angezogen hat.

Ungefähr eine Stunde von der Stadt liegt ein Ort, den sie Wahlheim*) nennen. Die Lage an einem Hügel ist sehr interessant, und wenn man oben auf dem Fußpfade zum Dorf herausgeht, übersieht man auf Einmal das ganze Thal. Eine gute Wirthin, die gefällig und munter in ihrem Alter ist, schenkt Wein, Bier, Kaffee; und was über alles geht, sind zwei Linden, die mit ihren ausgebreiteten Ästen den kleinen Platz vor der Kirche bedecken, der ringsum mit Bauerhäusern, Scheuern und Höfen eingeschlossen ist. So vertraulich, so heimlich hab' ich nicht leicht ein Plätzchen gefunden, und dahin lass' ich mein Tischchen aus

*) Der Leser wird sich keine Mühe geben, die hier genannten Orte zu suchen, man hat sich genöthigt gesehen, die im Originale befindlichen wahren Namen zu verändern.

dem Wirthshause bringen und meinen Stuhl, trinke meinen Kaffee da, und lese meinen Homer. Das erstemal, als ich durch einen Zufall an einem schönen Nachmittage unter die Linden kam, fand ich das Plätzchen so einsam. Es war alles im Felde; nur ein Knabe von ungefähr vier Jahren saß an der Erde und hielt ein anderes, etwa halbjähriges, vor ihm zwischen seinen Füßen sitzendes Kind mit beiden Armen wider seine Brust, so daß er ihm zu einer Art von Sessel diente, und ungeachtet der Munterkeit, womit er aus seinen schwarzen Augen herumschaute, ganz ruhig saß. Mich vergnügte der Anblick: ich setzte mich auf einen Pflug, der gegenüber stand, und zeichnete die brüderliche Stellung mit vielem Ergetzen. Ich fügte den nächsten Zaun, ein Scheunenthor und einige gebrochene Wagenräder bei, alles wie es hinter einander stand, und fand nach Verlauf einer Stunde, daß ich eine wohlgeordnete, sehr interessante Zeichnung verfertigt hatte, ohne das Mindeste von dem Meinen hinzuzuthun. Das bestärkte mich in meinem Vorsatze, mich künftig allein an die Natur zu halten. Sie allein ist unendlich reich und sie allein bildet den großen Künstler. Man kann zum Vortheile der Regeln viel sagen, ungefähr was man zum Lobe der bürgerlichen Gesellschaft sagen kann. Ein Mensch, der sich nach ihnen bildet, wird nie etwas Abgeschmacktes und Schlechtes hervorbringen, wie einer, der sich durch Gesetze und Wohlstand modeln läßt, nie ein unerträglicher Nachbar, nie ein merkwürdiger Bösewicht werden kann; dagegen wird aber auch alle Regel, man rede was man wolle, das wahre Gefühl von Natur und den wahren Ausdruck derselben zerstören! Sag' du, das ist zu hart! Sie schränkt nur ein, beschneidet die geilen Reben etc. – Guter Freund, soll ich dir ein Gleichniß geben? Es ist damit wie mit der Liebe. Ein junges Herz hängt ganz an einem Mädchen, bringt alle Stunden seines Tages bei ihr zu, verschwendet alle seine Kräfte, all sein Vermögen, um ihr jeden Augenblick auszudrücken, daß er sich ganz ihr hingibt. Und da käme ein Philister, ein Mann, der in einem öffentlichen Amte steht, und sagte zu ihm: Feiner junger Herr! lieben ist menschlich, nur müßt ihr menschlich lieben! Theilet eure Stunden ein, die einen zur Arbeit, und die Erholungsstunden widmet eurem Mädchen. Berechnet euer Vermögen, und was euch von eurer Nothdurft übrig bleibt, davon verwehr' ich euch nicht, ihr ein Geschenk, nur nicht zu oft, zu machen, etwa zu ihrem Geburts- und Namenstage etc. – Folgt der Mensch, so gibt's einen brauchbaren jungen Menschen, und ich will selbst jedem Fürsten rathen, ihn in ein Collegium zu setzen; nur mit seiner Liebe ist's am Ende, und wenn er ein Künstler ist, mit seiner Kunst. O meine Freunde! warum der Strom des Genies so selten ausbricht, so selten in hohen Fluthen herein braus't, und eure staunende Seele erschüttert? – Liebe Freunde, da wohnen die gelassenen Herren auf beiden Seiten des Ufers, denen ihre Gartenhäuschen, Tulpenbeete und Krautfelder zu Grunde gehen würden, die daher in Zeiten mit Dämmen und Ableiten der künftig drohenden Gefahr abzuwehren wissen.

Am 27. Mai.

Ich bin, wie ich sehe, in Verzückung, Gleichnisse und Declamation verfallen, und habe darüber vergessen, dir auszuerzählen, was mit den Kindern weiter geworden ist. Ich saß, ganz in mahlerische Empfindung vertieft, die dir mein gestriges Blatt sehr zerstückt darlegt, auf meinem Pfluge wohl zwei Stunden. Da kommt gegen Abend eine junge Frau auf die Kinder los, die sich indeß nicht gerührt hatten, mit einem Körbchen am Arm und ruft von weitem: Philipps, du bist recht brav. – Sie grüßte mich, ich dankte ihr, stand auf, trat näher hin, und fragte sie, ob sie Mutter von den Kindern wäre? Sie bejahte es, und indem sie dem ältesten einen halben Weck gab, nahm sie das kleine auf und küßte es mit aller mütterlichen Liebe. – Ich habe, sagte sie, meinem Philipps das Kleine zu halten gegeben, und bin mit meinem Ältesten in die Stadt gegangen, um Weiß-Brot zu holen und Zucker, und ein irden Breipfännchen. – Ich sah das alles in dem Korbe, dessen Deckel abgefallen war. – Ich will meinem Hans (das war der Name des Jüngsten) ein Süppchen kochen zum Abende; der lose Vogel, der Große, hat mir gestern das Pfännchen zerbrochen, als er sich mit Philippsen um die Scharre des Brei's zankte. – Ich fragte nach dem Ältesten, und sie hatte mir kaum gesagt, daß er auf der Wiese sich mit ein paar Gänsen herumjage, als er gesprungen kam und dem Zweiten eine Haselgerte mitbrachte. Ich unterhielt mich weiter mit dem Weibe, und erfuhr, daß sie des Schulmeisters Tochter sei, und daß ihr Mann eine Reise in die Schweiz gemacht habe, um die Erbschaft eines Vetters zu holen. – Sie haben ihn drum betriegen wollen, sagte sie, und ihm auf seine Briefe nicht geantwortet; da ist er selbst hinein gegangen. Wenn ihm nur kein Unglück widerfahren ist, ich höre nichts von ihm. – Es ward mir schwer, mich von dem Weibe loszumachen, gab jedem der Kinder einen Kreuzer, und auch für's jüngste gab ich ihr einen, ihm einen Weck zur Suppe mitzubringen, wenn sie in die Stadt ginge, und so schieden wir von einander.

Ich sage dir, mein Schatz, wenn meine Sinne gar nicht mehr halten wollen, so lindert all den Tumult der Anblick eines solchen Geschöpfs, das in glücklicher Gelassenheit den engen Kreis seines Daseins hingeht, von einem Tage zum andern sich durchhilft, die Blätter abfallen sieht, und nichts dabei denkt, als daß der Winter kommt.

Seit der Zeit bin ich oft draußen. Die Kinder sind ganz an mich gewöhnt, sie kriegen Zucker, wenn ich Kaffee trinke, und theilen das Butterbrot und die saure Milch mit mir des Abends. Sonntags fehlt ihnen der Kreuzer nie, und wenn ich nicht nach der Betstunde da bin, so hat die Wirthin Ordre, ihn auszuzahlen.

Sie sind vertraut, erzählen mir allerhand, und besonders ergetze ich mich an ihren Leidenschaften und simpeln Ausbrüchen des Begehrens, wenn mehr Kinder aus dem Dorfe sich versammeln.

Viel Mühe hat mich's gekostet, der Mutter ihre Besorgniß zu nehmen: sie möchten den Herrn incommodiren.

Am 30. Mai.

Was ich dir neulich von der Mahlerei sagte, gilt gewiß auch von der Dichtkunst; es ist nur, daß man das Vortreffliche erkenne und es auszusprechen wage, und das ist freilich mit wenigem viel gesagt. Ich habe heut eine Scene gehabt, die, rein abgeschrieben, die schönste Idylle von der Welt gäbe; doch was soll Dichtung, Scene und Idylle? muß es denn immer gebosselt sein, wenn wir Theil an einer Naturerscheinung nehmen sollen?

Wenn du auf diesen Eingang viel Hohes und Vornehmes erwartest, so bist du wieder übel betrogen; es ist nichts als ein Bauerbursch, der mich zu dieser lebhaften Theilnehmung hingerissen hat – ich werde, wie gewöhnlich, schlecht erzählen, und du wirst mich, wie gewöhnlich, denk' ich, übertrieben finden; es ist wieder Wahlheim, und immer Wahlheim, das diese Seltenheiten hervorbringt.

Es war eine Gesellschaft draußen unter den Linden, Kaffee zu trinken. Weil sie mir nicht ganz anstand, so blieb ich unter einem Vorwande zurück.

Ein Bauerbursch kam aus einem benachbarten Hause und beschäftigte sich, an dem Pfluge, den ich neulich gezeichnet hatte, etwas zurecht zu machen. Da mir sein Wesen gefiel, redete ich ihn an, fragte nach seinen Umständen, wir waren bald bekannt, und wie mir's gewöhnlich mit dieser Art Leuten geht, bald vertraut. Er erzählte mir, daß er bei einer Witwe in Diensten sei und von ihr gar wohl gehalten werde. Er sprach so vieles von ihr und lobte sie dergestalt, daß ich bald merken konnte, er sei ihr mit Leib und Seele zugethan. Sie sei nicht mehr jung, sagte er, sie sei von ihrem ersten Mann übel gehalten worden, wolle nicht mehr heirathen, und aus seiner Erzählung leuchtete so merklich hervor, wie schön, wie reizend sie für ihn sei, wie sehr er wünsche, daß sie ihn wählen möchte, um das Andenken der Fehler ihres ersten Mannes auszulöschen, daß ich Wort für Wort wiederholen müßte, um dir die reine Neigung, die Liebe und Treue dieses Menschen anschaulich zu machen. Ja, ich müßte die Gabe des größten Dichters besitzen, um dir zugleich den Ausdruck seiner Gebärden, die Harmonie seiner Stimme, das heimliche Feuer seiner Blicke lebendig darstellen zu können. Nein, es sprechen keine Worte die Zartheit aus, die in seinem ganzen Wesen und Ausdruck war; es ist alles nur plump, was ich wieder vorbringen könnte. Besonders rührte mich, wie er fürchtete, ich möchte über sein Verhältniß zu ihr ungleich denken und an ihrer guten Aufführung zweifeln. Wie reizend es war, wenn er von ihrer Gestalt, von ihrem Körper sprach, der ihn ohne jugendliche Reize gewaltsam an sich zog und fesselte, kann ich mir nur in meiner innersten Seele wiederholen. Ich hab' in meinem Leben die dringende Begierde und das heiße sehnliche Verlangen nicht in dieser Reinheit gesehen, ja wohl kann ich sagen, in dieser Reinheit nicht gedacht und geträumt. Schelte mich nicht, wenn ich dir sage, daß bei der Erinnerung dieser Unschuld und Wahrheit mir die innerste Seele glüht, und daß mich das Bild dieser Treue und Zärtlichkeit überall verfolgt, und daß ich, wie selbst davon entzündet, lechze und schmachte.

Ich will nun suchen, auch sie eh'stens zu sehn, oder vielmehr, wenn ich's recht bedenke, ich will's vermeiden. Es ist besser, ich sehe sie durch die Augen ihres Liebhabers; vielleicht erscheint sie mir vor meinen eigenen Augen nicht so, wie sie jetzt vor mir steht, und warum soll ich mir das schöne Bild verderben?

Am 16. Junius.

Warum ich dir nicht schreibe? – Fragst du das und bist doch auch der Gelehrten einer? Du solltest rathen, daß ich mich wohl befinde, und zwar – Kurz und gut, ich habe eine Bekanntschaft gemacht, die mein Herz näher angeht. Ich habe – ich weiß nicht.

Dir in der Ordnung zu erzählen, wie's zugegangen ist, daß ich eins der liebenswürdigsten Geschöpfe habe kennen lernen, wird schwer halten. Ich bin vergnügt und glücklich, und also kein guter Historienschreiber.

Einen Engel! – Pfui! das sagt jeder von der Seinigen, nicht wahr? Und doch bin ich nicht im Stande, dir zu sagen, wie sie vollkommen ist, warum sie vollkommen ist; genug, sie hat allen meinen Sinn gefangen genommen.

So viel Einfalt bei so viel Verstand, so viele Güte bei so viel Festigkeit, und die Ruhe der Seele bei dem wahren Leben und der Thätigkeit. –

Das ist alles garstiges Gewäsch, was ich da von ihr sage, leidige Abstractionen, die nicht einen Zug ihres Selbst ausdrücken. Ein andermal – nein, nicht ein andermal, jetzt gleich will ich dir's erzählen. Thu' ich's jetzt nicht, so geschäh' es niemals. Denn, unter uns, seit ich angefangen habe zu schreiben, war ich schon dreimal im Begriffe die Feder niederzulegen, mein Pferd satteln zu lassen und hinauszureiten. Und doch schwur ich mir heute frühe, nicht hinauszureiten, und gehe doch alle Augenblick' an's Fenster, zu sehen, wie hoch die Sonne noch steht. – – –

Ich hab's nicht überwinden können, ich mußte zu ihr hinaus. Da bin ich wieder, Wilhelm, will mein Butterbrot zu Nacht essen und dir schreiben. Welch eine Wonne das für meine Seele ist, sie in dem Kreise der lieben muntern Kinder, ihrer acht Geschwister zu sehen! –

Wenn ich so fortfahre, wirst du am Ende so klug sein wie am Anfange. Höre denn, ich will mich zwingen in's Detail zu gehen.

Ich schrieb dir neulich, wie ich den Amtmann S.. habe kennen lernen, und wie er mich gebeten habe, ihn bald in seiner Einsiedelei, oder vielmehr seinem kleinen Königreiche zu besuchen. Ich vernachlässigte das, und wäre vielleicht nie hingekommen, hätte mir der Zufall nicht den Schatz entdeckt, der in der stillen Gegend verborgen liegt.

Unsere jungen Leute hatten einen Ball auf dem Lande angestellt, zu dem ich mich denn auch willig finden ließ. Ich bot einem hiesigen guten, schönen, übrigens unbedeutenden Mädchen die Hand, und es wurde ausgemacht, daß ich eine Kutsche nehmen, mit meiner Tänzerin und ihrer Base nach dem Orte der Lustbarkeit hinausfahren, und auf dem Wege Charlotten S.. mitnehmen sollte. – Sie werden ein schönes Frauenzimmer kennen lernen, sagte meine Gesellschafterin, da wir durch den weiten ausgehauenen Wald nach dem Jagdhause fuhren. – Nehmen Sie sich in Acht, versetzte die Base, daß Sie sich nicht verlieben! – Wie so? sagte ich. – Sie ist schon vergeben, antwortete jene, an einen sehr braven Mann, der weggereis't ist, seine Sachen in Ordnung zu bringen, weil sein Vater gestorben ist, und sich um eine ansehnliche Versorgung zu bewerben. – Die Nachricht war mir ziemlich gleichgültig.

Die Sonne war noch eine Viertelstunde vom Gebirge, als wir vor dem Hofthore anfuhren. Es war sehr schwül, und die Frauenzimmer äußerten ihre Besorgniß wegen eines Gewitters, das sich in weißgrauen dumpfichten Wölkchen rings am Horizonte zusammenzuziehen schien. Ich täuschte ihre Furcht mit anmaßlicher Wetterkunde, ob mir gleich selbst zu ahnen anfing, unsere Lustbarkeit werde einen Stoß leiden.

Ich war ausgestiegen, und eine Magd, die an's Thor kam, bat uns einen Augenblick zu verziehen, Mamsell Lottchen würde gleich kommen. Ich ging durch den Hof nach dem wohlgebauten Hause, und da ich die vorliegenden Treppen hinauf gestiegen war und in die Thür trat, fiel mir das reizendste Schauspiel in die Augen, das ich je gesehen habe. In dem Vorsaale wimmelten sechs Kinder von eilf zu zwei Jahren um ein Mädchen von schöner Gestalt, mittlerer Größe, die ein simples weißes Kleid, mit blaßrothen Schleifen an Arm und Brust, anhatte. Sie hielt ein schwarzes Brot und schnitt ihren Kleinen rings herum jedem sein Stück nach Proportion ihres Alters und Appetits ab, gab's jedem mit solcher Freundlichkeit, und jedes rief so ungekünstelt sein: Danke! indem es mit den kleinen Händchen lange in die Höhe gereicht hatte, ehe es noch abgeschnitten war, und nun mit seinem Abendbrote vergnügt, entweder wegsprang, oder nach seinem stillern Charakter gelassen davonging nach dem Hofthore zu, um die Fremden und die Kutsche zu sehen, darin ihre Lotte wegfahren sollte. – Ich bitte um Vergebung, sagte sie, daß ich Sie herein bemühe und die Frauenzimmer warten lasse. Über dem Anziehen und allerlei Bestellungen für's Haus in meiner Abwesenheit habe ich vergessen meinen Kindern ihr Vesperbrot zu geben, und sie wollen von niemanden Brot geschnitten haben als von mir. – Ich machte ihr ein unbedeutendes Compliment, meine ganze Seele ruhte auf der Gestalt, dem Tone, dem Betragen, und ich hatte eben Zeit, mich von der Überraschung zu erholen, als sie in die Stube lief, ihre Handschuhe und den Fächer zu holen. Die Kleinen sahen mich in einiger Entfernung so von der Seite an, und ich ging auf das jüngste los, das ein Kind von der glücklichsten Gesichtsbildung war. Es zog sich zurück, als eben Lotte zur Thüre herauskam und sagte: Louis, gib dem Herrn Vetter eine Hand. – Das that der Knabe sehr freimüthig, und ich konnte mich nicht enthalten, ihn, ungeachtet seines kleinen Rotznäschens, herzlich zu küssen. – Vetter? sagte ich, indem ich ihr die Hand reichte, glauben Sie, daß ich des Glücks werth sei, mit Ihnen verwandt zu sein? – O, sagte sie mit einem leichtfertigen Lächeln: unsere Vetterschaft ist sehr weitläufig, und es wäre mir leid, wenn Sie der schlimmste drunter sein sollten. – Im Gehen gab sie Sophien, der ältesten Schwester nach ihr, einem Mädchen von ungefähr eilf Jahren, den Auftrag, wohl auf die Kinder Acht zu haben, und den Papa zu grüßen, wenn er vom Spazierritte nach Hause käme. Den Kleinen sagte sie, sie sollten ihrer Schwester Sophie folgen, als wenn sie's selber wäre, das denn auch einige ausdrücklich versprachen. Eine kleine naseweise Blondine aber, von ungefähr sechs Jahren, sagte: Du bist's doch nicht, Lottchen, wir haben dich doch lieber. – Die zwei ältesten Knaben waren auf die Kutsche geklettert, und auf mein Vorbitten erlaubte sie ihnen, bis vor den Wald mitzufahren, wenn sie versprächen, sich nicht zu necken, und sich recht fest zu halten.

Wir hatten uns kaum zurecht gesetzt, die Frauenzimmer sich bewillkommt, wechselsweise über den Anzug, vorzüglich über die Hüte ihre Anmerkungen gemacht, und die Gesellschaft, die man erwartete, gehörig durchgezogen: als Lotte den Kutscher halten und ihre Brüder herabsteigen ließ, die noch einmal ihre Hand zu küssen begehrten, das denn der älteste mit aller Zärtlichkeit, die dem Alter von fünfzehn Jahren eigen sein kann, der andere mit viel Heftigkeit und Leichtsinn that. Sie ließ die Kleinen noch einmal grüßen und wir fuhren weiter.

Die Base fragte, ob sie mit dem Buche fertig wäre, das sie ihr neulich geschickt hätte? – Nein, sagte Lotte, es gefällt mir nicht, Sie können's wieder haben. Das vorige war auch nicht besser. – Ich erstaunte, als ich fragte, was es für Bücher wären? und sie mir antwortete:*) – Ich fand so viel Charakter in allem was sie sagte, ich sah mit jedem Wort neue Reize, neue Strahlen des Geistes aus ihren Gesichtszügen hervorbrechen, die sich nach und nach vergnügt zu entfalten schienen, weil sie an mir fühlte, daß ich sie verstand.

Wie ich jünger war, sagte sie, liebte ich nichts so sehr als Romane. Weiß Gott wie wohl mir's war, wenn ich mich Sonntags so in ein Eckchen setzen, und mit ganzem Herzen an dem Glück und Unstern einer Miß Jenny Theil nehmen konnte. Ich läugne auch nicht, daß die Art noch einige Reize für mich hat. Doch da ich so selten an ein Buch komme, so muß es auch recht nach meinem Geschmack sein. Und der Autor ist mir der liebste, in dem ich meine Welt wieder finde, bei dem es zugeht wie um mich, und dessen Geschichte mir doch so interessant und herzlich wird, als mein eigen häuslich Leben, das freilich kein Paradies, aber doch im Ganzen eine Quelle unsäglicher Glückseligkeit ist.

Ich bemühte mich, meine Bewegungen über diese

---

*) Man sieht sich genöthiget, diese Stelle des Briefes zu unterdrücken, um niemand Gelegenheit zu einiger Beschwerde zu geben. Obgleich im Grunde jedem Autor wenig an dem Urtheile eines einzelnen Mädchens, und eines jungen unstäten Menschen gelegen sein kann.

Worte zu verbergen. Das ging freilich nicht weit: denn da ich sie mit solcher Wahrheit im Vorbeigehen vom Landpriester von Wakefield, vom *) – reden hörte, kam ich ganz außer mich, sagte ihr alles was ich wußte, und bemerkte erst nach einiger Zeit, da Lotte das Gespräch an die anderen wendete, daß diese die Zeit über mit offenen Augen, als säßen sie nicht da, dagesessen hatten. Die Base sah mich mehr als einmal mit einem spöttischen Näschen an, daran mir aber nichts gelegen war.

Das Gespräch fiel auf's Vergnügen am Tanze. – Wenn diese Leidenschaft ein Fehler ist, sagte Lotte, so gestehe ich Ihnen gern, ich weiß mir nichts über's Tanzen. Und wenn ich was im Kopfe habe, und mir auf meinem verstimmten Clavier einen Contretanz vortrommle, so ist alles wieder gut.

Wie ich mich unter dem Gespräche in den schwarzen Augen weidete! wie die lebendigen Lippen und die frischen muntern Wangen meine ganze Seele anzogen! wie ich, in den herrlichen Sinn ihrer Rede ganz versunken, oft gar die Worte nicht hörte, mit denen sie sich ausdrückte! – davon hast du eine Vorstellung, weil du mich kennst. Kurz, ich stieg aus dem Wagen wie ein Träumender, als wir vor dem Lusthause stille

---

*) Man hat auch hier die Namen einiger vaterländischen Autoren ausgelassen. Wer Theil an Lottens Beifalle hat, wird es gewiß an seinem Herzen fühlen, wenn er diese Stelle lesen sollte, und sonst braucht es ja niemand zu wissen.

hielten, und war so in Träumen rings in der dämmernden Welt verloren, daß ich auf die Musik kaum achtete, die uns von dem erleuchteten Saal herunter entgegen schallte.

Die zwei Herrn Audran und ein gewisser N. N. – wer behält alle die Namen! – die der Base und Lottens Tänzer waren, empfingen uns am Schlage, bemächtigten sich ihrer Frauenzimmer, und ich führte das meinige hinauf.

Wir schlangen uns in Menuetts um einander herum; ich forderte ein Frauenzimmer nach dem andern auf, und just die unleidlichsten konnten nicht dazu kommen, einem die Hand zu reichen und ein Ende zu machen. Lotte und ihr Tänzer fingen einen Englischen an, und wie wohl mir's war, als sie auch in der Reihe die Figur mit uns anfing, magst du fühlen. Tanzen muß man sie sehen! Siehst du, sie ist so mit ganzem Herzen und mit ganzer Seele dabei, ihr ganzer Körper Eine Harmonie, so sorglos, so unbefangen, als wenn das eigentlich alles wäre, als wenn sie sonst nichts dächte, nichts empfände; und in dem Augenblicke gewiß schwindet alles andere vor ihr.

Ich bat sie um den zweiten Contretanz; sie sagte mir den dritten zu und mit der liebenswürdigsten Freimüthigkeit von der Welt versicherte sie mir, daß sie herzlich gern Deutsch tanze. – Es ist hier so Mode, fuhr sie fort, daß jedes Paar, das zusammen gehört, bei'm Deutschen zusammen bleibt, und mein

Chapeau walzt schlecht, und dankt mir's, wenn ich ihm die Arbeit erlasse. Ihr Frauenzimmer kann's auch nicht und mag nicht, und ich habe im Englischen gesehn, daß Sie gut walzen; wenn Sie nun mein sein wollen für's Deutsche, so gehn Sie und bitten sich's von meinem Herrn aus, und ich will zu Ihrer Dame gehen. – Ich gab ihr die Hand darauf und wir machten aus, daß ihr Tänzer inzwischen meine Tänzerin unterhalten sollte.

Nun ging's an! und wir ergetzten uns eine Weile an mannichfaltigen Schlingungen der Arme. Mit welchem Reize, mit welcher Flüchtigkeit bewegte sie sich! und da wir nun gar an's Walzen kamen und wie die Sphären um einander herumrollten, ging's freilich anfangs, weil's die Wenigsten können, ein bißchen bunt durch einander. Wir waren klug und ließen sie austoben, und als die Ungeschicktesten den Plan geräumt hatten, fielen wir ein, und hielten mit noch einem Paare, mit Audran und seiner Tänzerin, wacker aus. Nie ist mir's so leicht vom Flecke gegangen. Ich war kein Mensch mehr. Das liebenswürdigste Geschöpf in den Armen zu haben und mit ihr herumzufliegen wie Wetter, daß alles rings umher verging, und – Wilhelm, um ehrlich zu sein, that ich aber doch den Schwur, daß ein Mädchen, das ich liebte, auf das ich Ansprüche hätte, mir nie mit einem andern walzen sollte als mit mir, und wenn ich drüber zu Grunde gehen müßte. Du verstehst mich!

Wir machten einige Touren gehend im Saale, um zu verschnaufen. Dann setzte sie sich, und die Orangen, die ich beiseite gebracht hatte, die nun die einzigen noch übrigen waren, thaten vortreffliche Wirkung, nur daß mir mit jedem Schnittchen, das sie einer unbescheidenen Nachbarin ehrenhalben zutheilte, ein Stich durch's Herz ging.

Bei'm dritten Englischen Tanz waren wir das zweite Paar. Wie wir die Reihe durchtanzten, und ich, weiß Gott mit wie viel Wonne, an ihrem Arm und Auge hing, das voll vom wahrsten Ausdruck des offensten reinsten Vergnügens war, kommen wir an eine Frau, die mir wegen ihrer liebenswürdigen Miene auf einem nicht mehr ganz jungen Gesichte merkwürdig gewesen war. Sie sieht Lotten lächelnd an, hebt einen drohenden Finger auf, und nennt den Namen Albert zweimal im Vorbeifliegen mit viel Bedeutung.

Wer ist Albert? sagte ich zu Lotten, wenn's nicht Vermessenheit ist zu fragen. – Sie war im Begriff zu antworten, als wir uns scheiden mußten, um die große Achte zu machen, und mich dünkte einiges Nachdenken auf ihrer Stirn zu sehen, als wir so vor einander vorbeikreuzten. – Was soll ich's Ihnen läugnen, sagte sie, indem sie mir die Hand zur Promenade bot. Albert ist ein braver Mensch, dem ich so gut als verlobt bin. – Nun war mir das nichts Neues (denn die Mädchen hatten mir's auf dem Wege gesagt) und war mir doch so ganz neu, weil ich es noch nicht im Verhältniß auf sie, die mir in so wenig Augenblicken so werth geworden war, gedacht hatte. Genug, ich verwirrte mich, vergaß mich, und kam zwischen das unrechte Paar hinein, daß alles drunter und drüber ging, und Lottens ganze Gegenwart und Zerren und Ziehen nöthig war, um es schnell wieder in Ordnung zu bringen.

Der Tanz war noch nicht zu Ende, als die Blitze, die wir schon lange am Horizonte leuchten gesehn, und die ich immer für Wetterkühlen ausgegeben hatte, viel stärker zu werden anfingen, und der Donner die Musik überstimmte. Drei Frauenzimmer liefen aus der Reihe, denen ihre Herrn folgten; die Unordnung wurde allgemein und die Musik hörte auf. Es ist natürlich, wenn uns ein Unglück, oder etwas Schreckliches im Vergnügen überrascht, daß es stärkere Eindrücke auf uns macht als sonst, theils wegen des Gegensatzes, der sich so lebhaft empfinden läßt, theils und noch mehr, weil unsere Sinne einmal der Fühlbarkeit geöffnet sind und also desto schneller einen Eindruck annehmen. Diesen Ursachen muß ich die wunderbaren Grimassen zuschreiben, in die ich mehrere Frauenzimmer ausbrechen sah. Die klügste setzte sich in eine Ecke, mit dem Rücken gegen das Fenster, und hielt die Ohren zu. Eine andere kniete vor ihr nieder, und verbarg den Kopf in der ersten Schoos. Eine dritte schob sich zwischen beide hinein, und umfaßte ihre Schwesterchen mit tausend Thränen. Einige wollten nach Hause; andere, die noch weniger wußten was sie thaten, hatten nicht so viel Besinnungskraft, den Keckheiten unserer jungen Schlucker zu steuern, die sehr beschäftigt zu sein schienen, alle die ängstlichen Gebete, die dem Himmel bestimmt waren, von den Lippen der schönen Bedrängten wegzufangen. Einige unserer Herrn hatten sich hinab begeben, um ein Pfeifchen in Ruhe zu rauchen; und die übrige Gesellschaft schlug es nicht aus, als die Wirthin auf den klugen Einfall kam, uns ein Zimmer anzuweisen, das Läden und Vorhänge hätte. Kaum waren wir da angelangt, als Lotte beschäftiget war einen Kreis von Stühlen zu stellen, und als sich die Gesellschaft auf ihre Bitte gesetzt hatte, den Vortrag zu einem Spiele zu thun.

Ich sah manchen, der in Hoffnung auf ein saftiges Pfand sein Mäulchen spitzte, und seine Glieder reckte. – Wir spielen Zählens, sagte sie. Nun gebt Acht! Ich geh' im Kreise herum von der Rechten zur Linken, und so zählt ihr auch rings herum, jeder die Zahl, die an ihn kommt, und das muß gehen wie ein Lauffeuer, und wer stockt, oder sich irrt, kriegt eine Ohrfeige, und so bis tausend. – Nun war das lustig anzusehen. Sie ging mit ausgestrecktem Arm im Kreis herum. Eins, fing der Erste an, der Nachbar zwei, drei der Folgende und so fort. Dann fing sie an, geschwinder zu gehn, immer geschwinder; da versah's einer, patsch! eine Ohrfeige, und über das Gelächter der Folgende auch patsch! Und immer geschwinder. Ich selbst kriegte zwei Maulschellen, und glaubte mit innigem Vergnügen zu bemerken, daß sie stärker seien, als sie sie den Übrigen zuzumessen pflegte. Ein allgemeines Gelächter und Geschwärm endigte das Spiel, ehe noch das Tausend ausgezählt war. Die Vertrautesten zogen einander beiseite, das Gewitter war vorüber, und ich folgte Lotten in den Saal. Unterwegs sagte sie: Über die Ohrfeigen haben sie Wetter und alles vergessen! – Ich konnte ihr nichts antworten. – Ich war, fuhr sie fort, eine der Furchtsamsten, und indem ich mich herzhaft stellte, um den andern Muth zu geben, bin ich muthig geworden. – Wir traten an's Fenster. Es donnerte abseitwärts, und der herrliche Regen säuselte auf das Land, und der erquickend'ste Wohlgeruch stieg in aller Fülle einer warmen Luft zu uns auf. Sie stand, auf ihren Ellenbogen gestützt, ihr Blick durchdrang die Gegend, sie sah gen Himmel und auf mich, ich sah ihr Auge thränenvoll, sie legte ihre Hand auf die meinige, und sagte – Klopstock! – Ich erinnerte mich sogleich der herrlichen Ode, die ihr in Gedanken lag, und versank in dem Strome von Empfindungen, den sie in dieser Losung über mich ausgoß. Ich ertrug's nicht, neigte mich auf ihre Hand und küßte sie unter den wonnevollsten Thränen. Und sah nach ihrem Auge wieder – Edler! hättest du deine Vergötterung in diesem Blicke gesehn, und möcht' ich nun deinen so oft entweihten Namen nie wieder nennen hören.

Am 19. Junius.

Wo ich neulich mit meiner Erzählung geblieben bin, weiß ich nicht mehr; das weiß ich, daß es zwei Uhr des Nachts war, als ich zu Bette kam, und daß, wenn ich dir hätte vorschwatzen können, statt zu schreiben, ich dich vielleicht bis an den Morgen aufgehalten hätte.

Was auf unserer Hereinfahrt vom Balle geschehen ist, habe ich noch nicht erzählt, habe auch heute keinen Tag dazu.

Es war der herrlichste Sonnenaufgang. Der tröpfelnde Wald und das erfrischte Feld umher! Unsere Gesellschafterinnen nickten ein. Sie fragte mich, ob ich nicht auch von der Partie sein wollte? ihrentwegen sollt' ich unbekümmert sein. – So lange ich diese Augen offen sehe, sagte ich und sah sie fest an, so lange hat's keine Gefahr. – Und wir haben beide ausgehalten bis an ihr Thor, da ihr die Magd leise aufmachte, und auf ihr Fragen versicherte, daß Vater und Kleine wohl seien und alle noch schliefen. Da verließ ich sie mit der Bitte: sie selbigen Tags noch sehen zu dürfen, sie gestand mir's zu und ich bin gekommen; und seit der Zeit können Sonne, Mond und Sterne geruhig ihre Wirthschaft treiben, ich weiß weder daß Tag noch daß Nacht ist, und die ganze Welt verliert sich um mich her.

Am 21. Junius.

Ich lebe so glückliche Tage, wie sie Gott seinen Heiligen ausspart; und mit mir mag werden was will, so darf ich nicht sagen, daß ich die Freuden, die reinsten Freuden des Lebens nicht genossen habe. – Du kennst mein Wahlheim; dort bin ich völlig etablirt, von da habe ich nur eine halbe Stunde zu Lotten, dort fühl' ich mich selbst und alles Glück, das dem Menschen gegeben ist.

Hätt' ich gedacht, als ich mir Wahlheim zum Zwecke meiner Spaziergänge wählte, daß es so nahe am Himmel läge! Wie oft habe ich das Jagdhaus, das nun alle meine Wünsche einschließt, auf meinen weiten Wanderungen, bald vom Berge, bald von der Ebne über den Fluß gesehn!

Lieber Wilhelm, ich habe allerlei nachgedacht, über die Begier im Menschen sich auszubreiten, neue Entdeckungen zu machen, herumzuschweifen; und dann wieder über den inneren Trieb, sich der Einschränkung willig zu ergeben, in dem Gleise der Gewohnheit so hinzufahren, und sich weder um Rechts noch um Links zu bekümmern.

Es ist wunderbar: wie ich hierher kam und vom Hügel in das schöne Thal schaute, wie es mich rings umher anzog. – Dort das Wäldchen! – Ach könntest du dich in seine Schatten mischen! – Dort die Spitze des Berges! – Ach könntest du von da die weite Gegend überschauen! – Die in einander geketteten Hügel und vertraulichen Thäler! – O könnte ich mich in ihnen verlieren! – – Ich eilte hin, und kehrte zurück, und hatte nicht gefunden was ich hoffte. O es ist mit der Ferne wie mit der Zukunft! ein großes dämmerndes Ganze ruht vor unserer Seele, unsere Empfindung verschwimmt darin wie unser Auge, und wir sehnen uns, ach! unser ganzes Wesen hinzugeben, uns mit aller Wonne eines einzigen, großen, herrlichen Gefühls ausfüllen zu lassen. – Und ach! wenn wir hinzueilen, wenn das Dort nun Hier wird, ist alles vor wie nach, und wir stehen in unserer Armuth, in unserer Eingeschränktheit, und unsere Seele lechzt nach entschlüpftem Labsale.

So sehnt sich der unruhigste Vagabund zuletzt wieder nach seinem Vaterlande, und findet in seiner Hütte, an der Brust seiner Gattin, in dem Kreise seiner Kinder, in den Geschäften zu ihrer Erhaltung die Wonne, die er in der weiten Welt vergebens suchte.

Wenn ich des Morgens mit Sonnenaufgange hinausgehe nach meinem Wahlheim, und dort im Wirthsgarten mir meine Zuckererbsen selbst pflücke, mich hinsetze, sie abfädne und dazwischen in meinem Homer lese; wenn ich dann in der kleinen Küche mir einen Topf wähle, mir Butter aussteche, Schoten an's Feuer stelle, zudecke, und mich dazu setze, sie manchmal umzuschütteln: da fühl' ich so lebhaft, wie die übermüthigen Freier der Penelope Ochsen und Schweine schlachten, zerlegen und braten. Es ist nichts, das mich so mit einer stillen wahren Empfindung ausfüllte, als die Züge patriarchalischen Lebens, die ich, Gott sei Dank, ohne Affectation in meine Lebensart verweben kann.

Wie wohl ist mir's, daß mein Herz die simple harmlose Wonne des Menschen fühlen kann, der ein Krauthaupt auf seinen Tisch bringt, das er selbst gezogen, und nun nicht den Kohl allein, sondern all die guten Tage, den schönen Morgen, da er ihn pflanzte, die lieblichen Abende, da er ihn begoß, und da er an dem fortschreitenden Wachsthum seine Freude hatte, alle in Einem Augenblicke wieder mitgenießt.

Am 29. Junius.

Vorgestern kam der Medicus hier aus der Stadt hinaus zum Amtmann, und fand mich auf der Erde unter Lottens Kindern, wie einige auf mir herumkrabbelten, andere mich neckten, und wie ich sie kitzelte und ein großes Geschrei mit ihnen erregte. Der Doctor, der eine sehr dogmatische Drahtpuppe ist, unter'm Reden seine Manschetten in Falten legt und einen Kräusel ohne Ende herauszupft, fand dieses unter der Würde eines gescheidten Menschen; das merkte ich an seiner Nase. Ich ließ mich aber in nichts stören, ließ ihn sehr vernünftige Sachen abhandeln, und baute den Kindern ihre Kartenhäuser wieder, die sie zerschlagen hatten. Auch ging er darauf in der Stadt herum und beklagte: des Amtmanns Kinder wären so schon ungezogen genug, der Werther verderbe sie nun völlig.

Ja, lieber Wilhelm, meinem Herzen sind die Kinder am nächsten auf der Erde. Wenn ich ihnen zusehe, und in dem kleinen Dinge die Keime aller Tugenden, aller Kräfte sehe, die sie einmal so nöthig brauchen werden; wenn ich in dem Eigensinne künftige Standhaftigkeit und Festigkeit des Charakters, in dem Muthwillen guten Humor, und Leichtigkeit, über die Gefahren der Welt hinzuschlüpfen, erblicke, alles so unverdorben, so ganz! – immer, immer wiederhole ich dann die goldenen Worte des Lehrers der Menschen: Wenn ihr nicht werdet wie eines von diesen! Und nun, mein Bester, sie, die Unseresgleichen sind, die wir als unsere Muster ansehen sollten, behandeln wir als Unterthanen. Sie sollen keinen Willen haben! – Haben wir denn keinen? und wo liegt das Vorrecht? – Weil wir älter sind und gescheidter! – Guter Gott von deinem Himmel, alte Kinder siehst du und junge Kinder, und nichts weiter; und an welchen du mehr Freude hast, das hat dein Sohn schon lange verkündigt. Aber sie glauben an ihn und hören ihn nicht, – das ist auch was Altes! – und bilden ihre Kinder nach sich und – Adieu, Wilhelm! Ich mag darüber nicht weiter radotiren.

Am 1. Julius.

Was Lotte einem Kranken sein muß, fühl' ich an meinem eigenen armen Herzen, das übler dran ist als manches, das auf dem Siechbette verschmachtet. Sie wird einige Tage in der Stadt bei einer rechtschaffnen Frau zubringen, die sich nach der Aussage der Ärzte ihrem Ende naht, und in diesen letzten Augenblicken Lotten um sich haben will. Ich war vorige Woche mit ihr den Pfarrer von St.. zu besuchen; ein Örtchen, das eine Stunde seitwärts im Gebirge liegt. Wir kamen gegen Vier dahin. Lotte hatte ihre zweite Schwester mitgenommen. Als wir in den mit zwei hohen Nußbäumen überschatteten Pfarrhof traten, saß der gute alte Mann auf einer Bank vor der Hausthür, und da er Lotten sah, ward er wie neu belebt, vergaß seinen Knotenstock, und wagte sich auf, ihr entgegen. Sie lief hin zu ihm, nöthigte ihn sich niederzulassen, indem sie sich zu ihm setzte, brachte viele Grüße von ihrem Vater, herzte seinen garstigen, schmutzigen, jüngsten Buben, das Quakelchen seines Alters. Du hättest sie sehen sollen, wie sie den Alten beschäftigte, wie sie ihre Stimme erhob, um seinen halb tauben Ohren vernehmlich zu werden, wie sie ihm von jungen robusten Leuten erzählte, die unvermuthet gestorben wären, von der Vortrefflichkeit des Karlsbades, und wie sie seinen Entschluß lobte, künftigen Sommer hinzugehen, wie sie fand, daß er viel besser aussähe, viel munterer sei als das letztemal, da sie ihn gesehn. – Ich hatte indeß der Frau Pfarrerin meine Höflichkeiten gemacht. Der Alte wurde ganz munter, und da ich nicht umhin konnte, die schönen Nußbäume zu loben, die uns so lieblich beschatteten, fing er an, uns, wiewohl mit einiger Beschwerlichkeit, die Geschichte davon zu geben. – Den alten, sagte er, wissen wir nicht, wer den gepflanzt hat: einige sagen dieser, andere jener Pfarrer. Der jüngere aber dort hinten ist so alt als meine Frau, im October funfzig Jahr. Ihr Vater pflanzte ihn des Morgens, als sie gegen Abend geboren wurde. Er war mein Vorfahr im Amt, und wie lieb ihm der Baum war, ist nicht zu sagen; mir ist er's gewiß nicht weniger. Meine Frau saß darunter auf einem Balken und strickte, da ich vor sieben und zwanzig Jahren als ein armer Student zum erstenmale hier in den Hof kam. – Lotte fragte nach seiner Tochter: es hieß, sie sei mit Herrn Schmidt auf die Wiese hinaus zu den Arbeitern, und der Alte fuhr in seiner Erzählung fort: wie sein Vorfahr ihn lieb gewonnen und die Tochter dazu, und wie er erst sein Vicar, und dann sein Nachfolger geworden. Die Geschichte war nicht lange zu Ende, als die Jungfer Pfarrerin mit dem sogenannten Herrn Schmidt durch den Garten herkam: sie bewillkommte Lotten mit herzlicher Wärme, und ich muß sagen, sie gefiel mir nicht übel; eine rasche wohlgewachsene Brünette, die einen die kurze Zeit über auf dem Lande wohl unterhalten hätte. Ihr Liebhaber (denn als solchen stellte sich Herr Schmidt gleich dar), ein feiner, doch stiller Mensch, der sich nicht in unsere Gespräche mischen wollte, ob ihn gleich Lotte immer herein zog. Was mich am meisten betrübte, war, daß ich an seinen Gesichtszügen zu bemerken schien, es sei mehr Eigensinn und übler Humor als Eingeschränktheit des Verstandes, der ihn sich mitzutheilen hinderte. In der Folge war dieß leider nur zu deutlich; denn als Friederike bei'm Spazierengehen mit Lotten und gelegentlich auch mit mir ging, wurde des Herrn Angesicht, das ohnedieß einer bräunlichen Farbe war, so sichtlich verdunkelt, daß es Zeit war, daß Lotte mich bei'm Ärmel zupfte und mir zu verstehn gab, daß ich mit Friederiken zu artig gethan. Nun verdrießt mich nichts mehr, als wenn die Menschen einander plagen, am meisten, wenn junge Leute in der Blüthe des Lebens, da sie am offensten für alle Freuden sein könnten, einander die paar guten Tage mit Fratzen verderben, und nur erst zu spät das Unersetzliche ihrer Verschwendung einsehen. Mich wurmte das und ich konnte nicht umhin, da wir gegen Abend in den Pfarrhof zurückkehrten und an einem Tische Milch aßen, und das Gespräch auf Freude und Leid der Welt sich wendete, den Faden zu ergreifen und recht herzlich gegen die üble Laune zu reden. – Wir Menschen beklagen uns oft, fing ich an, daß der guten Tage so wenig sind und der schlimmen so viel, und wie mich dünkt, meist mit Unrecht. Wenn wir immer ein offenes

Herz hätten das Gute zu genießen, das uns Gott für jeden Tag bereitet, wir würden alsdann auch Kraft genug haben, das Übel zu tragen, wenn es kommt. – Wir haben aber unser Gemüth nicht in unserer Gewalt, versetzte die Pfarrerin: wie viel hängt vom Körper ab! wenn einem nicht wohl ist, ist's einem überall nicht recht. – Ich gestand ihr das ein. – Wir wollen es also, fuhr ich fort, als eine Krankheit ansehen und fragen, ob dafür kein Mittel ist? – Das läßt sich hören, sagte Lotte: ich glaube wenigstens, daß viel von uns abhängt. Ich weiß es an mir. Wenn mich etwas neckt und mich verdrießlich machen will, spring' ich auf, und sing' ein paar Contretänze den Garten auf und ab, gleich ist's weg. – Das war's, was ich sagen wollte, versetzte ich: es ist mit der üblen Laune völlig wie mit der Trägheit, denn es ist eine Art von Trägheit. Unsere Natur hängt sehr dahin, und doch, wenn wir nur einmal die Kraft haben uns zu ermannen, geht uns die Arbeit frisch von der Hand, und wir finden in der Thätigkeit ein wahres Vergnügen. – Friederike war sehr aufmerksam, und der junge Mensch wandte mir ein: daß man nicht Herr über sich selbst sei, und am wenigsten über seine Empfindungen gebieten könne. – Es ist hier die Frage von einer unangenehmen Empfindung, versetzte ich, die doch jedermann gerne los ist; und niemand weiß, wie weit seine Kräfte gehen, bis er sie versucht hat. Gewiß, wer krank ist, wird bei allen Ärzten herumfragen, und die größten Resignationen, die bittersten Arzeneien wird er nicht abweisen, um seine gewünschte Gesundheit zu erhalten. – Ich bemerkte, daß der ehrliche Alte sein Gehör anstrengte, um an unserm Discurse Theil zu nehmen, ich erhob die Stimme, indem ich die Rede gegen ihn wandte: Man predigt gegen so viele Laster, sagte ich: ich habe noch nie gehört, daß man gegen die üble Laune vom Predigtstuhle gearbeitet hätte.*) – Das müssen die Stadtpfarrer thun, sagte er, die Bauern haben keinen bösen Humor; doch könnte es auch zuweilen nicht schaden, es wäre eine Lection für seine Frau wenigstens und für den Herrn Amtmann. – Die Gesellschaft lachte, und er herzlich mit, bis er in einen Husten verfiel, der unsern Discurs eine Zeit lang unterbrach; darauf denn der junge Mensch wieder das Wort nahm: Sie nannten den bösen Humor ein Laster; mich deucht, das ist übertrieben. – Mit nichten, gab ich zur Antwort, wenn das, womit man sich selbst und seinem Nächsten schadet, diesen Namen verdient. Ist es nicht genug, daß wir einander nicht glücklich machen können, müssen wir auch noch einander das Vergnügen rauben, das jedes Herz sich noch manchmal selbst gewähren kann? Und nennen Sie mir den Menschen, der übler Laune ist und so brav dabei, sie zu verbergen, sie allein zu tragen, ohne die Freude um sich her zu zer-

*) Wir haben nun von Lavatern eine treffliche Predigt hierüber, unter denen über das Buch Jonas.

stören! Oder ist sie nicht vielmehr ein innerer Unmuth über unsere eigene Unwürdigkeit, ein Mißfallen an uns selbst, das immer mit einem Neide verknüpft ist, der durch eine thörichte Eitelkeit aufgehetzt wird? Wir sehen glückliche Menschen, die *wir* nicht glücklich machen, und das ist unerträglich. – Lotte lächelte mich an, da sie die Bewegung sah, mit der ich redete, und eine Thräne in Friederikens Auge spornte mich fortzufahren. – Wehe denen, sagte ich, die sich der Gewalt bedienen, die sie über ein Herz haben, um ihm die einfachen Freuden zu rauben, die aus ihm selbst hervorkeimen. Alle Geschenke, alle Gefälligkeiten der Welt ersetzen nicht einen Augenblick Vergnügen an sich selbst, den uns eine neidische Unbehaglichkeit unsers Tyrannen vergällt hat.

Mein ganzes Herz war voll in diesem Augenblicke; die Erinnerung so manches Vergangenen drängte sich an meine Seele, und die Thränen kamen mir in die Augen.

Wer sich das nur täglich sagte, rief ich aus: du vermagst nichts auf deine Freunde, als ihnen ihre Freuden zu lassen und ihr Glück zu vermehren, indem du es mit ihnen genießest. Vermagst du, wenn ihre innere Seele von einer ängstigenden Leidenschaft gequält, vom Kummer zerrüttet ist, ihnen einen Tropfen Linderung zu geben?

Und wenn die letzte bangste Krankheit dann über das Geschöpf herfällt, das du in blühenden Tagen untergraben hast, und sie nun da liegt in dem erbärmlichen Ermatten, das Auge gefühllos gen Himmel sieht, der Todesschweiß auf der blassen Stirne abwechselt, und du vor dem Bette stehst wie ein Verdammter, in dem innigsten Gefühl, daß du nichts vermagst mit deinem ganzen Vermögen, und die Angst sich inwendig krampft, daß du alles hingeben möchtest, dem untergehenden Geschöpfe einen Tropfen Stärkung, einen Funken Muth einflößen zu können.

Die Erinnerung einer solchen Scene, wobei ich gegenwärtig war, fiel mit ganzer Gewalt bei diesen Worten über mich. Ich nahm das Schnupftuch vor die Augen und verließ die Gesellschaft, und nur Lottens Stimme, die mir rief: wir wollten fort, brachte mich zu mir selbst. Und wie sie mich auf dem Wege schalt, über den zu warmen Antheil an allem, und daß ich drüber zu Grunde gehen würde! daß ich mich schonen sollte! – O der Engel! Um deinetwillen muß ich leben!

Am 6. Julius.

Sie ist immer um ihre sterbende Freundin, und ist immer dieselbe, immer das gegenwärtige holde Geschöpf, das, wo sie hinsieht, Schmerzen lindert und Glückliche macht. Sie ging gestern Abend mit Mariannen und dem kleinen Malchen spazieren, ich wußte es und traf sie an, und wir gingen zusammen. Nach einem Wege von anderthalb Stunden kamen wir gegen die Stadt zurück, an den Brunnen, der mir so werth und nun tausendmal werther ist. Lotte setzte sich auf's Mäuerchen, wir standen vor ihr. Ich sah umher, ach! und die Zeit, da mein Herz so allein war, lebte wieder vor mir auf. – Lieber Brunnen, sagte ich, seither hab' ich nicht mehr an deiner Kühle geruht, hab' in eilendem Vorübergehn dich manchmal nicht angesehn. – Ich blickte hinab und sah, daß Malchen mit einem Glase Wasser sehr beschäftigt herauf stieg. – Ich sah Lotten an, und fühlte alles was ich an ihr habe. Indem kommt Malchen mit einem Glase. Marianne wollt' es ihr abnehmen: Nein! rief das Kind mit dem süßesten Ausdrucke, nein, Lottchen, *du* sollst zuerst trinken! – Ich ward über die Wahrheit, über die Güte, womit sie das ausrief, so entzückt, daß ich meine Empfindung mit nichts ausdrücken konnte, als ich nahm das Kind von der Erde, und küßte es lebhaft, das sogleich zu schreien und zu weinen anfing. – Sie haben übel gethan, sagte Lotte. – Ich war betroffen. – Komm, Malchen, fuhr sie fort, indem sie es bei der Hand nahm und die Stufen hinab führte, da wasche dich aus der frischen Quelle, geschwind, geschwind, da thut's nichts. – Wie ich so dastand und zusah, mit welcher Emsigkeit das Kleine mit seinen nassen Händchen die Backen rieb, mit welchem Glauben, daß durch die Wunderquelle alle Verunreinigung abgespült, und die Schmach abgethan würde, einen häßlichen Bart zu kriegen; wie Lotte sagte, es ist genug, und das Kind doch immer eifrig fortwusch, als wenn Viel mehr thäte als Wenig. – Ich sage dir, Wilhelm, ich habe mit mehr Respect nie einer Taufhandlung beigewohnt – und als Lotte herauf kam, hätte ich mich gern vor ihr niedergeworfen wie vor einem Propheten, der die Schulden einer Nation weggeweiht hat.

Des Abends konnte ich nicht umhin, in der Freude meines Herzens den Vorfall einem Manne zu erzählen, dem ich Menschensinn zutraute, weil er Verstand hat; aber wie kam ich an! Er sagte, das sei sehr übel von Lotten gewesen; man solle die Kinder nichts weis machen; dergleichen gebe zu unzähligen Irrthümern und Aberglauben Anlaß, wovor man die Kinder frühzeitig bewahren müsse. – Nun fiel mir ein, daß der Mann vor acht Tagen hatte taufen lassen, drum ließ ich's vorbeigehen, und blieb in meinem Herzen der Wahrheit getreu: Wir sollen es mit den Kindern machen, wie Gott mit uns, der uns am glücklichsten macht, wenn er uns in freundlichem Wahne so hintaumeln läßt.

Am 8. Julius.

Was man ein Kind ist! Was man nach so einem Blicke geizt! Was man ein Kind ist! – Wir waren nach Wahlheim gegangen. Die Frauenzimmer fuhren hinaus, und während unserer Spaziergänge glaubte ich in Lottens schwarzen Augen – ich bin ein Thor, verzeih mir's! du solltest sie sehen, diese Augen. –

Daß ich kurz bin (denn die Augen fallen mir zu vor Schlaf), siehe, die Frauenzimmer stiegen ein, da standen um die Kutsche der junge W.., Selstadt und Audran und ich. Da ward aus dem Schlage geplaudert mit den Kerlchen, die freilich leicht und lüftig genug waren. – Ich suchte Lottens Augen; ach sie gingen von einem zum andern! Aber auf mich! mich! mich! der ganz allein auf sie resignirt dastand, fielen sie nicht! – Mein Herz sagte ihr tausend Adieu! Und sie sah mich nicht! Die Kutsche fuhr vorbei und eine Thräne stand mir im Auge. Ich sah ihr nach, und sah Lottens Kopfputz sich zum Schlage herauslehnen, und sie wandte sich um zu sehen, ach! nach mir? – Lieber! In dieser Ungewißheit schwebe ich; das ist mein Trost: vielleicht hat sie sich nach mir umgesehen! Vielleicht! – Gute Nacht! O was ich ein Kind bin!

Am 10. Julius.

Die alberne Figur, die ich mache, wenn in Gesellschaft von ihr gesprochen wird, solltest du sehen! Wenn man mich nun gar fragt, wie sie mir gefällt? – Gefällt! das Wort hasse ich auf den Tod. Was muß das für ein Mensch sein, dem Lotte gefällt, dem sie nicht alle Sinne, alle Empfindungen ausfüllt! Gefällt! Neulich fragte mich einer, wie mir Ossian gefiele!

Am 11. Julius.

Frau M.. ist sehr schlecht; ich bete für ihr Leben, weil ich mit Lotten dulde. Ich sehe sie selten bei meiner Freundin, und heute hat sie mir einen wunderbaren Vorfall erzählt. – Der alte M.. ist ein geiziger rangiger Filz, der seine Frau im Leben was rechts geplagt und eingeschränkt hat; doch hat sich die Frau immer durchzuhelfen gewußt. Vor wenigen Tagen, als der Arzt ihr das Leben abgesprochen hatte, ließ sie ihren Mann kommen (Lotte war im Zimmer) und redete ihn also an: Ich muß dir eine Sache gestehen, die nach meinem Tode Verwirrung und Verdruß machen könnte. Ich habe bisher die Haushaltung geführt, so ordentlich und sparsam als möglich: allein du wirst mir verzeihen, daß ich dich diese dreißig Jahre her hintergangen habe. Du bestimmtest im Anfange unserer Heirath ein Geringes für die Bestreitung der Küche und anderer häuslichen Ausgaben. Als unsere Haushaltung stärker wurde, unser Gewerbe größer, warst du nicht zu bewegen, mein Wochengeld nach dem Verhältnisse zu vermehren; kurz du weißt, daß du in den Zeiten, da sie am größten war, verlangtest, ich solle mit sieben Gulden die Woche auskommen. Die habe ich denn ohne Widerrede genommen, und mir den Überschuß wöchentlich aus der Losung geholt, da niemand vermuthete, daß die Frau die Casse bestehlen würde. Ich habe nichts verschwendet, und wäre auch, ohne es zu bekennen, getrost der

Ewigkeit entgegen gegangen, wenn nicht diejenige, die nach mir das Hauswesen zu führen hat, sich nicht zu helfen wissen würde, und du doch immer darauf bestehen könntest, deine erste Frau sei damit ausgekommen.

Ich redete mit Lotten über die unglaubliche Verblendung des Menschensinns, daß einer nicht argwohnen soll, dahinter müsse was anders stecken, wenn eins mit sieben Gulden hinreicht, wo man den Aufwand vielleicht um zweimal so viel sieht. Aber ich habe selbst Leute gekannt, die des Propheten ewiges Ölkrüglein ohne Verwunderung in ihrem Hause angenommen hätten.

Am 13. Julius.

Nein, ich betriege mich nicht! Ich lese in ihren schwarzen Augen wahre Theilnehmung an mir und meinem Schicksal. Ja ich fühle, und darin darf ich meinem Herzen trauen, daß sie – o darf ich, kann ich den Himmel in diesen Worten aussprechen? – daß sie mich liebt!

Mich liebt! – Und wie werth ich mir selbst werde, wie ich – dir darf ich's wohl sagen, du hast Sinn für so etwas – wie ich mich selbst anbete, seitdem sie mich liebt!

Ob das Vermessenheit ist oder Gefühl des wahren Verhältnisses? – Ich kenne den Menschen nicht, von dem ich etwas in Lottens Herzen fürchtete. Und doch – wenn sie von ihrem Bräutigam spricht, mit solcher Wärme, solcher Liebe von ihm spricht – da ist mir's wie einem, der aller seiner Ehren und Würden entsetzt und dem der Degen genommen wird.

Am 16. Julius.

Ach wie mir das durch alle Adern läuft, wenn mein Finger unversehens den ihrigen berührt, wenn unsere Füße sich unter dem Tische begegnen! Ich ziehe zurück wie vom Feuer, und eine geheime Kraft zieht mich wieder vorwärts – mir wird's so schwindelig vor allen Sinnen. – O! und ihre Unschuld, ihre unbefangne Seele fühlt nicht, wie sehr mich die kleinen Vertraulichkeiten peinigen. Wenn sie gar im Gespräch ihre Hand auf die meinige legt, und im Interesse der Unterredung näher zu mir rückt, daß der himmlische Athem ihres Mundes meine Lippen erreichen kann: – ich glaube zu versinken, wie vom Wetter gerührt. – Und, Wilhelm! wenn ich mich jemals unterstehe, diesen Himmel, dieses Vertrauen – ! Du verstehst mich. Nein, mein Herz ist so verderbt nicht! Schwach! schwach genug! – Und ist das nicht Verderben? –

Sie ist mir heilig. Alle Begier schweigt in ihrer Gegenwart. Ich weiß nie, wie mir ist, wenn ich bei ihr bin; es ist, als wenn die Seele sich mir in allen Nerven umkehrte. – Sie hat eine Melodie, die sie auf dem Claviere spielet mit der Kraft eines Engels, so simpel und so geistvoll! Es ist ihr Leiblied und mich stellt es von aller Pein, Verwirrung und Grillen her, wenn sie nur die erste Note davon greift.

Kein Wort von der alten Zauberkraft der Musik ist mir unwahrscheinlich. Wie mich der einfache Gesang angreift! Und wie sie ihn anzubringen weiß, oft zur Zeit, wo ich mir eine Kugel vor den Kopf schießen möchte! Die Irrung und Finsterniß meiner Seele zerstreut sich, und ich athme wieder freier.

Am 18. Julius.

Wilhelm, was ist unserem Herzen die Welt ohne Liebe! Was eine Zauberlaterne ist ohne Licht! Kaum bringst du das Lämpchen hinein, so scheinen dir die buntesten Bilder an deine weiße Wand! Und wenn's nichts wäre als das, als vorübergehende Phantome, so macht's doch immer unser Glück, wenn wir wie frische Jungen davor stehen, und uns über die Wundererscheinungen entzücken. Heute konnte ich nicht zu Lotten, eine unvermeidliche Gesellschaft hielt mich ab. Was war zu thun? Ich schickte meinen Diener hinaus, nur um einen Menschen um mich zu haben, der ihr heute nahe gekommen wäre. Mit welcher Ungeduld ich ihn erwartete, mit welcher Freude ich ihn wieder sah! Ich hätte ihn gern bei'm Kopfe genommen und geküßt, wenn ich mich nicht geschämt hätte.

Man erzählt von dem Bononischen Steine, daß er, wenn man ihn in die Sonne legt, ihre Strahlen anzieht und eine Weile bei Nacht leuchtet. So war mir's mit dem Burschen. Das Gefühl, daß ihre Augen auf seinem Gesichte, seinen Backen, seinen Rockknöpfen, und dem Kragen am Surtout geruht hatten, machte mir das alles so heilig, so werth! Ich hätte in dem Augenblick den Jungen nicht um tausend Thaler gegeben. Es war mir so wohl in seiner Gegenwart. – Bewahre dich Gott, daß du darüber lachest. Wilhelm, sind das Phantome, wenn es uns wohl ist?

Den 19. Julius.

Ich werde sie sehen! ruf' ich Morgens aus, wenn ich mich ermuntere, und mit aller Heiterkeit der schönen Sonne entgegen blicke; ich werde sie sehen! Und da habe ich für den ganzen Tag keinen Wunsch weiter. Alles, alles verschlingt sich in dieser Aussicht.

Den 20. Julius.

Eure Idee will noch nicht die meinige werden, daß ich mit dem Gesandten nach *** gehen soll. Ich liebe die Subordination nicht sehr, und wir wissen alle, daß der Mann noch dazu ein widriger Mensch ist. Meine Mutter möchte mich gern in Activität haben, sagst du: das hat mich zu lachen gemacht. Bin ich jetzt nicht auch activ? und ist's im Grunde nicht einerlei: ob ich Erbsen zähle oder Linsen? Alles in der Welt läuft doch auf eine Lumperei hinaus, und ein Mensch, der um anderer willen, ohne daß es seine eigene Leidenschaft, sein eigenes Bedürfniß ist, sich um Geld oder Ehre oder sonst was abarbeitet, ist immer ein Thor.

Am 24. Julius.

Da dir so sehr daran gelegen ist, daß ich mein Zeichnen nicht vernachlässige, möchte ich lieber die ganze Sache übergehen, als dir sagen, daß zeither wenig gethan wird.

Noch nie war ich glücklicher, noch nie war meine Empfindung an der Natur, bis auf's Steinchen, auf's Gräschen herunter, voller und inniger, und doch – Ich weiß nicht, wie ich mich ausdrücken soll, meine vorstellende Kraft ist so schwach, alles schwimmt und schwankt so vor meiner Seele, daß ich keinen Umriß packen kann; aber ich bilde mir ein, wenn ich Thon hätte oder Wachs, so wollte ich's wohl herausbilden. Ich werde auch Thon nehmen, wenn's länger währt, und kneten, und sollten's Kuchen werden!

Lottens Porträt habe ich dreimal angefangen, und habe mich dreimal prostituirt; das mich um so mehr verdrießt, weil ich vor einiger Zeit sehr glücklich im Treffen war. Darauf habe ich denn ihren Schattenriß gemacht und damit soll mir g'nügen.

Am 26. Julius.

Ja, liebe Lotte, ich will alles besorgen und bestellen; geben Sie mir nur mehr Aufträge, nur recht oft. Um eins bitte ich Sie: keinen Sand mehr auf die Zettelchen, die Sie mir schreiben. Heute führte ich es schnell nach der Lippe und die Zähne knisterten mir.

Am 26. Julius.

Ich habe mir schon manchmal vorgenommen, sie nicht so oft zu sehn. Ja, wer das halten könnte! Alle Tage unterlieg' ich der Versuchung, und verspreche mir heilig: morgen willst du einmal wegbleiben, und wenn der Morgen kommt, finde ich doch wieder eine unwiderstehliche Ursache, und ehe ich mich's versehe, bin ich bei ihr. Entweder sie hat des Abends gesagt: Sie kommen doch morgen? – Wer könnte da wegbleiben? oder sie gibt mir einen Auftrag und ich finde schicklich, ihr selbst die Antwort zu bringen; oder der Tag ist gar zu schön, ich gehe nach Wahlheim, und wenn ich nun da bin, ist's nur noch eine halbe Stunde zu ihr! – Ich bin zu nah in der Atmosphäre – Zuck! so bin ich dort. Meine Großmutter hatte ein Mährchen vom Magnetenberg: die Schiffe, die zu nahe kamen, wurden auf einmal alles Eisenwerks beraubt, die Nägel flogen dem Berge zu, und die armen Elenden scheiterten zwischen den über einander stürzenden Brettern.

Am 30. Julius.

Albert ist angekommen und ich werde gehen; und wenn er der beste, der edelste Mensch wäre, unter den ich mich in jeder Betrachtung zu stellen bereit wäre, so wär's unerträglich, ihn vor meinem Angesicht im Besitz so vieler Vollkommenheiten zu sehen. – Besitz! – Genug, Wilhelm, der Bräutigam ist da! Ein braver lieber Mann, dem man gut sein muß. Glücklicher Weise war ich nicht bei'm Empfange! Das hätte mir das Herz zerrissen. Auch ist er so ehrlich, und hat Lotten in meiner Gegenwart noch nicht ein einzigmal geküßt. Das lohn' ihm Gott! Um des Respects willen, den er vor dem Mädchen hat, muß ich ihn lieben. Er will mir wohl, und ich vermuthe, das ist Lottens Werk mehr, als seiner eigenen Empfindung: denn darin sind die Weiber fein und haben Recht; wenn sie zwei Verehrer in gutem Vernehmen mit einander erhalten können, ist der Vortheil immer ihr, so selten es auch angeht.

Indeß kann ich Alberten meine Achtung nicht versagen. Seine gelassene Außenseite sticht gegen die Unruhe meines Charakters sehr lebhaft ab, die sich nicht verbergen läßt. Er hat viel Gefühl, und weiß was er an Lotten hat. Er scheint wenig üble Laune zu haben, und du weißt, das ist die Sünde, die ich ärger hasse am Menschen als alle andre.

Er hält mich für einen Menschen von Sinn; und meine Anhänglichkeit an Lotten, meine warme Freude, die ich an allen ihren Handlungen habe, vermehrt seinen Triumph, und er liebt sie nur desto mehr. Ob er sie nicht manchmal mit kleiner Eifersüchtelei peinigt, das lasse ich dahin gestellt sein, wenigstens würd' ich an seinem Platze nicht ganz sicher vor diesem Teufel bleiben.

Dem sei nun wie ihm wolle! meine Freude, bei Lotten zu sein, ist hin. Soll ich das Thorheit nennen oder Verblendung? – Was braucht's Namen! erzählt die Sache an sich! – Ich wußte alles was ich jetzt weiß, ehe Albert kam; ich wußte, daß ich keine Prätension auf sie zu machen hatte, machte auch keine – das heißt, in so fern es möglich ist, bei so viel Liebenswürdigkeit nicht zu begehren – Und jetzt macht der Fratze große Augen, da der andre nun wirklich kommt und ihm das Mädchen wegnimmt.

Ich beiße die Zähne auf einander und spotte über mein Elend, und spottete derer doppelt und dreifach, die sagen könnten, ich sollte mich resigniren und weil es nun einmal nicht anders sein könnte. – Schafft mir diese Strohmänner vom Halse! – Ich laufe in den Wäldern herum, und wenn ich zu Lotten komme und Albert bei ihr sitzt im Gärtchen unter der Laube und ich nicht weiter kann, so bin ich ausgelassen närrisch, und fange viel Possen, viel verwirrtes Zeug an. – Um Gottes willen, sagte mir Lotte heut, ich bitte Sie, keine Scene wie die von gestern Abend! Sie sind fürchterlich, wenn Sie so lustig sind. – Unter uns, ich passe die Zeit ab, wenn er zu thun hat; wutsch! bin ich drauß, und da ist mir's immer wohl, wenn ich sie allein finde.

Am 8. August.

Ich bitte dich, lieber Wilhelm, es war gewiß nicht auf dich geredet, wenn ich die Menschen unerträglich schalt, die von uns Ergebung in unvermeidliche Schicksale fordern. Ich dachte wahrlich nicht daran, daß du von ähnlicher Meinung sein könntest. Und im Grunde hast du Recht. Nur eins, mein Bester, in der Welt ist es sehr selten mit dem *Entweder Oder* gethan; die Empfindungen und Handlungsweisen schattiren sich so mannichfaltig, als Abfälle zwischen einer Habichts- und Stumpfnase sind.

Du wirst mir also nicht übel nehmen, wenn ich dir dein ganzes Argument einräume, und mich doch zwischen dem *Entweder Oder* durchzustehlen suche.

Entweder, sagst du, hast du Hoffnung auf Lotten, oder du hast keine. Gut, im ersten Fall suche sie durchzutreiben, suche die Erfüllung deiner Wünsche zu umfassen: im anderen Fall ermanne dich, und suche einer elenden Empfindung los zu werden, die alle deine Kräfte verzehren muß. – Bester! das ist wohl gesagt, und – bald gesagt.

Und kannst du von dem Unglücklichen, dessen Leben unter einer schleichenden Krankheit unaufhaltsam allmählich abstirbt, kannst du von ihm verlangen, er solle durch einen Dolchstoß der Qual auf einmal ein Ende machen? Und raubt das Übel, das ihm die Kräfte verzehrt, ihm nicht auch zugleich den Muth sich davon zu befreien?

Zwar könntest du mir mit einem verwandten Gleichnisse antworten: Wer ließe sich nicht lieber den Arm abnehmen, als daß er durch Zaudern und Zagen sein Leben auf's Spiel setzte? – Ich weiß nicht! – und wir wollen uns nicht in Gleichnissen herumbeißen. Genug – Ja, Wilhelm, ich habe manchmal so einen Augenblick aufspringenden, abschüttelnden Muthes, und da – wenn ich nur wüßte wohin? ich ginge wohl.

Abends.

Mein Tagebuch, das ich seit einiger Zeit vernachlässiget, fiel mir heut wieder in die Hände, und ich bin erstaunt, wie ich so wissentlich in das alles Schritt vor Schritt hinein gegangen bin! Wie ich über meinen Zustand immer so klar gesehen und doch gehandelt habe wie ein Kind, jetzt noch so klar sehe, und es noch keinen Anschein zur Besserung hat.

Am 10. August.

Ich könnte das beste glücklichste Leben führen, wenn ich nicht ein Thor wäre. So schöne Umstände vereinigen sich nicht leicht, eines Menschen Seele zu ergetzen, als die sind, in denen ich mich jetzt befinde. Ach so gewiß ist's, daß unser Herz allein sein Glück macht. – Ein Glied der liebenswürdigen Familie zu sein, von dem Alten geliebt zu werden wie ein Sohn, von den Kleinen wie ein Vater, und von Lotten! – dann der ehrliche Albert, der durch keine launische

Unart mein Glück stört; der mich mit herzlicher Freundschaft umfaßt; dem ich nach Lotten das Liebste auf der Welt bin! – Wilhelm, es ist eine Freude uns zu hören, wenn wir spazieren gehen und uns einander von Lotten unterhalten: es ist in der Welt nichts Lächerlichers erfunden worden als dieses Verhältniß, und doch kommen mir oft darüber die Thränen in die Augen.

Wenn er mir von ihrer rechtschaffenen Mutter erzählt: wie sie auf ihrem Todbette Lotten ihr Haus und ihre Kinder übergeben und ihm Lotten anbefohlen habe, wie seit der Zeit ein ganz anderer Geist Lotten belebt habe, wie sie, in der Sorge für ihre Wirthschaft, und in dem Ernste, eine wahre Mutter geworden, wie kein Augenblick ihrer Zeit ohne thätige Liebe, ohne Arbeit verstrichen, und dennoch ihre Munterkeit, ihr leichter Sinn sie nie dabei verlassen habe. – Ich gehe so neben ihm hin und pflücke Blumen am Wege, füge sie sehr sorgfältig in einen Strauß und – werfe sie in den vorüberfließenden Strom, und sehe ihnen nach, wie sie leise hinunter wallen. – Ich weiß nicht, ob ich dir geschrieben habe, daß Albert hier bleiben, und ein Amt mit einem artigen Auskommen vom Hofe erhalten wird, wo er sehr beliebt ist. In Ordnung und Emsigkeit in Geschäften habe ich wenig Seinesgleichen gesehen.

Am 12. August.

Gewiß, Albert ist der beste Mensch unter dem Himmel. Ich habe gestern eine wunderbare Scene mit ihm gehabt. Ich kam zu ihm, um Abschied von ihm zu nehmen; denn mich wandelte die Lust an, in's Gebirge zu reiten, von woher ich dir auch jetzt schreibe, und wie ich in der Stube auf- und abgehe, fallen mir seine Pistolen in die Augen. – Borge mir die Pistolen, sagte ich, zu meiner Reise. – Meinetwegen, sagte er, wenn du dir die Mühe nehmen willst sie zu laden; bei mir hängen sie nur PRO FORMA. – Ich nahm eine herunter, und er fuhr fort: Seit mir meine Vorsicht einen so unartigen Streich gespielt hat, mag ich mit dem Zeuge nichts mehr zu thun haben. – Ich war neugierig, die Geschichte zu wissen. – Ich hielt mich, erzählte er, wohl ein Vierteljahr auf dem Lande bei einem Freunde auf, hatte ein paar Terzerolen ungeladen und schlief ruhig. Einmal an einem regnichten Nachmittage, da ich müßig sitze, weiß ich nicht, wie mir einfällt: wir könnten überfallen werden, wir könnten die Terzerolen nöthig haben und könnten – du weißt ja, wie das ist. – Ich gab sie dem Bedienten, sie zu putzen und zu laden; und der dahlt mit den Mädchen, will sie erschrecken, und Gott weiß wie, das Gewehr geht los, da der Ladstock noch drin steckt, und schießt den Ladstock einem Mädchen zur Maus herein an der rechten Hand, und zerschlägt ihr den Daumen. Da hatte ich das Lamentiren, und die Cur zu bezahlen oben drein, und seit der Zeit lass' ich alles Gewehr ungeladen. Lieber Schatz, was ist Vorsicht? die Gefahr läßt sich nicht auslernen! Zwar – Nun weißt du, daß ich den Menschen sehr lieb habe bis auf seine *Zwar;* denn versteht sich's nicht von selbst, daß jeder allgemeine Satz Ausnahmen leidet? Aber so rechtfertig ist der Mensch! wenn er glaubt, etwas Übereiltes, Allgemeines, Halbwahres gesagt zu haben: so hört er dir nicht auf zu limitiren, zu modificiren und ab- und zuzuthun, bis zuletzt gar nichts mehr an der Sache ist. Und bei diesem Anlaß kam er sehr tief in Text: ich hörte endlich gar nicht weiter auf ihn, verfiel in Grillen, und mit einer auffahrenden Gebärde drückte ich mir die Mündung der Pistole über's rechte Aug' an die Stirn. – Pfui! sagte Albert, indem er mir die Pistole herabzog, was soll das? – Sie ist nicht geladen, sagte ich. – Und auch so, was soll's? versetzte er ungeduldig. Ich kann mir nicht vorstellen, wie ein Mensch so thöricht sein kann, sich zu erschießen; der bloße Gedanke erregt mir Widerwillen.

Daß ihr Menschen, rief ich aus, um von einer Sache zu reden, gleich sprechen müßt: das ist thöricht, das ist klug, das ist gut, das ist bös! Und was will das alles heißen? Habt ihr deßwegen die inneren Verhältnisse einer Handlung erforscht? wißt ihr mit Bestimmtheit die Ursachen zu entwickeln, warum sie geschah, warum sie geschehen mußte? Hättet ihr das, ihr würdet nicht so eilfertig mit euren Urtheilen sein.

Du wirst mir zugeben, sagte Albert, daß gewisse Handlungen lasterhaft bleiben, sie mögen geschehen, aus welchem Beweggrunde sie wollen.

Ich zuckte die Achseln und gab's ihm zu. – Doch, mein Lieber, fuhr ich fort, finden sich auch hier einige Ausnahmen. Es ist wahr, der Diebstahl ist ein Laster: aber der Mensch, der, um sich und die Seinigen vom gegenwärtigen Hungertode zu erretten, auf Raub ausgeht, verdient der Mitleiden oder Strafe? Wer hebt den ersten Stein auf gegen den Ehemann, der im gerechten Zorne sein untreues Weib und ihren nichtswürdigen Verführer aufopfert? Gegen das Mädchen, das in einer wonnevollen Stunde sich in den unaufhaltsamen Freuden der Liebe verliert? Unsere Gesetze selbst, diese kaltblütigen Pedanten, lassen sich rühren und halten ihre Strafe zurück.

Das ist ganz was anders, versetzte Albert, weil ein Mensch, den seine Leidenschaften hinreißen, alle Besinnungskraft verliert, und als ein Trunkener, als ein Wahnsinniger angesehen wird.

Ach ihr vernünftigen Leute! rief ich lächelnd aus. Leidenschaft! Trunkenheit! Wahnsinn! Ihr steht so gelassen, so ohne Theilnehmung da, ihr sittlichen Menschen! scheltet den Trinker, verabscheut den Unsinnigen, geht vorbei wie der Priester und dankt Gott wie der Pharisäer, daß er euch nicht gemacht hat wie einen von diesen. Ich bin mehr als einmal trunken gewesen, meine Leidenschaften waren nie weit vom Wahnsinn, und beides reut mich nicht: denn ich habe in meinem Maße begreifen lernen, wie man alle außerordentlichen Menschen, die etwas Großes, etwas Unmöglichscheinendes wirkten, von jeher für Trunkene und Wahnsinnige ausschreien mußte.

Aber auch im gemeinen Leben ist's unerträglich, fast einem jeden bei halbweg einer freien, edlen, unerwarteten That nachrufen zu hören: der Mensch ist trunken, der ist närrisch! Schämt euch, ihr Nüchternen! Schämt euch, ihr Weisen!

Das sind nun wieder von deinen Grillen, sagte Albert, du überspannst alles, und hast wenigstens hier gewiß Unrecht, daß du den Selbstmord, wovon jetzt die Rede ist, mit großen Handlungen vergleichst: da man es doch für nichts anders als eine Schwäche halten kann. Denn freilich ist es leichter zu sterben, als ein qualvolles Leben standhaft zu ertragen.

Ich war im Begriff abzubrechen; denn kein Argument bringt mich so aus der Fassung, als wenn einer mit einem unbedeutenden Gemeinspruche angezogen kommt, wenn ich aus ganzem Herzen rede. Doch faßte ich mich, weil ich's schon oft gehört, und mich öfter darüber geärgert hatte, und versetzte ihm mit einiger Lebhaftigkeit: Du nennst das Schwäche? Ich bitte dich, laß dich vom Anscheine nicht verführen. Ein Volk, das unter dem unerträglichen Joch eines

Tyrannen seufzt, darfst du das schwach heißen, wenn es endlich aufgährt und seine Ketten zerreißt? Ein Mensch, der über dem Schrecken, daß Feuer sein Haus ergriffen hat, alle Kräfte gespannt fühlt, und mit Leichtigkeit Lasten wegträgt, die er bei ruhigem Sinne kaum bewegen kann; Einer, der in der Wuth der Beleidigung es mit Sechsen aufnimmt und sie überwältigt, sind die schwach zu nennen? Und, mein Guter, wenn Anstrengung Stärke ist, warum soll die Überspannung das Gegentheil sein? – Albert sah mich an und sagte: Nimm mir's nicht übel, die Beispiele, die du da gibst, scheinen hieher gar nicht zu gehören. – Es mag sein, sagte ich, man hat mir schon öfters vorgeworfen, daß meine Combinationsart manchmal an Radotage gränze. Laßt uns denn sehen, ob wir uns auf eine andere Weise vorstellen können, wie dem Menschen zu Muthe sein mag, der sich entschließt, die sonst angenehme Bürde des Lebens abzuwerfen. Denn nur in so fern wir mitempfinden, haben wir Ehre, von einer Sache zu reden.

Die menschliche Natur, fuhr ich fort, hat ihre Gränzen: sie kann Freude, Leid, Schmerzen bis auf einen gewissen Grad ertragen, und geht zu Grunde, sobald *der* überstiegen ist. Hier ist also nicht die Frage, ob einer schwach oder stark ist? sondern ob er das Maß seines Leidens ausdauern kann? es mag nun moralisch oder körperlich sein: und ich finde es eben so wunderbar zu sagen, der Mensch ist feige, der sich das Leben nimmt, als es ungehörig wäre, den einen Feigen zu nennen, der an einem bösartigen Fieber stirbt.

Paradox! sehr paradox! rief Albert aus. – Nicht so sehr als du denkst, versetzte ich. Du gibst mir zu, wir nennen das eine Krankheit zum Tode, wodurch die Natur so angegriffen wird, daß theils ihre Kräfte verzehrt, theils so außer Wirkung gesetzt werden, daß sie sich nicht wieder aufzuhelfen, durch keine glückliche Revolution den gewöhnlichen Umlauf des Lebens wieder herzustellen fähig ist.

Nun, mein Lieber, laß uns das auf den Geist anwenden. Sieh den Menschen an in seiner Eingeschränktheit, wie Eindrücke auf ihn wirken, Ideen sich bei ihm festsetzen, bis endlich eine wachsende Leidenschaft ihn aller ruhigen Sinneskraft beraubt, und ihn zu Grunde richtet.

Vergebens daß der gelassene vernünftige Mensch den Zustand des Unglücklichen übersieht, vergebens daß er ihm zuredet! Eben so wie ein Gesunder, der am Bette des Kranken steht, ihm von seinen Kräften nicht das Geringste einflößen kann.

Alberten war das zu allgemein gesprochen. Ich erinnerte ihn an ein Mädchen, das man vor weniger Zeit im Wasser todt gefunden, und wiederholte ihm ihre Geschichte. – Ein gutes junges Geschöpf, das in dem engen Kreise häuslicher Beschäftigungen, wöchentlicher bestimmter Arbeit herangewachsen war, das weiter keine Aussicht von Vergnügen kannte, als etwa

Sonntags in einem nach und nach zusammengeschafften Putz mit Ihresgleichen um die Stadt spazieren zu gehen, vielleicht alle hohen Feste einmal zu tanzen, und übrigens mit aller Lebhaftigkeit des herzlichsten Antheils manche Stunde über den Anlaß eines Gezänkes, einer übeln Nachrede mit einer Nachbarin zu verplaudern – Deren feurige Natur fühlt nun endlich innigere Bedürfnisse, die durch die Schmeicheleien der Männer vermehrt werden; ihre vorigen Freuden werden ihr nach und nach unschmackhaft, bis sie endlich einen Menschen antrifft, zu dem ein unbekanntes Gefühl sie unwiderstehlich hinreißt, auf den sie nun alle ihre Hoffnungen wirft, die Welt rings um sich vergißt, nichts hört, nichts sieht, nichts fühlt als ihn, den Einzigen, sich nur sehnt nach ihm, dem Einzigen. Durch die leeren Vergnügungen einer unbeständigen Eitelkeit nicht verdorben, zieht ihr Verlangen gerade nach dem Zweck, sie will die Seinige werden, sie will in ewiger Verbindung all das Glück antreffen, das ihr mangelt, die Vereinigung aller Freuden genießen, nach denen sie sich sehnte. Wiederholtes Versprechen, das ihr die Gewißheit aller Hoffnungen versiegelt, kühne Liebkosungen, die ihre Begierden vermehren, umfangen ganz ihre Seele; sie schwebt in einem dumpfen Bewußtsein, in einem Vorgefühl aller Freuden, sie ist bis auf den höchsten Grad gespannt. Sie streckt endlich ihre Arme aus, all ihre Wünsche zu umfassen – und ihr Geliebter verläßt sie. – Erstarrt, ohne Sinne steht sie vor einem Abgrunde; alles ist Finsterniß um sie her, keine Aussicht, kein Trost, keine Ahnung! denn *der* hat sie verlassen, in dem sie allein ihr Dasein fühlte. Sie sieht nicht die weite Welt, die vor ihr liegt, nicht die Vielen, die ihr den Verlust ersetzen könnten, sie fühlt sich allein, verlassen von aller Welt, – und blind, in die Enge gepreßt von der entsetzlichen Noth ihres Herzens, stürzt sie sich hinunter, um in einem rings umfangenden Tode alle ihre Qualen zu ersticken. – Sieh, Albert, das ist die Geschichte so manches Menschen! und sag', ist das nicht der Fall der Krankheit? Die Natur findet keinen Ausweg aus dem Labyrinthe der verworrenen und widersprechenden Kräfte, und der Mensch muß sterben.

Wehe dem, der zusehen und sagen könnte: die Thörin! Hätte sie gewartet, hätte sie die Zeit wirken lassen, die Verzweifelung würde sich schon gelegt, es würde sich schon ein anderer sie zu trösten vorgefunden haben. – Das ist eben, als wenn einer sagte: der Thor, stirbt am Fieber! Hätte er gewartet, bis seine Kräfte sich erholt, seine Säfte sich verbessert, der Tumult seines Blutes sich gelegt hätten: alles wäre gut gegangen, und er lebte bis auf den heutigen Tag!

Albert, dem die Vergleichung noch nicht anschaulich war, wandte noch einiges ein, und unter andern: ich hätte nur von einem einfältigen Mädchen gesprochen; wie aber ein Mensch von Verstande, der nicht so eingeschränkt sei, der mehr Verhältnisse übersehe, zu entschuldigen sein möchte, könne er nicht begreifen. – Mein Freund, rief ich aus, der Mensch ist Mensch, und das bißchen Verstand, das einer haben mag, kommt wenig oder nicht in Anschlag, wenn Leidenschaft wüthet und die Gränzen der Menschheit einen drängen. Vielmehr – Ein andermal davon, sagte ich, und griff nach meinem Hute. O mir war das Herz so voll – Und wir gingen aus einander, ohne einander verstanden zu haben. Wie denn auf dieser Welt keiner leicht den andern versteht.

Am 15. August.

Es ist doch gewiß, daß in der Welt den Menschen nichts nothwendig macht als die Liebe. Ich fühl's an Lotten, daß sie mich ungern verlöre, und die Kinder haben keinen andern Begriff, als daß ich immer morgen wieder kommen würde. Heute war ich hinausgegangen, Lottens Clavier zu stimmen, ich konnte aber nicht dazu kommen, denn die Kleinen verfolgten mich um ein Mährchen, und Lotte sagte selbst, ich sollte ihnen den Willen thun. Ich schnitt ihnen das Abendbrot, das sie nun fast so gern von mir als von Lotten annehmen, und erzählte ihnen das Hauptstückchen von der Prinzessin, die von Händen bedient wird. Ich lerne viel dabei, das versichre ich dich, und ich bin erstaunt, was es auf sie für Eindrücke macht. Weil ich manchmal einen Incidentpunct erfinden muß, den ich bei'm zweitenmal vergesse, sagen sie gleich, das vorigemal wär' es anders gewesen, so daß ich mich jetzt übe, sie unveränderlich in einem singenden Sylbenfall an einem Schnürchen weg zu recitiren. Ich habe daraus gelernt, wie ein Autor durch eine zweite veränderte Ausgabe seiner Geschichte, und wenn sie poetisch noch so besser geworden wäre, nothwendig seinem Buche schaden muß. Der erste Eindruck findet uns willig, und der Mensch ist gemacht, daß man ihn das Abenteuerlichste überreden kann; das haftet aber auch gleich so fest, und wehe dem, der es wieder auskratzen und austilgen will!

Am 18. August.

Mußte denn das so sein, daß das, was des Menschen Glückseligkeit macht, wieder die Quelle seines Elendes würde?

Das volle warme Gefühl meines Herzens an der lebendigen Natur, das mich mit so vieler Wonne überströmte, das rings umher die Welt mir zu einem Paradiese schuf, wird mir jetzt zu einem unerträglichen Peiniger, zu einem quälenden Geist, der mich auf allen Wegen verfolgt. Wenn ich sonst vom Felsen über den Fluß bis zu jenen Hügeln das fruchtbare Thal überschaute und alles um mich her keimen und quellen sah; wenn ich jene Berge, vom Fuße bis auf zum Gipfel, mit hohen dichten Bäumen bekleidet, jene Thäler in ihren mannichfaltigen Krümmungen von den lieblichsten Wäldern beschattet sah, und der sanfte Fluß zwischen den lispelnden Rohren dahin gleitete und die lieben Wolken abspiegelte, die der sanfte Abendwind am Himmel herüber wiegte; wenn ich dann die Vögel um mich den Wald beleben hörte, und die Millionen Mückenschwärme im letzten rothen Strahle der Sonne muthig tanzten, und ihr letzter zuckender Blick den summenden Käfer aus seinem Grase befreite; und das Schwirren und Weben um mich her mich auf den Boden aufmerksam machte und das Moos, das meinem harten Felsen seine Nahrung abzwingt, und das Geniste, das den dürren Sandhügel hinunter wächs't, mir das innere, glühende, heilige Leben der Natur eröffnete: wie faßte ich das alles in mein warmes Herz, fühlte mich in der überfließenden Fülle wie vergöttert, und die herrlichen Gestalten der unendlichen Welt bewegten sich allbelebend in meiner Seele. Ungeheure Berge umgaben mich, Abgründe lagen vor mir, und Wetterbäche stürzten herunter, die Flüsse strömten unter mir, und Wald und Gebirg erklang; und ich sah sie wirken und schaffen in einander in den Tiefen der Erde, alle die unergründlichen Kräfte; und nun über der Erde und unter dem Himmel wimmeln die Geschlechter der mannichfaltigen Geschöpfe. Alles, alles bevölkert mit tausendfachen Gestalten; und die Menschen dann sich in Häuslein zusammen sichern und sich annisten und herrschen in ihrem Sinne über die weite Welt! Armer Thor! der du alles so gering achtest, weil du so klein bist. – Vom unzugänglichen Gebirge über die Einöde, die kein Fuß betrat, bis an's Ende des unbekannten Oceans weht der Geist des Ewigschaffenden, und freut sich jedes Staubes, der ihn vernimmt und lebt. – Ach damals, wie oft habe ich mich mit Fittigen eines Kranichs, der über mich hinflog, zu dem Ufer des ungemessenen Meeres gesehnt, aus dem schäumenden Becher des Unendlichen jene schwellende Lebenswonne zu trinken, und nur einen Augenblick, in der eingeschränkten Kraft meines Busens, einen Tropfen der Seligkeit des Wesens zu fühlen, das alles in sich und durch sich hervorbringt.

Bruder, nur die Erinnerung jener Stunden macht mir wohl. Selbst diese Anstrengung, jene unsäglichen Gefühle zurückzurufen, wieder auszusprechen, hebt meine Seele über sich selbst, und läßt mich dann das Bange des Zustandes doppelt empfinden, der mich jetzt umgibt.

Es hat sich vor meiner Seele wie ein Vorhang weggezogen, und der Schauplatz des unendlichen Lebens verwandelt sich vor mir in den Abgrund des ewig offnen Grabs. Kannst du sagen: *Das ist!* da alles vorüber geht? da alles mit der Wetterschnelle vorüber rollt, so selten die ganze Kraft seines Daseins ausdauert, ach! in den Strom fortgerissen, untergetaucht und an Felsen zerschmettert wird? Da ist kein Augenblick, der nicht dich verzehrte und die Deinigen um dich her, kein Augenblick, da du nicht ein Zerstörer bist, sein mußt; der harmloseste Spaziergang kostet tausend armen Würmchen das Leben, es zerrüttet Ein Fußtritt die mühseligen Gebäude der Ameisen, und stampft eine kleine Welt in ein schmähliches Grab. Ha! nicht die große seltne Noth der Welt, diese Fluthen, die eure Dörfer wegspülen, diese Erdbeben, die eure Städte verschlingen, rühren mich; mir untergräbt das Herz die verzehrende Kraft, die in dem All der Natur verborgen liegt; die nichts gebildet hat, das nicht seinen Nachbar, nicht sich selbst zerstörte. Und so taumle ich beängstigt. Himmel und Erde und ihre webenden Kräfte um mich her: Ich sehe nichts, als ein ewig verschlingendes, ewig wiederkäuendes Ungeheuer.

Am 21. August.

Umsonst strecke ich meine Arme nach ihr aus, Morgens, wenn ich von schweren Träumen aufdämmere, vergebens suche ich sie Nachts in meinem Bette, wenn mich ein glücklicher unschuldiger Traum getäuscht hat, als säß' ich neben ihr auf der Wiese und hielt' ihre Hand und deckte sie mit tausend Küssen. Ach wenn ich dann noch halb im Taumel des Schlafes nach ihr tappe, und drüber mich ermuntere – ein Strom von Thränen bricht aus meinem gepreßten Herzen, und ich weine trostlos einer finstern Zukunft entgegen.

Am 22. August.

Es ist ein Unglück, Wilhelm, meine thätigen Kräfte sind zu einer unruhigen Lässigkeit verstimmt, ich kann nicht müßig sein und kann doch auch nichts thun. Ich habe keine Vorstellungskraft, kein Gefühl an der Natur und die Bücher ekeln mich an. Wenn wir uns selbst fehlen, fehlt uns doch alles. Ich schwöre dir, manchmal wünschte ich ein Tagelöhner zu sein, um nur des Morgens bei'm Erwachen eine Aussicht auf den künftigen Tag, einen Drang, eine Hoffnung zu haben. Oft beneide ich Alberten, den ich über die Ohren in Acten begraben sehe, und bilde mir ein, mir wäre wohl, wenn ich an seiner Stelle wäre! Schon etlichemal ist mir's so aufgefahren, ich wollte dir schreiben und dem Minister, um die Stelle bei der Gesandtschaft anzuhalten, die, wie du versicherst, mir nicht versagt werden würde. Ich glaube es selbst. Der Minister liebt mich seit langer Zeit, hatte lange mir angelegen, ich sollte mich irgend einem Geschäfte widmen; und eine Stunde ist mir's auch wohl drum zu thun. Hernach wenn ich wieder dran denke, und mir die Fabel vom Pferde einfällt, das seiner Freiheit ungeduldig sich Sattel und Zeug auflegen läßt, und zu Schanden geritten wird; – ich weiß nicht was ich soll – Und, mein Lieber! ist nicht vielleicht das Sehnen in mir nach Veränderung des Zustands eine innere unbehagliche Ungeduld, die mich überall hin verfolgen wird? ___________

Am 28. August.

Es ist wahr, wenn meine Krankheit zu heilen wäre, so würden diese Menschen es thun. Heute ist mein Geburtstag, und in aller Frühe empfange ich ein Päcktchen von Alberten. Mir fällt bei'm Eröffnen sogleich eine der blaßrothen Schleifen in die Augen, die Lotte vor hatte, als ich sie kennen lernte, und um die ich seither etlichemal gebeten hatte. Es waren zwei Büchelchen in Duodez dabei, der kleine Wetsteinische Homer, eine Ausgabe, nach der ich so oft verlangt, um mich auf dem Spaziergange mit dem Ernestischen nicht zu schleppen. Sieh! so kommen sie meinen Wünschen zuvor, so suchen sie alle die kleinen Gefälligkeiten der Freundschaft auf, die tausendmal werther sind als jene blendenden Geschenke, wodurch uns die Eitelkeit des Gebers erniedrigt. Ich küsse diese Schleife tausendmal, und mit jedem Athemzuge schlürfe ich die Erinnerung jener Seligkeiten ein, mit denen mich jene wenigen, glücklichen, unwiederbringlichen Tage überfüllten. Wilhelm, es ist so, und ich murre nicht, die Blüthen des Lebens sind nur Erscheinungen! Wie viele gehn vorüber, ohne eine Spur hinter sich zu lassen, wie wenige setzen Frucht an, und wie wenige dieser Früchte werden reif! Und doch sind deren noch genug da; und doch – O mein Bruder! – können wir gereifte Früchte vernachlässigen, verachten, ungenossen verfaulen lassen?

Lebe wohl! Es ist ein herrlicher Sommer; ich sitze

oft auf den Obstbäumen in Lottens Baumstück mit dem Obstbrecher, der langen Stange, und hole die Birnen aus dem Gipfel. Sie steht unten und nimmt sie ab, wenn ich sie ihr herunter lasse.

Am 30. August.

Unglücklicher! Bist du nicht ein Thor? betriegst du dich nicht selbst? Was soll diese tobende endlose Leidenschaft? Ich habe kein Gebet mehr als an sie; meiner Einbildungskraft erscheint keine andere Gestalt als die ihrige, und alles in der Welt um mich her sehe ich nur im Verhältnisse mit ihr. Und das macht mir denn so manche glückliche Stunde – bis ich mich wieder von ihr losreißen muß! Ach Wilhelm! wozu mich mein Herz oft drängt! – Wenn ich bei ihr gesessen bin, zwei, drei Stunden, und mich an ihrer Gestalt, an ihrem Betragen, an dem himmlischen Ausdruck ihrer Worte geweidet habe, und nun nach und nach alle meine Sinne aufgespannt werden, mir es düster vor den Augen wird, ich kaum noch höre, und es mich an die Gurgel faßt wie ein Meuchelmörder, dann mein Herz in wilden Schlägen den bedrängten Sinnen Luft zu machen sucht, und ihre Verwirrung nur vermehrt – Wilhelm, ich weiß oft nicht, ob ich auf der Welt bin! Und, – wenn nicht manchmal die Wehmuth das Übergewicht nimmt, und Lotte mir den elenden Trost erlaubt, auf ihrer Hand meine Beklemmung auszuweinen, – so muß ich fort, muß hinaus!

und schweife dann weit im Feld umher; einen jähen Berg zu klettern ist dann meine Freude, durch einen unwegsamen Wald einen Pfad durchzuarbeiten, durch die Hecken, die mich verletzen, durch die Dornen, die mich zerreißen! Da wird mir's etwas besser! Etwas! Und wenn ich vor Müdigkeit und Durst manchmal unterwegs liegen bleibe, manchmal in der tiefen Nacht, wenn der hohe Vollmond über mir steht, im einsamen Walde, auf einen krummgewachsenen Baum mich setze, um meinen verwundeten Sohlen nur einige Linderung zu verschaffen, und dann in einer ermattenden Ruhe in dem Dämmerschein hinschlummre! O Wilhelm! die einsame Wohnung einer Zelle, das härene Gewand und der Stachelgürtel wären Labsale, nach denen meine Seele schmachtet. Adieu! Ich seh' dieses Elendes kein Ende als das Grab.

Am 3. September.

Ich muß fort! Ich danke dir, Wilhelm, daß du meinen wankenden Entschluß bestimmt hast. Schon vierzehn Tage gehe ich mit dem Gedanken um, sie zu verlassen. Ich muß fort. Sie ist wieder in der Stadt bei einer Freundin. Und Albert – und – ich muß fort!

Am 10. September.

Das war eine Nacht! Wilhelm! nun überstehe ich alles. Ich werde sie nicht wieder sehn! O daß ich nicht an deinen Hals fliegen, dir mit tausend Thränen und Entzückungen ausdrücken kann, mein Bester, die Empfindungen, die mein Herz bestürmen. Hier sitze ich und schnappe nach Luft, suche mich zu beruhigen, erwarte den Morgen, und mit Sonnenaufgang sind die Pferde bestellt.

Ach sie schläft ruhig und denkt nicht, daß sie mich nie wieder sehen wird. Ich habe mich losgerissen, bin stark genug gewesen, in einem Gespräch von zwei Stunden mein Vorhaben nicht zu verrathen. Und Gott, welch ein Gespräch!

Albert hatte mir versprochen, gleich nach dem Nachtessen mit Lotten im Garten zu sein. Ich stand auf der Terrasse unter den hohen Kastanienbäumen und sah der Sonne nach, die mir nun zum letztenmal über dem lieblichen Thale, über dem sanften Fluß unterging. So oft hatte ich hier gestanden mit ihr und eben dem herrlichen Schauspiele zugesehen, und nun – Ich ging in der Allee auf und ab, die mir so lieb war; ein geheimer sympathetischer Zug hatte mich hier so oft gehalten, ehe ich noch Lotten kannte, und wie freuten wir uns, als wir im Anfang unserer Bekanntschaft die wechselseitige Neigung zu diesem Plätzchen entdeckten, das wahrhaftig eins von den romantischsten ist, die ich von der Kunst hervorgebracht gesehen habe.

Erst hast du zwischen Kastanienbäumen die weite Aussicht – Ach ich erinnere mich, ich habe dir, denk' ich, schon viel davon geschrieben, wie hohe Buchenwände einen endlich einschließen, und durch ein daran stoßendes Boskett die Allee immer düsterer wird, bis zuletzt alles sich in ein geschlossenes Plätzchen endigt, das alle Schauer der Einsamkeit umschweben. Ich fühle es noch, wie heimlich mir's ward, als ich zum erstenmale an einem hohen Mittage hinein trat; ich ahnete ganz leise, was für ein Schauplatz das noch werden sollte von Seligkeit und Schmerz.

Ich hatte mich etwa eine halbe Stunde in den schmachtenden süßen Gedanken des Abscheidens, des Wiedersehens geweidet, als ich sie die Terrasse herauf steigen hörte. Ich lief ihnen entgegen, mit einem Schauer faßte ich ihre Hand und küßte sie. Wir waren eben herauf getreten, als der Mond hinter dem buschigen Hügel aufging; wir redeten mancherlei und kamen unvermerkt dem düstern Kabinette näher. Lotte trat hinein und setzte sich, Albert neben sie, ich auch; doch meine Unruhe ließ mich nicht lange sitzen; ich stand auf, trat vor sie, ging auf und ab, setzte mich wieder: es war ein ängstlicher Zustand. Sie machte uns aufmerksam auf die schöne Wirkung des Mondenlichtes, das am Ende der Buchenwände die ganze Terrasse vor uns erleuchtete: ein herrlicher Anblick, der um so viel frappanter war, weil uns rings eine tiefe Dämmerung einschloß. Wir waren still, und sie fing nach einer Weile an: Niemals gehe ich im Mondenlichte spazieren, niemals, daß mir nicht der Gedanke an meine Verstorbenen begegnete, daß nicht das Gefühl von Tod, von Zukunft über mich käme. Wir werden sein! fuhr sie mit der Stimme des herrlichsten Gefühls fort; aber, Werther, sollen wir uns wieder finden? wieder erkennen? was ahnen Sie? was sagen Sie?

Lotte, sagte ich, indem ich ihr die Hand reichte, und mir die Augen voll Thränen wurden, wir werden uns wieder sehn! hier und dort wieder sehn! – Ich konnte nicht weiter reden – Wilhelm, mußte sie mich das fragen, da ich diesen ängstlichen Abschied im Herzen hatte!

Und ob die lieben Abgeschiednen von uns wissen, fuhr sie fort, ob sie fühlen, wann's uns wohl geht, daß wir mit warmer Liebe uns ihrer erinnern? O! die Gestalt meiner Mutter schwebt immer um mich, wenn ich am stillen Abend unter ihren Kindern, unter meinen Kindern sitze, und sie um mich versammelt sind, wie sie um sie versammelt waren. Wenn ich dann mit einer sehnenden Thräne gen Himmel sehe, und wünsche, daß sie herein schauen könnte einen Augenblick, wie ich mein Wort halte, das ich ihr in der Stunde des Todes gab: die Mutter ihrer Kinder zu sein. Mit welcher Empfindung rufe ich aus: Verzeihe mir's, Theuerste, wenn ich ihnen nicht bin was du ihnen warst. Ach! thue ich doch alles was ich kann; sind sie doch gekleidet, genährt, ach, und was mehr ist als das alles, gepflegt und geliebt. Könntest du unsere Eintracht sehen, liebe

Heilige! du würdest mit dem heißesten Danke den Gott verherrlichen, den du mit den letzten bittersten Thränen um die Wohlfahrt deiner Kinder batest. –

Sie sagte das! o Wilhelm, wer kann wiederholen was sie sagte! Wie kann der kalte todte Buchstabe diese himmlische Blüthe des Geistes darstellen! Albert fiel ihr sanft in die Rede: Es greift Sie zu stark an, liebe Lotte! ich weiß, Ihre Seele hängt sehr nach diesen Ideen, aber ich bitte Sie – O Albert, sagte sie, ich weiß, du vergissest nicht die Abende, da wir zusammen saßen an dem kleinen runden Tischchen, wenn der Papa verreis't war, und wir die Kleinen schlafen geschickt hatten. Du hattest oft ein gutes Buch und kamst so selten dazu, etwas zu lesen – War der Umgang dieser herrlichen Seele nicht mehr als alles? die schöne, sanfte, muntere und immer thätige Frau! Gott kennt meine Thränen, mit denen ich mich oft in meinem Bette vor ihn hinwarf: er möchte mich ihr gleich machen.

Lotte! rief ich aus, indem ich mich vor sie hinwarf, ihre Hand nahm und mit tausend Thränen netzte, Lotte! der Segen Gottes ruht über dir, und der Geist deiner Mutter! – Wenn Sie sie gekannt hätten, sagte sie, indem sie mir die Hand drückte, – sie war werth von Ihnen gekannt zu sein! – Ich glaubte zu vergehen. Nie war ein größeres stolzeres Wort über mich ausgesprochen worden – und sie fuhr fort: Und diese Frau mußte in der Blüthe ihrer

Jahre dahin, da ihr jüngster Sohn nicht sechs Monate alt war! Ihre Krankheit dauerte nicht lange; sie war ruhig, hingegeben, nur ihre Kinder thaten ihr weh, besonders das kleine. Wie es gegen das Ende ging, und sie zu mir sagte: Bringe mir sie herauf, und wie ich sie herein führte, die kleinen, die nicht wußten, und die ältesten, die ohne Sinne waren, wie sie um's Bette standen, und wie sie die Hände aufhob, und über sie betete, und sie küßte nach einander und sie wegschickte, und zu mir sagte: Sei ihre Mutter! – Ich gab ihr die Hand drauf! – Du versprichst viel, meine Tochter, sagte sie, das Herz einer Mutter und das Aug' einer Mutter. Ich habe oft an deinen dankbaren Thränen gesehen, daß du fühlst was das sei. Habe es für deine Geschwister, und für deinen Vater die Treue und den Gehorsam einer Frau. Du wirst ihn trösten. – Sie fragte nach ihm, er war ausgegangen, um uns den unerträglichen Kummer zu verbergen, den er fühlte, der Mann war ganz zerrissen.

Albert, du warst im Zimmer. Sie hörte jemand gehn und fragte und forderte dich zu sich, und wie sie dich ansah und mich, mit dem getrösteten ruhigen Blicke, daß wir glücklich sein, zusammen glücklich sein würden. – Albert fiel ihr um den Hals und küßte sie und rief: Wir sind es! wir werden es sein! – Der ruhige Albert war ganz aus seiner Fassung, und ich wußte nichts von mir selber.

Werther, fing sie an, und diese Frau sollte dahin

sein! Gott! wenn ich manchmal denke, wie man das Liebste seines Lebens wegtragen läßt, und niemand als die Kinder das so scharf fühlt, die sich noch lange beklagten, die schwarzen Männer hätten die Mama weggetragen!

Sie stand auf und ich ward erweckt und erschüttert, blieb sitzen und hielt ihre Hand. – Wir wollen fort, sagte sie, es wird Zeit. – Sie wollte ihre Hand zurückziehen und ich hielt sie fester. – Wir werden uns wieder sehen, rief ich, wir werden uns finden, unter allen Gestalten werden wir uns erkennen. Ich gehe, fuhr ich fort, ich gehe willig, und doch, wenn ich sagen sollte auf ewig, ich würde es nicht aushalten. Leb' wohl, Lotte! Leb' wohl, Albert! Wir sehn uns wieder. – Morgen, denke ich, versetzte sie scherzend. – Ich fühlte das Morgen! Ach sie wußte nicht, als sie ihre Hand aus der meinen zog – Sie gingen die Allee hinaus, ich stand, sah ihnen nach im Mondscheine und warf mich an die Erde und weinte mich aus und sprang auf und lief auf die Terrasse hervor und sah noch dort unten im Schatten der hohen Lindenbäume ihr weißes Kleid nach der Gartenthür schimmern, ich streckte meine Arme aus, und es verschwand.

Die Leiden

des

jungen Werther.

Zweites Buch.

Am 20. October 1771.

Gestern sind wir hier angelangt. Der Gesandte ist unpaß, und wird sich also einige Tage einhalten. Wenn er nur nicht so unhold wäre, wär' alles gut. Ich merke, ich merke, das Schicksal hat mir harte Prüfungen zugedacht. Doch gutes Muths! Ein leichter Sinn trägt alles! Ein leichter Sinn? das macht mich zu lachen, wie das Wort in meine Feder kommt. O ein bißchen leichteres Blut würde mich zum Glücklichsten unter der Sonne machen. Was! da wo andere mit ihrem bißchen Kraft und Talent vor mir in behaglicher Selbstgefälligkeit herumschwadroniren, verzweifle ich an meiner Kraft, an meinen Gaben? Guter Gott, der du mir das alles schenktest, warum hieltest du nicht die Hälfte zurück, und gabst mir Selbstvertrauen und Genügsamkeit!

Geduld! Geduld! es wird besser werden. Denn ich sage dir, Lieber, du hast Recht. Seit ich unter dem Volke alle Tage herumgetrieben werde, und sehe was sie thun und wie sie's treiben, stehe ich viel besser mit mir selbst. Gewiß, weil wir doch einmal so gemacht sind, daß wir alles mit uns und uns mit allem vergleichen, so liegt Glück oder Elend in den

Gegenständen, womit wir uns zusammenhalten und da ist nichts gefährlicher als die Einsamkeit. Unsere Einbildungskraft, durch ihre Natur gedrungen sich zu erheben, durch die phantastischen Bilder der Dichtkunst genährt, bildet sich eine Reihe Wesen hinauf, wo wir das unterste sind, und alles außer uns herrlicher erscheint, jeder andere vollkommner ist. Und das geht ganz natürlich zu. Wir fühlen so oft, daß uns manches mangelt, und eben was uns fehlt scheint uns oft ein anderer zu besitzen, dem wir denn auch alles dazu geben, was *wir* haben, und noch eine gewisse idealische Behaglichkeit dazu. Und so ist der Glückliche vollkommen fertig, das Geschöpf unserer selbst.

Dagegen wenn wir mit all unserer Schwachheit und Mühseligkeit nur gerade fortarbeiten, so finden wir gar oft, daß wir mit unserem Schlendern und Laviren es weiter bringen, als andere mit ihrem Segeln und Rudern – und – das ist doch ein wahres Gefühl seiner selbst, wenn man andern gleich oder gar vorläuft.

Am 26. November 1771.

Ich fange an, mich in so fern ganz leidlich hier zu befinden. Das Beste ist, daß es zu thun genug gibt; und dann die vielerlei Menschen, die allerlei neuen Gestalten machen mir ein buntes Schauspiel vor meiner Seele. Ich habe den Grafen C.. kennen lernen, einen Mann, den ich jeden Tag mehr verehren muß, einen weiten großen Kopf, und der deßwegen nicht kalt ist, weil er viel übersieht; aus dessen Umgange so viel Empfindung für Freundschaft und Liebe hervorleuchtet. Er nahm Theil an mir, als ich einen Geschäftsauftrag an ihn ausrichtete, und er bei den ersten Worten merkte, daß wir uns verstanden, daß er mit mir reden konnte wie nicht mit jedem. Auch kann ich sein offnes Betragen gegen mich nicht genug rühmen. So eine wahre warme Freude ist nicht in der Welt, als eine große Seele zu sehen, die sich gegen einen öffnet.

Am 24. December 1771.

Der Gesandte macht mir viel Verdruß, ich habe es voraus gesehn. Er ist der pünctlichste Narr, den es nur geben kann; Schritt vor Schritt, und umständlich wie eine Base; ein Mensch, der nie mit sich selbst zufrieden ist, und dem es daher niemand zu Danke machen kann. Ich arbeite gern leicht weg, und wie es steht so steht es: da ist er im Stande, mir einen Aufsatz zurückzugeben und zu sagen: Er ist gut, aber sehen Sie ihn durch, man findet immer ein besseres Wort, eine reinere Partikel. – Da möchte ich des Teufels werden. Kein Und, kein Bindewörtchen darf außenbleiben, und von allen Inversionen, die mir manchmal entfahren, ist er ein Todfeind; wenn man seinen Perioden nicht nach der hergebrachten Melodie heraborgelt, so versteht er gar nichts drin.

Das ist ein Leiden, mit so einem Menschen zu thun zu haben.

Das Vertrauen des Grafen von C.. ist noch das Einzige, was mich schadlos hält. Er sagte mir letzthin ganz aufrichtig, wie unzufrieden er mit der Langsamkeit und Bedenklichkeit meines Gesandten sei. Die Leute erschweren es sich und andern; doch, sagte er, man muß sich darein resigniren, wie ein Reisender, der über einen Berg muß; freilich, wäre der Berg nicht da, so wäre der Weg viel bequemer und kürzer; er ist nun aber da, und man soll hinüber! –

Mein Alter spürt auch wohl den Vorzug, den mir der Graf vor ihm gibt, und das ärgert ihn, und er ergreift jede Gelegenheit, Übels gegen mich vom Grafen zu reden: ich halte, wie natürlich, Widerpart, und dadurch wird die Sache nur schlimmer. Gestern gar brachte er mich auf, denn ich war mitgemeint: zu so Weltgeschäften sei der Graf ganz gut, er habe viele Leichtigkeit zu arbeiten und führe eine gute Feder, doch an gründlicher Gelehrsamkeit mangle es ihm wie allen Bellettristen. Dazu machte er eine Miene, als ob er sagen wollte: Fühlst du den Stich? Aber es that bei mir nicht die Wirkung, ich verachtete den Menschen, der so denken und sich so betragen konnte. Ich hielt ihm Stand, und focht mit ziemlicher Heftigkeit. Ich sagte, der Graf sei ein Mann, vor dem man Achtung haben müsse, wegen seines Charakters sowohl als wegen seiner Kenntnisse. Ich habe, sagt' ich, niemand gekannt, dem es so geglückt wäre, seinen Geist zu erweitern, ihn über unzählige Gegenstände zu verbreiten und doch diese Thätigkeit für's gemeine Leben zu behalten. – Das waren dem Gehirne spanische Dörfer, und ich empfahl mich, um nicht über ein weiteres Deraisonnement noch mehr Galle zu schlucken.

Und daran seid ihr alle Schuld, die ihr mich in das Joch geschwatzt, und mir so viel von Activität vorgesungen habt. Activität! Wenn nicht der mehr thut, der Kartoffeln legt, und in die Stadt reitet sein Korn zu verkaufen, als ich, so will ich zehn Jahre noch mich auf der Galeere abarbeiten, auf der ich nun angeschmiedet bin.

Und das glänzende Elend, die Langeweile unter dem garstigen Volke, das sich hier neben einander sieht! die Rangsucht unter ihnen, wie sie nur wachen und aufpassen, einander ein Schrittchen abzugewinnen; die elendesten erbärmlichsten Leidenschaften, ganz ohne Röckchen. Da ist ein Weib, zum Exempel, die jedermann von ihrem Adel und ihrem Lande unterhält, so daß jeder Fremde denken muß: das ist eine Närrin, die sich auf das bißchen Adel und auf den Ruf ihres Landes Wunderstreiche einbildet. – Aber es ist noch viel ärger: eben das Weib ist hier aus der Nachbarschaft eines Amtschreibers Tochter. – Sieh, ich kann das Menschengeschlecht nicht begreifen, das so wenig Sinn hat, um sich so platt zu prostituiren.

Zwar ich merke täglich mehr, mein Lieber, wie

thöricht man ist, andere nach sich zu berechnen. Und weil ich so viel mit mir selbst zu thun habe, und dieses Herz so stürmisch ist – ach ich lasse gern die andern ihres Pfades gehen, wenn sie mich nur auch könnten gehen lassen.

Was mich am meisten neckt, sind die fatalen bürgerlichen Verhältnisse. Zwar weiß ich so gut als einer, wie nöthig der Unterschied der Stände ist, wie viel Vortheile er mir selbst verschafft: nur soll er mir nicht eben gerade im Wege stehen, wo ich noch ein wenig Freude, einen Schimmer von Glück auf dieser Erde genießen könnte. Ich lernte neulich auf dem Spaziergange ein Fräulein von B.. kennen, ein liebenswürdiges Geschöpf, das sehr viele Natur mitten in dem steifen Leben erhalten hat. Wir gefielen uns in unserem Gespräche, und da wir schieden, bat ich sie um Erlaubniß, sie bei sich sehen zu dürfen. Sie gestattete mir das mit so vieler Freimüthigkeit, daß ich den schicklichen Augenblick kaum erwarten konnte, zu ihr zu gehen. Sie ist nicht von hier und wohnt bei einer Tante im Hause. Die Physiognomie der Alten gefiel mir nicht. Ich bezeigte ihr viel Aufmerksamkeit, mein Gespräch war meist an sie gewandt, und in minder als einer halben Stunde hatte ich so ziemlich weg, was mir das Fräulein nachher selbst gestand: daß die liebe Tante in ihrem Alter Mangel von allem, kein anständiges Vermögen, keinen Geist, und keine Stütze hat als die Reihe ihrer Vorfahren, keinen Schirm als den Stand, in den sie sich verpallisadirt, und kein Ergetzen, als von ihrem Stockwerk herab über die bürgerlichen Häupter wegzusehen. In ihrer Jugend soll sie schön gewesen sein und ihr Leben weggegaukelt, erst mit ihrem Eigensinne manchen armen Jungen gequält, und in den reiferen Jahren sich unter den Gehorsam eines alten Officiers geduckt haben, der gegen diesen Preis und einen leidlichen Unterhalt das eherne Jahrhundert mit ihr zubrachte und starb. Nun sieht sie im eisernen sich allein und würde nicht angesehn, wär' ihre Nichte nicht so liebenswürdig.

Den 8. Januar 1772.

Was das für Menschen sind, deren ganze Seele auf dem Ceremoniell ruht, deren Dichten und Trachten Jahre lang dahin geht, wie sie um einen Stuhl weiter hinauf bei Tische sich einschieben wollen! Und nicht, daß sie sonst keine Angelegenheit hätten: nein, vielmehr häufen sich die Arbeiten, eben weil man über den kleinen Verdrießlichkeiten von Beförderung der wichtigen Sachen abgehalten wird. Vorige Woche gab es bei der Schlittenfahrt Händel und der ganze Spaß wurde verdorben.

Die Thoren, die nicht sehen, daß es eigentlich auf den Platz gar nicht ankommt, und daß der, der den ersten hat, so selten die erste Rolle spielt! Wie mancher König wird durch seinen Minister, wie mancher Minister durch seinen Secretär regiert! Und wer ist dann der Erste? der, dünkt mich, der die andern übersieht, und so viel Gewalt oder List hat, ihre Kräfte und Leidenschaften zu Ausführung seiner Plane anzuspannen.

Am 20. Januar.

Ich muß Ihnen schreiben, liebe Lotte, hier in der Stube einer geringen Bauernherberge, in die ich mich vor einem schweren Wetter geflüchtet habe. So lange ich in dem traurigen Neste D.., unter dem fremden, meinem Herzen ganz fremden Volke herumziehe, habe ich keinen Augenblick gehabt, keinen, an dem mein Herz mich geheißen hätte Ihnen zu schreiben; und jetzt in dieser Hütte, in dieser Einsamkeit, in dieser Einschränkung, da Schnee und Schloßen wider mein Fensterchen wüthen, hier waren Sie mein erster Gedanke. Wie ich herein trat, überfiel mich Ihre Gestalt, Ihr Andenken, o Lotte! so heilig, so warm! Guter Gott! der erste glückliche Augenblick wieder.

Wenn Sie mich sähen, meine Beste, in dem Schwall von Zerstreuung! wie ausgetrocknet meine Sinne werden; nicht Einen Augenblick der Fülle des Herzens, nicht Eine selige Stunde! nichts! nichts! Ich stehe wie vor einem Raritätenkasten, und sehe die Männchen und Gäulchen vor mir herumrücken, und frage mich oft, ob es nicht optischer Betrug ist. Ich spiele mit, vielmehr, ich werde gespielt wie eine

Marionette, und fasse manchmal meinen Nachbar an der hölzernen Hand und schaudere zurück. Des Abends nehme ich mir vor, den Sonnenaufgang zu genießen, und komme nicht aus dem Bette; am Tage hoffe ich, mich des Mondscheins zu erfreuen, und bleibe in meiner Stube. Ich weiß nicht recht, warum ich aufstehe, warum ich schlafen gehe.

Der Sauerteig, der mein Leben in Bewegung setzt, fehlt; der Reiz, der mich in tiefen Nächten munter erhielt, ist hin, der mich des Morgens aus dem Schlafe weckte, ist weg.

Ein einzig weibliches Geschöpf habe ich hier gefunden, eine Fräulein von B.., sie gleicht Ihnen, liebe Lotte, wenn man Ihnen gleichen kann. Ei! werden Sie sagen, der Mensch legt sich auf niedliche Complimente! Ganz unwahr ist es nicht. Seit einiger Zeit bin ich sehr artig, weil ich doch nicht anders sein kann, habe viel Witz, und die Frauenzimmer sagen: es wüßte niemand so fein zu loben als ich (und zu lügen, setzen Sie hinzu, denn ohne das geht es nicht ab, verstehen Sie?). Ich wollte von Fräulein B.. reden. Sie hat viel Seele, die voll aus ihren blauen Augen hervorblickt. Ihr Stand ist ihr zur Last, der keinen der Wünsche ihres Herzens befriedigt. Sie sehnt sich aus dem Getümmel, und wir verphantasiren manche Stunde in ländlichen Scenen von ungemischter Glückseligkeit; ach! und von Ihnen! Wie oft muß sie Ihnen huldigen, muß nicht, thut es freiwillig, hört so gern von Ihnen, liebt Sie. –

O säß' ich zu Ihren Füßen in dem lieben vertraulichen Zimmerchen, und unsere kleinen Lieben wälzten sich mit einander um mich herum, und wenn sie Ihnen zu laut würden, wollte ich sie mit einem schauerlichen Mährchen um mich zur Ruhe versammeln.

Die Sonne geht herrlich unter über der schneeglänzenden Gegend, der Sturm ist hinüber gezogen, und ich – muß mich wieder in meinen Käfig sperren. – Adieu! Ist Albert bei Ihnen? Und wie – ? Gott verzeihe mir diese Frage!

Den 8. Februar.

Wir haben seit acht Tagen das abscheulichste Wetter und mir ist es wohlthätig. Denn so lang ich hier bin, ist mir noch kein schöner Tag am Himmel erschienen, den mir nicht jemand verdorben oder verleidet hätte. Wenn's nun recht regnet und stöbert und fröstelt und thaut: ha! denk' ich, kann's doch zu Hause nicht schlimmer werden, als es draußen ist, oder umgekehrt, und so ist's gut. Geht die Sonne des Morgens auf und verspricht einen feinen Tag, erwehr' ich mir niemals auszurufen: da haben sie doch wieder ein himmlisches Gut, worum sie einander bringen können. Es ist nichts, worum sie einander nicht bringen. Gesundheit, guter Name, Freudigkeit,

Erholung! Und meist aus Albernheit, Unbegriff und Enge, und wenn man sie anhört, mit der besten Meinung. Manchmal möcht' ich sie auf den Knieen bitten, nicht so rasend in ihre eigenen Eingeweide zu wüthen.

Am 17. Februar.

Ich fürchte, mein Gesandter und ich halten es zusammen nicht lange mehr aus. Der Mann ist ganz und gar unerträglich. Seine Art zu arbeiten und Geschäfte zu treiben ist so lächerlich, daß ich mich nicht enthalten kann ihm zu widersprechen, und oft eine Sache nach meinem Kopf und meiner Art zu machen, das ihm denn, wie natürlich, niemals recht ist. Darüber hat er mich neulich bei Hofe verklagt, und der Minister gab mir einen zwar sanften Verweis, aber es war doch ein Verweis, und ich stand im Begriffe meinen Abschied zu begehren, als ich einen Privatbrief*) von ihm erhielt, einen Brief, vor dem ich niedergekniet, und den hohen, edlen, weisen Sinn angebetet habe. Wie er meine allzugroße Empfindlichkeit zurecht weiset, wie er meine überspannten Ideen

*) Man hat aus Ehrfurcht für diesen trefflichen Herrn gedachten Brief, und einen andern, dessen weiter hinten erwähnt wird, dieser Sammlung entzogen, weil man nicht glaubte, eine solche Kühnheit durch den wärmsten Dank des Publicums entschuldigen zu können.

von Wirksamkeit, von Einfluß auf andere, von Durchdringen in Geschäften als jugendlichen guten Muth zwar ehrt, sie nicht auszurotten, nur zu mildern und dahin zu leiten sucht, wo sie ihr wahres Spiel haben, ihre kräftige Wirkung thun können. Auch bin ich auf acht Tage gestärkt, und in mir selbst einig geworden. Die Ruhe der Seele ist ein herrliches Ding und die Freude an sich selbst. Lieber Freund, wenn nur das Kleinod nicht eben so zerbrechlich wäre, als es schön und kostbar ist.

Am 20. Februar.

Gott segne euch, meine Lieben, gebe euch alle die guten Tage, die er mir abzieht!

Ich danke dir, Albert, daß du mich betrogen hast: ich wartete auf Nachricht, wann euer Hochzeittag sein würde, und hatte mir vorgenommen, feierlichst an demselben Lottens Schattenriß von der Wand zu nehmen und ihn unter andere Papiere zu begraben. Nun seid ihr ein Paar und ihr Bild ist noch hier! Nun so soll es bleiben! Und warum nicht? Ich weiß, ich bin ja auch bei euch, bin dir unbeschadet in Lottens Herzen, habe, ja ich habe den zweiten Platz darin und will und muß ihn behalten. O ich würde rasend werden, wenn sie vergessen könnte – Albert, in dem Gedanken liegt eine Hölle. Albert, leb' wohl! Leb' wohl, Engel des Himmels! Leb' wohl, Lotte!

Den 15. März.

Ich habe einen Verdruß gehabt, der mich von hier wegtreiben wird. Ich knirsche mit den Zähnen! Teufel! er ist nicht zu ersetzen, und ihr seid doch allein Schuld daran, die ihr mich sporntet und triebt und quältet, mich in einen Posten zu begeben, der nicht nach meinem Sinne war. Nun habe ich's! nun habt ihr's! Und daß du nicht wieder sagst, meine überspannten Ideen verdürben alles, so hast du hier, lieber Herr, eine Erzählung, plan und nett, wie ein Chronikenschreiber das aufzeichnen würde.

Der Graf von C.. liebt mich, distinguirt mich, das ist bekannt, das habe ich dir schon hundertmal gesagt. Nun war ich gestern bei ihm zu Tafel, eben an dem Tage, da Abends die noble Gesellschaft von Herrn und Frauen bei ihm zusammen kommt, an die ich nie gedacht habe, auch mir nie aufgefallen ist, daß wir Subalternen nicht hinein gehören. Gut. Ich speise bei dem Grafen und nach Tische gehn wir in dem großen Saal auf und ab, ich rede mit ihm, mit dem Obristen B.., der dazu kommt, und so rückt die Stunde der Gesellschaft heran. Ich denke, Gott weiß, an nichts. Da tritt herein die übergnädige Dame von S.. mit ihrem Herrn Gemahle und wohl ausgebrüteten Gänslein Tochter, mit der flachen Brust und niedlichem Schnürleibe, machen EN PASSANT ihre hergebrachten hochadelichen Augen und Naslöcher, und wie mir die Nation von Herzen zuwider ist, wollte ich mich eben empfehlen und wartete nur, bis der Graf vom garstigen Gewäsche frei wäre, als meine Fräulein B.. herein trat. Da mir das Herz immer ein bißchen aufgeht, wenn ich sie sehe, blieb ich eben, stellte mich hinter ihren Stuhl, und bemerkte erst nach einiger Zeit, daß sie mit weniger Offenheit als sonst, mit einiger Verlegenheit mit mir redete. Das fiel mir auf. Ist sie auch wie alle das Volk, dachte ich, und war angestochen und wollte gehen, und doch blieb ich, weil ich sie gerne entschuldigt hätte, und es nicht glaubte, und noch ein gut Wort von ihr hoffte und – was du willst. Unterdessen füllt sich die Gesellschaft. Der Baron F.. mit der ganzen Garderobe von den Krönungszeiten Franz des Ersten her, der Hofrath R.., hier aber IN QUALITATE Herr von R.. genannt, mit seiner tauben Frau etc., den übel fournirten J.. nicht zu vergessen, der die Lücken seiner altfränkischen Garderobe mit neumodischen Lappen ausflickt, das kommt zu Hauf, und ich rede mit einigen meiner Bekanntschaft, die alle sehr lakonisch sind. Ich dachte – und gab nur auf meine B.. Acht. Ich merkte nicht, daß die Weiber am Ende des Saales sich in die Ohren flüsterten, daß es auf die Männer circulirte, daß Frau von S.. mit dem Grafen redete (das alles hat mir Fräulein B.. nachher erzählt), bis endlich der Graf auf mich losging und mich in ein Fenster nahm. – Sie wissen, sagte er, unsere wunderbaren Verhältnisse; die Gesellschaft ist unzufrieden, merke ich, Sie hier zu sehn. Ich wollte nicht um alles – Ihro Excellenz, fiel ich ein, ich bitte tausendmal um Verzeihung; ich hätte eher dran denken sollen, und ich weiß, Sie vergeben mir diese Inconsequenz; ich wollte schon vorhin mich empfehlen, ein böser Genius hat mich zurückgehalten, setzte ich lächelnd hinzu, indem ich mich neigte. – Der Graf drückte meine Hände mit einer Empfindung, die alles sagte. Ich strich mich sacht aus der vornehmen Gesellschaft, ging, setzte mich in ein Kabriolett, und fuhr nach M.., dort vom Hügel die Sonne untergehen zu sehen, und dabei in meinem Homer den herrlichen Gesang zu lesen, wie Ulyß von dem trefflichen Schweinhirten bewirthet wird. Das war alles gut.

Des Abends komme ich zurück zu Tische, es waren noch wenige in der Gaststube; die würfelten auf einer Ecke, hatten das Tischtuch zurückgeschlagen. Da kommt der ehrliche Adelin hinein, legt seinen Hut nieder, indem er mich ansieht, tritt zu mir und sagt leise: Du hast Verdruß gehabt? – Ich? sagte ich. – Der Graf hat dich aus der Gesellschaft gewiesen. – Hole sie der Teufel! sagt' ich, mir war's lieb, daß ich in die freie Luft kam. – Gut, sagte er, daß du es auf die leichte Achsel nimmst. Nur verdrießt mich's, es ist schon überall herum. – Da fing mich das Ding erst an zu wurmen. Alle die zu Tische kamen und mich ansahen, dachte ich, die sehen dich darum an! Das gab böses Blut.

Und da man nun heute gar, wo ich hintrete, mich bedauert, da ich höre, daß meine Neider nun triumphiren und sagen: da sähe man's, wo es mit den Übermüthigen hinausginge, die sich ihres bißchen Kopfs überhöben und glaubten, sich darum über alle Verhältnisse hinaussetzen zu dürfen, und was des Hundegeschwätzes mehr ist – da möchte man sich ein Messer in's Herz bohren; denn man rede von Selbstständigkeit was man will, den will ich sehen, der dulden kann, daß Schurken über ihn reden, wenn sie einen Vortheil über ihn haben; wenn ihr Geschwätze leer ist, ach, da kann man sie leicht lassen.

Am 16. März.

Es hetzt mich alles. Heute treffe ich die Fräulein B.. in der Allee, ich konnte mich nicht enthalten sie anzureden, und ihr, sobald wir etwas entfernt von der Gesellschaft waren, meine Empfindlichkeit über ihr neuliches Betragen zu zeigen. – O Werther, sagte sie mit einem innigen Tone, konnten Sie meine Verwirrung so auslegen, da Sie mein Herz kennen? Was ich gelitten habe um Ihrentwillen, von dem Augenblicke an, da ich in den Saal trat! Ich sah alles voraus, hundertmal saß mir's auf der Zunge, es Ihnen zu sagen. Ich wußte, daß die von S.. und T.. mit ihren Männern eher aufbrechen würden, als in Ihrer Gesellschaft zu bleiben; ich wußte, daß der Graf es mit ihnen nicht verderben darf, – und jetzt der Lärm! – Wie, Fräulein? sagte ich, und verbarg meinen Schrecken; denn alles, was Adelin mir ehegestern gesagt hatte, lief mir wie siedend Wasser durch die Adern in diesem Augenblicke. – Was hat mich es schon gekostet! sagte das süße Geschöpf, indem ihr die Thränen in den Augen standen. – Ich war nicht Herr mehr von mir selbst, war im Begriffe, mich ihr zu Füßen zu werfen. – Erklären Sie sich, rief ich. – Die Thränen liefen ihr die Wangen herunter. Ich war außer mir. Sie trocknete sie ab, ohne sie verbergen zu wollen. – Meine Tante kennen Sie, fing sie an; sie war gegenwärtig, und hat, o mit was für Augen hat sie das angesehen! Werther, ich habe gestern Nacht ausgestanden, und heute früh eine Predigt über meinen Umgang mit Ihnen, und ich habe müssen zuhören Sie herabsetzen, erniedrigen, und konnte und durfte Sie nur halb vertheidigen.

Jedes Wort, das sie sprach, ging mir wie ein Schwert durch's Herz. Sie fühlte nicht, welche Barmherzigkeit es gewesen wäre, mir das alles zu verschweigen, und nun fügte sie noch dazu, was weiter würde geträtscht werden, was eine Art Menschen darüber triumphiren würde. Wie man sich nunmehr über die Strafe meines Übermuths und meiner Geringschätzung anderer, die sie mir schon lange vorwerfen, kitzeln und freuen würde. Das alles, Wilhelm, von ihr zu hören, mit der Stimme der wahresten

Theilnehmung – ich war zerstört, und bin noch wüthend in mir. Ich wollte, daß sich einer unterstünde mir es vorzuwerfen, daß ich ihm den Degen durch den Leib stoßen könnte; wenn ich Blut sähe, würde mir es besser werden. Ach ich habe hundertmal ein Messer ergriffen, um diesem gedrängten Herzen Luft zu machen. Man erzählt von einer edlen Art Pferde, die, wenn sie schrecklich erhitzt und aufgejagt sind, sich selbst aus Instinct eine Ader aufbeißen, um sich zum Athem zu helfen. So ist mir's oft, ich möchte mir eine Ader öffnen, die mir die ewige Freiheit schaffte.

Am 24. März.

Ich habe meine Entlassung vom Hofe verlangt und werde sie, hoffe ich, erhalten, und ihr werdet mir verzeihen, daß ich nicht erst Erlaubniß dazu bei euch geholt habe. Ich mußte nun einmal fort, und was ihr zu sagen hattet, um mir das Bleiben einzureden, weiß ich alles, und also – Bringe das meiner Mutter in einem Säftchen bei, ich kann mir selbst nicht helfen, und sie mag sich gefallen lassen, wenn ich ihr auch nicht helfen kann. Freilich muß es ihr wehe thun. Den schönen Lauf, den ihr Sohn gerade zum Geheimenrath und Gesandten ansetzte, so auf einmal Halte zu sehen und rückwärts mit dem Thierchen in den Stall! Macht nun daraus was ihr wollt, und combinirt die möglichen Fälle, unter denen ich hätte bleiben können und sollen; genug, ich gehe, und damit ihr wißt, wo ich hinkomme, so ist hier der Fürst * *, der vielen Geschmack an meiner Gesellschaft findet; der hat mich gebeten, da er von meiner Absicht hörte, mit ihm auf seine Güter zu gehen, und den schönen Frühling da zuzubringen. Ich soll ganz mir selbst gelassen sein, hat er mir versprochen, und da wir uns zusammen bis auf einen gewissen Punct verstehn, so will ich es denn auf gut Glück wagen und mit ihm gehen.

Zur Nachricht.

Am 19. April.

Danke für deine beiden Briefe. Ich antwortete nicht, weil ich dieses Blatt liegen ließ, bis mein Abschied vom Hofe da wäre; ich fürchtete, meine Mutter möchte sich an den Minister wenden, und mir mein Vorhaben erschweren. Nun aber ist es geschehen, mein Abschied ist da. Ich mag euch nicht sagen, wie ungern man mir ihn gegeben hat, und was mir der Minister schreibt: ihr würdet in neue Lamentationen ausbrechen. Der Erbprinz hat mir zum Abschiede fünf und zwanzig Ducaten geschickt, mit einem Wort, das mich bis zu Thränen gerührt hat; also brauche ich von der Mutter das Geld nicht, um das ich neulich schrieb.

Am 5. Mai.

Morgen gehe ich von hier ab, und weil mein Geburtsort nur sechs Meilen vom Wege liegt, so will ich den auch wieder sehen, will mich der alten, glücklich verträumten Tage erinnern. Zu eben dem Thore will ich hinein gehn, aus dem meine Mutter mit mir herausfuhr, als sie nach dem Tode meines Vaters den lieben vertraulichen Ort verließ, um sich in ihre unerträgliche Stadt einzusperren. Adieu, Wilhelm, du sollst von meinem Zuge hören.

Am 9. Mai.

Ich habe die Wallfahrt nach meiner Heimath mit aller Andacht eines Pilgrims vollendet, und manche unerwarteten Gefühle haben mich ergriffen. An der großen Linde, die eine Viertelstunde vor der Stadt nach S.. zu steht, ließ ich halten, stieg aus und hieß den Postillon fortfahren, um zu Fuße jede Erinnerung ganz neu, lebhaft, nach meinem Herzen zu kosten. Da stand ich nun unter der Linde, die ehedem, als Knabe, das Ziel und die Gränze meiner Spaziergänge gewesen. Wie anders! Damals sehnte ich mich in glücklicher Unwissenheit hinaus in die unbekannte Welt, wo ich für mein Herz so viele Nahrung, so vielen Genuß hoffte, meinen strebenden, sehnenden Busen auszufüllen und zu befriedigen. Jetzt komme ich zurück aus der weiten Welt – o mein Freund, mit wie viel fehlgeschagenen Hoffnungen, mit wie viel zerstörten Planen! – Ich sah das Gebirge vor mir liegen, das so tausendmal der Gegenstand meiner Wünsche gewesen war. Stundenlang konnt' ich hier sitzen und mich hinüber sehnen, mit inniger Seele mich in den Wäldern, den Thälern verlieren, die sich meinen Augen so freundlich-dämmernd darstellten; und wenn ich dann um die bestimmte Zeit wieder zurück mußte, mit welchem Widerwillen verließ ich nicht den lieben Platz! – Ich kam der Stadt näher, alle die alten bekannten Gartenhäuschen wurden von mir gegrüßt, die neuen waren mir zuwider, so auch alle Veränderungen, die man sonst vorgenommen hatte. Ich trat zum Thor hinein, und fand mich doch gleich und ganz wieder. Lieber, ich mag nicht in's Detail gehn; so reizend, als es mir war, so einförmig würde es in der Erzählung werden. Ich hatte beschlossen, auf dem Markte zu wohnen, gleich neben unserem alten Hause. Im Hingehen bemerkte ich, daß die Schulstube, wo ein ehrliches altes Weib unsere Kindheit zusammengepfercht hatte, in einen Kramladen verwandelt war. Ich erinnerte mich der Unruhe, der Thränen, der Dumpfheit des Sinnes, der Herzensangst, die ich in dem Loche ausgestanden hatte. – Ich that keinen Schritt, der nicht merkwürdig war. Ein Pilger im heiligen Lande trifft nicht so viele Stätten religiöser Erinnerungen an, und seine Seele ist schwerlich so voll heiliger Bewegung. – Noch eins für tausend. Ich ging den Fluß hinab, bis an einen gewissen Hof; das war sonst auch mein Weg, und die Plätzchen, wo wir Knaben uns übten, die meisten Sprünge der flachen Steine im Wasser hervorzubringen. Ich erinnerte mich so lebhaft, wenn ich manchmal stand und dem Wasser nachsah, mit wie wunderbaren Ahnungen ich es verfolgte, wie abenteuerlich ich mir die Gegenden vorstellte, wo es nun hinflösse, und wie ich da so bald Gränzen meiner Vorstellungskraft fand; und doch mußte das weiter gehen, immer weiter, bis ich mich ganz in dem Anschauen einer unsichtbaren Ferne verlor. – Sieh, mein Lieber, so beschränkt und so glücklich waren die herrlichen Altväter! so kindlich ihr Gefühl, ihre Dichtung! Wenn Ulyß von dem ungemess'-nen Meer und von der unendlichen Erde spricht, das ist so wahr, menschlich, innig, eng und geheimnißvoll. Was hilft mich's, daß ich jetzt mit jedem Schulknaben nachsagen kann, daß sie rund sei? Der Mensch braucht nur wenige Erdschollen, um drauf zu genießen, weniger, um drunter zu ruhen.

Nun bin ich hier, auf dem fürstlichen Jagdschloß. Es läßt sich noch ganz wohl mit dem Herrn leben, er ist wahr und einfach. Wunderliche Menschen sind um ihn herum, die ich gar nicht begreife. Sie scheinen keine Schelmen und haben doch auch nicht das Ansehen von ehrlichen Leuten. Manchmal kommen sie mir ehrlich vor und ich kann ihnen doch nicht trauen. Was mir noch leid thut, ist, daß er oft von

Sachen redet, die er nur gehört und gelesen hat, und zwar aus eben dem Gesichtspuncte, wie sie ihm der andere vorstellen mochte.

Auch schätzt er meinen Verstand und meine Talente mehr als dieß Herz, das doch mein einziger Stolz ist, das ganz allein die Quelle von allem ist, aller Kraft, aller Seligkeit und alles Elendes. Ach, was ich weiß, kann jeder wissen – mein Herz habe ich allein.

Am 25. Mai.

Ich hatte etwas im Kopfe, davon ich euch nichts sagen wollte, bis es ausgeführt wäre: jetzt, da nichts draus wird, ist es eben so gut. Ich wollte in den Krieg; das hat mir lange am Herzen gelegen. Vornehmlich darum bin ich dem Fürsten hierher gefolgt, der General in * * * schen Diensten ist. Auf einem Spaziergang entdeckte ich ihm mein Vorhaben; er widerrieth mir es, und es müßte bei mir mehr Leidenschaft als Grille gewesen sein, wenn ich seinen Gründen nicht hätte Gehör geben wollen.

Am 11. Junius.

Sage was du willst, ich kann nicht länger bleiben. Was soll ich hier? die Zeit wird mir lang. Der Fürst hält mich, so gut man nur kann, und doch bin ich nicht in meiner Lage. Wir haben im Grunde nichts gemein mit einander. Er ist ein Mann von Verstande, aber von ganz gemeinem Verstande; sein Umgang unterhält mich nicht mehr, als wenn ich ein wohlgeschriebenes Buch lese. Noch acht Tage bleibe ich und dann ziehe ich wieder in der Irre herum. Das Beste, was ich hier gethan habe, ist mein Zeichnen. Der Fürst fühlt in der Kunst und würde noch stärker fühlen, wenn er nicht durch das garstige wissenschaftliche Wesen und durch die gewöhnliche Terminologie eingeschränkt wäre. Manchmal knirsche ich mit den Zähnen, wenn ich ihn mit warmer Imagination an Natur und Kunst herumführe und er es auf einmal recht gut zu machen denkt, wenn er mit einem gestempelten Kunstworte drein stolpert.

Am 16. Junius.

Ja wohl bin ich nur ein Wandrer, ein Waller auf der Erde! Seid ihr denn mehr?

Am 18. Junius.

Wo ich hin will? das laß dir im Vertrauen eröffnen. Vierzehn Tage muß ich doch noch hier bleiben, und dann habe ich mir weis gemacht, daß ich die Bergwerke im * * * schen besuchen wollte; ist aber im Grunde nichts dran, ich will nur Lotten wieder näher, das ist alles. Und ich lache über mein eignes Herz – und thu' ihm seinen Willen.

Am 29. Julius.

Nein, es ist gut! es ist alles gut! – Ich – ihr Mann! O Gott, der du mich machtest, wenn du mir diese Seligkeit bereitet hättest, mein ganzes Leben sollte ein anhaltendes Gebet sein. Ich will nicht rechten, und verzeihe mir diese Thränen, verzeihe mir meine vergeblichen Wünsche! – Sie meine Frau! Wenn ich das liebste Geschöpf unter der Sonne in meine Arme geschlossen hätte – Es geht mir ein Schauder durch den ganzen Körper, Wilhelm, wenn Albert sie um den schlanken Leib faßt.

Und, darf ich es sagen? Warum nicht, Wilhelm? Sie wäre mit mir glücklicher geworden als mit ihm! O er ist nicht der Mensch, die Wünsche dieses Herzens alle zu füllen. Ein gewisser Mangel an Fühlbarkeit, ein Mangel – nimm es, wie du willst; daß sein Herz nicht sympathetisch schlägt bei – oh! – bei der Stelle eines lieben Buches, wo mein Herz und Lottens in Einem zusammen treffen; in hundert andern Vorfällen, wenn es kommt, daß unsere Empfindungen über eine Handlung eines Dritten laut werden. Lieber Wilhelm! – Zwar er liebt sie von ganzer Seele, und so eine Liebe was verdient die nicht! –

Ein unerträglicher Mensch hat mich unterbrochen. Meine Thränen sind getrocknet. Ich bin zerstreut. Adieu, Lieber!

Am 4. August.

Es geht mir nicht allein so. Alle Menschen werden in ihren Hoffnungen getäuscht, in ihren Erwartungen betrogen. Ich besuchte mein gutes Weib unter der Linde. Der älteste Junge lief mir entgegen, sein Freudengeschrei führte die Mutter herbei, die sehr niedergeschlagen aussah. Ihr erstes Wort war: Guter Herr, ach mein Hans ist mir gestorben! – Es war der jüngste ihrer Knaben. Ich war stille. – Und mein Mann, sagte sie, ist aus der Schweiz zurück, und hat nichts mitgebracht, und ohne gute Leute hätte er sich heraus betteln müssen, er hatte das Fieber unterwegs gekriegt. – Ich konnte ihr nichts sagen und schenkte dem Kleinen was, sie bat mich, einige Äpfel anzunehmen, das ich that, und den Ort des traurigen Andenkens verließ.

Am 21. August.

Wie man eine Hand umwendet, ist es anders mit mir. Manchmal will wohl ein freudiger Blick des Lebens wieder aufdämmern, ach! nur für einen Augenblick! – Wenn ich mich so in Träumen verliere, kann ich mich des Gedankens nicht erwehren: wie, wenn Albert stürbe? Du würdest! ja, sie würde – und dann laufe ich dem Hirngespinnste nach, bis es mich an Abgründe führet, vor denen ich zurückbebe.

Wenn ich zum Thor hinausgehe, den Weg, den ich zum erstenmal fuhr, Lotten zum Tanze zu holen, wie war das so ganz anders! Alles, alles ist vorüber gegangen! Kein Wink der vorigen Welt, kein Pulsschlag meines damaligen Gefühles. Mir ist es, wie es einem Geiste sein müßte, der in das ausgebrannte zerstörte Schloß zurückkehrte, das er als blühender Fürst einst gebaut und mit allen Gaben der Herrlichkeit ausgestattet, sterbend seinem geliebten Sohne hoffnungsvoll hinterlassen hätte.

Am 3. September.

Ich begreife manchmal nicht, wie sie ein anderer lieb haben *kann*, lieb haben *darf*, da ich sie so ganz allein, so innig, so voll liebe, nichts anders kenne, noch weiß, noch habe als sie!

Am 4. September.

Ja, es ist so. Wie die Natur sich zum Herbste neigt, wird es Herbst in mir und um mich her. Meine Blätter werden gelb und schon sind die Blätter der benachbarten Bäume abgefallen. Hab' ich dir nicht einmal von einem Bauerburschen geschrieben, gleich da ich herkam? Jetzt erkundigte ich mich wieder nach ihm in Wahlheim; es hieß, er sei aus dem Dienste gejagt worden, und niemand wollte was weiter von ihm wissen. Gestern traf ich ihn von ungefähr auf dem Wege nach einem andern Dorfe, ich redete ihn an und er erzählte mir seine Geschichte, die mich doppelt und dreifach gerührt hat, wie du leicht begreifen wirst, wenn ich dir sie wieder erzähle. Doch wozu das alles? warum behalt' ich nicht für mich, was mich ängstigt und kränkt? warum betrüb' ich noch dich? warum geb' ich dir immer Gelegenheit, mich zu bedauern und mich zu schelten? Sei's denn, auch das mag zu meinem Schicksal gehören!

Mit einer stillen Traurigkeit, in der ich ein wenig scheues Wesen zu bemerken schien, antwortete der Mensch mir erst auf meine Fragen; aber gar bald offner, als wenn er sich und mich auf einmal wieder erkennte, gestand er mir seine Fehler, klagte er mir sein Unglück. Könnt' ich dir, mein Freund, jedes seiner Worte vor Gericht stellen! Er bekannte, ja, er erzählte mit einer Art von Genuß und Glück der Wiedererinnerung, daß die Leidenschaft zu seiner Hausfrau sich in ihm tagtäglich vermehrt, daß er zuletzt nicht gewußt habe was er thue, nicht, wie er sich ausdrückte, wo er mit dem Kopfe hingesollt? Er habe weder essen noch trinken noch schlafen können, es habe ihm an der Kehle gestockt, er habe gethan was er nicht thun sollen, was ihm aufgetragen worden hab' er vergessen, er sei als wie von einem bösen Geist verfolgt gewesen, bis er eines Tags, als er sie in einer obern Kammer gewußt, ihr nachgegangen, ja vielmehr ihr nachgezogen worden sei; da sie seinen Bitten kein Gehör gegeben, hab' er sich ihrer mit Gewalt bemächtigen wollen, er wisse nicht, wie ihm geschehen sei, und nehme Gott zum Zeugen, daß seine Absichten gegen sie immer redlich gewesen, und daß er nichts sehnlicher gewünscht, als daß sie ihn heirathen, daß sie mit ihm ihr Leben zubringen möchte. Da er eine Zeit lang geredet hatte, fing er an zu stocken wie einer, der noch etwas zu sagen hat und sich es nicht herauszusagen getraut; endlich gestand er mir auch mit Schüchternheit, was sie ihm für kleine Vertraulichkeiten erlaubt, und welche Nähe sie ihm vergönnet. Er brach zwei-, dreimal ab und wiederholte die lebhaftesten Protestationen, daß er das nicht sage, um sie schlecht zu machen, wie er sich ausdrückte, daß er sie liebe und schätze wie vorher, daß so etwas nicht über seinen Mund gekommen sei, und daß er es mir nur sage, um mich zu überzeugen, daß er kein ganz verkehrter und unsinniger Mensch sei. – Und hier, mein Bester, fang' ich mein altes Lied wieder an, das ich ewig anstimmen werde: könnt' ich dir den Menschen vorstellen, wie er vor mir stand, wie er noch vor mir steht! Könnt' ich dir alles recht sagen, damit du fühltest, wie ich an seinem Schicksale Theil nehme, Theil nehmen muß! Doch genug, da du auch mein Schicksal kennst, auch mich kennst, so weißt du nur zu wohl, was mich zu allen Unglücklichen, was mich besonders zu diesem Unglücklichen hinzieht.

Da ich das Blatt wieder durchlese, seh' ich, daß ich das Ende der Geschichte zu erzählen vergessen habe, das sich aber leicht hinzudenken läßt. Sie erwehrte sich sein; ihr Bruder kam dazu, der ihn schon lange gehaßt, der ihn schon lange aus dem Hause gewünscht hatte, weil er fürchtet, durch eine neue Heirath der Schwester werde seinen Kindern die Erbschaft entgehn, die ihnen jetzt, da sie kinderlos ist, schöne Hoffnungen gibt; dieser habe ihn gleich zum Hause hinausgestoßen und einen solchen Lärm von der Sache gemacht, daß die Frau, auch selbst wenn sie gewollt, ihn nicht wieder hätte aufnehmen können. Jetzt habe sie wieder einen andern Knecht genommen, auch über den, sage man, sei sie mit dem Bruder zerfallen, und man behaupte für gewiß, sie werde ihn heirathen, aber er sei fest entschlossen, das nicht zu erleben.

Was ich dir erzähle, ist nicht übertrieben, nichts verzärtelt, ja ich darf wohl sagen, schwach, schwach hab' ich's erzählt und vergröbert hab' ich's, indem ich's mit unsern hergebrachten sittlichen Worten vorgetragen habe.

Diese Liebe, diese Treue, diese Leidenschaft ist also keine dichterische Erfindung. Sie lebt, sie ist in ihrer größten Reinheit unter der Classe von Menschen, die wir ungebildet, die wir roh nennen. Wir Gebildeten – zu Nichts Verbildeten! Lies die Geschichte mit Andacht, ich bitte dich. Ich bin heute still, indem ich das hinschreibe; du siehst an meiner Hand, daß ich nicht so strudele und sudele wie sonst. Lies, mein Geliebter, und denke dabei, daß es auch die Geschichte deines Freundes ist. Ja, so ist mir's gegangen, so wird mir's gehn, und ich bin nicht halb so brav, nicht halb so entschlossen als der arme Unglückliche, mit dem ich mich zu vergleichen mich fast nicht getraue.

Am 5. September.

Sie hatte ein Zettelchen an ihren Mann auf's Land geschrieben, wo er sich Geschäfte wegen aufhielt. Es fing an: Bester, Liebster, komme, sobald du kannst, ich erwarte dich mit tausend Freuden. – Ein Freund, der herein kam, brachte Nachricht, daß er wegen gewisser Umstände so bald noch nicht zurückkehren würde. Das Billet blieb liegen und fiel mir Abends in die Hände. Ich las es und lächelte; sie fragte worüber? – Was die Einbildungskraft für ein göttliches Geschenk ist, rief ich aus, ich konnte mir einen Augenblick vorspiegeln, als wäre es an mich geschrieben. – Sie brach ab, es schien ihr zu mißfallen, und ich schwieg.

Am 6. September.

Es hat schwer gehalten, bis ich mich entschloß, meinen blauen einfachen Frack, in dem ich mit Lotten zum erstenmale tanzte, abzulegen, er ward aber zuletzt gar unscheinbar. Auch habe ich mir einen machen lassen ganz wie den vorigen, Kragen und Aufschlag, und auch wieder so gelbe Weste und Beinkleider dazu.

Ganz will es doch die Wirkung nicht thun. Ich weiß nicht – Ich denke, mit der Zeit soll mir der auch lieber werden.

Am 12. September.

Sie war einige Tage verreis't, Alberten abzuholen. Heute trat ich in ihre Stube, sie kam mir entgegen und ich küßte ihre Hand mit tausend Freuden.

Ein Canarienvogel flog von dem Spiegel ihr auf die Schulter. – Einen neuen Freund, sagte sie und lockte ihn auf ihre Hand, er ist meinen Kleinen zugedacht. Er thut gar zu lieb! Sehen Sie ihn! Wenn ich ihm Brot gebe, flattert er mit den Flügeln und pickt so artig. Er küßt mich auch, sehen Sie!

Als sie dem Thierchen den Mund hinhielt, drückte es sich so lieblich in die süßen Lippen, als wenn es die Seligkeit hätte fühlen können, die es genoß.

Er soll Sie auch küssen, sagte sie, und reichte den Vogel herüber. – Das Schnäbelchen machte den Weg von ihrem Munde zu dem meinigen, und die pickende Berührung war wie ein Hauch, eine Ahnung liebevollen Genusses.

Sein Kuß, sagte ich, ist nicht ganz ohne Begierde, er sucht Nahrung und kehrt unbefriedigt von der leeren Liebkosung zurück.

Er ißt mir auch aus dem Munde, sagte sie. – Sie reichte ihm einige Brosamen mit ihren Lippen, aus denen die Freuden unschuldig theilnehmender Liebe in aller Wonne lächelten.

Ich kehrte das Gesicht weg. Sie sollte es nicht thun! sollte nicht meine Einbildungskraft mit diesen Bildern himmlischer Unschuld und Seligkeit reizen und mein Herz aus dem Schlafe, in den es manchmal die Gleichgültigkeit des Lebens wiegt, nicht wecken! – Und warum nicht? – Sie traut mir so! sie weiß, wie ich sie liebe!

Am 15. September.

Man möchte rasend werden, Wilhelm, daß es Menschen geben soll ohne Sinn und Gefühl an dem Wenigen, was auf Erden noch einen Werth hat. Du kennst die Nußbäume, unter denen ich bei dem ehrlichen Pfarrer zu St.. mit Lotten gesessen, die herrlichen Nußbäume! die mich, Gott weiß, immer mit dem größten Seelenvergnügen füllten! Wie vertraulich sie den Pfarrhof machten, wie kühl! und wie herrlich die Äste waren! und die Erinnerung bis zu den ehrlichen Geistlichen, die sie vor so vielen Jahren pflanzten. Der Schulmeister hat uns den einen Namen oft genannt, den er von seinem Großvater gehört hatte; und so ein braver Mann soll er gewesen sein, und sein Andenken war mir immer heilig unter den Bäumen. Ich sage dir, dem Schulmeister standen die

Thränen in den Augen, da wir gestern davon redeten, daß sie abgehauen worden – Abgehauen! Ich möchte toll werden, ich könnte den Hund ermorden, der den ersten Hieb dran that. Ich, der ich mich vertrauern könnte, wenn so ein paar Bäume in meinem Hofe stünden und einer davon stürbe vor Alter ab, ich muß zusehen. Lieber Schatz, eins ist doch dabei! Was Menschengefühl ist! Das ganze Dorf murrt, und ich hoffe, die Frau Pfarrerin soll es an Butter und Eiern und übrigem Zutrauen spüren, was für eine Wunde sie ihrem Orte gegeben hat. Denn *sie* ist es, die Frau des neuen Pfarrers (unser alter ist auch gestorben), ein hageres kränkliches Geschöpf, das sehr Ursache hat, an der Welt keinen Antheil zu nehmen, denn niemand nimmt Antheil an ihr. Eine Närrin, die sich abgibt gelehrt zu sein, sich in die Untersuchung des Canons melirt, gar viel an der neumodischen moralisch-kritischen Reformation des Christenthumes arbeitet und über Lavaters Schwärmereien die Achseln zuckt, eine ganz zerrüttete Gesundheit hat und deßwegen auf Gottes Erdboden keine Freude. So einer Creatur war es auch allein möglich, meine Nußbäume abzuhauen. Siehst du, ich komme nicht zu mir! Stelle dir vor, die abfallenden Blätter machen ihr den Hof unrein und dumpfig, die Bäume nehmen ihr das Tageslicht, und wenn die Nüsse reif sind, so werfen die Knaben mit Steinen darnach, und das fällt ihr auf die Nerven, das stört sie in ihren tiefen

Überlegungen, wenn sie Kennikot, Semler und Michaelis gegen einander abwiegt. Da ich die Leute im Dorfe, besonders die alten, so unzufrieden sah, sagte ich: Warum habt ihr es gelitten? – Wenn der Schulze will, hier zu Lande, sagten sie, was kann man machen? – Aber eins ist recht geschehen. Der Schulze und der Pfarrer, der doch auch von seiner Frauen Grillen, die ihm ohnedieß die Suppen nicht fett machen, was haben wollte, dachten es mit einander zu theilen; da erfuhr es die Kammer und sagte: hier herein! denn sie hatte noch alte Prätensionen an den Theil des Pfarrhofes, wo die Bäume standen, und verkaufte sie an den Meistbietenden. Sie liegen! O wenn ich Fürst wäre! ich wollte die Pfarrerin, den Schulzen und die Kammer – Fürst! – Ja, wenn ich Fürst wäre, was kümmerten mich die Bäume in meinem Lande!

Am 10. October.

Wenn ich nur ihre schwarzen Augen sehe, ist mir es schon wohl! Sieh, und was mich verdrießt, ist, daß Albert nicht so beglückt zu sein scheinet, als er – hoffte – als ich – zu sein glaubte – wenn – Ich mache nicht gern Gedankenstriche, aber hier kann ich mich nicht anders ausdrücken – und mich dünkt deutlich genug.

Am 12. October.

Ossian hat in meinem Herzen den Homer verdrängt. Welch eine Welt, in die der Herrliche mich führt! Zu wandern über die Heide, umsaus't vom Sturmwinde, der in dampfenden Nebeln die Geister der Väter im dämmernden Lichte des Mondes hinführt. Zu hören vom Gebirge her im Gebrülle des Waldstroms halb verwehtes Ächzen der Geister aus ihren Höhlen, und die Wehklagen des zu Tode sich jammernden Mädchens, um die vier moosbedeckten grasbewachsenen Steine des Edelgefallnen, ihres Geliebten. Wenn ich ihn dann finde, den wandelnden grauen Barden, der auf der weiten Heide die Fußstapfen seiner Väter sucht, und ach! ihre Grabsteine findet, und dann jammernd nach dem lieben Sterne des Abends hinblickt, der sich in's rollende Meer verbirgt, und die Zeiten der Vergangenheit in des Helden Seele lebendig werden, da noch der freundliche Strahl den Gefahren der Tapferen leuchtete, und der Mond ihr bekränztes siegrückkehrendes Schiff beschien. Wenn ich den tiefen Kummer auf seiner Stirn lese, den letzten verlassenen Herrlichen in aller Ermattung dem Grabe zu wanken sehe, wie er immer neue schmerzlich glühende Freuden in der kraftlosen Gegenwart der Schatten seiner Abgeschiedenen einsaugt, und nach der kalten Erde, dem hohen wehenden Grase niedersieht und ausruft: Der Wanderer wird kommen, kommen, der mich kannte in meiner Schönheit, und fragen: Wo ist der Sänger, Fingals trefflicher Sohn? Sein Fußtritt geht über mein Grab hin, und er fragt vergebens nach mir auf der Erde. – O Freund! ich möchte gleich einem edlen Waffenträger das Schwert ziehen, meinen Fürsten von der zückenden Qual des langsam absterbenden Lebens auf einmal befreien und dem befreiten Halbgott meine Seele nachsenden.

Am 19. October.

Ach diese Lücke! diese entsetzliche Lücke, die ich hier in meinem Busen fühle! – Ich denke oft, wenn du sie nur Einmal, nur Einmal an dieses Herz drücken könntest, diese ganze Lücke würde ausgefüllt sein.

Am 26. October.

Ja es wird mir gewiß, Lieber! gewiß und immer gewisser, daß an dem Dasein eines Geschöpfes wenig gelegen ist, ganz wenig. Es kam eine Freundin zu Lotten, und ich ging herein in's Nebenzimmer, ein Buch zu nehmen, und konnte nicht lesen, und dann nahm ich eine Feder zu schreiben. Ich hörte sie leise reden; sie erzählten einander unbedeutende Sachen, Stadtneuigkeiten: Wie diese heirathet, wie jene krank, sehr krank ist; – sie hat einen trocknen Husten, die Knochen stehn ihr zum Gesichte heraus, und kriegt Ohnmachten; ich gebe keinen Kreuzer für ihr Leben, sagte die eine. – Der N. N. ist auch so übel dran, sagte Lotte. – Er ist geschwollen, sagte die andere. – Und meine lebhafte Einbildungskraft versetzte mich an's Bett dieser Armen; ich sah sie, mit welchem Widerwillen sie dem Leben den Rücken wandten, wie sie – Wilhelm! und meine Weibchen redeten davon, wie man eben davon redet – daß ein Fremder stirbt. – Und wenn ich mich umsehe, und sehe das Zimmer an, und rings um mich Lottens Kleider und Alberts Scripturen und diese Möbeln, denen ich nun so befreundet bin, sogar diesem Dintenfasse, und denke: Siehe, was du nun diesem Hause bist! Alles in allem. Deine Freunde ehren dich! du machst oft ihre Freude, und deinem Herzen scheint es, als wenn es ohne sie nicht sein könnte; und doch – wenn du nun gingst, wenn du aus diesem Kreise schiedest? würden sie, wie lange würden sie die Lücke fühlen, die dein Verlust in ihr Schicksal reißt? wie lange? – O so vergänglich ist der Mensch, daß er auch da, wo er seines Daseins eigentliche Gewißheit hat, da, wo er den einzigen wahren Eindruck seiner Gegenwart macht, in dem Andenken, in der Seele seiner Lieben, daß er auch da verlöschen, verschwinden muß, und das so bald!

Am 27. October.

Ich möchte mir oft die Brust zerreißen und das Gehirn einstoßen, daß man einander so wenig sein kann. Ach die Liebe, Freude, Wärme und Wonne, die ich nicht hinzubringe, wird mir der andere nicht geben, und mit einem ganzen Herzen voll Seligkeit werde ich den andern nicht beglücken, der kalt und kraftlos vor mir steht.

Am 27. October Abends.

Ich habe so viel und die Empfindung an ihr verschlingt alles, ich habe so viel und ohne sie wird mir alles zu nichts.

Am 30. October.

Wenn ich nicht schon hundertmal auf dem Puncte gestanden bin, ihr um den Hals zu fallen! Weiß der große Gott, wie einem das thut, so viele Liebenswürdigkeit vor einem herumkreuzen zu sehen und nicht zugreifen zu dürfen; und das Zugreifen ist doch der natürlichste Trieb der Menschheit. Greifen die Kinder nicht nach allem, was ihnen in den Sinn fällt? – Und ich?

Am 3. November.

Weiß Gott! ich lege mich so oft zu Bette mit dem Wunsche, ja manchmal mit der Hoffnung, nicht wieder zu erwachen: und Morgens schlage ich die Augen auf, sehe die Sonne wieder und bin elend. O daß ich launisch sein könnte, könnte die Schuld auf's Wetter, auf einen Dritten, auf eine fehlgeschlagene Unternehmung schieben, so würde die unerträgliche Last des Unwillens doch nur halb auf mir ruhen. Wehe mir! ich fühle zu wahr, daß an mir allein alle Schuld liegt, – nicht Schuld! Genug daß in mir die Quelle alles Elendes verborgen ist, wie ehemals die Quelle aller Seligkeiten. Bin ich nicht noch eben derselbe, der ehemals in aller Fülle der Empfindung herumschwebte, dem auf jedem Tritte ein Paradies folgte, der ein Herz hatte, eine ganze Welt liebevoll zu umfassen? Und dieß Herz ist jetzt todt, aus ihm fließen keine Entzückungen mehr, meine Augen sind trocken, und meine Sinne, die nicht mehr von erquickenden Thränen gelabt werden, ziehen ängstlich meine Stirn zusammen. Ich leide viel, denn ich habe verloren was meines Lebens einzige Wonne war, die heilige belebende Kraft, mit der ich Welten um mich schuf; sie ist dahin! – Wenn ich zu meinem Fenster hinaus an den fernen Hügel sehe, wie die Morgensonne über ihn her den Nebel durchbricht und den stillen Wiesengrund bescheint, und der sanfte Fluß zwischen seinen entblätterten Weiden zu mir herschlängelt, – o! wenn da diese herrliche Natur so starr vor mir steht wie ein lackirtes Bildchen, und alle die Wonne keinen Tropfen Seligkeit aus meinem Herzen herauf in das Gehirn pumpen kann, und der ganze Kerl vor Gottes Angesicht steht wie ein versiegter Brunnen, wie ein verlechter Eimer. Ich habe mich oft auf den

Boden geworfen und Gott um Thränen gebeten, wie ein Ackersmann um Regen, wenn der Himmel ehern über ihm ist, und um ihn die Erde verdürstet.

Aber ach! ich fühle es, Gott gibt Regen und Sonnenschein nicht unserm ungestümen Bitten, und jene Zeiten, deren Andenken mich quält, warum waren sie so selig, als weil ich mit Geduld seinen Geist erwartete, und die Wonne, die er über mich ausgoß, mit ganzem, innig dankbarem Herzen aufnahm!

Am 8. November.

Sie hat mir meine Excesse vorgeworfen! ach, mit so viel Liebenswürdigkeit! Meine Excesse, daß ich mich manchmal von einem Glase Wein verleiten lasse, eine Bouteille zu trinken. – Thun Sie es nicht! sagte sie, denken Sie an Lotten! – Denken! sagte ich, brauchen Sie mir das zu heißen? Ich denke! – ich denke nicht! Sie sind immer vor meiner Seele. Heute saß ich an dem Flecke, wo Sie neulich aus der Kutsche stiegen – Sie redete was anders, um mich nicht tiefer in den Text kommen zu lassen. Bester! ich bin dahin! sie kann mit mir machen was sie will.

Am 15. November.

Ich danke dir, Wilhelm, für deinen herzlichen Antheil, für deinen wohlmeinenden Rath, und bitte dich, ruhig zu sein. Laß mich ausdulden, ich habe bei aller meiner Müdseligkeit noch Kraft genug durchzusetzen. Ich ehre die Religion, das weißt du, ich fühle, daß sie manchem Ermatteten Stab, manchem Verschmachtenden Erquickung ist. Nur – kann sie denn, muß sie denn das einem jeden sein? Wenn du die große Welt ansiehst, so siehst du Tausende, denen sie es nicht war, Tausende, denen sie es nicht sein wird, gepredigt oder ungepredigt, und muß sie mir es denn sein? Sagt nicht selbst der Sohn Gottes: daß die um ihn sein würden, die ihm der Vater gegeben hat? Wenn ich ihm nun nicht gegeben bin? wenn mich nun der Vater für sich behalten will, wie mir mein Herz sagt? – Ich bitte dich, lege das nicht falsch aus; sieh nicht etwa Spott in diesen unschuldigen Worten; es ist meine ganze Seele, die ich dir vorlege; sonst wollte ich lieber, ich hätte geschwiegen: wie ich denn über alles das, wovon jedermann so wenig weiß als ich, nicht gern ein Wort verliere. Was ist es anders als Menschenschicksal, sein Maß auszuleiden, seinen Becher auszutrinken? – Und ward der Kelch dem Gott vom Himmel auf seiner Menschenlippe zu bitter, warum soll ich groß thun und mich stellen, als schmeckte er mir süß? Und warum sollte ich mich schämen, in dem schrecklichen Augenblick, da mein ganzes Wesen zwischen Sein und Nichtsein zittert, da die Vergangenheit wie ein Blitz über dem finstern Abgrunde der Zukunft leuchtet, und alles um mich her versinkt, und mit mir die Welt untergeht – Ist es da nicht die Stimme der ganz in sich gedrängten, sich selbst ermangelnden und unaufhaltsam hinabstürzenden Creatur, in den innern Tiefen ihrer vergebens aufarbeitenden Kräfte zu knirschen: Mein Gott! mein Gott! warum hast du mich verlassen? Und sollt' ich mich des Ausdruckes schämen, sollte mir es vor dem Augenblicke bange sein, da ihm der nicht entging, der die Himmel zusammenrollt wie ein Tuch?

Am 21. November.

Sie sieht nicht, sie fühlt nicht, daß sie ein Gift bereitet, das mich und sie zu Grunde richten wird; und ich mit voller Wollust schlürfe den Becher aus, den sie mir zu meinem Verderben reicht. Was soll der gütige Blick, mit dem sie mich oft – oft? – nein, nicht oft, aber doch manchmal ansieht, die Gefälligkeit, womit sie einen unwillkürlichen Ausdruck meines Gefühles aufnimmt, das Mitleiden mit meiner Duldung, das sich auf ihrer Stirne zeichnet?

Gestern, als ich wegging, reichte sie mir die Hand und sagte: Adieu, lieber Werther! – Lieber Werther! Es war das erstemal, daß sie mich Lieber hieß, und es ging mir durch Mark und Bein. Ich habe es mir hundertmal wiederholt und gestern Nacht, da ich zu Bette gehen wollte, und mit mir selbst allerlei schwatzte, sagte ich so auf einmal: Gute

Nacht, lieber Werther! und mußte hernach selbst über mich lachen.

Am 22. November.

Ich kann nicht beten: Laß mir sie! und doch kommt sie mir oft als die Meine vor. Ich kann nicht beten: Gib mir sie! denn sie ist eines andern. Ich witzle mich mit meinen Schmerzen herum; wenn ich mir's nachließe, es gäbe eine ganze Litanei von Antithesen.

Am 24. November.

Sie fühlt was ich dulde. Heute ist mir ihr Blick tief durch's Herz gedrungen. Ich fand sie allein; ich sagte nichts und sie sah mich an. Und ich sah nicht mehr in ihr die liebliche Schönheit, nicht mehr das Leuchten des trefflichen Geistes, das war alles vor meinen Augen verschwunden. Ein weit herrlicherer Blick wirkte auf mich, voll Ausdruck des innigsten Antheils, des süßesten Mitleidens. Warum durfte ich mich nicht ihr zu Füßen werfen? warum durfte ich nicht an ihrem Halse mit tausend Küssen antworten? Sie nahm ihre Zuflucht zum Clavier und hauchte mit süßer leiser Stimme harmonische Laute zu ihrem Spiele. Nie habe ich ihre Lippen so reizend gesehn; es war, als wenn sie sich lechzend öffneten, jene süßen Töne in sich zu schlürfen, die aus dem Instrument hervorquollen, und nur der heimliche Wiederschall aus dem reinen Munde zurückklänge. – Ja, wenn ich *dir* das so sagen könnte! – Ich widerstand nicht länger, neigte mich und schwur: nie will ich es wagen, einen Kuß euch aufzudrücken, Lippen! auf denen die Geister des Himmels schweben – Und doch – ich will – Ha! siehst du, das steht wie eine Scheidewand vor meiner Seele – diese Seligkeit – und dann untergegangen, diese Sünde abzubüßen – Sünde?

Am 26. November.

Manchmal sag' ich mir: Dein Schicksal ist einzig; preise die Übrigen glücklich – so ist noch keiner gequält worden. Dann lese ich einen Dichter der Vorzeit, und es ist mir, als säh' ich in mein eignes Herz. Ich habe so viel auszustehen! Ach sind denn Menschen vor mir schon so elend gewesen?

Am 30. November.

Ich soll, ich soll nicht zu mir selbst kommen! wo ich hintrete, begegnet mir eine Erscheinung, die mich aus aller Fassung bringt. Heute! o Schicksal! o Menschheit!

Ich gehe an dem Wasser hin in der Mittagsstunde, ich hatte keine Lust zu essen. Alles war öde, ein naßkalter Abendwind blies vom Berge, und die grauen Regenwolken zogen das Thal hinein. Von fern seh' ich einen Menschen in einem grünen schlechten Rocke, der zwischen den Felsen herumkrabbelte und Kräuter zu suchen schien. Als ich näher zu ihm kam und er sich auf das Geräusch, das ich machte, herumdrehte, sah ich eine gar interessante Physiognomie, darin eine stille Trauer den Hauptzug machte, die aber sonst nichts als einen geraden guten Sinn ausdrückte; seine schwarzen Harre waren mit Nadeln in zwei Rollen gesteckt und die übrigen in einen starken Zopf geflochten, der ihm den Rücken herunter hing. Da mir seine Kleidung einen Menschen von geringem Stande zu bezeichnen schien, glaubte ich, er würde es nicht übel nehmen, wenn ich auf seine Beschäftigung aufmerksam wäre, und daher fragte ich ihn, was er suchte? – Ich suche, antwortete er mit einem tiefen Seufzer, Blumen – und finde keine. – Das ist auch die Jahrszeit nicht, sagte ich lächelnd. – Es gibt so viele Blumen, sagte er, indem er zu mir herunter kam. In meinem Garten sind Rosen und Jelängerjelieber zweierlei Sorten, eine hat mir mein Vater gegeben, sie wachsen wie Unkraut; ich suche schon zwei Tage darnach und kann sie nicht finden. Da haußen sind auch immer Blumen, gelbe und blaue und rothe, und das Tausendgüldenkraut hat ein schönes Blümchen. Keines kann ich finden. – Ich merkte was Unheimliches, und drum sagte ich durch einen Umweg: Was will Er denn mit den Blumen? – Ein wunderbares zuckendes Lächeln verzog sein Gesicht. – Wenn Er mich nicht verrathen will, sagte er, indem er den Finger auf den Mund drückte, ich habe meinem Schatz einen Strauß versprochen. – Das ist brav, sagte ich. – O, sagte er, sie hat viel andere Sachen, sie ist reich. – Und doch hat sie Seinen Strauß lieb, versetzte ich. – O! fuhr er fort, sie hat Juwelen und eine Krone. – Wie heißt sie denn? – Wenn mich die Generalstaaten bezahlen wollten, versetzte er, ich wär' ein anderer Mensch! Ja, es war einmal eine Zeit, da mir es so wohl war! Jetzt ist es aus mit mir. Ich bin nun – Ein nasser Blick zum Himmel drückte alles aus. – Er war also glücklich? fragte ich. – Und ich wollte, ich wäre wieder so! sagte er. Da war mir es so wohl, so lustig, so leicht wie einem Fisch im Wasser! – Heinrich! rief eine alte Frau, die den Weg herkam, Heinrich, wo steckst du? wir haben dich überall gesucht, komm zum Essen! – Ist das euer Sohn? fragt' ich, zu ihr tretend. – Wohl, mein armer Sohn! versetzte sie. Gott hat mir ein schweres Kreuz aufgelegt. – Wie lange ist er so? fragte ich. – So stille, sagte sie, ist er nun ein halbes Jahr. Gott sei Dank, daß er nur so weit ist, vorher war er ein ganzes Jahr rasend, da hat er an Ketten im Tollhause gelegen. Jetzt thut er niemand nichts, nur hat er immer mit Königen und Kaisern zu schaffen. Es war ein so guter stiller Mensch, der mich ernähren half, seine schöne Hand schrieb, und auf einmal wird er tiefsinning, fällt in ein hitziges Fieber, daraus in

Raserei, und nun ist er wie Sie ihn sehen. Wenn ich Ihnen erzählen sollte, Herr – Ich unterbrach den Strom ihrer Worte mit der Frage: Was war denn das für eine Zeit, von der er rühmt, daß er so glücklich, so wohl darin gewesen sei? – Der thörichte Mensch! rief sie mit mitleidigem Lächeln, da meint er die Zeit, da er von sich war, das rühmt er immer; das ist die Zeit, da er im Tollhause war, wo er nichts von sich wußte – Das fiel mir auf wie ein Donnerschlag, ich drückte ihr ein Stück Geld in die Hand und verließ sie eilend.

Da du glücklich warst! rief ich aus, schnell vor mich hin nach der Stadt zu gehend, da dir es wohl war wie einem Fisch im Wasser! – Gott im Himmel! hast du das zum Schicksale der Menschen gemacht, daß sie nicht glücklich sind, als ehe sie zu ihrem Verstande kommen und wenn sie ihn wieder verlieren! – Elender! und auch wie beneide ich deinen Trübsinn, die Verwirrung deiner Sinne, in der du verschmachtest! Du gehst hoffnungsvoll aus, deiner Königin Blumen zu pflücken – im Winter – und trauerst, da du keine findest, und begreifst nicht, warum du keine finden kannst. Und ich – und ich gehe ohne Hoffnung, ohne Zweck heraus, und kehre wieder heim wie ich gekommen bin. – Du wähnst, welcher Mensch du sein würdest, wenn die Generalstaaten dich bezahlten. Seliges Geschöpf! das den Mangel seiner Glückseligkeit einer irdischen Hinderniß zuschreiben kann. Du fühlst nicht! du fühlst nicht, daß in deinem zerstörten Herzen, in deinem zerrütteten Gehirne dein Elend liegt, wovon alle Könige der Erde dir nicht helfen können.

Müsse der trostlos umkommen, der eines Kranken spottet, der nach der entferntesten Quelle reis't, die seine Krankheit vermehren, sein Ausleben schmerzhafter machen wird! der sich über das bedrängte Herz erhebt, das, um seine Gewissensbisse los zu werden und die Leiden seiner Seele abzuthun, eine Pilgrimschaft nach dem heiligen Grabe thut. Jeder Fußtritt, der seine Sohlen auf ungebahntem Wege durchschneidet, ist ein Linderungstropfen der geängsteten Seele, und mit jeder ausgedauerten Tagereise legt sich das Herz um viele Bedrängnisse leichter nieder. – Und dürft ihr das Wahn nennen, ihr Wortkrämer auf euren Polstern? – Wahn! – O Gott! du siehst meine Thränen! Mußtest du, der du den Menschen arm genug erschufst, ihm auch Brüder zugeben, die ihm das bißchen Armuth, das bißchen Vertrauen noch raubten, das er auf dich hat, auf dich, du Allliebender! Denn das Vertrauen zu einer heilenden Wurzel, zu den Thränen des Weinstockes, was ist es als Vertrauen zu dir, daß du in alles, was uns umgibt, Heil- und Linderungskraft gelegt hast, der wir so stündlich bedürfen? Vater! den ich nicht kenne! Vater! der sonst meine ganze Seele füllte, und nun sein Angesicht von mir gewendet hat! rufe mich zu dir! schweige nicht länger! dein Schweigen wird diese dürstende Seele nicht aufhalten – Und würde ein Mensch, ein Vater zürnen können, dem sein unvermuthet rückkehrender Sohn um den Hals fiele und riefe: Ich bin wieder da, mein Vater! Zürne nicht, daß ich die Wanderschaft abbreche, die ich nach deinem Willen länger aushalten sollte. Die Welt ist überall einerlei, auf Mühe und Arbeit Lohn und Freude; aber was soll mir das? mir ist nur wohl, wo du bist, und vor deinem Angesichte will ich leiden und genießen. – Und du, lieber himmlischer Vater, solltest ihn von dir weisen?

Am 1. December.

Wilhelm! der Mensch, von dem ich dir schrieb, der glückliche Unglückliche, war Schreiber bei Lottens Vater, und eine Leidenschaft zu ihr, die er nährte, verbarg, endeckte und worüber er aus dem Dienst geschickt wurde, hat ihn rasend gemacht. Fühle bei diesen trocknen Worten, mit welchem Unsinne mich die Geschichte ergriffen hat, da mir sie Albert eben so gelassen erzählte, als du sie vielleicht liesest.

Am 4. December.

Ich bitte dich – Siehst du, mit mir ist's aus, ich trag' es nicht länger! Heute saß ich bei ihr – saß, sie spielte auf ihrem Clavier, mannichfaltige Melodieen, und all den Ausdruck! all! – all! –

Was willst du? – Ihr Schwesterchen putzte ihre Puppe auf meinem Knie. Mir kamen die Thränen in die Augen. Ich neigte mich und ihr Trauring fiel mir in's Gesicht – meine Thränen flossen – Und auf einmal fiel sie in die alte himmelsüße Melodie ein, so auf einmal, und mir durch die Seele gehn ein Trostgefühl, und eine Erinnerung des Vergangenen, der Zeiten, da ich das Lied gehört, der düstern Zwischenräume, des Verdrusses, der fehlgeschlagenen Hoffnungen, und dann – Ich ging in der Stube auf und nieder, mein Herz erstickte unter dem Zudringen. – Um Gottes willen, sagte ich, mit einem heftigen Ausbruch hin gegen sie fahrend, um Gottes willen, hören Sie auf! – Sie hielt, und sah mich starr an. – Werther, sagte sie mit einem Lächeln, das mir durch die Seele ging, Werther, Sie sind sehr krank, Ihre Lieblingsgerichte widerstehen Ihnen. Gehen Sie! Ich bitte Sie, beruhigen Sie sich. – Ich riß mich von ihr weg, und – Gott! du siehst mein Elend, und wirst es enden.

Am 6. December.

Wie mich die Gestalt verfolgt! Wachend und träumend füllt sie meine ganze Seele! Hier, wenn ich die Augen schließe, hier in meiner Stirne, wo die innere Sehkraft sich vereinigt, stehen ihre schwarzen Augen. Hier! ich kann dir es nicht ausdrücken. Mache ich meine Augen zu, so sind sie da; wie ein Meer, wie ein Abgrund ruhen sie vor mir, in mir, füllen die Sinne meiner Stirn.

Was ist der Mensch, der gepriesene Halbgott! Ermangeln ihm nicht eben da die Kräfte, wo er sie am nöthigsten braucht? Und wenn er in Freude sich aufschwingt, oder im Leiden versinkt, wird er nicht in beiden eben da aufgehalten, eben da zu dem stumpfen kalten Bewußtsein wieder zurückgebracht, da er sich in der Fülle des Unendlichen zu verlieren sehnte?

Der Herausgeber an den Leser.

Wie sehr wünscht' ich, daß uns von den letzten merkwürdigen Tagen unsers Freundes so viel eigenhändige Zeugnisse übrig geblieben wären, daß ich nicht nöthig hätte, die Folge seiner hinterlassenen Briefe durch Erzählung zu unterbrechen.

Ich habe mir angelegen sein lassen, genaue Nachrichten aus dem Munde derer zu sammeln, die von seiner Geschichte wohl unterrichtet sein konnten; sie ist einfach und es kommen alle Erzählungen davon bis auf wenige Kleinigkeiten mit einander überein; nur über die Sinnesarten der handelnden Personen sind die Meinungen verschieden und die Urtheile getheilt.

Was bleibt uns übrig, als dasjenige, was wir mit wiederholter Mühe erfahren können, gewissenhaft zu erzählen, die von dem Abscheidenden hinterlassenen Briefe einzuschalten und das kleinste aufgefundene Blättchen nicht gering zu achten; zumal da es so schwer ist, die eigensten wahren Triebfedern auch nur einer einzelnen Handlung zu entdecken, wenn sie unter Menschen vorgeht, die nicht gemeiner Art sind.

Unmuth und Unlust hatten in Werthers Seele immer tiefer Wurzel geschlagen, sich fester unter einander verschlungen und sein ganzes Wesen nach und nach eingenommen. Die Harmonie seines Geistes war völlig zerstört, eine innerliche Hitze und Heftigkeit, die alle Kräfte seiner Natur durch einander arbeitete, brachte die widrigsten Wirkungen hervor und ließ ihm zuletzt nur eine Ermattung übrig, aus der er noch ängstlicher empor strebte, als er mit allen Übeln bisher gekämpft hatte. Die Beängstigung seines Herzens zehrte die übrigen Kräfte seines Geistes, seine Lebhaftigkeit, seinen Scharfsinn auf, er ward ein trauriger Gesellschafter, immer unglücklicher, und immer ungerechter, je unglücklicher er ward. Wenigstens sagen dieß Alberts Freunde; sie behaupten, daß Werther einen reinen ruhigen Mann, der nun eines lang gewünschten Glücks theilhaftig geworden, und sein Betragen, sich dieses Glück auch auf die Zukunft zu erhalten, nicht habe beurtheilen können, er, der gleichsam mit jedem Tage sein ganzes Vermögen verzehrte, um an dem Abend zu leiden und zu darben. Albert, sagen sie, hatte sich in so kurzer Zeit nicht verändert, er war noch immer derselbige, den Werther so vom Anfang her kannte, so sehr schätzte und ehrte. Er liebte Lotten über alles, er war stolz auf sie und wünschte sie auch von jedermann als das herrlichste Geschöpf anerkannt zu wissen. War es ihm daher zu verdenken, wenn er auch jeden Schein des

Verdachtes abzuwenden wünschte, wenn er in dem Augenblicke mit niemand diesen köstlichen Besitz auch auf die unschuldigste Weise zu theilen Lust hatte? Sie gestehen ein, daß Albert oft das Zimmer seiner Frau verlassen, wenn Werther bei ihr war, aber nicht aus Haß noch Abneigung gegen seinen Freund, sondern nur weil er gefühlt habe, daß dieser von seiner Gegenwart gedrückt sei.

Lottens Vater war von einem Übel befallen worden, das ihn in der Stube hielt, er schickte ihr seinen Wagen, und sie fuhr hinaus. Es war ein schöner Wintertag, der erste Schnee war stark gefallen und deckte die ganze Gegend.

Werther ging ihr den andern Morgen nach, um, wenn Albert sie nicht abzuholen käme, sie herein zu begleiten.

Das klare Wetter konnte wenig auf sein trübes Gemüth wirken, ein dumpfer Druck lag auf seiner Seele, die traurigen Bilder hatten sich bei ihm festgesetzt und sein Gemüth kannte keine Bewegung als von einem schmerzlichen Gedanken zum andern.

Wie er mit sich in ewigem Unfrieden lebte, schien ihm auch der Zustand andrer nur bedenklicher und verworrner, er glaubte, das schöne Verhältniß zwischen Albert und seiner Gattin gestört zu haben, er machte sich Vorwürfe darüber, in die sich ein heimlicher Unwille gegen den Gatten mischte.

Seine Gedanken fielen auch unterwegs auf diesen

Gegenstand. Ja, ja, sagte er zu sich selbst, mit heimlichem Zähnknirschen: das ist der vertraute, freundliche, zärtliche, an allem theilnehmende Umgang, die ruhige dauernde Treue! Sattigkeit ist's und Gleichgültigkeit! Zieht ihn nicht jedes elende Geschäft mehr an als die theure köstliche Frau? Weiß er sein Glück zu schätzen? Weiß er sie zu achten, wie sie es verdient? Er hat sie, nun gut, er hat sie – Ich weiß das, wie ich was anders auch weiß, ich glaube an den Gedanken gewöhnt zu sein, er wird mich noch rasend machen, er wird mich noch umbringen – Und hat denn die Freundschaft zu mir Stich gehalten? Sieht er nicht in meiner Anhänglichkeit an Lotten schon einen Eingriff in seine Rechte, in meiner Aufmerksamkeit für sie einen stillen Vorwurf? Ich weiß es wohl, ich fühl' es, er sieht mich ungern, er wünscht meine Entfernung, meine Gegenwart ist ihm beschwerlich.

Oft hielt er seinen raschen Schritt an, oft stand er stille, und schien umkehren zu wollen; allein er richtete seinen Gang immer wieder vorwärts und war mit diesen Gedanken und Selbstgesprächen endlich gleichsam wider Willen bei dem Jagdhause angekommen.

Er trat in die Thür, fragte nach dem Alten und nach Lotten, er fand das Haus in einiger Bewegung. Der älteste Knabe sagte ihm, es sei drüben in Wahlheim ein Unglück geschehn, es sei ein Bauer erschlagen worden! – Es machte das weiter keinen Eindruck auf ihn. – Er trat in die Stube und fand Lotten beschäftigt, dem Alten zuzureden, der ungeachtet seiner Krankheit hinüber wollte, um an Ort und Stelle die That zu untersuchen. Der Thäter war noch unbekannt, man hatte den Erschlagenen des Morgens vor der Hausthür gefunden, man hatte Muthmaßungen: der Entleibte war Knecht einer Witwe, die vorher einen andern im Dienste gehabt, der mit Unfrieden aus dem Hause gekommen war.

Da Werther dieses hörte, fuhr er mit Heftigkeit auf. – Ist's möglich! rief er aus, ich muß hinüber, ich kann nicht einen Augenblick ruhn. – Er eilte nach Wahlheim zu, jede Erinnerung ward ihm lebendig und er zweifelte nicht einen Augenblick, daß jener Mensch die That begangen, den er so manchmal gesprochen, der ihm so werth geworden war.

Da er durch die Linden mußte, um nach der Schenke zu kommen, wo sie den Körper hingelegt hatten, entsetzt' er sich vor dem sonst so geliebten Platze. Jene Schwelle, worauf die Nachbarskinder so oft gespielt hatten, war mit Blut besudelt. Liebe und Treue, die schönsten menschlichen Empfindungen, hatten sich in Gewalt und Mord verwandelt. Die starken Bäume standen ohne Laub und bereift, die schönen Hecken, die sich über die niedrige Kirchhofmauer wölbten, waren entblättert und die Grabsteine sahen mit Schnee bedeckt durch die Lücken hervor.

Als er sich der Schenke näherte, vor welcher das ganze Dorf versammelt war, entstand auf einmal ein Geschrei. Man erblickte von fern einen Trupp bewaffneter Männer, und ein jeder rief, daß man den Thäter herbeiführe. Werther sah hin und blieb nicht lange zweifelhaft. Ja! es war der Knecht, der jene Witwe so sehr liebte, den er vor einiger Zeit mit dem stillen Grimme, mit der heimlichen Verzweiflung umhergehend angetroffen hatte.

Was hast du begangen, Unglücklicher! rief Werther aus, indem er auf den Gefangnen losging. – Dieser sah ihn still an, schwieg und versetzte endlich ganz gelassen: Keiner wird sie haben, sie wird keinen haben. – Man brachte den Gefangnen in die Schenke und Werther eilte fort.

Durch die entsetzliche gewaltige Berührung war alles, was in seinem Wesen lag, durch einander geschüttelt worden. Aus seiner Trauer, seinem Mißmuth, seiner gleichgültigen Hingegebenheit wurde er auf einen Augenblick herausgerissen; unüberwindlich bemächtigte sich die Theilnehmung seiner und es ergriff ihn eine unsägliche Begierde, den Menschen zu retten. Er fühlte ihn so unglücklich, er fand ihn als Verbrecher selbst so schuldlos, er setzte sich so tief in seine Lage, daß er gewiß glaubte, auch andere davon zu überzeugen. Schon wünschte er für ihn sprechen zu können, schon drängte sich der lebhafteste Vortrag nach seinen Lippen, er eilte nach dem Jagdhause und konnte sich unterwegs nicht enthalten, alles das, was er dem Amtmann vorstellen wollte, schon halblaut auszusprechen.

Als er in die Stube trat, fand er Alberten gegenwärtig, dieß verstimmte ihn einen Augenblick; doch faßte er sich bald wieder und trug dem Amtmanne feurig seine Gesinnungen vor. Dieser schüttelte einigemal den Kopf, und obgleich Werther mit der größten Lebhaftigkeit, Leidenschaft und Wahrheit alles vorbrachte, was ein Mensch zur Entschuldigung eines Menschen sagen kann, so war doch, wie sich's leicht denken läßt, der Amtmann dadurch nicht gerührt. Er ließ vielmehr unsern Freund nicht ausreden, widersprach ihm eifrig und tadelte ihn, daß er einen Meuchelmörder in Schutz nehme! er zeigte ihn, daß auf diese Weise jedes Gesetz aufgehoben, alle Sicherheit des Staats zu Grund gerichtet werde, auch, setzte er hinzu, daß er in einer solchen Sache nichts thun könne, ohne sich die größte Verantwortung aufzuladen, es müsse alles in der Ordnung, in dem vorgeschriebenen Gang gehen.

Werther ergab sich noch nicht, sondern bat nur, der Amtmann möchte durch die Finger sehn, wenn man dem Menschen zur Flucht behülflich wäre! Auch damit wies ihn der Amtmann ab. Albert, der sich endlich in's Gespräch mischte, trat auch auf des Alten Seite: Werther wurde überstimmt und mit einem entsetzlichen Leiden machte er sich auf den Weg, nachdem ihm der Amtmann einigemal gesagt hatte: Nein, er ist nicht zu retten!

Wie sehr ihm diese Worte aufgefallen sein müssen, sehn wir aus einem Zettelchen, das sich unter seinen Papieren fand, und das gewiß an dem nämlichen Tage geschrieben worden.

„Du bist nicht zu retten, Unglücklicher! ich sehe wohl, daß wir nicht zu retten sind.“

Was Albert zuletzt über die Sache des Gefangenen in Gegenwart des Amtmanns gesprochen, war Werthern höchst zuwider gewesen: er glaubte einige Empfindlichkeit gegen sich darin bemerkt zu haben, und wenn gleich bei mehrerem Nachdenken seinem Scharfsinne nicht entging, daß beide Männer Recht haben möchten, so war es ihm doch, als ob er seinem innersten Dasein entsagen müßte, wenn er es gestehen, wenn er es zugeben sollte.

Ein Blättchen, das sich darauf bezieht, das vielleicht sein ganzes Verhältniß zu Albert ausdrückt, finden wir unter seinen Papieren.

„Was hilft es, daß ich mir's sage und wieder sage, er ist brav und gut, aber es zerreißt mir mein inneres Eingeweide; ich kann nicht gerecht sein.“

Weil es ein gelinder Abend war und das Wetter anfing sich zum Thauen zu neigen, ging Lotte mit Alberten zu Fuße zurück. Unterwegs sah sie sich hier und da um, eben, als wenn sie Werthers Begleitung vermißte. Albert fing von ihm an zu reden, er tadelte ihn, indem er ihm Gerechtigkeit widerfahren ließ. Er berührte seine unglückliche Leidenschaft und wünschte, daß es möglich sein möchte, ihn zu entfernen. – Ich wünsch' es auch um unsertwillen, sagt' er, und ich bitte dich, fuhr er fort, siehe zu, seinem Betragen gegen dich eine andere Richtung zu geben, seine öftern Besuche zu vermindern. Die Leute werden aufmerksam, und ich weiß, daß man hier und da drüber gesprochen hat. – Lotte schwieg und Albert schien ihr Schweigen empfunden zu haben, wenigstens seit der Zeit erwähnte er Werthers nicht mehr gegen sie, und wenn sie seiner erwähnte, ließ er das Gespräch fallen oder lenkte es wo anders hin.

Der vergebliche Versuch, den Werther zur Rettung des Unglücklichen gemacht hatte, war das letzte Auflodern der Flamme eines verlöschenden Lichtes; er versank nur desto tiefer in Schmerz und Unthätigkeit; besonders kam er fast außer sich, als er hörte, daß man ihn vielleicht gar zum Zeugen gegen den Menschen, der sich nun auf's Läugnen legte, auffordern könnte.

Alles was ihm Unangenehmes jemals in seinem wirksamen Leben begegnet war, der Verdruß bei der

Gesandtschaft, alles was ihm sonst mißlungen war, was ihn je gekränkt hatte, ging in seiner Seele auf und nieder. Er fand sich durch alles dieses wie zur Unthätigkeit berechtigt, er fand sich abgeschnitten von aller Aussicht, unfähig, irgend eine Handhabe zu ergreifen, mit denen man die Geschäfte des gemeinen Lebens anfaßt, und so rückte er endlich, ganz seiner wunderbaren Empfindung, Denkart und einer endlosen Leidenschaft hingegeben, in dem ewigen Einerlei eines traurigen Umgangs mit dem liebenswürdigen und geliebten Geschöpfe, dessen Ruhe er störte, in seine Kräfte stürmend, sie ohne Zweck und Aussicht abarbeitend, immer einem traurigen Ende näher.

Von seiner Verworrenheit, Leidenschaft, von seinem rastlosen Treiben und Streben, von seiner Lebensmüde sind einige hinterlassene Briefe die stärksten Zeugnisse, die wir hier einrücken wollen.

„Am 12. December.

Lieber Wilhelm, ich bin in einem Zustande, in dem jene Unglücklichen gewesen sein müssen, von denen man glaubte, sie würden von einem bösen Geiste umhergetrieben. Manchmal ergreift mich's; es ist nicht Angst, nicht Begier – es ist ein inneres unbekanntes Toben, das meine Brust zu zerreißen droht, das mir die Gurgel zupreßt! Wehe! wehe! und dann schweife ich umher in den furchtbaren nächtlichen Scenen dieser menschenfeindlichen Jahrszeit.

Gestern Abend mußte ich hinaus. Es war plötzlich Thauwetter eingefallen, ich hatte gehört, der Fluß sei übergetreten, alle Bäche geschwollen und von Wahlheim herunter mein liebes Thal überschwemmt! Nachts nach Eilfe rannte ich hinaus. Ein fürchterliches Schauspiel, vom Fels herunter die wühlenden Fluthen in dem Mondlichte wirbeln zu sehen, über Äcker und Wiesen und Hecken und alles, und das weite Thal hinauf und hinab Eine stürmende See im Sausen des Windes! Und wenn dann der Mond wieder hervortrat und über der schwarzen Wolke ruhte und vor mir hinaus die Fluth in fürchterlich herrlichem Wiederschein rollte und klang: da überfiel mich ein Schauer und wieder ein Sehnen! Ach mit offenen Armen stand ich gegen den Abgrund und athmete hinab! hinab! und verlor mich in der Wonne, meine Qualen, mein Leiden da hinab zu stürmen! dahin zu brausen wie die Wellen! Oh! – und den Fuß vom Boden zu heben vermochtest du nicht, und alle Qualen zu enden! – Meine Uhr ist noch nicht ausgelaufen, ich fühle es! O Wilhelm! wie gern hätte ich mein Menschsein drum gegeben, mit jenem Sturmwinde die Wolken zu zerreißen, die Fluthen zu fassen! Ha! und wird nicht vielleicht dem Eingekerkerten einmal diese Wonne zu Theil? –

Und wie ich wehmütig hinab sah auf ein Plätzchen, wo ich mit Lotten unter einer Weide geruht, auf einem heißen Spaziergange, – das war auch überschwemmt, und kaum daß ich die Weide erkannte, Wilhelm! Und ihre Wiesen, dachte ich, die Gegend um ihr Jagdhaus! wie verstört jetzt vom reißenden Strome unsere Laube! dacht' ich. Und der Vergangenheit Sonnenstrahl blickte herein, wie einem Gefangenen ein Traum von Heerden, Wiesen und Ehrenämtern! Ich stand! – Ich schelte mich nicht, denn ich habe Muth zu sterben. – Ich hätte – Nun sitze ich hier wie ein altes Weib, das ihr Holz von Zäunen stoppelt und ihr Brot an den Thüren, um ihr hinsterbendes freudeloses Dasein noch einen Augenblick zu verlängern und zu erleichtern."

„Am 14. December.

Was ist das, mein Lieber? Ich erschrecke vor mir selbst! Ist nicht meine Liebe zu ihr die heiligste, reinste, brüderlichste Liebe? Habe ich jemals einen strafbaren Wunsch in meiner Seele gefühlt? – Ich will nicht betheuern – Und nun, Träume! O wie wahr fühlten die Menschen, die so widersprechende Wirkungen fremden Mächten zuschrieben! Diese Nacht! ich zittere es zu sagen, hielt ich sie in meinen Armen, fest an meinen Busen gedrückt, und deckte ihren liebelispelnden Mund mit unendlichen Küssen; mein Auge schwamm in der Trunkenheit des ihrigen! Gott! bin ich strafbar, daß ich auch jetzt noch eine Seligkeit fühle, mir diese glühenden Freuden mit voller Innigkeit zurückzurufen? Lotte! Lotte! – Und mit mir ist es aus! meine Sinne verwirren sich, schon acht Tage habe ich keine Besinnungskraft mehr, meine Augen sind voll Thränen. Ich bin nirgend wohl, und überall wohl. Ich wünsche nichts, verlange nichts. Mir wäre besser, ich ginge."

Der Entschluß, die Welt zu verlassen, hatte in dieser Zeit, unter solchen Umständen in Werthers Seele immer mehr Kraft gewonnen. Seit der Rückkehr zu Lotten war es immer seine letzte Aussicht und Hoffnung gewesen; doch hatte er sich gesagt, es solle keine übereilte, keine rasche That sein, er wolle mit der besten Überzeugung, mit der möglichst ruhigen Entschlossenheit diesen Schritt thun.

Seine Zweifel, sein Streit mit sich selbst blicken aus einem Zettelchen hervor, das wahrscheinlich ein angefangener Brief an Wilhelm ist und ohne Datum unter seinen Papieren gefunden worden.

„Ihre Gegenwart, ihr Schicksal, ihre Theilnehmung an dem meinigen preßt noch die letzten Thränen aus meinem versengten Gehirne.

Den Vorhang aufzuheben und dahinter zu treten! das ist alles! Und warum das Zaudern und Zagen? Weil man nicht weiß, wie es dahinten aussieht?

und man nicht wiederkehrt? Und daß das nun die Eigenschaft unseres Geistes ist, da Verwirrung und Finsterniß zu ahnen, wovon wir nichts Bestimmtes wissen."

Endlich ward er mit dem traurigen Gedanken immer mehr verwandt und befreundet und sein Vorsatz fest und unwiderruflich, wovon folgender zweideutige Brief, den er an seinen Freund schrieb, ein Zeugniß abgibt.

„Am 20. December.

Ich danke deiner Liebe, Wilhelm, daß du das Wort so aufgefangen hast. Ja, du hast Recht: mir wäre besser, ich ginge. Der Vorschlag, den du zu einer Rückkehr zu euch thust, gefällt mir nicht ganz; wenigstens möchte ich noch gern einen Umweg machen, besonders da wir anhaltenden Frost und gute Wege zu hoffen haben. Auch ist mir es sehr lieb, daß du kommen willst, mich abzuholen; verziehe nur noch vierzehn Tage, und erwarte noch einen Brief von mir mit dem Weiteren. Es ist nöthig, daß nichts gepflückt werde, ehe es reif ist. Und vierzehn Tage auf oder ab thun viel. Meiner Mutter sollst du sagen: daß sie für ihren Sohn beten soll und daß ich sie um Vergebung bitte, wegen alles Verdrusses, den ich ihr gemacht habe. Das war nun mein Schicksal, die zu betrüben, denen ich Freude schuldig war. Leb' wohl, mein Theuerster! Allen Segen des Himmels über dich! Leb' wohl!"

Was in dieser Zeit in Lottens Seele vorging, wie ihre Gesinnungen gegen ihren Mann, gegen ihren unglücklichen Freund gewesen, getrauen wir uns kaum mit Worten auszudrücken, ob wir uns gleich davon, nach der Kenntniß ihres Charakters, wohl einen stillen Begriff machen können und eine schöne weibliche Seele sich in die ihrige denken und mit ihr empfinden kann.

So viel ist gewiß, sie war fest bei sich entschlossen alles zu thun, um Werthern zu entfernen, und wenn sie zauderte, so war es eine herzliche freundschaftliche Schonung, weil sie wußte, wie viel es ihm kosten, ja daß es ihm beinahe unmöglich sein würde. Doch ward sie in dieser Zeit mehr gedrängt Ernst zu machen; es schwieg ihr Mann ganz über dieß Verhältniß, wie sie auch immer darüber geschwiegen hatte, und um so mehr war ihr angelegen, ihm durch die That zu beweisen, wie ihre Gesinnungen der seinigen werth seien.

An demselben Tage, als Werther den zuletzt eingeschalteten Brief an seinen Freund geschrieben, es war der Sonntag vor Weihnachten, kam er Abends zu Lotten und fand sie allein. Sie beschäftigte sich, einige Spielwerke in Ordnung zu bringen, die sie ihren kleinen Geschwistern zum Christgeschenke zurecht gemacht hatte. Er redete von dem Vergnügen, das die Kleinen haben würden, und von den Zeiten, da einen die unerwartete Öffnung der Thür und die Erscheinung eines aufgeputzten Baumes mit Wachslichtern, Zuckerwerk und Äpfeln in paradiesische Entzückung setzte. – Sie sollen, sagte Lotte, indem sie ihre Verlegenheit unter ein liebes Lächeln verbarg, Sie sollen auch beschert kriegen, wenn Sie recht geschickt sind; ein Wachsstöckchen und noch was. – Und was heißen Sie geschickt sein? rief er aus; wie soll ich sein? wie kann ich sein? beste Lotte! – Donnerstag Abend, sagte sie, ist Weihnachtsabend, da kommen die Kinder, mein Vater auch, da kriegt jedes das Seinige, da kommen Sie auch – aber nicht eher. – Werther stutzte. – Ich bitte Sie, fuhr sie fort, es ist nun einmal so, ich bitte Sie um meiner Ruhe willen, es kann nicht, es kann nicht so bleiben. – Er wendete seine Augen von ihr, und ging in der Stube auf und ab, und murmelte das: Es kann nicht so bleiben! zwischen den Zähnen. Lotte, die den schrecklichen Zustand fühlte, worein ihn diese Worte versetzt hatten, suchte durch allerlei Fragen seine Gedanken abzulenken, aber vergebens. – Nein, Lotte, rief er aus: ich werde Sie nicht wieder sehen! – Warum das? versetzte sie, Werther, Sie können, Sie müssen uns wieder sehen, nur mäßigen Sie sich. O, warum mußten Sie mit dieser Heftigkeit, dieser unbezwinglich haftenden Leidenschaft für alles, was Sie einmal anfassen, geboren werden! Ich bitte Sie, fuhr sie fort, indem sie ihn bei der Hand nahm, mäßigen Sie sich! Ihr Geist, Ihre Wissenschaften, Ihre Talente, was bieten die Ihnen für mannichfaltige Ergetzungen dar? Sein Sie ein Mann! wenden Sie diese traurige Anhänglichkeit von einem Geschöpf, das nichts thun kann, als Sie bedauern. – Er knirrte mit den Zähnen und sah sie düster an. Sie hielt seine Hand: Nur einen Augenblick ruhigen Sinn, Werther! sagte sie. Fühlen Sie nicht, daß Sie sich betriegen, sich mit Willen zu Grunde richten! Warum denn mich, Werther? just mich, das Eigenthum eines andern? just das? Ich fürchte, ich fürchte, es ist nur die Unmöglichkeit mich zu besitzen, die Ihnen diesen Wunsch so reizend macht. – Er zog seine Hand aus der ihrigen, indem er sie mit einem starren unwilligen Blick ansah. – Weise! rief er, sehr weise! hat vielleicht Albert diese Anmerkung gemacht? Politisch! sehr politisch! – Es kann sie jeder machen, versetzte sie drauf. Und sollte denn in der weiten Welt kein Mädchen sein, das die Wünsche Ihres Herzens erfüllte? Gewinnen Sie's über sich, suchen Sie darnach, und ich schwöre Ihnen, Sie werden sie finden; denn schon lange ängstet mich, für Sie und uns, die Einschränkung, in die Sie sich diese Zeit her selbst gebannt haben. Gewinnen Sie es über sich! eine Reise wird Sie, muß Sie zerstreuen! Suchen Sie, finden Sie einen werthen Gegenstand Ihrer Liebe, und kehren Sie zurück und lassen Sie uns zusammen die Seligkeit einer wahren Freundschaft genießen.

Das könnte man, sagte er mit einem kalten Lachen, drucken lassen und allen Hofmeistern empfehlen. Liebe Lotte! lassen Sie mir noch ein klein wenig Ruh, es wird alles werden! – Nur das, Werther, daß Sie nicht eher kommen als Weihnachtsabend! – Er wollte antworten, und Albert trat in die Stube. Man bot sich einen frostigen Guten Abend und ging verlegen im Zimmer neben einander auf und nieder. Werther fing einen unbedeutenden Discurs an, der bald aus war, Albert deßgleichen, der sodann seine Frau nach gewissen Aufträgen fragte, und als er hörte, sie seien noch nicht ausgerichtet, ihr einige Worte sagte, die Werthern kalt, ja gar hart vorkamen. Er wollte gehen, er konnte nicht und zauderte bis Acht, da sich denn sein Unmuth und Unwillen immer vermehrte, bis der Tisch gedeckt wurde und er Hut und Stock nahm. Albert lud ihn zu bleiben, er aber, der nur ein unbedeutendes Compliment zu hören glaubte, dankte kalt dagegen und ging weg.

Er kam nach Hause, nahm seinem Burschen, der ihm leuchten wollte, das Licht aus der Hand und ging allein in sein Zimmer, weinte laut, redete aufgebracht mit sich selbst, ging heftig die Stube auf und ab, und warf sich endlich in seinen Kleidern auf's Bette, wo ihn der Bediente fand, der es gegen Eilfe wagte hinein zu gehn, um zu fragen, ob er dem Herrn die Stiefeln ausziehen sollte? das er denn zuließ und dem Bedienten verbot, den andern Morgen in's Zimmer zu kommen, bis er ihm rufen würde.

Montags früh, den ein und zwanzigsten December, schrieb er folgenden Brief an Lotten, den man nach seinem Tode versiegelt auf seinem Schreibtische gefunden und ihr überbracht hat, und den ich absatzweise hier einrücken will, so wie aus den Umständen erhellet, daß er ihn geschrieben habe.

„Es ist beschlossen, Lotte, ich will sterben, und das schreibe ich dir ohne romantische Überspannung, gelassen, an dem Morgen des Tages, an dem ich dich zum letztenmale sehen werde. Wenn du dieses liesest, meine Beste, deckt schon das kühle Grab die erstarrten Reste des Unruhigen, Unglücklichen, der für die letzten Augenblicke seines Lebens keine größere Süßigkeit weiß, als sich mit dir zu unterhalten. Ich habe eine schreckliche Nacht gehabt, und ach! eine wohlthätige Nacht. Sie ist es, die meinen Entschluß befestiget, bestimmt hat: ich will sterben! Wie ich mich gestern von dir riß, in der fürchterlichen Empörung meiner Sinne, wie sich alles das nach meinem Herzen drängte, und mein hoffnungsloses freudeloses Dasein neben dir in gräßlicher Kälte mich anpackte – ich erreichte kaum mein Zimmer, ich warf mich außer mir auf meine Knie, und o Gott! du gewährtest mir das letzte Labsal der bittersten Thränen! Tausend Anschläge, tausend Aussichten wütheten durch meine Seele, und zuletzt stand er da, fest, ganz, der letzte einzige Gedanke: ich will sterben! – Ich legte mich nieder, und Morgens, in der Ruhe des Erwachens, steht er noch fest, noch ganz stark in meinem Herzen: ich will sterben! – Es ist nicht Verzweiflung, es ist Gewißheit, daß ich ausgetragen habe, und daß ich mich opfere für dich. Ja, Lotte! warum sollte ich es verschweigen? eins von uns dreien muß hinweg und das will ich sein! O meine Beste! in diesem zerrissenen Herzen ist es wüthend herumgeschlichen, oft – deinen Mann zu ermorden! – dich! – mich! – So sei es denn! – Wenn du hinauf steigst auf den Berg, an einem schönen Sommerabende, dann erinnere dich meiner, wie ich so oft das Thal herauf kam, und dann blicke nach dem Kirchhofe hinüber nach meinem Grabe, wie der Wind das hohe Gras im Scheine der sinkenden Sonne hin- und herwiegt. – Ich war ruhig, da ich anfing, nun, nun weine ich wie ein Kind, da alles das so lebhaft um mich wird. –"

Gegen zehn Uhr rief Werther seinem Bedienten und unter dem Anziehen sagte er ihm: wie er in einigen Tagen verreisen würde, er solle daher die Kleider auskehren und alles zum Einpacken zurecht machen; auch gab er ihm Befehl, überall Contos zu fordern, einige ausgeliehene Bücher abzuholen und einigen Armen, denen er wöchentlich etwas zu geben gewohnt war, ihr Zugetheiltes auf zwei Monate voraus zu bezahlen.

Er ließ sich das Essen auf die Stube bringen, und nach Tische ritt er hinaus zum Amtmanne, den er nicht zu Hause antraf. Er ging tiefsinnig im Garten auf und ab und schien noch zuletzt alle Schwermuth der Erinnerung auf sich häufen zu wollen.

Die Kleinen ließen ihn nicht lange in Ruhe, sie verfolgten ihn, sprangen an ihm hinauf, erzählten ihm: daß, wenn morgen, und wieder morgen, und noch ein Tag wäre, sie die Christgeschenke bei Lotten holten, und erzählten ihm Wunder, die sich ihre kleine Einbildungskraft versprach. – Morgen! rief er aus, und wieder morgen! und noch ein Tag! – und küßte sie alle herzlich und wollte sie verlassen, als ihm der Kleine noch etwas in das Ohr sagen wollte. Der verrieth ihm, die großen Brüder hätten schöne Neujahrswünsche geschrieben, *so* groß! und einen für den Papa, für Albert und Lotten einen und auch einen für Herrn Werther; die wollten Sie am Neujahrstage früh überreichen. Das übermannte ihn, er schenkte jedem etwas, setzte sich zu Pferde, ließ den Alten grüßen und ritt mit Thränen in den Augen davon.

Gegen Fünf kam er nach Hause, befahl der Magd, nach dem Feuer zu sehen und es bis in die Nacht zu unterhalten. Den Bedienten hieß er Bücher und Wäsche unten in den Koffer packen und die Kleider einnähen. Darauf schrieb er wahrscheinlich folgenden Absatz seines letzten Briefes an Lotten.

„Du erwartest mich nicht! du glaubst, ich würde gehorchen und erst Weihnachtsabend dich wieder sehn. O Lotte! heut oder nie mehr. Weihnachtsabend hältst du dieses Papier in deiner Hand, zitterst und benetzest es mit deinen lieben Thränen. Ich will, ich muß! O wie wohl ist es mir, daß ich entschlossen bin.“

Lotte war indeß in einen sonderbaren Zustand gerathen. Nach der letzten Unterredung mit Werthern hatte sie empfunden, wie schwer es ihr fallen werde, sich von ihm zu trennen, was er leiden würde, wenn er sich von ihr entfernen sollte.

Es war wie im Vorübergehn in Alberts Gegenwart gesagt worden, daß Werther vor Weihnachtsabend nicht wieder kommen werde, und Albert war zu einem Beamten in der Nachbarschaft geritten, mit dem er Geschäfte abzuthun hatte, und wo er über Nacht ausbleiben mußte.

Sie saß nun allein, keins von ihren Geschwistern war um sie, sie überließ sich ihren Gedanken, die stille über ihren Verhältnissen herumschweiften. Sie sah sich nun mit dem Mann auf ewig verbunden, dessen Liebe und Treue sie kannte, dem sie von Herzen zugethan war, desse Ruhe, dessen Zuverlässigkeit recht vom Himmel dazu bestimmt zu sein schien, daß eine wackere Frau das Glück ihres Lebens darauf gründen sollte; sie fühlte, was er ihr und ihren Kindern auf immer sein würde. Auf der andern Seite war ihr Werther so theuer geworden, gleich von dem ersten Augenblick ihrer Bekanntschaft an hatte sich die Übereinstimmung ihrer Gemüther so schön gezeigt, der lange dauernde Umgang mit ihm, so manche durchlebten Situationen hatten einen unauslöschlichen Eindruck auf ihr Herz gemacht. Alles, was sie Interessantes fühlte und dachte, war sie gewohnt mit ihm zu theilen, und seine Entfernung drohete in ihr ganzes Wesen eine Lücke zu reißen, die nicht wieder ausgefüllt werden konnte. O, hätte sie ihn in dem Augenblick zum Bruder umwandeln können! wie glücklich wäre sie gewesen! – hätte sie ihn einer ihrer Freundinnen verheirathen dürfen, hätte sie hoffen können, auch sein Verhältniß gegen Albert ganz wieder herzustellen!

Sie hatte ihre Freundinnen der Reihe nach durchgedacht und fand bei einer jeglichen etwas auszusetzen, fand keine, der sie ihn gegönnt hätte.

Über allen diesen Betrachtungen fühlte sie erst tief, ohne sich es deutlich zu machen, daß ihr herzliches heimliches Verlangen sei, ihn für sich zu behalten, und sagte sich daneben, daß sie ihn nicht behalten könne, behalten dürfe; ihr reines, schönes, sonst so leichtes und leicht sich helfendes Gemüth empfand den Druck einer Schwermuth, dem die Aussicht zum Glück verschlossen ist. Ihr Herz war gepreßt und eine trübe Wolke lag über ihrem Auge.

So war es halb Sieben geworden, als sie Werthern die Treppe herauf kommen hörte und seinen Tritt, seine Stimme, die nach ihr fragte, bald erkannte. Wie schlug ihr Herz, und wir dürfen fast sagen zum erstenmal, bei seiner Ankunft. Sie hätte sich gern vor ihm verläugnen lassen, und als er herein trat, rief sie ihm mit einer Art von leidenschaftlicher Verwirrung entgegen: Sie haben nicht Wort gehalten. – Ich habe nichts versprochen, war seine Antwort. – So hätten Sie wenigstens meiner Bitte Statt geben sollen, versetzte sie, ich bat Sie um unser beider Ruhe.

Sie wußte nicht recht was sie sagte, eben so wenig was sie that, als sie nach einigen Freundinnen schickte, um nicht mit Werthern allein zu sein. Er legte einige Bücher hin, die er gebracht hatte, fragte nach andern, und sie wünschte, bald daß ihre Freundinnen kommen, bald daß sie wegbleiben möchten. Das Mädchen kam zurück und brachte die Nachricht, daß sich beide entschuldigen ließen.

Sie wollte das Mädchen mit ihrer Arbeit in das Nebenzimmer sitzen lassen; dann besann sie sich wieder anders. Werther ging in der Stube auf und ab, sie trat an's Clavier und fing eine Menuett an, sie wollte nicht fließen. Sie nahm sich zusammen und setzte sich gelassen zu Werthern, der seinen gewöhnlichen Platz auf dem Canapee eingenommen hatte.

Haben Sie nichts zu lesen? sagte sie. – Er hatte nichts. – Da drin in meiner Schublade, fing sie an, liegt Ihre Übersetzung einiger Gesänge Ossians; ich habe sie noch nicht gelesen, denn ich hoffte immer, sie von Ihnen zu hören; aber zeither hat sich's nicht finden, nicht machen wollen. – Er lächelte, holte die Lieder, ein Schauer überfiel ihn, als er sie in die Hände nahm, und die Augen standen ihm voll Thränen, als er hinein sah. Er setzte sich nieder und las.

„Stern der dämmernden Nacht, schön funkelst du in Westen, hebst dein strahlend Haupt aus deiner Wolke, wandelst stattlich deinen Hügel hin. Wornach blickst du auf die Heide? Die stürmenden Winde haben sich gelegt; von ferne kommt des Gießbachs Murmeln; rauschende Wellen spielen am Felsen ferne; das Gesumme der Abendfliegen schwärmet über's Feld. Wornach siehst du, schönes Licht? Aber du lächelst und gehst, freudig umgeben dich die Wellen, und baden dein liebliches Haar. Lebe wohl, ruhiger Strahl. Erscheine, du herrliches Licht von Ossians Seele!

Und es erscheint in seiner Kraft. Ich sehe meine geschiedenen Freunde, sie sammeln sich auf Lora, wie in den Tagen, die vorüber sind. – Fingal kommt wie eine feuchte Nebelsäule; um ihn sind seine Helden, und, siehe! die Barden des Gesanges: Grauer Ullin! stattlicher Ryno! Alpin, lieblicher Sänger! und du, sanft klagende Minona! – Wie verändert seid ihr, meine Freunde, seit den festlichen Tagen auf Selma, da wir buhlten um die Ehre des Gesanges, wie Frühlingslüfte den Hügel hin wechselnd beugen das schwach lispelnde Gras.

Da trat Minona hervor in ihrer Schönheit, mit niedergeschlagenem Blick und thränenvollem Auge, schwer floß ihr Haar im unstäten Winde, der von dem Hügel herstieß. – Düster ward's in der Seele der Helden, als sie die liebliche Stimme erhob; denn oft hatten sie das Grab Salgars gesehen, oft die finstere Wohnung der weißen Colma. Colma, verlassen auf dem Hügel, mit der harmonischen Stimme; Salgar versprach zu kommen; aber ringsum zog sich die Nacht. Höret Colma's Stimme, da sie auf dem Hügel allein saß.

Colma.

Es ist Nacht! – ich bin allein, verloren auf dem stürmischen Hügel. Der Wind saus't im Gebirge. Der Strom heult den Felsen hinab. Keine Hütte schützt mich vor dem Regen, mich Verlass'ne auf dem stürmischen Hügel.

Tritt, o Mond, aus deinen Wolken! erscheinet, Sterne der Nacht! Leite mich irgend ein Strahl zu dem Orte, wo meine Liebe ruht von den Beschwerden der Jagd, sein Bogen neben ihm abgespannt, seine Hunde schnobend um ihn! Aber hier muß ich sitzen allein auf dem Felsen des verwachsenen Stroms. Der Strom und der Sturm saus't, ich höre nicht die Stimme meines Geliebten.

Warum zaudert mein Salgar? Hat er sein Wort vergessen? – Da ist der Fels und der Baum und hier der rauschende Strom! Mit einbrechender Nacht versprachst du hier zu sein; ach! wohin hat sich mein Salgar verirrt? Mit dir wollt' ich fliehen, verlassen Vater und Bruder! die Stolzen! Lange sind unsere Geschlechter Feinde, aber wir sind keine Feinde, o Salgar!

Schweig' eine Weile, o Wind! still eine kleine Weile, o Strom! daß meine Stimme klinge durch's Thal, daß mein Wanderer mich höre. Salgar! ich bin's, die ruft! Hier ist der Baum und der Fels! Salgar! mein Lieber! hier bin ich; warum zauderst du zu kommen?

Sieh, der Mond erscheint, die Fluth glänzt im Thale, die Felsen stehen grau den Hügel hinauf; aber ich seh' ihn nicht auf der Höhe, seine Hunde vor ihm her verkündigen nicht seine Ankunft. Hier muß ich sitzen allein.

Aber wer sind, die dort unten liegen auf der

Heide? – Mein Geliebter? Mein Bruder? – Redet, o meine Freunde! Sie antworten nicht. Wie geängstet ist meine Seele! – Ach sie sind todt! Ihre Schwerter roth vom Gefechte! O mein Bruder, mein Bruder! warum hast du meinen Salgar erschlagen? O mein Salgar! warum hast du meinen Bruder erschlagen? Ihr wart mir beide so lieb! O du warst schön an dem Hügel unter Tausenden! Er war schrecklich in der Schlacht. Antwortet mir! hört meine Stimme, meine Geliebten! Aber ach! sie sind stumm! stumm auf ewig! kalt, wie die Erde, ist ihr Busen!

O von dem Felsen des Hügels, von dem Gipfel des stürmenden Berges, redet, Geister der Todten! redet! mir soll es nicht grausen! – Wohin seid ihr zur Ruhe gegangen? in welcher Gruft des Gebirges soll ich euch finden! – Keine schwache Stimme vernehme ich im Winde, keine wehende Antwort im Sturme des Hügels.

Ich sitze in meinem Jammer, ich harre auf den Morgen in meinen Thränen. Wühlet das Grab, ihr Freunde der Todten, aber schließt es nicht, bis ich komme. Mein Leben schwindet wie ein Traum, wie sollt' ich zurückbleiben. Hier will ich wohnen mit meinen Freunden an dem Strome des klingenden Felsens – Wenn's Nacht wird auf dem Hügel und Wind kommt über die Heide, soll mein Geist im Winde stehn und trauern den Tod meiner Freunde. Der Jäger hört mich aus seiner Laube, fürchtet meine

Stimme und liebt sie; denn süß soll meine Stimme sein – um meine Freunde, sie waren mir beide so lieb!

Das war dein Gesang, o Minona, Tormans sanft erröthende Tochter. Unsere Thränen flossen um Colma, und unsere Seele ward düster.

Ullin trat auf mit der Harfe und gab uns Alpins Gesang – Alpins Stimme war freundlich, Ryno's Seele ein Feuerstrahl. Aber schon ruhten sie im engen Hause und ihre Stimme war verhallet in Selma. Einst kehrte Ullin zurück von der Jagd, ehe die Helden noch fielen. Er hörte ihren Wettegesang auf dem Hügel. Ihr Lied war sanft, aber traurig. Sie klagten Morars Fall, des ersten der Helden. Seine Seele war wie Fingals Seele, sein Schwert wie das Schwert Oskars – Aber er fiel, und sein Vater jammerte, und seiner Schwester Augen waren voll Thränen, Minona's Augen waren voll Thränen, der Schwester des herrlichen Morars. Sie trat zurück vor Ullins Gesang, wie der Mond in Westen, der den Sturmregen voraus sieht und sein schönes Haupt in eine Wolke verbirgt. – Ich schlug die Harfe mit Ullin zum Gesange des Jammers.

Ryno.

Vorbei sind Wind und Regen, der Mittag ist so heiter, die Wolken theilen sich. Fliehend bescheint den Hügel die unbeständige Sonne. Röthlich fließt der Strom des Bergs im Thale hin. Süß ist dein Murmeln, Strom; doch süßer die Stimme, die ich höre. Es ist Alpins Stimme, er bejammert den Todten. Sein Haupt ist vor Alter gebeugt, und roth sein thränendes Auge. Alpin, trefflicher Sänger! warum allein auf dem schweigenden Hügel? warum jammerst du, wie ein Windstoß im Walde, wie eine Welle am fernen Gestade?

Alpin.

Meine Thränen, Ryno, sind für den Todten, meine Stimme für die Bewohner des Grabs. Schlank bist du auf dem Hügel, schön unter den Söhnen der Heide. Aber du wirst fallen wie Morar, und auf deinem Grabe der Trauernde sitzen. Die Hügel werden dich vergessen, dein Bogen in der Halle liegen ungespannt.

Du warst schnell, o Marar, wie ein Reh auf dem Hügel, schrecklich wie die Nachtfeuer am Himmel. Dein Grimm war ein Sturm, dein Schwert in der Schlacht wie Wetterleuchten über der Heide. Deine Stimme glich dem Waldstrome nach dem Regen, dem Donner auf fernen Hügeln. Manche fielen vor deinem Arm, die Flamme deines Grimmes verzehrte sie. Aber wenn du wiederkehrtest vom Kriege, wie friedlich war deine Stirne! dein Angesicht war gleich der Sonne nach dem Gewitter, gleich dem Monde in der schweigenden Nacht, ruhig deine Brust wie der See, wenn sich des Windes Brausen gelegt hat.

Eng ist nun deine Wohnung! finster deine Stätte! mit drei Schritten mess' ich dein Grab, o du! der du ehe so groß warst! vier Steine mit moosigen Häuptern sind dein einziges Gedächtniß, ein entblätterter Baum, langes Gras, das im Winde wispelt, deutet dem Auge des Jägers das Grab des mächtigen Morars. Keine Mutter hast du, dich zu beweinen, kein Mädchen mit Thränen der Liebe. Todt ist, die dich gebar, gefallen die Tochter von Morglan.

Wer auf seinem Stabe ist das? Wer ist es, dessen Haupt weiß ist vor Alter, dessen Augen roth sind von Thränen? Es ist dein Vater, o Morar! der Vater keines Sohnes außer dir. Er hörte von deinem Ruf in der Schlacht, er hörte von zerstobenen Feinden; er hörte Morars Ruhm! Ach! nichts von seiner Wunde? Weine, Vater Morars! weine! aber dein Sohn hört dich nicht. Tief ist der Schlaf der Todten, niedrig ihr Kissen von Staube. Nimmer achtet er auf die Stimme, nie erwacht er auf deinen Ruf. O wann wird es Morgen im Grabe, zu bieten dem Schlummerer: Erwache!

Lebe wohl! edelster der Menschen, du Eroberer im Felde! Aber nimmer wird dich das Feld sehen! nimmer der düstere Wald leuchten vom Glanze deines Stahls. Du hinterließest keinen Sohn, aber der Gesang soll deinen Namen erhalten, künftige Zeiten sollen von dir hören, hören von dem gefallenen Morar.

Laut war die Trauer der Helden, am lautesten Armins berstender Seufzer. Ihn erinnerte es an den Tod seines Sohnes, er fiel in den Tagen der

Jugend. Carmor saß nah bei dem Helden, der Fürst des hallenden Galmal. Warum schluchzet der Seufzer Armins? sprach er, was ist hier zu weinen? Klingt nicht Lied und Gesang, die Seele zu schmelzen und zu ergetzen? sie sind wie sanfter Nebel, der steigend vom See auf's Thal sprüht, und die blühenden Blumen füllet das Naß; aber die Sonne kommt wieder in ihrer Kraft und der Nebel ist gegangen. Warum bist du so jammervoll, Armin, Herrscher des seeumflossenen Gorma?

Jammervoll! Wohl das bin ich, und nicht gering die Ursache meines Wehs. – Carmor, du verlorst keinen Sohn, verlorst keine blühende Tochter; Colgar, der Tapfere, lebt, und Annira, die schönste der Mädchen. Die Zweige deines Hauses blühen, o Carmor; aber Armin ist der letzte seines Stammes. Finster ist dein Bett, o Daura! dumpf ist dein Schlaf in dem Grabe – Wann erwachst du mit deinen Gesängen, mit deiner melodischen Stimme? Auf! ihr Winde des Herbstes! auf! stürmt über die finstere Heide! Waldströme, braus't! heult, Stürme, im Gipfel der Eichen! Wandle durch gebrochene Wolken, o Mond, zeige wechselnd dein bleiches Gesicht! Erinnre mich der schrecklichen Nacht, da meine Kinder umkamen, da Arindal, der Mächtige, fiel, Daura, die Liebe, verging.

Daura, meine Tochter, du warst schön! schön wie der Mond auf den Hügeln von Fura, weiß wie der gefallene Schnee, süß wie die athmende Luft! Arindal, dein Bogen war stark, dein Speer schnell auf dem Felde, dein Blick wie Nebel auf der Welle, dein Schild eine Feuerwolke im Sturme!

Armar, berühmt im Kriege, kam und warb um Daura's Liebe; sie widerstand nicht lange. Schön waren die Hoffnungen ihrer Freunde.

Erath, der Sohn Odgals, grollte, denn sein Bruder lag erschlagen von Armar. Er kam in einen Schiffer verkleidet. Schön war sein Nachen auf der Welle, weiß seine Locken vor Alter, ruhig sein ernstes Gesicht. Schönste der Mädchen, sagte er, liebliche Tochter von Armin, dort am Felsen, nicht fern in der See, wo die rothe Frucht vom Baume herblinkt, dort wartet Armar auf Daura; ich komme, seine Liebe zu führen über die rollende See.

Sie folgt' ihm und rief nach Armar; nichts antwortete als die Stimme des Felsens. Armar! mein Lieber! mein Lieber! warum ängstest du mich so? Höre, Sohn Arnarths! höre! Daura ist's, die dich ruft!

Erath, der Verräther, floh lachend zum Lande. Sie erhob ihre Stimme, rief nach ihrem Vater und Bruder: Arindal! Armin! Ist keiner, seine Daura zu retten?

Ihre Stimme kam über die See. Arindal, mein Sohn, stieg vom Hügel herab, rauh in der Beute der Jagd, seine Pfeile rasselten an seiner Seite, seinen Bogen trug er in der Hand, fünf schwarzgraue Doggen waren um ihn. Er sah den kühnen Erath am Ufer, faßte und band ihn an die Eiche, fest umflocht er seine Hüften, der Gefesselte füllt mit Ächzen die Winde.

Arindal betritt die Wellen in seinem Boote, Daura herüber zu bringen. Armar kam in seinem Grimme, drückt' ab den grau befiederten Pfeil, er klang, er sank in dein Herz, o Arindal, mein Sohn! Statt Eraths, des Verräthers, kamst du um, das Boot erreichte den Felsen, er sank dran nieder und starb. Zu deinen Füßen floß deines Bruders Blut, welch war dein Jammer, o Daura!

Die Wellen zerschmettern das Boot. Armar stürzt sich in die See, seine Daura zu retten oder zu sterben. Schnell stürmt ein Stoß vom Hügel in die Wellen, er sank und hob sich nicht wieder.

Allein auf dem seebespülten Felsen hörte ich die Klagen meiner Tochter. Viel und laut war ihr Schreien, doch konnte sie ihr Vater nicht retten. Die ganze Nacht stand ich am Ufer, ich sah sie im schwachen Strahle des Mondes, die ganze Nacht hörte ich ihr Schreien, laut war der Wind, und der Regen schlug scharf nach der Seite des Berges. Ihre Stimme ward schwach, ehe der Morgen erschien, sie starb weg wie die Abendluft zwischen dem Grase der Felsen. Beladen mit Jammer starb sie und ließ Armin allein! Dahin ist meine Stärke im Kriege, gefallen mein Stolz unter den Mädchen.

Wenn die Stürme des Berges kommen, wenn der Nord die Wellen hoch hebt, sitze ich am schallenden Ufer, schaue nach dem schrecklichen Felsen. Oft im sinkenden Monde sehe ich die Geister meiner Kinder, halb dämmernd wandeln sie zusammen in trauriger Eintracht."

Ein Strom von Thränen, der aus Lottens Augen brach und ihrem gepreßten Herzen Luft machte, hemmte Werthers Gesang. Er warf das Papier hin, faßte ihre Hand und weinte die bittersten Thränen. Lotte ruhte auf der andern und verbarg ihre Augen in's Schnupftuch. Die Bewegung beider war fürchterlich. Sie fühlten ihr eigenes Elend in dem Schicksale der Edlen, fühlten es zusammen und ihre Thränen vereinigten sie. Die Lippen und Augen Werthers glühten an Lottens Arme; ein Schauer überfiel sie; sie wollte sich entfernen und Schmerz und Antheil lagen betäubend wie Blei auf ihr. Sie athmete sich zu erholen, und bat ihn schluchzend fortzufahren, bat mit der ganzen Stimme des Himmels! Werther zitterte, sein Herz wollte bersten, er hob das Blatt auf und las halb gebrochen.

„Warum weckst du mich Frühlingsluft? Du buhlst und sprichst: Ich bethaue mit Tropfen des Himmels! Aber die Zeit meines Welkens ist nahe, nahe der Sturm, der meine Blätter herabstört! Morgen wird der Wanderer kommen, kommen der mich sah in meiner Schönheit, ringsum wird sein Auge im Felde mich suchen, und wird mich nicht finden. –“

Die ganze Gewalt dieser Worte fiel über den Unglücklichen. Er warf sich vor Lotten nieder in der vollen Verzweifelung, faßte ihre Hände, drückte sie in seine Augen, wider seine Stirn, und ihr schien eine Ahnung seines schrecklichen Vorhabens durch die Seele zu fliegen. Ihre Sinne verwirrten sich, sie drückte seine Hände, drückte sie wider ihre Brust, neigte sich mit einer wehmüthigen Bewegung zu ihm, und ihre glühenden Wangen berührten sich. Die Welt verging ihnen. Er schlang seine Arme um sie her, preßte sie an seine Brust und deckte ihre zitternden, stammelnden Lippen mit wüthenden Küssen. – Werther! rief sie mit erstickter Stimme, sich abwendend, Werther! – und drückte mit schwacher Hand seine Brust von der ihrigen; – Werther! rief sie mit dem gefaßten Tone des edelsten Gefühles. – Er widerstand nicht, ließ sie aus seinen Armen und warf sich unsinnig vor sie hin. Sie riß sich auf und in ängstlicher Verwirrung, bebend zwischen Liebe und Zorn, sagte sie: Das ist das letztemal! Werther! Sie sehn mich nicht wieder. – Und mit dem vollsten Blick der Liebe auf den Elenden eilte sie in's Nebenzimmer und schloß hinter sich zu. Werther streckte ihr die Arme nach, getraute sich nicht sie zu halten. Er lag an der Erde, den Kopf auf dem Canapee, und in dieser Stellung blieb er über eine halbe Stunde, bis ihn ein Geräusch zu sich selbst rief. Es war das Mädchen, das den Tisch decken wollte. Er ging im Zimmer auf und ab, und da er sich wieder allein sah, ging er zur Thüre des Kabinetts und rief mit leiser Stimme: Lotte! Lotte! nur noch Ein Wort! ein Lebe wohl! – Sie schwieg. Er harrte und bat und harrte; dann riß er sich weg und rief: Lebe wohl, Lotte! auf ewig lebe wohl!

Es kam an's Stadtthor. Die Wächter, die ihn schon gewohnt waren, ließen ihn stillschweigend hinaus. Es stiebte zwischen Regen und Schnee, und erst gegen Eilfe klopfte er wieder. Sein Diener bemerkte, als Werther nach Hause kam, daß seinem Herrn der Hut fehlte. Er getraute sich nicht, etwas zu sagen, entkleidete ihn, alles war naß. Man hat nachher den Hut auf einem Felsen, der an dem Abhange des Hügels in's Thal sieht, gefunden, und es ist unbegreiflich, wie er ihn in einer finstern feuchten Nacht, ohne zu stürzen, erstiegen hat.

Er legte sich zu Bette und schlief lange. Der Bediente fand ihn schreibend, als er ihm den andern Morgen auf sein Rufen den Kaffee brachte. Er schrieb Folgendes am Briefe an Lotten.

„Zum letztenmale denn, zum letztenmale schlage ich diese Augen auf. Sie sollen ach! die Sonne nicht mehr sehen, ein trüber neblichter Tag hält sie bedeckt. So traure denn, Natur! dein Sohn, dein Freund, dein Geliebter naht sich seinem Ende. Lotte, das ist ein Gefühl ohne gleichen, und doch kommt es dem dämmernden Traum am nächsten, zu sich zu sagen: das ist der letzte Morgen. Der letzte! Lotte, ich habe keinen Sinn für das Wort der letzte! Stehe ich nicht da in meiner ganzen Kraft, und morgen liege ich ausgestreckt und schlaff am Boden. Sterben! was heißt das? Siehe, wir träumen, wenn wir vom Tode reden. Ich habe manchen sterben sehen; aber so eingeschränkt ist die Menschheit, daß sie für ihres Daseins Anfang und Ende keinen Sinn hat. Jetzt noch mein, dein! dein, o Geliebte! Und einen Augenblick – getrennt, geschieden – vielleicht auf ewig? – Nein, Lotte, nein – Wie kann ich vergehen? wie kannst du vergehen? Wir *sind* ja! – Vergehen! – Was heißt das? Das ist wieder ein Wort! ein leerer Schall! ohne Gefühl für mein Herz. – – Todt, Lotte! eingescharrt der kalten Erde, so eng! so finster! – Ich hatte eine Freundin, die mein Alles war meiner hülflosen Jugend; sie starb, und ich folgte ihrer Leiche, und stand an dem Grabe, wie sie den Sarg hinunter ließen und die Seile schnurrend unter ihm weg und wieder herauf schnellten, dann die erste Schaufel hinunter schollerte, und die ängstliche Lade einen dumpfen Ton wiedergab, und dumpfer und immer dumpfer, und endlich bedeckt war! – Ich stürzte neben das Grab hin – ergriffen, erschüttert, geängstet, zerrissen mein Innerstes, aber ich wußte nicht, wie mir geschah – wie mir geschehen wird – Sterben! Grab! ich verstehe die Worte nicht!

O vergib mir! vergib mir! Gestern! Es hätte der letzte Augenblick meines Lebens sein sollen. O du Engel! zum erstenmale, zum erstenmale ganz ohne Zweifel durch mein innig Innerstes durchglühte mich das Wonnegefühl: Sie liebt mich! sie liebt mich! Es brennt noch auf meinen Lippen das heilige Feuer, das von den deinigen strömte, neue warme Wonne ist in meinem Herzen. Vergib mir! vergib mir!

Ach ich wußte, daß du mich liebtest, wußte es an den ersten seelenvollen Blicken, an dem ersten Händedruck, und doch, wenn ich wieder weg war, wenn ich Alberten an deiner Seite sah, verzagte ich wieder in fieberhaften Zweifeln.

Erinnerst du dich der Blumen, die du mir schicktest, als du in jener fatalen Gesellschaft mir kein Wort sagen, keine Hand reichen konntest? o ich habe die halbe Nacht davor gekniet, und sie versiegelten mir deine Liebe. Aber ach! diese Eindrücke gingen vorüber, wie das Gefühl der Gnade seines Gottes allmählich wieder aus der Seele des Gläubigen weicht, die ihm mit ganzer Himmelsfülle in heiligen sichtbaren Zeichen gereicht ward.

Alles das ist vergänglich, aber keine Ewigkeit soll das glühende Leben auslöschen, das ich gestern auf deinen Lippen genoß, das ich in mir fühle! Sie liebt mich! Dieser Arm hat sie umfaßt, diese Lippen haben auf ihren Lippen gezittert, dieser Mund hat an dem ihrigen gestammelt. Sie ist mein! du bist mein! ja, Lotte, auf ewig.

Und was ist das, daß Albert dein Mann ist? Mann! Das wäre denn für diese Welt – und für diese Welt Sünde, daß ich dich liebe, daß ich dich aus seinen Armen in die meinigen reißen möchte? Sünde? Gut, und ich strafe mich dafür; ich habe sie in ihrer ganzen Himmelswonne geschmeckt, diese Sünde, habe Lebensbalsam und Kraft in mein Herz gesaugt. Du bist von diesem Augenblicke mein! mein, o Lotte! Ich gehe voran! gehe zu meinem Vater, zu deinem Vater. Dem will ich's klagen, und er wird mich trösten bis du kommst, und ich fliege dir entgegen und fasse dich und bleibe bei dir vor dem Angesichte des Unendlichen in ewigen Umarmungen.

Ich träume nicht, ich wähne nicht! nahe am Grabe wird mir es heller. Wir werden sein! wir werden uns wieder sehen! Deine Mutter sehen! ich werde sie sehen, werde sie finden, ach und vor ihr mein ganzes Herz ausschütten! Deine Mutter, dein Ebenbild."

Gegen Eilfe fragte Werther seinen Bedienten, ob wohl Albert zurück gekommen sei? Der Bediente sagte: ja, er habe dessen Pferd dahin führen sehen.

Drauf gibt ihm der Herr ein offenes Zettelchen des Inhalts:

„Wollten Sie mir wohl zu einer vorhabenden Reise Ihre Pistolen leihen? Leben Sie recht wohl!“

Die liebe Frau hatte die letzte Nacht wenig geschlafen; was sie gefürchtet hatte, war entschieden, auf eine Weise entschieden, die sie weder ahnen noch fürchten konnte. Ihr sonst so rein und leicht fließendes Blut war in einer fieberhaften Empörung, tausenderlei Empfindungen zerrütteten das schöne Herz. War es das Feuer von Werthers Umarmungen, das sie in ihrem Busen fühlte? war es Unwille über seine Verwegenheit? war es eine unmuthige Vergleichung ihres gegenwärtigen Zustandes mit jenen Tagen ganz unbefangener freier Unschuld und sorglosen Zutrauens an sich selbst? Wie sollte sie ihrem Manne entgegen gehen? wie ihm eine Scene bekennen, die sie so gut gestehen durfte und die sie sich doch zu gestehen nicht getraute? Sie hatten so lange gegen einander geschwiegen, und sollte sie die erste sein, die das Stillschweigen bräche und eben zur unrechten Zeit ihrem Gatten eine so unerwartete Entdeckung machte? Schon fürchtete sie, die bloße Nachricht von Werthers Besuch werde ihm einen unangenehmen Eindruck machen, und nun gar diese unerwartete Katastrophe! Konnte sie wohl hoffen, daß ihr Mann sie ganz im rechten Lichte sehen, ganz ohne Vorurtheil aufnehmen würde? und konnte sie wünschen, daß er in ihrer Seele lesen möchte? Und doch wieder, konnte sie sich verstellen gegen den Mann, vor dem sie immer wie ein krystallhelles Glas offen und frei gestanden war, und dem sie keine ihre Empfindungen jemals verheimlicht noch verheimlichen können? Eins und das andre machte ihr Sorgen und setzte sie in Verlegenheit; und immer kehrten ihre Gedanken wieder zu Werthern, der für sie verloren war, den sie nicht lassen konnte, den sie leider! sich selbst überlassen mußte, und dem, wenn er sie verloren hatte, nichts mehr übrig blieb.

Wie schwer lag jetzt, was sie sich in dem Augenblick nicht deutlich machen konnte, die Stockung auf ihr, die sich unter ihnen festgesetzt hatte! So verständige, so gute Menschen fingen wegen gewisser heimlicher Verschiedenheiten unter einander zu schweigen an, jedes dachte seinem Recht und dem Unrechte des andern nach, und die Verhältnisse verwickelten und verhetzten sich dergestalt, daß es unmöglich ward, den Knoten eben in dem kritischen Momente, von dem alles abhing, zu lösen. Hätte eine glückliche Vertraulichkeit sie früher wieder einander näher gebracht, wäre Liebe und Nachsicht wechselsweise unter ihnen lebendig worden, und hätte ihre Herzen aufgeschlossen, vielleicht wäre unser Freund noch zu retten gewesen.

Noch ein sonderbarer Umstand kam dazu. Werther hatte, wie wir aus seinen Briefen wissen, nie ein Geheimniß daraus gemacht, daß er sich, diese Welt zu verlassen, sehnte. Albert hatte ihn oft bestritten, auch war zwischen Lotten und ihrem Mann manchmal die Rede davon gewesen. Dieser, wie er einen entschiedenen Widerwillen gegen die That empfand, hatte auch gar oft mit einer Art von Empfindlichkeit, die sonst ganz außer seinem Charakter lag, zu erkennen gegeben, daß er an dem Ernst eines solchen Vorsatzes sehr zu zweifeln Ursach' finde, er hatte sich sogar darüber einigen Scherz erlaubt, und seinen Unglauben Lotten mitgetheilt. Dieß beruhigte sie zwar von einer Seite, wenn ihre Gedanken ihr das traurige Bild vorführten, von der andern aber fühlte sie sich auch dadurch gehindert, ihrem Manne die Besorgnisse mitzutheilen, die sie in dem Augenblicke quälten.

Albert kam zurück, und Lotte ging ihm mit einer verlegenen Hastigkeit entgegen, er war nicht heiter, sein Geschäft war nicht vollbracht, er hatte an dem benachbarten Amtmanne einen unbiegsamen kleinsinnigen Menschen gefunden. Der üble Weg auch hatte ihn verdrießlich gemacht.

Er fragte, ob nichts vorgefallen sei, und sie antwortete mit Übereilung: Werther sei gestern Abends da gewesen. Er fragte, ob Briefe gekommen, und er erhielt zur Antwort, daß ein Brief und Packete auf seiner Stube lägen. Er ging hinüber, und Lotte blieb allein. Die Gegenwart des Mannes, den sie liebte und ehrte, hatte einen neuen Eindruck in ihr Herz gemacht. Das Andenken seines Edelmuths, seiner Liebe und Güte hatte ihr Gemüth mehr beruhigt, sie fühlte einen heimlichen Zug ihm zu folgen, sie nahm ihre Arbeit und ging auf sein Zimmer, wie sie mehr zu thun pflegte. Sie fand' ihn beschäftigt, die Packete zu erbrechen und zu lesen. Einige schienen nicht das Angenehmste zu enthalten. Sie that einige Fragen an ihn, die er kurz beantwortete, und sich an den Pult stellte zu schreiben.

Sie waren auf diese Weise eine Stunde neben einander gewesen und es ward immer dunkler in Lottens Gemüth. Sie fühlte, wie schwer es ihr werden würde, ihrem Mann, auch wenn er bei dem besten Humor wäre, das zu entdecken, was ihr auf dem Herzen lag: sie verfiel in eine Wehmuth, die ihr um desto ängstlicher ward, als sie solche zu verbergen und ihre Thränen zu verschlucken suchte.

Die Erscheinung von Werthers Knaben setzte sie in die größte Verlegenheit; er überreichte Alberten das Zettelchen, der sich gelassen nach seiner Frau wendete und sagte: Gib ihm die Pistolen. – Ich lasse ihm glückliche Reise wünschen, sagte er zum Jungen. – Das fiel auf sie wie ein Donnerschlag, sie schwankte aufzustehen, sie wußte nicht, wie ihr geschah. Langsam ging sie nach der Wand, zitternd nahm sie das Gewehr herunter, putzte den Staub ab und zauderte und hätte noch lange gezögert, wenn nicht Albert durch einen fragenden Blick sie gedrängt hätte. Sie gab das unglückliche Werkzeug dem Knaben, ohne ein Wort vorbringen zu können, und als der zum Hause hinaus war, machte sie ihre Arbeit zusammen, ging in ihr Zimmer, in dem Zustande der unaussprechlichsten Ungewißheit. Ihr Herz weissagte ihr alle Schrecknisse. Bald war sie im Begriffe, sich zu den Füßen ihres Mannes zu werfen, ihm alles zu entdecken, die Geschichte des gestrigen Abends, ihre Schuld und ihre Ahnungen. Dann sah sie wieder keinen Ausgang des Unternehmens, am wenigsten konnte sie hoffen, ihren Mann zu einem Gange nach Werthern zu bereden. Der Tisch ward gedeckt, und eine gute Freundin, die nur etwas zu fragen kam, gleich gehen wollte – und blieb, machte die Unterhaltung bei Tische erträglich; man zwang sich, man redete, man erzählte, man vergaß sich.

Der Knabe kam mit den Pistolen zu Werthern, der sie ihm mit Entzücken abnahm, als er hörte, Lotte habe sie ihm gegeben. Er ließ sich Brot und Wein bringen, hieß den Knaben zu Tische gehen und setzte sich nieder zu schreiben.

„Sie sind durch deine Hände gegangen, du hast den Staub davon geputzt, ich küsse sie tausendmal, du hast sie berührt: und du, Geist des Himmels, begünstigst meinen Entschluß! und du, Lotte, reichst mir das Werkzeug, du, von deren Händen ich den Tod zu empfangen wünschte, und ach! nun empfange. O ich habe meinen Jungen ausgefragt. Du zittertest, als du sie ihm reichtest, du sagtest kein Lebe wohl! – Wehe! wehe! kein Lebe wohl! – Solltest du dein Herz für mich verschlossen haben, um des Augenblicks willen, der mich ewig an dich befestigte? Lotte, kein Jahrtausend vermag den Eindruck auszulöschen! und ich fühle es, du kannst den nicht hassen, der so für dich glüht!"

Nach Tische hieß er den Knaben alles vollends einpacken, zerriß viele Papiere, ging aus und brachte noch kleine Schulden in Ordnung. Er kam wieder nach Hause, ging wieder aus vor's Thor, ungeachtet des Regens, in den gräflichen Garten, schweifte weiter in der Gegend umher und kam mit anbrechender Nacht zurück und schrieb.

„Wilhelm, ich habe zum letztenmale Feld und Wald und den Himmel gesehen. Lebe wohl auch du! Liebe Mutter, verzeiht mir! Tröste sie, Wilhelm! Gott segne euch! Meine Sachen sind alle in Ordnung. Lebt wohl! wir sehen uns wieder und freudiger."

„Ich habe dir übel gelohnt, Albert, und du vergibst mir. Ich habe den Frieden deines Hauses gestört, ich habe Mißtrauen zwischen euch gebracht. Lebe wohl! ich will es enden. O daß ihr glücklich wäret durch meinen Tod! Albert! Albert! mache den Engel glücklich! Und so wohne Gottes Segen über dir!“

Er kramte den Abend noch viel in seinen Papieren, zerriß vieles und warf es in den Ofen, versiegelte einige Päcke mit den Adressen an Wilhelm. Sie enthielten kleine Aufsätze, abgerissene Gedanken, deren ich verschiedene gesehen habe; und nachdem er um zehn Uhr Feuer hatte nachlegen und sich eine Flasche Wein geben lassen, schickte er den Bedienten, dessen Kammer wie auch die Schlafzimmer der Hausleute weit hinten hinaus waren, zu Bette, der sich dann in seinen Kleidern niederlegte, um frühe bei der Hand zu sein; denn sein Herr hatte gesagt, die Postpferde würden vor Sechse vor's Haus kommen.

„Nach Eilfe.

Alles ist so still um mich her, und so ruhig meine Seele. Ich danke dir, Gott, der du diesen letzten Augenblicken diese Wärme, diese Kraft schenkest.

Ich trete an das Fenster, meine Beste! und sehe und sehe noch durch die stürmenden, vorüberfliehenden Wolken einzelne Sterne des ewigen Himmels! Nein, ihr werdet nicht fallen! der Ewige trägt euch an seinem Herzen, und mich. Ich sehe die Deichselsterne des

Wagens, des liebsten unter allen Gestirnen. Wenn ich Nachts von dir ging, wie ich aus deinem Thore trat, stand er gegen mir über. Mit welcher Trunkenheit habe ich ihn oft angesehen! oft mit aufgehobenen Händen ihn zum Zeichen, zum heiligen Merksteine meiner gegenwärtigen Seligkeit gemacht! und noch – O Lotte, was erinnert mich nicht an dich! umgibst du mich nicht! und habe ich nicht, gleich einem Kinde, ungenügsam allerlei Kleinigkeiten zu mir gerissen, die du Heilige berührt hattest!

Liebes Schattenbild! Ich vermache dir es zurück, Lotte, und bitte dich, es zu ehren. Tausend, tausend Küsse habe ich drauf gedrückt, tausend Grüße ihm zugewinkt, wenn ich ausging oder nach Hause kam.

Ich habe deinen Vater in einem Zettelchen gebeten, meine Leiche zu schützen. Auf dem Kirchhofe sind zwei Lindenbäume, hinten in der Ecke nach dem Felde zu; dort wünsche ich zu ruhen. Er kann, er wird das für seinen Freund thun. Bitte ihn auch. Ich will frommen Christen nicht zumuthen, ihren Körper neben einen armen Unglücklichen zu legen. Ach ich wollte, ihr begrübt mich am Wege, oder im einsamen Thale, daß Priester und Levit vor dem bezeichneten Steine sich segnend vorübergingen und der Samariter eine Thräne weinte.

Hier, Lotte! Ich schaudere nicht, den kalten schrecklichen Kelch zu fassen, aus dem ich den Taumel des Todes trinken soll! Du reichtest mir ihn und ich zage nicht. All! all! So sind alle die Wünsche und Hoffnungen meines Lebens erfüllt! So kalt, so starr an der ehernen Pforte des Todes anzuklopfen.

Daß ich des Glückes hätte theilhaftig werden können, für *dich* zu sterben! Lotte, für *dich* mich hinzugeben! Ich wollte muthig, ich wollte freudig sterben, wenn ich dir die Ruhe, die Wonne deines Lebens wieder schaffen könnte. Aber ach! das ward nur wenigen Edeln gegeben, ihr Blut für die Ihrigen zu vergießen und durch ihren Tod ein neues hundertfältiges Leben ihren Freunden anzufachen.

In diesen Kleidern, Lotte, will ich begraben sein, du hast sie berührt, geheiligt; ich habe auch deinen Vater *da*rum gebeten. Meine Seele schwebt über dem Sarge. Man soll meine Taschen nicht aussuchen. Diese blaßrothe Schleife, die du am Busen hattest, als ich dich zum erstenmale unter deinen Kindern fand – O küsse sie tausendmal und erzähle ihnen das Schicksal ihres unglücklichen Freundes. Die Lieben! sie wimmeln um mich. Ach wie ich mich an dich schloß! seit dem ersten Augenblicke dich nicht lassen konnte! – Diese Schleife soll mit mir begraben werden. An meinem Geburtstage schenktest du mir sie! Wie ich das alles verschlang! – Ach ich dachte nicht, daß mich der Weg hierher führen sollte! – – Sei ruhig! ich bitte dich, sei ruhig! –

Sie sind geladen – Es schlägt Zwölfe! So sei es denn! – Lotte! Lotte, lebe wohl! lebe wohl!"

Ein Nachbar sah den Blick vom Pulver und hörte den Schuß fallen; da aber alles stille blieb, achtete er nicht weiter drauf.

Morgens um Sechse tritt der Bediente herein mit dem Lichte. Er findet seinen Herrn an der Erde, die Pistole und Blut. Er ruft, er faßt ihn an; keine Antwort, er röchelte nur noch. Er läuft nach den Ärzten, nach Alberten. Lotte hört die Schelle ziehen, ein Zittern ergreift alle ihre Glieder. Sie weckt ihren Mann, sie stehen auf, der Bediente bringt heulend und stotternd die Nachricht, Lotte sinkt ohnmächtig vor Alberten nieder.

Als der Medicus zu dem Unglücklichen kam, fand er ihn an der Erde ohne Rettung, der Puls schlug, die Glieder waren alle gelähmt. Über dem rechten Auge hatte er sich durch den Kopf geschossen, das Gehirn war herausgetrieben. Man ließ ihm zum Überfluß eine Ader am Arme, das Blut lief, er holte noch immer Athem.

Aus dem Blut auf der Lehne des Sessels konnte man schließen, er habe sitzend vor dem Schreibtische die That vollbracht, dann ist er herunter gesunken, hat sich convulsivisch um den Stuhl herum gewälzt. Er lag gegen das Fenster entkräftet auf dem Rücken, war in völliger Kleidung, gestiefelt, im blauen Frack mit gelber Weste.

Das Haus, die Nachbarschaft, die Stadt kam in Aufruhr. Albert trat herein. Werthern hatte man auf das Bette gelegt, die Stirn verbunden, sein Gesicht schon wie eines Todten, er rührte kein Glied. Die Lunge röchelte noch fürchterlich, bald schwach, bald stärker; man erwartete sein Ende.

Von dem Weine hatte er nur ein Glas getrunken. Emilia Galotti lag auf dem Pulte aufgeschlagen.

Von Alberts Bestürzung, von Lottens Jammer laßt mich nichts sagen.

Der alte Amtmann kam auf die Nachricht herein gesprengt, er küßte den Sterbenden unter den heißesten Thränen. Seine ältesten Söhne kamen bald nach ihm zu Fuße, sie fielen neben dem Bette nieder im Ausdrucke des unbändigsten Schmerzens, küßten ihm die Hände und den Mund, und der ält'ste, den er immer am meisten geliebt, hing an seinen Lippen, bis er verschieden war und man den Knaben mit Gewalt wegriß. Um Zwölfe Mittags starb er. Die Gegenwart des Amtmannes und seine Anstalten tuschten einen Auflauf. Nachts gegen Eilfe ließ er ihn an die Stätte begraben, die er sich erwählt hatte. Der Alte folgte der Leiche und die Söhne, Albert vermocht's nicht. Man fürchtete für Lottens Leben. Handwerker trugen ihn. Kein Geistlicher hat ihn begleitet.

Iphigenie auf Tauris.

Ein Schauspiel.

Personen.

Iphigenie.
Thoas, König der Taurier.
Orest.
Pylades.
Arkas.

Schauplatz.

Hain vor Dianens Tempel.

Erster Aufzug.

Erster Auftritt.

Iphigenie.

Heraus in eure Schatten, rege Wipfel
Des alten, heil'gen, dichtbelaubten Haines,
Wie in der Göttin stilles Heiligthum,
Tret' ich noch jetzt mit schauderndem Gefühl,
Als wenn ich sie zum erstenmal beträte,
Und es gewöhnt sich nicht mein Geist hierher.
So manches Jahr bewahrt mich hier verborgen
Ein hoher Wille, dem ich mich ergebe;
Doch immer bin ich, wie im ersten, fremd.
Denn ach mich trennt das Meer von den Geliebten,
Und an dem Ufer steh' ich lange Tage
Das Land der Griechen mit der Seele suchend;
Und gegen meine Seufzer bringt die Welle
Nur dumpfe Töne brausend mir herüber.
Weh dem, der fern von Eltern und Geschwistern
Ein einsam Leben führt! Ihm zehrt der Gram
Das nächste Glück vor seinen Lippen weg,
Ihm schwärmen abwärts immer die Gedanken
Nach seines Vaters Hallen, wo die Sonne
Zuerst den Himmel vor ihm aufschloß, wo
Sich Mitgeborne spielend fest und fester
Mit sanften Banden an einander knüpften.

Ich rechte mit den Göttern nicht; allein
Der Frauen Zustand ist beklagenswerth.
Zu Haus und in dem Kriege herrscht der Mann
Und in der Fremde weiß er sich zu helfen.
Ihn freuet der Besitz; ihn krönt der Sieg!
Ein ehrenvoller Tod ist ihm bereitet.
Wie eng-gebunden ist des Weibes Glück!
Schon einem rauhen Gatten zu gehorchen,
Ist Pflicht und Trost; wie elend, wenn sie gar
Ein feindlich Schicksal in die Ferne treibt!
So hält mich Thoas hier, ein edler Mann,
In ernsten heil'gen Sklavenbanden fest.
O wie beschämt gesteh' ich, daß ich dir
Mit stillem Widerwillen diene, Göttin,
Dir meiner Retterin! Mein Leben sollte
Zu freiem Dienste dir gewidmet sein.
Auch hab' ich stets auf dich gehofft und hoffe
Noch jetzt auf dich, Diana, die du mich,
Des größten Königes verstoßne Tochter,
In deinen heil'gen sanften Arm genommen.
Ja, Tochter Zeus, wenn du den hohen Mann,
Den du, die Tochter fordernd, ängstigtest,
Wenn du den göttergleichen Agamemnon,
Der dir sein Liebstes zum Altare brachte,
Von Troja's umgewandten Mauern rühmlich
Nach seinem Vaterland zurück begleitet,
Die Gattin ihm, Elektren und den Sohn,
Die schönen Schätze, wohl erhalten hast;
So gib auch mich den Meinen endlich wieder,
Und rette mich, die du vom Tod errettet,
Auch von dem Leben hier, dem zweiten Tode!

Zweiter Auftritt.

Iphigenie. Arkas.

Arkas.

Der König sendet mich hierher und beut
Der Priesterin Dianens Gruß und Heil.
Dieß ist der Tag, da Tauris seiner Göttin
Für wunderbare neue Siege dankt.
Ich eile vor dem König und dem Heer,
Zu melden, daß er kommt und daß es naht.

Iphigenie.

Wir sind bereit sie würdig zu empfangen,
Und unsre Göttin sieht willkommnem Opfer
Von Thoas Hand mit Gnadenblick entgegen.

Arkas.

O fänd' ich auch den Blick der Priesterin,
Der werthen, vielgeehrten, deinen Blick,
O heil'ge Jungfrau, heller, leuchtender,
Uns allen gutes Zeichen! Noch bedeckt
Der Gram geheimnißvoll dein Innerstes;
Vergebens harren wir schon Jahre lang
Auf ein vertraulich Wort aus deiner Brust.
So lang ich dich an dieser Stätte kenne,
Ist dieß der Blick, vor dem ich immer schaudre;
Und wie mit Eisenbanden bleibt die Seele
In's Innerste des Busens dir geschmiedet.

Iphigenie.

Wie's der Vertriebnen, der Verwais'ten ziemt.

Arkas.

Scheinst du dir hier vertrieben und verwais't?

Iphigenie.

Kann uns zum Vaterland die Fremde werden?

Arkas.

Und dir ist fremd das Vaterland geworden.

Iphigenie.

Das ist's, warum mein blutend Herz nicht heilt.
In erster Jugend, da sich kaum die Seele
An Vater, Mutter und Geschwister band;
Die neuen Schößlinge, gesellt und lieblich,
Vom Fuß der alten Stämme himmelwärts
Zu dringen strebten; leider faßte da
Ein fremder Fluch mich an und trennte mich
Von den Geliebten, riß das schöne Band
Mit ehrner Faust entzwei. Sie war dahin,
Der Jugend beste Freude, das Gedeihn
Der ersten Jahre. Selbst gerettet, war
Ich nur ein Schatten mir, und frische Luft
Des Lebens blüht in mir nicht wieder auf.

Arkas.

Wenn du dich *so* unglücklich nennen willst,
So darf ich dich auch wohl undankbar nennen.

Iphigenie.

Dank habt ihr stets.

Arkas.

Doch nicht den reinen Dank,
Um dessentwillen man die Wohlthat thut;
Den frohen Blick, der ein zufriednes Leben
Und ein geneigtes Herz dem Wirthe zeigt.
Als dich ein tief geheimnißvolles Schicksal
Vor so viel Jahren diesem Tempel brachte,
Kam Thoas dir, als einer Gottgegebnen,
Mit Ehrfurcht und mit Neigung zu begegnen,
Und dieses Ufer ward dir hold und freundlich,
Das jedem Fremden sonst voll Grausens war,
Weil niemand unser Reich vor dir betrat,
Der an Dianens heil'gen Stufen nicht,
Nach altem Brauch, ein blutig Opfer, fiel.

Iphigenie.

Frei athmen macht das Leben nicht allein.
Welch Leben ist's das an der heil'gen Stätte,
Gleich einem Schatten um sein eigen Grab,
Ich nur vertrauern muß? Und nenn' ich das
Ein fröhlich selbstbewußtes Leben, wenn
Uns jeder Tag, vergebens hingeträumt,
Zu jenen grauen Tagen vorbereitet,
Die an dem Ufer Lethe's selbstvergessend,
Die Trauerschaar der Abgeschiednen feiert?
Ein unnütz Leben ist ein früher Tod;
Dieß Frauenschicksal ist vor allen meins.

Arkas.

Den edlen Stolz, daß du dir selbst nicht g'nügest,
Verzeih' ich dir, so sehr ich dich bedaure;

Er raubet den Genuß des Lebens dir.
Du hast hier nichts gethan seit deiner Ankunft?
Wer hat des Königs trüben Sinn erheitert?
Wer hat den alten grausamen Gebrauch,
Daß am Altar Dianens jeder Fremde
Sein Leben blutend läßt, von Jahr zu Jahr,
Mit sanfter Überredung aufgehalten,
Und die Gefangnen vom gewissen Tod
In's Vaterland so oft zurückgeschickt?
Hat nicht Diane, statt erzürnt zu sein,
Daß sie der blut'gen alten Opfer mangelt,
Dein sanft Gebet in reichem Maß erhört?
Umschwebt mit frohem Fluge nicht der Sieg
Das Heer? und eilt er nicht sogar voraus?
Und fühlt nicht jeglicher ein besser Loos,
Seitdem der König, der uns weis' und tapfer
So lang geführet, nun sich auch der Milde
In deiner Gegenwart erfreut und uns
Des schweigenden Gehorsams Pflicht erleichtert?
Das nennst du unnütz, wenn von deinem Wesen
Auf Tausende herab ein Balsam träufelt?
Wenn du dem Volke, dem ein Gott dich brachte,
Des neuen Glückes ew'ge Quelle wirst,
Und an dem unwirthbaren Todes-Ufer
Dem Fremden Heil und Rückkehr zubereitest?

Iphigenie.

Das Wenige verschwindet leicht dem Blick,
Der vorwärts sieht, wie viel noch übrig bleibt.

Arkas.

Doch lobst du den, der was er thut nicht schätzt?

Iphigenie.

Man tadelt den, der seine Thaten wägt.

Arkas.

Auch den, der wahren Werth zu stolz nicht achtet,
Wie den, der falschen Werth zu eitel hebt.
Glaub' mir und hör' auf eines Mannes Wort,
Der treu und redlich dir ergeben ist:
Wenn heut der König mit dir redet, so
Erleichtr' ihm was er dir zu sagen denkt.

Iphigenie.

Du ängstest mich mit jedem guten Worte;
Oft wich ich seinem Antrag mühsam aus.

Arkas.

Bedenke was du thust und was dir nützt.
Seitdem der König seinen Sohn verloren,
Vertraut er wenigen der Seinen mehr,
Und diesen wenigen nicht mehr wie sonst.
Mißgünstig sieht er jedes Edlen Sohn
Als seines Reiches Folger an, er fürchtet
Ein einsam hülflos Alter, ja vielleicht
Verwegnen Aufstand und frühzeit'gen Tod.
Der Scythe setzt in's Reden keinen Vorzug,
Am wenigsten der König. Er, der nur
Gewohnt ist zu befehlen und zu thun,
Kennt nicht die Kunst, von weitem ein Gespräch
Nach seiner Absicht langsam fein zu lenken.
Erschwer's ihm nicht durch ein rückhaltend Weigern,
Durch ein vorsetzlich Mißverstehen. Geh
Gefällig ihm den halben Weg entgegen.

Iphigenie.

Soll ich beschleunigen was mich bedroht?

Arkas.

Willst du sein Werben eine Drohung nennen?

Iphigenie.

Es ist die schrecklichste von allen mir.

Arkas.

Gib ihm für seine Neigung nur Vertraun.

Iphigenie.

Wenn er von Furcht erst meine Seele lös't.

Arkas.

Warum verschweigst du deine Herkunft ihm?

Iphigenie.

Weil einer Priesterin Geheimniß ziemt.

Arkas.

Dem König sollte nichts Geheimniß sein;
Und ob er's gleich nicht fordert, fühlt er's doch
Und fühlt es tief in seiner großen Seele,
Daß du sorgfältig dich vor ihm verwahrst.

Iphigenie.

Nährt er Verdruß und Unmuth gegen mich?

Arkas.

So scheint es fast. Zwar schweigt er auch von dir;
Doch haben hingeworfne Worte mich

Belehrt, daß seine Seele fest den Wunsch
Ergriffen hat dich zu besitzen. Laß,
O überlaß ihn nicht sich selbst! damit
In seinem Busen nicht der Unmuth reife
Und dir Entsetzen bringe, du zu spät
An meinen treuen Rath mit Reue denkest.

Iphigenie.

Wie? Sinnt der König, was kein edler Mann,
Der seinen Namen liebt und dem Verehrung
Der Himmlischen den Busen bändiget,
Je denken sollte? Sinnt er vom Altar
Mich in sein Bette mit Gewalt zu ziehn?
So ruf' ich alle Götter und vor allen
Dianen, die entschloss'ne Göttin, an,
Die ihren Schutz der Priesterin gewiß
Und Jungfrau einer Jungfrau gern gewährt.

Arkas.

Sei ruhig! Ein gewaltsam neues Blut
Treibt nicht den König, solche Jünglingsthat
Verwegen auszuüben. Wie er sinnt,
Befürcht' ich andern harten Schluß von ihm,
Den unaufhaltbar er vollenden wird:
Denn seine Seel' ist fest und unbeweglich.
Drum bitt' ich dich, vertrau' ihm, sei ihm dankbar,
Wenn du ihm weiter nichts gewähren kannst.

Iphigenie.

O sage was dir weiter noch bekannt ist.

Arkas.

Erfahr's von ihm. Ich seh' den König kommen;
Du ehrst ihn, und dich heißt dein eigen Herz,

Ihm freundlich und vertraulich zu begegnen.
Ein edler Mann wird durch ein gutes Wort
Der Frauen weit geführt.

Iphigenie (allein).

Zwar seh' ich nicht,
Wie ich dem Rath des Treuen folgen soll;
Doch folg' ich gern der Pflicht, dem Könige
Für seine Wohlthat gutes Wort zu geben,
Und wünsche mir, daß ich dem Mächtigen,
Was ihm gefällt, mit Wahrheit sagen möge.

Dritter Auftritt.

Iphigenie. Thoas.

Iphigenie.

Mit königlichen Gütern segne dich
Die Göttin! Sie gewähre Sieg und Ruhm
Und Reichthum und das Wohl der Deinigen
Und jedes frommen Wunsches Fülle dir!
Daß, der du über viele sorgend herrschest,
Du auch vor vielen seltnes Glück genießest.

Thoas.

Zufrieden wär' ich wenn mein Volk mich rühmte:
Was ich erwarb, genießen andre mehr
Als ich. Der ist am glücklichsten, er sei
Ein König oder ein Geringer, dem
In seinem Hause Wohl bereitet ist.
Du nahmest Theil an meinen tiefen Schmerzen,

Als mir das Schwert der Feinde meinen Sohn,
Den letzten, besten, von der Seite riß,
So lang die Rache meinen Geist besaß,
Empfand ich nicht die Öde meiner Wohnung;
Doch jetzt, da ich befriedigt wiederkehre,
Ihr Reich zerstört, mein Sohn gerochen ist,
Bleibt mir zu Hause nichts das mich ergetze.
Der fröhliche Gehorsam, den ich sonst
Aus einem jeden Auge blicken sah,
Ist nun von Sorg' und Unmuth still gedämpft.
Ein jeder sinnt was künftig werden wird,
Und folgt dem Kinderlosen, weil er muß.
Nun komm' ich heut in diesen Tempel, den
Ich oft betrat, um Sieg zu bitten und
Für Sieg zu danken. Einen alten Wunsch
Trag' ich im Busen, der auch dir nicht fremd
Noch unerwartet ist: ich hoffe, dich,
Zum Segen meines Volks und mir zum Segen,
Als Braut in meine Wohnung einzuführen.

Iphigenie.

Der Unbekannten bietest du zu viel,
O König, an. Es steht die Flüchtige
Beschämt vor dir, die nichts an diesem Ufer
Als Schutz und Ruhe sucht, die du ihr gabst.

Thoas.

Daß du in das Geheimniß deiner Ankunft
Vor mir wie vor dem Letzten stets dich hüllest,
Wär' unter keinem Volke recht und gut.
Dieß Ufer schreckt die Fremden: das Gesetz
Gebietet's und die Noth. Allein von dir,

Die jedes frommen Rechts genießt, ein wohl
Von uns empfangner Gast, nach eignem Sinn
Und Willen ihres Tages sich erfreut,
Von dir hofft' ich Vertrauen, das der Wirth
Für seine Treue wohl erwarten darf.

Iphigenie.

Verbarg ich meiner Eltern Namen und
Mein Haus, o König, war's Verlegenheit,
Nicht Mißtraun. Denn vielleicht, ach wüßtest du
Wer vor dir steht, und welch verwünschtes Haupt
Du nährst und schützest, ein Entsetzen faßte
Dein großes Herz mit seltnem Schauer an,
Und statt die Seite deines Thrones mir
Zu bieten, triebest du mich vor der Zeit
Aus deinem Reiche; stießest mich vielleicht,
Eh' zu den Meinen frohe Rückkehr mir
Und meiner Wandrung Ende zugedacht ist,
Dem Elend zu, das jeden Schweifenden,
Von seinem Haus Vertriebnen überall
Mit kalter fremder Schreckenshand erwartet.

Thoas.

Was auch der Rath der Götter mit dir sei,
Und was sie deinem Haus und dir gedenken;
So fehlt es doch, seitdem du bei uns wohnst
Und eines frommen Gastes Recht genießest,
An Segen nicht, der mir von oben kommt.
Ich möchte schwer zu überreden sein,
Daß ich an dir ein schuldvoll Haupt beschütze.

Iphigenie.

Dir bringt die Wohlthat Segen, nicht der Gast.

Thoas.

Was man Verruchten thut wird nicht gesegnet.
Drum endige dein Schweigen und dein Weigern;
Es fordert dieß kein ungerechter Mann.
Die Göttin übergab dich meinen Händen;
Wie du ihr heilig warst, so warst du's mir.
Auch sei ihr Wink noch künftig mein Gesetz:
Wenn du nach Hause Rückkehr hoffen kannst,
So sprech' ich dich von aller Fordrung los.
Doch ist der Weg auf ewig dir versperrt,
Und ist dein Stamm vertrieben, oder durch
Ein ungeheures Unheil ausgelöscht,
So bist du mein durch mehr als Ein Gesetz.
Sprich offen! und du weißt, ich halte Wort.

Iphigenie.

Vom alten Bande löset ungern sich
Die Zunge los, ein lang verschwiegenes
Geheimniß endlich zu entdecken. Denn
Einmal vertraut, verläßt es ohne Rückkehr
Des tiefen Herzens sichre Wohnung, schadet,
Wie es die Götter wollen, oder nützt.
Vernimm! Ich bin aus Tantalus Geschlecht.

Thoas.

Du sprichst ein großes Wort gelassen aus.
Nennst du Den deinen Ahnherrn, den die Welt
Als einen ehmals Hochbegnadigten
Der Götter kennt? Ist's jener Tantalus,
Den Jupiter zu Rath und Tafel zog,
An dessen alterfahrnen, vielen Sinn
Verknüpfenden Gesprächen Götter selbst,
Wie an Orakelsprüchen, sich ergetzten?

Iphigenie.

Er ist es; aber Götter sollten nicht
Mit Menschen, wie mit ihres Gleichen, wandeln;
Das sterbliche Geschlecht ist viel zu schwach
In ungewohnter Höhe nicht zu schwindeln.
Unedel war er nicht und kein Verräther;
Allein zum Knecht zu groß, und zum Gesellen
Des großen Donnrers nur ein Mensch. So war
Auch sein Vergehen menschlich; ihr Gericht
War streng, und Dichter singen: Übermuth
Und Untreu' stürzten ihn von Jovis Tisch
Zur Schmach des alten Tartarus hinab.
Ach und sein ganz Geschlecht trug ihren Haß!

Thoas.

Trug es die Schuld des Ahnherrn oder eigne?

Iphigenie.

Zwar die gewalt'ge Brust und der Titanen
Kraftvolles Mark war seiner Söhn' und Enkel
Gewisses Erbtheil; doch es schmiedete
Der Gott um ihre Stirn ein ehern Band.
Rath, Mäßigung und Weisheit und Geduld
Verbarg er ihrem scheuen düstern Blick;
Zur Wuth ward ihnen jegliche Begier,
Und gränzenlos drang ihre Wuth umher.
Schon Pelops, der Gewaltig-wollende,
Des Tantalus geliebter Sohn, erwarb
Sich durch Verrath und Mord das schönste Weib,
Önomaus Erzeugte, Hippodamien.
Sie bringt den Wünschen des Gemahls zwei Söhne,
Thyest und Atreus. Neidisch sehen sie

Des Vaters Liebe zu dem ersten Sohn
Aus einem andern Bette wachsend an.
Der Haß verbindet sie, und heimlich wagt
Das Paar im Brudermord die erste That.
Der Vater wähnet Hippodamien
Die Mörderin, und grimmig fordert er
Von ihr den Sohn zurück, und sie entleibt
Sich selbst –

Thoas.

Du schweigest? Fahre fort zu reden!
Laß dein Vertraun dich nicht gereuen! Sprich!

Iphigenie.

Wohl dem, der seiner Väter gern gedenkt,
Der froh von ihren Thaten, ihrer Größe
Den Hörer unterhält, und still sich freuend
An's Ende dieser schönen Reihe sich
Geschlossen sieht! Denn es erzeugt nicht gleich
Ein Haus den Halbgott noch das Ungeheuer;
Erst eine Reihe Böser oder Guter
Bringt endlich das Entsetzen, bringt die Freude
Der Welt hervor. – Nach ihres Vaters Tode
Gebieten Atreus und Thyest der Stadt,
Gemeinsam-herrschend. Lange konnte nicht
Die Eintracht dauern. Bald entehrt Thyest
Des Bruders Bette. Rächend treibet Atreus
Ihn aus dem Reiche. Tückisch hatte schon
Thyest, auf schwere Thaten sinnend, lange
Dem Bruder einen Sohn entwandt und heimlich
Ihn als den seinen schmeichelnd auferzogen.
Dem füllet er die Brust mit Wuth und Rache
Und sendet ihn zur Königsstadt, daß er

Im Oheim seinen eignen Vater morde.
Des Jünglings Vorsatz wird entdeckt: der König
Straft grausam den gesandten Mörder, wähnend,
Er tödte seines Bruders Sohn. Zu spät
Erfährt er, wer vor seinen trunknen Augen
Gemartert stirbt; und die Begier der Rache
Aus seiner Brust zu tilgen, sinnt er still
Auf unerhörte That. Er scheint gelassen,
Gleichgültig und versöhnt, und lockt den Bruder
Mit seinen beiden Söhnen in das Reich
Zurück, ergreift die Knaben, schlachtet sie,
Und setzt die ekle schaudervolle Speise
Dem Vater bei dem ersten Mahle vor.
Und da Thyest an seinem Fleische sich
Gesättigt, eine Wehmuth ihn ergreift,
Er nach den Kindern fragt, den Tritt, die Stimme
Der Knaben an des Saales Thüre schon
Zu hören glaubt, wirft Atreus grinsend
Ihm Haupt und Füße der Erschlagnen hin. –
Du wendest schaudernd dein Gesicht, o König:
So wendete die Sonn' ihr Antlitz weg
Und ihren Wagen aus dem ewg'en Gleise.
Dieß sind die Ahnherrn deiner Priesterin;
Und viel unseliges Geschick der Männer,
Viel Thaten des verworrnen Sinnes deckt
Die Nacht mit schweren Fittigen und läßt
Uns nur in grauenvolle Dämmrung sehn.

Thoas.

Verbirg sie schweigend auch. Es sei genug
Der Gräuel! Sage nun, durch welch ein Wunder
Von diesem wilden Stamme du entsprangst.

Iphigenie.

Des Atreus ält'ster Sohn war Agamemnon:
Er ist mein Vater. Doch ich darf es sagen,
In ihm hab' ich seit meiner ersten Zeit
Ein Muster des vollkommnen Manns gesehn.
Ihm brachte Klytämnestra mich, den Erstling
Der Liebe, dann Elektren. Ruhig herrschte
Der König, und es war dem Hause Tantals
Die lang entbehrte Rast gewährt. Allein
Es mangelte dem Glück der Eltern noch
Ein Sohn, und kaum war dieser Wunsch erfüllt,
Daß zwischen beiden Schwestern nun Orest
Der Liebling wuchs, als neues Übel schon
Dem sichern Hause zubereitet war.
Der Ruf des Krieges ist zu euch gekommen,
Der, um den Raub der schönsten Frau zu rächen,
Die ganze Macht der Fürsten Griechenlands
Um Trojens Mauern lagerte. Ob sie
Die Stadt gewonnen, ihrer Rache Ziel
Erreicht, vernahm ich nicht. Mein Vater führte
Der Griechen Heer. In Aulis harrten sie
Auf günst'gen Wind vergebens: denn Diane,
Erzürnt auf ihren großen Führer, hielt
Die Eilenden zurück und forderte
Durch Kalchas Mund des Königs ält'ste Tochter.
Sie lockten mit der Mutter mich in's Lager;
Sie rissen mich vor den Altar und weihten
Der Göttin dieses Haupt. – Sie war versöhnt:
Sie wollte nicht mein Blut, und hüllte rettend
In eine Wolke mich; in diesem Tempel
Erkannt' ich mich zuerst vom Tode wieder.
Ich bin es selbst, bin Iphigenie,

Des Atreus Enkel, Agamemnons Tochter,
Der Göttin Eigenthum, die mit dir spricht.

Thoas.

Mehr Vorzug und Vertrauen geb' ich nicht
Der Königstochter als der Unbekannten.
Ich wiederhole meinen ersten Antrag:
Komm, folge mir und theile was ich habe.

Iphigenie.

Wie darf ich solchen Schritt, o König, wagen?
Hat nicht die Göttin, die mich rettete,
Allein das Recht auf mein geweihtes Leben?
Sie hat für mich den Schutzort ausgesucht,
Und sie bewahrt mich einem Vater, den
Sie durch den Schein genug gestraft, vielleicht
Zur schönsten Freude seines Alters hier.
Vielleicht ist mir die frohe Rückkehr nah;
Und ich, auf ihren Weg nicht achtend, hätte
Mich wider ihren Willen hier gefesselt?
Ein Zeichen bat ich, wenn ich bleiben sollte.

Thoas.

Das Zeichen ist, daß du noch hier verweilst.
Such' Ausflucht solcher Art nicht ängstlich auf.
Man spricht vergebens viel, um zu versagen;
Der andre hört von allem nur das Nein.

Iphigenie.

Nicht Worte sind es, die nur blenden sollen;
Ich habe dir mein tiefstes Herz entdeckt.
Und sagst du dir nicht selbst, wie ich dem Vater,

Der Mutter, den Geschwistern mich entgegen
Mit ängstlichen Gefühlen sehnen muß?
Daß in den alten Hallen, wo die Trauer
Noch manchmal stille meinen Namen lispelt,
Die Freude, wie um eine Neugeborne,
Den schönsten Kranz von Säul' an Säulen schlinge.
O sendetest du mich auf Schiffen hin!
Du gäbest mir und allen neues Leben.

Thoas.

So kehr' zurück! Thu' was dein Herz dich heißt,
Und höre nicht die Stimme guten Raths
Und der Vernunft. Sei ganz ein Weib und gib
Dich hin dem Triebe, der dich zügellos
Ergreift und dahin oder dorthin reißt.
Wenn ihnen eine Lust im Busen brennt,
Hält vom Verräther sie kein heilig Band,
Der sie dem Vater oder dem Gemahl
Aus langbewährten, treuen Armen lockt;
Und schweigt in ihrer Brust die rasche Gluth,
So dringt auf sie vergebens treu und mächtig
Der Überredung goldne Zunge los.

Iphigenie.

Gedenk', o König, deines edeln Wortes!
Willst du mein Zutraun so erwiedern? Du
Schienst vorbereitet alles zu vernehmen.

Thoas.

Auf's Ungehoffte war ich nicht bereitet;
Doch sollt' ich's auch erwarten: wußt' ich nicht,
Daß ich mit einem Weibe handeln ging?

Iphigenie.

Schilt nicht, o König, unser arm Geschlecht.
Nicht herrlich wie die euern, aber nicht
Unedel sind die Waffen eines Weibes.
Glaub' es, darin bin ich dir vorzuziehn,
Daß ich dein Glück mehr als du selber kenne.
Du wähnest, unbekannt mit dir und mir,
Ein näher Band werd' uns zum Glück vereinen.
Voll guten Muthes, wie voll guten Willens,
Dringst du in mich, daß ich mich fügen soll;
Und hier dank' ich den Göttern, daß sie mir
Die Festigkeit gegeben, dieses Bündniß
Nicht einzugehen, das sie nicht gebilligt.

Thoas.

Es spricht kein Gott; es spricht dein eignes Herz.

Iphigenie.

Sie reden nur durch unser Herz zu uns.

Thoas.

Und hab' Ich, sie zu hören, nicht das Recht?

Iphigenie.

Es überbraust der Sturm die zarte Stimme.

Thoas.

Die Priesterin vernimmt sie wohl allein?

Iphigenie.

Vor allen andern merke sie der Fürst.

Thoas.

Dein heilig Amt und dein geerbtes Recht
An Jovis Tisch bringt dich den Göttern näher,
Als einen erdgebornen Wilden.

Iphigenie.

So
Büß' ich nun das Vertraun, das zu erzwangst.

Thoas.

Ich bin ein Mensch; und besser ist's, wir enden.
So bleibe denn mein Wort: Sei Priesterin
Der Göttin, wie sie dich erkoren hat;
Doch mir verzeih' Diane, daß ich ihr,
Bisher mit Unrecht und mit innerm Vorwurf,
Die alten Opfer vorenthalten habe.
Kein Fremder nahet glücklich unserm Ufer;
Von Alters her ist ihm der Tod gewiß.
Nur du hast mich mit einer Freundlichkeit,
In der ich bald der zarten Tochter Liebe,
Bald stille Neigung einer Braut zu sehn
Mich tief erfreute, wie mit Zauberbanden
Gefesselt, daß ich meiner Pflicht vergaß.
Du hattest mir die Sinnen eingewiegt,
Das Murren meines Volks vernahm ich nicht;
Nun rufen sie die Schuld von meines Sohnes
Frühzeit'gem Tode lauter über mich.
Um deinetwillen halt' ich länger nicht
Die Menge, die das Opfer dringend fordert.

Iphigenie.

Um meinetwillen hab ich's nie begehrt.
Der mißversteht die Himmlischen, der sie
Blutgierig wähnt; er dichtet ihnen nur
Die eignen grausamen Begierden an.
Entzog die Göttin mich nicht selbst dem Priester?
Ihr war mein Dienst willkommner, als mein Tod.

Thoas.

Es ziemt sich nicht für uns, den heiligen
Gebrauch mit leicht beweglicher Vernunft
Nach unserm Sinn zu deuten und zu lenken.
Thu' deine Pflicht, ich werde meine thun.
Zwei Fremde, die wir in des Ufers Höhlen
Versteckt gefunden, und die meinem Lande
Nichts Gutes bringen, sind in meiner Hand.
Mit diesen nehme deine Göttin wieder
Ihr erstes, rechtes, lang entbehrtes Opfer!
Ich sende sie hierher; du weißt den Dienst.

Vierter Auftritt.

Iphigenie (allein).

Du hast Wolken, gnädige Retterin,
Einzuhüllen unschuldig Verfolgte,
Und auf Winden dem ehrnen Geschick sie
Aus den Armen, über das Meer,
Über der Erde weiteste Strecken
Und wohin es dir gut dünkt zu tragen.
Weise bist du und siehest das Künftige;
Nicht vorüber ist dir das Vergangne,
Und dein Blick ruht über den Deinen
Wie dein Licht, das Leben der Nächte,
Über der Erde ruhet und waltet.
O enthalte vom Blut meine Hände!
Nimmer bringt es Segen und Ruhe;
Und die Gestalt des zufällig Ermordeten

Wird auf des traurig-unwilligen Mörders
Böse Stunden lauern und schrecken.
Denn die Unsterblichen lieben der Menschen
Weit verbreitete gute Geschlechter,
Und sie fristen das flüchtige Leben
Gerne dem Sterblichen, wollen ihm gerne
Ihres eigenen, ewigen Himmels
Mitgenießendes fröhliches Anschaun
Eine Weile gönnen und lassen.

Zweiter Aufzug.

Erster Auftritt.

Orest. Pylades.

Orest.

Es ist der Weg des Todes, den wir treten:
Mit jedem Schritt wird meine Seele stiller.
Als ich Apollen bat, das gräßliche
Geleit der Rachegeister von der Seite
Mir abzunehmen, schien er Hülf' und Rettung
Im Tempel seiner vielgeliebten Schwester,
Die über Tauris herrscht, mit hoffnungsreichen
Gewissen Götterworten zu versprechen;
Und nun erfüllet sich's, daß alle Noth
Mit meinem Leben völlig enden soll.
Wie leicht wird's mir, dem eine Götterhand
Das Herz zusammendrückt, den Sinn betäubt,
Dem schönen Licht der Sonne zu entsagen.
Und sollen Atreus Enkel in der Schlacht
Ein siegbekröntes Ende nicht gewinnen;
Soll ich wie meine Ahnen, wie mein Vater,
Als Opferthier im Jammertode bluten:
So sei es! Besser hier vor dem Altar,
Als im verworfnen Winkel, wo die Netze

Der nahverwandte Meuchelmörder stellt.
Laßt mir so lange Ruh, ihr Unterird'schen,
Die nach dem Blut ihr, das von meinen Tritten
Hernieder träufelnd meinen Pfad bezeichnet,
Wie losgelass'ne Hunde spürend hetzt.
Laßt mich, ich komme bald zu euch hinab;
Das Licht des Tags soll euch nicht sehn, noch mich.
Der Erde schöner grüner Teppich soll
Kein Tummelplatz für Larven sein. Dort unten
Such' ich euch auf: dort bindet alle dann
Ein gleich Geschick in ew'ge matte Nacht.
Nur dich, mein Pylades, dich, meiner Schuld
Und meines Banns unschuldigen Genossen,
Wie ungern nehm' ich dich in jenes Trauerland
Frühzeitig mit! Dein Leben oder Tod
Gibt mir allein noch Hoffnung oder Furcht.

Pylades.

Ich bin noch nicht, Orest, wie du bereit,
In jenes Schattenreich hinabzugehn.
Ich sinne noch, durch die verworrnen Pfade,
Die nach der schwarzen Nacht zu führen scheinen,
Uns zu dem Leben wieder aufzuwinden.
Ich denke nicht den Tod; ich sinn' und horche,
Ob nicht zu irgend einer frohen Flucht
Die Götter Rath und Wege zubereiten.
Der Tod, gefürchtet oder ungefürchtet,
Kommt unaufhaltsam. Wenn die Priesterin
Schon, unsre Locken weihend abzuschneiden,
Die Hand erhebt, soll dein' und meine Rettung
Mein einziger Gedanke sein. Erhebe
Von diesem Unmuth deine Seele; zweifelnd

Beschleunigest du die Gefahr. Apoll
Gab uns das Wort: im Heiligthum der Schwester
Sei Trost und Hülf' und Rückkehr dir bereitet.
Der Götter Worte sind nicht doppelsinnig,
Wie der Gedrückte sie im Unmuth wähnt.

Orest.

Des Lebens dunkle Decke breitete
Die Mutter schon mir um das zarte Haupt,
Und so wuchs ich herauf, ein Ebenbild
Des Vaters, und es war mein stummer Blick
Ein bittrer Vorwurf ihr und ihrem Buhlen.
Wie oft, wenn still Elektra, meine Schwester,
Am Feuer in der tiefen Halle saß,
Drängt' ich beklommen mich an ihren Schoos,
Und starrte, wie sie bitter weinte, sie
Mit großen Augen an. Dann sagte sie
Von unserm hohen Vater viel: wie sehr
Verlangt' ich ihn zu sehn, bei ihm zu sein!
Mich wünscht' ich bald nach Troja, ihn bald her.
Es kam der Tag –

Pylades.

O laß von jener Stunde
Sich Höllengeister nächtlich unterhalten!
Uns gebe die Erinnrung schöner Zeit
Zu frischem Heldenlaufe neue Kraft.
Die Götter brauchen manchen guten Mann
Zu ihrem Dienst auf dieser weiten Erde.
Sie haben noch auf dich gezählt; sie gaben
Dich nicht dem Vater zum Geleite mit,
Da er unwillig nach dem Orcus ging.

Orest.

O wär' ich, seinen Saum ergreifend, ihm
Gefolgt!

Pylades.

So haben die, die dich erhielten,
Für *mich* gesorgt: denn was ich worden wäre,
Wenn du nicht lebtest, kann ich mir nicht denken;
Da ich mit dir und deinetwillen nur
Seit meiner Kindheit leb' und leben mag.

Orest.

Erinnre mich nicht jener schönen Tage,
Da mir dein Haus die freie Stätte gab,
Dein edler Vater klug und liebevoll
Die halberstarrte junge Blüthe pflegte;
Da du ein immer munterer Geselle,
Gleich einem leichten bunten Schmetterling
Um eine dunkle Blume, jeden Tag
Um mich mit neuem Leben gaukeltest,
Mir deine Lust in meine Seele spieltest,
Daß ich, vergessend meiner Noth, mit dir
In rascher Jugend hingerissen schwärmte.

Pylades.

Da fing mein Leben an, als ich dich liebte.

Orest.

Sag: meine Noth begann, und du sprichst wahr.
Das ist das Ängstliche von meinem Schicksal,
Daß ich, wie ein verpesteter Vertriebner,
Geheimen Schmerz und Tod im Busen trage;
Daß, wo ich den gesund'sten Ort betrete,

Gar bald um mich die blühenden Gesichter
Den Schmerzenszug langsamen Tod's verrathen.

Pylades.

Der Nächste wär' ich diesen Tod zu sterben,
Wenn je dein Hauch, Orest, vergiftete.
Bin ich nicht immer noch voll Muth und Lust?
Und Lust und Liebe sind die Fittige
Zu großen Thaten.

Orest.

Große Thaten? Ja,
Ich weiß die Zeit, da wir sie vor uns sahn!
Wenn wir zusammen oft dem Wilde nach
Durch Berg' und Thäler rannten, und dereinst
An Brust und Faust dem hohen Ahnherrn gleich
Mit Keul' und Schwert dem Ungeheuer so,
Dem Räuber auf der Spur zu jagen hofften;
Und dann wir Abends an der weiten See
Uns aneinander lehnend ruhig saßen,
Die Wellen bis zu unsern Füßen spielten,
Die Welt so weit, so offen vor uns lag;
Da fuhr wohl Einer manchmal nach dem Schwert,
Und künft'ge Thaten drangen wie die Sterne
Rings um uns her unzählig aus der Nacht.

Pylades.

Unendlich ist das Werk, das zu vollführen
Die Seele dringt. Wir möchten jede That
So groß gleich thun als wie sie wächs't und wird,
Wenn Jahre lang durch Länder und Geschlechter
Der Mund der Dichter sie vermehrend wälzt.
Es klingt so schön was unsre Väter thaten,
Wenn es in stillen Abendschatten ruhend

Der Jüngling mit dem Ton der Harfe schlürft;
Und was wir thun ist, wie es ihnen war,
Voll Müh' und eitel Stückwerk!
So laufen wir nach dem, was vor uns flieht,
Und achten nicht des Weges den wir treten,
Und sehen neben uns der Ahnherrn Tritte
Und ihres Erdelebens Spuren kaum.
Wir eilen immer ihrem Schatten nach,
Der göttergleich in einer weiten Ferne
Der Berge Haupt auf goldnen Wolken krönt.
Ich halte nichts von dem, der von sich denkt
Wie ihn das Volk vielleicht erheben möchte.
Allein, o Jüngling, danke du den Göttern,
Daß sie so früh durch dich so viel gethan.

Orest.

Wenn sie dem Menschen frohe That bescheren
Daß er ein Unheil von den Seinen wendet,
Daß er sein Reich vermehrt, die Gränzen sichert,
Und alte Feinde fallen oder fliehn;
Dann mag er danken! denn ihm hat ein Gott
Des Lebens erste, letzte Lust gegönnt.
Mich haben sie zum Schlächter auserkoren,
Zum Mörder meiner doch verehrten Mutter,
Und, eine Schandthat schändlich rächend, mich
Durch ihren Wink zu Grund' gerichtet. Glaube,
Sie haben es auf Tantals Haus gerichtet,
Und ich, der Letzte, soll nicht schuldlos, soll
Nicht ehrenvoll vergehn.

Pylades.

Die Götter rächen
Der Väter Missethat nicht an dem Sohn;

Ein jeglicher, gut oder böse, nimmt
Sich seinen Lohn mit seiner That hinweg.
Es erbt der Eltern Segen, nicht ihr Fluch.

Orest.

Uns führt ihr Segen, dünkt mich, nicht hierher.

Pylades.

Doch wenigstens der hohen Götter Wille.

Orest.

So ist's ihr Wille denn, der uns verderbt.

Pylades.

Thu' was sie dir gebieten und erwarte.
Bringst du die Schwester zu Apollen hin,
Und wohnen beide dann vereint zu Delphi,
Verehrt von einem Volk das edel denkt;
So wird für diese That das hohe Paar
Dir gnädig sein, sie werden aus der Hand
Der Unterird'schen dich erretten. Schon
In diesen heil'gen Hain wagt keine sich.

Orest.

So hab' ich wenigstens geruh'gen Tod.

Pylades.

Ganz anders denk' ich, und nicht ungeschickt
Hab' ich das schon Geschehne mit dem Künft'gen
Verbunden und im Stillen ausgelegt.
Vielleicht reift in der Götter Rath schon lange
Das große Werk. Diana sehnet sich
Von diesem rauhen Ufer der Barbaren
Und ihren blut'gen Menschenopfern weg.
Wir waren zu der schönen That bestimmt,

Uns wird sie auferlegt, und seltsam sind
Wir an der Pforte schon gezwungen hier.

Orest.

Mit seltner Kunst flichtst du der Götter Rath
Und deine Wünsche klug in Eins zusammen.

Pylades.

Was ist des Menschen Klugheit, wenn sie nicht
Auf Jener Willen droben achtend lauscht?
Zu einer schweren That beruft ein Gott
Den edeln Mann, der viel verbrach, und legt
Ihm auf was uns unmöglich scheint zu enden.
Es siegt der Held, und büßend dienet er
Den Göttern und der Welt, die ihn verehrt.

Orest.

Bin ich bestimmt zu leben und zu handeln,
So nehm' ein Gott von meiner schweren Stirn
Den Schwindel weg, der auf dem schlüpfrigen,
Mit Mutterblut besprengten Pfade fort
Mich zu den Todten reißt. Er trockne gnädig
Die Quelle, die, mir aus der Mutter Wunden
Entgegen sprudelnd, ewig mich befleckt.

Pylades.

Erwart' es ruhiger! Du mehrst das Übel
Und nimmst das Amt der Furien auf dich.
Laß mich nur sinnen, bleibe still! Zuletzt,
Bedarf's zur That vereinter Kräfte, dann
Ruf' ich dich auf, und beide schreiten wir
Mit überlegter Kühnheit zur Vollendung.

Orest.

Ich hör' Ulyssen reden.

Pylades.

Spotte nicht.
Ein jeglicher muß seinen Helden wählen,
Dem er die Wege zum Olymp hinauf
Sich nacharbeitet. Laß es mich gestehn:
Mir scheinen List und Klugheit nicht den Mann
Zu schänden, der sich kühnen Thaten weiht.

Orest.

Ich schätze den, der tapfer ist und g'rad.

Pylades.

Drum hab' ich keinen Rath von dir verlangt.
Schon ist ein Schritt gethan. Von unsern Wächtern
Hab' ich bisher gar vieles ausgelockt.
Ich weiß, ein fremdes, göttergleiches Weib
Hält jenes blutige Gesetz gefesselt;
Ein reines Herz und Weihrauch und Gebet
Bringt sie den Göttern dar. Man rühmet hoch
Die Gütige; man glaubet, sie entspringe
Vom Stamm der Amazonen, sei geflohn,
Um einem großen Unheil zu entgehn.

Orest.

Es scheint, ihr lichtes Reich verlor die Kraft
Durch des Verbrechers Nähe, den der Fluch
Wie eine breite Nacht verfolgt und deckt.
Die fromme Blutgier lös't den alten Brauch
Von seinen Fesseln los, uns zu verderben.
Der wilde Sinn des Königs tödtet uns;
Ein Weib wird uns nicht retten, wenn er zürnt.

Pylades.

Wohl uns, daß es ein Weib ist! denn ein Mann,
Der beste selbst, gewöhnet seinen Geist
An Grausamkeit, und macht sich auch zuletzt
Aus dem, was er verabscheut, ein Gesetz,
Wird aus Gewohnheit hart und fast unkenntlich.
Allein ein Weib bleibt stät auf Einem Sinn
Den sie gefaßt. Du rechnest sicherer
Auf sie im Guten wie im Bösen. – Still!
Sie kommt; laß uns allein. Ich darf nicht gleich
Ihr unsre Namen nennen, unser Schicksal
Nicht ohne Rückhalt ihr vertraun. Du gehst,
Und eh' sie mit dir spricht, treff' ich dich noch.

Zweiter Auftritt.

Iphigenie. Pylades.

Iphigenie.

Woher du seist und kommst, o Fremdling, sprich!
Mit scheint es, daß ich eher einem Griechen
Als einem Scythen dich vergleichen soll.

(Sie nimmt ihm die Ketten ab.)

Gefährlich ist die Freiheit, die ich gebe;
Die Götter wenden ab was euch bedroht!

Pylades.

O süße Stimme! Vielwillkommner Ton
Der Muttersprach' in einem fremden Lande!
Des väterlichen Hafens blaue Berge

Seh' ich Gefangner neu willkommen wieder
Vor meinen Augen. Laß dir diese Freude
Versichern, daß auch ich ein Grieche bin!
Vergessen hab' ich einen Augenblick,
Wie sehr ich dein bedarf, und meinen Geist
Der herrlichen Erscheinung zugewendet.
O sage, wenn dir ein Verhängniß nicht
Die Lippe schließt, aus welchem unsrer Stämme
Du deine göttergleiche Herkunft zählst.

Iphigenie.

Die Priesterin, von ihrer Göttin selbst
Gewählet und geheiligt, spricht mit dir.
Das laß dir g'nügen; sage, wer du seist
Und welch unselig-waltendes Geschick
Mit dem Gefährten dich hierher gebracht.

Pylades.

Leicht kann ich dir erzählen, welch ein Übel
Mit lastender Gesellschaft uns verfolgt.
O könntest du der Hoffnung frohen Blick
Uns auch so leicht, du Göttliche, gewähren!
Aus Kreta sind wir, Söhne des Adrasts:
Ich bin der jüngste, Cephalus genannt,
Und er Laodamas, der älteste
Des Hauses. Zwischen uns stand rauh und wild
Ein mittlerer, und trennte schon im Spiel
Der ersten Jugend Einigkeit und Lust.
Gelassen folgten wir der Mutter Worten,
So lang des Vaters Kraft vor Troja stritt;
Doch als er beutereich zurücke kam
Und kurz darauf verschied, da trennte bald
Der Streit um Reich und Erbe die Geschwister.

Ich neigte mich zum ält'sten. Er erschlug
Den Bruder. Um der Blutschuld willen treibt
Die Furie gewaltig ihn umher.
Doch diesem wilden Ufer sendet uns
Apoll, der Delphische, mit Hoffnung zu.
Im Tempel seiner Schwester hieß er uns
Der Hülfe segensvolle Hand erwarten.
Gefangen sind wir und hierher gebracht,
Und dir als Opfer dargestellt. Du weißt's.

Iphigenie.

Fiel Troja? Theurer Mann, versichr' es mir.

Pylades.

Es liegt. O sichre du uns Rettung zu!
Beschleunige die Hülfe, die ein Gott
Versprach. Erbarme meines Bruders dich.
O sag' ihm bald ein gutes holdes Wort;
Doch schone seiner wenn du mit ihm sprichst,
Das bitt' ich eifrig: denn es wird gar leicht
Durch Freud' und Schmerz und durch Erinnerung
Sein Innerstes ergriffen und zerrüttet.
Ein fieberhafter Wahnsinn fällt ihn an,
Und seine schöne freie Seele wird
Den Furien zum Raube hingegeben.

Iphigenie.

So groß dein Unglück ist, beschwör' ich dich,
Vergiß es, bis du mir genug gethan.

Pylades.

Die hohe Stadt, die zehen lange Jahre
Dem ganzen Heer der Griechen widerstand,

Liegt nun im Schutte, steigt nicht wieder auf.
Doch manche Gräber unsrer Besten heißen
Uns an das Ufer der Barbaren denken.
Achill liegt dort mit seinem schönen Freunde.

Iphigenie.

So seid ihr Götterbilder auch zu Staub!

Pylades.

Auch Palamedes, Ajax Telamons,
Sie sahn des Vaterlandes Tag nicht wieder.

Iphigenie.

Er schweigt von meinem Vater, nennt ihn nicht
Mit den Erschlagnen. Ja! er lebt mir noch!
Ich werd' ihn sehn! O hoffe, liebes Herz!

Pylades.

Doch selig sind die Tausende, die starben
Den bittersüßen Tod von Feindes Hand!
Denn wüste Schrecken und ein traurig Ende
Hat den Rückkehrenden statt des Triumphs
Ein feindlich aufgebrachter Gott bereitet.
Kommt denn der Menschen Stimme nicht zu euch?
So weit sie reicht, trägt sie den Ruf umher
Von unerhörten Thaten die geschahn.
So ist der Jammer, der Mycenens Hallen
Mit immer wiederholten Seufzern füllt,
Dir ein Geheimniß? – Klytämnestra hat
Mit Hülf' Ägisthens den Gemahl berückt,
Am Tage seiner Rückkehr ihn ermordet! –
Ja, du verehrest dieses Königs Haus!
Ich seh' es, deine Brust bekämpft vergebens

Das unerwartet ungeheure Wort.
Bist du die Tochter eines Freundes? bist
Du nachbarlich in dieser Stadt geboren?
Verbirg es nicht und rechne mir's nicht zu,
Daß ich der Erste diese Gräuel melde.

Iphigenie.

Sag' an, wie ward die schwere That vollbracht?

Pylades.

Am Tage seiner Ankunft, da der König
Vom Bad erquickt und ruhig, sein Gewand
Aus der Gemahlin Hand verlangend, stieg,
Warf die Verderbliche ein faltenreich
Und künstlich sich verwirrendes Gewebe
Ihm auf die Schultern, um das edle Haupt;
Und da er wie von einem Netze sich
Vergebens zu entwickeln strebte, schlug
Ägisth ihn, der Verräther, und verhüllt
Ging zu den Todten dieser große Fürst.

Iphigenie.

Und welchen Lohn erhielt der Mitverschworne?

Pylades.

Ein Reich und Bette, das er schon besaß.

Iphigenie.

So trieb zur Schandthat eine böse Lust?

Pylades.

Und einer alten Rache tief Gefühl.

Iphigenie.

Und wie beleidigte der König sie?

Pylades.

Mit schwerer That, die, wenn Entschuldigung
Des Mordes wäre, sie entschuldigte.
Nach Aulis lockt' er sie und brachte dort,
Als eine Gottheit sich der Griechen Fahrt
Mit ungestümen Winden widersetzte,
Die ält'ste Tochter, Iphigenien,
Vor den Altar Dianens, und sie fiel
Ein blutig Opfer für der Griechen Heil.
Dieß, sagt man, hat ihr einen Widerwillen
So tief in's Herz geprägt, daß sie dem Werben
Ägisthens sich ergab und den Gemahl
Mit Netzen des Verderbens selbst umschlang.

Iphigenie (sich verhüllend).

Es ist genug. Du wirst mich wiedersehn.

Pylades (allein).

Von dem Geschick des Königs-Hauses scheint
Sie tief gerührt. Wer sie auch immer sei,
So hat sie selbst den König wohl gekannt
Und ist, zu unserm Glück, aus hohem Hause
Hierher verkauft. Nur stille, liebes Herz,
Und laß dem Stern der Hoffnung, der uns blinkt,
Mit frohem Muth uns klug entgegen steuern.

Dritter Aufzug.

Erster Auftritt.

Iphigenie. Orest.

Iphigenie.

Unglücklicher, ich löse deine Bande
Zum Zeichen eines schmerzlichern Geschicks.
Die Freiheit, die das Heiligthum gewährt,
Ist, wie der letzte lichte Lebensblick
Des schwer Erkrankten, Todesbote. Noch
Kann ich es mir und darf es mir nicht sagen,
Daß ihr verloren seid! Wie könnt' ich euch
Mit mörderischer Hand dem Tode weihen?
Und niemand, wer es sei, darf euer Haupt,
So lang ich Priesterin Dianens bin,
Berühren. Doch verweigr' ich jene Pflicht,
Wie sie der aufgebrachte König fordert;
So wählt er eine meiner Jungfraun mir
Zur Folgerin, und ich vermag alsdann
Mit heißem Wunsch allein euch beizustehn.
O werther Landsmann! Selbst der letzte Knecht,
Der an den Herd der Vatergötter streifte,
Ist uns in fremdem Lande hoch willkommen:
Wie soll ich euch genug mit Freud' und Segen

Empfangen, die ihr mir das Bild der Helden,
Die ich von Eltern her verehren lernte,
Entgegen bringet und das innre Herz
Mit neuer schöner Hoffnung schmeichelnd labet!

Orest.

Verbirgst du deinen Namen, deine Herkunft
Mit klugem Vorsatz? oder darf ich wissen,
Wer mir, gleich einer Himmlischen, begegnet?

Iphigenie.

Du sollst mich kennen. Jetzo sag' mir an,
Was ich nur halb von deinem Bruder hörte,
Das Ende derer, die von Troja kehrend
Ein hartes unerwartetes Geschick
Auf ihrer Wohnung Schwelle stumm empfing.
Zwar ward ich jung an diesen Strand geführt;
Doch wohl erinnr' ich mich des scheuen Blicks,
Den ich mit Staunen und mit Bangigkeit
Auf jene Helden warf. Sie zogen aus,
Als hätte der Olymp sich aufgethan
Und die Gestalten der erlauchten Vorwelt
Zum Schrecken Ilions herabgesendet,
Und Agamemnon war vor allen herrlich!
O sage mir! Er fiel, sein Haus betretend,
Durch seiner Frauen und Ägisthens Tücke?

Orest.

Du sagst's!

Iphigenie.

Weh dir, unseliges Mycen!
So haben Tantals Enkel Fluch auf Fluch
Mit vollen wilden Händen ausgesät!

Und gleich dem Unkraut, wüste Häupter schüttelnd
Und tausendfält'gen Samen um sich streuend,
Den Kindeskindern nahverwandte Mörder
Zur ew'gen Wechselwuth erzeugt! Enthülle,
Was von der Rede deines Bruders schnell
Die Finsterniß des Schreckens mir verdeckte.
Wie ist des großen Stammes letzter Sohn,
Das holde Kind, bestimmt des Vaters Rächer
Dereinst zu sein, wie ist Orest dem Tage
Des Bluts entgangen? Hat ein gleich Geschick
Mit des Avernus Netzen ihn umschlungen?
Ist er gerettet? Lebt er? Lebt Elektra?

Orest.

Sie leben.

Iphigenie.

Goldne Sonne, leihe mir
Die schönsten Strahlen, lege sie zum Dank
Vor Jovis Thron! denn ich bin arm und stumm.

Orest.

Bist du gastfreundlich diesem Königs-Hause,
Bist du mit nähern Banden ihm verbunden,
Wie deine schöne Freude mir verräth:
So bändige dein Herz und halt' es fest!
Denn unerträglich muß dem Fröhlichen
Ein jäher Rückfall in die Schmerzen sein.
Du weißt nur, merk ich, Agamemnons Tod.

Iphigenie.

Hab' ich an dieser Nachricht nicht genug?

Orest.

Du hast des Gräuels Hälfte nur erfahren.

Iphigenie.

Was fürcht' ich noch? Orest, Elektra leben.

Orest.

Und fürchtest du für Klytämnestren nichts?

Iphigenie.

Sie rettet weder Hoffnung, weder Furcht.

Orest.

Auch schied sie aus dem Land der Hoffnung ab.

Iphigenie.

Vergoß sie reuig wüthend selbst ihr Blut?

Orest.

Nein, doch ihr eigen Blut gab ihr den Tod.

Iphigenie.

Sprich deutlicher, daß ich nicht länger sinne.
Die Ungewißheit schlägt mir tausendfältig
Die dunkeln Schwingen um das bange Haupt.

Orest.

So haben mich die Götter ausersehn
Zum Boten einer That, die ich so gern
In's klanglos-dumpfe Höhlenreich der Nacht
Verbergen möchte? Wider meinen Willen
Zwingt mich dein holder Mund; allein er darf
Auch etwas Schmerzlichs fordern und erhält's.
Am Tage, da der Vater fiel, verbarg
Elektra rettend ihren Bruder: Strophius,
Des Vaters Schwäher, nahm ihn willig auf,
Erzog ihn neben seinem eignen Sohne,
Der, Pylades genannt, die schönsten Bande
Der Freundschaft um den Angekommnen knüpfte.

Und wie sie wuchsen, wuchs in ihrer Seele
Die brennende Begier des Königs Tod
Zu rächen. Unversehen, fremd gekleidet,
Erreichen sie Mycen, als brächten sie
Die Trauernachricht von Orestens Tode
Mit seiner Asche. Wohl empfänget sie
Die Königin; sie treten in das Haus.
Elektren gibt Orest sich zu erkennen;
Sie bläs't der Rache Feuer in ihm auf,
Das vor der Mutter heil'ger Gegenwart
In sich zurückgebrannt war. Stille führt
Sie ihn zum Orte, wo sein Vater fiel,
Wo eine alte leichte Spur des frech
Vergoss'nen Blutes oftgewaschnen Boden
Mit blassen ahndungsvollen Streifen färbte.
Mit ihrer Feuerzunge schilderte
Sie jeden Umstand der verruchten That,
Ihr knechtisch elend durchgebrachtes Leben,
Den Übermuth der glücklichen Verräther,
Und die Gefahren, die nun der Geschwister
Von einer stiefgewordnen Mutter warteten. –
Hier drang sie jenen alten Dolch ihm auf,
Der schon in Tantals Hause grimmig wüthete,
Und Klytämnestra fiel durch Sohnes Hand.

Iphigenie.

Unsterbliche, die ihr den reinen Tag
Auf immer neuen Wolken selig lebet,
Habt ihr nur darum mich so manches Jahr
Von Menschen abgesondert, mich so nah
Bei euch gehalten, mir die kindliche
Beschäftigung, des heil'gen Feuers Gluth

Zu nähren aufgetragen, meine Seele
Der Flamme gleich in ew'ger frommer Klarheit
Zu euern Wohnungen hinaufgezogen,
Daß ich nur meines Hauses Gräuel später
Und tiefer fühlen sollte? – Sage mir
Vom Unglücksel'gen! Sprich mir von Orest! –

Orest.

O könnte man von seinem Tode sprechen!
Wie gährend stieg aus der Erschlagnen Blut
Der Mutter Geist
Und ruft der Nacht uralten Töchtern zu:
„Laßt nicht den Muttermörder entfliehn!
Verfolgt den Verbrecher! Euch ist er geweiht!"
Sie horchen auf, es schaut ihr hohler Blick
Mit der Begier des Adlers um sich her.
Sie rühren sich in ihren schwarzen Höhlen,
Und aus den Winkeln schleichen ihre Gefährten,
Der Zweifel und die Reue, leis herbei.
Vor ihnen steigt ein Dampf vom Acheron;
In seinen Wolkenkreisen wälzet sich
Die ewige Betrachtung des Geschehnen
Verwirrend um des Schuld'gen Haupt umher.
Und sie, berechtigt zum Verderben, treten
Der gottbesäten Erde schönen Boden,
Von dem ein alter Fluch sie längst verbannte.
Den Flüchtigen verfolgt ihr schneller Fuß;
Sie geben nur um neu zu schrecken Rast.

Iphigenie.

Unseliger, du bist in gleichem Fall,
Und fühlst was er, der arme Flüchtling, leidet!

Orest.

Was sagst du mir? Was wähnst du gleichen Fall?

Iphigenie.

Dich drückt ein Brudermord wie jenen; mir
Vertraute dieß dein jüngster Bruder schon.

Orest.

Ich kann nicht leiden, daß du große Seele
Mit einem falschen Wort betrogen werdest.
Ein lügenhaft Gewebe knüpf' ein Fremder
Dem Fremden, sinnreich und der List gewohnt,
Zur Falle vor die Füße; zwischen uns
Sei Wahrheit!
Ich bin Orest! Und dieses schuld'ge Haupt
Senkt nach der Grube sich und sucht den Tod;
In jeglicher Gestalt sei er willkommen!
Wer du auch seist, so wünsch' ich Rettung dir
Und meinem Freunde; mir wünsch' ich sie nicht.
Du scheinst hier wider Willen zu verweilen;
Erfindet Rath zur Flucht und laßt mich hier.
Es stürze mein entseelter Leib vom Fels,
Es rauche bis zum Meer hinab mein Blut,
Und bringe Fluch dem Ufer der Barbaren!
Geht ihr, daheim im schönen Griechenland
Ein neues Leben freundlich anzufangen.

(Er entfernt sich.)

Iphigenie.

So steigst du denn, Erfüllung, schönste Tochter
Des größten Vaters, endlich zu mir nieder!
Wie ungeheuer steht dein Bild vor mir!
Kaum reicht mein Blick dir an die Hände, die

Mit Frucht und Segenskränzen angefüllt
Die Schätze des Olympus niederbringen.
Wie man den König an dem Übermaß
Der Gaben kennt: denn ihm muß wenig scheinen
Was Tausenden schon Reichthum ist; so kennt
Man euch, ihr Götter, an gesparten, lang
Und weise zubereiteten Geschenken.
Denn ihr allein wißt was uns frommen kann,
Und schaut der Zukunft ausgedehntes Reich,
Wenn jedes Abends Stern- und Nebelhülle
Die Aussicht uns verdeckt. Gelassen hört
Ihr unser Flehn, das um Beschleunigung
Euch kindisch bittet; aber eure Hand
Bricht unreif nie die goldnen Himmelsfrüchte;
Und wehe dem, der ungeduldig sie
Ertrotzend saure Speise sich zum Tod
Genießt. O laßt das lang erwartete,
Noch kaum gedachte Glück nicht, wie den Schatten
Des abgeschiednen Freundes, eitel mir
Und dreifach schmerzlicher vorübergehn!

Orest (tritt wieder zu ihr).

Rufst du die Götter an für dich und Pylades,
So nenne meinen Namen nicht mit eurem.
Du rettest den Verbrecher nicht, zu dem
Du dich gesellst, und theilest Fluch und Noth.

Iphigenie.

Mein Schicksal ist an deines fest gebunden.

Orest.

Mit nichten! Laß allein und unbegleitet
Mich zu den Todten gehn. Verhülltest du

In deinen Schleier selbst den Schuldigen;
Du birgst ihn nicht vor'm Blick der Immerwachen,
Und deine Gegenwart, du Himmlische,
Drängt sie nur seitwärts und verscheucht sie nicht.
Sie dürfen mit den ehrnen frechen Füßen
Des heil'gen Waldes Boden nicht betreten;
Doch hör' ich aus der Ferne hier und da
Ihr gräßliches Gelächter. Wölfe harren
So um den Baum, auf den ein Reisender
Sich rettete. Da draußen ruhen sie
Gelagert; und verlass' ich diesen Hain,
Dann steigen sie, die Schlangenhäupter schüttelnd,
Von allen Seiten Staub erregend auf
Und treiben ihre Beute vor sich her.

Iphigenie.

Kannst du, Orest, ein freundlich Wort vernehmen?

Orest.

Spar' es für einen Freund der Götter auf.

Iphigenie.

Sie geben dir zu neuer Hoffnung Licht.

Orest.

Durch Rauch und Qualm seh' ich den matten Schein
Des Todtenflusses mir zur Hölle leuchten.

Iphigenie.

Hast du Elektren, Eine Schwester nur?

Orest.

Die Eine kannt' ich; doch die ält'ste nahm
Ihr gut Geschick, das uns so schrecklich schien,
Bei Zeiten aus dem Elend unsers Hauses.

O laß dein Fragen, und geselle dich
Nicht auch zu den Erinnyen; sie blasen
Mir schadenfroh die Asche von der Seele,
Und leiden nicht, daß sich die letzten Kohlen
Von unsers Hauses Schreckensbrande still
In mir verglimmen. Soll die Gluth denn ewig,
Vorsätzlich angefacht, mit Höllenschwefel
Genährt, mir auf der Seele marternd brennen?

Iphigenie.

Ich bringe süßes Rauchwerk in die Flamme.
O laß den reinen Hauch der Liebe dir
Die Gluth des Busens leise wehend kühlen.
Orest, mein Theurer, kannst du nicht vernehmen?
Hat das Geleit der Schreckensgötter so
Das Blut in deinen Adern aufgetrocknet?
Schleicht, wie vom Haupt der gräßlichen Gorgone,
Versteinernd dir ein Zauber durch die Glieder?
O wenn vergoss'nen Mutterblutes Stimme
Zur Höll' hinab mit dumpfen Tönen ruft;
Soll nicht der reinen Schwester Segenswort
Hülfreiche Götter vom Olympus rufen?

Orest.

Es ruft! es ruft! So willst du mein Verderben!
Verbirgt in dir sich eine Rachegöttin?
Wer bist du, deren Stimme mir entsetzlich
Das Innerste in seinen Tiefen wendet?

Iphigenie.

Es zeigt sich dir im tiefsten Herzen an:
Orest, ich bin's! Sieh Iphigenien!
Ich lebe!

Orest.

Du!

Iphigenie.

Mein Bruder!

Orest.

Laß! Hinweg!
Ich rathe dir, berühre nicht die Locken!
Wie von Kreusa's Brautkleid zündet sich
Ein unauslöschlich Feuer von mir fort.
Laß mich! Wie Hercules will ich Unwürd'ger
Den Tod voll Schmach, in mich verschlossen, sterben.

Iphigenie.

Du wirst nicht untergehn! O daß ich nur
Ein ruhig Wort von dir vernehmen könnte!
O löse meine Zweifel, laß des Glückes,
Des lang erflehten, mich auch sicher werden.
Es wälzet sich ein Rad von Freud' und Schmerz
Durch meine Seele. Von dem fremden Manne
Entfernet mich ein Schauer; doch es reißt
Mein Innerstes gewaltig mich zum Bruder.

Orest.

Ist hier Lyäens Tempel? und ergreift
Unbändig-heil'ge Wuth die Priesterin?

Iphigenie.

O höre mich! O sieh mich an, wie mir
Nach einer langen Zeit das Herz sich öffnet,
Der Seligkeit, dem Liebsten, was die Welt
Noch für mich tragen kann, das Haupt zu küssen,
Mit meinen Armen, die den leeren Winden
Nur ausgebreitet waren, dich zu fassen!

O laß mich! Laß mich! Denn es quillet heller
Nicht vom Parnaß die ew'ge Quelle sprudelnd
Von Fels zu Fels in's goldne Thal hinab,
Wie Freude mir vom Herzen wallend fließt,
Und wie ein selig Meer mich rings umfängt.
Orest! Orest! Mein Bruder!

Orest.

Schöne Nymphe,
Ich traue dir und deinem Schmeicheln nicht.
Diana fordert strenge Dienerinnen
Und rächet das entweihte Heiligthum.
Entferne deinen Arm von meiner Brust!
Und wenn du einen Jüngling rettend lieben,
Das schöne Glück ihm zärtlich bieten willst,
So wende meinem Freunde dein Gemüth,
Dem würd'gern Manne zu. Er irrt umher
Auf jenem Felsenpfade; such' ihn auf,
Weis' ihn zurecht und schone meiner.

Iphigenie.

Fasse
Dich, Bruder, und erkenne die Gefundne!
Schilt einer Schwester reine Himmelsfreude
Nicht unbesonnene, strafbare Lust.
O nehmt den Wahn ihm von dem starren Auge,
Daß uns der Augenblick der höchsten Freude
Nicht dreifach elend mache! Sie ist hier,
Die längst verlorne Schwester. Vom Altar
Riß mich die Göttin weg und rettete
Hierher mich in ihr eigen Heiligthum.
Gefangen bist du, dargestellt zum Opfer,
Und findest in der Priesterin die Schwester.

Orest.

Unselige! So mag die Sonne denn
Die letzten Gräuel unsers Hauses sehn!
Ist nicht Elektra hier? damit auch sie
Mit uns zu Grunde gehe, nicht ihr Leben
Zu schwererem Geschick und Leiden friste.
Gut, Priesterin! ich folge zum Altar:
Der Brudermord ist hergebrachte Sitte
Des alten Stammes; und ich danke, Götter,
Daß ihr mich ohne Kinder auszurotten
Beschlossen habt. Und laß dir rathen, habe
Die Sonne nicht zu lieb und nicht die Sterne;
Komm, folge mir in's dunkle Reich hinab!
Wie sich vom Schwefelpfuhl erzeugte Drachen
Bekämpfend die verwandte Brut verschlingen,
Zerstört sich selbst das wüthende Geschlecht;
Komm kinderlos und schuldlos mit hinab!
Du siehst mich mit Erbarmen an? Laß ab!
Mit solchen Blicken suchte Klytämnestra
Sich einen Weg nach ihres Sohnes Herzen;
Doch sein geschwungner Arm traf ihre Brust.
Die Mutter fiel! – Tritt auf, unwill'ger Geist!
Im Kreis geschlossen tretet an, ihr Furien,
Und wohnet dem willkommnen Schauspiel bei,
Dem letzten, gräßlichsten, das ihr bereitet!
Nicht Haß und Rache schärfen ihren Dolch;
Die liebevolle Schwester wird zur That
Gezwungen. Weine nicht! Du hast nicht Schuld.
Seit meinen ersten Jahren hab' ich nichts
Geliebt, wie ich dich lieben könnte, Schwester.
Ja, schwinge deinen Stahl, verschone nicht,

Zerreiße diesen Busen, und eröffne
Den Strömen die hier sieden einen Weg!

(Er sinkt in Ermattung.)

Iphigenie.

Allein zu tragen dieses Glück und Elend
Vermag ich nicht. – Wo bist du, Pylades?
Wo find' ich deine Hülfe, theurer Mann?

(Sie entfernt sich suchend.)

Zweiter Auftritt.

Orest

(aus seiner Betäubung erwachend und sich aufrichtend).

Noch Einen! reiche mir aus Lethe's Fluthen
Den letzten kühlen Becher der Erquickung!
Bald ist der Krampf des Lebens aus dem Busen
Hinweggespült; bald fließet still mein Geist,
Der Quelle des Vergessens hingegeben,
Zu euch, ihr Schatten, in die ew'gen Nebel.
Gefällig laßt in eurer Ruhe sich
Den umgetriebnen Sohn der Erde laben! –
Welche ein Gelispel hör' ich in den Zweigen,
Welch ein Geräusch aus jener Dämmrung säuseln? –
Sie kommen schon, den neuen Gast zu sehn!
Wer ist die Schaar, die herrlich mit einander
Wie ein versammelt Fürstenhaus sich freut?
Sie gehen friedlich, Alt' und Junge, Männer
Mit Weibern; göttergleich und ähnlich scheinen
Die wandelnden Gestalten. Ja, sie sind's,

Die Ahnherrn meines Hauses! – Mit Thyesten
Geht Atreus in vertraulichen Gesprächen;
Die Knaben schlüpfen scherzend um sie her.
Ist keine Feindschaft hier mehr unter euch?
Verlosch die Rache wie das Licht der Sonne?
So bin auch ich willkommen, und ich darf
In euern feierlichen Zug mich mischen.
Willkommen, Väter! euch grüßt Orest,
Von euerm Stamme der letzte Mann;
Was ihr gesät, hat er geerntet:
Mit Fluch beladen stieg er herab,
Doch leichter träget sich hier jede Bürde:
Nehmt ihn, o nehmt ihn in euern Kreis! –
Dich, Atreus, ehr' ich, auch dich Thyesten:
Wir sind hier alle der Feindschaft los. –
Zeigt mir den Vater, den ich nur Einmal
Im Leben sah! – Bist du's, mein Vater?
Und führst die Mutter vertraut mit dir?
Darf Klytämnestra die Hand dir reichen;
So darf Orest auch zu ihr treten
Und darf ihr sagen: sieh deinen Sohn! –
Seht euern Sohn! Heißt ihn willkommen.
Auf Erden war in unserm Hause
Der Gruß des Mordes gewisse Losung,
Und das Geschlecht des alten Tantalus
Hat seine Freuden jenseits der Nacht.
Ihr ruft: Willkommen! und nehmt mich auf!
O führt zum Alten, zum Ahnherrn mich!
Wo ist der Alte? daß ich ihn sehe,
Das theure Haupt, das vielverehrte,
Das mit den Göttern zu Rathe saß.
Ihr scheint zu zaudern, euch wegzuwenden?

Was ist es? Leidet der Göttergleiche?
Weh mir! es haben die Übermächt'gen
Der Heldenbrust grausame Qualen
Mit ehrnen Ketten fest aufgeschmiedet.

Dritter Auftritt.

Orest. Iphigenie. Pylades.

Orest.

Seid ihr auch schon herabgekommen?
Wohl Schwester dir! Noch fehlt Elektra:
Ein güt'ger Gott send' uns die Eine
Mit sanften Pfeilen auch schnell herab.
Dich, armer Freund, muß ich bedauern!
Komm mit! komm mit! zu Pluto's Thron,
Als neue Gäste den Wirth zu grüßen.

Iphigenie.

Geschwister, die ihr an dem weiten Himmel
Das schöne Licht bei Tag und Nacht herauf
Den Menschen bringet, und den Abgeschiednen
Nicht leuchten dürfet, rettet uns Geschwister!
Du liebst, Diane, deinen holden Bruder
Vor allem, was dir Erd' und Himmel bietet,
Und wendest dein jungfräulich Angesicht
Nach seinem ew'gen Lichte sehnend still.
O laß den einz'gen Spätgefundnen mir
Nicht in der Finsterniß des Wahnsinns rasen!

Und ist dein Wille, da du hier mich bargst,
Nunmehr vollendet, willst du mir durch ihn
Und ihm durch mich die sel'ge Hülfe geben;
So lös' ihn von den Banden jenes Fluchs,
Daß nicht die theure Zeit der Rettung schwinde.

Pylades.

Erkennst du uns und diesen heil'gen Hain
Und dieses Licht, das nicht den Todten leuchtet?
Fühlst du den Arm des Freundes und der Schwester,
Die dich noch fest, noch lebend halten? Faß
Uns kräftig an; wir sind nicht leere Schatten.
Merk' auf mein Wort! Vernimm es! Raffe dich
Zusammen! Jeder Augenblick ist theuer,
Und unsre Rückkehr hängt an zarten Fäden,
Die, scheint es, eine günst'ge Parze spinnt.

Orest (zu Iphigenien).

Laß mich zum Erstenmal mit freiem Herzen
In deinen Armen reine Freude haben!
Ihr Götter, die mit flammender Gewalt
Ihr schwere Wolken aufzuzehren wandelt,
Und gnädig-ernst den lang erflehten Regen
Mit Donnerstimmen und mit Windesbrausen
In wilden Strömen auf die Erde schüttet,
Doch bald der Menschen grausendes Erwarten
In Segen auflös't und das bange Staunen
In Freudeblick und lauten Dank verwandelt,
Wenn in den Tropfen frischerquickter Blätter
Die neue Sonne tausendfach sich spiegelt,
Und Iris freundlich bunt mit leichter Hand
Den grauen Flor der letzten Wolken trennt;
O laßt mich auch in meiner Schwester Armen,

An meines Freundes Brust, was ihr mir gönnt
Mit vollem Dank genießen und behalten.
Es löset sich der Fluch, mir sagt's das Herz.
Die Eumeniden ziehn, ich höre sie,
Zum Tartarus und schlagen hinter sich
Die ehrnen Thore fernabdonnernd zu.
Die Erde dampft erquickenden Geruch
Und ladet mich auf ihren Flächen ein,
Nach Lebensfreud' und großer That zu jagen.

Pylades.

Versäumt die Zeit nicht, die gemessen ist!
Der Wind der unsre Segel schwellt, er bringe
Erst unsre volle Freude zum Olymp.
Kommt! Es bedarf hier schnellen Rath und Schluß.

Vierter Aufzug.

Erster Auftritt.

Iphigenie.

Denken die Himmlischen
Einem der Erdgebornen
Viele Verwirrungen zu,
Und bereiten sie ihm
Von der Freude zu Schmerzen
Und von Schmerzen zur Freude
Tief-erschütternden Übergang;
Dann erziehen sie ihm
In der Nähe der Stadt,
Oder am fernen Gestade,
Daß in Stunden der Noth
Auch die Hülfe bereit sei,
Einen ruhigen Freund.
O segnet, Götter, unsern Pylades
Und was er immer unternehmen mag!
Er ist der Arm des Jünglings in der Schlacht,
Des Greises leuchtend Aug' in der Versammlung:
Denn seine Seel' ist stille; sie bewahrt
Der Ruhe heil'ges unerschöpftes Gut,
Und den Umhergetriebnen reichet er
Aus ihren Tiefen Rath und Hülfe. Mich

Riß er vom Bruder los; den staunt' ich an
Und immer wieder an, und konnte mir
Das Glück nicht eigen machen, ließ ihn nicht
Aus meinen Armen los, und fühlte nicht
Die Nähe der Gefahr die uns umgibt.
Jetzt gehn sie ihren Anschlag auszuführen
Der See zu, wo das Schiff mit den Gefährten
In einer Bucht versteckt auf's Zeichen lauert,
Und haben kluges Wort mir in den Mund
Gegeben, mich gelehrt was ich dem König
Antworte, wenn er sendet und das Opfer
Mir dringender gebietet. Ach! ich sehe wohl,
Ich muß mich leiten lassen wie ein Kind.
Ich habe nicht gelernt zu hinterhalten,
Noch jemand etwas abzulisten. Weh!
O weh der Lüge! Sie befreiet nicht,
Wie jedes andre wahrgesprochne Wort,
Die Brust; sie macht uns nicht getrost, sie ängstet
Den, der sie heimlich schmiedet, und sie kehrt,
Ein losgedruckter Pfeil, von einem Gotte
Gewendet und versagend, sich zurück
Und trifft den Schützen. Sorg' auf Sorge schwankt
Mir durch die Brust. Es greift die Furie
Vielleicht den Bruder auf dem Boden wieder
Des ungeweihten Ufers grimmig an.
Entdeckt man sie vielleicht? Mich dünkt, ich höre
Gewaffnete sich nahen! – Hier! – Der Bote
Kommt von dem Könige mit schnellem Schritt,
Es schlägt mein Herz, es trübt sich meine Seele,
Da ich des Mannes Angesicht erblicke,
Dem ich mit falschem Wort begegnen soll.

Zweiter Auftritt.

Iphigenie. Arkas.

Arkas.

Beschleunige das Opfer, Priesterin!
Der König wartet und es harrt das Volk.

Iphigenie.

Ich folgte meiner Pflicht und deinem Wink,
Wenn unvermuthet nicht ein Hinderniß
Sich zwischen mich und die Erfüllung stellte.

Arkas.

Was ist's, das den Befehl des Königs hindert?

Iphigenie.

Der Zufall, dessen wir nicht Meister sind.

Arkas.

So sage mir's, daß ich's ihm schnell vermelde:
Denn er beschloß bei sich der beiden Tod.

Iphigenie.

Die Götter haben ihn noch nicht beschlossen.
Der ält'ste dieser Männer trägt die Schuld
Des nahverwandten Bluts, das er vergoß.
Die Furien verfolgen seinen Pfad,
Ja in dem innern Tempel faßte selbst
Das Übel ihn, und seine Gegenwart
Entheiligte die reine Stätte. Nun

Eil' ich mit meinen Jungfraun, an dem Meere
Der Göttin Bild mit frischer Welle netzend,
Geheimnißvolle Weihe zu begehn.
Es störe niemand unsern stillen Zug!

Arkas.

Ich melde dieses neue Hinderniß
Dem Könige geschwind; beginne du
Das heil'ge Werk nicht eh' bis er's erlaubt.

Iphigenie.

Dieß ist allein der Priestrin überlassen.

Arkas.

Solch seltnen Fall soll auch der König wissen.

Iphigenie.

Sein Rath wie sein Befehl verändert nichts.

Arkas.

Oft wird der Mächtige zum Schein gefragt.

Iphigenie.

Erdringe nicht, was ich versagen sollte.

Arkas.

Versage nicht, was gut und nützlich ist.

Iphigenie.

Ich gebe nach, wenn du nicht säumen willst.

Arkas.

Schnell bin ich mit der Nachricht in dem Lager,
Und schnell mit seinen Worten hier zurück.
O könnt' ich ihm noch eine Botschaft bringen,

Die alles lös'te, was uns jetzt verwirrt:
Denn du hast nicht des Treuen Rath geachtet.

Iphigenie.

Was ich vermochte, hab' ich gern gethan.

Arkas.

Noch änderst du den Sinn zur rechten Zeit.

Iphigenie.

Das steht nun einmal nicht in unsrer Macht.

Arkas.

Du hältst unmöglich, was dir Mühe kostet.

Iphigenie.

Dir scheint es möglich, weil der Wunsch dich trügt.

Arkas.

Willst du denn alles so gelassen wagen?

Iphigenie.

Ich hab' es in der Götter Hand gelegt.

Arkas.

Sie pflegen Menschen menschlich zu erretten.

Iphigenie.

Auf ihren Fingerzeig kömmt alles an.

Arkas.

Ich sage dir, es liegt in deiner Hand.
Des Königs aufgebrachter Sinn allein
Bereitet diesen Fremden bittern Tod.
Das Heer entwöhnte längst vom harten Opfer

Und von dem blut'gen Dienste sein Gemüth.
Ja, mancher, den ein widriges Geschick
An fremdes Ufer trug, empfand es selbst,
Wie göttergleich dem armen Irrenden,
Umhergetriebnen an der fremden Gränze,
Ein freundlich Menschenangesicht begegnet.
O wende nicht von uns was du vermagst!
Du endest leicht was du begonnen hast:
Denn nirgends baut die Milde, die herab
In menschlicher Gestalt vom Himmel kommt,
Ein Reich sich schneller, als wo trüb und wild
Ein neues Volk, voll Leben, Muth und Kraft,
Sich selbst und banger Ahnung überlassen,
Des Menschenlebens schwere Bürden trägt.

Iphigenie.

Erschüttre meine Seele nicht, die du
Nach deinem Willen nicht bewegen kannst.

Arkas.

So lang es Zeit ist, schont man weder Mühe
Noch eines guten Wortes Wiederholung.

Iphigenie.

Du machst dir Müh und mir erregst du Schmerzen:
Vergebens beides: darum laß mich nun.

Arkas.

Die Schmerzen sind's, die ich zu Hülfe rufe:
Denn es sind Freunde, Gutes rathen sie.

Iphigenie.

Sie fassen meine Seele mit Gewalt,
Doch tilgen sie den Widerwillen nicht.

Arkas.

Fühlt eine schöne Seele Widerwillen
Für eine Wohlthat, die der Edle reicht?

Iphigenie.

Ja, wenn der Edle, was sich nicht geziemt,
Statt meines Dankes mich erwerben will.

Arkas.

Wer keine Neigung fühlt, dem mangelt es
An einem Worte der Entschuld'gung nie.
Dem Fürsten sag' ich an, was hier geschehn.
O wiederholtest du in deiner Seele,
Wie edel er sich gegen dich betrug
Von deiner Ankunft an bis diesen Tag.

Dritter Auftritt.

Iphigenie (allein).

Von dieses Mannes Rede fühl' ich mir
Zur ungelegnen Zeit das Herz im Busen
Auf einmal umgewendet. Ich erschrecke! –
Denn wie die Fluth mit schnellen Strömen wachsend
Die Felsen überspült, die in dem Sand
Am Ufer liegen: so bedeckte ganz
Ein Freudenstrom mein Innerstes. Ich hielt
In meinen Armen das Unmögliche.
Es schien sich eine Wolke wieder sanft
Um mich zu legen, von der Erde mich
Empor zu heben und in jenen Schlummer

Mich einzuwiegen, den die gute Göttin
Um meine Schläfe legte, da ihr Arm
Mich rettend faßte. – Meinen Bruder
Ergriff das Herz mit einziger Gewalt:
Ich horchte nur auf seines Freundes Rath;
Nur sie zu retten drang die Seele vorwärts.
Und wie den Klippen einer wüsten Insel
Der Schiffer gern den Rücken wendet: so
Lag Tauris hinter mir. Nun hat die Stimme
Des treuen Manns mich wieder aufgeweckt,
Daß ich auch Menschen hier verlasse, mich
Erinnert. Doppelt wird mir der Betrug
Verhaßt. O bleibe ruhig, meine Seele!
Beginnst du nun zu schwanken und zu zweifeln?
Den festen Boden deiner Einsamkeit
Mußt du verlassen! Wieder eingeschifft
Ergreifen dich die Wellen schaukelnd, trüb
Und bang verkennest du die Welt und dich.

Vierter Auftritt.

Iphigenie. Pylades.

Pylades.

Wo ist sie? daß ich ihr mit schnellen Worten
Die frohe Botschaft unsrer Rettung bringe!

Iphigenie.

Du siehst mich hier voll Sorgen und Erwartung
Des sichern Trostes, den du mir versprichst.

Pylades.

Dein Bruder ist geheilt! Den Felsenboden
Des ungeweihten Ufers und den Sand
Betraten wir mit fröhlichen Gesprächen;
Der Hain blieb hinter uns, wir merkten's nicht.
Und herrlicher und immer herrlicher
Umloderte der Jugend schöne Flamme
Sein lockig Haupt; sein volles Auge glühte
Von Muth und Hoffnung, und sein freies Herz
Ergab sich ganz der Freude, ganz der Lust,
Dich, seine Retterin, und mich zu retten.

Iphigenie.

Gesegnet seist du, und es möge nie
Von deiner Lippe, die so Gutes sprach,
Der Ton des Leidens und der Klage tönen!

Pylades.

Ich bringe mehr als das: denn schön begleitet,
Gleich einem Fürsten, pflegt das Glück zu nahn.
Auch die Gefährten haben wir gefunden.
In einer Felsenbucht verbargen sie
Das Schiff und saßen traurig und erwartend.
Sie sahen deinen Bruder, und es regten
Sich alle jauchzend, und sie baten dringend
Der Abfahrt Stunde zu beschleunigen.
Es sehnet jede Faust sich nach dem Ruder,
Und selbst ein Wind erhob vom Lande lispelnd,
Von allen gleich bemerkt, die holden Schwingen.
Drum laß uns eilen, führe mich zum Tempel,
Laß mich das Heiligthum betreten, laß
Mich unsrer Wünsche Ziel verehrend fassen.

Ich bin allein genug, der Göttin Bild
Auf wohl geübten Schultern wegzutragen;
Wie sehn' ich mich nach der erwünschten Last!

(Er geht gegen den Tempel unter den letzten Worten, ohne zu bemerken, daß Iphigenie nicht folgt; endlich kehrt er sich um.)

Du stehst und zauderst – Sage mir – du schweigst!
Du scheinst verworren! Widersetzet sich
Ein neues Unheil unserm Glück? Sag' an!
Hast du dem Könige das kluge Wort
Vermelden lassen, das wir abgeredet?

Iphigenie.

Ich habe, theurer Mann; doch wirst du schelten.
Ein schweigender Verweis war mir dein Anblick.
Des Königs Bote kam, und wie du es
Mir in den Mund gelegt, so sagt' ich's ihm.
Er schien zu staunen, und verlangte dringend
Die seltne Feier erst dem Könige
Zu melden, seinen Willen zu vernehmen;
Und nun erwart' ich seine Wiederkehr.

Pylades.

Weh uns! Erneuert schwebt nun die Gefahr
Um unsre Schläfe! Warum hast du nicht
In's Priesterrecht dich weislich eingehüllt?

Iphigenie.

Als eine Hülle hab' ich's nie gebraucht.

Pylades.

So wirst du, reine Seele, dich und uns
Zu Grunde richten. Warum dacht' ich nicht

Auf diesen Fall voraus, und lehrte dich
Auch dieser Fordrung auszuweichen!

Iphigenie.

Schilt
Nur mich, die Schuld ist mein, ich fühl' es wohl;
Doch konnt' ich anders nicht dem Mann begegnen,
Der mit Vernunft und Ernst von mir verlangte,
Was ihm mein Herz als Recht gestehen mußte.

Pylades.

Gefährlicher zieht sich's zusammen; doch auch so
Laß uns nicht zagen, oder unbesonnen
Und übereilt uns selbst verrathen. Ruhig
Erwarte du die Wiederkunft des Boten,
Und dann steh fest, er bringe was er will:
Denn solcher Weihung Feier anzuordnen
Gehört der Priesterin und nicht dem König.
Und fordert er den fremden Mann zu sehn,
Der von dem Wahnsinn schwer belastet ist;
So lehn' es ab, als hieltest du uns beide
Im Tempel wohl verwahrt. So schaff' uns Luft,
Daß wir auf's eiligste, den heil'gen Schatz
Dem rauh unwürd'gen Volk entwendend, fliehn.
Die besten Zeichen sendet uns Apoll,
Und, eh' wir die Bedingung fromm erfüllen,
Erfüllt er göttlich sein Versprechen schon.
Orest ist frei, geheilt! – Mit dem Befreiten
O führet uns hinüber, günst'ge Winde,
Zur Felsen-Insel die der Gott bewohnt;
Dann nach Mycen, daß es lebendig werde,
Daß von der Asche des verloschnen Herdes
Die Vatergötter fröhlich sich erheben,

Und schönes Feuer ihre Wohnungen
Umleuchte! Deine Hand soll ihnen Weihrauch
Zuerst aus goldnen Schalen streuen. Du
Bringst über jene Schwelle Heil und Leben wieder,
Entsühnst den Fluch und schmückest neu die Deinen
Mit frischen Lebensblüthen herrlich aus.

Iphigenie.

Vernehm' ich dich, so wendet sich, o Theurer,
Wie sich die Blume nach der Sonne wendet,
Die Seele, von dem Strahle deiner Worte
Getroffen, sich dem süßen Troste nach.
Wie köstlich ist des gegenwärt'gen Freundes
Gewisse Rede, deren Himmelskraft
Ein Einsamer entbehrt und still versinkt.
Denn langsam reift, verschlossen in dem Busen,
Gedank' ihm und Entschluß; die Gegenwart
Des Liebenden entwickelte sie leicht.

Pylades.

Leb' wohl! Die Freunde will ich nun geschwind
Beruhigen, die sehnlich wartend harren.
Dann komm' ich schnell zurück und lausche hier
Im Felsenbusch versteckt auf deinen Wink –
Was sinnest du? Auf einmal überschwebt
Ein stiller Trauerzug die freie Stirne.

Iphigenie.

Verzeih! Wie leichte Wolken vor der Sonne,
So zieht mir vor der Seele leichte Sorge
Und Bangigkeit vorüber.

Pylades.

Fürchte nicht!

Betrüglich schloß die Furcht mit der Gefahr
Ein enges Bündniß; beide sind Gesellen.

Iphigenie.

Die Sorge nenn' ich edel, die mich warnt,
Den König, der mein zweiter Vater ward,
Nicht tückisch zu betrügen, zu berauben.

Pylades.

Der deinen Bruder schlachtet, dem entfliehst du.

Iphigenie.

Es ist derselbe, der mir Gutes that.

Pylades.

Das ist nicht Undank, was die Noth gebeut.

Iphigenie.

Es bleibt wohl Undank; nur die Noth entschuldigt.

Pylades.

Vor Göttern und vor Menschen dich gewiß.

Iphigenie.

Allein mein eigen Herz ist nicht befriedigt.

Pylades.

Zu strenge Fordrung ist verborgner Stolz.

Iphigenie.

Ich untersuche nicht, ich fühle nur.

Pylades.

Fühlst du dich recht, so mußt du dich verehren.

Iphigenie.

Ganz unbefleckt genießt sich nur das Herz.

Pylades.

So hast du dich im Tempel wohl bewahrt;
Das Leben lehrt uns, weniger mit uns
Und andern strenge sein; du lernst es auch.
So wunderbar ist dieß Geschlecht gebildet,
So vielfach ist's verschlungen und verknüpft,
Daß keiner in sich selbst, noch mit den andern
Sich rein und unverworren halten kann.
Auch sind wir nicht bestellt uns selbst zu richten;
Zu wandeln und auf seinen Weg zu sehen
Ist eines Menschen erste, nächste Pflicht:
Denn selten schätzt er recht was er gethan,
Und was er thut weiß er fast nie zu schätzen.

Iphigenie.

Fast überred'st du mich zu deiner Meinung.

Pylades.

Braucht's Überredung, wo die Wahl versagt ist?
Den Bruder, dich, und einen Freund zu retten
Ist nur Ein Weg; fragt sich's ob wir ihn gehn?

Iphigenie.

O laß mich zaudern! denn du thätest selbst
Ein solches Unrecht keinem Mann gelassen,
Dem du für Wohlthat dich verpflichtet hieltest.

Pylades.

Wenn wir zu Grunde gehen, wartet dein
Ein härtrer Vorwurf, der Verzweiflung trägt.
Man sieht, du bist nicht an Verlust gewohnt,
Da du dem großen Übel zu entgehen
Ein falsches Wort nicht einmal opfern willst.

Iphigenie.

O trüg' ich doch ein männlich Herz in mir!
Das, wenn es einen kühnen Vorsatz hegt,
Vor jeder andern Stimme sich verschließt.

Pylades.

Du weigerst dich umsonst; die ehrne Hand
Der Noth gebietet, und ihr ernster Wink
Ist oberstes Gesetz, dem Götter selbst
Sich unterwerfen müssen. Schweigend herrscht
Des ew'gen Schicksals unberathne Schwester.
Was sie dir auferlegt, das trage: thu'
Was sie gebeut. Das Andre weißt du. Bald
Komm' ich zurück, aus deiner heil'gen Hand
Der Rettung schönes Siegel zu empfangen.

Fünfter Auftritt.

Iphigenie (allein).

Ich muß ihm folgen: denn die Meinigen
Seh' ich in dringender Gefahr. Doch ach!
Mein eigen Schicksal macht mir bang und bänger.
O soll ich nicht die stille Hoffnung retten,
Die in der Einsamkeit ich schön genährt?
Soll dieser Fluch denn ewig walten? Soll
Nie dieß Geschlecht mit einem neuen Segen
Sich wieder heben? – Nimmt doch alles ab!
Das beste Glück, des Lebens schönste Kraft
Ermattet endlich, warum nicht der Fluch?
So hofft' ich denn vergebens, hier verwahrt,

Von meines Hauses Schicksal abgeschieden,
Dereinst mit reiner Hand und reinem Herzen
Die schwer befleckte Wohnung zu entsühnen!
Kaum wird in meinen Armen mir ein Bruder
Vom grimm'gen Übel wundervoll und schnell
Geheilt, kaum naht ein lang erflehtes Schiff,
Mich in den Port der Vaterwelt zu leiten,
So legt die taube Noth ein doppelt Laster
Mit ehrner Hand mir auf: das heilige
Mir anvertraute, viel verehrte Bild
Zu rauben und den Mann zu hintergehn,
Dem ich mein Leben und mein Schicksal danke.
O daß in meinem Busen nicht zuletzt
Ein Widerwille keime! der Titanen
Der alten Götter tiefer Haß auf euch,
Olympier, nicht auch die zarte Brust
Mit Geierklauen fasse! Rettet mich,
Und rettet euer Bild in meiner Seele!

Vor meinen Ohren tönt das alte Lied –
Vergessen hatt' ich's und vergaß es gern –
Das Lied der Parzen, das sie grausend sangen,
Als Tantalus vom goldnen Stuhle fiel:
Sie litten mit dem edeln Freunde; grimmig
War ihre Brust, und furchtbar ihr Gesang.
In unsrer Jugend sang's die Amme mir
Und den Geschwistern vor, ich merkt' es wohl.

Es fürchte die Götter
Das Menschengeschlecht!
Sie halten die Herrschaft
In ewigen Händen,

Und können sie brauchen
Wie's ihnen gefällt.

Der fürchte sie doppelt
Den je sie erheben!
Auf Klippen und Wolken
Sind Stühle bereitet
Um goldene Tische.

Erhebet ein Zwist sich:
So stürzen die Gäste
Geschmäht und geschändet
In nächtliche Tiefen,
Und harren vergebens,
Im Finstern gebunden,
Gerechten Gerichtes.

Sie aber, sie bleiben
In ewigen Festen
An goldenen Tischen.
Sie schreiten vom Berge
Zu Bergen hinüber:
Aus Schlünden der Tiefe
Dampft ihnen der Athem
Erstickter Titanen,
Gleich Opfergerüchen,
Ein leichtes Gewölke.

Es wenden die Herrscher
Ihr segnendes Auge
Von ganzen Geschlechtern,
Und meiden, im Enkel
Die ehmals geliebten

Still redenden Züge
Des Ahnherrn zu sehn.

So sangen die Parzen;
Es horcht der Verbannte
In nächtlichen Höhlen
Der Alte die Lieder,
Denkt Kinder und Enkel
Und schüttelt das Haupt.

Fünfter Aufzug.

Erster Auftritt.

Thoas. Arkas.

Arkas.

Verwirrt muß ich gestehn, daß ich nicht weiß,
Wohin ich meinen Argwohn richten soll.
Sind's die Gefangnen, die auf ihre Flucht
Verstohlen sinnen? Ist's die Priesterin,
Die ihnen hilft? Es mehrt sich das Gerücht:
Das Schiff, das diese beiden hergebracht,
Sei irgend noch in einer Bucht versteckt.
Und jenes Mannes Wahnsinn, diese Weihe,
Der heil'ge Vorwand dieser Zögrung, rufen
Den Argwohn lauter und die Vorsicht auf.

Thoas.

Es komme schnell die Priesterin herbei!
Dann geht, durchsucht das Ufer scharf und schnell
Vom Vorgebirge bis zum Hain der Göttin.
Verschonet seine heil'gen Tiefen, legt
Bedächt'gen Hinterhalt und greift sie an;
Wo ihr sie findet, faßt sie wie ihr pflegt.

Zweiter Auftritt.

Thoas (allein).

Entsetzlich wechselt mir der Grimm im Busen;
Erst gegen sie, die ich so heilig hielt;
Dann gegen mich, der ich sie zum Verrath
Durch Nachsicht und durch Güte bildete.
Zur Sklaverei gewöhnt der Mensch sich gut
Und lernet leicht gehorchen, wenn man ihn
Der Freiheit ganz beraubt. Ja, wäre sie
In meiner Ahnherrn rohe Hand gefallen,
Und hätte sie der heil'ge Grimm verschont:
Sie wäre froh gewesen, sich allein
Zu retten, hätte dankbar ihr Geschick
Erkannt und fremdes Blut vor dem Altar
Vergossen, hätte Pflicht genannt
Was Noth war. Nun lockt meine Güte
In ihrer Brust verwegnen Wunsch herauf.
Vergebens hofft' ich, sie mir zu verbinden;
Sie sinnt sich nun ein eigen Schicksal aus.
Durch Schmeichelei gewann sie mir das Herz:
Nun widersteh' ich der; so sucht sie sich
Den Weg durch List und Trug, und meine Güte
Scheint ihr ein alt verjährtes Eigenthum.

Dritter Auftritt.

Iphigenie. Thoas.

Iphigenie.

Du forderst mich! was bringt dich zu uns her?

Thoas.

Du schiebst das Opfer auf; sag' an, warum?

Iphigenie.

Ich hab' an Arkas alles klar erzählt.

Thoas.

Von dir möcht' ich es weiter noch vernehmen.

Iphigenie.

Die Göttin gibt dir Frist zur Überlegung.

Thoas.

Sie scheint dir selbst gelegen, diese Frist.

Iphigenie.

Wenn dir das Herz zum grausamen Entschluß
Verhärtet ist: so solltest du nicht kommen!
Ein König, der Unmenschliches verlangt,
Find't Diener g'nug, die gegen Gnad' und Lohn
Den halben Fluch der That begierig fassen;
Doch seine Gegenwart bleibt unbefleckt.
Er sinnt den Tod in einer schweren Wolke,
Und seine Boten bringen flammendes

Verderben auf des Armen Haupt hinab;
Er aber schwebt durch seine Höhen ruhig,
Ein unerreichter Gott, im Sturme fort.

Thoas.

Die heil'ge Lippe tönt ein wildes Lied.

Iphigenie.

Nicht Priesterin! nur Agamemnons Tochter.
Der Unbekannten Wort verehrtest du;
Der Fürstin willst du rasch gebieten? Nein!
Von Jugend auf hab' ich gelernt gehorchen,
Erst meinen Eltern und dann einer Gottheit,
Und folgsam fühlt' ich immer meine Seele
Am schönsten frei; allein dem harten Worte,
Dem rauhen Ausspruch eines Mannes mich
Zu fügen, lernt' ich weder dort noch hier.

Thoas.

Ein alt Gesetz, nicht ich, gebietet dir.

Iphigenie.

Wir fassen ein Gesetz begierig an,
Das unsrer Leidenschaft zur Waffe dient.
Ein andres spricht zu mir, ein älteres,
Mich dir zu widersetzen, das Gebot,
Dem jeder Fremde heilig ist.

Thoas.

Es scheinen die Gefangnen dir sehr nah
Am Herzen: denn vor Antheil und Bewegung
Vergissest du der Klugheit erstes Wort,
Daß man den Mächtigen nicht reizen soll.

Iphigenie.

Red' oder schweig' ich, immer kannst du wissen,
Was mir im Herzen ist und immer bleibt.
Lös't die Erinnerung des gleichen Schicksals
Nicht ein verschloss'nes Herz zum Mitleid auf?
Wie mehr denn meins! In ihnen seh' ich mich.
Ich habe vor'm Altare selbst gezittert,
Und feierlich umgab der frühe Tod
Die Knieende; das Messer zuckte schon,
Den lebenvollen Busen zu durchbohren;
Mein Innerstes entsetzte wirbelnd sich,
Mein Auge brach, und – ich fand mich gerettet.
Sind wir, was Götter gnädig uns gewährt,
Unglücklichen nicht zu erstatten schuldig?
Du weißt es, kennst mich, und du willst mich zwingen!

Thoas.

Gehorche deinem Dienste, nicht dem Herrn.

Iphigenie.

Laß ab! Beschönige nicht die Gewalt,
Die sich der Schwachheit eines Weibes freut.
Ich bin so frei geboren als ein Mann.
Stünd' Agamemnons Sohn dir gegenüber,
Und du verlangtest was sich nicht gebührt:
So hat auch Er ein Schwert und einen Arm,
Die Rechte seines Busens zu vertheid'gen.
Ich habe nichts als Worte, und es ziemt
Dem edlen Mann, der Frauen Wort zu achten.

Thoas.

Ich acht' es mehr als eines Bruders Schwert.

Iphigenie.

Das Loos der Waffen wechselt hin und her:
Kein kluger Streiter hält den Feind gering.
Auch ohne Hülfe gegen Trutz und Härte
Hat die Natur den Schwachen nicht gelassen.
Sie gab zur List ihm Freude, lehrt' ihn Künste;
Bald weicht er aus, verspätet und umgeht.
Ja, der Gewaltige verdient, daß man sie übt.

Thoas.

Die Vorsicht stellt der List sich klug entgegen.

Iphigenie.

Und eine reine Seele braucht sie nicht.

Thoas.

Sprich unbehutsam nicht dein eigen Urtheil.

Iphigenie.

O sähest du wie meine Seele kämpft,
Ein bös Geschick, das sie ergreifen will,
Im ersten Anfall muthig abzutreiben!
So steh' ich denn hier wehrlos gegen dich?
Die schöne Bitte, den anmuth'gen Zweig,
In einer Frauen Hand gewaltiger
Als Schwert und Waffe, stößest du zurück:
Was bleibt mir nun, mein Innres zu vertheid'gen?
Ruf' ich die Göttin um ein Wunder an?
Ist keine Kraft in meiner Seele Tiefen?

Thoas.

Es scheint, der beiden Fremden Schicksal macht
Unmäßig dich besorgt. Wer sind sie? sprich,
Für die dein Geist gewaltig sich erhebt.

Iphigenie.

Sie sind – sie scheinen – für Griechen halt' ich sie.

Thoas.

Landsleute sind es? und sie haben wohl
Der Rückkehr schönes Bild in dir erneut?

Iphigenie (nach einigem Stillschweigen).

Hat denn zur unerhörten That der Mann
Allein das Recht? Drückt denn Unmögliches
Nur Er an die gewalt'ge Heldenbrust?
Was nennt man groß? Was hebt die Seele schaudernd
Dem immer wiederholenden Erzähler?
Als was mit unwahrscheinlichem Erfolg
Der Muthigste begann. Der in der Nacht
Allein das Heer des Feindes überschleicht,
Wie unversehen eine Flamme wüthend
Die Schlafenden, Erwachenden ergreift,
Zuletzt gedrängt von den Ermunterten
Auf Feindes Pferden, doch mit Beute kehrt,
Wird der allein gepriesen? der allein,
Der, einen sichern Weg verachtend, kühn
Gebirg' und Wälder durchzustreifen geht,
Daß er von Räubern eine Gegend säubre?
Ist uns nichts übrig? Muß ein zartes Weib
Sich ihres angebornen Rechts entäußern,
Wild gegen Wilde sein, wie Amazonen
Das Recht des Schwerts euch rauben und mit Blute
Die Unterdrückung rächen? Auf und ab
Steigt in der Brust ein kühnes Unternehmen:
Ich werde großem Vorwurf nicht entgehn,
Noch schwerem Übel wenn es mir mißlingt;

Allein Euch leg' ich's auf die Kniee! Wenn
Ihr wahrhaft seid, wie ihr gepriesen werdet;
So zeigt's durch euern Beistand und verherrlicht
Durch mich die Wahrheit! – Ja, vernimm, o König,
Es wird ein heimlicher Betrug geschmiedet;
Vergebens fragst du den Gefangnen nach;
Sie sind hinweg und suchen ihre Freunde,
Die mit dem Schiff am Ufer warten, auf.
Der ält'ste, den das Übel hier ergriffen
Und nun verlassen hat – es ist Orest,
Mein Bruder, und der andre sein Vertrauter,
Sein Jugendfreund, mit Namen Pylades.
Apoll schickt sie von Delphi diesem Ufer
Mit göttlichen Befehlen zu, das Bild
Dianens wegzurauben und zu ihm
Die Schwester hinzubringen, und dafür
Verspricht er dem von Furien Verfolgten,
Des Mutterblutes Schuldigen, Befreiung.
Uns beide hab' ich nun, die Überbliebnen
Von Tantals Haus, in deine Hand gelegt:
Verdirb uns – wenn du darfst.

Thoas.

Du glaubst, es höre
Der rohe Scythe, der Barbar, die Stimme
Der Wahrheit und der Menschlichkeit, die Atreus,
Der Grieche, nicht vernahm?

Iphigenie.

Es hört sie jeder,
Geboren unter jedem Himmel, dem
Des Lebens Quelle durch den Busen rein

Und ungehindert fließt. – Was sinnst du mir,
O König, schweigend in der tiefen Seele?
Ist es Verderben? so tödte mich zuerst!
Denn nun empfind' ich, da uns keine Rettung
Mehr übrig bleibt, die gräßliche Gefahr,
Worein ich die Geliebten übereilt
Vorsetzlich stürzte. Weh! Ich werde sie
Gebunden vor mir sehn! Mit welchen Blicken
Kann ich von meinem Bruder Abschied nehmen,
Den ich ermorde? Nimmer kann ich ihm
Mehr in die vielgeliebten Augen schaun!

Thoas.

So haben die Betrüger künstlich-dichtend
Der lang Verschloss'nen, ihre Wünsche leicht
Und willig Glaubenden, ein solch Gespinnst
Um's Haupt geworfen!

Iphigenie.

Nein! o König, nein!
Ich könnte hintergangen werden; diese
Sind treu und wahr. Wirst du sie anders finden,
So laß sie fallen und verstoße mich,
Verbanne mich zur Strafe meiner Thorheit
An einer Klippen-Insel traurig Ufer.
Ist aber dieser Mann der lang erflehte,
Geliebte Bruder: so entlaß uns, sei
Auch den Geschwistern wie der Schwester freundlich!
Mein Vater fiel durch seiner Frauen Schuld,
Und sie durch ihren Sohn. Die letzte Hoffnung
Von Atreus Stamme ruht auf ihm allein.
Laß mich mit reinem Herzen, reiner Hand,

Hinübergehn und unser Haus entsühnen.
Du hältst mir Wort! – Wenn zu den Meinen je
Mir Rückkehr zubereitet wäre, schwurst
Du mich zu lassen; und sie ist es nun.
Ein König sagt nicht, wie gemeine Menschen,
Verlegen zu, daß er den Bittenden
Auf einen Augenblick entferne; noch
Verspricht er auf den Fall, den er nicht hofft:
Dann fühlt er erst die Höhe seiner Würde,
Wenn er den Harrenden beglücken kann.

Thoas.

Unwillig, wie sich Feuer gegen Wasser
Im Kampfe wehrt und gischend seinen Feind
Zu tilgen sucht, so wehret sich der Zorn
In meinem Busen gegen deine Worte.

Iphigenie.

O laß die Gnade, wie das heil'ge Licht
Der stillen Opferflamme, mir, umkränzt
Von Lobgesang und Dank und Freude, lodern.

Thoas.

Wie oft besänftigte mich diese Stimme!

Iphigenie.

O reiche mir die Hand zum Friedenszeichen.

Thoas.

Du forderst viel in einer kurzen Zeit.

Iphigenie.

Um Gut's zu thun braucht's keiner Überlegung.

Thoas.

Sehr viel! denn auch dem Guten folgt das Übel.

Iphigenie.

Der Zweifel ist's, der Gutes böse macht.
Bedenke nicht; gewähre wie du's fühlst.

Vierter Auftritt.

Orest (gewaffnet). Die Vorigen.

Orest (nach der Scene gekehrt).

Verdoppelt eure Kräfte! Haltet sie
Zurück! Nur wenig Augenblicke! Weicht
Der Menge nicht, und deckt den Weg zum Schiffe
Mir und der Schwester.
(Zu Iphigenien ohne den König zu sehen.)
Komm, wir sind verrathen.
Geringer Raum bleibt uns zur Flucht. Geschwind!
(Er erblickt den König.)

Thoas (nach dem Schwerte greifend).

In meiner Gegenwart führt ungestraft
Kein Mann das nackte Schwert.

Iphigenie.

Entheiliget
Der Göttin Wohnung nicht durch Wuth und Mord.
Gebietet eurem Volke Stillstand, höret
Die Priesterin, die Schwester.

Orest.

Sage mir!
Wer ist es, der uns droht?

Iphigenie.

Verehr' in ihm
Den König, der mein zweiter Vater ward!
Verzeih mir, Bruder! doch mein kindlich Herz
Hat unser ganz Geschick in seine Hand
Gelegt. Gestanden hab' ich euern Anschlag
Und meine Seele vom Verrath gerettet.

Orest.

Will er die Rückkehr friedlich uns gewähren?

Iphigenie.

Dein blinkend Schwert verbietet mir die Antwort.

Orest (der das Schwert einsteckt).

So sprich! Du siehst, ich horche deinen Worten.

Fünfter Auftritt.

Die Vorigen.

Phylades. Bald nach ihm Arkas.

(Beide mit bloßen Schwertern.)

Pylades

Verweilet nicht! Die letzten Kräfte raffen
Die Unsrigen zusammen; weichend werden
Sie nach der See langsam zurückgedrängt.
Welch ein Gespräch der Fürsten find' ich hier!
Dieß ist des Königes verehrtes Haupt!

Arkas.

Gelassen, wie es dir, o König, ziemt,
Stehst du den Feinden gegenüber. Gleich
Ist die Verwegenheit bestraft; es weicht
Und fällt ihr Anhang, und ihr Schiff ist unser.
Ein Wort von dir, so steht's in Flammen.

Thoas.

Geh!
Gebiete Stillstand meinem Volke! keiner
Beschädige den Feind, so lang wir reden.

(Arkas ab.)

Orest.

Ich nehm' es an. Geh, sammle, treuer Freund,
Den Rest des Volkes; harret still, welch Ende
Die Götter unsern Thaten zubereiten.

(Pylades ab.)

Sechster Auftritt.

Iphigenie. Thoas. Orest.

Iphigenie.

Befreit von Sorge mich, eh' ihr zu sprechen
Beginnet. Ich befürchte bösen Zwist,
Wenn du, o König, nicht der Billigkeit
Gelinde Stimme hörest; du, mein Bruder,
Der raschen Jugend nicht gebieten willst.

Thoas.

Ich halte meinen Zorn, wie es dem Ältern
Geziemt, zurück. Antworte mir! Womit
Bezeugst du, daß du Agamemnons Sohn
Und Dieser Bruder bist?

Orest.

Hier ist das Schwert,
Mit dem er Troja's tapfre Männer schlug.
Dieß nahm ich seinem Mörder ab, und bat
Die Himmlischen, den Muth und Arm, das Glück
Des großen Königes mir zu verleihn,
Und einen schönern Tod mir zu gewähren.
Wähl' einen aus den Edeln deines Heers
Und stelle mir den Besten gegenüber.
So weit die Erde Heldensöhne nährt,
Ist keinem Fremdling dieß Gesuch verweigert.

Thoas.

Dieß Vorrecht hat die alte Sitte nie
Dem Fremden hier gestattet.

Orest.

So beginne
Die neue Sitte denn von dir und mir!
Nachahmend heiliget ein ganzes Volk
Die edle That der Herrscher zum Gesetz.
Und laß mich nicht allein für unsre Freiheit,
Laß mich, den Fremden für die Fremden, kämpfen.
Fall' ich, so ist ihr Urtheil mit dem meinen
Gesprochen: aber gönnet mir das Glück

Zu überwinden; so betrete nie
Ein Mann dieß Ufer, dem der schnelle Blick
Hülfreicher Liebe nicht begegnet, und
Getröstet scheide jeglicher hinweg!

Thoas.

Nicht unwerth scheinest du, o Jüngling, mir
Der Ahnherrn, deren du dich rühmst, zu sein.
Groß ist die Zahl der edeln tapfern Männer,
Die mich begleiten; doch ich stehe selbst
In meinen Jahren noch dem Feinde, bin
Bereit mit dir der Waffen Loos zu wagen.

Iphigenie.

Mit nichten! Dieses blutigen Beweises
Bedarf es nicht, o König! Laßt die Hand
Vom Schwerte! Denkt an mich und mein Geschick.
Der rasche Kampf verewigt einen Mann:
Er falle gleich, so preiset ihn das Lied.
Allein die Thränen, die unendlichen
Der überbliebnen, der verlass'nen Frau,
Zählt keine Nachwelt, und der Dichter schweigt
Von tausend durchgeweinten Tag- und Nächten,
Wo eine stille Seele den verlornen,
Rasch abgeschiednen Freund vergebens sich
Zurückzurufen bangt und sich verzehrt.
Mich selbst hat eine Sorge gleich gewarnt,
Daß der Betrug nicht eines Räubers mich
Vom sichern Schutzort reiße, mich der Knechtschaft
Verrathe. Fleißig hab' ich sie befragt,
Nach jedem Umstand mich erkundigt, Zeichen
Gefordert, und gewiß ist nun mein Herz.

Sieh hier an seiner rechten Hand das Mahl
Wie von drei Sternen, das am Tage schon,
Da er geboren ward, sich zeigte, das
Auf schwere That mit dieser Faust zu üben
Der Priester deutete. Dann überzeugt
Mich doppelt diese Schramme, die ihm hier
Die Augenbraune spaltet. Als ein Kind
Ließ ihn Elektra, rasch und unvorsichtig
Nach ihrer Art, aus ihren Armen stürzen.
Er schlug auf einen Dreifuß auf – Er ist's –
Soll ich dir noch die Ähnlichkeit des Vaters,
Soll ich das innre Jauchzen meines Herzens
Dir auch als Zeugen der Versichrung nennen?

Thoas.

Und hübe deine Rede jeden Zweifel
Und bändigt' ich den Zorn in meiner Brust:
So würden doch die Waffen zwischen uns
Entscheiden müssen; Frieden seh' ich nicht.
Sie sind gekommen, du bekennest selbst,
Das heil'ge Bild der Göttin mir zu rauben.
Glaubt ihr, ich sehe dieß gelassen an?
Der Grieche wendet oft sein lüstern Auge
Den fernen Schätzen der Barbaren zu,
Dem goldnen Felle, Pferden, schönen Töchtern;
Doch führte sie Gewalt und List nicht immer
Mit den erlangten Gütern glücklich heim.

Orest.

Das Bild, o König, soll uns nicht entzweien!
Jetzt kennen wir den Irrthum, den ein Gott
Wie einen Schleier um das Haupt uns legte,

Da er den Weg hierher uns wandern hieß.
Um Rath und um Befreiung bat ich ihn
Von dem Geleit der Furien; er sprach:
„Bringst du die Schwester, die an Tauris Ufer
Im Heiligthume wider Willen bleibt,
Nach Griechenland; so löset sich der Fluch."
Wir legten's von Apollens Schwester aus,
Und er gedachte *dich*! Die strengen Bande
Sind nun gelös't; du bist den Deinen wieder,
Du Heilige, geschenkt. Von dir berührt
War ich geheilt; in deinen Armen faßte
Das Übel mich mit allen seinen Klauen
Zum letztenmal, und schüttelte das Mark
Entsetzlich mir zusammen; dann entfloh's
Wie eine Schlange zu der Höhle. Neu
Genieß' ich nun durch dich das weite Licht
Des Tages. Schön und herrlich zeigt sich mir
Der Göttin Rath. Gleich einem heil'gen Bilde,
Daran der Stadt unwandelbar Geschick
Durch ein geheimes Götterwort gebannt ist,
Nahm sie dich weg, dich Schützerin des Hauses;
Bewahrte dich in einer heil'gen Stille
Zum Segen deines Bruders und der Deinen.
Da alle Rettung auf der weiten Erde
Verloren schien, gibst du uns alles wieder.
Laß deine Seele sich zum Frieden wenden,
O König! Hindre nicht, daß sie die Weihe
Des väterlichen Hauses nun vollbringe,
Mich der entsühnten Halle wiedergebe,
Mir auf das Haupt die alte Krone drücke!
Vergilt den Segen, den sie dir gebracht,
Und laß des nähern Rechtes mich genießen!

Gewalt und List, der Männer höchster Ruhm,
Wird durch die Wahrheit dieser hohen Seele
Beschämt, und reines kindliches Vertrauen
Zu einem edeln Manne wird belohnt.

Iphigenie.

Denk' an dein Wort, und laß durch diese Rede
Aus einem g'raden treuen Munde dich
Bewegen! Sieh uns an! Du hast nicht oft
Zu solcher edeln That Gelegenheit.
Versagen kannst du's nicht; gewähr' es bald!

Thoas.

So geht!

Iphigenie.

Nicht so, mein König! Ohne Segen,
In Widerwillen, scheid' ich nicht von dir.
Verbann' uns nicht! Ein freundlich Gastrecht walte
Von dir zu uns: so sind wir nicht auf ewig
Getrennt und abgeschieden. Werth und theuer,
Wie mir mein Vater war, so bist du's mir,
Und dieser Eindruck bleibt in meiner Seele.
Bringt der Geringste deines Volkes je
Den Ton der Stimme mir in's Ohr zurück,
Den ich an euch gewohnt zu hören bin,
Und seh' ich an dem Ärmsten eure Tracht;
Empfangen will ich ihn wie einen Gott,
Ich will ihm selbst ein Lager zubereiten,
Auf einen Stuhl ihn an das Feuer laden,
Und nur nach dir und deinem Schicksal fragen.
O geben dir die Götter deiner Thaten
Und deiner Milde wohlverdienten Lohn!

Leb' wohl! O wende dich zu uns und gib
Ein holdes Wort des Abschieds mir zurück!
Dann schwellt der Wind die Segel sanfter an,
Und Thränen fließen lindernder vom Auge
Des Scheidenden. Leb' wohl! und reiche mir
Zum Pfand der alten Freundschaft deine Rechte.

Thoas.

Lebt wohl!

Faust.

Eine Tragödie.

Zueignung.

Ihr naht euch wieder, schwankende Gestalten,
Die früh sich einst dem trüben Blick gezeigt.
Versuch' ich wohl euch dießmal fest zu halten?
Fühl' ich mein Herz noch jenem Wahn geneigt?
Ihr drängt euch zu! nun gut, so mögt ihr walten,
Wie ihr aus Dunst und Nebel um mich steigt;
Mein Busen fühlt sich jugendlich erschüttert
Vom Zauberhauch, der euren Zug umwittert.

Ihr bringt mit euch die Bilder froher Tage,
Und manche liebe Schatten steigen auf;
Gleich einer alten halbverklungnen Sage
Kommt erste Lieb' und Freundschaft mit herauf;
Der Schmerz wird neu, es wiederholt die Klage
Des Lebens labyrinthisch irren Lauf,
Und nennt die Guten, die, um schöne Stunden
Vom Glück getäuscht, vor mir hinweggeschwunden.

Sie hören nicht die folgenden Gesänge,
Die Seelen, denen ich die ersten sang;
Zerstoben ist das freundliche Gedränge,
Verklungen ach! der erste Widerklang.

Mein Leid ertönt der unbekannten Menge,
Ihr Beifall selbst macht meinem Herzen bang,
Und was sich sonst an meinem Lied erfreuet,
Wenn es noch lebt, irrt in der Welt zerstreuet.

Und mich ergreift ein längst entwöhntes Sehnen
Nach jenem stillen ernsten Geisterreich,
Es schwebet nun in unbestimmten Tönen
Mein lispelnd Lied, der Äolsharfe gleich,
Ein Schauer faßt mich, Thräne folgt den Thränen,
Das strenge Herz es fühlt sich mild und weich;
Was ich besitze seh' ich wie im Weiten,
Und was verschwand wird mir zu Wirklichkeiten.

Vorspiel

auf dem Theater.

Director, Theaterdichter, lustige Person.

Director.

Ihr beiden, die ihr mir so oft,
In Noth und Trübsal, beigestanden,
Sagt was ihr wohl in deutschen Landen
Von unsrer Unternehmung hofft?
Ich wünschte sehr der Menge zu behagen,
Besonders weil sie lebt und leben läßt.
Die Pfosten sind, die Breter aufgeschlagen,
Und jedermann erwartet sich ein Fest.
Sie sitzen schon mit hohen Augenbraunen
Gelassen da und möchten gern erstaunen.
Ich weiß wie man den Geist des Volks versöhnt;
Doch so verlegen bin ich nie gewesen;
Zwar sind sie an das Beste nicht gewöhnt,
Allein sie haben schrecklich viel gelesen.
Wie machen wir's, daß alles frisch und neu
Und mit Bedeutung auch gefällig sei?
Denn freilich mag ich gern die Menge sehen,
Wenn sich der Strom nach unsrer Bude drängt,
Und mit gewaltig wiederholten Wehen
Sich durch die enge Gnadenpforte zwängt,

Bei hellem Tage, schon vor Vieren,
Mit Stößen sich bis an die Casse ficht
Und, wie in Hungersnoth um Brot an Bäckerthüren,
Um ein Billet sich fast die Hälse bricht.
Dieß Wunder wirkt auf so verschiedne Leute
Der Dichter nur; mein Freund, o! thu' es heute!

Dichter.

O sprich mir nicht von jener bunten Menge,
Bei deren Anblick uns der Geist entflieht.
Verhülle mir das wogende Gedränge,
Das wider Willen uns zum Strudel zieht.
Nein, führe mich zur stillen Himmelsenge,
Wo nur dem Dichter reine Freude blüht;
Wo Lieb' und Freundschaft unsres Herzens Segen
Mit Götterhand erschaffen und erpflegen.

Ach! was in tiefer Brust uns da entsprungen,
Was sich die Lippe schüchtern vorgelallt,
Mißrathen jetzt und jetzt vielleicht gelungen,
Verschlingt des wilden Augenblicks Gewalt.
Oft wenn es erst durch Jahre durchgedrungen
Erscheint es in vollendeter Gestalt.
Was glänzt ist für den Augenblick geboren;
Das Echte bleibt der Nachwelt unverloren.

Lustige Person.

Wenn ich nur nichts von Nachwelt hören sollte;
Gesetzt daß *ich* von Nachwelt reden wollte,
Wer machte denn der Mitwelt Spaß?
Den will sie doch und soll ihn haben.
Die Gegenwart von einem braven Knaben

Ist, dächt' ich, immer auch schon was.
Wer sich behaglich mitzutheilen weiß,
Den wird des Volkes Laune nicht erbittern;
Er wünscht sich einen großen Kreis,
Um ihn gewisser zu erschüttern.
Drum seid nur brav und zeigt euch musterhaft,
Laßt Phantasie, mit allen ihren Chören,
Vernunft, Verstand, Empfindung, Leidenschaft,
Doch, merkt euch wohl! nicht ohne Narrheit hören.

Director.

Besonders aber laßt genug geschehn!
Man kommt zu schaun, man will am liebsten sehn.
Wird vieles vor den Augen abgesponnen,
So daß die Menge staunend gaffen kann,
Da habt ihr in der Breite gleich gewonnen,
Ihr seid ein vielgeliebter Mann.
Die Masse könnt ihr nur durch Masse zwingen,
Ein jeder sucht sich endlich selbst was aus.
Wer vieles bringt, wird manchem etwas bringen;
Und jeder geht zufrieden aus dem Haus.
Gebt ihr ein Stück, so gebt es gleich in Stücken!
Solch ein Ragout es muß euch glücken;
Leicht ist es vorgelegt, so leicht als ausgedacht.
Was hilft's, wenn ihr ein Ganzes dargebracht,
Das Publicum wird es euch doch zerpflücken.

Dichter.

Ihr fühlet nicht, wie schlecht ein solches Handwerk sei!
Wie wenig das dem echten Künstler zieme!
Der saubern Herren Pfuscherei
Ist, merk ich, schon bei euch Maxime.

Director.

Ein solcher Vorwurf läßt mich ungekränkt:
Ein Mann, der recht zu wirken denkt,
Muß auf das beste Werkzeug halten.
Bedenkt, ihr habet weiches Holz zu spalten,
Und seht nur hin für wen ihr schreibt!
Wenn diesen Langeweile treibt,
Kommt jener satt vom übertischten Mahle,
Und, was das allerschlimmste bleibt,
Gar mancher kommt vom Lesen der Journale.
Man eilt zerstreut zu uns, wie zu den Maskenfesten,
Und Neugier nur beflügelt jeden Schritt;
Die Damen geben sich und ihren Putz zum Besten
Und spielen ohne Gage mit.
Was träumet ihr auf eurer Dichter-Höhe?
Was macht ein volles Haus euch froh?
Beseht die Gönner in der Nähe!
Halb sind sie kalt, halb sind sie roh.
Der, nach dem Schauspiel, hofft ein Kartenspiel,
Der eine wilde Nacht an einer Dirne Busen.
Was plagt ihr armen Thoren viel,
Zu solchem Zweck, die holden Musen?
Ich sag' euch, gebt nur mehr, und immer, immer mehr,
So könnt ihr euch vom Ziele nie verirren,
Sucht nur die Menschen zu verwirren,
Sie zu befriedigen ist schwer – –
Was fällt euch an? Entzückung oder Schmerzen?

Dichter.

Geh hin und such' dir einen andern Knecht!
Der Dichter sollte wohl das höchste Recht,

Das Menschenrecht, das ihm Natur vergönnt,
Um deinetwillen freventlich verscherzen!
Wodurch bewegt er alle Herzen?
Wodurch besiegt er jedes Element?
Ist es der Einklang nicht, der aus dem Busen dringt,
Und in sein Herz die Welt zurücke schlingt?
Wenn die Natur des Fadens ew'ge Länge,
Gleichgültig drehend, auf die Spindel zwingt,
Wenn aller Wesen unharmon'sche Menge
Verdrießlich durch einander klingt;
Wer theilt die fließend immer gleiche Reihe
Belebend ab, daß sie sich rhythmisch regt?
Wer ruft das Einzelne zur allgemeinen Weihe,
Wo es in herrlichen Accorden schlägt?
Wer läßt den Sturm zu Leidenschaften wüthen?
Das Abendroth im ernsten Sinne glühn?
Wer schüttet alle schönen Frühlingsblüthen
Auf der Geliebten Pfade hin?
Wer flicht die unbedeutend grünen Blätter
Zum Ehrenkranz Verdiensten jeder Art?
Wer sichert den Olymp, vereinet Götter?
Des Menschen Kraft im Dichter offenbart.

Lustige Person.

So braucht sie denn die schönen Kräfte
Und treibt die dichtrischen Geschäfte,
Wie man ein Liebesabenteuer treibt.
Zufällig naht man sich, man fühlt, man bleibt
Und nach und nach wird man verflochten;
Es wächs't das Glück, dann wird es angefochten,
Man ist entzückt, nun kommt der Schmerz heran,
Und eh' man sich's versieht, ist's eben ein Roman.

Laßt uns auch so ein Schauspiel geben!
Greift nur hinein in's volle Menschenleben!
Ein jeder lebt's, nicht vielen ist's bekannt,
Und wo ihr's packt, da ist's interessant.
In bunten Bildern wenig Klarheit,
Viel Irrthum und ein Fünkchen Wahrheit,
So wird der beste Trank gebraut,
Der alle Welt erquickt und auferbaut.
Dann sammelt sich der Jugend schönste Blüthe
Vor eurem Spiel und lauscht der Offenbarung,
Dann sauget jedes zärtliche Gemüthe
Aus eurem Werk sich melanchol'sche Nahrung,
Dann wird bald dieß bald jenes aufgeregt,
Ein jeder sieht was er im Herzen trägt.
Noch sind sie gleich bereit zu weinen und zu lachen,
Sie ehren noch den Schwung, erfreuen sich am Schein;
Wer fertig ist, dem ist nichts recht zu machen;
Ein Werdender wird immer dankbar sein.

Dichter.

So gib mir auch die Zeiten wieder,
Da ich noch selbst im Werden war,
Da sich ein Quell gedrängter Lieder
Ununterbrochen neu gebar,
Da Nebel mir die Welt verhüllten,
Die Knospe Wunder noch versprach,
Da ich die tausend Blumen brach,
Die alle Thäler reichlich füllten.
Ich hatte nichts und doch genug,
Den Drang nach Wahrheit und die Lust am Trug.
Gib ungebändigt jene Triebe,
Das tiefe schmerzenvolle Glück,

Des Hasses Kraft, die Macht der Liebe,
Gib meine Jugend mir zurück!

Lustige Person.

Der Jugend, guter Freund, bedarfst du allenfalls,
Wenn dich in Schlachten Feinde drängen,
Wenn mit Gewalt an deinen Hals
Sich allerliebste Mädchen hängen,
Wenn fern des schnellen Laufes Kranz
Vom schwer erreichten Ziele winket,
Wenn nach dem heft'gen Wirbeltanz
Die Nächte schmausend man vertrinket.
Doch in's bekannte Saitenspiel
Mit Muth und Anmuth einzugreifen,
Nach einem selbstgesteckten Ziel
Mit holdem Irren hinzuschweifen,
Das, alte Herrn, ist eure Pflicht,
Und wir verehren euch darum nicht minder.
Das Alter macht nicht kindisch, wie man spricht,
Es findet uns nur noch als wahre Kinder.

Director.

Der Worte sind genug gewechselt,
Laßt mich auch endlich Thaten sehn;
Indeß ihr Complimente drechselt,
Kann etwas Nützliches geschehn.
Was hilft es viel von Stimmung reden?
Dem Zaudernden erscheint sie nie.
Gebt ihr euch einmal für Poeten,
So commandirt die Poesie.
Euch ist bekannt, was wir bedürfen,
Wir wollen stark Getränke schlürfen;

Nun braut mir unverzüglich dran!
Was heute nicht geschieht, ist morgen nicht gethan,
Und keinen Tag soll man verpassen,
Das Mögliche soll der Entschluß
Beherzt sogleich bei'm Schopfe fassen,
Er will es dann nicht fahren lassen,
Und wirket weiter, weil er muß.

Ihr wißt auf unsern deutschen Bühnen
Probirt ein jeder was er mag;
Drum schonet mir an diesem Tag
Prospecte nicht und nicht Maschinen.
Gebraucht das groß' und kleine Himmelslicht,
Die Sterne dürfet ihr verschwenden;
An Wasser, Feuer, Felsenwänden,
An Thier und Vögeln fehlt es nicht.
So schreitet in dem engen Breterhaus
Den ganzen Kreis der Schöpfung aus,
Und wandelt mit bedächt'ger Schnelle
Vom Himmel durch die Welt zur Hölle.

Prolog

im Himmel.

Der Herr,
die himmlischen Heerschaaren,
nachher Mephistopheles.

Die drei Erzengel treten vor.

Raphael.

Die Sonne tönt nach alter Weise
In Brudersphären Wettgesang,
Und ihre vorgeschriebne Reise
Vollendet sie mit Donnergang.
Ihr Anblick gibt den Engeln Stärke,
Wenn keiner sie ergründen mag;
Die unbegreiflich hohen Werke
Sind herrlich wie am ersten Tag.

Gabriel.

Und schnell und unbegreiflich schnelle
Dreht sich umher der Erde Pracht;
Es wechselt Paradieses-Helle
Mit tiefer schauervoller Nacht;
Es schäumt das Meer in breiten Flüssen
Am tiefen Grund der Felsen auf,
Und Fels und Meer wird fortgerissen
In ewig schnellem Sphärenlauf.

Michael.

Und Stürme brausen um die Wette,
Vom Meer auf's Land, vom Land auf's Meer,
Und bilden wüthend eine Kette
Der tiefsten Wirkung rings umher.
Da flammt ein blitzendes Verheeren
Dem Pfade vor des Donnerschlags;
Doch deine Boten, Herr, verehren
Das sanfte Wandeln deines Tags.

Zu Drei.

Der Anblick gibt den Engeln Stärke
Da keiner dich ergründen mag,
Und alle deine hohen Werke
Sind herrlich wie am ersten Tag.

Mephistopheles.

Da du, o Herr, dich einmal wieder nahst
Und fragst wie alles sich bei uns befinde,
Und du mich sonst gewöhnlich gerne sahst,
So siehst du mich auch unter dem Gesinde.
Verzeih, ich kann nicht hohe Worte machen,
Und wenn mich auch der ganze Kreis verhöhnt;
Mein Pathos brächte dich gewiß zum Lachen,
Hätt'st du dir nicht das Lachen abgewöhnt.
Von Sonn- und Welten weiß ich nichts zu sagen,
Ich sehe nur wie sich die Menschen plagen.
Der kleine Gott der Welt bleibt stets von gleichem Schlag,
Und ist so wunderlich als wie am ersten Tag.
Ein wenig besser würd' er leben,
Hätt'st du ihm nicht den Schein des Himmelslichts
gegeben;

Er nennt's Vernunft und braucht's allein,
Nur thierischer als jedes Thier zu sein.
Er scheint mir, mit Verlaub von Ew. Gnaden,
Wie eine der langbeinigen Cicaden,
Die immer fliegt und fliegend springt
Und gleich im Gras ihr altes Liedchen singt;
Und läg' er nur noch immer in dem Grase!
In jeden Quark begräbt er seine Nase.

Der Herr.

Hast du mir weiter nichts zu sagen?
Kommst du nur immer anzuklagen?
Ist auf der Erde ewig dir nichts recht?

Mephistopheles.

Nein Herr! ich find' es dort, wie immer, herzlich schlecht.
Die Menschen dauern mich in ihren Jammertagen,
Ich mag sogar die armen selbst nicht plagen.

Der Herr.

Kennst du den Faust?

Mephistopheles.

Den Doctor?

Der Herr.

Meinen Knecht!

Mephistopheles.

Fürwahr! er dient euch auf besondre Weise.
Nicht irdisch ist des Thoren Trank noch Speise.
Ihn treibt die Gährung in die Ferne,
Er ist sich seiner Tollheit halb bewußt;
Vom Himmel fordert er die schönsten Sterne,
Und von der Erde jede höchste Lust,

Und alle Näh und alle Ferne
Befriedigt nicht die tiefbewegte Brust.

Der Herr.

Wenn er mir jetzt auch nur verworren dient,
So werd' ich ihn bald in die Klarheit führen.
Weiß doch der Gärtner, wenn das Bäumchen grünt,
Daß Blüth' und Frucht die künft'gen Jahre zieren.

Mephistopheles.

Was wettet ihr? den sollt ihr noch verlieren,
Wenn ihr mir die Erlaubniß gebt
Ihn meine Straße sacht zu führen!

Der Herr.

So lang er auf der Erde lebt,
So lange sei dir's nicht verboten.
Es irrt der Mensch so lang er strebt.

Mephistopheles.

Da dank' ich euch; denn mit den Todten
Hab' ich mich niemals gern befangen.
Am meisten lieb' ich mir die vollen frischen Wangen.
Für einen Leichnam bin ich nicht zu Haus;
Mir geht es wie der Katze mit der Maus.

Der Herr.

Nun gut, es sei dir überlassen!
Zieh diesen Geist von seinem Urquell ab,
Und führ' ihn, kannst du ihn erfassen,
Auf deinem Wege mit herab,
Und steh beschämt, wenn du bekennen mußt:
Ein guter Mensch in seinem dunklen Drange
Ist sich des rechten Weges wohl bewußt.

Mephistopheles.

Schon gut! nur dauert es nicht lange.
Mir ist für meine Wette gar nicht bange.
Wenn ich zu meinem Zweck gelange,
Erlaubt ihr mir Triumph aus voller Brust.
Staub soll er fressen, und mit Lust,
Wie meine Muhme, die berühmte Schlange.

Der Herr.

Du darfst auch da nur frei erscheinen;
Ich habe Deinesgleichen nie gehaßt.
Von allen Geistern die verneinen
Ist mir der Schalk am wenigsten zur Last.
Des Menschen Thätigkeit kann allzuleicht erschlaffen,
Er liebt sich bald die unbedingte Ruh;
Drum geb' ich gern ihm den Gesellen zu,
Der reizt und wirkt und muß als Teufel schaffen.
Doch ihr, die echten Göttersöhne,
Erfreut euch der lebendig reichen Schöne!
Das Werdende, das ewig wirkt und lebt,
Umfass' euch mit der Liebe holden Schranken,
Und was in schwankender Erscheinung schwebt,
Befestiget mit dauernden Gedanken.

Der Himmel schließt, die Erzengel vertheilen sich.

Mephistopheles allein.

Von Zeit zu Zeit seh' ich den Alten gern,
Und hüte mich mit ihm zu brechen.
Es ist gar hübsch von einem großen Herrn,
So menschlich mit dem Teufel selbst zu sprechen.

Der

Tragödie

Erster Theil.

Nacht.

In einem hochgewölbten engen gothischen Zimmer Faust unruhig auf seinem Sessel am Pulte.

Faust.

Habe nun, ach! Philosophie,
Juristerei und Medicin,
Und leider auch Theologie!
Durchaus studirt, mit heißem Bemühn.
Da steh' ich nun, ich armer Thor!
Und bin so klug als wie zuvor;
Heiße Magister, heiße Doctor gar,
Und ziehe schon an die zehen Jahr,
Herauf, herab und quer und krumm,
Meine Schüler an der Nase herum –
Und sehe, daß wir nichts wissen können!
Das will mir schier das Herz verbrennen.
Zwar bin ich gescheidter als alle die Laffen,
Doctoren, Magister, Schreiber und Pfaffen;
Mich plagen keine Scrupel noch Zweifel,
Fürchte mich weder vor Hölle noch Teufel –
Dafür ist mir auch alle Freud' entrissen,
Bilde mir nicht ein was Rechts zu wissen,
Bilde mir nicht ein ich könnte was lehren
Die Menschen zu bessern und zu bekehren.

Auch hab' ich weder Gut noch Geld,
Noch Ehr' und Herrlichkeit der Welt;
Es möchte kein Hund so länger leben!
Drum hab' ich mich der Magie ergeben,
Ob mir durch Geistes Kraft und Mund
Nicht manch Geheimniß würde kund;
Daß ich nicht mehr, mit sauerm Schweiß,
Zu sagen brauche was ich nicht weiß;
Daß ich erkenne was die Welt
Im Innersten zusammenhält,
Schau' alle Wirkenskraft und Samen,
Und thu' nicht mehr in Worten kramen.

Oh sähst du, voller Mondenschein,
Zum letztenmal auf meine Pein,
Den ich so manche Mitternacht
An diesem Pult herangewacht:
Dann, über Büchern und Papier,
Trübsel'ger Freund, erschienst du mir!
Ach! könnt' ich doch auf Berges-Höhn
In deinem lieben Lichte gehn,
Um Bergeshöhle mit Geistern schweben,
Auf Wiesen in deinem Dämmer weben,
Von allem Wissensqualm entladen
In deinem Thau gesund mich baden!

Weh! steck' ich in dem Kerker noch?
Verfluchtes dumpfes Mauerloch,
Wo selbst das liebe Himmelslicht
Trüb durch gemahlte Scheiben bricht!
Beschränkt von diesem Bücherhauf,
Den Würme nagen, Staub bedeckt,
Den, bis an's hohe Gewölb' hinauf,

Ein angeraucht Papier umsteckt;
Mit Gläsern, Büchsen rings umstellt,
Mit Instrumenten vollgepfropft,
Urväter Hausrath drein gestopft –
Das ist deine Welt! das heißt eine Welt!

Und fragst du noch, warum dein Herz
Sich bang in deinem Busen klemmt?
Warum ein unerklärter Schmerz
Dir alle Lebensregung hemmt?
Statt der lebendigen Natur,
Da Gott die Menschen schuf hinein,
Umgibt in Rauch und Moder nur
Dich Thiergeripp' und Todtenbein.

Flieh! Auf! Hinaus in's weite Land!
Und dieß geheimnißvolle Buch,
Von Nostradamus eigner Hand,
Ist dir es nicht Geleit genug?
Erkennest dann der Sterne Lauf,
Und wenn Natur dich unterweis't,
Dann geht die Seelenkraft dir auf,
Wie spricht ein Geist zum andern Geist.
Umsonst, daß trocknes Sinnen hier
Die heil'gen Zeichen dir erklärt.
Ihr schwebt, ihr Geister, neben mir;
Antwortet mir, wenn ihr mich hört!

Er schlägt das Buch auf und erblickt das Zeichen des Makrokosmus.

Ha! welche Wonne fließt in diesem Blick
Auf einmal mir durch alle meine Sinnen!
Ich fühle junges heil'ges Lebensglück
Neuglühend mir durch Nerv' und Adern rinnen.

War es ein Gott, der diese Zeichen schrieb,
Die mir das innre Toben stillen,
Das arme Herz mit Freude füllen,
Und mit geheimnißvollem Trieb
Die Kräfte der Natur rings um mich her enthüllen?
Bin ich ein Gott? Mir wird so licht!
Ich schau' in diesen reinen Zügen
Die wirkende Natur vor meiner Seele liegen.
Jetzt erst erkenn' ich was der Weise spricht:
„Die Geisterwelt ist nicht verschlossen;
„Dein Sinn ist zu, dein Herz ist todt!
„Auf, bade, Schüler, unverdrossen
„Die ird'sche Brust im Morgenroth!"

Er beschaut das Zeichen.

Wie alles sich zum Ganzen webt,
Eins in dem andern wirkt und lebt!
Wie Himmelskräfte auf und nieder steigen
Und sich die goldnen Eimer reichen!
Mit segenduftenden Schwingen
Vom Himmel durch die Erde dringen,
Harmonisch all' das All durchklingen!

Welch Schauspiel! aber ach! ein Schauspiel nur!
Wo fass' ich dich, unendliche Natur?
Euch Brüste, wo? Ihr Quellen alles Lebens,
An denen Himmel und Erde hängt,
Dahin die welke Brust sich drängt –
Ihr quellt, ihr tränkt, und schmacht' ich so vergebens?

Er schlägt unwillig das Buch um und erblickt das Zeichen des Erdgeistes.

Wie anders wirkt dieß Zeichen auf mich ein!
Du, Geist der Erde, bist mir näher;

Schon fühl' ich meine Kräfte höher,
Schon glüh' ich wie von neuem Wein,
Ich fühle Muth mich in die Welt zu wagen,
Der Erde Weh, der Erde Glück zu tragen,
Mit Stürmen mich herumzuschlagen,
Und in des Schiffbruchs Knirschen nicht zu zagen.
Es wölkt sich über mir –
Der Mond verbirgt sein Licht –
Die Lampe schwindet!
Es dampft! – Es zucken rothe Strahlen
Mir um das Haupt – Es weht
Ein Schauer vom Gewölb' herab
Und faßt mich an!
Ich fühl's, du schwebst um mich, erflehter Geist.
Enthülle dich!
Ha! wie's in meinem Herzen reißt!
Zu neuen Gefühlen
All' meine Sinnen sich erwühlen!
Ich fühle ganz mein Herz dir hingegeben!
Du mußt! du mußt! und kostet' es mein Leben!

Er faßt das Buch und spricht das Zeichen des Geistes geheimnißvoll aus. Es zuckt eine röthliche Flamme, der Geist erscheint in der Flamme.

Geist.

Wer ruft mir?

Faust abgewendet.

Schreckliches Gesicht!

Geist.

Du hast mich mächtig angezogen,
An meiner Sphäre lang gesogen,
Und nun –

Faust.

Weh! ich ertrag' dich nicht!

Geist.

Du flehst erathmend mich zu schauen,
Meine Stimme zu hören, mein Antlitz zu sehn;
Mich neigt dein mächtig Seelenflehn,
Da bin ich! – Welch erbärmlich Grauen
Faßt Übermenschen dich! Wo ist der Seele Ruf?
Wo ist die Brust, die eine Welt in sich erschuf,
Und trug und hegte, die mit Freudebeben
Erschwoll, sich uns, den Geistern, gleich zu heben?
Wo bist du, Faust, deß Stimme mir erklang,
Der sich an mich mit allen Kräften drang?
Bist *du* es, der, von meinem Hauch umwittert,
In allen Lebenstiefen zittert,
Ein furchtsam weggekrümmter Wurm?

Faust.

Soll ich dir, Flammenbildung, weichen?
Ich bin's, bin Faust, bin Deinesgleichen!

Geist.

In Lebensfluthen, im Thatensturm
Wall' ich auf und ab,
Wehe hin und her!
Geburt und Grab,
Ein ewiges Meer,
Ein wechselnd Weben,
Ein glühend Leben,
So schaff' ich am sausenden Webstuhl der Zeit,
Und wirke der Gottheit lebendiges Kleid.

Faust.

Der du die weite Welt umschweifst,
Geschäftiger Geist, wie nah fühl' ich mich dir!

Geist.

Du gleichst dem Geist den du begreifst,
Nicht mir!

Verschwindet.

Faust zusammenstürzend.

Nicht dir?
Wem denn?
Ich Ebenbild der Gottheit!
Und nicht einmal dir!

Es klopft.

O Tod! ich kenn's – das ist mein Famulus –
Es wird mein schönstes Glück zu nichte!
Daß diese Fülle der Gesichte
Der trockne Schleicher stören muß!

Wagner im Schlafrocke und der Nachtmütze, eine Lampe in der Hand. Faust wendet sich unwillig.

Wagner.

Verzeiht! ich hör' euch declamiren;
Ihr las't gewiß ein griechisch Trauerspiel?
In dieser Kunst möcht' ich was profitiren,
Denn heut zu Tage wirkt das viel.
Ich hab' es öfters rühmen hören,
Ein Komödiant könnt' einen Pfarrer lehren.

Faust.

Ja, wenn der Pfarrer ein Komödiant ist;
Wie das denn wohl zu Zeiten kommen mag.

Wagner.

Ach! wenn man so in sein Museum gebannt ist,
Und sieht die Welt kaum einen Feiertag,
Kaum durch ein Fernglas, nur von weiten,
Wie soll man sie durch Überredung leiten?

Faust.

Wenn ihr's nicht fühlt, ihr werdet's nicht erjagen,
Wenn es nicht aus der Seele dringt,
Und mit urkräftigem Behagen
Die Herzen aller Hörer zwingt.
Sitzt ihr nur immer! Leimt zusammen,
Braut ein Ragout von andrer Schmaus,
Und blas't die kümmerlichen Flammen
Aus eurem Aschenhäufchen h'raus!
Bewundrung von Kindern und Affen,
Wenn euch darnach der Gaumen steht;
Doch werdet ihr nie Herz zu Herzen schaffen,
Wenn es euch nicht von Herzen geht.

Wagner.

Allein der Vortrag macht des Redners Glück;
Ich fühl' es wohl noch bin ich weit zurück.

Faust.

Such' Er den redlichen Gewinn!
Sei Er kein schellenlauter Thor!
Es trägt Verstand und rechter Sinn
Mit wenig Kunst sich selber vor;
Und wenn's euch Ernst ist was zu sagen,
Ist's nöthig Worten nachzujagen?
Ja, eure Reden, die so blinkend sind,
In denen ihr der Menschheit Schnitzel kräuselt,

Sind unerquicklich wie der Nebelwind,
Der herbstlich durch die dürren Blätter säuselt!

Wagner.

Ach Gott! die Kunst ist lang!
Und kurz ist unser Leben.
Mir wird, bei meinem kritischen Bestreben,
Doch oft um Kopf und Busen bang.
Wie schwer sind nicht die Mittel zu erwerben,
Durch die man zu den Quellen steigt!
Und eh' man nur den halben Weg erreicht,
Muß wohl ein armer Teufel sterben.

Faust.

Das Pergament ist das der heil'ge Bronnen,
Woraus ein Trunk den Durst auf ewig stillt?
Erquickung hast du nicht gewonnen,
Wenn sie dir nicht aus eigner Seele quillt.

Wagner.

Verzeiht! es ist ein groß Ergetzen
Sich in den Geist der Zeiten zu versetzen,
Zu schauen wie vor uns ein weiser Mann gedacht,
Und wie wir's dann zuletzt so herrlich weit gebracht.

Faust.

O ja, bis an die Sterne weit!
Mein Freund, die Zeiten der Vergangenheit
Sind uns ein Buch mit sieben Siegeln;
Was ihr den Geist der Zeiten heißt,
Das ist im Grund der Herren eigner Geist,
In dem die Zeiten sich bespiegeln.
Da ist's denn wahrlich oft ein Jammer!

Man läuft euch bei dem ersten Blick davon.
Ein Kehrichtfaß und eine Rumpelkammer,
Und höchstens eine Haupt- und Staatsaction
Mit trefflichen pragmatischen Maximen,
Wie sie den Puppen wohl im Munde ziemen!

Wagner.

Allein die Welt! des Menschen Herz und Geist!
Möcht' jeglicher doch was davon erkennen.

Faust.

Ja was man so erkennen heißt!
Wer darf das Kind bei'm rechten Namen nennen?
Die wenigen, die was davon erkannt,
Die thöricht g'nug ihr volles Herz nicht wahrten,
Dem Pöbel ihr Gefühl, ihr Schauen offenbarten,
Hat man von je gekreuzigt und verbrannt.
Ich bitt' euch, Freund, es ist tief in der Nacht,
Wir müssen's dießmal unterbrechen.

Wagner.

Ich hätte gern nur immer fortgewacht,
Um so gelehrt mit euch mich zu besprechen.
Doch morgen, als am ersten Ostertage,
Erlaubt mir ein' und andre Frage.
Mit Eifer hab' ich mich der Studien beflissen;
Zwar weiß ich viel, doch möcht' ich alles wissen.

Ab.

Faust allein.

Wie nur dem Kopf nicht alle Hoffnung schwindet,
Der immerfort an schalem Zeuge klebt,
Mit gier'ger Hand nach Schätzen gräbt,
Und froh ist wenn er Regenwürmer findet!

Darf eine solche Menschenstimme hier,
Wo Geisterfülle mich umgab, ertönen?
Doch ach! für dießmal dank' ich dir,
Dem ärmlichsten von allen Erdensöhnen.
Du rissest mich von der Verzweiflung los,
Die mir die Sinne schon zerstören wollte.
Ach! die Erscheinung war so riesengroß,
Daß ich mich recht als Zwerg empfinden sollte.

Ich, Ebenbild der Gottheit, das sich schon
Ganz nah gedünkt dem Spiegel ew'ger Wahrheit,
Sein selbst genoß in Himmelsglanz und Klarheit,
Und abgestreift den Erdensohn;
Ich, mehr als Cherub, dessen freie Kraft
Schon durch die Adern der Natur zu fließen
Und, schaffend, Götterleben zu genießen
Sich ahnungsvoll vermaß, wie muß ich's büßen!
Ein Donnerwort hat mich hinweggerafft.

Nicht darf ich dir zu gleichen mich vermessen!
Hab' ich die Kraft dich anzuziehn besessen,
So hatt' ich dich zu halten keine Kraft.
In jenem sel'gen Augenblicke
Ich fühlte mich so klein, so groß;
Du stießest grausam mich zurücke,
In's ungewisse Menschenloos.
Wer lehret mich? was soll ich meiden?
Soll ich gehorchen jenem Drang?
Ach! unsre Thaten selbst, so gut als unsre Leiden,
Sie hemmen unsres Lebens Gang.

Dem Herrlichsten, was auch der Geist empfangen,
Drängt immer fremd und fremder Stoff sich an;

Wenn wir zum Guten dieser Welt gelangen,
Dann heißt das Bess're Trug und Wahn.
Die uns das Leben gaben, herrliche Gefühle,
Erstarren in dem irdischen Gewühle.

Wenn Phantasie sich sonst mit kühnem Flug
Und hoffnungsvoll zum Ewigen erweitert,
So ist ein kleiner Raum ihr nun genug,
Wenn Glück auf Glück im Zeitenstrudel scheitert.
Die Sorge nistet gleich im tiefen Herzen,
Dort wirket sie geheime Schmerzen,
Unruhig wiegt sie sich und störet Lust und Ruh;
Sie deckt sich stets mit neuen Masken zu,
Sie mag als Haus und Hof, als Weib und Kind erscheinen,
Als Feuer, Wasser, Dolch und Gift;
Du bebst vor allem was nicht trifft,
Und was du nie verlierst das mußt du stets beweinen.

Den Göttern gleich' ich nicht! Zu tief ist es gefühlt;
Dem Wurme gleich' ich, der den Staub durchwühlt;
Den, wie er sich im Staube nährend lebt,
Des Wandrers Tritt vernichtet und begräbt.

Ist es nicht Staub was diese hohe Wand,
Aus hundert Fächern, mir verenget;
Der Trödel, der mit tausendfachem Tand
In dieser Mottenwelt mich dränget?
Hier soll ich finden was mir fehlt?
Soll ich vielleicht in tausend Büchern lesen,
Daß überall die Menschen sich gequält,
Daß hie und da ein Glücklicher gewesen? –
Was grinsest du mir hohler Schädel her?

Als daß dein Hirn wie meines einst verwirret
Den leichten Tag gesucht und in der Dämmrung schwer,
Mit Lust nach Wahrheit, jämmerlich geirret.
Ihr Instrumente freilich spottet mein,
Mit Rad und Kämmen, Walz' und Bügel:
Ich stand am Thor, ihr solltet Schlüssel sein;
Zwar euer Bart ist kraus, doch hebt ihr nicht die Riegel.
Geheimnißvoll am lichten Tag
Läßt sich Natur des Schleiers nicht berauben,
Und was sie deinem Geist nicht offenbaren mag,
Das zwingst du ihr nicht ab mit Hebeln und mit Schrauben.
Du alt Geräthe das ich nicht gebraucht,
Du stehst nur hier, weil dich mein Vater brauchte.
Du alte Rolle, du wirst angeraucht,
So lang an diesem Pult die trübe Lampe schmauchte.
Weit besser hätt' ich doch mein Weniges verpraßt,
Als mit dem Wenigen belastet hier zu schwitzen!
Was du ererbt von deinen Vätern hast
Erwirb es um es zu besitzen.
Was man nicht nützt ist eine schwere Last;
Nur was der Augenblick erschafft das kann er nützen.

Doch warum heftet sich mein Blick auf jene Stelle?
Ist jenes Fläschchen dort den Augen ein Magnet?
Warum wird mir auf einmal lieblich helle,
Als wenn im nächt'gen Wald uns Mondenglanz umweht?

Ich grüße dich, du einzige Phiole!
Die ich mit Andacht nun herunterhole,
In dir verehr' ich Menschenwitz und Kunst.
Du Inbegriff der holden Schlummersäfte,
Du Auszug aller tödtlich feinen Kräfte,

Erweise deinem Meister deine Gunst!
Ich sehe dich, es wird der Schmerz gelindert,
Ich fasse dich, das Streben wird gemindert,
Des Geistes Fluthstrom ebbet nach und nach.
In's hohe Meer werd' ich hinausgewiesen,
Die Spiegelfluth erglänzt zu meinen Füßen,
Zu neuen Ufern lockt ein neuer Tag.

Ein Feuerwagen schwebt, auf leichten Schwingen,
An mich heran! Ich fühle mich bereit
Auf neuer Bahn den Äther zu durchdringen,
Zu neuen Sphären reiner Thätigkeit.
Dieß hohe Leben, diese Götterwonne!
Du, erst noch Wurm, und die verdienest du?
Ja, kehre nur der holden Erdensonne
Entschlossen deinen Rücken zu!
Vermesse dich die Pforten aufzureißen,
Vor denen jeder gern vorüber schleicht.
Hier ist es Zeit durch Thaten zu beweisen,
Daß Manneswürde nicht der Götterhöhe weicht,
Vor jener dunkeln Höhle nicht zu beben,
In der sich Phantasie zu eigner Qual verdammt,
Nach jenem Durchgang hinzustreben,
Um dessen engen Mund die ganze Hölle flammt;
Zu diesem Schritt sich heiter zu entschließen
Und, wär' es mit Gefahr, in's Nichts dahin zu fließen.

Nun komm herab, krystallne reine Schale!
Hervor aus deinem alten Futterale,
An die ich viele Jahre nicht gedacht!
Du glänztest bei der Väter Freudenfeste,
Erheitertest die ernsten Gäste,

Wenn einer dich dem andern zugebracht.
Der vielen Bilder künstlich reiche Pracht,
Des Trinkers Pflicht, sie reimweis zu erklären,
Auf Einen Zug die Höhlung auszuleeren,
Erinnert mich an manche Jugend-Nacht;
Ich werde jetzt dich keinem Nachbar reichen,
Ich werde meinen Witz an deiner Kunst nicht zeigen;
Hier ist ein Saft, der eilig trunken macht.
Mit brauner Fluth erfüllt er deine Höhle.
Den ich bereitet, den ich wähle,
Der letzte Trunk sei nun, mit ganzer Seele,
Als festlich hoher Gruß, dem Morgen zugebracht!

Er setzt die Schale an den Mund.

Glockenklang und Chorgesang.

Chor der Engel.

Christ ist erstanden!
Freude dem Sterblichen,
Den die verderblichen,
Schleichenden, erblichen
Mängel umwanden.

Faust.

Welch tiefes Summen, welch ein heller Ton,
Zieht mit Gewalt das Glas von meinem Munde?
Verkündiget ihr dumpfen Glocken schon
Des Osterfestes erste Feierstunde?
Ihr Chöre singt ihr schon den tröstlichen Gesang,
Der einst, um Grabes Nacht, von Engelslippen klang,
Gewißheit einem neuen Bunde?

Chor der Weiber.

Mit Specereien
Hatten wir ihn gepflegt,
Wir seine Treuen
Hatten ihn hingelegt;
Tücher und Binden
Reinlich umwanden wir,
Ach! und wir finden
Christ nicht mehr hier.

Chor der Engel.

Christ ist erstanden!
Selig der Liebende,
Der die betrübende,
Heilsam' und übende
Prüfung bestanden.

Faust.

Was sucht ihr mächtig und gelind,
Ihr Himmelstöne, mich am Staube?
Klingt dort umher, wo weiche Menschen sind.
Die Botschaft hör' ich wohl, allein mir fehlt der Glaube;
Das Wunder ist des Glaubens liebstes Kind.
Zu jenen Sphären wag' ich nicht zu streben,
Woher die holde Nachricht tönt;
Und doch, an diesen Klang von Jugend auf gewöhnt,
Ruft er auch jetzt zurück mich in das Leben.
Sonst stürzte sich der Himmels-Liebe Kuß
Auf mich herab, in ernster Sabbathstille;
Da klang so ahnungsvoll des Glockentones Fülle,
Und ein Gebet war brünstiger Genuß;

Ein unbegreiflich holdes Sehnen
Trieb mich durch Wald und Wiesen hinzugehn,
Und unter tausend heißen Thränen
Fühlt' ich mir eine Welt entstehn.
Dieß Lied verkündete der Jugend muntre Spiele,
Der Frühlingsfeier freies Glück;
Erinnrung hält mich nun mit kindlichem Gefühle
Vom letzten ernsten Schritt zurück.
O tönet fort ihr süßen Himmelslieder!
Die Thräne quillt, die Erde hat mich wieder!

Chor der Jünger.

Hat der Begrabene
Schon sich nach oben,
Lebend Erhabene,
Herrlich erhoben;
Ist er in Werdelust
Schaffender Freude nah;
Ach! an der Erde Brust
Sind wir zum Leide da.
Ließ er die Seinen
Schmachtend uns hier zurück;
Ach! wir beweinen
Meister dein Glück!

Chor der Engel.

Christ ist erstanden,
Aus der Verwesung Schoos;
Reißet von Banden
Freudig euch los!
Thätig ihn preisenden,
Liebe beweisenden,

Brüderlich speisenden,
Predigend reisenden,
Wonne verheißenden
Euch ist der Meister nah,
Euch ist er da!

Vor dem Thor.

Spaziergänger aller Art
ziehen hinaus.

Einige Handwerksbursche.
Warum denn dort hinaus?

Andre.
Wir gehn hinaus auf's Jägerhaus.

Die ersten.
Wir aber wollen nach der Mühle wandern.

Ein Handwerksbursch.
Ich rath' euch nach dem Wasserhof zu gehn.

Zweiter.
Der Weg dahin ist gar nicht schön.

Die zweiten.
Was thust denn du?

Ein dritter.
Ich gehe mit den andern.

Vierter.
Nach Burgdorf kommt herauf, gewiß dort findet ihr
Die schönsten Mädchen und das beste Bier,
Und Händel von der ersten Sorte.

Fünfter.

Du überlustiger Gesell,
Juckt dich zum drittenmal das Fell?
Ich mag nicht hin, mir graut es vor dem Orte.

Dienstmädchen.

Nein, nein! ich gehe nach der Stadt zurück.

Andre.

Wir finden ihn gewiß bei jenen Pappeln stehen.

Erste.

Das ist für mich kein großes Glück;
Er wird an deiner Seite gehen,
Mit dir nur tanzt er auf dem Plan.
Was gehn mich deine Freuden an!

Andre.

Heut ist er sicher nicht allein,
Der Krauskopf, sagt er, würde bei ihm sein.

Schüler.

Blitz, wie die wackern Dirnen schreiten!
Herr Bruder komm! wir müssen sie begleiten.
Ein starkes Bier, ein beizender Toback,
Und eine Magd im Putz das ist nun mein Geschmack.

Bürgermädchen.

Da sieh mir nur die schönen Knaben!
Es ist wahrhaftig eine Schmach;
Gesellschaft könnten sie die allerbeste haben,
Und laufen diesen Mägden nach!

Zweiter Schüler zum ersten.

Nicht so geschwind! dort hinten kommen zwei,
Sie sind gar niedlich angezogen,

's ist meine Nachbarin dabei;
Ich bin dem Mädchen sehr gewogen.
Sie gehen ihren stillen Schritt
Und nehmen uns doch auch am Ende mit.

Erster.

Herr Bruder nein! Ich bin nicht gern genirt.
Geschwind! daß wir das Wildpret nicht verlieren.
Die Hand, die Samstags ihren Besen führt,
Wird Sonntags dich am besten caressiren.

Bürger.

Nein, er gefällt mir nicht der neue Burgemeister!
Nun, da er's ist, wird er nur täglich dreister.
Und für die Stadt was thut denn er?
Wird es nicht alle Tage schlimmer?
Gehorchen soll man mehr als immer,
Und zahlen mehr als je vorher.

Bettler singt.

Ihr guten Herrn, ihr schönen Frauen,
So wohlgeputzt und backenroth,
Belieb' es euch mich anzuschauen,
Und seht und mildert meine Noth!
Laßt hier mich nicht vergebens leiern!
Nur der ist froh, der geben mag.
Ein Tag den alle Menschen feiern,
Er sei für mich ein Erntetag.

Andrer Bürger.

Nichts Bessers weiß ich mir an Sonn- und Feiertagen,
Als ein Gespräch von Krieg und Kriegsgeschrei,

Wenn hinten, weit, in der Türkei,
Die Völker auf einander schlagen.
Man steht am Fenster, trinkt sein Gläschen aus
Und sieht den Fluß hinab die bunten Schiffe gleiten;
Dann kehrt man Abends froh nach Haus,
Und segnet Fried' und Friedenszeiten.

Dritter Bürger.

Herr Nachbar, ja! so laß ich's auch geschehn,
Sie mögen sich die Köpfe spalten,
Mag alles durch einander gehn;
Doch nur zu Hause bleib's bei'm Alten.

Alte zu den Bürgermädchen.

Ei! wie geputzt! das schöne junge Blut!
Wer soll sich nicht in euch vergaffen? –
Nur nicht so stolz! Es ist schon gut!
Und was ihr wünscht das wüßt' ich wohl zu schaffen.

Bürgermädchen.

Agathe fort! ich nehme mich in Acht
Mit solchen Hexen öffentlich zu gehen;
Sie ließ mich zwar, in Sanct Andreas Nacht,
Den künft'gen Liebsten leiblich sehen –

Die Andre.

Mir zeigte sie ihn im Krystall,
Soldatenhaft, mit mehreren Verwegnen;
Ich seh' mich um, ich such' ihn überall,
Allein mir will er nicht begegnen.

Soldaten.

Burgen mit hohen
Mauern und Zinnen,

Mädchen mit stolzen
Höhnenden Sinnen
Möcht' ich gewinnen!
Kühn ist das Mühen,
Herrlich der Lohn!

Und die Trompete
Lassen wir werben,
Wie zu der Freude,
So zum Verderben.
Das ist ein Stürmen!
Das ist ein Leben!
Mädchen und Burgen
Müssen sich geben.
Kühn ist das Mühen,
Herrlich der Lohn!
Und die Soldaten
Ziehen davon.

Faust und Wagner.

Faust.

Vom Eise befreit sind Strom und Bäche
Durch des Frühlings holden belebenden Blick;
Im Thale grünet Hoffnungs-Glück;
Der alte Winter, in seiner Schwäche,
Zog sich in rauhe Berge zurück.
Von dorther sendet er, fliehend, nur
Ohnmächtige Schauer körnigen Eises
In Streifen über die grünende Flur;
Aber die Sonne duldet kein Weißes,
Überall regt sich Bildung und Streben,

Alles will sie mit Farben beleben;
Doch an Blumen fehlt's im Revier,
Sie nimmt geputzte Menschen dafür.
Kehre dich um, von diesen Höhen
Nach der Stadt zurück zu sehen.
Aus dem hohlen finstern Thor
Dringt ein buntes Gewimmel hervor.
Jeder sonnt sich heute so gern.
Sie feiern die Auferstehung des Herrn,
Denn sie sind selber auferstanden,
Aus niedriger Häuser dumpfen Gemächern,
Aus Handwerks- und Gewerbes-Banden,
Aus dem Druck von Giebeln und Dächern,
Aus der Straßen quetschender Enge,
Aus der Kirchen ehrwürdiger Nacht
Sind sie alle an's Licht gebracht.
Sieh nur, sieh! wie behend sich die Menge
Durch die Gärten und Felder zerschlägt,
Wie der Fluß, in Breit' und Länge,
So manchen lustigen Nachen bewegt,
Und bis zum Sinken überladen
Entfernt sich dieser letzte Kahn.
Selbst von des Berges fernen Pfaden
Blinken uns farbige Kleider an.
Ich höre schon des Dorfs Getümmel,
Hier ist des Volkes wahrer Himmel,
Zufrieden jauchzet Groß und Klein:
Hier bin ich Mensch, hier darf ich's sein!

Wagner.

Mit euch, Herr Doctor, zu spazieren
Ist ehrenvoll und ist Gewinn;

Doch würd' ich nicht allein mich her verlieren,
Weil ich ein Feind von allem Rohen bin.
Das Fiedeln, Schreien, Kegelschieben,
Ist mir ein gar verhaßter Klang;
Sie toben wie vom bösen Geist getrieben
Und nennen's Freude, nennen's Gesang.

Bauern unter der Linde.

Tanz und Gesang.

Der Schäfer putzte sich zum Tanz,
Mit bunter Jacke, Band und Kranz,
Schmuck war er angezogen.
Schon um die Linde war es voll;
Und alles tanzte schon wie toll.
Juchhe! Juchhe!
Juchheisa! Heisa! He!
So ging der Fiedelbogen.

Er drückte hastig sich heran,
Da stieß er an ein Mädchen an
Mit seinem Ellenbogen;
Die frische Dirne kehrt' sich um
Und sagte: nun das find' ich dumm!
Juchhe! Juchhe!
Juchheisa! Heisa! He!
Seid nicht so ungezogen.

Doch hurtig in dem Kreise ging's
Sie tanzten rechts, sie tanzten links
Und alle Röcke flogen.

Sie wurden roth, sie wurden warm
Und ruhten athmend Arm in Arm,
Juchhe! Juchhe!
Juchheisa! Heisa! He!
Und Hüft' an Ellenbogen.

Und thu' mir doch nicht so vertraut!
Wie mancher hat nicht seine Braut
Belogen und betrogen!
Er schmeichelte sie doch bei Seit'
Und von der Linde scholl es weit:
Juchhe! Juchhe!
Juchheisa! Heisa! He!
Geschrei und Fiedelbogen.

Alter Bauer.

Herr Doctor, das ist schön von euch,
Daß ihr uns heute nicht verschmäht,
Und unter dieses Volksgedräng',
Als ein so Hochgelahrter, geht.
So nehmet auch den schönsten Krug,
Den wir mit frischem Trunk gefüllt,
Ich bring' ihn zu und wünsche laut,
Daß er nicht nur den Durst euch stillt;
Die Zahl der Tropfen, die er hegt,
Sei euren Tagen zugelegt.

Faust.

Ich nehme den Erquickungs-Trank,
Erwidr' euch allen Heil und Dank.

Das Volk sammelt sich im Kreis umher.

Alter Bauer.

Fürwahr es ist sehr wohl gethan,
Daß ihr am frohen Tag erscheint;
Habt ihr es vormals doch mit uns
An bösen Tagen gut gemeint!
Gar mancher steht lebendig hier,
Den euer Vater noch zuletzt
Der heißen Fieberwuth entriß,
Als er der Seuche Ziel gesetzt.
Auch damals ihr, ein junger Mann,
Ihr gingt in jedes Krankenhaus,
Gar manche Leiche trug man fort,
Ihr aber kamt gesund heraus;
Bestandet manche harte Proben;
Dem Helfer half der Helfer droben.

Alle.

Gesundheit dem bewährten Mann,
Daß er noch lange helfen kann!

Faust.

Vor jenem droben steht gebückt,
Der helfen lehrt und Hülfe schickt.

Er geht mit Wagnern weiter.

Wagner.

Welch ein Gefühl mußt du, o großer Mann,
Bei der Verehrung dieser Menge haben!

O glücklich, wer von seinen Gaben
Solch einen Vortheil ziehen kann!
Der Vater zeigt dich seinem Knaben,
Ein jeder fragt und drängt und eilt,
Die Fiedel stockt, der Tänzer weilt.
Du gehst, in Reihen stehen sie,
Die Mützen fliegen in die Höh:
Und wenig fehlt, so beugten sich die Knie,
Als käm' das Venerabile.

Faust.

Nur wenig Schritte noch hinauf zu jenem Stein,
Hier wollen wir von unsrer Wandrung rasten.
Hier saß ich oft gedankenvoll allein
Und quälte mich mit Beten und mit Fasten.
An Hoffnung reich, im Glauben fest,
Mit Thränen, Seufzen, Händeringen
Dacht' ich das Ende jener Pest
Vom Herrn des Himmels zu erzwingen.
Der Menge Beifall tönt mir nun wie Hohn.
O könntest du in meinem Innern lesen,
Wie wenig Vater und Sohn
Solch eines Ruhmes werth gewesen!
Mein Vater war ein dunkler Ehrenmann,
Der über die Natur und ihre heil'gen Kreise,
In Redlichkeit, jedoch auf seine Weise,
Mit grillenhafter Mühe sann.
Der, in Gesellschaft von Adepten,
Sich in die schwarze Küche schloß,
Und, nach unendlichen Recepten,
Das Widrige zusammengoß.
Da ward ein rother Leu, ein kühner Freier,
Im lauen Bad der Lilie vermählt

Und beide dann mit offnem Flammenfeuer
Aus einem Brautgemach in's andere gequält.
Erschien darauf mit bunten Farben
Die junge Königin im Glas,
Hier war die Arzenei, die Patienten starben,
Und niemand fragte: wer genas?
So haben wir mit höllischen Latwergen
In diesen Thälern, diesen Bergen,
Weit schlimmer als die Pest getobt.
Ich habe selbst den Gift an Tausende gegeben,
Sie welkten hin, ich muß erleben
Daß man die frechen Mörder lobt.

Wagner.

Wie könnt ihr euch darum betrüben!
Thut nicht ein braver Mann genug,
Die Kunst, die man ihm übertrug,
Gewissenhaft und pünctlich auszuüben?
Wenn du, als Jüngling, deinen Vater ehrst,
So wirst du gern von ihm empfangen;
Wenn du, als Mann, die Wissenschaft vermehrst,
So kann dein Sohn zu höhrem Ziel gelangen.

Faust.

O glücklich, wer noch hoffen kann
Aus diesem Meer des Irrthums aufzutauchen!
Was man nicht weiß das eben brauchte man,
Und was man weiß kann man nicht brauchen.
Doch laß uns dieser Stunde schönes Gut
Durch solchen Trübsinn nicht verkümmern!
Betrachte wie in Abendsonne-Gluth
Die grünumgebnen Hütten schimmern.

Sie rückt und weicht, der Tag ist überlebt,
Dort eilt sie hin und fördert neues Leben.
O daß kein Flügel mich vom Boden hebt,
Ihr nach und immer nach zu streben!
Ich säh' im ewigen Abendstrahl
Die stille Welt zu meinen Füßen,
Entzündet alle Höhn, beruhigt jedes Thal,
Den Silberbach in goldne Ströme fließen.
Nicht hemmte dann den göttergleichen Lauf
Der wilde Berg mit allen seinen Schluchten;
Schon thut das Meer sich mit erwärmten Buchten
Vor den erstaunten Augen auf.
Doch scheint die Göttin endlich wegzusinken;
Allein der neue Trieb erwacht,
Ich eile fort ihr ew'ges Licht zu trinken,
Vor mir den Tag und hinter mir die Nacht,
Den Himmel über mir und unter mir die Wellen.
Ein schöner Traum, indessen sie entweicht.
Ach! zu des Geistes Flügeln wird so leicht
Kein körperlicher Flügel sich gesellen.
Doch ist es jedem eingeboren,
Daß sein Gefühl hinauf und vorwärts dringt,
Wenn über uns, im blauen Raum verloren,
Ihr schmetternd Lied die Lerche singt;
Wenn über schroffen Fichtenhöhen
Der Adler ausgebreitet schwebt,
Und über Flächen, über Seen,
Der Kranich nach der Heimath strebt.

Wagner.

Ich hatte selbst oft grillenhafte Stunden,
Doch solchen Trieb hab' ich noch nie empfunden.

Man sieht sich leicht an Wald und Feldern satt,
Des Vogels Fittig werd' ich nie beneiden.
Wie anders tragen uns die Geistesfreuden,
Von Buch zu Buch, von Blatt zu Blatt!
Da werden Winternächte hold und schön,
Ein selig Leben wärmet alle Glieder,
Und ach! entrollst du gar ein würdig Pergamen,
So steigt der ganze Himmel zu dir nieder.

Faust.

Du bist dir nur des einen Triebs bewußt;
O lerne nie den andern kennen!
Zwei Seelen wohnen, ach! in meiner Brust,
Die eine will sich von der andern trennen;
Die eine hält, in derber Liebeslust,
Sich an die Welt mit klammernden Organen;
Die andre hebt gewaltsam sich vom Dust
Zu den Gefilden hoher Ahnen.
O gibt es Geister in der Luft,
Die zwischen Erd' und Himmel herrschend weben,
So steiget nieder aus dem goldnen Duft
Und führt mich weg, zu neuem buntem Leben!
Ja, wäre nur ein Zaubermantel mein!
Und trüg' er mich in fremde Länder,
Mir sollt' er um die köstlichsten Gewänder,
Nicht feil um einen Königsmantel sein.

Wagner.

Berufe nicht die wohlbekannte Schaar,
Die strömend sich im Dunstkreis überbreitet,
Dem Menschen tausendfältige Gefahr,
Von allen Enden her, bereitet.

Von Norden dringt der scharfe Geisterzahn
Auf dich herbei, mit pfeilgespitzten Zungen;
Von Morgen ziehn, vertrocknend, sie heran,
Und nähren sich von deinen Lungen;
Wenn sie der Mittag aus der Wüste schickt,
Die Gluth auf Gluth um deinen Scheitel häufen,
So bringt der West den Schwarm, der erst erquickt,
Um dich und Feld und Aue zu ersäufen.
Sie hören gern, zum Schaden froh gewandt,
Gehorchen gern, weil sie uns gern betrügen,
Sie stellen wie vom Himmel sich gesandt,
Und lispeln englisch, wenn sie lügen.
Doch gehen wir! Ergraut ist schon die Welt,
Die Luft gekühlt, der Nebel fällt!
Am Abend schätzt man erst das Haus. –
Was stehst du so und blickst erstaunt hinaus?
Was kann dich in der Dämmrung so ergreifen?

Faust.

Siehst du den schwarzen Hund durch Saat und Stoppel streifen?

Wagner.

Ich sah ihn lange schon, nicht wichtig schien er mir.

Faust.

Betracht' ihn recht! Für was hältst du das Thier?

Wagner.

Für einen Pudel, der auf seine Weise
Sich auf der Spur des Herren plagt.

Faust.

Bemerkst du, wie in weitem Schneckenkreise
Er um uns her und immer näher jagt?

Und irr' ich nicht, so zieht ein Feuerstrudel
Auf seinen Pfaden hinterdrein.

Wagner.

Ich sehe nichts als einen schwarzen Pudel;
Es mag bei euch wohl Augentäuschung sein.

Faust.

Mir scheint es, daß er magisch leise Schlingen
Zu künft'gem Band um unsre Füße zieht.

Wagner.

Ich seh' ihn ungewiß und furchtsam uns umspringen,
Weil er, statt seines Herrn, zwei Unbekannte sieht.

Faust.

Der Kreis wird eng, schon ist er nah!

Wagner.

Du siehst! ein Hund, und kein Gespenst ist da.
Er knurrt und zweifelt, legt sich auf den Bauch,
Er wedelt. Alles Hunde Brauch.

Faust.

Geselle dich zu uns! Komm hier!

Wagner.

Es ist ein pudelnärrisch Thier.
Du stehest still, er wartet auf;
Du sprichst ihn an, er strebt an dir hinauf;
Verliere was, er wird es bringen,
Nach deinem Stock in's Wasser springen.

Faust.

Du hast wohl Recht; ich finde nicht die Spur
Von einem Geist, und alles ist Dressur.

Wagner.

Dem Hunde, wenn er gut gezogen,
Wird selbst ein weiser Mann gewogen.
Ja deine Gunst verdient er ganz und gar,
Er der Studenten trefflicher Scolar.

Sie gehen in das Stadt-Thor.

Studirzimmer.

Faust mit dem Pudel hereintretend.

Faust.

Verlassen hab' ich Feld und Auen,
Die eine tiefe Nacht bedeckt,
Mit ahnungsvollem heil'gem Grauen
In uns die bess're Seele weckt.
Entschlafen sind nun wilde Triebe,
Mit jedem ungestümen Thun;
Es reget sich die Menschenliebe,
Die Liebe Gottes regt sich nun.

Sei ruhig Pudel! renne nicht hin und wieder!
An der Schwelle was schnoperst du hier?
Lege dich hinter den Ofen nieder,
Mein bestes Kissen geb' ich dir.
Wie du draußen auf dem bergigen Wege
Durch Rennen und Springen ergetzt uns hast,
So nimm nun auch von mir die Pflege,
Als ein willkommner stiller Gast.

Ach wenn in unsrer engen Zelle
Die Lampe freundlich wieder brennt,
Dann wird's in unserm Busen helle,
Im Herzen, das sich selber kennt.

Vernunft fängt wieder an zu sprechen,
Und Hoffnung wieder an zu blühn;
Man sehnt sich nach des Lebens Bächen,
Ach! nach des Lebens Quelle hin.

Knurre nicht Pudel! Zu den heiligen Tönen,
Die jetzt meine ganze Seel' umfassen,
Will der thierische Laut nicht passen.
Wir sind gewohnt, daß die Menschen verhöhnen
Was sie nicht verstehn,
Daß sie vor dem Guten und Schönen,
Das ihnen oft beschwerlich ist, murren;
Will es der Hund, wie sie, beknurren?

Aber ach! schon fühl' ich, bei dem besten Willen,
Befriedigung nicht mehr aus dem Busen quillen.
Aber warum muß der Strom so bald versiegen,
Und wir wieder im Durste liegen?
Davon hab' ich so viel Erfahrung.
Doch dieser Mangel läßt sich ersetzen,
Wir lernen das Überirdische schätzen,
Wir sehnen uns nach Offenbarung,
Die nirgends würd'ger und schöner brennt,
Als in dem neuen Testament.
Mich drängt's den Grundtext aufzuschlagen,
Mit redlichem Gefühl einmal
Das heilige Original
In mein geliebtes Deutsch zu übertragen.

Er schlägt ein Volum auf und schickt sich an.

Geschrieben steht: „im Anfang war das *Wort*!"
Hier stock' ich schon! Wer hilft mir weiter fort?

Ich kann das *Wort so* hoch unmöglich schätzen,
Ich muß es anders übersetzen,
Wenn ich vom Geiste recht erleuchtet bin.
Geschrieben steht: im Anfang war der *Sinn*.
Bedenke wohl die erste Zeile,
Daß deine Feder sich nicht übereile!
Ist es der *Sinn*, der alles wirkt und schafft?
Es sollte stehn: im Anfang war die *Kraft*!
Doch, auch indem ich dieses niederschreibe,
Schon warnt mich was, daß ich dabei nicht bleibe.
Mir hilft der Geist! Auf einmal seh' ich Rath
Und schreibe getrost: im Anfang war die *That*!

Soll ich mit dir das Zimmer theilen,
Pudel, so laß das Heulen,
So laß das Bellen!
Solch einen störenden Gesellen
Mag ich nicht in der Nähe leiden.
Einer von uns beiden
Muß die Zelle meiden.
Ungern heb' ich das Gastrecht auf,
Die Thür ist offen, hast freien Lauf.
Aber was muß ich sehen!
Kann das natürlich geschehen?
Ist es Schatten? ist's Wirklichkeit?
Wie wird mein Pudel lang und breit!
Er hebt sich mit Gewalt,
Das ist nicht eines Hundes Gestalt!
Welch ein Gespenst bracht' ich in's Haus!
Schon sieht er wie ein Nilpferd aus,
Mit feurigen Augen, schrecklichem Gebiß.
O! du bist mir gewiß!

Für solche halbe Höllenbrut
Ist Salomonis Schlüssel gut.

Geister auf dem Gange.

Drinnen gefangen ist einer!
Bleibet haußen, folg' ihm keiner!
Wie im Eisen der Fuchs
Zagt ein alter Höllenluchs.
Aber gebt Acht!
Schwebet hin, schwebet wieder,
Auf und nieder,
Und er hat sich losgemacht.
Könnt ihr ihm nützen,
Laßt ihn nicht sitzen!
Denn er that uns allen
Schon viel zu Gefallen.

Faust.

Erst zu begegnen dem Thiere,
Brauch' ich den Spruch der Viere:

Salamander soll glühen,
Undene sich winden,
Sylphe verschwinden,
Kobold sich mühen.

Wer sie nicht kennte
Die Elemente,
Ihre Kraft
Und Eigenschaft,
Wäre kein Meister
Über die Geister.

Verschwind' in Flammen
Salamander!
Rauschend fließe zusammen
Undene!
Leucht' in Meteoren-Schöne
Sylphe!
Bring' häusliche Hülfe
INCUBUS! INCUBUS!
Tritt hervor und mache den Schluß.

Keines der Viere
Steckt in dem Thiere.
Es liegt ganz ruhig und grins't mich an;
Ich hab' ihm noch nicht weh gethan.
Du sollst mich hören
Stärker beschwören.

Bist du Geselle
Ein Flüchtling der Hölle?
So sieh dieß Zeichen!
Dem sie sich beugen
Die schwarzen Schaaren.

Schon schwillt es auf mit borstigen Haaren.

Verworfnes Wesen!
Kannst du ihn lesen?
Den nie Entspross'nen,
Unausgesprochnen,
Durch alle Himmel Gegoss'nen,
Freventlich Durchstochnen?

Hinter den Ofen gebannt
Schwillt es wie ein Elephant,

Den ganzen Raum füllt es an,
Es will zum Nebel zerfließen.
Steige nicht zur Decke hinan!
Lege dich zu des Meisters Füßen!
Du siehst daß ich nicht vergebens drohe.
Ich versenge dich mit heiliger Lohe!
Erwarte nicht
Das dreimal glühende Licht!
Erwarte nicht
Die stärkste von meinen Künsten!

Mephistopheles tritt, indem der Nebel fällt, gekleidet wie ein fahrender Scholasticus, hinter dem Ofen hervor.

Mephistopheles.

Wozu der Lärm? was steht dem Herrn zu Diensten?

Faust.

Das also war des Pudels Kern!
Ein fahrender Scolast? Der Casus macht mich lachen.

Mephistopheles.

Ich salutire den gelehrten Herrn!
Ihr habt mich weidlich schwitzen machen.

Faust.

Wie nennst du dich?

Mephistopheles.

Die Frage scheint mir klein
Für einen der das Wort so sehr verachtet,
Der, weit entfernt von allem Schein,
Nur in der Wesen Tiefe trachtet.

Faust.

Bei euch, ihr Herrn, kann man das Wesen
Gewöhnlich aus dem Namen lesen,
Wo es sich allzudeutlich weis't,
Wenn man euch Fliegengott, Verderber, Lügner heißt.
Nun gut, wer bist du denn?

Mephistopheles.

Ein Theil von jener Kraft,
Die stets das Böse will und stets das Gute schafft.

Faust.

Was ist mit diesem Räthselwort gemeint?

Mephistopheles.

Ich bin der Geist der stets verneint!
Und das mit Recht; denn alles was entsteht
Ist werth daß es zu Grunde geht;
Drum besser wär's daß nichts entstünde.
So ist denn alles was ihr Sünde,
Zerstörung, kurz das Böse nennt,
Mein eigentliches Element.

Faust.

Du nennst dich einen Theil, und stehst doch ganz vor mir?

Mephistopheles.

Bescheidne Wahrheit sprech' ich dir.
Wenn sich der Mensch, die kleine Narrenwelt,
Gewöhnlich für ein Ganzes hält;
Ich bin ein Theil des Theils, der Anfangs alles war,
Ein Theil der Finsterniß, die sich das Licht gebar,
Das stolze Licht, das nun der Mutter Nacht
Den alten Rang, den Raum ihr streitig macht,

Und doch gelingt's ihm nicht, da es, so viel es strebt,
Verhaftet an den Körpern klebt.
Von Körpern strömt's, die Körper macht es schön,
Ein Körper hemmt's auf seinem Gange,
So, hoff' ich, dauert es nicht lange
Und mit den Körpern wird's zu Grunde gehn.

Faust.

Nun kenn' ich deine würd'gen Pflichten!
Du kannst im Großen nichts vernichten
Und fängst es nun im Kleinen an.

Mephistopheles.

Und freilich ist nicht viel damit gethan.
Was sich dem Nichts entgegenstellt,
Das Etwas, diese plumpe Welt,
So viel als ich schon unternommen,
Ich wußte nicht ihr beizukommen,
Mit Wellen, Stürmen, Schütteln, Brand,
Geruhig bleibt am Ende Meer und Land!
Und dem verdammten Zeug, der Thier- und Menschenbrut,
Dem ist nun gar nichts anzuhaben.
Wie viele hab' ich schon begraben!
Und immer circulirt ein neues frisches Blut.
So geht es fort, man möchte rasend werden!
Der Luft, dem Wasser, wie der Erden
Entwinden tausend Keime sich,
Im Trocknen, Feuchten, Warmen, Kalten!
Hätt' ich mir nicht die Flamme vorbehalten,
Ich hätte nichts Aparts für mich.

Faust.

So setzest du der ewig regen,
Der heilsam schaffenden Gewalt

Die kalte Teufelsfaust entgegen,
Die sich vergebens tückisch ballt!
Was Anders suche zu beginnen
Des Chaos wunderlicher Sohn!

Mephistopheles.

Wir wollen wirklich uns besinnen,
Die nächstenmale mehr davon!
Dürft' ich wohl dießmal mich entfernen?

Faust.

Ich sehe nicht warum du fragst.
Ich habe jetzt dich kennen lernen,
Besuche nun mich wie du magst.
Hier ist das Fenster, hier die Thüre,
Ein Rauchfang ist dir auch gewiß.

Mephistopheles.

Gesteh' ich's nur! Daß ich hinausspaziere
Verbietet mir ein kleines Hinderniß,
Der Drudenfuß auf eurer Schwelle –

Faust.

Das Pentagramma macht dir Pein?
Ei sage mir, du Sohn der Hölle,
Wenn das dich bannt, wie kamst du denn herein?
Wie ward ein solcher Geist betrogen?

Mephistopheles.

Beschaut es recht! es ist nicht gut gezogen;
Der eine Winkel, der nach außen zu,
Ist, wie du siehst, ein wenig offen.

Faust.

Das hat der Zufall gut getroffen!
Und mein Gefangner wärst denn du?
Das ist von ungefähr gelungen!

Mephistopheles.

Der Pudel merkte nichts als er hereingesprungen,
Die Sache sieht jetzt anders aus;
Der Teufel kann nicht aus dem Haus.

Faust.

Doch warum gehst du nicht durch's Fenster?

Mephistopheles.

's ist ein Gesetz der Teufel und Gespenster:
Wo sie hereingeschlüpft, da müssen sie hinaus.
Das Erste steht uns frei, bei'm Zweiten sind wir Knechte.

Faust.

Die Hölle selbst hat ihre Rechte?
Das find' ich gut, da ließe sich ein Pact,
Und sicher wohl, mit euch ihr Herren schließen?

Mephistopheles.

Was man verspricht, das sollst du rein genießen,
Dir wird davon nichts abgezwackt.
Doch das ist nicht so kurz zu fassen,
Und wir besprechen das zunächst;
Doch jetzo bitt' ich, hoch und höchst,
Für diesesmal mich zu entlassen.

Faust.

So bleibe doch noch einen Augenblick,
Um mir erst gute Mähr' zu sagen.

Mephistopheles.

Jetzt laß mich los! ich komme bald zurück;
Dann magst du nach Belieben fragen.

Faust.

Ich habe dir nicht nachgestellt,
Bist du doch selbst in's Garn gegangen.
Den Teufel halte wer ihn hält!
Er wird ihn nicht sobald zum zweitenmale fangen.

Mephistopheles.

Wenn dir's beliebt, so bin ich auch bereit
Dir zur Gesellschaft hier zu bleiben;
Doch mit Bedingniß, dir die Zeit,
Durch meine Künste, würdig zu vertreiben.

Faust.

Ich seh' es gern, das steht dir frei;
Nur daß die Kunst gefällig sei!

Mephistopheles.

Du wirst, mein Freund, für deine Sinnen,
In dieser Stunde mehr gewinnen,
Als in des Jahres Einerlei.
Was dir die zarten Geister singen,
Die schönen Bilder, die sie bringen,
Sind nicht ein leeres Zauberspiel.
Auch dein Geruch wird sich ergetzen,
Dann wirst du deinen Gaumen letzen,
Und dann entzückt sich dein Gefühl.
Bereitung braucht es nicht voran,
Beisammen sind wir, fanget an!

Geister.

Schwindet, ihr dunkeln
Wölbungen droben!
Reizender schaue
Freundlich der blaue
Äther herein!
Wären die dunkeln
Wolken zerronnen!
Sternelein funkeln,
Mildere Sonnen
Scheinen darein.
Himmlischer Söhne
Geistige Schöne,
Schwankende Beugung
Schwebet vorüber.
Sehnende Neigung
Folget hinüber;
Und der Gewänder
Flatternde Bänder
Decken die Länder,
Decken die Laube,
Wo sich für's Leben,
Tief in Gedanken,
Liebende geben.
Laube bei Laube!
Sprossende Ranken!
Lastende Traube
Stürzt in's Behälter
Drängender Kelter,
Stürzen in Bächen
Schäumende Weine,
Rieseln durch reine

Edle Gesteine,
Lassen die Höhen
Hinter sich liegen,
Breiten zu Seen
Sich um's Genügen
Grünender Hügel.
Und das Geflügel
Schlürfet sich Wonne,
Flieget der Sonne,
Flieget den hellen
Inseln entgegen,
Die sich auf Wellen
Gauklend bewegen;
Wo wir in Chören
Jauchzende hören,
Über den Auen
Tanzende schauen,
Die sich im Freien
Alle zerstreuen.
Einige klimmen
Über die Höhen,
Andere schwimmen
Über die Seen,
Andere schweben;
Alle zum Leben,
Alle zur Ferne,
Liebender Sterne,
Seliger Huld.

Mephistopheles.

Er schläft! So recht, ihr luft'gen zarten Jungen!
Ihr habt ihn treulich eingesungen!

Für dieß Concert bin ich in eurer Schuld.
Du bist noch nicht der Mann den Teufel fest zu halten!
Umgaukelt ihn mit süßen Traumgestalten,
Versenkt ihn in ein Meer des Wahns;
Doch dieser Schwelle Zauber zu zerspalten
Bedarf ich eines Rattenzahns.
Nicht lange brauch' ich zu beschwören,
Schon raschelt eine hier und wird sogleich mich hören.

Der Herr der Ratten und der Mäuse,
Der Fliegen, Frösche, Wanzen, Läuse,
Befiehlt dir dich hervor zu wagen
Und diese Schwelle zu benagen,
So wie er sie mit Öl betupft –
Da kommst du schon hervorgehupft!
Nur frisch an's Werk! Die Spitze, die mich bannte,
Sie sitzt ganz vornen an der Kante.
Noch einen Biß, so ist's geschehn. –
Nun, Fauste, träume fort, bis wir uns wiedersehn.

Faust erwachend.

Bin ich denn abermals betrogen?
Verschwindet so der geisterreiche Drang,
Daß mir ein Traum den Teufel vorgelogen,
Und daß ein Pudel mir entsprang?

Studirzimmer.

Faust. Mephistopheles.

Faust.

Es klopft? Herein! Wer will mich wieder plagen?

Mephistopheles.

Ich bin's.

Faust.

Herein!

Mephistopheles.

Du mußt es dreimal sagen.

Faust.

Herein denn!

Mephistopheles.

So gefällst du mir.
Wir werden, hoff' ich, uns vertragen!
Denn dir die Grillen zu verjagen
Bin ich, als edler Junker, hier,
In rothem goldverbrämtem Kleide,
Das Mäntelchen von starrer Seide,
Die Hahnenfeder auf dem Hut,
Mit einem langen spitzen Degen,

Und rathe nun dir, kurz und gut,
Dergleichen gleichfalls anzulegen;
Damit du, losgebunden, frei,
Erfahrest was das Leben sei.

Faust.

In jedem Kleide werd' ich wohl die Pein
Des engen Erdelebens fühlen.
Ich bin zu alt, um nur zu spielen,
Zu jung, um ohne Wunsch zu sein.
Was kann die Welt mir wohl gewähren?
Entbehren sollst du! sollst entbehren!
Das ist der ewige Gesang,
Der jedem an die Ohren klingt,
Den, unser ganzes Leben lang,
Uns heiser jede Stunde singt.
Nur mit Entsetzen wach' ich Morgens auf,
Ich möchte bittre Thränen weinen,
Den Tag zu sehn, der mir in seinem Lauf
Nicht Einen Wunsch erfüllen wird, nicht Einen,
Der selbst die Ahnung jeder Lust
Mit eigensinnigem Krittel mindert,
Die Schöpfung meiner regen Brust
Mit tausend Lebensfratzen hindert.
Auch muß ich, wenn die Nacht sich niedersenkt,
Mich ängstlich auf das Lager strecken;
Auch da wird keine Rast geschenkt,
Mich werden wilde Träume schrecken.
Der Gott, der mir im Busen wohnt,
Kann tief mein Innerstes erregen;
Der über allen meinen Kräften thront,
Er kann nach außen nichts bewegen;

Und so ist mir das Dasein eine Last,
Der Tod erwünscht, das Leben mir verhaßt.

Mephistopheles.

Und doch ist nie der Tod ein ganz willkommner Gast.

Faust.

O selig der, dem er im Siegesglanze
Die blut'gen Lorbeern um die Schläfe windet,
Den er, nach rasch durchras'tem Tanze,
In eines Mädchens Armen findet!
O wär' ich vor des hohen Geistes Kraft
Entzückt, entseelt dahin gesunken!

Mephistopheles.

Und doch hat jemand einen braunen Saft,
In jener Nacht, nicht ausgetrunken.

Faust.

Das Spioniren, scheint's, ist deine Lust.

Mephistopheles.

Allwissend bin ich nicht; doch viel ist mir bewußt.

Faust.

Wenn aus dem schrecklichen Gewühle
Ein süß bekannter Ton mich zog,
Den Rest von kindlichem Gefühle
Mit Anklang froher Zeit betrog;
So fluch' ich allem was die Seele
Mit Lock- und Gaukelwerk umspannt,
Und sie in diese Trauerhöhle
Mit Blend- und Schmeichelkräften bannt!

Verflucht voraus die hohe Meinung,
Womit der Geist sich selbst umfängt!
Verflucht das Blenden der Erscheinung,
Die sich an unsre Sinne drängt!
Verflucht was uns in Träumen heuchelt,
Des Ruhms, der Namensdauer Trug!
Verflucht was als Besitz uns schmeichelt,
Als Weib und Kind, als Knecht und Pflug!
Verflucht sei Mammon, wenn mit Schätzen
Er uns zu kühnen Thaten regt,
Wenn er zu müßigem Ergetzen
Die Polster uns zurechte legt!
Fluch sei dem Balsamsaft der Trauben!
Fluch jener höchsten Liebeshuld!
Fluch sei der Hoffnung! Fluch dem Glauben,
Und Fluch vor allen der Geduld!

Geister-Chor unsichtbar.

Weh! weh!
Du hast sie zerstört,
Die schöne Welt,
Mit mächtiger Faust;
Sie stürzt, sie zerfällt!
Ein Halbgott hat sie zerschlagen!
Wir tragen
Die Trümmer in's Nichts hinüber,
Und klagen
Über die verlorne Schöne.
Mächtiger
Der Erdensöhne,
Prächtiger
Baue sie wieder,

In deinem Busen baue sie auf!
Neuen Lebenslauf
Beginne,
Mit hellem Sinne,
Und neue Lieder
Tönen darauf!

Mephistopheles.

Dieß sind die kleinen
Von den Meinen.
Höre, wie zu Lust und Thaten
Altklug sie rathen!
In die Welt weit,
Aus der Einsamkeit,
Wo Sinnen und Säfte stocken,
Wollen sie dich locken.

Hör' auf mit deinem Gram zu spielen,
Der, wie ein Geier, dir am Leben frißt;
Die schlechteste Gesellschaft läßt dich fühlen,
Daß du ein Mensch mit Menschen bist.
Doch so ist's nicht gemeint
Dich unter das Pack zu stoßen.
Ich bin keiner von den Großen;
Doch willst du, mit mir vereint,
Deine Schritte durch's Leben nehmen,
So will ich mich gern bequemen
Dein zu sein, auf der Stelle.
Ich bin dein Geselle
Und, mach' ich dir's recht,
Bin ich dein Diener, bin dein Knecht!

Faust.

Und was soll ich dagegen dir erfüllen?

Mephistopheles.

Dazu hast du noch eine lange Frist.

Faust.

Nein, nein! der Teufel ist ein Egoist
Und thut nicht leicht um Gottes Willen
Was einem andern nützlich ist.
Sprich die Bedingung deutlich aus;
Ein solcher Diener bringt Gefahr in's Haus.

Mephistopheles.

Ich will mich *hier* zu deinem Dienst verbinden,
Auf deinen Wink nicht rasten und nicht ruhn;
Wenn wir uns *drüben* wieder finden,
So sollst du mir das Gleiche thun.

Faust.

Das Drüben kann mich wenig kümmern;
Schlägst du erst diese Welt zu Trümmern,
Die andre mag darnach entstehn.
Aus dieser Erde quillen meine Freuden,
Und diese Sonne scheinet meinen Leiden;
Kann ich mich erst von ihnen scheiden,
Dann mag was will und kann geschehn.
Davon will ich nichts weiter hören,
Ob man auch künftig haßt und liebt,
Und ob es auch in jenen Sphären
Ein Oben oder Unten gibt.

Mephistopheles.

In diesem Sinne kannst du's wagen.
Verbinde dich; du sollst, in diesen Tagen,
Mit Freuden meine Künste sehn,
Ich gebe dir was noch kein Mensch gesehn.

Faust.

Was willst du armer Teufel geben?
Ward eines Menschen Geist, in seinem hohen Streben,
Von Deinesgleichen je gefaßt?
Doch hast du Speise die nicht sättigt, hast
Du rothes Gold, das ohne Rast,
Quecksilber gleich, dir in der Hand zerrinnt,
Ein Spiel, bei dem man nie gewinnt,
Ein Mädchen, das an meiner Brust
Mit Äugeln schon dem Nachbar sich verbindet,
Der Ehre schöne Götterlust,
Die, wie ein Meteor, verschwindet?
Zeig' mir die Frucht die fault, eh' man sie bricht,
Und Bäume die sich täglich neu begrünen!

Mephistopheles.

Ein solcher Auftrag schreckt mich nicht,
Mit solchen Schätzen kann ich dienen.
Doch, guter Freund, die Zeit kommt auch heran
Wo wir was Guts in Ruhe schmausen mögen.

Faust.

Werd' ich beruhigt je mich auf ein Faulbett legen,
So sei es gleich um mich gethan!
Kannst du mich schmeichelnd je belügen
Daß ich mir selbst gefallen mag,
Kannst du mich mit Genuß betrügen;
Das sei für mich der letzte Tag!
Die Wette biet' ich!

Mephistopheles.

Top!

Faust.

Und Schlag auf Schlag!
Werd' ich zum Augenblicke sagen:
Verweile doch! du bist so schön!
Dann magst du mich in Fesseln schlagen,
Dann will ich gern zu Grunde gehn!
Dann mag die Todtenglocke schallen,
Dann bist du deines Dienstes frei,
Die Uhr mag stehn, der Zeiger fallen,
Es sei die Zeit für mich vorbei!

Mephistopheles.

Bedenk' es wohl, wir werden's nicht vergessen.

Faust.

Dazu hast du ein volles Recht,
Ich habe mich nicht freventlich vermessen.
Wie ich beharre bin ich Knecht,
Ob dein, was frag' ich, oder wessen.

Mephistopheles.

Ich werde heute gleich, bei'm Doctorschmaus,
Als Diener, meine Pflicht erfüllen.
Nur eins! – Um Lebens oder Sterbens willen,
Bitt' ich mir ein paar Zeilen aus.

Faust.

Auch was Geschriebnes forderst du Pedant?
Hast du noch keinen Mann, nicht Mannes-Wort gekannt?
Ist's nicht genug, daß mein gesprochnes Wort
Auf ewig soll mit meinen Tagen schalten?
Ras't nicht die Welt in allen Strömen fort,
Und mich soll ein Versprechen halten?

Doch dieser Wahn ist uns in's Herz gelegt,
Wer mag sich gern davon befreien?
Beglückt wer Treue rein im Busen trägt,
Kein Opfer wird ihn je gereuen!
Allein ein Pergament, beschrieben und beprägt,
Ist ein Gespenst, vor dem sich alle scheuen.
Das Wort erstirbt schon in der Feder,
Die Herrschaft führen Wachs und Leder.
Was willst du böser Geist von mir?
Erz, Marmor, Pergament, Papier?
Soll ich mit Griffel, Meißel, Feder schreiben?
Ich gebe jede Wahl dir frei.

Mephistopheles.

Wie magst du deine Rednerei
Nur gleich so hitzig übertreiben?
Ist doch ein jedes Blättchen gut.
Du unterzeichnest dich mit einem Tröpfchen Blut.

Faust.

Wenn dieß dir völlig G'nüge thut,
So mag es bei der Fratze bleiben.

Mephistopheles.

Blut ist ein ganz besondrer Saft.

Faust.

Nur keine Furcht, daß ich dieß Bündniß breche!
Das Streben meiner ganzen Kraft
Ist g'rade das was ich verspreche.
Ich habe mich zu hoch gebläht;
In deinen Rang gehör' ich nur.
Der große Geist hat mich verschmäht,

Vor mir verschließt sich die Natur.
Des Denkens Faden ist zerrissen,
Mir ekelt lange vor allem Wissen.
Laß in den Tiefen der Sinnlichkeit
Uns glühende Leidenschaften stillen!
In undurchdrungnen Zauberhüllen
Sei jedes Wunder gleich bereit!
Stürzen wir uns in das Rauschen der Zeit,
In's Rollen der Begebenheit!
Da mag denn Schmerz und Genuß,
Gelingen und Verdruß,
Mit einander wechseln wie es kann;
Nur rastlos bethätigt sich der Mann.

Mephistopheles.

Euch ist kein Maß und Ziel gesetzt.
Beliebt's euch überall zu naschen,
Im Fliehen etwas zu erhaschen,
Bekomm' euch wohl was euch ergetzt.
Nur greift mir zu und seid nicht blöde!

Faust.

Du hörest ja, von Freud' ist nicht die Rede.
Dem Taumel weih' ich mich, dem schmerzlichsten Genuß,
Verliebtem Haß, erquickendem Verdruß.
Mein Busen, der vom Wissensdrang geheilt ist,
Soll keinen Schmerzen künftig sich verschließen,
Und was der ganzen Menschheit zugetheilt ist,
Will ich in meinem innern Selbst genießen,
Mit meinem Geist das Höchst' und Tiefste greifen,
Ihr Wohl und Weh auf meinen Busen häufen,
Und so mein eigen Selbst zu ihrem Selbst erweitern,
Und, wie sie selbst, am End' auch ich zerscheitern.

Mephistopheles.

O glaube mir, der manche tausend Jahre
An dieser harten Speise kaut,
Daß von der Wiege bis zur Bahre
Kein Mensch den alten Sauerteig verdaut!
Glaub' unser einem, dieses Ganze
Ist nur für einen Gott gemacht!
Er findet sich in einem ew'gen Glanze,
Uns hat er in die Finsterniß gebracht.
Und euch taugt einzig Tag und Nacht.

Faust.

Allein ich will!

Mephistopheles.

Das läßt sich hören!
Doch nur vor Einem ist mir bang;
Die Zeit ist kurz, die Kunst ist lang.
Ich dächt', ihr ließet euch belehren.
Associirt euch mit einem Poeten,
Laßt den Herrn in Gedanken schweifen,
Und alle edlen Qualitäten
Auf euren Ehren-Scheitel häufen,
Des Löwen Muth,
Des Hirsches Schnelligkeit,
Des Italiäners feurig Blut,
Des Nordens Daurbarkeit.
Laßt ihn euch das Geheimniß finden,
Großmuth und Arglist zu verbinden,
Und euch, mit warmen Jugendtrieben,
Nach einem Plane, zu verlieben.
Möchte selbst solch einen Herren kennen,
Würd' ihn Herrn Mikrokosmus nennen.

Faust.

Was bin ich denn, wenn es nicht möglich ist
Der Menschheit Krone zu erringen,
Nach der sich alle Sinne dringen?

Mephistopheles.

Du bist am Ende – was du bist.
Setz' dir Perrücken auf von Millionen Locken,
Setz' deinen Fuß auf ellenhohe Socken,
Du bleibst doch immer was du bist.

Faust.

Ich fühl's, vergebens hab' ich alle Schätze
Des Menschengeists auf mich herbeigerafft,
Und wenn ich mich am Ende niedersetze,
Quillt innerlich doch keine neue Kraft;
Ich bin nicht um ein Haar breit höher,
Bin dem Unendlichen nicht näher.

Mephistopheles.

Mein guter Herr, ihr seht die Sachen,
Wie man die Sachen eben sieht;
Wir müssen das gescheidter machen,
Eh' uns des Lebens Freude flieht.
Was Henker! freilich Händ' und Füße
Und Kopf und H – – die sind dein;
Doch alles, was ich frisch genieße,
Ist das drum weniger mein?
Wenn ich sechs Hengste zahlen kann,
Sind ihre Kräfte nicht die meine?
Ich renne zu und bin ein rechter Mann,
Als hätt' ich vier und zwanzig Beine.

Drum frisch! Laß alles Sinnen sein,
Und g'rad' mit in die Welt hinein!
Ich sag' es dir: ein Kerl, der speculirt,
Ist wie ein Thier, auf dürrer Heide
Von einem bösen Geist im Kreis herum geführt,
Und rings umher liegt schöne grüne Weide.

Faust.

Wie fangen wir das an?

Mephistopheles.

Wir gehen eben fort.
Was ist das für ein Marterort?
Was heißt das für ein Leben führen,
Sich und die Jungens ennuyiren?
Laß du das dem Herrn Nachbar Wanst!
Was willst du dich das Stroh zu dreschen plagen?
Das Beste, was du wissen kannst,
Darfst du den Buben doch nicht sagen.
Gleich hör' ich einen auf dem Gange!

Faust.

Mir ist's nicht möglich ihn zu sehn.

Mephistopheles.

Der arme Knabe wartet lange,
Der darf nicht ungetröstet gehn.
Komm, gib mir deinen Rock und Mütze;
Die Maske muß mir köstlich stehn.

Er kleidet sich um.

Nun überlaß es meinem Witze!
Ich brauche nur ein Viertelstündchen Zeit;
Indessen mache dich zur schönen Fahrt bereit!

Faust ab.

Mephistopheles in Fausts langem Kleide.

Verachte nur Vernunft und Wissenschaft,
Des Menschen allerhöchste Kraft,
Laß nur in Blend- und Zauberwerken
Dich von dem Lügengeist bestärken,
So hab' ich dich schon unbedingt –
Ihm hat das Schicksal einen Geist gegeben,
Der ungebändigt immer vorwärts dringt,
Und dessen übereiltes Streben
Der Erde Freuden überspringt.
Den schlepp' ich durch das wilde Leben,
Durch flache Unbedeutenheit,
Er soll mir zappeln, starren, kleben,
Und seiner Unersättlichkeit
Soll Speis' und Trank vor gier'gen Lippen schweben;
Er wird Erquickung sich umsonst erflehn,
Und hätt' er sich auch nicht dem Teufel übergeben,
Er müßte doch zu Grunde gehn!

Ein Schüler tritt auf.

Schüler.

Ich bin allhier erst kurze Zeit,
Und komme voll Ergebenheit,
Einen Mann zu sprechen und zu kennen,
Den alle mir mit Ehrfurcht nennen.

Mephistopheles.

Eure Höflichkeit erfreut mich sehr!
Ihr seht einen Mann wie andre mehr.
Habt ihr euch sonst schon umgethan?

Schüler.

Ich bitt' euch, nehmt euch meiner an!
Ich komme mit allem guten Muth,
Leidlichem Geld und frischem Blut;
Meine Mutter wollte mich kaum entfernen;
Möchte gern was Rechts hieraußen lernen.

Mephistopheles.

Da seid ihr eben recht am Ort.

Schüler.

Aufrichtig, möchte schon wieder fort:
In diesen Mauern, diesen Hallen,
Will es mir keineswegs gefallen.
Es ist ein gar beschränkter Raum,
Man sieht nichts Grünes, keinen Baum,
Und in den Sälen, auf den Bänken,
Vergeht mir Hören, Sehn und Denken.

Mephistopheles.

Das kommt nur auf Gewohnheit an.
So nimmt ein Kind der Mutter Brust
Nicht gleich im Anfang willig an,
Doch bald ernährt es sich mit Lust.
So wird's euch an der Weisheit Brüsten
Mit jedem Tage mehr gelüsten.

Schüler.

An ihrem Hals will ich mit Freuden hangen;
Doch sagt mir nur, wie kann ich hingelangen?

Mephistopheles.

Erklärt euch, eh' ihr weiter geht.
Was wählt ihr für eine Facultät?

Schüler.

Ich wünschte recht gelehrt zu werden,
Und möchte gern was auf der Erden
Und in dem Himmel ist erfassen,
Die Wissenschaft und die Natur.

Mephistopheles.

Da seid ihr auf der rechten Spur;
Doch müßt ihr euch nicht zerstreuen lassen.

Schüler.

Ich bin dabei mit Seel' und Leib;
Doch freilich würde mir behagen
Ein wenig Freiheit und Zeitvertreib
An schönen Sommerfeiertagen.

Mephistopheles.

Gebraucht der Zeit, sie geht so schnell von hinnen,
Doch Ordnung lehrt euch Zeit gewinnen.
Mein theurer Freund, ich rath' euch drum
Zuerst Collegium Logicum.
Da wird der Geist euch wohl dressirt,
In spanische Stiefeln eingeschnürt,
Daß er bedächtiger so fortan
Hinschleiche die Gedankenbahn,
Und nicht etwa, die Kreuz und Quer,
Irrlichtelire hin und her.
Dann lehret man euch manchen Tag,
Daß, was ihr sonst auf einen Schlag
Getrieben, wie Essen und Trinken frei,
Eins! Zwei! Drei! dazu nöthig sei.
Zwar ist's mit der Gedanken-Fabrik
Wie mit einem Weber-Meisterstück,

Wo Ein Tritt tausend Fäden regt,
Die Schifflein herüber hinüber schießen,
Die Fäden ungesehen fließen,
Ein Schlag tausend Verbindungen schlägt:
Der Philosoph der tritt herein,
Und beweis't euch, es müßt' so sein:
Das Erst' wär' so, das Zweite so,
Und drum das Dritt' und Vierte so;
Und wenn das Erst' und Zweit' nicht wär',
Das Dritt' und Viert' wär' nimmermehr.
Das preisen die Schüler aller Orten,
Sind aber keine Weber geworden.
Wer will was Lebendigs erkennen und beschreiben,
Sucht erst den Geist heraus zu treiben,
Dann hat er die Theile in seiner Hand,
Fehlt leider! nur das geistige Band.
ENCHEIRESIN NATURAE nennt's die Chemie,
Spottet ihrer selbst und weiß nicht wie.

Schüler.

Kann euch nicht eben ganz verstehen.

Mephistopheles.

Das wird nächstens schon besser gehen,
Wenn ihr lernt alles reduciren
Und gehörig classificiren.

Schüler.

Mir wird von alle dem so dumm,
Als ging' mir ein Mühlrad im Kopf herum.

Mephistopheles.

Nachher, vor allen andern Sachen,
Müßt ihr euch an die Metaphysik machen!

Da seht daß ihr tiefsinnig faßt,
Was in des Menschen Hirn nicht paßt;
Für was drein geht und nicht drein geht,
Ein prächtig Wort zu Diensten steht.
Doch vorerst dieses halbe Jahr
Nehmt ja der besten Ordnung wahr.
Fünf Stunden habt ihr jeden Tag;
Seid drinnen mit dem Glockenschlag!
Habt euch vorher wohl präparirt,
Paragraphos wohl einstudirt,
Damit ihr nachher besser seht,
Daß er nichts sagt, als was im Buche steht;
Doch euch des Schreibens ja befleißt,
Als dictirt' euch der Heilig' Geist!

Schüler.

Das sollt ihr mir nicht zweimal sagen!
Ich denke mir wie viel es nützt;
Denn, was man schwarz auf weiß besitzt,
Kann man getrost nach Hause tragen.

Mephistopheles.

Doch wählt mir eine Facultät!

Schüler.

Zur Rechtsgelehrsamkeit kann ich mich nicht bequemen.

Mephistopheles.

Ich kann es euch so sehr nicht übel nehmen,
Ich weiß wie es um diese Lehre steht.
Es erben sich Gesetz' und Rechte
Wie eine ew'ge Krankheit fort;
Sie schleppen von Geschlecht sich zum Geschlechte,
Und rücken sacht von Ort zu Ort.

Vernunft wird Unsinn, Wohlthat Plage;
Weh dir, daß du ein Enkel bist!
Vom Rechte, das mit uns geboren ist,
Von dem ist leider! nie die Frage.

Schüler.

Mein Abscheu wird durch euch vermehrt.
O glücklich der! den ihr belehrt.
Fast möcht' ich nun Theologie studiren.

Mephistopheles.

Ich wünschte nicht euch irre zu führen.
Was diese Wissenschaft betrifft,
Es ist so schwer den falschen Weg zu meiden,
Es liegt in ihr so viel verborgnes Gift,
Und von der Arzenei ist's kaum zu unterscheiden.
Am besten ist's auch hier, wenn ihr nur Einen hört,
Und auf des Meisters Worte schwört.
Im Ganzen – haltet euch an Worte!
Dann geht ihr durch die sichre Pforte
Zum Tempel der Gewißheit ein.

Schüler.

Doch ein Begriff muß bei dem Worte sein.

Mephistopheles.

Schon gut! Nur muß man sich nicht allzu ängstlich quälen;
Denn eben wo Begriffe fehlen,
Da stellt ein Wort zur rechten Zeit sich ein.
Mit Worten läßt sich trefflich streiten,
Mit Worten ein System bereiten,
An Worte läßt sich trefflich glauben,
Von einem Wort läßt sich kein Jota rauben.

Schüler.

Verzeiht, ich halt' euch auf mit vielen Fragen,
Allein ich muß euch noch bemühn.
Wollt ihr mir von der Medicin
Nicht auch ein kräftig Wörtchen sagen?
Drei Jahr ist eine kurze Zeit,
Und, Gott! das Feld ist gar zu weit.
Wenn man einen Fingerzeig nur hat,
Läßt sich's schon eher weiter fühlen.

Mephistopheles für sich.

Ich bin des trocknen Tons nun satt,
Muß wieder recht den Teufel spielen.

Laut.

Der Geist der Medicin ist leicht zu fassen;
Ihr durchstudirt die groß' und kleine Welt
Um es am Ende gehn zu lassen,
Wie's Gott gefällt.
Vergebens daß ihr ringsum wissenschaftlich schweift,
Ein jeder lernt nur was er lernen kann;
Doch der den Augenblick ergreift,
Das ist der rechte Mann.
Ihr seid noch ziemlich wohlgebaut,
An Kühnheit wird's euch auch nicht fehlen,
Und wenn ihr euch nur selbst vertraut,
Vertrauen euch die andern Seelen.
Besonders lernt die Weiber führen;
Es ist ihr ewig Weh und Ach
So tausendfach
Aus Einem Puncte zu curiren,
Und wenn ihr halbweg ehrbar thut,
Dann habt ihr sie all' unter'm Hut.

Ein Titel muß sie erst vertraulich machen,
Daß eure Kunst viel Künste übersteigt;
Zum Willkomm' tappt ihr dann nach allen Siebensachen,
Um die ein andrer viele Jahre streicht,
Versteht das Pülslein wohl zu drücken,
Und fasset sie, mit feurig schlauen Blicken,
Wohl um die schlanke Hüfte frei,
Zu sehn, wie fest geschnürt sie sei.

Schüler.

Das sieht schon besser aus! Man sieht doch wo und wie?

Mephistopheles.

Grau, theurer Freund, ist alle Theorie,
Und grün des Lebens goldner Baum.

Schüler.

Ich schwör' euch zu, mir ist's als wie ein Traum.
Dürft' ich euch wohl ein andermal beschweren,
Von eurer Weisheit auf den Grund zu hören?

Mephistopheles.

Was ich vermag, soll gern geschehn.

Schüler.

Ich kann unmöglich wieder gehn,
Ich muß euch noch mein Stammbuch überreichen.
Gönn' eure Gunst mir dieses Zeichen!

Mephistopheles.

Sehr wohl.

Er schreibt und gibt's.

Schüler liest.

ERITIS SICUT DEUS, SCIENTES BONUM ET MALUM.

Macht's ehrerbietig zu und empfiehlt sich.

Mephistopheles.

Folg' nur dem alten Spruch und meiner Muhme der Schlange,
Dir wird gewiß einmal bei deiner Gottähnlichkeit bange!

Faust tritt auf.

Faust.

Wohin soll es nun gehn?

Mephistopheles.

Wohin es dir gefällt.
Wir sehn die kleine, dann die große Welt.
Mit welcher Freude, welchem Nutzen,
Wirst du den Cursum durchschmarutzen!

Faust.

Allein bei meinem langen Bart
Fehlt mir die leichte Lebensart.
Es wird mir der Versuch nicht glücken;
Ich wußte nie mich in die Welt zu schicken,
Vor andern fühl' ich mich so klein;
Ich werde stets verlegen sein.

Mephistopheles.

Mein guter Freund, das wird sich alles geben;
Sobald du dir vertraust, sobald weißt du zu leben.

Faust.

Wie kommen wir denn aus dem Haus?
Wo hast du Pferde, Knecht und Wagen?

Mephistopheles.

Wir breiten nur den Mantel aus,
Der soll uns durch die Lüfte tragen.

Du nimmst bei diesem kühnen Schritt
Nur keinen großen Bündel mit.
Ein bißchen Feuerluft, die ich bereiten werde,
Hebt uns behend von dieser Erde.
Und sind wir leicht, so geht es schnell hinauf;
Ich gratulire dir zum neuen Lebenslauf.

Auerbachs Keller in Leipzig.

Zeche lustiger Gesellen.

Frosch.

Will keiner trinken? keiner lachen?
Ich will euch lehren Gesichter machen!
Ihr seid ja heut wie nasses Stroh,
Und brennt sonst immer lichterloh.

Brander.

Das liegt an dir; du bringst ja nichts herbei,
Nicht eine Dummheit, keine Sauerei.

Frosch

gießt ihm ein Glas Wein über den Kopf.

Da hast du beides!

Brander.

Doppelt Schwein!

Frosch.

Ihr wollt es ja, man soll es sein!

Siebel.

Zur Thür hinaus wer sich entzweit!
Mit offner Brust singt Runda, sauft und schreit!
Auf! Holla! Ho!

Altmayer.

Weh mir, ich bin verloren!
Baumwolle her! der Kerl sprengt mir die Ohren.

Siebel.

Wenn das Gewölbe widerschallt,
Fühlt man erst recht des Basses Grundgewalt.

Frosch.

So recht, hinaus mit dem der etwas übel nimmt!
A! tara lara da!

Altmayer.

A! tara lara da!

Frosch.

Die Kehlen sind gestimmt.

Singt.

Das liebe heil'ge Röm'sche Reich,
Wie hält's nur noch zusammen?

Brander.

Ein garstig Lied! Pfui! ein politisch Lied
Ein leidig Lied! Dankt Gott mit jedem Morgen,
Daß ihr nicht braucht für's Röm'sche Reich zu sorgen!
Ich halt' es wenigstens für reichlichen Gewinn,
Daß ich nicht Kaiser oder Kanzler bin.
Doch muß auch uns ein Oberhaupt nicht fehlen;
Wir wollen einen Papst erwählen.
Ihr wißt, welch eine Qualität
Den Ausschlag gibt, den Mann erhöht.

Frosch singt.

Schwing' dich auf, Frau Nachtigall,
Grüß' mir mein Liebchen zehentausendmal.

Siebel.

Dem Liebchen keinen Gruß! ich will davon nichts hören!

Frosch.

Dem Liebchen Gruß und Kuß! du wirst mir's nicht verwehren!

Singt.

Riegel auf! in stiller Nacht.
Riegel auf! der Liebste wacht.
Riegel zu! des Morgens früh.

Siebel.

Ja, singe, singe nur, und lob' und rühme sie!
Ich will zu meiner Zeit schon lachen.
Sie hat mich angeführt, dir wird sie's auch so machen.
Zum Liebsten sei ein Kobold ihr beschert!
Der mag mit ihr auf einem Kreuzweg schäkern;
Ein alter Bock, wenn er vom Blocksberg kehrt,
Mag im Galopp noch gute Nacht ihr meckern!
Ein braver Kerl von echtem Fleisch und Blut
Ist für die Dirne viel zu gut.
Ich will von keinem Gruße wissen,
Als ihr die Fenster eingeschmissen!

Brander auf den Tisch schlagend.

Paßt auf! paßt auf! Gehorchet mir!
Ihr Herrn gesteht, ich weiß zu leben;
Verliebte Leute sitzen hier,
Und diesen muß, nach Standsgebühr,
Zur guten Nacht ich was zum Besten geben.
Gebt Acht! Ein Lied vom neusten Schnitt!
Und singt den Rundreim kräftig mit!

Er singt.

Es war eine Ratt' im Kellernest,
Lebte nur von Fett und Butter,
Hatte sich ein Ränzlein angemäst't,
Als wie der Doctor Luther.
Die Köchin hatt' ihr Gift gestellt;
Da ward's so eng ihr in der Welt,
Als hätte sie Lieb' im Leibe.

Chorus jauchzend.

Als hätte sie Lieb' im Leibe.

Brander.

Sie fuhr herum, sie fuhr heraus,
Und soff aus allen Pfützen,
Zernagt', zerkratzt' das ganze Haus,
Wollte nichts ihr Wüthen nützen;
Sie thät gar manchen Ängstesprung,
Bald hatte das arme Thier genung,
Als hätt' es Lieb' im Leibe.

Chorus.

Als hätt' es Lieb' im Leibe.

Brander.

Sie kam vor Angst am hellen Tag
Der Küche zugelaufen,
Fiel an den Herd und zuckt' und lag,
Und thät erbärmlich schnaufen.
Da lachte die Vergifterin noch:
Ha! sie pfeift auf dem letzten Loch,
Als hätte sie Lieb' im Leibe.

Chorus.

Als hätte sie Lieb' im Leibe.

Siebel.

Wie sich die platten Bursche freuen!
Es ist mir eine rechte Kunst,
Den armen Ratten Gift zu streuen!

Brander.

Sie stehn wohl sehr in deiner Gunst?

Altmayer.

Der Schmerbauch mit der kahlen Platte!
Das Unglück macht ihn zahm und mild;
Er sieht in der geschwollnen Ratte
Sein ganz natürlich Ebenbild.

Faust und Mephistopheles.

Mephistopheles.

Ich muß dich nun vor allen Dingen
In lustige Gesellschaft bringen,
Damit du siehst wie leicht sich's leben läßt.
Dem Volke hier wird jeder Tag ein Fest.
Mit wenig Witz und viel Behagen
Dreht jeder sich im engen Zirkeltanz,
Wie junge Katzen mit dem Schwanz.
Wenn sie nicht über Kopfweh klagen,
So lang der Wirth nur weiter borgt,
Sind sie vergnügt und unbesorgt.

Brander.

Die kommen eben von der Reise,
Man sieht's an ihrer wunderlichen Weise;
Sie sind nicht eine Stunde hier.

Frosch.

Wahrhaftig du hast Recht! Mein Leipzig lob' ich mir!
Es ist ein klein Paris, und bildet seine Leute.

Siebel.

Für was siehst du die Fremden an?

Frosch.

Laßt mich nur gehn! Bei einem vollen Glase,
Zieh' ich, wie einen Kinderzahn,
Den Burschen leicht die Würmer aus der Nase.
Sie scheinen mir aus einem edlen Haus,
Sie sehen stolz und unzufrieden aus.

Brander.

Marktschreier sind's gewiß, ich wette!

Altmayer.

Vielleicht.

Frosch.

Gib Acht, ich schraube sie!

Mephistopheles zu Faust.

Den Teufel spürt das Völkchen nie,
Und wenn er sie bei'm Kragen hätte.

Faust.

Seid uns gegrüßt, ihr Herrn!

Siebel.

Viel Dank zum Gegengruß.

Leise, Mephistopheles von der Seite ansehend.

Was hinkt der Kerl auf Einem Fuß?

Mephistopheles.

Ist es erlaubt, uns auch zu euch zu setzen?
Statt eines guten Trunks, den man nicht haben kann,
Soll die Gesellschaft uns ergetzen.

Altmayer.

Ihr scheint ein sehr verwöhnter Mann.

Frosch.

Ihr seid wohl spät von Rippach aufgebrochen?
Habt ihr mit Herren Hans noch erst zu Nacht gespeis't?

Mephistopheles.

Heut sind wir ihn vorbei gereis't!
Wir haben ihn das letztemal gesprochen.
Von seinen Vettern wußt' er viel zu sagen,
Viel Grüße hat er uns an jeden aufgetragen.

Er neigt sich gegen Frosch.

Altmayer leise.

Da hast du's! der versteht's!

Siebel.

Ein pfiffiger Patron!

Frosch.

Nun, warte nur, ich krieg' ihn schon!

Mephistopheles.

Wenn ich nicht irrte, hörten wir
Geübte Stimmen Chorus singen?
Gewiß, Gesang muß trefflich hier
Von dieser Wölbung widerklingen!

Frosch.

Seid ihr wohl gar ein Virtuos?

Mephistopheles.

O nein! die Kraft ist schwach, allein die Lust ist groß.

Altmayer.

Gebt uns ein Lied!

Mephistopheles.

Wenn ihr begehrt, die Menge.

Siedel.

Nur auch ein nagelneues Stück!

Mephistopheles.

Wir kommen erst aus Spanien zurück,
Dem schönen Land des Weins und der Gesänge.

Singt.

Es war einmal ein König,
Der hatt' einen großen Floh –

Frosch.

Horcht! Einen Floh! Habt ihr das wohl gefaßt?
Ein Floh ist mir ein saubrer Gast.

Mephistopheles singt.

Es war einmal ein König,
Der hatt' einen großen Floh,
Den liebt' er gar nicht wenig,
Als wie seinen eignen Sohn.
Da rief er seinen Schneider,
Der Schneider kam heran:
Da, miß dem Junker Kleider,
Und miß ihm Hosen an!

Brander.

Vergeßt nur nicht dem Schneider einzuschärfen,
Daß er mir auf's genauste mißt,
Und daß, so lieb sein Kopf ihm ist,
Die Hosen keine Falten werfen!

Mephistopheles.

In Sammet und in Seide
War er nun angethan,
Hatte Bänder auf dem Kleide,
Hatt' auch ein Kreuz daran,
Und war sogleich Minister,
Und hatt' einen großen Stern.
Da wurden seine Geschwister
Bei Hof auch große Herrn.

Und Herrn und Fraun am Hofe,
Die waren sehr geplagt,
Die Königin und die Zofe
Gestochen und genagt,
Und durften sie nicht knicken,
Und weg sie jucken nicht.
Wir knicken und ersticken
Doch gleich wenn einer sticht.

Chorus jauchzend.

Wir knicken und ersticken
Doch gleich wenn einer sticht.

Frosch.

Bravo! Bravo! Das war schön!

Siebel.

So soll es jedem Floh ergehn!

Brander.

Spitzt die Finger und packt sie fein!

Altmayer.

Es lebe die Freiheit! Es lebe der Wein!

Mephistopheles.

Ich tränke gern ein Glas, die Freiheit hoch zu ehren,
Wenn eure Weine nur ein bißchen besser wären.

Siebel.

Wir mögen das nicht wieder hören!

Mephistopheles.

Ich fürchte nur der Wirth beschweret sich;
Sonst gäb' ich diesen werthen Gästen
Aus unserm Keller was zum Besten.

Siebel.

Nur immer her! ich nehm's auf mich.

Frosch.

Schafft ihr ein gutes Glas, so wollen wir euch loben.
Nur gebt nicht gar zu kleine Proben;
Denn wenn ich judiciren soll,
Verlang' ich auch das Maul recht voll.

Altmayer leise.

Sie sind vom Rheine, wie ich spüre.

Mephistopheles.

Schafft einen Bohrer an!

Brander.

Was soll mit dem geschehn?
Ihr habt doch nicht die Fässer vor der Thüre?

Altmayer.

Dahinten hat der Wirth ein Körbchen Werkzeug stehn.

Mephistopheles nimmt den Bohrer. Zu Frosch.

Nun sagt, was wünschet ihr zu schmecken?

Frosch.

Wie meint ihr das? Habt ihr so mancherlei?

Mephistopheles.

Ich stell' es einem jeden frei.

Altmayer zu Frosch.

Aha, du fängst schon an die Lippen abzulecken.

Frosch.

Gut! wenn ich wählen soll, so will ich Rheinwein haben.
Das Vaterland verleiht die allerbesten Gaben.

Mephistopheles
indem er an dem Platz, wo Frosch sitzt, ein Loch in den Tischrand bohrt.

Verschafft ein wenig Wachs, die Pfropfen gleich zu machen!

Altmayer.

Ach das sind Taschenspielersachen.

Mephistopheles zu Brander.

Und ihr?

Brander.

Ich will Champagner Wein,
Und recht mussirend soll er sein!

Mephistopheles bohrt, einer hat indessen die Wachspfropfen gemacht und verstopft.

Brander.

Man kann nicht stets das Fremde meiden,
Das Gute liegt uns oft so fern.
Ein echter deutscher Mann mag keinen Franzen leiden,
Doch ihre Weine trinkt er gern.

Siebel
indem sich Mephistopheles seinem Platze nähert.

Ich muß gestehn, den sauern mag ich nicht,
Gebt mir ein Glas vom echten süßen!

Mephistopheles bohrt.

Euch soll sogleich Tokayer fließen.

Altmayer.

Nein, Herren, seht mir in's Gesicht!
Ich seh' es ein, ihr habt uns nur zum Besten.

Mephistopheles.

Ei! Ei! Mit solchen edlen Gästen
Wär' es ein bißchen viel gewagt.
Geschwind! Nur g'rad' heraus gesagt!
Mit welchem Weine kann ich dienen?

Altmayer.

Mit jedem! Nur nicht lang gefragt.

Nachdem die Löcher alle gebohrt und verstopft sind,
Mephistopheles mit seltsamen Gebärden.

Trauben trägt der Weinstock!
Hörner der Ziegenbock;
Der Wein ist saftig, Holz die Reben,
Der hölzerne Tisch kann Wein auch geben.

Ein tiefer Blick in die Natur!
Hier ist ein Wunder, glaubet nur!
Nun zieht die Pfropfen und genießt!

Alle

indem sie die Pfropfen ziehen, und jedem der verlangte Wein in's Glas läuft.

O schöner Brunnen, der uns fließt!

Mephistopheles.

Nur hütet euch, daß ihr mir nichts vergießt!

Sie trinken wiederholt.

Alle singen.

Uns ist ganz kannibalisch wohl,
Als wie fünfhundert Säuen!

Mephistopheles.

Das Volk ist frei, seht an, wie wohl's ihm geht!

Faust.

Ich hätte Lust nun abzufahren.

Mephistopheles.

Gib nur erst Acht, die Bestialität
Wird sich gar herrlich offenbaren.

Siebel

trinkt unvorsichtig, der Wein fließt auf die Erde, und wird zur Flamme.

Helft! Feuer! Helft! Die Hölle brennt!

Mephistopheles die Flamme besprechend.

Sei ruhig, freundlich Element!

Zu dem Gesellen.

Für dießmal war es nur ein Tropfen Fegefeuer.

Siebel.

Was soll das sein? Wart'! Ihr bezahlt es theuer!
Es scheinet, daß ihr uns nicht kennt.

Frosch.

Laß Er uns das zum zweitenmale bleiben!

Altmayer.

Ich dächt', wir hießen ihn ganz sachte seitwärts gehn.

Siebel.

Was Herr? Er will sich unterstehn,
Und hier sein Hocuspocus treiben?

Mephistopheles.

Still, altes Weinfaß!

Siebel.

Besenstiel!
Du willst uns gar noch grob begegnen?

Brander.

Wart' nur! Es sollen Schläge regnen!

Altmayer

zieht einen Pfropf aus dem Tisch, es springt ihm Feuer entgegen.

Ich brenne! ich brenne!

Siebel.

Zauberei!
Stoßt zu! der Kerl ist vogelfrei!

Sie ziehen die Messer und gehn auf Mephistopheles los.

Mephistopheles mit ernsthafter Gebärde.

Falsch Gebild und Wort
Verändern Sinn und Ort!
Seid hier und dort!

Sie stehn erstaunt und sehn einander an.

Altmayer.

Wo bin ich? Welches schöne Land!

Frosch.

Weinberge! Seh' ich recht?

Siebel.

Und Trauben gleich zur Hand!

Brander.

Hier unter diesem grünen Laube,
Seht, welch ein Stock! Seht, welche Traube!

Er faßt Siebeln bei der Nase. Die andern thun es wechselseitig und heben die Messer.

Mephistopheles wie oben.

Irrthum, laß los der Augen Band!
Und merkt euch wie der Teufel spaße.

Er verschwindet mit *Faust*, die Gesellen fahren aus einander.

Siebel.

Was gibt's?

Altmayer.

Wie?

Frosch.

War das deine Nase?

Brander zu Siebel.

Und deine hab' ich in der Hand!

Altmayer.

Es war ein Schlag, der ging durch alle Glieder!
Schafft einen Stuhl, ich sinke nieder!

Frosch.

Nein, sagt mir nur, was ist geschehn?

Siebel.

Wo ist der Kerl? Wenn ich ihn spüre,
Er soll mir nicht lebendig gehn!

Altmayer.

Ich hab' ihn selbst hinaus zur Kellerthüre –
Auf einem Fasse reiten sehn – –
Es liegt mir bleischwer in den Füßen.

Sich nach dem Tische wendend.

Mein! Sollte wohl der Wein noch fließen?

Siebel.

Betrug war alles, Lug und Schein.

Frosch.

Mir däuchte doch als tränk' ich Wein.

Brander.

Aber wie war es mit den Trauben?

Altmayer.

Nun sag' mir eins, man soll kein Wunder glauben!

Hexenküche.

Auf einem niedrigen Herde steht ein großer Kessel über dem Feuer. In dem Dampfe, der davon in die Höhe steigt, zeigen sich verschiedene Gestalten. Eine **Meerkatze** sitzt bei dem Kessel und schäumt ihn, und sorgt daß er nicht überläuft. **Der Meerkater** mit den **Jungen** sitzt darneben und wärmt sich. Wände und Decke sind mit dem seltsamsten Hexenhausrath ausgeschmückt.

Faust. Mephistopheles.

Faust.

Mir widersteht das tolle Zauberwesen;
Versprichst du mir, ich soll genesen,
In diesem Wust von Raserei?
Verlang' ich Rath von einem alten Weibe?
Und schafft die Sudelköcherei
Wohl dreißig Jahre mir vom Leibe?
Weh mir, wenn du nichts Bessers weißt!
Schon ist die Hoffnung mir verschwunden.
Hat die Natur und hat ein edler Geist
Nicht irgend einen Balsam ausgefunden?

Mephistopheles.

Mein Freund, nun sprichst du wieder klug!
Dich zu verjüngen gibt's auch ein natürlich Mittel;

Allein es steht in einem andern Buch,
Und ist ein wunderlich Capitel.

Faust.

Ich will es wissen.

Mephistopheles.

Gut! Ein Mittel, ohne Geld
Und Arzt und Zauberei zu haben:
Begib dich gleich hinaus auf's Feld,
Fang' an zu hacken und zu graben,
Erhalte dich und deinen Sinn
In einem ganz beschränkten Kreise,
Ernähre dich mit ungemischter Speise,
Leb' mit dem Vieh als Vieh, und acht' es nicht für Raub,
Den Acker, den du erntest, selbst zu düngen;
Das ist das beste Mittel, glaub',
Auf achtzig Jahr dich zu verjüngen!

Faust.

Das bin ich nicht gewöhnt, ich kann mich nicht bequemen,
Den Spaten in die Hand zu nehmen.
Das enge Leben steht mir gar nicht an.

Mephistopheles.

So muß denn doch die Hexe dran.

Faust.

Warum denn just das alte Weib!
Kannst du den Trank nicht selber brauen?

Mephistopheles.

Das wär' ein schöner Zeitvertreib!
Ich wollt' indeß wohl tausend Brücken bauen.

Nicht Kunst und Wissenschaft allein,
Geduld will bei dem Werke sein.
Ein stiller Geist ist Jahre lang geschäftig;
Die Zeit nur macht die feine Gährung kräftig.
Und alles was dazu gehört
Es sind gar wunderbare Sachen!
Der Teufel hat sie's zwar gelehrt;
Allein der Teufel kann's nicht machen.

Die Thiere erblickend.

Sieh, welch ein zierliches Geschlecht!
Das ist die Magd! das ist der Knecht!

Zu den Thieren.

Es scheint, die Frau ist nicht zu Hause?

Die Thiere.

Bei'm Schmause,
Aus dem Haus
Zum Schornstein hinaus!

Mephistopheles.

Wie lange pflegt sie wohl zu schwärmen?

Die Thiere.

So lange wir uns die Pfoten wärmen.

Mephistopheles zu Faust.

Wie findest du die zarten Thiere?

Faust.

So abgeschmackt als ich nur jemand sah!

Mephistopheles.

Nein, ein Discours wie dieser da
Ist g'rade der den ich am liebsten führe!

Zu den Thieren.

So sagt mir doch, verfluchte Puppen,
Was quirlt ihr in dem Brei herum?

Thiere.

Wir kochen breite Bettelsuppen.

Mephistopheles.

Da habt ihr ein groß Publicum.

Der Kater

macht sich herbei und schmeichelt dem Mephistopheles.

O würfle nur gleich,
Und mache mich reich,
Und laß mich gewinnen!
Gar schlecht ist's bestellt,
Und wär' ich bei Geld,
So wär' ich bei Sinnen.

Mephistopheles.

Wie glücklich würde sich der Affe schätzen,
Könnt' er nur auch in's Lotto setzen!

Indessen haben die jungen Meerkätzchen mit einer großen Kugel gespielt und rollen sie hervor.

Der Kater.

Das ist die Welt;
Sie steigt und fällt
Und rollt beständig;
Sie klingt wie Glas;
Wie bald bricht das!
Ist hohl inwendig.
Hier glänzt sie sehr,
Und hier noch mehr,
Ich bin lebendig!
Mein lieber Sohn,

Halt' dich davon!
Du mußt sterben!
Sie ist von Thon,
Es gibt Scherben.

Mephistopheles.

Was soll das Sieb?

Der Kater holt es herunter.

Wärst du ein Dieb,
Wollt' ich dich gleich erkennen.

Er läuft zur Kätzin und läßt sie durchsehen.

Sieh durch das Sieb!
Erkennst du den Dieb,
Und darfst ihn nicht nennen?

Mephistopheles sich dem Feuer nähernd.

Und dieser Topf?

Kater und *Kätzin.*

Der alberne Tropf!
Er kennt nicht den Topf,
Er kennt nicht den Kessel!

Mephistopheles.

Unhöfliches Thier!

Der Kater.

Den Wedel nimm hier,
Und setz' dich in Sessel!

Er nöthigt den Mephistopheles zu sitzen.

Faust

welcher diese Zeit über vor einem Spiegel gestanden, sich ihm bald genähert, bald sich von ihm entfernt hat.

Was seh' ich ? Welch ein himmlisch Bild
Zeigt sich in diesem Zauberspiegel!

O Liebe, leihe mir den schnellsten deiner Flügel,
Und führe mich in ihr Gefild!
Ach wenn ich nicht auf dieser Stelle bleibe,
Wenn ich es wage nah zu gehn,
Kann ich sie nur als wie im Nebel sehn! –
Das schönste Bild von einem Weibe!
Ist's möglich, ist das Weib so schön?
Muß ich an diesem hingestreckten Leibe
Den Inbegriff von allen Himmeln sehn?
So etwas findet sich auf Erden?

Mephistopheles.

Natürlich, wenn ein Gott sich erst sechs Tage plagt,
Und selbst am Ende bravo sagt,
Da muß es was Gescheidtes werden.
Für dießmal sieh dich immer satt;
Ich weiß dir so ein Schätzchen auszuspüren,
Und selig wer das gute Schicksal hat,
Als Bräutigam sie heim zu führen!

Faust sieht immerfort in den Spiegel. *Mephistopheles,* sich in dem Sessel dehnend und mit dem Wedel spielend, fährt fort zu sprechen.

Hier sitz' ich wie der König auf dem Throne,
Den Zepter halt' ich hier, es fehlt nur noch die Krone.

Die Thiere

welche bisher allerlei wunderliche Bewegungen durch einander gemacht haben, bringen dem Mephistopheles eine Krone mit großem Geschrei.

O sei doch so gut,
Mit Schweiß und mit Blut
Die Krone zu leimen!

Sie gehn ungeschickt mit der Krone um und zerbrechen sie in zwei Stücke mit welchen sie herumspringen.

Nun ist es geschehn!
Wir reden und sehn,
Wir hören und reimen;

Faust gegen den Spiegel.

Weh mir! ich werde schier verrückt.

Mephistopheles auf die Thiere deutend.

Nun fängt mir an fast selbst der Kopf zu schwanken.

Die Thiere.

Und wenn es uns glückt,
Und wenn es sich schickt,
So sind es Gedanken!

Faust wie oben.

Mein Busen fängt mir an zu brennen!
Entfernen wir uns nur geschwind!

Mephistopheles in obiger Stellung.

Nun, wenigstens muß man bekennen,
Daß es aufrichtige Poeten sind.

Der Kessel, welchen die Kätzin bisher außer Acht gelassen, fängt an überzulaufen; es entsteht eine große Flamme, welche zum Schornstein hinaus schlägt. Die Hexe kommt durch die Flamme mit entsetzlichem Geschrei herunter gefahren.

Die Hexe.

Au! Au! Au! Au!
Verdammtes Thier! verfluchte Sau!
Versäumst den Kessel, versengst die Frau!
Verfluchtes Thier!

Faust und Mephistopheles erblickend.

Was ist das hier?
Wer seid ihr hier?
Was wollt ihr da?
Wer schlich sich ein?
Die Feuerpein
Euch in's Gebein!

Sie fährt mit dem Schaumlöffel in den Kessel und spritzt Flammen nach Faust, Mephistopheles und den Thieren. Die Thiere winseln.

Mephistopheles

welcher den Wedel, den er in der Hand hält, umkehrt, und unter die Gläser und Töpfe schlägt.

Entzwei! entzwei!
Da liegt der Brei!
Da liegt das Glas!
Es ist nur Spaß,
Der Tact, du Aas,
Zu deiner Melodei.

Indem die Hexe voll Grimm und Entsetzen zurücktritt.

Erkennst du mich? Gerippe! Scheusal du!
Erkennst du deinen Herrn und Meister?
Was hält mich ab, so schlag' ich zu,
Zerschmettre dich und deine Katzen-Geister!
Hast du vor'm rothen Wamms nicht mehr Respect?
Kannst du die Hahnenfeder nicht erkennen?
Hab' ich dieß Angesicht versteckt?
Soll ich mich etwa selber nennen?

Die Hexe.

O Herr, verzeiht den rohen Gruß!
Seh' ich doch keinen Pferdefuß.
Wo sind denn eure beiden Raben?

Mephistopheles.

Für dießmal kommst du so davon;
Denn freilich ist es eine Weile schon,
Daß wir uns nicht gesehen haben.
Auch die Cultur, die alle Welt beleckt,
Hat auf den Teufel sich erstreckt;
Das nordische Phantom ist nun nicht mehr zu schauen;
Wo siehst du Hörner, Schweif und Klauen?
Und was den Fuß betrifft, den ich nicht missen kann,
Der würde mir bei Leuten schaden;
Darum bedien' ich mich, wie mancher junge Mann,
Seit vielen Jahren falscher Waden.

Die Hexe tanzend.

Sinn und Verstand verlier' ich schier,
Seh' ich den Junker Satan wieder hier!

Mephistopheles.

Den Namen, Weib, verbitt' ich mir!

Die Hexe.

Warum? Was hat er euch gethan?

Mephistopheles.

Er ist schon lang in's Fabelbuch geschrieben;
Allein die Menschen sind nichts besser dran,
Den Bösen sind sie los, die Bösen sind geblieben.
Du nennst mich Herr Baron, so ist die Sache gut;
Ich bin ein Cavalier, wie andre Cavaliere.
Du zweifelst nicht an meinem edlen Blut;
Sieh her, das ist das Wappen, das ich führe!

Er macht eine unanständige Gebärde.

Die Hexe lacht unmäßig.

Ha! Ha! Das ist in eurer Art!
Ihr seid ein Schelm, wie ihr nur immer wart!

Mephistopheles zu Faust.

Mein Freund, das lerne wohl verstehn!
Dieß ist die Art mit Hexen umzugehn.

Die Hexe.

Nun sagt, ihr Herren, was ihr schafft.

Mephistopheles.

Ein gutes Glas von dem bekannten Saft,
Doch muß ich euch um's ält'ste bitten;
Die Jahre doppeln seine Kraft.

Die Hexe.

Gar gern! Hier hab' ich eine Flasche,
Aus der ich selbst zuweilen nasche,
Die auch nicht mehr im mind'sten stinkt;
Ich will euch gern ein Gläschen geben.

Leise.

Doch wenn es dieser Mann unvorbereitet trinkt,
So kann er, wißt ihr wohl, nicht eine Stunde leben.

Mephistopheles.

Es ist ein guter Freund, dem es gedeihen soll;
Ich gönn' ihm gern das Beste deiner Küche.
Zieh deinen Kreis, sprich deine Sprüche,
Und gib ihm eine Tasse voll!

Die Hexe mit seltsamen Gebärden, zieht einen Kreis und stellt wunderbare Sachen hinein; indessen fangen die Gläser an zu klingen, die Kessel zu tönen, und machen Musik. Zuletzt bringt sie ein großes Buch, stellt die Meerkatzen in den Kreis, die ihr zum Pult dienen und die Fackel halten müssen. Sie winkt Fausten, zu ihr zu treten.

Faust zu Mephistopheles.

Nein, sage mir, was soll das werden?
Das tolle Zeug, die rasenden Gebärden,
Der abgeschmackteste Betrug,
Sind mir bekannt, verhaßt genug.

Mephistopheles.

Ei, Possen! Das ist nur zum Lachen;
Sei nur nicht ein so strenger Mann;
Sie muß als Arzt ein Hocuspocus machen,
Damit der Saft dir wohl gedeihen kann.

Er nöthigt Fausten in den Kreis zu treten.

Die Hexe
mit großer Emphase fängt an aus dem Buche zu declamiren.

Du mußt verstehn!
Aus Eins mach' Zehn,
Und Zwei laß gehn,
Und Drei mach' gleich,
So bist du reich.
Verlier' die Vier!
Aus Fünf und Sechs,
So sagt die Hex',
Mach' Sieben und Acht,
So ist's vollbracht:
Und Neun ist Eins,
Und Zehn ist keins.
Das ist das Hexen-Einmal-Eins!

Faust.

Mich dünkt, die Alte spricht im Fieber.

Mephistopheles.

Das ist noch lange nicht vorüber,
Ich kenn' es wohl, so klingt das ganze Buch;
Ich habe manche Zeit damit verloren,
Denn ein vollkommner Widerspruch
Bleibt gleich geheimnißvoll für Kluge wie für Thoren.
Mein Freund, die Kunst ist alt und neu.
Es war die Art zu allen Zeiten,
Durch Drei und Eins, und Eins und Drei
Irrthum statt Wahrheit zu verbreiten.
So schwätzt und lehrt man ungestört;
Wer will sich mit den Narrn befassen?
Gewöhnlich glaubt der Mensch, wenn er nur Worte hört,
Es müsse sich dabei doch auch was denken lassen.

Die Hexe fährt fort.

Die hohe Kraft
Der Wissenschaft,
Der ganzen Welt verborgen!
Und wer nicht denkt,
Dem wird sie geschenkt,
Er hat sie ohne Sorgen.

Faust.

Was sagt sie uns für Unsinn vor?
Es wird mir gleich der Kopf zerbrechen.
Mich dünkt, ich hör' ein ganzes Chor
Von hunderttausend Narren sprechen.

Mephistopheles.

Genug, genug, o treffliche Sibylle!
Gib deinen Trank herbei, und fülle
Die Schale rasch bis an den Rand hinan;

Denn meinem Freund wird dieser Trunk nicht schaden:
Er ist ein Mann von vielen Graden,
Der manchen guten Schluck gethan.

Die Hexe mit vielen Ceremonien, schenkt den Trank in eine Schale; wie sie Faust an den Mund bringt, entsteht eine leichte Flamme.

Mephistopheles.

Nur frisch hinunter! Immer zu!
Es wird dir gleich das Herz erfreuen.
Bist mit dem Teufel du und du,
Und willst dich vor der Flamme scheuen?

Die Hexe lös't den Kreis. Faust tritt heraus.

Mephistopheles.

Nun frisch hinaus! Du darfst nicht ruhn.

Die Hexe.

Mög' euch das Schlückchen wohl behagen!

Mephistopheles zur Hexe.

Und kann ich dir was zu Gefallen thun,
So darfst du mir's nur auf Walpurgis sagen.

Die Hexe.

Hier ist ein Lied! wenn ihr's zuweilen singt,
So werdet ihr besondre Wirkung spüren.

Mephistopheles zu Faust.

Komm nur geschwind und laß dich führen;
Du mußt nothwendig transpiriren,
Damit die Kraft durch Inn- und Äußres dringt.

Den edlen Müßiggang lehr' ich hernach dich schätzen,
Und bald empfindest du mit innigem Ergetzen,
Wie sich Cupido regt und hin und wieder springt.

Faust.

Laß mich nur schnell noch in den Spiegel schauen!
Das Frauenbild war gar zu schön!

Mephistopheles.

Nein! Nein! Du sollst das Muster aller Frauen
Nun bald leibhaftig vor dir sehn.

Leise.

Du siehst, mit diesem Trank im Leibe,
Bald Helenen in jedem Weibe.

Straße.

Faust. Margarete vorüber gehend.

Faust.

Mein schönes Fräulein, darf ich wagen,
Meinen Arm und Geleit Ihr anzutragen?

Margarete.

Bin weder Fräulein, weder schön,
Kann ungeleitet nach Hause gehn.

Sie macht sich los und ab.

Faust.

Bei'm Himmel, dieses Kind ist schön!
So etwas hab' ich nie gesehn.
Sie ist so sitt- und tugendreich,
Und etwas schnippisch doch zugleich.
Der Lippe Roth, der Wange Licht,
Die Tage der Welt vergess' ich's nicht!
Wie sie die Augen niederschlägt,
Hat tief sich in mein Herz geprägt;
Wie sie kurz angebunden war,
Das ist nun zum Entzücken gar!

Mephistopheles tritt auf.

Faust.

Hör', du mußt mir die Dirne schaffen!

Mephistopheles.

Nun, welche?

Faust.

Sie ging just vorbei.

Mephistopheles.

Da die? Sie kam von ihrem Pfaffen,
Der sprach sie aller Sünden frei;
Ich schlich mich hart am Stuhl vorbei,
Es ist ein gar unschuldig Ding,
Das eben für nichts zur Beichte ging;
Über die hab' ich keine Gewalt!

Faust.

Ist über vierzehn Jahr doch alt.

Mephistopheles.

Du sprichst ja wie Hans Liederlich,
Der begehrt jede liebe Blum' für sich,
Und dünkelt ihm es wär' kein' Ehr'
Und Gunst die nicht zu pflücken wär';
Geht aber doch nicht immer an.

Faust.

Mein Herr Magister Lobesan,
Laß Er mich mit dem Gesetz in Frieden!
Und das sag' ich Ihm kurz und gut,
Wenn nicht das süße junge Blut
Heut Nacht in meinen Armen ruht,
So sind wir um Mitternacht geschieden.

Mephistopheles.

Bedenkt was gehn und stehen mag!
Ich brauche wenigstens vierzehn Tag,
Nur die Gelegenheit auszuspüren.

Faust.

Hätt' ich nur sieben Stunden Ruh,
Brauchte den Teufel nicht dazu,
So ein Geschöpfchen zu verführen.

Mephistopheles.

Ihr sprecht schon fast wie ein Franzos;
Doch bitt' ich, laßt's euch nicht verdrießen:
Was hilft's nur g'rade zu genießen?
Die Freud' ist lange nicht so groß,
Als wenn ihr erst herauf, herum,
Durch allerlei Brimborium,
Das Püppchen geknetet und zugericht't,
Wie's lehret manche wälsche Geschicht'.

Faust.

Hab' Appetit auch ohne das.

Mephistopheles.

Jetzt ohne Schimpf und ohne Spaß.
Ich sag' euch, mit dem schönen Kind
Geht's ein- für allemal nicht geschwind.
Mit Sturm ist da nichts einzunehmen;
Wir müssen uns zur List bequemen.

Faust.

Schaff' mir etwas vom Engelsschatz!
Führ' mich an ihren Ruheplatz!

Schaff' mir ein Halstuch von ihrer Brust,
Ein Strumpfband meiner Liebeslust!

Mephistopheles.

Damit ihr seht, daß ich eurer Pein
Will förderlich und dienstlich sein;
Wollen wir keinen Augenblick verlieren,
Will euch noch heut in ihr Zimmer führen.

Faust.

Und soll sie sehn? sie haben?

Mephistopheles.

Nein!
Sie wird bei einer Nachbarin sein.
Indessen könnt ihr ganz allein
An aller Hoffnung künft'ger Freuden
In ihrem Dunstkreis satt euch weiden.

Faust.

Können wir hin?

Mephistopheles.

Es ist noch zu früh.

Faust.

Sorg' du mir für ein Geschenk für sie.

Ab.

Mephistopheles.

Gleich schenken? Das ist brav! Da wird er reüssiren!
Ich kenne manchen schönen Platz
Und manchen alt vergrabnen Schatz;
Ich muß ein bißchen revidiren.

Ab.

Abend.

Ein kleines reinliches Zimmer.

Margarete ihre Zöpfe flechtend und aufbindend.

Margarete.

Ich gäb' was drum, wenn ich nur wüßt'
Wer heut der Herr gewesen ist!
Er sah gewiß recht wacker aus,
Und ist aus einem edlen Haus;
Das konnt' ich ihm an der Stirne lesen –
Er wär' auch sonst nicht so keck gewesen.

Ab.

Mephistopheles. Faust.

Mephistopheles.

Herein, ganz leise, nur herein!

Faust nach einigem Stillschweigen.

Ich bitte dich, laß mich allein!

Mephistopheles herumspürend.

Nicht jedes Mädchen hält so rein.

Ab.

Faust rings aufschauend.

Willkommen süßer Dämmerschein!
Der du dieß Heiligthum durchwebst.
Ergreif' mein Herz, du süße Liebespein!
Die du vom Thau der Hoffnung schmachtend lebst.
Wie athmet rings Gefühl der Stille,
Der Ordnung, der Zufriedenheit!
In dieser Armuth welche Fülle!
In diesem Kerker welche Seligkeit!

Er wirft sich auf den ledernen Sessel am Bette.

O nimm mich auf! der du die Vorwelt schon
Bei Freud' und Schmerz im offnen Arm empfangen!
Wie oft, ach! hat an diesem Väter-Thron
Schon eine Schaar von Kindern rings gehangen!
Vielleicht hat, dankbar für den heil'gen Christ,
Mein Liebchen hier, mit vollen Kinderwangen,
Dem Ahnherrn fromm die welke Hand geküßt.
Ich fühl', o Mädchen, deinen Geist
Der Füll' und Ordnung um mich säuseln,
Der mütterlich dich täglich unterweis't,
Den Teppich auf den Tisch dich reinlich breiten heißt,
Sogar den Sand zu deinen Füßen kräuseln.
O liebe Hand! so göttergleich!
Die Hütte wird durch dich ein Himmelreich.
Und hier!

Er hebt einen Bettvorhang auf.

Was faßt mich für ein Wonnegraus!
Hier möcht' ich volle Stunden säumen.
Natur! Hier bildetest in leichten Träumen
Den eingebornen Engel aus;

Hier lag das Kind! mit warmem Leben
Den zarten Busen angefüllt,
Und hier mit heilig reinem Weben
Entwirkte sich das Götterbild!

Und du! Was hat dich hergeführt?
Wie innig fühl' ich mich gerührt!
Was willst du hier? Was wird das Herz dir schwer?
Armsel'ger Faust! ich kenne dich nicht mehr.

Umgibt mich hier ein Zauberduft?
Mich drang's so g'rade zu genießen,
Und fühle mich in Liebestraum zerfließen!
Sind wir ein Spiel von jedem Druck der Luft?

Und träte sie den Augenblick herein,
Wie würdest du für deinen Frevel büßen!
Der große Hans, ach wie so klein!
Läg', hingeschmolzen, ihr zu Füßen.

Mephistopheles kommt.

Mephistopheles.

Geschwind! ich seh' sie unten kommen.

Faust.

Fort! Fort! Ich kehre nimmermehr!

Mephistopheles.

Hier ist ein Kästchen leidlich schwer,
Ich hab's wo anders hergenommen.
Stellt's hier nur immer in den Schrein,
Ich schwör' euch, ihr vergehn die Sinnen;
Ich that euch Sächelchen hinein,
Um eine andre zu gewinnen.
Zwar Kind ist Kind und Spiel ist Spiel.

Faust.

Ich weiß nicht soll ich?

Mephistopheles.

Fragt ihr viel?
Meint ihr vielleicht den Schatz zu wahren?
Dann rath' ich eurer Lüsternheit,
Die liebe schöne Tageszeit
Und mir die weitre Müh zu sparen.
Ich hoff' nicht daß ihr geizig seid!
Ich kratz' den Kopf, reib' an den Händen –

Er stellt das Kästchen in den Schrein und drückt das Schloß wieder zu.

Nur fort! geschwind! –
Um euch das süße junge Kind
Nach Herzens Wunsch und Will' zu wenden;
Und ihr seht drein,
Als solltet ihr in den Hörsaal hinein,
Als stünden grau leibhaftig vor euch da
Physik und Metaphysica!
Nur fort!

Ab.

Margarete mit einer Lampe.

Margarete.

Es ist so schwül, so dumpfig hie

Sie macht das Fenster auf.

Und ist doch eben so warm nicht drauß'.
Es wird mir so, ich weiß nicht wie –
Ich wollt', die Mutter käm' nach Haus.
Mir läuft ein Schauer über'n ganzen Leib –
Bin doch ein thöricht furchtsam Weib!

Sie fängt an zu singen, indem sie sich auszieht.

Es war ein König in Thule
Gar treu bis an das Grab,
Dem sterbend seine Buhle
Einen goldnen Becher gab.

Es ging ihm nichts darüber,
Er leert' ihn jeden Schmaus;
Die Augen gingen ihm über,
So oft er trank daraus.

Und als er kam zu sterben,
Zählt' er seine Städt' im Reich,
Gönnt' alles seinem Erben,
Den Becher nicht zugleich.

Er saß bei'm Königsmahle,
Die Ritter um ihn her,
Auf hohem Väter-Saale,
Dort auf dem Schloß am Meer.

Dort stand der alte Zecher,
Trank letzte Lebensgluth,
Und warf den heiligen Becher
Hinunter in die Fluth.

Er sah ihn stürzen, trinken
Und sinken tief in's Meer,
Die Augen thäten ihm sinken,
Trank nie einen Tropfen mehr.

Sie eröffnet den Schrein, ihre Kleider einzuräumen, und erblickt das Schmuckkästchen.

Wie kommt das schöne Kästchen hier herein?
Ich schloß doch ganz gewiß den Schrein.

Es ist doch wunderbar! Was mag wohl drinne sein?
Vielleicht bracht's jemand als ein Pfand,
Und meine Mutter lieh darauf.
Da hängt ein Schlüsselchen am Band,
Ich denke wohl ich mach' es auf!
Was ist das? Gott im Himmel! Schau',
So was hab' ich mein' Tage nicht gesehn!
Ein Schmuck! Mit dem könnt' eine Edelfrau
Am höchsten Feiertage gehn.
Wie sollte mir die Kette stehn?
Wem mag die Herrlichkeit gehören?

Sie putzt sich damit auf und tritt vor den Spiegel.

Wenn nur die Ohrring' meine wären!
Man sieht doch gleich ganz anders drein.
Was hilft euch Schönheit, junges Blut?
Das ist wohl alles schön und gut,
Allein man läßt's auch alles sein;
Man lobt euch halb mit Erbarmen.
Nach Golde drängt,
Am Golde hängt
Doch alles. Ach wir Armen!

Spaziergang.

Faust in Gedanken auf und ab gehend. Zu ihm

Mephistopheles.

Mephistopheles.

Bei aller verschmähten Liebe! Bei'm höllischen Elemente!
Ich wollt' ich wüßte was Ärgers, daß ich's fluchen könnte!

Faust.

Was hast? was kneipt dich denn so sehr?
So kein Gesicht sah ich in meinem Leben!

Mephistopheles.

Ich möcht' mich gleich dem Teufel übergeben,
Wenn ich nur selbst kein Teufel wär'!

Faust.

Hat sich dir was im Kopf verschoben?
Dich kleidet's, wie ein Rasender zu toben!

Mephistopheles.

Denkt nur, den Schmuck für Gretchen angeschafft,
Den hat ein Pfaff hinweggerafft! –
Die Mutter kriegt das Ding zu schauen,
Gleich fängt's ihr heimlich an zu grauen:
Die Frau hat gar einen feinen Geruch,

Schnuffelt immer im Gebetbuch,
Und riecht's einem jeden Möbel an,
Ob das Ding heilig ist oder profan;
Und an dem Schmuck da spürt sie's klar,
Daß dabei nicht viel Segen war.
Mein Kind, rief sie, ungerechtes Gut
Befängt die Seele, zehrt auf das Blut.
Wollen's der Mutter Gottes weihen,
Wird uns mit Himmels-Manna erfreuen!
Margretlein zog ein schiefes Maul,
Ist halt, dacht' sie, ein geschenkter Gaul,
Und wahrlich! gottlos ist nicht der,
Der ihn so fein gebracht hierher.
Die Mutter ließ einen Pfaffen kommen;
Der hatte kaum den Spaß vernommen,
Ließ sich den Anblick wohl behagen.
Er sprach: So ist man recht gesinnt!
Wer überwindet der gewinnt.
Die Kirche hat einen guten Magen,
Hat ganze Länder aufgefressen,
Und doch noch nie sich übergessen;
Die Kirch' allein, meine lieben Frauen,
Kann ungerechtes Gut verdauen.

Faust.

Das ist ein allgemeiner Brauch,
Ein Jud' und König kann es auch.

Mephistopheles.

Strich drauf ein Spange, Kett' und Ring',
Als wären's eben Pfifferling',
Dankt' nicht weniger und nicht mehr,
Als ob's ein Korb voll Nüsse wär',

Versprach ihnen allen himmlischen Lohn –
Und sie waren sehr erbaut davon.

Faust.

Und Gretchen?

Mephistopheles.

Sitzt nun unruhvoll,
Weiß weder was sie will noch soll,
Denkt an's Geschmeide Tag und Nacht,
Noch mehr an den der's ihr gebracht.

Faust.

Des Liebchens Kummer thut mir leid.
Schaff' du ihr gleich ein neu Geschmeid'!
Am ersten war ja so nicht viel.

Mephistopheles.

O ja, dem Herrn ist alles Kinderspiel!

Faust.

Und mach', und richt's nach meinem Sinn,
Häng' dich an ihre Nachbarin!
Sei Teufel doch nur nicht wie Brei,
Und schaff' einen neuen Schmuck herbei!

Mephistopheles.

Ja, gnäd'ger Herr, von Herzen gerne.

Faust ab.

Mephistopheles.

So ein verliebter Thor verpufft
Euch Sonne, Mond und alle Sterne
Zum Zeitvertreib dem Liebchen in die Luft.

Ab.

Der Nachbarin Haus.

Marthe allein.

Marthe.

Gott verzeih's meinem lieben Mann,
Er hat an mir nicht wohl gethan!
Geht da stracks in die Welt hinein,
Und läßt mich auf dem Stroh allein.
Thät ihn doch wahrlich nicht betrüben,
Thät ihn, weiß Gott, recht herzlich lieben.

Sie weint.

Vielleicht ist er gar todt! – O Pein! – –
Hätt' ich nur einen Todtenschein!

Margarete kommt.

Margarete.

Frau Marthe!

Marthe.

Gretelchen, was soll's?

Margarete.

Fast sinken mir die Kniee nieder!
Da find' ich so ein Kästchen wieder
In meinem Schrein, von Ebenholz,
Und Sachen herrlich ganz und gar,
Weit reicher als das erste war.

Marthe.

Das muß Sie nicht der Mutter sagen;
Thät's wieder gleich zur Beichte tragen.

Margarete.

Ach seh' Sie nur! ach schau' Sie nur!

Marthe putzt sie auf.

O du glücksel'ge Creatur!

Margarete.

Darf mich, leider, nicht auf der Gassen,
Noch in der Kirche mit sehen lassen.

Marthe.

Komm du nur oft zu mir herüber,
Und leg' den Schmuck hier heimlich an;
Spazier' ein Stündchen lang dem Spiegelglas vorüber,
Wir haben unsre Freude dran;
Und dann gibt's einen Anlaß, gibt's ein Fest,
Wo man's so nach und nach den Leuten sehen läßt.
Ein Kettchen erst, die Perle dann in's Ohr;
Die Mutter sieht's wohl nicht, man macht ihr auch was vor.

Margarete.

Wer konnte nur die beiden Kästchen bringen?
Es geht nicht zu mit rechten Dingen!

Es klopft.

Margarete.

Ach Gott! mag das meine Mutter sein?

Marthe durch's Vorhängel guckend.

Es ist ein fremder Herr – Herein!

Mephistopheles tritt auf.

Mephistopheles.

Bin so frei g'rad' herein zu treten,
Muß bei den Frauen Verzeihn erbeten.

Tritt ehrerbietig vor Margareten zurück.

Wollte nach Frau Marthe Schwerdtlein fragen!

Marthe.

Ich bin's, was hat der Herr zu sagen?

Mephistopheles leise zu ihr.

Ich kenne Sie jetzt, mir ist das genug;
Sie hat da gar vornehmen Besuch.
Verzeiht die Freiheit die ich genommen,
Will Nachmittage wieder kommen.

Marthe laut.

Denk', Kind, um alles in der Welt!
Der Herr dich für ein Fräulein hält.

Margarete.

Ich bin ein armes junges Blut;
Ach Gott! der Herr ist gar zu gut:
Schmuck und Geschmeide sind nicht mein.

Mephistopheles.

Ach, es ist nicht der Schmuck allein;
Sie hat ein Wesen, einen Blick so scharf!
Wie freut mich's daß ich bleiben darf.

Marthe.

Was bringt Er denn? Verlange sehr –

Mephistopheles.

Ich wollt' ich hätt' eine frohere Mähr'!
Ich hoffe Sie läßt mich's drum nicht büßen:
Ihr Mann ist todt und läßt Sie grüßen.

Marthe.

Ist todt? das treue Herz! O weh!
Mein Mann ist todt! Ach ich vergeh'!

Margarete.

Ach! liebe Frau, verzweifelt nicht!

Mephistopheles.

So hört die traurige Geschicht'!

Margarete.

Ich möchte drum mein' Tag' nicht lieben;
Würde mich Verlust zu Tode betrüben.

Mephistopheles.

Freud' muß Leid, Leid muß Freude haben.

Marthe.

Erzählt mir seines Lebens Schluß!

Mephistopheles.

Er liegt in Padua begraben
Bei'm heiligen Antonius,
An einer wohlgeweihten Stätte
Zum ewig kühlen Ruhebette.

Marthe.

Habt ihr sonst nichts an mich zu bringen?

Mephistopheles.

Ja, eine Bitte, groß und schwer;
Lass' Sie doch ja für ihn dreihundert Messen singen!
Im übrigen sind meine Taschen leer.

Marthe.

Was! Nicht ein Schaustück? Kein Geschmeid'?
Was jeder Handwerksbursch im Grund des Säckels spart,
Zum Angedenken aufbewahrt,
Und lieber hungert, lieber bettelt!

Mephistopheles.

Madam, es thut mir herzlich leid;
Allein er hat sein Geld wahrhaftig nicht verzettelt.
Auch er bereute seine Fehler sehr,
Ja, und bejammerte sein Unglück noch viel mehr.

Margarete.

Ach! daß die Menschen so unglücklich sind!
Gewiß ich will für ihn manch Requiem noch beten.

Mephistopheles.

Ihr wäret werth, gleich in die Eh zu treten:
Ihr sei ein liebenswürdig Kind.

Margarete.

Ach nein, das geht jetzt noch nicht an.

Mephistopheles.

Ist's nicht ein Mann, sei's derweil' ein Galan.
's ist eine der größten Himmelsgaben,
So ein lieb Ding im Arm zu haben.

Margarete.

Das ist des Landes nicht der Brauch.

Mephistopheles.

Brauch oder nicht! Es gibt sich auch.

Marthe.

Erzählt mir doch!

Mephistopheles.

Ich stand an seinem Sterbebette,
Es war was besser als von Mist,
Von halbgefaultem Stroh; allein er starb als Christ,
Und fand daß er weit mehr noch auf der Zeche hätte.
Wie, rief er, muß ich mich von Grund aus hassen,
So mein Gewerb, mein Weib so zu verlassen!
Ach! die Erinnrung tödtet mich.
Vergäb' sie mir nur noch in diesem Leben! –

Marthe weinend.

Der gute Mann! ich hab' ihm längst vergeben.

Mephistopheles.

Allein, weiß Gott! sie war mehr Schuld als ich.

Marthe.

Das lügt er! Was! am Rand des Grabs zu lügen!

Mephistopheles.

Er fabelte gewiß in letzten Zügen,
Wenn ich nur halb ein Kenner bin.
Ich hatte, sprach er, nicht zum Zeitvertreib zu gaffen,
Erst Kinder, und dann Brot für sie zu schaffen,
Und Brot im allerweit'sten Sinn,
Und konnte nicht einmal mein Theil in Frieden essen.

Marthe.

Hat er so aller Treu', so aller Lieb' vergessen,
Der Plackerei bei Tag und Nacht!

Mephistopheles.

Nicht doch, er hat euch herzlich dran gedacht.
Er sprach: Als ich nun weg von Malta ging,
Da betet' ich für Frau und Kinder brünstig;
Uns war denn auch der Himmel günstig,
Daß unser Schiff ein türkisch Fahrzeug fing,
Das einen Schatz des großen Sultans führte.
Da ward der Tapferkeit ihr Lohn,
Und ich empfing denn auch, wie sich gebührte,
Mein wohlgemess'nes Theil davon.

Marthe.

Ei wie? Ei wo? Hat er's vielleicht vergraben?

Mephistopheles.

Wer weiß, wo nun es die vier Winde haben.
Ein schönes Fräulein nahm sich seiner an,
Als er in Napel fremd umher spazierte;
Sie hat an ihm viel Liebs und Treus gethan,
Daß er's bis an sein selig Ende spürte.

Marthe.

Der Schelm! der Dieb an seinen Kindern!
Auch alles Elend, alle Noth
Konnt' nicht sein schändlich Leben hindern!

Mephistopheles.

Ja seht! dafür ist er nun todt.
Wär' ich nun jetzt an eurem Platze,

Betraurt' ich ihn ein züchtig Jahr,
Visirte dann unterweil' nach einem neuen Schatze.

Marthe.

Ach Gott! wie doch mein erster war,
Find' ich nicht leicht auf dieser Welt den andern!
Es konnte kaum ein herziger Närrchen sein.
Er liebte nur das allzuviele Wandern,
Und fremde Weiber, und fremden Wein,
Und das verfluchte Würfelspiel.

Mephistopheles.

Nun, nun, so konnt' es gehn und stehen,
Wenn er euch ungefähr so viel
Von seiner Seite nachgesehen.
Ich schwör' euch zu, mit dem Beding
Wechselt' ich selbst mit euch den Ring!

Marthe.

O es beliebt dem Herrn zu scherzen!

Mephistopheles für sich.

Nun mach' ich mich bei Zeiten fort!
Die hielte wohl den Teufel selbst bei'm Wort.

Zu Gretchen.

Wie steht es denn mit Ihrem Herzen?

Margarete.

Was meint der Herr damit?

Mephistopheles für sich.

Du guts unschuldigs Kind!

Laut.

Lebt wohl ihr Fraun!

Margarete.

Lebt wohl!

Marthe.

O sagt mir doch geschwind!
Ich möchte gern ein Zeugniß haben,
Wo, wie und wann mein Schatz gestorben und begraben.
Ich bin von je der Ordnung Freund gewesen,
Möcht' ihn auch todt im Wochenblättchen lesen.

Mephistopheles.

Ja, gute Frau, durch zweier Zeugen Mund
Wird allerwegs die Wahrheit kund;
Habe noch gar einen feinen Gesellen,
Den will ich euch vor den Richter stellen.
Ich bring' ihn her.

Marthe.

O thut das ja!

Mephistopheles.

Und hier die Jungfrau ist auch da? –
Ein braver Knab'! ist viel gereis't,
Fräuleins alle Höflichkeit erweis't.

Margarete.

Müßte vor dem Herren schamroth werden.

Mephistopheles.

Vor keinem Könige der Erden.

Marthe.

Da hinter'm Haus in meinem Garten
Wollen wir der Herrn heut Abend warten.

Straße.

Faust. Mephistopheles.

Faust.

Wie ist's? Will's fördern? Will's bald gehn?

Mephistopheles.

Ah bravo! Find' ich euch in Feuer?
In kurzer Zeit ist Gretchen euer.
Heut Abend sollt ihr sie bei Nachbar' Marthen sehn:
Das ist ein Weib wie auserlesen
Zum Kuppler- und Zigeunerwesen!

Faust.

So recht!

Mephistopheles.

Doch wird auch was von uns begehrt.

Faust.

Ein Dienst ist wohl des andern werth.

Mephistopheles.

Wir legen nur ein gültig Zeugniß nieder,
Daß ihres Ehherrn ausgereckte Glieder
In Padua an heil'ger Stätte ruhn.

Faust.

Sehr klug! Wir werden erst die Reise machen müssen!

Mephistopheles.

SANCTA SIMPLICITAS! darum ist's nicht zu thun;
Bezeugt nur ohne viel zu wissen.

Faust.

Wenn Er nichts Bessers hat, so ist der Plan zerrissen.

Mephistopheles.

O heil'ger Mann! Da wärt ihr's nun!
Ist es das erstemal in eurem Leben,
Daß ihr falsch Zeugniß abgelegt?
Habt ihr von Gott, der Welt und was sich drin bewegt,
Vom Menschen, was sich ihm in Kopf und Herzen regt,
Definitionen nicht mit großer Kraft gegeben?
Mit frecher Stirne, kühner Brust?
Und wollt ihr recht in's Innre gehen,
Habt ihr davon, ihr müßt es g'rad' gestehen,
So viel als von Herrn Schwerdtleins Tod gewußt!

Faust.

Du bist und bleibst ein Lügner, ein Sophiste.

Mephistopheles.

Ja, wenn man's nicht ein bißchen tiefer wüßte.
Denn morgen wirst, in allen Ehren,
Das arme Gretchen nicht bethören,
Und alle Seelenlieb' ihr schwören?

Faust.

Und zwar von Herzen.

Mephistopheles.

Gut und schön!
Dann wird von ewiger Treu' und Liebe,
Von einzig überallmächt'gem Triebe –
Wird das auch so von Herzen gehn?

Faust.

Laß das! Es wird! – Wenn ich empfinde,
Für das Gefühl, für das Gewühl
Nach Namen suche, keinen finde,
Dann durch die Welt mit allen Sinnen schweife,
Nach allen höchsten Worten greife,
Und diese Gluth, von der ich brenne,
Unendlich, ewig, ewig nenne,
Ist das ein teuflisch Lügenspiel?

Mephistopheles.

Ich hab' doch Recht!

Faust.

Hör'! merk' dir dieß –
Ich bitte dich, und schone meine Lunge –
Wer Recht behalten will und hat nur eine Zunge,
Behält's gewiß.
Und komm, ich hab' des Schwätzens Überdruß,
Denn du hast Recht, vorzüglich weil ich muß.

Garten.

Margarete an Faustens Arm, Marthe mit Mephistopheles auf und ab spazierend.

Margarete.

Ich fühl' es wohl, daß mich der Herr nur schont,
Herab sich läßt, mich zu beschämen.
Ein Reisender ist so gewohnt
Aus Gütigkeit fürlieb zu nehmen;
Ich weiß zu gut, daß solch erfahrnen Mann
Mein arm Gespräch nicht unterhalten kann.

Faust.

Ein Blick von dir, Ein Wort mehr unterhält,
Als alle Weisheit dieser Welt.

Er küßt ihre Hand.

Margarete.

Incommodirt euch nicht! Wie könnt ihr sie nur küssen?
Sie ist so garstig, ist so rauh!
Was hab' ich nicht schon alles schaffen müssen!
Die Mutter ist gar zu genau.

Gehn vorüber.

Marthe.

Und ihr, mein Herr, ihr reis't so immer fort?

Mephistopheles.

Ach, daß Gewerb und Pflicht uns dazu treiben!
Mit wie viel Schmerz verläßt man manchen Ort,
Und darf doch nun einmal nicht bleiben!

Marthe.

In raschen Jahren geht's wohl an,
So um und um frei durch die Welt zu streifen;
Doch kömmt die böse Zeit heran,
Und sich als Hagestolz allein zum Grab zu schleifen,
Das hat noch keinem wohl gethan.

Mephistopheles.

Mit Grausen seh' ich das von weiten.

Marthe.

Drum, werther Herr, berathet euch in Zeiten.

Gehn vorüber.

Margarete.

Ja, aus den Augen aus dem Sinn!
Die Höflichkeit ist euch geläufig;
Allein ihr habt der Freunde häufig,
Sie sind verständiger als ich bin.

Faust.

O Beste! glaube, was man so verständig nennt,
Ist oft mehr Eitelkeit und Kurzsinn.

Margarete.

Wie?

Faust.

Ach, daß die Einfalt, daß die Unschuld nie
Sich selbst und ihren heil'gen Werth erkennt!

Daß Demuth, Niedrigkeit, die höchsten Gaben
Der liebevoll austheilenden Natur –

Margarete.

Denkt ihr an mich ein Augenblickchen nur,
Ich werde Zeit genug an euch zu denken haben.

Faust.

Ihr seid wohl viel allein?

Margarete.

Ja, unsre Wirthschaft ist nur klein,
Und doch will sie versehen sein.
Wir haben keine Magd; muß kochen, fegen, stricken
Und nähn, und laufen früh und spat;
Und meine Mutter ist in allen Stücken
So accurat!
Nicht daß sie just so sehr sich einzuschränken hat;
Wir könnten uns weit eh'r als andre regen:
Mein Vater hinterließ ein hübsch Vermögen,
Ein Häuschen und ein Gärtchen vor der Stadt.
Doch hab' ich jetzt so ziemlich stille Tage;
Mein Bruder ist Soldat,
Mein Schwesterchen ist todt.
Ich hatte mit dem Kind wohl meine liebe Noth;
Doch übernähm' ich gern noch einmal alle Plage,
So lieb war mir das Kind.

Faust.

Ein Engel, wenn dir's glich.

Margarete.

Ich zog es auf, und herzlich liebt' es mich.
Es war nach meines Vaters Tod geboren.

Die Mutter gaben wir verloren,
So elend wie sie damals lag,
Und sie erholte sich sehr langsam, nach und nach.
Da konnte sie nun nicht dran denken
Das arme Würmchen selbst zu tränken,
Und so erzog ich's ganz allein,
Mit Milch und Wasser; so ward's mein.
Auf meinem Arm, in meinem Schoos
War's freundlich, zappelte, ward groß.

Faust.

Du hast gewiß das reinste Glück empfunden.

Margarete.

Doch auch gewiß gar manche schwere Stunden.
Des Kleinen Wiege stand zu Nacht
An meinem Bett, es durfte kaum sich regen,
War ich erwacht;
Bald mußt' ich's tränken, bald es zu mir legen,
Bald, wenn's nicht schwieg, vom Bett aufstehn,
Und tänzelnd in der Kammer auf und nieder gehn,
Und früh am Tage schon am Waschtrog stehn;
Dann auf dem Markt und an dem Herde sorgen,
Und immer fort wie heut so morgen.
Da geht's, mein Herr, nicht immer muthig zu;
Doch schmeckt dafür das Essen, schmeckt die Ruh.

Gehn vorüber.

Marthe.

Die armen Weiber sind doch übel dran:
Ein Hagestolz ist schwerlich zu bekehren.

Mephistopheles.

Es käme nur auf Euresgleichen an,
Mich eines Bessern zu belehren.

Marthe.

Sagt g'rad', mein Herr, habt ihr noch nichts gefunden?
Hat sich das Herz nicht irgendwo gebunden?

Mephistopheles.

Das Sprichwort sagt: Ein eigner Herd,
Ein braves Weib, sind Gold und Perlen werth.

Marthe.

Ich meine, ob ihr niemals Lust bekommen?

Mephistopheles.

Man hat mich überall recht höflich aufgenommen.

Marthe.

Ich wollte sagen: ward's nie Ernst in eurem Herzen?

Mephistopheles.

Mit Frauen soll man sich nie unterstehn zu scherzen.

Marthe.

Ach, ihr versteht mich nicht!

Mephistopheles.

Das thut mir herzlich leid!
Doch ich versteh' – daß ihr sehr gütig seid.

Gehn vorüber.

Faust.

Du kanntest mich, o kleiner Engel, wieder,
Gleich als ich in den Garten kam?

Margarete.

Saht ihr es nicht? ich schlug die Augen nieder.

Faust.

Und du verzeihst die Freiheit, die ich nahm,
Was sich die Frechheit unterfangen,
Als du jüngst aus dem Dom gegangen?

Margarete.

Ich war bestürzt, mir war das nie geschehn;
Es konnte niemand von mir Übels sagen.
Ach, dacht' ich, hat er in deinem Betragen
Was Freches, Unanständiges gesehn?
Es schien ihn gleich nur anzuwandeln,
Mit dieser Dirne g'rade hin zu handeln.
Gesteh' ich's doch! Ich wußte nicht was sich
Zu eurem Vortheil hier zu regen gleich begonnte;
Allein gewiß, ich war recht bös' auf mich,
Daß ich auf euch nicht böser werden konnte.

Faust.

Süß Liebchen!

Margarete.

Laßt einmal!

Sie pflückt eine Sternblume und zupft die Blätter ab,
eins nach dem andern.

Faust.

Was soll das? Einen Strauß?

Margarete.

Nein, es soll nur ein Spiel.

Faust.

Wie?

Margarete.

Geht! ihr lacht mich aus.

Sie rupft und murmelt.

Faust.

Was murmelst du?

Margarete halb laut.

Er liebt mich – liebt mich nicht.

Faust.

Du holdes Himmels-Angesicht!

Margarete fährt fort.

Liebt mich – Nicht – Liebt mich – Nicht –

Das letzte Blatt ausrupfend, mit holder Freude.

Er liebt mich!

Faust.

Ja, mein Kind! Laß dieses Blumenwort
Dir Götterausspruch sein. Er liebt dich!
Verstehst du, was das heißt? Er liebt dich!

Er faßt ihre beiden Hände.

Margarete.

Mich überläuft's!

Faust.

O schaudre nicht! Laß diesen Blick,
Laß diesen Händedruck dir sagen,
Was unaussprechlich ist:
Sich hinzugeben ganz und eine Wonne
Zu fühlen, die ewig sein muß!
Ewig! – Ihr Ende würde Verzweiflung sein.
Nein, kein Ende! Kein Ende!

Margarete drückt ihm die Hände, macht sich los und läuft weg. Er steht einen Augenblick in Gedanken, dann folgt er ihr.

Marthe kommend.

Die Nacht bricht an.

Mephistopheles.

Ja, und wir wollen fort.

Marthe.

Ich bät' euch länger hier zu bleiben,
Allein es ist ein gar zu böser Ort.
Es ist als hätte niemand nichts zu treiben
Und nichts zu schaffen,
Als auf des Nachbarn Schritt und Tritt zu gaffen,
Und man kommt in's Gered', wie man sich immer stellt.
Und unser Pärchen?

Mephistopheles.

Ist den Gang dort aufgeflogen.
Muthwill'ge Sommervögel!

Marthe.

Er scheint ihr gewogen.

Mephistopheles.

Und sie ihm auch. Das ist der Lauf der Welt.

Ein Gartenhäuschen.

Margarete springt herein, steckt sich hinter die Thür, hält die Fingerspitze an die Lippen, und guckt durch die Ritze.

Margarete.

Er kommt!

Faust kommt.

Faust.

Ach Schelm, so neckst du mich!
Treff' ich dich!

Er küßt sie.

Margarete ihn fassend und den Kuß zurückgebend.

Bester Mann! von Herzen lieb' ich dich!

Mephistopheles klopft an.

Faust stampfend.

Wer da?

Mephistopheles.

Gut Freund!

Faust.

Ein Thier!

Mephistopheles.

Es ist wohl Zeit zu scheiden.

Marthe kommt.

Marthe.

Ja, es ist spät, mein Herr.

Faust.

Darf ich euch nicht geleiten?

Margarete.

Die Mutter würde mich – Lebt wohl!

Faust.

Muß ich denn gehn?

Lebt wohl!

Marthe.

Ade!

Margarete.

Auf baldig Wiedersehn!

Faust und *Mephistopheles* ab.

Margarete.

Du lieber Gott! was so ein Mann
Nicht alles, alles denken kann!
Beschämt nur steh' ich vor ihm da,
Und sag' zu allen Sachen ja.
Bin doch ein arm unwissend Kind,
Begreife nicht was er an mir find't.

Ab.

Wald und Höhle.

Faust allein.

Faust.

Erhabner Geist, du gabst mir, gabst mir alles,
Warum ich bat. Du hast mir nicht umsonst
Dein Angesicht im Feuer zugewendet.
Gabst mir die herrliche Natur zum Königreich,
Kraft, sie zu fühlen, zu genießen. Nicht
Kalt staunenden Besuch erlaubst du nur,
Vergönnest mir in ihre tiefe Brust
Wie in den Busen eines Freunds zu schauen.
Du führst die Reihe der Lebendigen
Vor mir vorbei, und lehrst mich meine Brüder
Im stillen Busch, in Luft und Wasser kennen.
Und wenn der Sturm im Walde braus't und knarrt,
Die Riesenfichte stürzend Nachbaräste
Und Nachbarstämme quetschend nieder streift,
Und ihrem Fall dumpf hohl der Hügel donnert;
Dann führst du mich zur sichern Höhle, zeigst
Mich dann mir selbst, und meiner eignen Brust
Geheime tiefe Wunder öffnen sich.
Und steigt vor meinem Blick der reine Mond
Besänftigend herüber: schweben mir
Von Felsenwänden, aus dem feuchten Busch,

Der Vorwelt silberne Gestalten auf,
Und lindern der Betrachtung strenge Lust.

O daß dem Menschen nichts Vollkommnes wird,
Empfind' ich nun. Du gabst zu dieser Wonne,
Die mich den Göttern nah und näher bringt,
Mir den Gefährten, den ich schon nicht mehr
Entbehren kann, wenn er gleich, kalt und frech,
Mich vor mir selbst erniedrigt, und zu nichts,
Mit einem Worthauch, deine Gaben wandelt.
Er facht in meiner Brust ein wildes Feuer
Nach jenem schönen Bild geschäftig an.
So tauml' ich von Begierde zu Genuß,
Und im Genuß verschmacht' ich nach Begierde.

Mephistopheles tritt auf.

Mephistopheles.

Habt ihr nun bald das Leben g'nug geführt?
Wie kann's euch in die Länge freuen?
Es ist wohl gut, daß man's einmal probirt;
Dann aber wieder zu was Neuen!

Faust.

Ich wollt', du hättest mehr zu thun,
Als mich am guten Tag zu plagen.

Mephistopheles.

Nun nun! ich lass' dich gerne ruhn,
Du darfst mir's nicht im Ernste sagen.
An dir Gesellen unhold, barsch und toll,
Ist wahrlich wenig zu verlieren.
Den ganzen Tag hat man die Hände voll!

Was ihm gefällt und was man lassen soll,
Kann man dem Herrn nie an der Nase spüren.

Faust.

Das ist so just der rechte Ton!
Er will noch Dank, daß er mich ennuyirt.

Mephistopheles.

Wie hätt'st du, armer Erdensohn,
Dein Leben ohne mich geführt?
Vom Kribskrabs der Imagination
Hab' ich dich doch auf Zeiten lang curirt;
Und wär' ich nicht, so wärst du schon
Von diesem Erdball abspaziert.
Was hast du da in Höhlen, Felsenritzen
Dich wie ein Schuhu zu versitzen?
Was schlurfst aus dumpfem Moos und triefendem Gestein,
Wie eine Kröte, Nahrung ein?
Ein schöner süßer Zeitvertreib!
Dir steckt der Doctor noch im Leib.

Faust.

Verstehst du, was für neue Lebenskraft
Mir dieser Wandel in der Öde schafft?
Ja, würdest du es ahnen können,
Du wärest Teufel g'nug mein Glück mir nicht zu gönnen.

Mephistopheles.

Ein überirdisches Vergnügen!
In Nacht und Thau auf den Gebirgen liegen,
Und Erd' und Himmel wonniglich umfassen,
Zu einer Gottheit sich aufschwellen lassen,
Der Erde Mark mit Ahnungsdrang durchwühlen,

Alle sechs Tagewerk' im Busen fühlen,
In stolzer Kraft ich weiß nicht was genießen,
Bald liebewonniglich in alles überfließen,
Verschwunden ganz der Erdensohn,
Und dann die hohe Intuition –

Mit einer Gebärde.

Ich darf nicht sagen wie – zu schließen.

Faust.

Pfui über dich!

Mephistopheles.

Das will euch nicht behagen;
Ihr habt das Recht gesittet pfui zu sagen.
Man darf das nicht vor keuschen Ohren nennen,
Was keusche Herzen nicht entbehren können.
Und kurz und gut, ich gönn' Ihm das Vergnügen,
Gelegentlich sich etwas vorzulügen;
Doch lange hält Er das nicht aus.
Du bist schon wieder abgetrieben,
Und, währt es länger, aufgerieben
In Tollheit oder Angst und Graus.
Genug damit! Dein Liebchen sitzt dadrinne,
Und alles wird ihr eng und trüb.
Du kommst ihr gar nicht aus dem Sinne,
Sie hat dich übermächtig lieb.
Erst kam deine Liebeswuth übergeflossen,
Wie vom geschmolznen Schnee ein Bächlein übersteigt;
Du hast sie ihr in's Herz gegossen;
Nun ist dein Bächlein wieder seicht.
Mich dünkt, anstatt in Wäldern zu thronen,
Ließ' es dem großen Herren gut,
Das arme affenjunge Blut

Für seine Liebe zu belohnen.
Die Zeit wird ihr erbärmlich lang;
Sie steht am Fenster, sieht die Wolken ziehn
Über die alte Stadtmauer hin.
Wenn ich ein Vöglein wär'! so geht ihr Gesang
Tagelang, halbe Nächte lang.
Einmal ist sie munter, meist betrübt,
Einmal recht ausgeweint,
Dann wieder ruhig, wie's scheint,
Und immer verliebt.

Faust.

Schlange! Schlange!

Mephistopheles für sich.

Gelt! daß ich dich fange!

Faust.

Verruchter! hebe dich von hinnen,
Und nenne nicht das schöne Weib!
Bring' die Begier zu ihrem süßen Leib
Nicht wieder vor die halb verrückten Sinnen!

Mephistopheles.

Was soll es denn? Sie meint, du seist entflohn,
Und halb und halb bist du es schon.

Faust.

Ich bin ihr nah, und wär' ich noch so fern,
Ich kann sie nie vergessen, nie verlieren;
Ja, ich beneide schon den Leib des Herrn,
Wenn ihre Lippen ihn indeß berühren.

Mephistopheles.

Gar wohl, mein Freund! Ich hab' euch oft beneidet
Um's Zwillingspaar, das unter Rosen weidet.

Faust.

Entfliehe, Kuppler!

Mephistopheles.

Schön! Ihr schimpft und ich muß lachen.
Der Gott, der Bub- und Mädchen schuf,
Erkannte gleich den edelsten Beruf,
Auch selbst Gelegenheit zu machen.
Nur fort, es ist ein großer Jammer!
Ihr sollt in eures Liebchens Kammer,
Nicht etwa in den Tod.

Faust.

Was ist die Himmelsfreud' in ihren Armen?
Laß mich an ihrer Brust erwarmen!
Fühl' ich nicht immer ihre Noth?
Bin ich der Flüchtling nicht? der Unbehaus'te?
Der Unmensch ohne Zweck und Ruh',
Der wie ein Wassersturz von Fels zu Felsen braus'te
Begierig wüthend nach dem Abgrund zu?
Und seitwärts sie, mit kindlich dumpfen Sinnen,
Im Hüttchen auf dem kleinen Alpenfeld,
Und all ihr häusliches Beginnen
Umfangen in der kleinen Welt.
Und ich, der Gottverhaßte,
Hatte nicht genug,
Daß ich die Felsen faßte
Und sie zu Trümmern schlug!
Sie, ihren Frieden mußt' ich untergraben!

Du, Hölle, mußtest dieses Opfer haben!
Hilf, Teufel, mir die Zeit der Angst verkürzen!
Was muß geschehn, mag's gleich geschehn!
Mag ihr Geschick auf mich zusammenstürzen
Und sie mit mir zu Grunde gehn.

Mephistopheles.

Wie's wieder siedet, wieder glüht!
Geh ein und tröste sie, du Thor!
Wo so ein Köpfchen keinen Ausgang sieht,
Stellt er sich gleich das Ende vor.
Es lebe wer sich tapfer hält!
Du bist doch sonst so ziemlich eingeteufelt,
Nichts Abgeschmackters find' ich auf der Welt,
Als einen Teufel der verzweifelt.

Gretchens Stube.

Gretchen am Spinnrade allein.

Gretchen.

Meine Ruh ist hin,
Mein Herz ist schwer;
Ich finde sie nimmer
Und nimmermehr.

Wo ich ihn nicht hab'
Ist mir das Grab,
Die ganze Welt
Ist mir vergällt.

Mein armer Kopf
Ist mir verrückt,
Mein armer Sinn
Ist mir zerstückt.

Meine Ruh ist hin,
Mein Herz ist schwer;
Ich finde sie nimmer
Und nimmermehr.

Nach ihm nur schau' ich
Zum Fenster hinaus,
Nach ihm nur geh' ich
Aus dem Haus.

Sein hoher Gang,
Sein' edle Gestalt,
Seines Mundes Lächeln,
Seiner Augen Gewalt,

Und seiner Rede
Zauberfluß,
Sein Händedruck,
Und ach sein Kuß!

Meine Ruh ist hin,
Mein Herz ist schwer;
Ich finde sie nimmer
Und nimmermehr.

Mein Busen drängt
Sich nach ihm hin.
Ach dürft' ich fassen
Und halten ihn,

Und küssen ihn
So wie ich wollt',
An seinen Küssen
Vergehen sollt'!

Marthens Garten.

Margarete. Faust.

Margarete.

Versprich mir, Heinrich!

Faust.

Was ich kann!

Margarete.

Nun sag', wie hast du's mit der Religion?
Du bist ein herzlich guter Mann,
Allein ich glaub', du hält'st nicht viel davon.

Faust.

Laß das, mein Kind! Du fühlst, ich bin dir gut;
Für meine Lieben ließ' ich Leib und Blut,
Will niemand sein Gefühl und seine Kirche rauben.

Margarete.

Das ist nicht recht, man muß dran glauben!

Faust.

Muß man?

Margarete.

Ach! wenn ich etwas auf dich könnte!
Du ehrst auch nicht die heil'gen Sacramente.

Faust.

Ich ehre sie.

Margarete.

Doch ohne Verlangen.
Zur Messe, zur Beichte bist du lange nicht gegangen.
Glaubst du an Gott?

Faust.

Mein Liebchen, wer darf sagen:
Ich glaub' an Gott?
Magst Priester oder Weise fragen,
Und ihre Antwort scheint nur Spott
Über den Frager zu sein.

Margarete.

So glaubst du nicht?

Faust.

Mißhör' mich nicht, du holdes Angesicht!
Wer darf ihn nennen?
Und wer bekennen:
Ich glaub' ihn?
Wer empfinden
Und sich unterwinden
Zu sagen: ich glaub' ihn nicht?
Der Allumfasser,
Der Allerhalter,
Faßt und erhält er nicht
Dich, mich, sich selbst?
Wölbt sich der Himmel nicht dadroben?
Liegt die Erde nicht hierunten fest?
Und steigen freundlich blickend
Ewige Sterne nicht herauf?

Schau' ich nicht Aug' in Auge dir,
Und drängt nicht alles
Nach Haupt und Herzen dir,
Und webt in ewigem Geheimniß
Unsichtbar sichtbar neben dir?
Erfüll' davon dein Herz, so groß es ist,
Und wenn du ganz in dem Gefühle selig bist,
Nenn' es dann wie du willst,
Nenn's Glück! Herz! Liebe! Gott!
Ich habe keinen Namen
Dafür! Gefühl ist alles;
Name ist Schall und Rauch,
Umnebelnd Himmelsgluth.

Margarete.

Das ist alles recht schön und gut;
Ungefähr sagt das der Pfarrer auch,
Nur mit ein bißchen andern Worten.

Faust.

Es sagen's aller Orten
Alle Herzen unter dem himmlischen Tage,
Jedes in seiner Sprache;
Warum nicht ich in der meinen?

Margarete.

Wenn man's so hört, möcht's leidlich scheinen,
Steht aber doch immer schief darum;
Denn du hast kein Christenthum.

Faust.

Liebs Kind!

Margarete.

Es thut mir lang schon weh,
Daß ich dich in der Gesellschaft seh'.

Faust.

Wie so?

Margarete.

Der Mensch, den du da bei dir hast,
Ist mir in tiefer innrer Seele verhaßt;
Es hat mir in meinem Leben
So nichts einen Stich in's Herz gegeben,
Als des Menschen widrig Gesicht.

Faust.

Liebe Puppe, fürcht' ihn nicht!

Margarete.

Seine Gegenwart bewegt mir das Blut.
Ich bin sonst allen Menschen gut;
Aber, wie ich mich sehne dich zu schauen,
Hab' ich vor dem Menschen ein heimlich Grauen,
Und halt' ihn für einen Schelm dazu!
Gott verzeih mir's, wenn ich ihm Unrecht thu'!

Faust.

Es muß auch solche Käuze geben.

Margarete.

Wollte nicht mit Seinesgleichen leben!
Kommt er einmal zur Thür herein,
Sieht er immer so spöttisch drein,
Und halb ergrimmt;
Man sieht, daß er an nichts keinen Antheil nimmt;

Es steht ihm an der Stirn' geschrieben,
Daß er nicht mag eine Seele lieben.
Mir wird's so wohl in deinem Arm,
So frei, so hingegeben warm,
Und seine Gegenwart schnürt mir das Innre zu.

Faust.

Du ahnungsvoller Engel du!

Margarete.

Das übermannt mich so sehr,
Daß, wo er nur mag zu uns treten,
Mein' ich sogar, ich liebte dich nicht mehr.
Auch wenn er da ist, könnt' ich nimmer beten,
Und das frißt mir in's Herz hinein;
Dir, Heinrich, muß es auch so sein.

Faust.

Du hast nun die Antipathie!

Margarete.

Ich muß nun fort.

Faust.

Ach kann ich nie
Ein Stündchen ruhig dir am Busen hängen,
Und Brust an Brust und Seel' in Seele drängen?

Margarete.

Ach wenn ich nur alleine schlief'!
Ich ließ' dir gern heut Nacht den Riegel offen;
Doch meine Mutter schläft nicht tief:
Und würden wir von ihr betroffen,
Ich wär' gleich auf der Stelle todt!

Faust.

Du Engel, das hat keine Noth.
Hier ist ein Fläschchen! Drei Tropfen nur
In ihren Trank umhüllen
Mit tiefem Schlaf gefällig die Natur.

Margarete.

Was thu' ich nicht um deinetwillen?
Es wird ihr hoffentlich nicht schaden!

Faust.

Würd' ich sonst, Liebchen, dir es rathen?

Margarete.

Seh' ich dich, bester Mann, nur an,
Weiß nicht was mich nach deinem Willen treibt;
Ich habe schon so viel für dich gethan,
Daß mir zu thun fast nichts mehr übrig bleibt.

Ab.

Mephistopheles tritt auf.

Mephistopheles.

Der Grasaff'! ist er weg?

Faust.

Hast wieder spionirt?

Mephistopheles.

Ich hab's ausführlich wohl vernommen,
Herr Doctor wurden da katechisirt;
Hoff' es soll Ihnen wohl bekommen.
Die Mädels sind doch sehr interessirt,

Ob einer fromm und schlicht nach altem Brauch.
Sie denken, duckt er da, folgt er uns eben auch.

Faust.

Du Ungeheuer siehst nicht ein,
Wie diese treue liebe Seele
Von ihrem Glauben voll,
Der ganz allein
Ihr selig machend ist, sich heilig quäle,
Daß sie den liebsten Mann verloren halten soll.

Mephistopheles.

Du übersinnlicher sinnlicher Freier,
Ein Mägdelein nasführet dich.

Faust.

Du Spottgeburt von Dreck und Feuer!

Mephistopheles.

Und die Physiognomie versteht sie meisterlich.
In meiner Gegenwart wird's ihr sie weiß nicht wie,
Mein Mäskchen da weissagt verborgnen Sinn;
Sie fühlt, daß ich ganz sicher ein Genie,
Vielleicht wohl gar der Teufel bin.
Nun heute Nacht – ?

Faust.

Was geht dich's an?

Mephistopheles.

Hab' ich doch meine Freude dran!

Am Brunnen.

Gretchen und Lieschen mit Krügen.

Lieschen.

Hast nichts von Bärbelchen gehört?

Gretchen.

Kein Wort. Ich komm' gar wenig unter Leute.

Lieschen.

Gewiß, Sibylle sagt' mir's heute!
Die hat sich endlich auch bethört.
Das ist das Vornehmthun!

Gretchen.

Wie so?

Lieschen.

Es stinkt!
Sie füttert zwei, wenn sie nun ißt und trinkt.

Gretchen.

Ach!

Lieschen.

So ist's ihr endlich recht ergangen.
Wie lange hat sie an dem Kerl gehangen!

Das war ein Spazieren,
Auf Dorf und Tanzplatz Führen,
Mußt' überall die Erste sein,
Curtesirt' ihr immer mit Pastetchen und Wein;
Bild't' sich was auf ihre Schönheit ein,
War doch so ehrlos sich nicht zu schämen
Geschenke von ihm anzunehmen.
War ein Gekos' und ein Geschleck';
Da ist denn auch das Blümchen weg!

Gretchen.

Das arme Ding!

Lieschen.

Bedauerst sie noch gar!
Wenn unser eins am Spinnen war,
Uns Nachts die Mutter nicht hinunterließ,
Stand sie bei ihrem Buhlen süß,
Auf der Thürbank und im dunkeln Gang
Ward ihnen keine Stunde zu lang.
Da mag sie denn sich ducken nun,
Im Sünderhemdchen Kirchbuß' thun!

Gretchen.

Er nimmt sie gewiß zu seiner Frau.

Lieschen.

Er wär' ein Narr! Ein flinker Jung'
Hat anderwärts noch Luft genung.
Er ist auch fort.

Gretchen.

Das ist nicht schön!

Lieschen.

Kriegt sie ihn, soll's ihr übel gehn.

Das Kränzel reißen die Buben ihr,
Und Häckerling streuen wir vor die Thür!

Ab.

Gretchen nach Hause gehend.

Wie konnt' ich sonst so tapfer schmählen,
Wenn thät ein armes Mägdlein fehlen!
Wie konnt' ich über andrer Sünden
Nicht Worte g'nug der Zunge finden!
Wie schien mir's schwarz, und schwärzt's noch gar,
Mir's immer doch nicht schwarz g'nug war,
Und segnet' mich und that so groß,
Und bin nun selbst der Sünde bloß!
Doch – alles was dazu mich trieb,
Gott! war so gut! ach war so lieb!

Zwinger.

In der Mauerhöhle ein Andachtsbild der Mater dolorosa, Blumenkrüge davor. Gretchen steckt frische Blumen in die Krüge.

Gretchen.

Ach neige,
Du Schmerzenreiche,
Dein Antlitz gnädig meiner Noth!

Das Schwert im Herzen,
Mit tausend Schmerzen
Blickst auf zu deines Sohnes Tod.

Zum Vater blickst du,
Und Seufzer schickst du
Hinauf um sein' und deine Noth.

Wer fühlet,
Wie wühlet
Der Schmerz mir im Gebein?
Was mein armes Herz hier banget,
Was es zittert, was verlanget,
Weißt nur du, nur du allein!

Wohin ich immer gehe,
Wie weh, wie weh, wie wehe
Wird mir im Busen hier!
Ich bin ach kaum alleine,
Ich wein', ich wein', ich weine,
Das Herz zerbricht in mir.

Die Scherben vor meinem Fenster
Bethaut' ich mit Thränen, ach!
Als ich am frühen Morgen
Dir diese Blumen brach.

Schien hell in meine Kammer
Die Sonne früh herauf,
Saß ich in allem Jammer
In meinem Bett schon auf.

Hilf! rette mich von Schmach und Tod!
Ach neige,
Du Schmerzenreiche,
Dein Antlitz gnädig meiner Noth!

Nacht.

Straße vor Gretchens Thüre.

Valentin Soldat, Gretchens Bruder.

Valentin.

Wenn ich so saß bei einem Gelag,
Wo mancher sich berühmen mag,
Und die Gesellen mir den Flor
Der Mägdlein laut gepriesen vor,
Mit vollem Glas das Lob verschwemmt,
Den Ellenbogen aufgestemmt
Saß ich in meiner sichern Ruh,
Hört' all' dem Schwadroniren zu,
Und streiche lächelnd meinen Bart,
Und kriege das volle Glas zur Hand
Und sage: alles nach seiner Art!
Aber ist Eine im ganzen Land,
Die meiner trauten Gretel gleicht,
Die meiner Schwester das Wasser reicht?
Top! Top! Kling! Klang! das ging herum;
Die einen schrieen: er hat Recht,
Sie ist die Zier vom ganzen Geschlecht!
Da saßen alle die Lober stumm.
Und nun! – um's Haar sich auszuraufen
Und an den Wänden hinauf zu laufen! –

Mit Stichelreden, Naserümpfen
Soll jeder Schurke mich beschimpfen!
Soll wie ein böser Schuldner sitzen,
Bei jedem Zufallswörtchen schwitzen!
Und möcht' ich sie zusammenschmeißen;
Könnt' ich sie doch nicht Lügner heißen.

Was kommt heran! Was schleicht herbei?
Irr' ich nicht, es sind ihrer zwei.
Ist er's, gleich pack' ich ihn bei'm Felle,
Soll nicht lebendig von der Stelle!

Faust. Mephistopheles.

Faust.

Wie von dem Fenster dort der Sacristei
Aufwärts der Schein des ew'gen Lämpchens flämmert
Und schwach und schwächer seitwärts dämmert,
Und Finsterniß drängt ringsum bei!
So sieht's in meinem Busen nächtig.

Mephistopheles.

Und mir ist's wie dem Kätzlein schmächtig,
Das an den Feuerleitern schleicht,
Sich leis' dann um die Mauern streicht;
Mir ist's ganz tugendlich dabei,
Ein bißchen Diebsgelüst, ein bißchen Rammelei.
So spukt mir schon durch alle Glieder
Die herrliche Walpurgisnacht.
Die kommt uns übermorgen wieder,
Da weiß man doch warum man wacht.

Faust.

Rückt wohl der Schatz indessen in die Höh,
Den ich dorthinten flimmern seh'?

Mephistopheles.

Du kannst die Freude bald erleben,
Das Kesselchen herauszuheben.
Ich schielte neulich so hinein,
Sind herrliche Löwenthaler drein.

Faust.

Nicht ein Geschmeide, nicht ein Ring,
Meine liebe Buhle damit zu zieren?

Mephistopheles.

Ich sah dabei wohl so ein Ding,
Als wie eine Art von Perlenschnüren.

Faust.

So ist es recht! Mir thut es weh,
Wenn ich ohne Geschenke zu ihr geh'.

Mephistopheles.

Es sollt' euch eben nicht verdrießen
Umsonst auch etwas zu genießen.
Jetzt da der Himmel voller Sterne glüht,
Sollt ihr ein wahres Kunststück hören:
Ich sing' ihr ein moralisch Lied,
Um sie gewisser zu bethören.

Singt zur Cither.

Was machst du mir
Vor Liebchens Thür,
Kathrinchen, hier

Bei frühem Tagesblicke?
Laß, laß es sein!
Er läßt dich ein
Als Mädchen ein,
Als Mädchen nicht zurücke.

Nehmt euch in Acht!
Ist es vollbracht,
Dann gute Nacht
Ihr armen, armen Dinger!
Habt ihr euch lieb,
Thut keinem Dieb
Nur nichts zu Lieb',
Als mit dem Ring am Finger.

Valentin tritt vor.

Wen lockst du hier? bei'm Element!
Vermaledeiter Rattenfänger!
Zum Teufel erst das Instrument!
Zum Teufel hinterdrein den Sänger!

Mephistopheles.

Die Cither ist entzwei! an der ist nichts zu halten.

Valentin.

Nun soll es an ein Schädelspalten!

Mephistopheles zu Faust.

Herr Doctor nicht gewichen! Frisch!
Hart an mich an, wie ich euch führe.
Heraus mit eurem Flederwisch!
Nur zugestoßen! Ich parire.

Valentin.

Parire den!

Mephistopheles.

Warum denn nicht?

Valentin.

Auch den!

Mephistopheles.

Gewiß!

Valentin.

Ich glaub' der Teufel ficht!
Was ist denn das? Schon wird die Hand mir lahm.

Mephistopheles zu Faust.

Stoß' zu!

Valentin fällt.

O weh!

Mephistopheles.

Nun ist der Lümmel zahm!
Nun aber fort! Wir müssen gleich verschwinden:
Denn schon entsteht ein mörderlich Geschrei.
Ich weiß mich trefflich mit der Policei,
Doch mit dem Blutbann schlecht mich abzufinden.

Marthe am Fenster.

Heraus! Heraus!

Gretchen am Fenster.

Herbei ein Licht!

Marthe wie oben.

Man schilt und rauft, man schreit und ficht.

Volk.

Da liegt schon einer todt!

Marthe heraustretend.

Die Mörder sind sie denn entflohn?

Gretchen heraustretend.

Wer liegt hier?

Volk.

Deiner Mutter Sohn.

Gretchen.

Allmächtiger! welche Noth!

Valentin.

Ich sterbe! das ist bald gesagt
Und bälder noch gethan.
Was steht ihr Weiber, heult und klagt?
Kommt her und hört mich an!

Alle treten um ihn.

Mein Gretchen sieh! du bist noch jung,
Bist gar noch nicht gescheidt genung,
Machst deine Sachen schlecht.
Ich sag' dir's im Vertrauen nur:
Du bist doch nun einmal eine Hur';
So sei's auch eben recht.

Gretchen.

Mein Bruder! Gott! Was soll mir das?

Valentin.

Laß unsern Herr Gott aus dem Spaß.
Geschehn ist leider nun geschehn,
Und wie es gehn kann, so wird's gehn.
Du fingst mit Einem heimlich an,
Bald kommen ihrer mehre dran,

Und wenn dich erst ein Dutzend hat,
So hat dich auch die ganze Stadt.

Wenn erst die Schande wird geboren,
Wird sie heimlich zur Welt gebracht,
Und man zieht den Schleier der Nacht
Ihr über Kopf und Ohren;
Ja, man möchte sie gern ermorden.
Wächs't sie aber und macht sich groß,
Dann geht sie auch bei Tage bloß,
Und ist doch nicht schöner geworden.
Je häßlicher wird ihr Gesicht,
Je mehr sucht sie des Tages Licht.

Ich seh' wahrhaftig schon die Zeit,
Daß alle brave Bürgersleut',
Wie von einer angesteckten Leichen,
Von dir, du Metze! seitab weichen.
Dir soll das Herz im Leib verzagen,
Wenn sie dir in die Augen sehn!
Sollst keine goldne Kette mehr tragen!
In der Kirche nicht mehr am Altar stehn!
In einem schönen Spitzenkragen
Dich nicht bei'm Tanze wohlbehagen!
In eine finstre Jammerecken
Unter Bettler und Krüppel dich verstecken,
Und wenn dir denn auch Gott verzeiht,
Auf Erden sein vermaledeit!

Marthe.

Befehlt eure Seele Gott zu Gnaden!
Wollt ihr noch Lästrung auf euch laden?

Valentin.

Könnt' ich dir nur an den dürren Leib,
Du schändlich kupplerisches Weib!
Da hofft' ich aller meiner Sünden
Vergebung reiche Maß zu finden.

Gretchen.

Mein Bruder! Welche Höllenpein!

Valentin.

Ich sage, laß die Thränen sein!
Da du dich sprachst der Ehre los,
Gabst mir den schwersten Herzensstoß.
Ich gehe durch den Todesschlaf
Zu Gott ein als Soldat und brav.

Stirbt.

Dom.

Amt, Orgel und Gesang.

Gretchen unter vielem Volke. Böser Geist hinter Gretchen.

Böser Geist.

Wie anders, Gretchen, war dir's,
Als du noch voll Unschuld
Hier zum Altar trat'st,
Aus dem vergriffnen Büchelchen
Gebete lalltest,
Halb Kinderspiele,
Halb Gott im Herzen!
Gretchen!
Wo steht dein Kopf?
In deinem Herzen,
Welche Missethat?
Bet'st du für deiner Mutter Seele, die
Durch dich zur langen, langen Pein hinüberschlief?
Auf deiner Schwelle wessen Blut?
– Und unter deinem Herzen
Regt sich's nicht quillend schon,
Und ängstet dich und sich
Mit ahnungsvoller Gegenwart?

Gretchen.

Weh! Weh!
Wär' ich der Gedanken los,
Die mir herüber und hinüber gehen
Wider mich!

Chor.

DIES IRAE, DIES ILLA
SOLVET SAECLUM IN FAVILLA.

Orgelton.

Böser Geist.

Grimm faßt dich!
Die Posaune tönt!
Die Gräber beben!
Und dein Herz,
Aus Aschenruh
Zu Flammenqualen
Wieder aufgeschaffen,
Bebt auf!

Gretchen.

Wär' ich hier weg!
Mir ist als ob die Orgel mir
Den Athem versetzte,
Gesang mein Herz
Im Tiefsten lös'te.

Chor.

JUDEX ERGO CUM SEDEBIT,
QUIDQUID LATET ADPAREBIT,
NIL INULTUM REMANEBIT.

Gretchen.

Mir wird so eng!
Die Mauern-Pfeiler
Befangen mich!

Das Gewölbe
Drängt mich! – Luft!

Böser Geist.

Verbirg dich! Sünd' und Schande
Bleibt nicht verborgen.
Luft? Licht?
Weh dir!

Chor.

QUID SUM MISER TUNC DICTURUS?
QUEM PATRONUM ROGATURUS?
CUM VIX JUSTUS SIT SECURUS.

Böser Geist.

Ihr Antlitz wenden
Verklärte von dir ab.
Die Hände dir zu reichen,
Schauert's den Reinen.
Weh!

Chor.

QUID SUM MISER TUNC DICTURUS?

Gretchen.

Nachbarin! Euer Fläschchen! –

Sie fällt in Ohnmacht.

Walpurgisnacht.

Harzgebirg. Gegend von Schierke und Elend.

Faust. Mephistopheles.

Mephistopheles.

Verlangst du nicht nach einem Besenstiele?
Ich wünschte mir den allerderbsten Bock.
Auf diesem Weg sind wir noch weit vom Ziele.

Faust.

So lang ich mich noch frisch auf meinen Beinen fühle,
Genügt mir dieser Knotenstock.
Was hilft's daß man den Weg verkürzt! –
Im Labyrinth der Thäler hinzuschleichen,
Dann diesen Felsen zu ersteigen,
Von dem der Quell sich ewig sprudelnd stürzt,
Das ist die Lust, die solche Pfade würzt!
Der Frühling webt schon in den Birken
Und selbst die Fichte fühlt ihn schon;
Sollt' er nicht auch auf unsre Glieder wirken?

Mephistopheles.

Fürwahr ich spüre nichts davon!
Mir ist es winterlich im Leibe;

Ich wünschte Schnee und Frost auf meiner Bahn.
Wie traurig steigt die unvollkommne Scheibe
Des rothen Monds mit später Gluth heran,
Und leuchtet schlecht, daß man bei jedem Schritte,
Vor einen Baum, vor einen Felsen rennt!
Erlaub' daß ich ein Irrlicht bitte!
Dort seh' ich eins, das eben lustig brennt.
He da! mein Freund! Darf ich dich zu uns fodern?
Was willst du so vergebens lodern?
Sei doch so gut und leucht' uns da hinauf!

Irrlicht.

Aus Ehrfurcht, hoff' ich, soll es mir gelingen,
Mein leichtes Naturell zu zwingen;
Nur zickzack geht gewöhnlich unser Lauf.

Mephistopheles.

Ei! Ei! Er denkt's den Menschen nachzuahmen.
Geh' Er nur g'rad', in's Teufels Namen!
Sonst blas' ich Ihm Sein Flacker-Leben aus.

Irrlicht.

Ich merke wohl, ihr seid der Herr vom Haus,
Und will mich gern nach euch bequemen.
Allein bedenkt! der Berg ist heute zaubertoll,
Und wenn ein Irrlicht euch die Wege weisen soll,
So müßt ihr's so genau nicht nehmen.

Faust, Mephistopheles, Irrlicht im Wechselgesang.

In die Traum- und Zaubersphäre
Sind wir, scheint es, eingegangen.
Führ' uns gut und mach' dir Ehre!
Daß wir vorwärts bald gelangen,
In den weiten öden Räumen.

Seh' die Bäume hinter Bäumen,
Wie sie schnell vorüber rücken,
Und die Klippen, die sich bücken,
Und die langen Felsennasen,
Wie sie schnarchen, wie sie blasen!

Durch die Steine, durch den Rasen
Eilet Bach und Bächlein nieder.
Hör' ich Rauschen? hör' ich Lieder?
Hör' ich holde Liebesklage,
Stimmen jener Himmelstage?
Was wir hoffen, was wir lieben!
Und das Echo, wie die Sage
Alter Zeiten, hallet wider.

Uhu! Schuhu! tönt es näher,
Kauz und Kibitz und der Häher,
Sind sie alle wach geblieben?
Sind das Molche durch's Gesträuche?
Lange Beine, dicke Bäuche!
Und die Wurzeln, wie die Schlangen,
Winden sich aus Fels und Sande,
Strecken wunderliche Bande,
Uns zu schrecken, uns zu fangen;
Aus belebten derben Masern
Strecken sie Polypenfasern
Nach dem Wandrer. Und die Mäuse
Tausendfärbig, schaarenweise,
Durch das Moos und durch die Heide!
Und die Funkenwürmer fliegen,
Mit gedrängten Schwärme-Zügen,
Zum verwirrenden Geleite.

Aber sag' mir ob wir stehen,
Oder ob wir weiter gehen?
Alles, alles scheint zu drehen,
Fels und Bäume, die Gesichter
Schneiden, und die irren Lichter,
Die sich mehren, die sich blähen.

Mephistopheles.

Fasse wacker meinen Zipfel!
Hier ist so ein Mittelgipfel,
Wo man mit Erstaunen sieht,
Wie im Berg der Mammon glüht.

Faust.

Wie seltsam glimmert durch die Gründe
Ein morgenröthlich trüber Schein!
Und selbst bis in die tiefen Schlünde
Des Abgrunds wittert er hinein.
Da steigt ein Dampf, dort ziehen Schwaden,
Hier leuchtet Gluth aus Dunst und Flor,
Dann schleicht sie wie ein zarter Faden,
Dann bricht sie wie ein Quell hervor.
Hier schlingt sie eine ganze Strecke,
Mit hundert Adern, sich durch's Thal,
Und hier in der gedrängten Ecke
Vereinzelt sie sich auf einmal.
Da sprühen Funken in der Nähe,
Wie ausgestreuter goldner Sand.
Doch schau'! in ihrer ganzen Höhe
Entzündet sich die Felsenwand.

Mephistopheles.

Erleuchtet nicht zu diesem Feste
Herr Mammon prächtig den Palast?

Ein Glück daß du's gesehen hast;
Ich spüre schon die ungestümen Gäste.

Faust.

Wie ras't die Windsbraut durch die Luft!
Mit welchen Schlägen trifft sie meinen Nacken!

Mephistopheles.

Du mußt des Felsens alte Rippen packen,
Sonst stürzt sie dich hinab in dieser Schlünde Gruft.
Ein Nebel verdichtet die Nacht.
Höre wie's durch die Wälder kracht!
Aufgescheucht fliegen die Eulen.
Hör', es splittern die Säulen
Ewig grüner Paläste.
Girren und Brechen der Äste!
Der Stämme mächtiges Dröhnen!
Der Wurzeln Knarren und Gähnen!
Im fürchterlich verworrenen Falle
Über einander krachen sie alle,
Und durch die übertrümmerten Klüfte
Zischen und heulen die Lüfte.
Hörst du Stimmen in der Höhe?
In der Ferne, in der Nähe?
Ja, den ganzen Berg entlang
Strömt ein wüthender Zaubergesang!

Hexen im Chor.

Die Hexen zu dem Brocken ziehn,
Die Stoppel ist gelb, die Saat ist grün.
Dort sammelt sich der große Hauf,
Herr Urian sitzt oben auf.

So geht es über Stein und Stock,
Es f - t die Hexe, es st - t der Bock.

Stimme.

Die alte Baubo kommt allein;
Sie reitet auf einem Mutterschwein.

Chor.

So Ehre denn, wem Ehre gebührt!
Frau Baubo vor! und angeführt!
Ein tüchtig Schwein und Mutter drauf,
Da folgt der ganze Hexenhauf.

Stimme.

Welchen Weg kommst du her?

Stimme.

Über'n Ilsenstein!
Da guckt' ich der Eule in's Nest hinein.
Die macht' ein Paar Augen!

Stimme.

O fahre zur Hölle!
Was reit'st du so schnelle!

Stimme.

Mich hat sie geschunden,
Da sieh nur die Wunden!

Hexen. Chor.

Der Weg ist breit, der Weg ist lang,
Was ist das für ein toller Drang?
Die Gabel sticht, der Besen kratzt,
Das Kind erstickt, die Mutter platzt.

Hexenmeister. Halbes Chor.

Wir schleichen wie die Schneck' im Haus,
Die Weiber alle sind voraus.
Denn, geht es zu des Bösen Haus,
Das Weib hat tausend Schritt voraus.

Andre Hälfte.

Wir nehmen das nicht so genau,
Mit tausend Schritten macht's die Frau;
Doch, wie sie auch sich eilen kann,
Mit Einem Sprunge macht's der Mann.

Stimme oben.

Kommt mit, kommt mit, vom Felsensee!

Stimmen von unten.

Wir möchten gerne mit in die Höh.
Wir waschen und blank sind wir ganz und gar;
Aber auch ewig unfruchtbar.

Beide Chöre.

Es schweigt der Wind, es flieht der Stern,
Der trübe Mond verbirgt sich gern.
Im Sausen sprüht das Zauber-Chor
Viel tausend Feuerfunken hervor.

Stimme von unten.

Halte! Halte!

Stimme von oben.

Wer ruft da aus der Felsenspalte?

Stimme unten.

Nehmt mich mit! Nehmt mich mit!
Ich steige schon dreihundert Jahr,

Und kann den Gipfel nicht erreichen.
Ich wäre gern bei Meinesgleichen.

Beide Chöre.

Es trägt der Besen, trägt der Stock,
Die Gabel trägt, es trägt der Bock;
Wer heute sich nicht heben kann,
Ist ewig ein verlorner Mann.

Halbhexe unten.

Ich tripple nach, so lange Zeit;
Wie sind die andern schon so weit!
Ich hab' zu Hause keine Ruh,
Und komme hier doch nicht dazu.

Chor der Hexen.

Die Salbe gibt den Hexen Muth,
Ein Lumpen ist zum Segel gut,
Ein gutes Schiff ist jeder Trog;
Der flieget nie, der heut nicht flog.

Beide Chöre.

Und wenn wir um den Gipfel ziehn,
So streichet an dem Boden hin.
Und deckt die Heide weit und breit
Mit eurem Schwarm der Hexenheit.

Sie lassen sich nieder.

Mephistopheles.

Das drängt und stößt, das rutscht und klappert!
Das zischt und quirlt, das zieht und plappert!
Das leuchtet, sprüht und stinkt und brennt!
Ein wahres Hexenelement!

Nur fest an mir! sonst sind wir gleich getrennt.
Wo bist du?

Faust in der Ferne.

Hier!

Mephistopheles.

Was! dort schon hingerissen?
Da werd' ich Hausrecht brauchen müssen.
Platz! Junker Voland kommt. Platz! süßer Pöbel, Platz!
Hier, Doctor, fasse mich! und nun, in Einem Satz,
Laß uns aus dem Gedräng' entweichen;
Es ist zu toll, sogar für Meinesgleichen.
Dort neben leuchtet was mit ganz besondrem Schein,
Es zieht mich was nach jenen Sträuchen.
Komm, komm! wir schlupfen da hinein.

Faust.

Du Geist des Widerspruchs! Nur zu! du magst mich führen.
Ich denke doch, das war recht klug gemacht;
Zum Brocken wandeln wir in der Walpurgisnacht,
Um uns beliebig nun hieselbst zu isoliren.

Mephistopheles.

Da sieh nur welche bunten Flammen!
Es ist ein muntrer Club beisammen.
Im Kleinen ist man nicht allein.

Faust.

Doch droben möcht' ich lieber sein!
Schon seh' ich Gluth und Wirbelrauch.
Dort strömt die Menge zu dem Bösen;
Da muß sich manches Räthsel lösen.

Mephistopheles.

Doch manches Räthsel knüpft sich auch.
Laß du die große Welt nur sausen,
Wir wollen hier im Stillen hausen.
Es ist doch lange hergebracht,
Daß in der großen Welt man kleine Welten macht.
Da seh' ich junge Hexchen nackt und bloß,
Und alte die sich klug verhüllen.
Seid freundlich, nur um meinetwillen;
Die Müh ist klein, der Spaß ist groß.
Ich höre was von Instrumenten tönen!
Verflucht Geschnarr! Man muß sich dran gewöhnen.
Komm mit! Komm mit! Es kann nicht anders sein,
Ich tret' heran und führe dich herein,
Und ich verbinde dich auf's neue.
Was sagst du, Freund? das ist kein kleiner Raum.
Da sieh nur hin! du siehst das Ende kaum.
Ein Hundert Feuer brennen in der Reihe;
Man tanzt, man schwatzt, man kocht, man trinkt, man liebt;
Nun sage mir, wo es was Bessers gibt?

Faust.

Willst du dich nun, um uns hier einzuführen,
Als Zaubrer oder Teufel produciren?

Mephistopheles.

Zwar bin ich sehr gewohnt incognito zu gehn,
Doch läßt am Galatag man seinen Orden sehn.
Ein Knieband zeichnet mich nicht aus,
Doch ist der Pferdefuß hier ehrenvoll zu Haus.
Siehst du die Schnecke da? Sie kommt herangekrochen;
Mit ihrem tastenden Gesicht

Hat sie mir schon was abgerochen.
Wenn ich auch will, verläugn' ich hier mich nicht.
Komm nur! von Feuer gehen wir zu Feuer,
Ich bin der Werber und du bist der Freier.

Zu einigen, die um verglimmende Kohlen sitzen.

Ihr alten Herrn, was macht ihr hier am Ende?
Ich lobt' euch, wenn ich euch hübsch in der Mitte fände,
Von Saus umzirkt und Jugendbraus;
Genug allein ist jeder ja zu Haus.

General.

Wer mag auf Nationen trauen!
Man habe noch so viel für sie gethan;
Denn bei dem Volk, wie bei den Frauen,
Steht immerfort die Jugend oben an.

Minister.

Jetzt ist man von dem Rechten allzuweit,
Ich lobe mir die guten Alten;
Denn freilich, da wir alles galten,
Da war die rechte goldne Zeit.

Parvenu.

Wir waren wahrlich auch nicht dumm,
Und thaten oft was wir nicht sollten;
Doch jetzo kehrt sich alles um und um,
Und eben da wir's fest erhalten wollten.

Autor.

Wer mag wohl überhaupt jetzt eine Schrift
Von mäßig klugem Inhalt lesen!
Und was das liebe junge Volk betrifft,
Das ist noch nie so naseweis gewesen.

Mephistopheles der auf einmal sehr alt erscheint.

Zum jüngsten Tag fühl' ich das Volk gereift,
Da ich zum letztenmal den Hexenberg ersteige,
Und, weil mein Fäßchen trübe läuft,
So ist die Welt auch auf der Neige.

Trödelhexe.

Ihr Herren geht nicht so vorbei!
Laßt die Gelegenheit nicht fahren!
Aufmerksam blickt nach meinen Waaren;
Es steht dahier gar mancherlei.
Und doch ist nichts in meinem Laden,
Dem keiner auf der Erde gleicht,
Das nicht einmal zum tücht'gen Schaden
Der Menschen und der Welt gereicht.
Kein Dolch ist hier, von dem nicht Blut geflossen,
Kein Kelch, aus dem sich nicht, in ganz gesunden Leib,
Verzehrend heißes Gift ergossen,
Kein Schmuck, der nicht ein liebenswürdig Weib
Verführt, kein Schwert, das nicht den Bund gebrochen,
Nicht etwa hinterrücks den Gegenmann durchstochen.

Mephistopheles.

Frau Muhme! Sie versteht mir schlecht die Zeiten,
Gethan geschehn! Geschehn gethan!
Verleg' Sie sich auf Neuigkeiten!
Nur Neuigkeiten ziehn uns an.

Faust.

Daß ich mich nur nicht selbst vergesse!
Heiß' ich mir das doch eine Messe!

Mephistopheles.

Der ganze Strudel strebt nach oben;
Du glaubst zu schieben und du wirst geschoben.

Faust.

Wer ist denn das?

Mephistopheles.

Betrachte sie genau!
Lilith ist das.

Faust.

Wer?

Mephistopheles.

Adams erste Frau.
Nimm dich in Acht vor ihren schönen Haaren,
Vor diesem Schmuck, mit dem sie einzig prangt.
Wenn sie damit den jungen Mann erlangt,
So läßt sie ihn sobald nicht wieder fahren.

Faust.

Da sitzen zwei, die Alte mit der Jungen;
Die haben schon was Rechts gesprungen!

Mephistopheles.

Das hat nun heute keine Ruh.
Es geht zum neuen Tanz; nun komm! wir greifen zu.

Faust mit der Jungen tanzend.

Einst hatt' ich einen schönen Traum;
Da sah ich einen Apfelbaum,
Zwei schöne Äpfel glänzten dran,
Sie reizten mich, ich stieg hinan.

Die Schöne.

Der Äpfelchen begehrt ihr sehr
Und schon vom Paradiese her.
Von Freuden fühl' ich mich bewegt,
Daß auch mein Garten solche trägt.

Mephistopheles mit der Alten.

Einst hatt' ich einen wüsten Traum;
Da sah ich einen gespaltnen Baum,
Der hatt' ein – – –;
So – es war, gefiel mir's doch.

Die Alte.

Ich biete meinen besten Gruß
Dem Ritter mit dem Pferdefuß!
Halt' Er einen – – bereit,
Wenn Er – – – nicht scheut.

Proktophantasmist.

Verfluchtes Volk! was untersteht ihr euch?
Hat man euch lange nicht bewiesen,
Ein Geist steht nie auf ordentlichen Füßen?
Nun tanzt ihr gar, uns andern Menschen gleich!

Die Schöne tanzend.

Was will denn der auf unserm Ball?

Faust tanzend.

Ei! der ist eben überall.
Was andre tanzen muß er schätzen.
Kann er nicht jeden Schritt beschwätzen,
So ist der Schritt so gut als nicht geschehn.
Am meisten ärgert ihn, sobald wir vorwärts gehn.

Wenn ihr euch so im Kreise drehen wolltet,
Wie er's in seiner alten Mühle thut,
Das hieß' er allenfalls noch gut;
Besonders wenn ihr ihn darum begrüßen solltet.

Proktophantasmist.

Ihr seid noch immer da! Nein das ist unerhört.
Verschwindet doch! Wir haben ja aufgeklärt!
Das Teufelspack es fragt nach keiner Regel.
Wir sind so klug und dennoch spukt's in Tegel.
Wie lange hab' ich nicht am Wahn hinausgekehrt
Und nie wird's rein, das ist doch unerhört!

Die Schöne.

So hört doch auf uns hier zu ennuyiren!

Proktophantasmist.

Ich sag's euch Geistern in's Gesicht,
Den Geistesdespotismus leid' ich nicht;
Mein Geist kann ihn nicht exerciren.

Es wird fortgetanzt.

Heut, seh' ich, will mir nichts gelingen;
Doch eine Reise nehm' ich immer mit
Und hoffe noch, vor meinem letzten Schritt,
Die Teufel und die Dichter zu bezwingen.

Mephistopheles.

Er wird sich gleich in eine Pfütze setzen,
Das ist die Art wie er sich soulagirt,
Und wenn Blutegel sich an seinem Steiß ergetzen,
Ist er von Geistern und von Geist curirt.

Zu Faust, der aus dem Tanz getreten ist.

Was lässest du das schöne Mädchen fahren,
Das dir zum Tanz so lieblich sang?

Faust.

Ach! mitten im Gesange sprang
Ein rothes Mäuschen ihr aus dem Munde.

Mephistopheles.

Das ist was Rechts! Das nimmt man nicht genau;
Genug die Maus war doch nicht grau.
Wer fragt darnach in einer Schäferstunde?

Faust.

Dann sah ich –

Mephistopheles.

Was?

Faust.

Mephisto, siehst du dort
Ein blasses schönes Kind allein und ferne stehen?
Sie schiebt sich langsam nur vom Ort,
Sie scheint mit geschloss'nen Füßen zu gehen.
Ich muß bekennen, daß mir däucht,
Daß sie dem guten Gretchen gleicht.

Mephistopheles.

Laß das nur stehn! Dabei wird's niemand wohl.
Es ist ein Zauberbild, ist leblos, ein Idol.
Ihm zu begegnen ist nicht gut;
Vom starren Blick erstarrt des Menschen Blut,
Und er wird fast in Stein verkehrt,
Von der Meduse hast du ja gehört.

Faust.

Fürwahr es sind die Augen einer Todten,
Die eine liebende Hand nicht schloß.

Das ist die Brust, die Gretchen mir geboten,
Das ist der süße Leib, den ich genoß.

Mephistopheles.

Das ist die Zauberei, du leicht verführter Thor!
Denn jedem kommt sie wie sein Liebchen vor.

Faust.

Welch eine Wonne! welch ein Leiden!
Ich kann von diesem Blick nicht scheiden.
Wie sonderbar muß diesen schönen Hals
Ein einzig rothes Schnürchen schmücken,
Nicht breiter als ein Messerrücken!

Mephistopheles.

Ganz recht! ich seh' es ebenfalls.
Sie kann das Haupt auch unter'm Arme tragen;
Denn Perseus hat's ihr abgeschlagen. –
Nur immer diese Lust zum Wahn!
Komm doch das Hügelchen heran,
Hier ist's so lustig wie im Prater;
Und hat man mir's nicht angethan,
So seh' ich wahrlich ein Theater.
Was gibt's denn da?

Servibilis.

Gleich fängt man wieder an.
Ein neues Stück, das letzte Stück von sieben;
Soviel zu geben ist allhier der Brauch.
Ein Dilettant hat es geschrieben,
Und Dilettanten spielen's auch.

Verzeiht ihr Herrn, wenn ich verschwinde;
Mich dilettirt's den Vorhang aufzuziehn.

Mephistopheles.

Wenn ich euch auf dem Blocksberg finde,
Das find' ich gut; denn da gehört ihr hin.

Walpurgisnachtstraum

oder

Oberons und Titanias goldne Hochzeit.

Intermezzo.

Theatermeister.

Heute ruhen wir einmal
Miedings wackre Söhne.
Alter Berg und feuchtes Thal,
Das ist die ganze Scene!

Herold.

Daß die Hochzeit golden sei
Soll'n funfzig Jahr sein vorüber;
Aber ist der Streit vorbei,
Das golden ist mir lieber.

Oberon.

Seid ihr Geister wo ich bin,
So zeigt's in diesen Stunden;
König und die Königin,
Sie sind auf's neu verbunden.

Puck.

Kommt der Puck und dreht sich quer
Und schleift den Fuß im Reihen;
Hundert kommen hinterher
Sich auch mit ihm zu freuen.

Ariel.

Ariel bewegt den Sang
In himmlisch reinen Tönen;

Viele Fratzen lockt sein Klang,
Doch lockt er auch die Schönen.

Oberon.

Gatten, die sich vertragen wollen,
Lernen's von uns beiden!
Wenn sich zweie lieben sollen,
Braucht man sie nur zu scheiden.

Titania.

Schmollt der Mann und grillt die Frau,
So faßt sie nur behende,
Führt mir nach dem Mittag Sie
Und Ihn an Nordens Ende.

Orchester Tutti.

FORTISSIMO.

Fliegenschnauz' und Mückennas'
Mit ihren Anverwandten,
Frosch im Laub und Grill' im Gras
Das sind die Musikanten!

Solo.

Seht da kommt der Dudelsack!
Es ist die Seifenblase.
Hört den Schneckeschnickeschnack
Durch seine stumpfe Nase.

Geist der sich erst bildet.

Spinnenfuß und Krötenbauch
Und Flügelchen dem Wichtchen!
Zwar ein Thierchen gibt es nicht,
Doch gibt es ein Gedichtchen.

Ein Pärchen.

Kleiner Schritt und hoher Sprung
Durch Honigthau und Düfte;
Zwar du trippelst mir genung,
Doch geht's nicht in die Lüfte.

Neugieriger Reisender.

Ist das nicht Maskeraden-Spott?
Soll ich den Augen trauen,
Oberon den schönen Gott
Auch heute hier zu schauen?

Orthodox.

Keine Klauen, keinen Schwanz!
Doch bleibt es außer Zweifel,
So wie die Götter Griechenlands,
So ist auch er ein Teufel.

Nordischer Künstler.

Was ich ergreife das ist heut
Fürwahr nur skizzenweise;
Doch ich bereite mich bei Zeit
Zur italiän'schen Reise.

Purist.

Ach! mein Unglück führt mich her:
Wie wird nicht hier geludert!
Und von dem ganzen Hexenheer
Sind zweie nur gepudert.

Junge Hexe.

Der Puder ist so wie der Rock
Für alt' und graue Weibchen;

Drum sitz' ich nackt auf meinem Bock
Und zeig' ein derbes Leibchen.

Matrone.

Wir haben zu viel Lebensart
Um hier mit euch zu maulen;
Doch hoff' ich, sollt ihr jung und zart,
So wie ihr seid, verfaulen.

Capellmeister.

Fliegenschnauz' und Mückennas'
Umschwärmt mir nicht die Nackte!
Frosch im Laub und Grill' im Gras
So bleibt doch auch im Tacte!

Windfahne nach der einen Seite.

Gesellschaft wie man wünschen kann.
Wahrhaftig lauter Bräute!
Und Junggesellen, Mann für Mann,
Die hoffnungsvollsten Leute.

Windfahne nach der andern Seite.

Und thut sich nicht der Boden auf
Sie alle zu verschlingen,
So will ich mit behendem Lauf
Gleich in die Hölle springen.

Xenien.

Als Insecten sind wir da,
Mit kleinen scharfen Scheren,
Satan, unsern Herrn Papa,
Nach Würden zu verehren.

Hennings.

Seht! wie sie in gedrängter Schaar
Naiv zusammen scherzen.
Am Ende sagen sie noch gar,
Sie hätten gute Herzen.

Musaget.

Ich mag in diesem Hexenheer
Mich gar zu gern verlieren;
Denn freilich diese wüßt' ich eh'r,
Als Musen anzuführen.

CI-DEVANT *Genius der Zeit.*

Mit rechten Leuten wird man was.
Komm, fasse meinen Zipfel!
Der Blocksberg, wie der deutsche Parnaß,
Hat gar einen breiten Gipfel.

Neugieriger Reisender.

Sagt wie heißt der steife Mann?
Er geht mit stolzen Schritten.
Er schnopert was er schnopern kann.
„Er spürt nach Jesuiten."

Kranich.

In dem Klaren mag ich gern
Und auch im Trüben fischen;
Darum seht ihr den frommen Herrn
Sich auch mit Teufeln mischen.

Weltkind.

Ja für die Frommen, glaubet mir,
Ist alles ein Vehikel;

Sie bilden auf dem Blocksberg hier
Gar manches Conventikel.

Tänzer.

Da kommt ja wohl ein neues Chor?
Ich höre ferne Trommeln.
Nur ungestört! es sind im Rohr
Die unisonen Dommeln.

Tanzmeister.

Wie jeder doch die Beine lupft!
Sich wie er kann herauszieht!
Der Krumme springt, der Plumpe hupft
Und fragt nicht wie es aussieht.

Fideler.

Das haßt sich schwer das Lumpenpack
Und gäb' sich gern das Restchen;
Es eint sie hier der Dudelsack
Wie Orpheus Leier die Bestjen.

Dogmatiker.

Ich lasse mich nicht irre schrein,
Nicht durch Kritik noch Zweifel.
Der Teufel muß doch etwas sein;
Wie gäb's denn sonst auch Teufel?

Idealist.

Die Phantasie in meinem Sinn
Ist dießmal gar zu herrisch.
Fürwahr, wenn ich das alles bin,
So bin ich heute närrisch.

Realist.

Das Wesen ist mir recht zur Qual
Und muß mich baß verdrießen;
Ich stehe hier zum erstenmal
Nicht fest auf meinen Füßen.

Supernaturalist.

Mit viel Vergnügen bin ich da
Und freue mich mit diesen;
Denn von den Teufeln kann ich ja
Auf gute Geister schließen.

Skeptiker.

Sie gehn den Flämmchen auf der Spur,
Und glaub'n sich nah dem Schatze.
Auf Teufel reimt der Zweifel nur;
Da bin ich recht am Platze.

Capellmeister.

Frosch im Laub und Grill' im Gras
Verfluchte Dilettanten!
Fliegenschnauz' und Mückennas'
Ihr seid doch Musikanten!

Die Gewandten.

Sanssouci so heißt das Heer
Von lustigen Geschöpfen,
Auf den Füßen geht's nicht mehr,
Drum gehn wir auf den Köpfen.

Die Unbehülflichen.

Sonst haben wir manchen Bissen erschranzt,
Nun aber Gott befohlen!

Unsere Schuhe sind durchgetanzt,
Wir laufen auf nackten Sohlen.

Irrlichter.

Von dem Sumpfe kommen wir,
Woraus wir erst entstanden;
Doch sind wir gleich im Reihen hier
Die glänzenden Galanten.

Sternschnuppe.

Aus der Höhe schoß ich her
Im Stern- und Feuerscheine,
Liege nun im Grase quer,
Wer hilft mir auf die Beine?

Die Massiven.

Platz und Platz! und ringsherum!
So gehn die Gräschen nieder,
Geister kommen, Geister auch
Sie haben plumpe Glieder.

Puck.

Tretet nicht so mastig auf
Wie Elephantenkälber,
Und der plumpst' an diesem Tag
Sei Puck der derbe selber.

Ariel.

Gab die liebende Natur
Gab der Geist euch Flügel,
Folget meiner leichten Spur,
Auf zum Rosenhügel!

Orchester.

PIANISSIMO.

Wolkenzug und Nebelflor
Erhellen sich von oben.
Luft im Laub und Wind im Rohr
Und alles ist zerstoben.

Trüber Tag.

Feld.

Faust. Mephistopheles.

Faust.

Im Elend! Verzweifelnd! Erbärmlich auf der Erde lange verirrt und nun gefangen! Als Missethäterin im Kerker zu entsetzlichen Qualen eingesperrt das holde unselige Geschöpf! Bis dahin! dahin! – Verrätherischer nichtswürdiger Geist, und das hast du mir verheimlicht! – Steh nur, steh! Wälze die teuflischen Augen ingrimmend im Kopf herum! Steh und trutze mir durch deine unerträgliche Gegenwart! Gefangen! Im unwiederbringlichen Elend! Bösen Geistern übergeben und der richtenden gefühllosen Menschheit! Und mich wiegst du indeß in abgeschmackten Zerstreuungen, verbirgst mir ihren wachsenden Jammer und lässest sie hülflos verderben!

Mephistopheles.

Sie ist die Erste nicht.

Faust.

Hund! abscheuliches Unthier! – Wandle ihn, du unendlicher Geist! wandle den Wurm wieder in seine Hundsgestalt, wie er sich oft nächtlicher Weile gefiel vor mir herzutrotten, dem harmlosen Wandrer vor die Füße zu kollern und sich dem niederstürzenden auf die Schultern zu hängen. Wandl' ihn wieder in seine Lieblingsbildung, daß er vor mir im Sand auf dem Bauch krieche, ich ihn mit Füßen trete, den verworfnen! – Die Erste nicht! – Jammer! Jammer! von keiner Menschenseele zu fassen, daß mehr als ein Geschöpf in die Tiefe dieses Elendes versank, daß nicht das erste genug that für die Schuld aller übrigen in seiner windenden Todesnoth vor den Augen des ewig Verzeihenden! Mir wühlt es Mark und Leben durch, das Elend dieser Einzigen; du grinsest gelassen über das Schicksal von Tausenden hin!

Mephistopheles.

Nun sind wir schon wieder an der Gränze unsres Witzes, da wo euch Menschen der Sinn überschnappt. Warum machst du Gemeinschaft mit uns, wenn du sie nicht durchführen kannst? Willst fliegen und bist vor'm Schwindel nicht sicher? Drangen wir uns dir auf, oder du dich uns?

Faust.

Fletsche deine gefräßigen Zähne mir nicht so entgegen! Mir ekelt's! – Großer herrlicher Geist, der du mir zu erscheinen würdigtest, der du mein Herz kennest und meine Seele, warum an den Schandgesellen mich schmieden, der sich am Schaden weidet und am Verderben sich letzt?

Mephistopheles.

Endigst du?

Faust.

Rette sie! oder weh dir! Den gräßlichsten Fluch über dich auf Jahrtausende!

Mephistopheles.

Ich kann die Bande des Rächers nicht lösen, seine Riegel nicht öffnen. – Rette sie! – Wer war's, der sie in's Verderben stürzte? Ich oder du?

Faust blickt wild umher.

Mephistopheles.

Greifst du nach dem Donner? Wohl, daß er euch elenden Sterblichen nicht gegeben ward! Den unschuldig Entgegnenden zu zerschmettern, das ist so Tyrannen-Art sich in Verlegenheiten Luft zu machen.

Faust.

Bringe mich hin! Sie soll frei sein!

Mephistopheles.

Und die Gefahr der du dich aussetzest? Wisse, noch liegt auf der Stadt Blutschuld von deiner Hand. Über des Erschlagenen Stätte schweben rächende Geister und lauern auf den wiederkehrenden Mörder.

Faust.

Noch das von dir? Mord und Tod einer Welt über dich Ungeheuer! Führe mich hin, sag' ich, und befrei' sie!

Mephistopheles.

Ich führe dich und was ich thun kann, höre! Habe ich alle Macht im Himmel und auf Erden? Des Thürners Sinne will ich umnebeln, bemächtige dich der Schlüssel und führe sie heraus mit Menschenhand. Ich wache! die Zauberpferde sind bereit, ich entführe euch. Das vermag ich.

Faust.

Auf und davon!

Nacht.

Offen Feld.

Faust Mephistopheles, auf schwarzen Pferden daher brausend.

Faust.

Was weben die dort um den Rabenstein?

Mephistopheles.

Weiß nicht was sie kochen und schaffen.

Faust.

Schweben auf, schweben ab, neigen sich, beugen sich.

Mephistopheles.

Eine Hexenzunft.

Faust.

Sie streuen und weihen.

Mephistopheles.

Vorbei! Vorbei!

Kerker.

Faust mit einem Bund Schlüssel und einer Lampe, vor einem eisernen Thürchen.

Faust.

Mich faßt ein längst entwohnter Schauer,
Der Menschheit ganzer Jammer faßt mich an.
Hier wohnt sie hinter dieser feuchten Mauer,
Und ihr Verbrechen war ein guter Wahn!
Du zauderst zu ihr zu gehen!
Du fürchtest sie wieder zu sehen!
Fort! Dein Zagen zögert den Tod heran.

Er ergreift das Schloß. Es singt inwendig.

Meine Mutter, die Hur',
Die mich umgebracht hat!
Mein Vater, der Schelm,
Der mich gessen hat!
Mein Schwesterlein klein
Hub auf die Bein',
An einem kühlen Ort;
Da ward ich ein schönes Waldvögelein;
Fliege fort, fliege fort!

Faust aufschließend.

Sie ahnet nicht, daß der Geliebte lauscht,
Die Ketten klirren hört, das Stroh, das rauscht.

Er tritt ein.

Margarete sich auf dem Lager verbergend.

Weh! Weh! Sie kommen. Bittrer Tod!

Faust leise.

Still! Still! ich komme dich zu befreien.

Margarete sich vor ihn hinwälzend.

Bist du ein Mensch, so fühle meine Noth.

Faust.

Du wirst die Wächter aus dem Schlafe schreien!

Er faßt die Ketten, sie aufzuschließen.

Margarete auf den Knieen.

Wer hat dir Henker diese Macht
Über mich gegeben!
Du holst mich schon um Mitternacht.
Erbarme dich und laß mich leben!
Ist's morgen früh nicht zeitig genung?

Sie steht auf.

Bin ich doch noch so jung, so jung!
Und soll schon sterben!
Schön war ich auch, und das war mein Verderben.
Nah war der Freund, nun ist er weit;
Zerrissen liegt der Kranz, die Blumen zerstreut.
Fasse mich nicht so gewaltsam an!
Schone mich! Was hab' ich dir gethan?
Laß mich nicht vergebens flehen,
Hab' ich dich doch mein' Tage nicht gesehen!

Faust.

Werd' ich den Jammer überstehen!

Margarete.

Ich bin nun ganz in deiner Macht.
Laß mich nur erst das Kind noch tränken.
Ich herzt' es diese ganze Nacht;
Sie nahmen mir's um mich zu kränken
Und sagen nun, ich hätt' es umgebracht.
Und niemals werd' ich wieder froh.
Sie singen Lieder auf mich! Es ist bös von den Leuten!
Ein altes Mährchen endigt so,
Wer heißt sie's deuten?

Faust wirft sich nieder.

Ein Liebender liegt dir zu Füßen
Die Jammerknechtschaft aufzuschließen.

Margarete wirft sich zu ihm.

O laß uns knien die Heil'gen anzurufen!
Sieh! unter diesen Stufen,
Unter der Schwelle
Siedet die Hölle!
Der Böse,
Mit furchtbarem Grimme,
Macht ein Getöse!

Faust laut.

Gretchen! Gretchen!

Margarete aufmerksam.

Das war des Freundes Stimme!

Sie springt auf. Die Ketten fallen ab.

Wo ist er? Ich hab' ihn rufen hören.
Ich bin frei! Mir soll niemand wehren.

An seinen Hals will ich fliegen,
An seinem Busen liegen!
Er rief Gretchen! Er stand auf der Schwelle.
Mitten durch's Heulen und Klappen der Hölle,
Durch den grimmigen teuflischen Hohn,
Erkannt' ich den süßen, den liebenden Ton.

Faust.

Ich bin's!

Margarete.

Du bist's! O sag' es noch einmal!

Ihn fassend.

Er ist's! Er ist's! Wohin ist alle Qual?
Wohin die Angst des Kerkers? der Ketten?
Du bist's! Kommst mich zu retten!
Ich bin gerettet! –
Schon ist die Straße wieder da,
Auf der ich dich zum erstenmale sah.
Und der heitere Garten,
Wo ich und Marthe deiner warten.

Faust fortstrebend.

Komm mit! Komm mit!

Margarete.

O weile!
Weil' ich doch so gern wo du weilest.

Liebkosend.

Faust.

Eile!
Wenn du nicht eilest,
Werden wir's theuer büßen müssen.

Margarete.

Wie? du kannst nicht mehr küssen?
Mein Freund, so kurz von mir entfernt,
Und hast's Küssen verlernt?
Warum wird mir an deinem Halse so bang?
Wenn sonst von deinen Worten, deinen Blicken
Ein ganzer Himmel mich überdrang,
Und du mich küßtest als wolltest du mich ersticken.
Küsse mich!
Sonst küss' ich dich!

Sie umfaßt ihn.

O weh! deine Lippen sind kalt,
Sind stumm.
Wo ist dein Lieben
Geblieben?
Wer brachte mich drum?

Sie wendet sich von ihm.

Faust.

Komm! Folge mir! Liebchen, fasse Muth!
Ich herze dich mit tausendfacher Gluth;
Nur folge mir! Ich bitte dich nur dieß!

Margarete zu ihm gewendet.

Und bist du's denn? Und bist du's auch gewiß?

Faust.

Ich bin's! Komm mit!

Margarete.

Du machst die Fesseln los,
Nimmst wieder mich in deinen Schoos.
Wie kommt es, daß du dich vor mir nicht scheust? –
Und weißt du denn, mein Freund, wen du befreist?

Faust.

Komm! komm! Schon weicht die tiefe Nacht.

Margarete.

Meine Mutter hab' ich umgebracht,
Mein Kind hab' ich ertränkt.
War es nicht dir und mir geschenkt?
Dir auch. – Du bist's! ich glaub' es kaum.
Gib deine Hand! Es ist kein Traum!
Deine liebe Hand! – Ach aber sie ist feucht!
Wische sie ab! Wie mich däucht
Ist Blut dran.
Ach Gott! Was hast du gethan!
Stecke den Degen ein;
Ich bitte dich drum!

Faust.

Laß das Vergangne vergangen sein,
Du bringst mich um.

Margarete.

Nein, du mußt übrig bleiben!
Ich will dir die Gräber beschreiben.
Für die mußt du sorgen
Gleich morgen;
Der Mutter den besten Platz geben,
Meinen Bruder sogleich darneben,
Mich ein wenig bei Seit',
Nur nicht gar zu weit!
Und das Kleine mir an die rechte Brust.
Niemand wird sonst bei mir liegen! –
Mich an deine Seite zu schmiegen
Das war ein süßes, ein holdes Glück!

Aber es will mir nicht mehr gelingen;
Mir ist's als müßt' ich mich zu dir zwingen,
Als stießest du mich von dir zurück;
Und doch bist du's und blickst so gut, so fromm.

Faust.

Fühlst du daß ich es bin, so komm!

Margarete.

Dahinaus?

Faust.

In's Freie.

Margarete.

Ist das Grab drauß',
Lauert der Tod, so komm!
Von hier in's ewige Ruhebett
Und weiter keinen Schritt –
Du gehst nun fort? O Heinrich, könnt' ich mit!

Faust.

Du kannst! So wolle nur! Die Thür steht offen.

Margarete.

Ich darf nicht fort; für mich ist nichts zu hoffen.
Was hilft es fliehn? Sie lauern doch mir auf.
Es ist so elend betteln zu müssen,
Und noch dazu mit bösem Gewissen!
Es ist so elend in der Fremde schweifen,
Und sie werden mich doch ergreifen!

Faust.

Ich bleibe bei dir.

Margarete.

Geschwind! Geschwind!
Rette dein armes Kind.

Fort! Immer den Weg
Am Bach hinauf,
Über den Steg,
In den Wald hinein,
Links wo die Planke steht,
Im Teich.
Faß es nur gleich!
Es will sich heben,
Es zappelt noch!
Rette! rette!

Faust.

Besinne dich doch!
Nur Einen Schritt, so bist du frei!

Margarete.

Wären wir nur den Berg vorbei!
Da sitzt meine Mutter auf einem Stein,
Es faßt mich kalt bei'm Schopfe!
Da sitzt meine Mutter auf einem Stein
Und wackelt mit dem Kopfe;
Sie winkt nicht, sie nickt nicht, der Kopf ist ihr schwer,
Sie schlief so lange, sie wacht nicht mehr.
Sie schlief damit wir uns freuten.
Es waren glückliche Zeiten!

Faust.

Hilft hier kein Flehen, hilft kein Sagen;
So wag' ich's dich hinweg zu tragen.

Margarete.

Laß mich! Nein, ich leide keine Gewalt!
Fasse mich nicht so mörderisch an!
Sonst hab' ich dir ja alles zu Lieb' gethan.

Faust.

Der Tag graut! Liebchen! Liebchen!

Margarete.

Tag! Ja es wird Tag! der letzte Tag dringt herein;
Mein Hochzeittag sollt' es sein!
Sag' niemand daß du schon bei Gretchen warst.
Weh meinem Kranze!
Es ist eben geschehn!
Wir werden uns wiedersehn;
Aber nicht bei'm Tanze.
Die Menge drängt sich, man hört sie nicht.
Der Platz, die Gassen
Können sie nicht fassen.
Die Glocke ruft, das Stäbchen bricht.
Wie sie mich binden und packen!
Zum Blutstuhl bin ich schon entrückt.
Schon zuckt nach jedem Nacken
Die Schärfe die nach meinem zückt.
Stumm liegt die Welt wie das Grab!

Faust.

O wär' ich nie geboren!

Mephistopheles erscheint draußen.

Mephistopheles.

Auf! oder ihr seid verloren.
Unnützes Zagen! Zaudern und Plaudern!
Meine Pferde schaudern,
Der Morgen dämmert auf.

Margarete.

Was steigt aus dem Boden herauf?
Der! der! Schick ihn fort!

Was will der an dem heiligen Ort?
Er will mich!

Faust.

Du sollst leben!

Margarete.

Gericht Gottes! Dir hab' ich mich übergeben!

Mephistopheles zu Faust.

Komm! komm! Ich lasse dich mit ihr im Stich.

Margarete.

Dein bin ich, Vater! Rette mich!
Ihr Engel! Ihr heiligen Schaaren,
Lagert euch umher, mich zu bewahren!
Heinrich! Mir graut's vor dir.

Mephistopheles.

Sie ist gerichtet!

Stimme von oben.

Ist gerettet!

Mephistopheles zu Faust.

Her zu mir!

Verschwindet mit *Faust.*

Stimme von innen, verhallend.

Heinrich! Heinrich!

Der

Tragödie

Zweiter Theil

in fünf Acten.

Erster Act.

Anmuthige Gegend.

Faust

auf blumigen Rasen gebettet, ermüdet, unruhig, schlafsuchend.

Dämmerung.

Geister-Kreis

schwebend bewegt, anmuthige kleine Gestalten.

Ariel. Gesang von Äolsharfen begleitet.

Wenn der Blüthen Frühlings-Regen
Über alle schwebend sinkt,
Wenn der Felder grüner Segen
Allen Erdgebornen blinkt,
Kleiner Elfen Geistergröße
Eilet wo sie helfen kann,
Ob er heilig, ob er böse,
Jammert sie der Unglücksmann.

Die ihr dieß Haupt umschwebt im luft'gen Kreise,
Erzeigt euch hier nach edler Elfen Weise,
Besänftiget des Herzens grimmen Strauß,
Entfernt des Vorwurfs glühend bittre Pfeile,
Sein Innres reinigt von erlebtem Graus.
Vier sind die Pausen nächtiger Weile,
Nun ohne Säumen füllt sie freundlich aus.

Erst senkt sein Haupt auf's kühle Polster nieder,
Dann badet ihn im Thau aus Lethe's Fluth;
Gelenk sind bald die krampferstarrten Glieder,
Wenn er gestärkt dem Tag entgegen ruht;
Vollbringt der Elfen schönste Pflicht,
Gebt ihn zurück dem heiligen Licht.

Chor.

Einzeln, zu zweien und vielen, abwechselnd und gesammelt.

Wenn sich lau die Lüfte füllen
Um den grünumschränkten Plan,
Süße Düfte, Nebelhüllen
Senkt die Dämmerung heran.
Lispelt leise süßen Frieden,
Wiegt das Herz in Kindesruh;
Und den Augen dieses Müden
Schließt des Tages Pforte zu.

Nacht ist schon hereingesunken,
Schließt sich heilig Stern an Stern,
Große Lichter, kleine Funken
Glitzern nah und glänzen fern;
Glitzern hier im See sich spiegelnd,
Glänzen droben klarer Nacht,
Tiefsten Ruhens Glück besiegelnd
Herrscht des Mondes volle Pracht.

Schon verloschen sind die Stunden,
Hingeschwunden Schmerz und Glück;
Fühl' es vor! Du wirst gesunden;
Traue neuem Tagesblick.
Thäler grünen, Hügel schwellen,
Buschen sich zu Schatten-Ruh;

Und in schwanken Silberwellen
Wogt die Saat der Ernte zu.

Wunsch um Wünsche zu erlangen
Schaue nach dem Glanze dort!
Leise bist du nur umfangen,
Schlaf ist Schale, wirf sie fort!
Säume nicht dich zu erdreisten,
Wenn die Menge zaudernd schweift;
Alles kann der Edle leisten,
Der versteht und rasch ergreift.

Ungeheures Getöse verkündet das Herannahen der Sonne.

Ariel.

Horchet! horcht dem Sturm der Horen!
Tönend wird für Geistes-Ohren
Schon der neue Tag geboren.
Felsenthore knarren rasselnd,
Phöbus Räder rollen prasselnd,
Welch Getöse bringt das Licht!
Es trommetet, es posaunet,
Auge blinzt und Ohr erstaunet,
Unerhörtes hört sich nicht.
Schlüpfet zu den Blumenkronen,
Tiefer, tiefer, still zu wohnen,
In die Felsen, unter's Laub;
Trifft es euch, so seid ihr taub.

Faust.

Des Lebens Pulse schlagen frisch lebendig,
Ätherische Dämmerung milde zu begrüßen;

Du, Erde, warst auch diese Nacht beständig
Und athmest neu erquickt zu meinen Füßen,
Beginnest schon mit Lust mich zu umgeben,
Du regst und rührst ein kräftiges Beschließen,
Zum höchsten Dasein immerfort zu streben. –
In Dämmerschein liegt schon die Welt erschlossen,
Der Wald ertönt von tausendstimmigem Leben,
Thal aus, Thal ein ist Nebelstreif ergossen,
Doch senkt sich Himmelsklarheit in die Tiefen,
Und Zweig' und Äste, frisch erquickt, entsprossen
Dem duft'gen Abgrund wo versenkt sie schliefen;
Auch Farb' an Farbe klärt sich los vom Grunde,
Wo Blum' und Blatt von Zitterperle triefen,
Ein Paradies wird um mich her die Runde.

Hinaufgeschaut! – Der Berge Gipfelriesen
Verkünden schon die feierlichste Stunde,
Sie dürfen früh des ewigen Lichts genießen
Das später sich zu uns hernieder wendet.
Jetzt zu der Alpe grüngesenkten Wiesen
Wird neuer Glanz und Deutlichkeit gespendet,
Und stufenweis herab ist es gelungen; –
Sie tritt hervor! – und, leider schon geblendet,
Kehr' ich mich weg, vom Augenschmerz durchdrungen.

So ist es also, wenn ein sehnend Hoffen
Dem höchsten Wunsch sich traulich zugerungen,
Erfüllungspforten findet flügeloffen;
Nun aber bricht aus jenen ewigen Gründen
Ein Flammen-Übermaß, wir stehn betroffen;
Des Lebens Fackel wollten wir entzünden,
Ein Feuermeer umschlingt uns, welch ein Feuer!

Ist's Lieb'? Ist's Haß? die glühend uns umwinden,
Mit Schmerz- und Freuden wechselnd ungeheuer,
So daß wir wieder nach der Erde blicken,
Zu bergen uns in jugendlichstem Schleier.

So bleibe denn die Sonne mir im Rücken!
Der Wassersturz, das Felsenriff durchbrausend,
Ihn schau' ich an mit wachsendem Entzücken.
Von Sturz zu Sturzen wälzt er jetzt in tausend
Dann abertausend Strömen sich ergießend,
Hoch in die Lüfte Schaum an Schäume sausend.
Allein wie herrlich diesem Sturm ersprießend,
Wölbt sich des bunten Bogens Wechsel-Dauer,
Bald rein gezeichnet, bald in Luft zerfließend,
Umher verbreitend duftig kühle Schauer.
Der spiegelt ab das menschliche Bestreben.
Ihm sinne nach und du begreifst genauer:
Am farbigen Abglanz haben wir das Leben.

Kaiserliche Pfalz.

Saal des Thrones.

Staatsrath in Erwartung des Kaisers.

Trompeten.

Hofgesinde aller Art, prächtig gekleidet, tritt vor.

Der Kaiser gelangt auf den Thron, zu seiner Rechten der Astrolog.

Kaiser.

Ich grüße die Getreuen, Lieben,
Versammelt aus der Näh und Weite; –
Den Weisen seh' ich mir zur Seite,
Allein wo ist der Narr geblieben?

Junker.

Gleich hinter deiner Mantel-Schleppe
Stürzt' er zusammen auf der Treppe,
Man trug hinweg das Fett-Gewicht,
Todt oder trunken? weiß man nicht.

Zweiter Junker.

Sogleich mit wunderbarer Schnelle
Drängt sich ein andrer an die Stelle.

Gar köstlich ist er aufgeputzt,
Doch fratzenhaft daß jeder stutzt;
Die Wache hält ihm an der Schwelle
Kreuzweis die Hellebarden vor –
Da ist er doch der kühne Thor!

Mephistopheles am Throne knieend.

Was ist verwünscht und stets willkommen?
Was ist ersehnt und stets verjagt?
Was immerfort in Schutz genommen?
Was hart gescholten und verklagt?
Wen darfst du nicht herbeiberufen?
Wen höret jeder gern genannt?
Was naht sich deines Thrones Stufen?
Was hat sich selbst hinweggebannt?

Kaiser.

Für dießmal spare deine Worte!
Hier sind die Räthsel nicht am Orte,
Das ist die Sache dieser Herrn. –
Da löse du! das hört' ich gern.
Mein alter Narr ging, fürcht' ich, weit in's Weite;
Nimm seinen Platz und komm an meine Seite.

Mephistopheles steigt hinauf und stellt sich zur Linken.

Gemurmel der Menge.

Ein neuer Narr – Zu neuer Pein –
Wo kommt er her – Wie kam er ein –
Der alte fiel – Der hat verthan –
Es war ein Faß – Nun ist's ein Span –

Kaiser.

Und also ihr Getreuen, Lieben,
Willkommen aus der Näh und Ferne,
Ihr sammelt euch mit günstigem Sterne,
Da droben ist uns Glück und Heil geschrieben.
Doch sagt, warum in diesen Tagen,
Wo wir der Sorgen uns entschlagen,
Schönbärte mummenschänzlich tragen
Und Heitres nur genießen wollten,
Warum wir uns rathschlagend quälen sollten?
Doch weil ihr meint, es ging' nicht anders an,
Geschehen ist's, so sei's gethan.

Canzler.

Die höchste Tugend, wie ein Heiligen-Schein,
Umgibt des Kaisers Haupt, nur er allein
Vermag sie gültig auszuüben:
Gerechtigkeit! – Was alle Menschen lieben,
Was alle fordern, wünschen, schwer entbehren,
Es liegt an ihm dem Volk es zu gewähren.
Doch ach! Was hilft dem Menschengeist Verstand,
Dem Herzen Güte, Willigkeit der Hand,
Wenn's fieberhaft durchaus im Staate wüthet,
Und Übel sich in Übeln überbrütet.
Wer schaut hinab von diesem hohen Raum
In's weite Reich, ihm scheint's ein schwerer Traum,
Wo Mißgestalt in Mißgestalten schaltet,
Das Ungesetz gesetzlich überwaltet,
Und eine Welt des Irrthums sich entfaltet.

Der raubt sich Heerden, der ein Weib,
Kelch, Kreuz und Leuchter vom Altare,

Berühmt sich dessen manche Jahre
Mit heiler Haut, mit unverletztem Leib.
Jetzt drängen Kläger sich zur Halle,
Der Richter prunkt auf hohem Pfühl,
Indessen wogt, in grimmigem Schwalle,
Des Aufruhrs wachsendes Gewühl.
Der darf auf Schand' und Frevel pochen
Der auf Mitschuldigste sich stützt,
Und: *Schuldig*! hörst du ausgesprochen
Wo Unschuld nur sich selber schützt.
So will sich alle Welt zerstückeln,
Vernichtigen was sich gebührt;
Wie soll sich da der Sinn entwickeln
Der einzig uns zum Rechten führt?
Zuletzt ein wohlgesinnter Mann
Neigt sich dem Schmeichler, dem Bestecher,
Ein Richter der nicht strafen kann
Gesellt sich endlich zum Verbrecher.
Ich mahlte schwarz, doch dichtern Flor
Zög' ich dem Bilde lieber vor.

Pause.

Entschlüsse sind nicht zu vermeiden,
Wenn alle schädigen, alle leiden,
Geht selbst die Majestät zu Raub.

Heermeister.

Wie tobt's in diesen wilden Tagen!
Ein jeder schlägt und wird erschlagen
Und für's Commando bleibt man taub.
Der Bürger hinter seinen Mauern,
Der Ritter auf dem Felsennest

Verschwuren sich uns auszudauern
Und halten ihre Kräfte fest.
Der Miethsoldat wird ungeduldig,
Mit Ungestüm verlangt er seinen Lohn,
Und wären wir ihm nichts mehr schuldig,
Er liefe ganz und gar davon.
Verbiete wer was alle wollten,
Der hat in's Wespennest gestört;
Das Reich das sie beschützen sollten
Es liegt geplündert und verheert.
Man läßt ihr Toben wüthend hausen,
Schon ist die halbe Welt verthan;
Es sind noch Könige da draußen,
Doch keiner denkt, es ging' ihn irgend an.

Schatzmeister.

Wer wird auf Bundsgenossen pochen!
Subsidien die man uns versprochen,
Wie Röhrenwasser, bleiben aus.
Auch, Herr, in deinen weiten Staaten
An wen ist der Besitz gerathen?
Wohin man kommt da hält ein Neuer Haus
Und unabhängig will er leben,
Zusehen muß man wie er's treibt;
Wir haben so viel Rechte hingegeben,
Daß uns auf nichts ein Recht mehr übrig bleibt.
Auch auf Parteien, wie sie heißen,
Ist heut zu Tage kein Verlaß;
Sie mögen schelten oder preisen,
Gleichgültig wurden Lieb' und Haß.
Die Ghibellinen wie die Guelfen
Verbergen sich um auszuruhn;

Wer jetzt will seinem Nachbar helfen?
Ein jeder hat für sich zu thun.
Die Goldespforten sind verrammelt,
Ein jeder kratzt und scharrt und sammelt
Und unsre Cassen bleiben leer.

Marschalk.

Welch Unheil muß auch ich erfahren;
Wir wollen alle Tage sparen
Und brauchen alle Tage mehr.
Und täglich wächs't mir neue Pein.
Den Köchen thut kein Mangel wehe;
Wildschweine, Hirsche, Hasen, Rehe,
Wälschhühner, Hühner, Gäns' und Enten,
Die Deputate, sichre Renten,
Sie gehen noch so ziemlich ein.
Jedoch am Ende fehlt's an Wein.
Wenn sonst im Keller Faß an Faß sich häufte,
Der besten Berg' und Jahresläufte,
So schlürft unendliches Gesäufte
Der edlen Herrn den letzten Tropfen aus.
Der Stadtrath muß sein Lager auch verzapfen,
Man greift zu Humpen, greift zu Napfen,
Und unter'm Tische liegt der Schmaus.
Nun soll ich zahlen, alle lohnen;
Der Jude wird mich nicht verschonen,
Der schafft Anticipationen,
Die speisen Jahr um Jahr voraus.
Die Schweine kommen nicht zu Fette,
Verpfändet ist der Pfühl im Bette,
Und auf den Tisch kommt vorgegessen Brot.

Kaiser nach einigem Nachdenken zu Mephistopheles.
Sag', weißt du Narr nicht auch noch eine Noth?

Mephistopheles.
Ich keineswegs. Den Glanz umher zu schauen,
Dich und die Deinen! – Mangelte Vertrauen,
Wo Majestät unweigerlich gebeut,
Bereite Macht Feindseliges zerstreut,
Wo guter Wille, kräftig durch Verstand
Und Thätigkeit, vielfältige, zur Hand?
Was könnte da zum Unheil sich vereinen,
Zur Finsterniß, wo solche Sterne scheinen?

Gemurmel.
Das ist ein Schalk – Der's wohl versteht –
Er lügt sich ein – So lang es geht –
Ich weiß schon – Was dahinter steckt –
Und was denn weiter? – Ein Project –

Mephistopheles.
Wo fehlt's nicht irgendwo auf dieser Welt?
Dem dieß, dem das, hier aber fehlt das Geld.
Vom Estrich zwar ist es nicht aufzuraffen;
Doch Weisheit weiß das Tiefste herzuschaffen.
In Bergesadern, Mauergründen
Ist Gold gemünzt und ungemünzt zu finden,
Und fragt ihr mich wer es zu Tage schafft:
Begabten Manns Natur- und Geisteskraft.

Canzler.
Natur und Geist – so spricht man nicht zu Christen.
Deßhalb verbrennt man Atheisten,

Weil solche Reden höchst gefährlich sind.
Natur ist Sünde, Geist ist Teufel,
Sie hegen zwischen sich den Zweifel,
Ihr mißgestaltet Zwitterkind.
Uns nicht so! – Kaisers alten Landen
Sind zwei Geschlechter nur entstanden,
Sie stützen würdig seinen Thron:
Die Heiligen sind es und die Ritter;
Sie stehen jedem Ungewitter
Und nehmen Kirch' und Staat zum Lohn.
Dem Pöbelsinn verworrner Geister
Entwickelt sich ein Widerstand,
Die Ketzer sind's! die Hexenmeister!
Und sie verderben Stadt und Land.
Die willst du nun mit frechen Scherzen
In diese hohen Kreise schwärzen,
Ihr hegt euch an verderbtem Herzen,
Dem Narren sind sie nah verwandt.

Mephistopheles.

Daran erkenn' ich den gelehrten Herrn!
Was ihr nicht tastet steht euch meilenfern,
Was ihr nicht faßt das fehlt euch ganz und gar,
Was ihr nicht rechnet glaubt ihr sei nicht wahr,
Was ihr nicht wägt hat für euch kein Gewicht,
Was ihr nicht münzt das meint ihr gelte nicht.

Kaiser.

Dadurch sind unsre Mängel nicht erledigt,
Was willst du jetzt mit deiner Fastenpredigt?
Ich habe satt das ewige Wie und Wenn;
Es fehlt an Geld, nun gut so schaff' es denn.

Mephistopheles.

Ich schaffe was ihr wollt und schaffe mehr;
Zwar ist es leicht, doch ist das Leichte schwer;
Es liegt schon da, doch um es zu erlangen
Das ist die Kunst, wer weiß es anzufangen?
Bedenkt doch nur: in jenen Schreckensläuften
Wo Menschenfluthen Land und Volk ersäuften,
Wie der und der, so sehr es ihn erschreckte,
Sein Liebstes da- und dortwohin versteckte.
So war's von je in mächtiger Römer Zeit,
Und so fortan, bis gestern, ja bis heut.
Das alles liegt im Boden still begraben,
Der Boden ist des Kaisers, der soll's haben.

Schatzmeister.

Für einen Narren spricht er gar nicht schlecht,
Das ist fürwahr des alten Kaisers Recht.

Canzler.

Der Satan legt euch goldgewirkte Schlingen:
Es geht nicht zu mit frommen rechten Dingen.

Marschalk.

Schafft' er uns nur zu Hof willkommne Gaben,
Ich wollte gern ein bißchen Unrecht haben.

Heermeister.

Der Narr ist klug, verspricht was jedem frommt;
Fragt der Soldat doch nicht woher es kommt.

Mephistopheles.

Und glaubt ihr euch vielleicht durch mich betrogen;
Hier steht ein Mann! da! fragt den Astrologen,

In Kreis' um Kreise kennt er Stund' und Haus;
So sage denn: wie sieht's am Himmel aus?

Gemurmel.

Zwei Schelme sind's – Verstehn sich schon –
Narr und Phantast – So nah dem Thron –
Ein mattgesungen – Alt Gedicht –
Der Thor bläs't ein – Der Weise spricht –

Astrolog spricht, Mephistopheles bläs't ein.

Die Sonne selbst sie ist ein lautres Gold,
Mercur der Bote dient um Gunst und Sold,
Frau Venus hat's euch allen angethan,
So früh als spat blickt sie euch lieblich an;
Die keusche Luna launet grillenhaft,
Mars, trifft er nicht, so dräut euch seine Kraft.
Und Jupiter bleibt doch der schönste Schein,
Saturn ist groß, dem Auge fern und klein.
Ihn als Metall verehren wir nicht sehr,
An Werth gering, doch im Gewichte schwer.
Ja! wenn zu Sol sich Luna fein gesellt,
Zum Silber Gold, dann ist es heitre Welt,
Das Übrige ist alles zu erlangen,
Paläste, Gärten, Brüstlein, rothe Wangen,
Das alles schafft der hochgelahrte Mann
Der das vermag was unser keiner kann.

Kaiser.

Ich höre doppelt was er spricht
Und dennoch überzeugt's mich nicht.

Gemurmel.

Was soll uns das – Gedroschner Spaß –
Kalenderei – Chymisterei –
Das hört' ich oft – Und falsch gehofft –
Und kommt er auch – So ist's ein Gauch –

Mephistopheles.

Da stehen sie umher und staunen,
Vertrauen nicht dem hohen Fund,
Der eine faselt von Alraunen
Der andre von dem schwarzen Hund.
Was soll es daß der eine witzelt,
Ein andrer Zauberei verklagt,
Wenn ihm doch auch einmal die Sohle kitzelt,
Wenn ihm der sichre Schritt versagt.

Ihr alle fühlt geheimes Wirken
Der ewig waltenden Natur,
Und aus den untersten Bezirken
Schmiegt sich herauf lebend'ge Spur.
Wenn es in allen Gliedern zwackt,
Wenn es unheimlich wird am Platz,
Nur gleich entschlossen grabt und hackt,
Da liegt der Spielmann, liegt der Schatz!

Gemurmel.

Mir liegt's im Fuß wie Bleigewicht –
Mir krampft's im Arme – Das ist Gicht –
Mir krabbelt's an der großen Zeh –
Mir thut der ganze Rücken weh –
Nach solchen Zeichen wäre hier
Das allerreichste Schatzrevier.

Kaiser.

Nur eilig! du entschlüpfst nicht wieder,
Erprobe deine Lügenschäume,
Und zeig' uns gleich die edlen Räume.
Ich lege Schwert und Scepter nieder,
Und will mit eignen hohen Händen,
Wenn du nicht lügst, das Werk vollenden,
Dich, wenn du lügst, zur Hölle senden!

Mephistopheles.

Den Weg dahin wüßt' allenfalls zu finden –
Doch kann ich nicht genug verkünden
Was überall besitzlos harrend liegt.
Der Bauer der die Furche pflügt
Hebt einen Goldtopf mit der Scholle,
Salpeter hofft er von der Leimenwand
Und findet golden-goldne Rolle
Erschreckt, erfreut in kümmerlicher Hand.
Was für Gewölbe sind zu sprengen,
In welchen Klüften, welchen Gängen
Muß sich der Schatzbewußte drängen,
Zur Nachbarschaft der Unterwelt!
In weiten altverwahrten Kellern,
Von goldnen Humpen, Schüsseln, Tellern,
Sieht er sich Reihen aufgestellt.
Pokale stehen aus Rubinen
Und will er deren sich bedienen
Daneben liegt uraltes Naß.
Doch – werdet ihr dem Kundigen glauben –
Verfault ist längst das Holz der Dauben,
Der Weinstein schuf dem Wein ein Faß.

Essenzen solcher edlen Weine,
Gold und Juwelen nicht alleine
Umhüllen sich mit Nacht und Graus.
Der Weise forscht hier unverdrossen;
Am Tag erkennen das sind Possen,
Im Finstern sind Mysterien zu Haus.

Kaiser.

Die lass' ich dir! Was will das Düstre frommen?
Hat etwas Werth, es muß zu Tage kommen.
Wer kennt den Schelm in tiefer Nacht genau?
Schwarz sind die Kühe, so die Katzen grau.
Die Töpfe drunten, voll von Goldgewicht,
Zieh deinen Pflug, und ackre sie an's Licht.

Mephistopheles.

Nimm Hack' und Spaten, grabe selber,
Die Bauernarbeit macht dich groß,
Und eine Heerde goldner Kälber
Sie reißen sich vom Boden los.
Dann ohne Zaudern, mit Entzücken,
Kannst du dich selbst, wirst die Geliebte schmücken;
Ein leuchtend Farb- und Glanzgestein erhöht
Die Schönheit wie die Majestät.

Kaiser.

Nur gleich, nur gleich! Wie lange soll es währen!

Astrolog wie oben.

Herr mäßige solch dringendes Begehren,
Laß erst vorbei das bunte Freudenspiel;
Zerstreutes Wesen führt uns nicht zum Ziel.

Erst müssen wir in Fassung uns versühnen,
Das Untre durch das Obere verdienen.
Wer Gutes will der sei erst gut;
Wer Freude will besänftige sein Blut;
Wer Wein verlangt der keltre reife Trauben;
Wer Wunder hofft der stärke seinen Glauben.

Kaiser.

So sei die Zeit in Fröhlichkeit verthan!
Und ganz erwünscht kommt Aschermittwoch an.
Indessen feiern wir, auf jeden Fall,
Nur lustiger das wilde Carneval.

Trompeten, EXEUNT.

Mephistopheles.

Wie sich Verdienst und Glück verketten
Das fällt den Thoren niemals ein;
Wenn sie den Stein der Weisen hätten,
Der Weise mangelte dem Stein.

Weitläufiger Saal

mit Nebengemächern, verziert und aufgeputzt zur

Mummenschanz.

Herold.

Denkt nicht ihr seid in deutschen Gränzen
Von Teufels-, Narren- und Todtentänzen,
Ein heitres Fest erwartet euch.
Der Herr, auf seinen Römerzügen,
Hat, sich zu Nutz, euch zum Vergnügen,
Die hohen Alpen überstiegen,
Gewonnen sich ein heitres Reich.
Der Kaiser, er, an heiligen Sohlen
Erbat sich erst das Recht zur Macht,
Und als er ging die Krone sich zu holen,
Hat er uns auch die Kappe mitgebracht.
Nun sind wir alle neugeboren;
Ein jeder weltgewandte Mann
Zieht sie behaglich über Kopf und Ohren;
Sie ähnlet ihn verrückten Thoren,
Er ist darunter weise wie er kann.
Ich sehe schon wie sie sich schaaren,
Sich schwankend sondern, traulich paaren;
Zudringlich schließt sich Chor an Chor.

Herein, hinaus, nur unverdrossen;
Es bleibt doch endlich nach wie vor
Mit ihren hunderttausend Possen
Die Welt ein einzig großer Thor.

Gärtnerinnen.
Gesang begleitet von Mandolinen.

Euren Beifall zu gewinnen
Schmückten wir uns diese Nacht,
Junge Florentinerinnen
Folgten deutschen Hofes Pracht;

Tragen wir in braunen Locken
Mancher heitern Blume Zier;
Seidenfäden, Seidenflocken
Spielen ihre Rolle hier.

Denn wir halten es verdienstlich,
Lobenswürdig ganz und gar,
Unsere Blumen, glänzend künstlich,
Blühen fort das ganze Jahr.

Allerlei gefärbten Schnitzeln
Ward symmetrisch Recht gethan;
Mögt ihr Stück für Stück bewitzeln,
Doch das Ganze zieht euch an.

Niedlich sind wir anzuschauen,
Gärtnerinnen und galant;
Denn das Naturell der Frauen
Ist so nah mit Kunst verwandt.

Herold.

Laßt die reichen Körbe sehen
Die ihr auf den Häupten traget,
Die sich bunt am Arme blähen,
Jeder wähle was behaget.
Eilig daß in Laub und Gängen
Sich ein Garten offenbare,
Würdig sind sie zu umdrängen
Krämerinnen wie die Waare.

Gärtnerinnen.

Feilschet nun am heitern Orte,
Doch kein Markten findet statt!
Und mit sinnig kurzem Worte
Wisse jeder was er hat.

Olivenzweig mit Früchten.

Keinen Blumenflor beneid' ich,
Allen Widerstreit vermeid' ich;
Mir ist's gegen die Natur:
Bin ich doch das Mark der Lande,
Und, zum sichern Unterpfande,
Friedenszeichen jeder Flur;
Heute, hoff' ich, soll mir's glücken
Würdig schönes Haupt zu schmücken.

Ährenkranz golden.

Ceres Gaben, euch zu putzen,
Werden hold und lieblich stehn:
Das Erwünschteste dem Nutzen
Sei als eure Zierde schön.

Phantasiekranz.

Bunte Blumen Malven ähnlich
Aus dem Moos ein Wunderflor!
Der Natur ist's nicht gewöhnlich,
Doch die Mode bringt's hervor.

Phantasiestrauß.

Meinen Namen euch zu sagen
Würde Theophrast nicht wagen,
Und doch hoff' ich wo nicht allen,
Aber mancher zu gefallen,
Der ich mich wohl eignen möchte,
Wenn sie mich in's Haar verflöchte,
Wenn sie sich entschließen könnte,
Mir am Herzen Platz vergönnte.

Ausforderung.

Mögen bunte Phantasien
Für des Tages Mode blühen,
Wunderseltsam fein gestaltet
Wie Natur sich nie entfaltet;
Grüne Stiele, goldne Glocken,
Blickt hervor aus reichen Locken! –
Doch wir

Rosenknospen.

halten uns versteckt,
Glücklich wer uns frisch entdeckt.

Wenn der Sommer sich verkündet,
Rosenknospe sich entzündet,
Wer mag solches Glück entbehren?
Das Versprechen, das Gewähren,

Das beherrscht, in Florens Reich,
Blick und Sinn und Herz zugleich.

Unter grünen Laubgängen putzen die Gärtnerinnen zierlich ihren Kram auf.

Gärtner.

Gesang begleitet von Theorben.

Blumen sehet ruhig sprießen,
Reizend euer Haupt umzieren,
Früchte wollen nicht verführen,
Kostend mag man sie genießen.

Bieten bräunliche Gesichter
Kirschen, Pfirschen, Königspflaumen,
Kauft! denn gegen Zung' und Gaumen
Hält sich Auge schlecht als Richter.

Kommt von allerreifsten Früchten
Mit Geschmack und Lust zu speisen!
Über Rosen läßt sich dichten,
In die Äpfel muß man beißen.

Sei's erlaubt uns anzupaaren
Eurem reichen Jugendflor,
Und wir putzen reifer Waaren
Fülle nachbarlich empor.

Unter lustigen Gewinden
In geschmückter Lauben Bucht,
Alles ist zugleich zu finden:
Knospe, Blätter, Blume, Frucht.

Unter Wechselgesang, begleitet von Guitarren und Theorben, fahren beide Chöre fort ihre Waaren stufenweis in die Höhe zu schmücken und auszubieten.

Mutter und Tochter.

Mutter.

Mädchen, als du kamst an's Licht
Schmückt ich dich im Häubchen,
Warst so lieblich von Gesicht,
Und so zart am Leibchen.
Dachte dich sogleich als Braut,
Gleich dem Reichsten angetraut,
Dachte dich als Weibchen.

Ach! Nun ist schon manches Jahr
Ungenützt verflogen,
Der Sponsirer bunte Schaar
Schnell vorbei gezogen;
Tanztest mit dem einen flink,
Gabst dem andern feinen Wink
Mit dem Ellenbogen.

Welches Fest man auch ersann,
Ward umsonst begangen,
Pfänderspiel und dritter Mann
Wollten nicht verfangen;
Heute sind die Narren los,
Liebchen, öffne deinen Schoos,
Bleibt wohl einer hangen.

Gespielinnen jung und schön gesellen sich hinzu, ein vertrauliches Geplauder wird laut.

Fischer und Vogelsteller

mit Netzen, Angeln und Leimruthen, auch sonstigem Geräthe treten auf, mischen sich unter die schönen Kinder. Wechselseitige Versuche zu gewinnen, zu fangen, zu entgehen und fest zu halten geben zu den angenehmsten Dialogen Gelegenheit.

Holzhauer treten ein ungestüm und ungeschlacht.

Nur Platz! nur Blöße!
Wir brauchen Räume,
Wir fällen Bäume
Die krachen, schlagen:
Und wenn wir tragen
Da gibt es Stöße.
Zu unserm Lobe
Bringt dieß in's Reine;
Denn wirkten Grobe
Nicht auch im Lande,
Wie kämen Feine
Für sich zu Stande,
So sehr sie witzten?
Deß seid belehret!
Denn ihr erfröret,
Wenn wir nicht schwitzten.

Pulcinelle täppisch, fast läppisch.

Ihr seid die Thoren,
Gebückt geboren.
Wir sind die Klugen
Die nie was trugen;
Denn unsre Kappen,
Jacken und Lappen
Sind leicht zu tragen.
Und mit Behagen
Wir immer müßig,
Pantoffelfüßig,
Durch Markt und Haufen
Einher zu laufen,

Gaffend zu stehen,
Uns anzukrähen;
Auf solche Klänge
Durch Drang und Menge
Aalgleich zu schlüpfen,
Gesammt zu hüpfen,
Vereint zu toben.
Ihr mögt uns loben,
Ihr mögt uns schelten,
Wir lassen's gelten.

Parasiten schmeichelnd-lüstern.

Ihr wackern Träger
Und eure Schwäger,
Die Kohlenbrenner,
Sind unsre Männer.
Denn alles Bücken,
Bejahndes Nicken,
Gewundne Phrasen,
Das Doppelblasen,
Das wärmt und kühlet
Wie's einer fühlet,
Was könnt' es frommen?
Es möchte Feuer
Selbst ungeheuer
Vom Himmel kommen,
Gäb' es nicht Scheite
Und Kohlentrachten
Die Herdesbreite
Zur Gluth entfachten.
Da brät's und prudelt's,
Da kocht's und strudelt's.

Der wahre Schmecker,
Der Tellerlecker,
Er riecht den Braten,
Er ahnet Fische;
Das regt zu Thaten
An Gönners Tische.

Trunkner unbewußt.

Sei mir heute nichts zuwider!
Fühle mich so frank und frei;
Frische Lust und heitre Lieder
Holt' ich selbst sie doch herbei.
Und so trink ich! Trinke, trinke.
Stoßet an ihr! Tinke, Tinke!
Du dorthinten komm heran!
Stoßet an, so ist's gethan.

Schrie mein Weibchen doch entrüstet,
Rümpfte diesem bunten Rock,
Und, wie sehr ich mich gebrüstet,
Schalt mich einen Maskenstock.
Doch ich trinke! Trinke, trinke!
Angeklungen! Tinke, Tinke!
Maskenstöcke, stoßet an!
Wenn es klingt, so ist's gethan.

Saget nicht daß ich verirrt bin,
Bin ich doch wo mir's behagt.
Borgt der Wirth nicht, borgt die Wirthin,
Und am Ende borgt die Magd.
Immer trink' ich! Trinke, trinke!
Auf ihr andern! Tinke, Tinke!

Jeder jedem! so fortan!
Dünkt mich's doch es sei gethan.

Wie und wo ich mich vergnüge
Mag es immerhin geschehn;
Laßt mich liegen wo ich liege,
Denn ich mag nicht länger stehn.

Chor.

Jeder Bruder trinke, trinke!
Toastet frisch ein Tinke, Tinke!
Sitzet fest auf Bank und Span,
Unter'm Tisch Dem ist's gethan.

Der *Herold*

kündigt verschiedene Poeten an, Naturdichter, Hof- und Rittersänger, zärtliche so wie Enthusiasten. Im Gedräng von Mitwerbern aller Art läßt keiner den andern zum Vortrag kommen. Einer schleicht mit wenigen Worten vorüber.

Satiriker.

Wißt ihr was mich Poeten
Erst recht erfreuen sollte?
Dürft' ich singen und reden
Was niemand hören wollte.

Die Nacht- und Grabdichter lassen sich entschuldigen, weil sie so eben im interessantesten Gespräch mit einem frischerstandenen Vampyren begriffen seien, woraus eine neue Dichtart sich vielleicht entwickeln könnte; der Herold muß es gelten lassen und ruft indessen die griechische Mythologie hervor, die, selbst in moderner Maske, weder Charakter noch Gefälliges verliert.

Die Grazien.

Aglaia.

Anmuth bringen wir in's Leben;
Leget Anmuth in das Geben.

Hegemone.

Leget Anmuth in's Empfangen,
Lieblich ist's den Wunsch erlangen.

Euphrosyne.

Und in stiller Tage Schranken
Höchst anmuthig sei das Danken.

Die Parzen.

Atropos.

Mich die älteste zum Spinnen
Hat man dießmal eingeladen;
Viel zu denken, viel zu sinnen
Gibt's bei'm zarten Lebensfaden.

Daß er euch gelenk und weich sei
Wußt' ich feinsten Flachs zu sichten;
Daß er glatt und schlank und gleich sei
Wird der kluge Finger schlichten.

Wolltet ihr bei Lust und Tänzen
Allzu üppig euch erweisen;
Denkt an dieses Fadens Gränzen,
Hütet euch! Er möchte reißen!

Klotho.

Wißt, in diesen letzten Tagen
Ward die Schere mir vertraut;
Denn man war von dem Betragen
Unsrer Alten nicht erbaut.

Zerrt unnützeste Gespinnste
Lange sie an Licht und Luft,
Hoffnung herrlichster Gewinnste
Schleppt sie schneidend zu der Gruft.

Doch auch ich im Jugend-Walten
Irrte mich schon hundertmal;
Heute mich im Zaum zu halten,
Schere steckt im Futteral.

Und so bin ich gern gebunden,
Blicke freundlich diesem Ort;
Ihr in diesen freien Stunden
Schwärmt nur immer fort und fort.

Lachesis.

Mir, die ich allein verständig,
Blieb das Ordnen zugetheilt;
Meine Weife, stets lebendig,
Hat noch nie sich übereilt.

Fäden kommen, Fäden weifen,
Jeden lenk' ich seine Bahn,

Keinen lass' ich überschweifen,
Füg' er sich im Kreis heran.

Könnt' ich einmal mich vergessen
Wär' es um die Welt mir bang,
Stunden zählen, Jahre messen
Und der Weber nimmt den Strang.

Herold.

Die jetzo kommen werdet ihr nicht kennen,
Wärt ihr noch so gelehrt in alten Schriften;
Sie anzusehn die so viel Übel stiften,
Ihr würdet sie willkommne Gäste nennen.

Die *Furien* sind es, niemand wird uns glauben,
Hübsch, wohlgestaltet, freundlich, jung von Jahren;
Laßt euch mit ihnen ein, ihr sollt erfahren
Wie schlangenhaft verletzen solche Tauben.

Zwar sind sie tückisch, doch am heutigen Tage
Wo jeder Narr sich rühmet seiner Mängel,
Auch sie verlangen nicht den Ruhm als Engel,
Bekennen sich als Stadt- und Landesplage.

Die Furien.

Alekto.

Was hilft es euch, ihr werdet uns vertrauen,
Denn wir sind hübsch und jung und Schmeichelkätzchen;
Hat einer unter euch ein Liebe-Schätzchen,
Wir werden ihm so lang die Ohren krauen,

Bis wir ihm sagen dürfen, Aug' in Auge:
Daß sie zugleich auch dem und jenem winke,
Im Kopfe dumm, im Rücken krumm, und hinke,
Und, wenn sie seine Braut ist, gar nichts tauge.

So wissen wir die Braut auch zu bedrängen:
Es hat sogar der Freund, vor wenig Wochen,
Verächtliches von ihr zu *der* gesprochen! –
Versöhnt man sich, so bleibt doch etwas hängen.

Megära.

Das ist nur Spaß! denn, sind sie erst verbunden,
Ich nehm' es auf, und weiß in allen Fällen
Das schönste Glück durch Grille zu vergällen;
Der Mensch ist ungleich, ungleich sind die Stunden.

Und niemand hat Erwünschtes fest in Armen,
Der sich nicht nach Erwünschterem thörig sehnte,
Vom höchsten Glück, woran er sich gewöhnte;
Die Sonne flieht er, will den Frost erwarmen.

Mit diesem allen weiß ich zu gebahren,
Und führe her Asmodi den Getreuen,
Zu rechter Zeit Unseliges auszustreuen,
Verderbe so das Menschenvolk in Paaren.

Tisiphone.

Gift und Dolch statt böser Zungen
Misch' ich, schärf' ich dem Verräther;
Liebst du andre, früher, später
Hat Verderben dich durchdrungen.

Muß der Augenblicke Süßtes
Sich zu Gischt und Galle wandeln!

Hier kein Markten, hier kein Handeln,
Wie er es beging', er büßt es.

Singe keiner vom Vergeben!
Felsen klag' ich meine Sache,
Echo! Horch! erwidert Rache;
Und wer wechselt soll nicht leben.

Herold.

Belieb' es euch zur Seite wegzuweichen,
Denn was jetzt kommt ist nicht von Euresgleichen.
Ihr seht wie sich ein Berg herangedrängt,
Mit bunten Teppichen die Weichen stolz behängt,
Ein Haupt mit langen Zähnen, Schlangenrüssel,
Geheimnißvoll, doch zeig' ich euch den Schlüssel.
Im Nacken sitzt ihm zierlich-zarte Frau,
Mit feinem Stäbchen lenkt sie ihn genau,
Die andre droben stehend herrlich-hehr
Umgibt ein Glanz der blendet mich zu sehr.
Zur Seite gehn gekettet edle Frauen.
Die eine bang, die andre froh zu schauen,
Die eine wünscht, die andre fühlt sich frei,
Verkünde jede wer sie sei.

Furcht.

Dunstige Fackeln, Lampen, Lichter,
Dämmern durch's verworrne Fest,
Zwischen diese Truggesichter
Bannt mich ach die Kette fest.

Fort, ihr lächerlichen Lacher!
Euer Grinsen gibt Verdacht;
Alle meine Widersacher
Drängen mich in dieser Nacht.

Hier! ein Freund ist Feind geworden,
Seine Maske kenn' ich schon;
Jener wollte mich ermorden,
Nun entdeckt schleicht er davon.

Ach wie gern in jeder Richtung
Flöh' ich zu der Welt hinaus;
Doch von drüben droht Vernichtung,
Hält mich zwischen Dunst und Graus.

Hoffnung.

Seid gegrüßt, ihr lieben Schwestern.
Habt ihr euch schon heut und gestern
In Vermummungen gefallen,
Weiß ich doch gewiß von allen
Morgen wollt ihr euch enthüllen.
Und wenn wir bei Fackelscheine
Uns nicht sonderlich behagen,
Werden wir in heitern Tagen,
Ganz nach unserm eignen Willen,
Bald gesellig, bald alleine
Frei durch schöne Fluren wandeln,
Nach Belieben ruhn und handeln
Und in sorgenfreiem Leben
Nie entbehren, stets erstreben;
Überall willkommne Gäste
Treten wir getrost hinein:
Sicherlich es muß das Beste
Irgendwo zu finden sein.

Klugheit.

Zwei der größten Menschenfeinde,
Furcht und Hoffnung angekettet,

Halt' ich ab von der Gemeinde;
Platz gemacht! ihr seid gerettet.

Den lebendigen Colossen
Führ' ich, seht ihr, thurmbeladen,
Und er wandelt unverdrossen
Schritt vor Schritt auf steilen Pfaden.

Droben aber auf der Zinne
Jene Göttin mit behenden
Breiten Flügeln, zum Gewinne
Allerseits sich hinzuwenden.

Rings umgibt sie Glanz und Glorie
Leuchtend fern nach allen Seiten;
Und sie nennet sich Victorie,
Göttin aller Thätigkeiten.

Zoilo-Thersites.

Hu! Hu! da komm' ich eben recht,
Ich schelt' euch allzusammen schlecht!
Doch was ich mir zum Ziel ersah
Ist oben Frau Victoria,
Mit ihrem weißen Flügelpaar,
Sie dünkt sich wohl sie sei ein Aar,
Und wo sie sich nur hingewandt
Gehör' ihr alles Volk und Land;
Doch, wo was Rühmliches gelingt
Es mich sogleich in Harnisch bringt.
Das Tiefe hoch, das Hohe tief,
Das Schiefe g'rad, das G'rade schief,
Das ganz allein macht mich gesund,
So will ich's auf dem Erdenrund.

Herold.

So treffe dich, du Lumpenhund,
Des frommen Stabes Meisterstreich,
Da krümm' und winde dich sogleich! –
Wie sich die Doppelzwerggestalt
So schnell zum eklen Klumpen ballt! –
– Doch Wunder! – Klumpen wird zum Ei,
Das bläht sich auf und platzt entzwei.
Nun fällt ein Zwillingspaar heraus,
Die Otter und die Fledermaus;
Die eine fort im Staube kriecht,
Die andre schwarz zur Decke fliegt.
Sie eilen draußen zum Verein;
Da möcht' ich nicht der Dritte sein.

Gemurmel.

Frisch! dahinten tanzt man schon –
Nein! Ich wollt' ich wär' davon –
Fühlst du, wie uns das umflicht,
Das gespenstische Gezücht? –
Saus't es mir doch über's Haar –
Ward ich's doch am Fuß gewahr –
Keiner ist von uns verletzt –
Alle doch in Furcht gesetzt –
Ganz verdorben ist der Spaß –
Und die Bestien wollten das.

Herold.

Seit mir sind bei Maskeraden
Heroldspflichten aufgeladen,
Wach' ich ernstlich an der Pforte,
Daß euch hier am lustigen Orte

Nichts Verderbliches erschleiche,
Weder wanke, weder weiche.
Doch ich fürchte durch die Fenster
Ziehen luftige Gespenster,
Und von Spuk und Zaubereien
Wüßt' ich euch nicht zu befreien.
Machte sich der Zwerg verdächtig,
Nun! dort hinten strömt es mächtig.
Die Bedeutung der Gestalten
Möcht' ich amtsgemäß entfalten.
Aber was nicht zu begreifen
Wüßt' ich auch nicht zu erklären,
Helfet alle mich belehren! –
Seht ihr's durch die Menge schweifen? –
Vierbespannt ein prächtiger Wagen
Wird durch alles durchgetragen;
Doch er theilet nicht die Menge,
Nirgend seh' ich ein Gedränge.
Farbig glitzert's in der Ferne,
Irrend leuchten bunte Sterne,
Wie von magischer Laterne,
Schnaubt heran mit Sturmgewalt.
Platz gemacht! Mich schaudert's!

Knabe Wagenlenker.

Halt!

Rosse hemmet eure Flügel,
Fühlet den gewohnten Zügel,
Meistert euch wie ich euch meistre,
Rauschet hin wenn ich begeistre –
Diese Räume laßt uns ehren!
Schaut umher wie sie sich mehren

Die Bewundrer, Kreis um Kreise.
Herold auf! nach deiner Weise,
Ehe wir von euch entfliehen,
Uns zu schildern uns zu nennen;
Denn wir sind Allegorien
Und so solltest du uns kennen.

Herold.

Wüßte nicht dich zu benennen,
Eher könnt' ich dich beschreiben.

Knabe Lenker.

So probir's!

Herold.

Man muß gestehn:
Erstlich bist du jung und schön.
Halbwüchsiger Knabe bist du; doch die Frauen
Sie möchten dich ganz ausgewachsen schauen.
Du scheinest mir ein künftiger Sponsirer,
Recht so von Haus aus ein Verführer.

Knabe Lenker.

Das läßt sich hören! fahre fort,
Erfinde dir des Räthsels heitres Wort.

Herold.

Der Augen schwarzer Blitz, die Nacht der Locken
Erheitert von juwelnem Band!
Und welch ein zierliches Gewand
Fließt dir von Schultern zu den Socken,
Mit Purpursaum und Glitzertand!
Man könnte dich ein Mädchen schelten,
Doch würdest du, zu Wohl und Weh,

Auch jetzo schon bei Mädchen gelten,
Sie lehrten dich das A. B. C.

Knabe Lenker.

Und dieser der als Prachtgebilde
Hier auf dem Wagenthrone prangt?

Herold.

Er scheint ein König reich und milde,
Wohl dem der seine Gunst erlangt!
Er hat nichts weiter zu erstreben,
Wo's irgend fehlte späht sein Blick,
Und seine reine Lust zu geben
Ist größer als Besitz und Glück.

Knabe Lenker.

Hiebei darfst du nicht stehen bleiben,
Du mußt ihn recht genau beschreiben.

Herold.

Das Würdige beschreibt sich nicht.
Doch das gesunde Mondgesicht,
Ein voller Mund, erblühte Wangen,
Die unter'm Schmuck des Turbans prangen;
Im Faltenkleid ein reich Behagen!
Was soll ich von dem Anstand sagen?
Als Herrscher scheint er mir bekannt.

Knabe Lenker.

Plutus, des Reichthums Gott genannt,
Derselbe kommt in Prunk daher,
Der hohe Kaiser wünscht ihn sehr.

Herold.

Sag' von dir selber auch das *Was* und *Wie*?

Knabe Lenker.

Bin die Verschwendung, bin die Poesie;
Bin der Poet, der sich vollendet
Wenn er sein eigenst Gut verschwendet.
Auch ich bin unermeßlich reich
Und schätze mich dem Plutus gleich,
Beleb' und schmück' ihm Tanz und Schmaus,
Das was ihm fehlt das theil' ich aus.

Herold.

Das Prahlen steht dir gar zu schön,
Doch laß uns deine Künste sehn.

Knabe Lenker.

Hier seht mich nur ein Schnippchen schlagen,
Schon glänzt's und glitzert's um den Wagen.
Da springt eine Perlenschnur hervor;

Immerfort umherschnippend.

Nehmt goldne Spange für Hals und Ohr;
Auch Kamm und Krönchen ohne Fehl,
In Ringen köstlichstes Juwel;
Auch Flämmchen spend' ich dann und wann,
Erwartend wo es zünden kann.

Herold.

Wie greift und hascht die liebe Menge!
Fast kommt der Geber in's Gedränge.
Kleinode schnippt er wie ein Traum
Und alles hascht im weiten Raum.
Doch da erleb' ich neue Pfiffe:
Was einer noch so emsig griffe

Deß hat er wirklich schlechten Lohn,
Die Gabe flattert ihm davon.
Es lös't sich auf das Perlenband,
Ihm krabbeln Käfer in der Hand,
Er wirft sie weg der arme Tropf,
Und sie umsummen ihm den Kopf.
Die andern statt solider Dinge
Erhaschen frevle Schmetterlinge.
Wie doch der Schelm so viel verheißt,
Und nur verleiht was golden gleißt!

Knaber Lenker.

Zwar Masken, merk' ich, weißt du zu verkünden,
Allein der Schale Wesen zu ergründen
Sind Herolds Hofgeschäfte nicht;
Das fordert schärferes Gesicht.
Doch hüt' ich mich vor jeder Fehde;
An dich, Gebieter, wend' ich Frag' und Rede.

Zu Plutus gewendet.

Hast du mir nicht die Windesbraut
Des Viergespannes anvertraut?
Lenk' ich nicht glücklich wie du leitest?
Bin ich nicht da wohin du deutest?
Und wußt' ich nicht auf kühnen Schwingen
Für dich die Palme zu erringen?
Wie oft ich auch für dich gefochten,
Mir ist es jederzeit geglückt:
Wenn Lorbeer deine Stirne schmückt,
Hab' ich ihn nicht mit Sinn und Hand geflochten?

Plutus.

Wenn's nöthig ist daß ich dir Zeugniß leiste,
So sag' ich gern: Bist Geist von meinem Geiste.

Du handelst stets nach meinem Sinn,
Bist reicher als ich selber bin.
Ich schätze, deinen Dienst zu lohnen,
Den grünen Zweig vor allen meinen Kronen.
Ein wahres Wort verkünd' ich allen:
Mein lieber Sohn, an dir hab' ich Gefallen.

Knabe Lenker zur Menge.

Die größten Gaben meiner Hand
Seht! hab' ich rings umher gesandt.
Auf dem und jenem Kopfe glüht
Ein Flämmchen das ich angesprüht,
Von einem zu dem andern hüpft's,
An diesem hält sich's, dem entschlüpft's,
Gar selten aber flammt's empor,
Und leuchtet rasch in kurzem Flor;
Doch vielen, eh' man's noch erkannt,
Verlischt es, traurig ausgebrannt.

Weiber-Geklatsch.

Da droben auf dem Viergespann
Das ist gewiß ein Charlatan;
Gekauzt da hintendrauf Hanswurst,
Doch abgezehrt von Hunger und Durst,
Wie man ihn niemals noch erblickt;
Er fühlt wohl nicht, wenn man ihn zwickt.

Der Abgemagerte.

Vom Leibe mir, ekles Weibsgeschlecht!
Ich weiß, dir komm' ich niemals recht. –
Wie noch die Frau den Herd versah,
Da hieß ich Avaritia;
Da stand es gut um unser Haus:
Nur viel herein, und nichts hinaus!

Ich eiferte für Kist' und Schrein;
Das sollte wohl gar ein Laster sein.
Doch als in allerneusten Jahren
Das Weib nicht mehr gewohnt zu sparen,
Und, wie ein jeder böser Zahler,
Weit mehr Begierden hat als Thaler,
Da bleibt dem Manne viel du dulden,
Wo er nur hinsieht da sind Schulden.
Sie wendet's, kann sie was erspulen,
An ihren Leib, an ihren Buhlen;
Auch speis't sie besser, trinkt noch mehr
Mit der Sponsirer leidigem Heer;
Das steigert mir des Goldes Reiz:
Bin männlichen Geschlechts, der Geiz!

Hauptweib.

Mit Drachen mag der Drache geizen,
Ist's doch am Ende Lug und Trug!
Er kommt die Männer aufzureizen,
Sie sind schon unbequem genug.

Weiber in Masse.

Der Strohmann! Reich' ihm eine Schlappe!
Was will das Marterholz uns dräun?
Wir sollen seine Fratze scheun!
Die Drachen sind von Holz und Pappe,
Frisch an und dringt auf ihn hinein!

Herold.

Bei meinem Stabe! Ruh gehalten! –
Doch braucht es meiner Hülfe kaum,
Seht wie die grimmen Ungestalten
Bewegt im rasch gewonnenen Raum

Das Doppel-Flügelpaar entfalten.
Entrüstet schütteln sich der Drachen
Umschuppte feuerspeiende Rachen;
Die Menge flieht, rein ist der Platz.

Plutus steigt vom Wagen.

Herold.

Er tritt herab, wie königlich!
Er winkt, die Drachen rühren sich,
Die Kiste haben sie vom Wagen
Mit Gold und Geiz herangetragen,
Sie steht zu seinen Füßen da:
Ein Wunder ist es wie's geschah.

Plutus zum Lenker.

Nun bist du los der allzulästigen Schwere,
Bist frei und frank, nun frisch zu deiner Sphäre!
Hier ist sie nicht! Verworren, schäckig, wild
Umdrängt uns hier ein fratzenhaft Gebild.
Nur wo du klar in's holde Klare schaust,
Dir angehörst und dir allein vertraust,
Dorthin wo Schönes, Gutes nur gefällt,
Zur Einsamkeit! – Da schaffe deine Welt.

Knabe Lenker.

So acht' ich mich als werthen Abgesandten,
So lieb' ich dich als nächsten Anverwandten.
Wo du verweilst ist Fülle, wo ich bin
Fühlt jeder sich im herrlichsten Gewinn;
Auch schwankt er oft im widersinnigen Leben:
Soll er sich dir? soll er sich mir ergeben?

Die Deinen freilich können müßig ruhn,
Doch wer mir folgt hat immer was zu thun.
Nicht in's geheim vollführ' ich meine Thaten
Ich athme nur und schon bin ich verrathen.
So lebe wohl! Du gönnst mir ja mein Glück,
Doch lisple leis und gleich bin ich zurück.

Ab wie er kam.

Plutus.

Nun ist es Zeit die Schätze zu entfesseln!
Die Schlösser treff' ich mit des Herolds Ruthe.
Es thut sich auf! schaut her! in ehrnen Kesseln
Entwickelt sich's und wallt von goldnem Blute,
Zunächst der Schmuck von Kronen, Ketten, Ringen;
Es schwillt und droht ihn schmelzend zu verschlingen.

Wechselgeschrei der Menge.

Seht hier, o hin! wie's reichlich quillt,
Die Kiste bis zum Rande füllt. –
Gefäße, goldne, schmelzen sich,
Gemünzte Rollen wälzen sich. –
Dukaten hüpfen wie geprägt,
O wie mir das den Busen regt –
Wie schau' ich alle mein Begehr!
Da kollern sie am Boden her. –
Man bietet's euch, benutzt's nur gleich
Und bückt euch nur und werdet reich. –
Wir andern, rüstig wie der Blitz,
Wir nehmen den Koffer in Besitz.

Herold.

Was soll's, ihr Thoren? soll mir das?
Es ist ja nur ein Maskenspaß.

Heut Abend wird nicht mehr begehrt;
Glaubt ihr man geb' euch Gold und Werth?
Sind doch für euch in diesem Spiel
Selbst Rechenpfennige zu viel.
Ihr Täppischen! ein artiger Schein
Soll gleich die plumpe Wahrheit sein.
Was soll euch Wahrheit? – Dumpfen Wahn
Packt ihr an allen Zipfeln an. –
Vermummter Plutus, Maskenheld,
Schlag' dieses Volk mir aus dem Feld.

Plutus.

Dein Stab ist wohl dazu bereit,
Verleih ihn mir auf kurze Zeit. –
Ich tauch' ihn rasch in Sud und Gluth. –
Nun! Masken seid auf eurer Hut.
Wie's blitzt und platzt, in Funken sprüht!
Der Stab schon ist er angeglüht.
Wer sich zu nah herangedrängt
Ist unbarmherzig gleich versengt –
Jetzt fang' ich meinen Umgang an.

Geschrei und *Gedräng.*

O weh! Es ist um uns gethan. –
Entfliehe wer entfliehen kann! –
Zurück, zurück du Hintermann! –
Mir sprüht es heiß in's Angesicht. –
Mich drückt des glühenden Stabs Gewicht –
Verloren sind wir all' und all'. –
Zurück, zurück du Maskenschwall!
Zurück, zurück unsinniger Hauf! –
O hätt' ich Flügel, flög' ich auf. –

Plutus.

Schon ist der Kreis zurückgedrängt
Und niemand glaub' ich ist versengt.
Die Menge weicht,
Sie ist verscheucht. –
Doch solcher Ordnung Unterpfand
Zieh' ich ein unsichtbares Band.

Herold.

Du hast ein herrlich Werk vollbracht,
Wie dank' ich deiner klugen Macht!

Plutus.

Noch braucht es, edler Freund, Geduld:
Es droht noch mancherlei Tumult.

Geiz.

So kann man doch, wenn es beliebt,
Vergnüglich diesen Kreis beschauen;
Denn immerfort sind vornen an die Frauen
Wo's was zu gaffen, was zu naschen gibt.
Noch bin ich nicht so völlig eingerostet!
Ein schönes Weib ist immer schön;
Und heute weil es mich nichts kostet,
So wollen wir getrost sponsiren gehn.
Doch weil am überfüllten Orte
Nicht jedem Ohr vernehmlich alle Worte,
Versuch' ich klug und hoff' es soll mir glücken,
Mich pantomimisch deutlich auszudrücken.
Hand, Fuß, Gebärde reicht mir da nicht hin,
Da muß ich mich um einen Schwank bemühn.
Wie feuchten Thon will ich das Gold behandeln,
Denn dieß Metall läßt sich in alles wandeln.

Herold.

Was fängt der an der magre Thor!
Hat so ein Hungermann Humor?
Er knetet alles Gold zu Teig,
Ihm wird es unter'n Händen weich,
Wie er es drückt und wie es ballt
Bleibt's immer doch nur ungestalt.
Er wendet sich zu den Weibern dort,
Sie schreien alle, möchten fort,
Gebärden sich gar widerwärtig;
Der Schalk erweis't sich übelfertig.
Ich fürchte daß er sich ergetzt,
Wenn er die Sittlichkeit verletzt.
Dazu darf ich nicht schweigsam bleiben,
Gib meinen Stab, ihn zu vertreiben.

Plutus.

Er ahnet nicht was uns von außen droht;
Laß ihn die Narrentheidung treiben,
Ihm wird kein Raum für seine Possen bleiben;
Gesetz ist mächtig, mächtiger ist die Noth.

Getümmel und *Gesang.*

Das wilde Heer es kommt zumal
Von Bergeshöh und Waldes Thal,
Unwiderstehlich schreitet's an:
Sie feiern ihren großen Pan.
Sie wissen doch was keiner weiß
Und drängen in den leeren Kreis.

Plutus.

Ich kenn' euch wohl und euren großen Pan!
Zusammen habt ihr kühnen Schritt gethan.

Ich weiß recht gut was nicht ein jeder weiß
Und öffne schuldig diesen engen Kreis.
Mag sie ein gut Geschick begleiten!
Das Wunderlichste kann geschehn;
Sie wissen nicht wohin sie schreiten,
Sie haben sich nicht vorgesehn.

Wildgesang.

Geputztes Volk du, Flitterschau!
Sie kommen roh, sie kommen rauh,
In hohem Sprung, in raschem Lauf,
Sie treten derb und tüchtig auf.

Faunen.

Die Faunenschaar
Im lustigen Tanz,
Den Eichenkranz
Im krausen Haar,
Ein feines zugespitztes Ohr
Dringt an dem Lockenkopf hervor,
Ein stumpfes Näschen, ein breit Gesicht
Das schadet alles bei Frauen nicht.
Dem Faun wenn er die Patsche reicht
Versagt die schönste den Tanz nicht leicht.

Satyr.

Der Satyr hüpft nun hinterdrein
Mit Ziegenfuß und dürrem Bein,
Ihm sollen sie mager und sehnig sein,
Und gemsenartig auf Bergeshöhn
Belustigt er sich umherzusehn.
In Freiheitsluft erquickt alsdann
Verhöhnt er Kind und Weib und Mann,

Die tief in Thales Dampf und Rauch
Behaglich meinen sie lebten auch,
Da ihm doch rein und ungestört
Die Welt dort oben allein gehört.

Gnomen.

Da trippelt ein die kleine Schaar,
Sie hält nicht gern sich Paar und Paar;
Im moosigen Kleid mit Lämplein hell
Bewegt sich's durcheinander schnell,
Wo jedes für sich selber schafft,
Wie Leuchtameisen wimmelhaft;
Und wuselt emsig hin und her,
Beschäftigt in die Kreuz und Quer.

Den frommen Gütchen nah verwandt,
Als Felschirurgen wohl bekannt;
Die hohen Berge schröpfen wir,
Aus vollen Adern schöpfen wir;
Metalle stürzen wir zu Hauf,
Mit Gruß getrost: Glück auf! Glück auf!
Das ist von Grund aus wohl gemeint:
Wir sind der guten Menschen Freund'.
Doch bringen wir das Gold zu Tag
Damit man stehlen und kuppeln mag,
Nicht Eisen fehle dem stolzen Mann,
Der allgemeinen Mord ersann.
Und wer die drei Gebot' veracht't
Sich auch nichts aus den andern macht.
Das alles ist nicht unsre Schuld,
Drum habt sofort wie wir Geduld.

Riesen.

Die wilden Männer sind s' genannt,
Am Harzgebirge wohl bekannt,
Natürlich nackt in aller Kraft,
Sie kommen sämmtlich riesenhaft.
Den Fichtenstamm in rechter Hand
Und um den Leib ein wulstig Band,
Den derbsten Schurz von Zweig und Blatt,
Leibwache wie der Papst nicht hat.

Nymphen im Chor.
Sie umschließen den großen Pan.

Auch kommt er an! –
Das All der Welt
Wird vorgestellt
Im großen Pan.
Ihr Heitersten umgebet ihn,
Im Gaukeltanz umschwebet ihn,
Denn weil er ernst und gut dabei,
So will er daß man fröhlich sei.
Auch unter'm blauen Wölbedach
Verhielt er sich beständig wach,
Doch rieseln ihm die Bäche zu,
Und Lüftlein wiegen ihn mild in Ruh.
Und wenn er zu Mittage schläft
Sich nicht das Blatt am Zweige regt;
Gesunder Pflanzen Balsamduft
Erfüllt die schweigsam stille Luft;
Die Nympfe darf nicht munter sein
Und wo sie stand da schläft sie ein.
Wenn unerwartet mit Gewalt
Dann aber seine Stimm' erschallt,

Wie Blitzes Knattern, Meergebraus,
Dann niemand weiß wo ein noch aus,
Zerstreut sich tapfres Heer im Feld
Und im Getümmel bebt der Held.
So Ehre dem, dem Ehre gebührt
Und Heil ihm der uns hergeführt!

Deputation der Gnomen an den großen Pan.

Wenn das glänzend reiche Gute
Fadenweis durch Klüfte streicht,
Nur der klugen Wünschelruthe
Seine Labyrinthe zeigt,

Wölben wir in dunklen Grüften
Troglodytisch unser Haus,
Und an reinen Tageslüften
Theilst du Schätze gnädig aus.

Nun entdecken wir hieneben
Eine Quelle wunderbar,
Die bequem verspricht zu geben
Was kaum zu erreichen war.

Dieß vermagst du zu vollenden,
Nimm es Herr in deine Hut:
Jeder Schatz in deinen Händen
Kommt der ganzen Welt zu Gut.

Plutus zum Herold.

Wir müssen uns im hohen Sinne fassen
Und was geschieht getrost geschehen lassen,
Du bist ja sonst des stärksten Muthes voll.
Nun wird sich gleich ein Greulichstes eräugnen,
Hartnäckig wird es Welt und Nachwelt läugnen:
Du schreib' es treulich in dein Protokoll.

Herold

den Stab anfassend, welchen Plutus in der Hand behält.

Die Zwerge führen den großen Pan
Zur Feuerquelle sacht heran,
Sie siedet auf vom tiefsten Schlund,
Dann sinkt sie wieder hinab zum Grund,
Und finster steht der offne Mund;
Wallt wieder auf in Gluth und Sud,
Der große Pan steht wohlgemuth,
Freut sich des wundersamen Dings,
Und Perlenschaum sprüht rechts und links.
Wie mag er solchem Wesen traun?
Er bückt sich tief hinein zu schaun. –
Nun aber fällt sein Bart hinein! –
Wer mag das glatte Kinn wohl sein?
Die Hand verbirgt es unserm Blick. –
Nun folgt ein großes Ungeschick,
Der Bart entflammt und fliegt zurück,
Entzündet Kranz und Haupt und Brust,
Zu Leiden wandelt sich die Lust. –
Zu löschen läuft die Schaar herbei,
Doch keiner bleibt von Flammen frei,
Und wie es patscht und wie es schlägt
Wird neues Flammen aufgeregt;
Verflochten in das Element
Ein ganzer Maskenklump verbrennt.

Was aber hör' ich wird uns kund
Von Ohr zu Ohr, von Mund zu Mund!
O ewig unglücksel'ge Nacht
Was hast du uns für Leid gebracht!

Verkünden wird der nächste Tag
Was niemand willig hören mag;
Doch hör' ich aller Orten schrein
„Der *Kaiser*" leidet solche Pein.
O wäre doch ein Andres wahr!
Der Kaiser brennt und seine Schaar.
Sie sei verflucht die ihn verführt,
In harzig Reis sich eingeschnürt,
Zu toben her mit Brüll-Gesang
Zu allerseitigem Untergang.
O Jugend, Jugend wirst du nie
Der Freude reines Maß bezirken?
O Hoheit, Hoheit wirst du nie
Vernünftig wie allmächtig wirken?

Schon geht der Wald in Flammen auf,
Sie züngeln leckend spitz hinauf,
Zum holzverschränkten Deckenband,
Uns droht ein allgemeiner Brand.
Des Jammers Maß ist übervoll,
Ich weiß nicht wer uns retten soll.
Ein Aschenhaufen einer Nacht
Liegt morgen reiche Kaiserpracht.

Plutus.

Schrecken ist genug verbreitet,
Hülfe sei nun eingeleitet! –
Schlage heil'gen Stabs Gewalt,
Daß der Boden bebt und schallt!
Du geräumig weite Luft
Fülle dich mit kühlem Duft.

Zieht heran, umherzuschweifen,
Nebeldünste, schwangre Streifen,
Deckt ein flammendes Gewühl;
Rieselt, säuselt, Wölkchen kräuselt,
Schlüpfet wallend, leise dämpfet,
Löschend überall bekämpfet,
Ihr, die lindernden, die feuchten,
Wandelt in ein Wetterleuchten
Solcher eitlen Flamme Spiel. –
Drohen Geister uns zu schädigen
Soll sich die Magie bethätigen.

Lustgarten.

Morgensonne.

Der Kaiser, Hofleute. Faust, Mephistopheles,
anständig, nicht auffallend, nach Sitte gekleidet; beide knieen.

Faust.

Verzeihst du, Herr, das Flammengaukelspiel?

Kaiser zum Aufstehn winkend.

Ich wünsche mir dergleichen Scherze viel. –
Auf einmal sah ich mich in glühnder Sphäre,
Es schien mir fast als ob ich Pluto wäre.
Aus Nacht und Kohlen lag ein Felsengrund,
Von Flämmchen glühend. Dem und jenem Schlund
Aufwirbelten viel tausend wilde Flammen
Und flackerten in Ein Gewölb zusammen.
Zum höchsten Dome züngelt' es empor,
Der immer ward und immer sich verlor.
Durch fernen Raum gewundner Feuersäulen
Sah ich bewegt der Völker lange Zeilen,
Sie drängten sich im weiten Kreis heran,
Und huldigten, wie sie es stets gethan.
Von meinem Hof erkannt' ich ein- und andern,
Ich schien ein Fürst von tausend Salamandern.

Mephistopheles.

Das bist du, Herr! weil jedes Element
Die Majestät als unbedingt erkennt.
Gehorsam Feuer hast du nun erprobt;
Wirf dich in's Meer wo es am wildsten tobt,
Und kaum betrittst du perlenreichen Grund,
So bildet wallend sich ein herrlich Rund;
Siehst auf und ab lichtgrüne schwanke Wellen,
Mit Purpursaum, zur schönsten Wohnung schwellen,
Um dich, den Mittelpunct. Bei jedem Schritt,
Wohin du gehst, gehn die Paläste mit.
Die Wände selbst erfreuen sich des Lebens,
Pfeilschnellen Wimmlens, Hin- und Widerstrebens.
Meerwunder drängen sich zum neuen milden Schein,
Sie schießen an, und keines darf herein.
Da spielen farbig goldbeschuppte Drachen,
Der Haifisch klafft, du lachst ihm in den Rachen.
Wie sich auch jetzt der Hof um dich entzückt,
Hast du doch nie ein solch Gedräng erblickt.
Doch bleibst du nicht vom Lieblichsten geschieden:
Es nahen sich neugierige Nereiden
Der prächt'gen Wohnung in der ew'gen Frische,
Die jüngsten scheu und lüstern wie die Fische,
Die spätern klug. Schon wird es Thetis kund,
Dem zweiten Peleus reicht sie Hand und Mund. –
Den Sitz alsdann auf des Olymps Revier . . .

Kaiser.

Die luft'gen Räume die erlass' ich dir:
Noch früh genug besteigt man jenen Thron.

Mephistopheles.

Und, höchster Herr! die Erde hast du schon.

Kaiser.

Welch gut Geschick hat dich hieher gebracht,
Unmittelbar aus Tausend Einer Nacht?
Gleichst du an Fruchtbarkeit Scheherazaden,
Versichr' ich dich der höchsten aller Gnaden.
Sei stets bereit, wenn eure Tageswelt,
Wie's oft geschieht, mir widerlichst mißfällt.

Marschalk tritt eilig auf.

Durchlauchtigster, ich dacht' in meinem Leben
Vom schönsten Glück Verkündung nicht zu geben
Als diese, die mich hoch beglückt,
In deiner Gegenwart entzückt:
Rechnung für Rechnung ist berichtigt,
Die Wucherklauen sind beschwichtigt,
Los bin ich solcher Höllenpein;
Im Himmel kann's nicht heitrer sein.

Heermeister folgt eilig.

Abschläglich ist der Sold entrichtet,
Das ganze Heer auf's neu' verpflichtet,
Der Lanzknecht fühlt sich frisches Blut,
Und Wirth und Dirnen haben's gut.

Kaiser.

Wie athmet eure Brust erweitert!
Das faltige Gesicht erheitert!
Wie eilig tretet ihr heran!

Schatzmeister der sich einfindet.

Befrage diese die das Werk gethan.

Faust.

Dem Canzler ziemt's die Sache vorzutragen.

Canzler der langsam herankommt.

Beglückt genug in meinen alten Tagen. –
So hört und schaut das schicksalschwere Blatt,
Das alles Weh in Wohl verwandelt hat.

Er lies't.

„Zu wissen sei es jedem der's begehrt:
Der Zettel hier ist tausend Kronen werth.
Ihm liegt gesichert, als gewisses Pfand,
Unzahl vergrabnen Guts im Kaiserland.
Nun ist gesorgt, damit der reiche Schatz,
Sogleich gehoben, diene zum Ersatz."

Kaiser.

Ich ahne Frevel, ungeheuren Trug!
Wer fälschte hier des Kaisers Namenszug?
Ist solch Verbrechen ungestraft geblieben?

Schatzmeister.

Erinnre dich! hast selbst es unterschrieben;
Erst heute Nacht. Du standst als großer Pan,
Der Canzler sprach mit uns zu dir heran:
„Gewähre dir das hohe Festvergnügen,
Des Volkes Heil, mit wenig Federzügen."
Du zogst sie rein, dann ward's in dieser Nacht
Durch Tausendkünstler schnell vertausendfacht,
Damit die Wohlthat allen gleich gedeihe,
So stempelten wir gleich die ganze Reihe,
Zehn, Dreißig, Funfzig, Hundert sind parat.
Ihr denkt euch nicht wie wohl's dem Volke that.
Seht eure Stadt, sonst halb im Tod verschimmelt,
Wie alles lebt und lustgenießend wimmelt!
Obschon dein Name längst die Welt beglückt,
Man hat ihn nie so freundlich angeblickt.

Das Alphabet ist nun erst überzählig,
In diesem Zeichen wird nun jeder selig.

Kaiser.

Und meinen Leuten gilt's für gutes Gold?
Dem Heer, dem Hofe g'nügt's zu vollem Sold?
So sehr mich's wundert muß ich's gelten lassen.

Marschalk.

Unmöglich wär's die Flüchtigen einzufassen;
Mit Blitzeswink zerstreute sich's im Lauf.
Die Wechsler-Bänke stehen sperrig auf,
Man honorirt daselbst ein jedes Blatt
Durch Gold und Silber, freilich mit Rabatt.
Nun geht's von da zum Fleischer, Bäcker, Schenken;
Die halbe Welt scheint nur an Schmaus zu denken,
Wenn sich die andre neu in Kleidern bläht.
Der Krämer schneidet aus, der Schneider näht.
Bei: „Hoch dem Kaiser!" sprudelt's in den Kellern,
Dort kocht's und brät's und klappert mit den Tellern.

Mephistopheles.

Wer die Terrassen einsam abspaziert,
Gewahrt die Schönste, herrlich aufgeziert,
Ein Aug' verdeckt vom stolzen Pfauenwedel,
Sie schmunzelt uns und blickt nach solcher Schedel;
Und hurt'ger als durch Witz und Redekunst
Vermittelt sich die reichste Liebesgunst.
Man wird sich nicht mit Börs' und Beutel plagen,
Ein Blättchen ist im Busen leicht zu tragen,
Mit Liebesbrieflein paart's bequem sich hier.
Der Priester trägt's andächtig im Brevier,

Und der Soldat, um rascher sich zu wenden,
Erleichtert schnell den Gürtel seiner Lenden.
Die Majestät verzeihe wenn in's Kleine
Das hohe Werk ich zu erniedern scheine.

Faust.

Das Übermaß der Schätze, das, erstarrt,
In deinen Landen tief im Boden harrt,
Liegt ungenutzt. Der weiteste Gedanke
Ist solchen Reichthums kümmerlichste Schranke,
Die Phantasie, in ihrem höchsten Flug,
Sie strengt sich an und thut sich nie genug.
Doch fassen Geister, würdig tief zu schauen,
Zum Gränzenlosen gränzenlos Vertrauen.

Mephistopheles.

Ein solch Papier, an Gold und Perlen Statt,
Ist so bequem, man weiß doch was man hat,
Man braucht nicht erst zu markten noch zu tauschen,
Kann sich nach Lust in Lieb' und Wein berauschen;
Will man Metall, ein Wechsler ist bereit,
Und fehlt es da, so gräbt man eine Zeit.
Pokal und Kette wird verauctionirt,
Und das Papier, sogleich amortisirt,
Beschämt den Zweifler der uns frech verhöhnt.
Man will nichts anders, ist daran gewöhnt.
So bleibt von nun an allen Kaiser-Landen
An Kleinod, Gold, Papier genug vorhanden.

Kaiser.

Das hohe Wohl verdankt euch unser Reich,
Wo möglich sei der Lohn dem Dienste gleich.

Vertraut sei euch des Reiches innrer Boden,
Ihr seid der Schätze würdigste Custoden.
Ihr kennt den weiten wohlverwahrten Hort,
Und wenn man gräbt, so sei's auf euer Wort.
Vereint euch nun, ihr Meister unsres Schatzes,
Erfüllt mit Lust die Würden eures Platzes,
Wo mit der obern sich die Unterwelt,
In Einigkeit beglückt, zusammenstellt.

Schatzmeister.

Soll zwischen uns kein fernster Zwist sich regen,
Ich liebe mir den Zaubrer zum Collegen.

Ab mit Faust.

Kaiser.

Beschenk' ich nun bei Hofe Mann für Mann,
Gesteh' er mir wozu er's brauchen kann.

Page empfangend.

Ich lebe lustig, heiter, guter Dinge.

Ein andrer gleichfalls.

Ich schaffe gleich dem Liebchen Kett' und Ringe.

Kämmerer annehmend.

Von nun an trink' ich doppelt bess're Flasche.

Ein andrer gleichfalls.

Die Würfel jucken mich schon in der Tasche.

Bannerherr mit Bedacht.

Mein Schloß und Feld ich mach' es schuldenfrei.

Ein andrer gleichfalls.

Es ist ein Schatz, den leg' ich Schätzen bei.

Kaiser.

Ich hoffte Lust und Muth zu neuen Thaten;
Doch wer euch kennt, der wird euch leicht errathen.
Ich merk' es wohl, bei aller Schätze Flor
Wie ihr gewesen bleibt ihr nach wie vor.

Narr herbeikommend.

Ihr spendet Gnaden, gönnt auch mir davon.

Kaiser.

Und lebst du wieder, du vertrinkst sie schon.

Narr.

Die Zauber-Blätter! ich versteh's nicht recht.

Kaiser.

Das glaub' ich wohl, denn du gebrauchst sie schlecht.

Narr.

Da fallen andere, weiß nicht was ich thu'.

Kaiser.

Nimm sie nur hin, sie fielen dir ja zu.

Ab.

Narr.

Fünftausend Kronen wären mir zu Handen!

Mephistopheles.

Zweibeiniger Schlauch, bist wieder auferstanden?

Narr.

Geschieht mir oft, doch nicht so gut als jetzt.

Mephistopheles.

Du freust dich so, daß dich's in Schweiß versetzt.

Narr.

Da seht nur her, ist das wohl Geldes werth?

Mehistopheles.

Du hast dafür was Schlund und Bauch begehrt.

Narr.

Und kaufen kann ich Acker, Haus und Vieh?

Mephistopheles.

Versteht sich! biete nur, das fehlt dir nie.

Narr.

Und Schloß, mit Wald und Jagd und Fischbach?

Mephistopheles.

Traun!

Ich möchte dich gestrengen Herrn wohl schaun!

Narr.

Heut Abend wieg' ich mich im Grundbesitz! –

Ab.

Mephistopheles SOLUS.

Wer zweifelt noch an unsres Narren Witz!

Finstere Galerie.

Faust. Mephistopheles.

Mephistopheles.

Was ziehst du mich in diese düstern Gänge?
Ist nicht da drinnen Lust genug,
Im dichten bunten Hofgedränge
Gelegenheit zu Spaß und Trug?

Faust.

Sag' mir das nicht, du hast's in alten Tagen
Längst an den Sohlen abgetragen;
Doch jetzt, dein Hin- und Widergehn
Ist nur um mir nicht Wort zu stehn.
Ich aber bin gequält zu thun,
Der Marschalk und der Kämmrer treibt mich nun.
Der Kaiser will, es muß sogleich geschehn,
Will Helena und Paris vor sich sehn;
Das Musterbild der Männer so der Frauen
In deutlichen Gestalten will er schauen.
Geschwind an's Werk! ich darf mein Wort nicht brechen.

Mephistopheles.

Unsinnig war's leichtsinnig zu versprechen.

Faust.

Du hast, Geselle, nicht bedacht
Wohin uns deine Künste führen;
Erst haben wir ihn reich gemacht,
Nun sollen wir ihn amüsiren.

Mephistopheles.

Du wähnst es füge sich sogleich;
Hier stehen wir vor steilern Stufen,
Greifst in ein fremdestes Bereich,
Machst frevelhaft am Ende neue Schulden,
Denkst Helenen so leicht hervorzurufen
Wie das Papiergespenst der Gulden. –
Mit Hexen-Fexen, mit Gespenst-Gespinnsten,
Kielkröpfigen Zwergen steh' ich gleich zu Diensten;
Doch Teufels-Liebchen, wenn auch nicht zu schelten,
Sie können nicht für Heroinen gelten.

Faust.

Da haben wir den alten Leierton!
Bei dir geräth man stets in's Ungewisse.
Der Vater bist du aller Hindernisse,
Für jedes Mittel willst du neuen Lohn.
Mit wenig Murmeln weiß ich ist's gethan,
Wie man sich umschaut bringst du sie zur Stelle.

Mephistopheles.

Das Heidenvolk geht mich nichts an,
Es haus't in seiner eignen Hölle;
Doch gibt's ein Mittel.

Faust.

Sprich, und ohne Säumniß!

Mephistopheles.

Ungern entdeck' ich höheres Geheimniß. –
Göttinnen thronen hehr in Einsamkeit,
Um sie kein Ort noch weniger eine Zeit,
Von ihnen sprechen ist Verlegenheit.
Die *Mütter* sind es!

Faust aufgeschreckt.

Mütter!

Mephistopheles.

Schaudert's dich?

Faust.

Die Mütter! Mütter! – 's klingt so wunderlich.

Mephistopheles.

Das ist es auch. Göttinnen, ungekannt
Euch Sterblichen, von uns nicht gern genannt.
Nach ihrer Wohnung magst in's Tiefste schürfen;
Du selbst bist Schuld daß ihrer wir bedürfen.

Faust.

Wohin der Weg?

Mephistopheles.

Kein Weg! In's Unbetretene,
Nicht zu Betretende; ein Weg an's Unerbetene,
Nicht zu Erbittende. Bist du bereit? –
Nicht Schlösser sind, nicht Riegel wegzuschieben,
Von Einsamkeiten wirst umhergetrieben.
Hast du Begriff von Öd' und Einsamkeit?

Faust.

Du spartest dächt' ich solche Sprüche,
Hier wittert's nach der Hexenküche,
Nach einer längst vergangnen Zeit.
Mußt' ich nicht mit der Welt verkehren?
Das Leere lernen, Leeres lehren? –
Sprach ich vernünftig wie ich's angeschaut,
Erklang der Widerspruch gedoppelt laut;
Mußt' ich sogar vor widerwärtigen Streichen
Zur Einsamkeit, zur Wilderniß entweichen;
Und um nicht ganz versäumt, allein zu leben
Mich doch zuletzt dem Teufel übergeben.

Mephistopheles.

Und hättest du den Ocean durchschwommen,
Das Gränzenlose dort geschaut,
So sähst du dort doch Well' auf Welle kommen,
Selbst wenn es dir vor'm Untergange graut.
Du sähst doch etwas. Sähst wohl in der Grüne
Gestillter Meere streichende Delphine;
Sähst Wolken ziehen, Sonne, Mond und Sterne;
Nichts wirst du sehn in ewig leerer Ferne,
Den Schritt nicht hören den du thust,
Nichts Festes finden wo du ruhst.

Faust.

Du sprichst als erster aller Mystagogen,
Die treue Neophyten je betrogen;
Nur umgekehrt. Du sendest mich in's Leere,
Damit ich dort so Kunst als Kraft vermehre;
Behandelst mich, daß ich, wie jene Katze,
Dir die Kastanien aus den Gluthen kratze.

Nur immer zu! wir wollen es ergründen,
In deinem Nichts hoff' ich das All zu finden.

Mephistopheles.

Ich rühme dich eh' du dich von mir trennst,
Und sehe wohl, daß du den Teufel kennst;
Hier diesen Schlüssel nimm.

Faust.

Das kleine Ding!

Mephistopheles.

Erst faß ihn an und schätz' ihn nicht gering.

Faust.

Er wächs't in meiner Hand! er leuchtet, blitzt!

Mephistopheles.

Merkst du nun bald was man an ihm besitzt?
Der Schlüssel wird die rechte Stelle wittern,
Folg' ihm hinab, er führt dich zu den Müttern.

Faust schaudernd.

Den Müttern! Trifft's mich immer wie ein Schlag!
Was ist das Wort das ich nicht hören mag?

Mephistopheles.

Bist du beschränkt daß neues Wort dich stört?
Willst du nur hören was du schon gehört?
Dich störe nichts wie es auch weiter klinge,
Schon längst gewohnt der wunderbarsten Dinge.

Faust.

Doch im Erstarren such' ich nicht mein Heil,
Das Schaudern ist der Menschheit bestes Theil;

Wie auch die Welt ihm das Gefühl vertheure,
Ergriffen, fühlt er tief das Ungeheure.

Mephistopheles.

Versinke denn! Ich könnt' auch sagen: steige!
's ist einerlei. Entfliehe dem Entstandnen
In der Gebilde losgebundne Reiche!
Ergetze dich am längst nicht mehr Vorhandnen;
Wie Wolkenzüge schlingt sich das Getreibe,
Den Schlüssel schwinge, halte sie vom Leibe.

Faust begeistert.

Wohl! fest ihn fassend fühl' ich neue Stärke,
Die Brust erweitert, hin zum großen Werke.

Mephistopheles.

Ein glühnder Dreifuß thut dir endlich kund
Du seist im tiefsten, allertiefsten Grund.
Bei seinem Schein wirst du die Mütter sehn,
Die einen sitzen, andre stehn und gehn,
Wie's eben kommt. Gestaltung, Umgestaltung,
Des ewigen Sinnes ewige Unterhaltung,
Umschwebt von Bildern aller Creatur.
Sie sehn dich nicht, denn Schemen sehn sie nur.
Da faß ein Herz, denn die Gefahr ist groß,
Und gehe g'rad' auf jenen Dreifuß los,
Berühr' ihn mit dem Schlüssel!

Faust macht eine entschieden gebietende Attitüde mit dem Schlüssel.

Mephistopheles ihn betrachtend.

So ist's recht!
Er schließt sich an, er folgt als treuer Knecht;

Gelassen steigst du, dich erhebt das Glück,
Und eh' sie's merken bist mit ihm zurück.
Und hast du ihn einmal hierher gebracht,
So rufst du Held und Heldin aus der Nacht,
Der erste der sich jener That erdreistet;
Sie ist gethan und du hast es geleistet.
Dann muß fortan, nach magischem Behandeln,
Der Weihrauchsnebel sich in Götter wandeln.

Faust.

Und nun was jetzt?

Mephistopheles.

Dein Wesen strebe nieder;
Versinke stampfend, stampfend steigst du wieder.

Faust stampft und versinkt.

Mephistopheles.

Wenn ihm der Schlüssel nur zum besten frommt!
Neugierig bin ich ob er wieder kommt?

Hell erleuchtete Säle.

Kaiser und Fürsten, Hof in Bewegung.

Kämmerer zu Mephistopheles.

Ihr seid uns noch die Geisterscene schuldig;
Macht euch daran! der Herr ist ungeduldig.

Marschalk.

So eben fragt der Gnädigste darnach;
Ihr! zaudert nicht der Majestät zur Schmach.

Mephistopheles.

Ist mein Cumpan doch deßhalb weggegangen,
Er weiß schon wie es anzufangen,
Und laborirt verschlossen still,
Muß ganz besonders sich befleißen;
Denn wer den Schatz, das Schöne, heben will,
Bedarf der höchsten Kunst, Magie der Weisen.

Marschalk.

Was ihr für Künste braucht ist einerlei,
Der Kaiser will daß alles fertig sei.

Blondine zu Mephistopheles.

Ein Wort, mein Herr! Ihr seht ein klar Gesicht,
Jedoch so ist's im leidigen Sommer nicht!

Da sprossen hundert bräunlich rothe Flecken,
Die zum Verdruß die weiße Haut bedecken.
Ein Mittel!

Mephistopheles.

Schade! so ein leuchtend Schätzchen,
Im Mai getupft wie eure Pantherkätzchen.
Nehmt Froschlaich, Krötenzungen, cohobirt,
Im vollsten Mondlicht sorglich distillirt;
Und, wenn er abnimmt, reinlich aufgestrichen,
Der Frühling kommt, die Tupfen sind entwichen.

Braune.

Die Menge drängt heran euch zu umschranzen.
Ich bitt' um Mittel! Ein erfrorner Fuß
Verhindert mich am Wandeln wie am Tanzen,
Selbst ungeschickt beweg' ich mich zum Gruß.

Mephistopheles.

Erlaubet einen Tritt von meinem Fuß.

Braune.

Nun das geschieht wohl unter Liebesleuten.

Mephistopheles.

Mein Fußtritt, Kind! hat Größres zu bedeuten.
Zu Gleichem Gleiches, was auch einer litt!
Fuß heilet Fuß, so ist's mit allen Gliedern.
Heran! Gebt Acht! Ihr sollt es nicht erwidern.

Braune schreiend.

Weh! Weh! das brennt! das war ein harter Tritt,
Wie Pferdehuf.

Mephistopheles.

Die Heilung nehmt ihr mit.
Du kannst nunmehr den Tanz nach Lust verüben,
Bei Tafel schwelgend füßle mit dem Lieben.

Dame herandringend.

Laßt mich hindurch! zu groß sind meine Schmerzen,
Sie wühlen siedend mir im tiefsten Herzen;
Bis gestern sucht' Er Heil in meinen Blicken,
Er schwatzt mit ihr und wendet mir den Rücken.

Mephistopheles.

Bedenklich ist es, aber höre mich.
An ihn heran mußt du dich leise drücken;
Nimm diese Kohle, streich' ihm einen Strich
Auf Ärmel, Mantel, Schulter wie sich's macht;
Er fühlt im Herzen holden Reuestich.
Die Kohle doch mußt du sogleich verschlingen,
Nicht Wein, nicht Wasser an die Lippen bringen;
Er seufzt vor deiner Thür noch heute Nacht.

Dame.

Ist doch kein Gift?

Mephistopheles entrüstet.

Respect wo sich's gebührt!
Weit müßtet ihr nach solcher Kohle laufen;
Sie kommt von einem Scheiterhaufen
Den wir sonst emsiger angeschürt.

Page.

Ich bin verliebt, man hält mich nicht für voll.

Mephistopheles bei Seite.

Ich weiß nicht mehr, wohin ich hören soll.

Zum Pagen.

Müßt euer Glück nicht auf die Jüngste setzen.
Die Angejahrten wissen euch zu schätzen. –

Andere drängen sich herzu.

Schon wieder Neue! Welch ein harter Strauß!
Ich helfe mir zuletzt mit Wahrheit aus;
Der schlechteste Behelf! Die Noth ist groß. –
O Mütter, Mütter! Laßt nur Fausten los!

Umherschauend.

Die Lichter brennen trübe schon im Saal,
Der ganze Hof bewegt sich auf einmal.
Anständig seh' ich sie in Folge ziehn,
Durch lange Gänge, ferne Galerien.
Nun! sie versammeln sich im weiten Raum
Des alten Rittersaals, er faßt sie kaum.
Auf breite Wände Teppiche spendirt,
Mit Rüstung Eck- und Nischen ausgeziert.
Hier braucht es dächt' ich keine Zauberworte;
Die Geister finden sich von selbst zum Orte.

Rittersaal.

Dämmernde Beleuchtung.

Kaiser und Hof sind eingezogen.

Herold.

Mein alt Geschäft, das Schauspiel anzukünden,
Verkümmert mir der Geister heimlich Walten;
Vergebens wagt man aus verständigen Gründen
Sich zu erklären das verworrene Schalten.
Die Sessel sind, die Stühle schon zur Hand;
Den Kaiser setzt man g'rade vor die Wand;
Auf den Tapeten mag er da die Schlachten
Der großen Zeit bequemlichstens betrachten.
Hier sitzt nun alles, Herr und Hof im Runde,
Die Bänke drängen sich im Hintergrunde;
Auch Liebchen hat, in düstern Geisterstunden,
Zur Seite Liebchens lieblich Raum gefunden.
Und so, da alle schicklich Platz genommen,
Sind wir bereit, die Geister mögen kommen!

Posaunen.

Astrolog.

Beginne gleich das Drama seinen Lauf,
Der Herr befiehlt's, ihr Wände thut euch auf!

Nichts hindert mehr, hier ist Magie zur Hand,
Die Tepp'che schwinden, wie gerollt vom Brand;
Die Mauer spaltet sich, sie kehrt sich um,
Ein tief Theater scheint sich aufzustellen,
Geheimnißvoll ein Schein uns zu erhellen,
Und ich besteige das Proscenium.

Mephistopheles aus dem Soufleurloche auftauchend.

Von hier aus hoff' ich allgemeine Gunst,
Einbläsereien sind des Teufels Redekunst.

Zum Astrologen.

Du kennst den Tact, in dem die Sterne gehn,
Und wirst mein Flüstern meisterlich verstehn.

Astrolog.

Durch Wunderkraft erscheint allhier zur Schau,
Massiv genug, ein alter Tempelbau.
Dem Atlas gleich der einst den Himmel trug
Stehn, reihenweis, der Säulen hier genug;
Sie mögen wohl der Felsenlast genügen,
Da zweie schon ein groß Gebäude trügen.

Architekt.

Das wär' antik! ich wüßt' es nicht zu preisen,
Es sollte plump und überlästig heißen.
Roh nennt man edel, unbehülflich groß.
Schmal-Pfeiler lieb' ich, strebend, gränzenlos;
Spitzbögiger Zenith erhebt den Geist;
Solch ein Gebäu erbaut uns allermeist.

Astrolog.

Empfangt mit Ehrfurcht sterngegönnte Stunden;
Durch magisch Wort sei die Vernunft gebunden;

Dagegen weit heran bewege frei
Sich herrliche verwegne Phantasei.
Mit Augen schaut nun was ihr kühn begehrt,
Unmöglich ist's, drum eben glaubenswerth.

Faust steigt auf der andern Seite des Prosceniums herauf.

Astrolog.

Im Priesterkleid, bekränzt, ein Wundermann,
Der nun vollbringt was er getrost begann.
Ein Dreifuß steigt mit ihm aus hohler Gruft,
Schon ahn' ich aus der Schale Weihrauchduft.
Er rüstet sich das hohe Werk zu segnen,
Es kann fortan nur Glückliches begegnen.

Faust großartig.

In eurem Namen, Mütter, die ihr thront
Im Gränzenlosen, ewig einsam wohnt,
Und doch gesellig. Euer Haupt umschweben
Des Lebens Bilder, regsam, ohne Leben.
Was einmal war, in allem Glanz und Schein,
Es regt sich dort; denn es will ewig sein.
Und ihr vertheilt es, allgewaltige Mächte,
Zum Zelt des Tages, zum Gewölb der Nächte.
Die einen faßt des Lebens holder Lauf,
Die andern sucht der kühne Magier auf;
In reicher Spende läßt er, voll Vertrauen,
Was jeder wünscht, das Wunderwürdige schauen.

Astrolog.

Der glühnde Schlüssel rührt die Schale kaum,
Ein dunstiger Nebel deckt sogleich den Raum,

Er schleicht sich ein, er wogt nach Wolkenart,
Gedehnt, geballt, verschränkt, getheilt, gepaart.
Und nun erkennt ein Geister-Meister-Stück!
So wie sie wandeln machen sie Musik.
Aus luft'gen Tönen quillt ein Weißnichtwie,
Indem sie ziehn wird alles Melodie.
Der Säulenschaft, auch die Triglyphe klingt,
Ich glaube gar der ganze Tempel singt.
Das Dunstige senkt sich; aus dem leichten Flor
Ein schöner Jüngling tritt im Tact hervor.
Hier schweigt mein Amt, ich brauch' ihn nicht zu nennen,
Wer sollte nicht den holden Paris kennen!

Paris hervortretend.

Dame.

O! welch ein Glanz aufblühender Jugendkraft!

Zweite.

Wie eine Pfirsche frisch und voller Saft!

Dritte.

Die fein gezognen, süß geschwollnen Lippen!

Vierte.

Du möchtest wohl an solchem Becher nippen?

Fünfte.

Er ist gar hübsch, wenn auch nicht eben fein.

Sechste.

Ein bißchen könnt' er doch gewandter sein.

Ritter.

Den Schäferknecht glaub' ich allhier zu spüren,
Vom Prinzen nichts und nichts von Hofmanieren.

Andrer.

Eh nun! halb nackt ist wohl der Junge schön,
Doch müßten wir ihn erst im Harnisch sehn!

Dame.

Er setzt sich nieder, weichlich, angenehm.

Ritter.

Auf seinem Schoose wär' euch wohl bequem?

Andre.

Er lehnt den Arm so zierlich über's Haupt.

Kämmerer.

Die Flegelei! Das find' ich unerlaubt!

Dame.

Ihr Herren wißt an allem was zu mäkeln.

Derselbe.

In Kaisers Gegenwart sich hinzuräkeln!

Dame.

Er stellt's nur vor! Er glaubt sich ganz allein.

Derselbe.

Das Schauspiel selbst, hier sollt' es höflich sein.

Dame.

Sanft hat der Schlaf den Holden übernommen.

Derselbe.

Er schnarcht nun gleich, natürlich ist's, vollkommen!

Junge Dame entzückt.

Zum Weihrauchsdampf was duftet so gemischt?
Das mir das Herz zum innigsten erfrischt.

Ältere.

Fürwahr! Es dringt ein Hauch tief in's Gemüthe,
Er kommt von ihm!

Älteste.

Es ist des Wachsthums Blüthe,
Im Jüngling als Ambrosia bereitet,
Und atmosphärisch rings umher verbreitet.

Helena hervortretend.

Mephistopheles.

Das wär' sie denn! Vor dieser hätt' ich Ruh;
Hübsch ist sie wohl, doch sagt sie mir nicht zu.

Astrolog.

Für mich ist dießmal weiter nichts zu thun,
Als Ehrenmann gesteh', bekenn' ich's nun.
Die Schöne kommt, und hätt' ich Feuerzungen!
Von Schönheit ward von jeher viel gesungen;
Wem sie erscheint wird aus sich selbst entrückt,
Wem sie gehörte ward zu hoch beglückt.

Faust.

Hab' ich noch Augen? Zeigt sich tief im Sinn
Der Schönheit Quelle reichlichstens ergossen?
Mein Schreckensgang bringt seligsten Gewinn,
Wie war die Welt mir nichtig, unerschlossen!
Was ist sie nun seit meiner Priesterschaft?

Erst wünschenswerth, gegründet, dauerhaft!
Verschwinde mir des Lebens Athemkraft,
Wenn ich mich je von dir zurückgewöhne! –
Die Wohlgestalt die mich voreinst entzückte,
In Zauberspiegelung beglückte,
War nur ein Schaumbild solcher Schöne! –
Du bist's der ich die Regung aller Kraft,
Den Inbegriff der Leidenschaft,
Dir Neigung, Lieb', Anbetung, Wahnsinn zolle.

Mephistopheles aus dem Kasten.

So faßt euch doch, und fallt nicht aus der Rolle!

Ältere Dame.

Groß, wohlgestaltet, nur der Kopf zu klein.

Jüngere.

Seht nur den Fuß! Wie könnt' er plumper sein!

Diplomat.

Fürstinnen hab' ich dieser Art gesehn,
Mich däucht sie ist vom Kopf zum Fuße schön.

Hofmann.

Sie nähert sich dem Schläfer listig mild.

Dame.

Wie häßlich neben jugendreinem Bild!

Poet.

Von ihrer Schönheit ist er angestrahlt.

Dame.

Endymion und Luna! wie gemahlt!

Derselbe.

Ganz recht! Die Göttin scheint herabzusinken,
Sie neigt sich über, seinen Hauch zu trinken;
Beneidenswerth! – Ein Kuß! – Das Maß ist voll.

Duenna.

Vor allen Leuten! Da ist doch zu toll!

Faust.

Furchtbare Gunst dem Knaben! –

Mephistopheles.

Ruhig! still!
Laß das Gespenst doch machen was es will.

Hofmann.

Sie schleicht sich weg, leichtfüßig; er erwacht.

Dame.

Sie sieht sich um! Das hab' ich wohl gedacht.

Hofmann.

Er staunt! Ein Wunder ist's was ihm geschieht.

Dame.

Ihr ist kein Wunder was sie vor sich sieht.

Hofmann.

Mit Anstand kehrt sie sich zu ihm herum.

Dame.

Ich merke schon sie nimmt ihn in die Lehre;
In solchem Fall sind alle Männer dumm,
Er glaubt wohl auch daß er der erste wäre.

Ritter.

Laßt mir sie gelten! Majestätisch fein! –

Dame.

Die Buhlerin! Das nenn' ich doch gemein!

Page.

Ich möchte wohl an seiner Stelle sein!

Hofmann.

Wer würde nicht in solchem Netz gefangen?

Dame.

Das Kleinod ist durch manche Hand gegangen,
Auch die Verguldung ziemlich abgebraucht.

Andre.

Vom zehnten Jahr an hat sie nichts getaugt.

Ritter.

Gelegentlich nimmt jeder sich das Beste;
Ich hielte mich an diese schönen Reste.

Gelahrter.

Ich seh' sie deutlich, doch gesteh' ich frei,
Zu zweiflen ist, ob sie die rechte sei.
Die Gegenwart verführt in's Übertriebne,
Ich halte mich vor allem an's Geschriebne.
Da les' ich denn: sie habe wirklich allen
Graubärten Troja's sonderlich gefallen;
Und, wie mich dünkt, vollkommen paßt das hier,
Ich bin nicht jung und doch gefällt sie mir.

Astrolog.

Nicht Knabe mehr! Ein kühner Heldenmann
Umfaßt er sie, die kaum sich wehren kann.
Gestärkten Arms hebt er sie hoch empor,
Entführt er sie wohl gar?

Faust.

Verwegner Thor!
Du wagst! Du hörst nicht! halt! das ist zu viel!

Mephistopheles.

Machst du's doch selbst das Fratzengeisterspiel!

Astrolog.

Nur noch ein Wort! Nach allem was geschah
Nenn ich das Stück den *Raub der Helena.*

Faust.

Was Raub! Bin ich für nichts an dieser Stelle!
Ist dieser Schlüssel nicht in meiner Hand!
Er führte mich, durch Graus und Wog' und Welle
Der Einsamkeiten, her zum festen Strand.
Hier fass' ich Fuß! Hier sind es Wirklichkeiten,
Von hier aus darf der Geist mit Geistern streiten,
Das Doppelreich, das große, sich bereiten.
So fern sie war, wie kann sie näher sein!
Ich rette sie und sie ist doppelt mein.
Gewagt! Ihr Mütter! Mütter! müßt's gewähren!
Wer sie erkannt der darf sie nicht entbehren.

Astrolog.

Was thust du, Fauste! Fauste! – Mit Gewalt
Faßt er sie an, schon trübt sich die Gestalt.

Den Schlüssel kehrt er nach dem Jüngling zu,
Berührt ihn! – Weh uns, Wehe! Nu! im Nu!

Explosion, Faust liegt am Boden. Die Geister gehen in Dunst auf.

Mephistopheles der Fausten auf die Schulter nimmt.

Da habt ihr's nun! mit Narren sich beladen
Das kommt zuletzt dem Teufel selbst zu Schaden.

Finsterniß, Tumult.

Zweiter Act.

Hochgewölbtes enges gothisches Zimmer,

ehemals Faustens, unverändert.

Mephistopheles

hinter einem Vorhang hervortretend. Indem er ihn aufhebt und zurücksieht, erblickt man Fausten hingestreckt auf einem altväterischen Bette.

Hier lieg', Unseliger! verführt
Zu schwergelös'tem Liebesbande!
Wen Helena paralysirt
Der kommt so leicht nicht zu Verstande.

Sich umschauend.

Blick' ich hinauf, hierher, hinüber,
Allunverändert ist es, unversehrt;
Die bunten Scheiben sind, so dünkt mich, trüber,
Die Spinneweben haben sich vermehrt;
Die Tinte starrt, vergilbt ist das Papier;
Doch alles ist am Platz geblieben;
Sogar die Feder liegt noch hier,
Mit welcher Faust dem Teufel sich verschrieben.
Ja! tiefer in dem Rohre stockt
Ein Tröpflein Blut, wie ich's ihm abgelockt.
Zu einem solchen einzigen Stück
Wünscht' ich dem größten Sammler Glück.

Auch hängt der alte Pelz am alten Haken,
Erinnert mich an jene Schnaken
Wie ich den Knaben einst belehrt,
Woran er noch vielleicht als Jüngling zehrt.
Es kommt mir wahrlich das Gelüsten,
Rauchwarme Hülle, dir vereint,
Mich als Docent noch einmal zu erbrüsten,
Wie man so völlig Recht zu haben meint.
Gelehrte wissen's zu erlangen,
Dem Teufel ist es längst vergangen.

Er schüttelt den herabgenommenen Pelz, Cicaden, Käfer und Farfarellen fahren heraus.

Chor der Insecten.

Willkommen! willkommen,
Du alter Patron,
Wir schweben und summen
Und kennen dich schon.
Nur einzeln im Stillen
Du hast uns gepflanzt,
Zu Tausenden kommen wir,
Vater, getanzt.
Der Schalk in dem Busen
Verbirgt sich so sehr,
Vom Pelze die Läuschen
Enthüllen sich eh'r.

Mephistopheles.

Wie überraschend mich die junge Schöpfung freut!
Man säe nur, man erntet mit der Zeit.
Ich schüttle noch einmal den alten Flaus,
Noch eines flattert hier und dort hinaus. –

Hinauf! umher! in hunderttausend Ecken
Eilt euch, ihr Liebchen, zu verstecken.
Dort wo die alten Schachteln stehn,
Hier im bebräunten Pergamen,
In staubigen Scherben alter Töpfe,
Dem Hohlaug' jener Todtenköpfe.
In solchem Wust und Moderleben
Muß es für ewig Grillen geben.

Schlüpft in den Pelz.

Komm, decke mir die Schultern noch einmal!
Heut bin ich wieder Principal.
Doch hilft es nichts mich so zu nennen,
Wo sind die Leute die mich anerkennen!

Er zieht die Glocke die einen gellenden durchdringenden Ton erschallen läßt; wovon die Hallen erbeben und die Thüren aufspringen.

Famulus den langen finstern Gang herwankend.

Welch ein Tönen! welch ein Schauer!
Treppe schwankt, es bebt die Mauer;
Durch der Fenster buntes Zittern
Seh' ich wetterleuchtend Wittern.
Springt das Estrich, und von oben
Rieselt Kalk und Schutt verschoben.
Und die Thüre, fest verriegelt,
Ist durch Wunderkraft entsiegelt. –
Dort! Wie fürchterlich! Ein Riese
Steht in Faustens altem Vließe!
Seinen Blicken, seinem Winken
Möcht' ich in die Kniee sinken.
Soll ich fliehen? Soll ich stehn?
Ach wie wird es mir ergehn!

Mephistopheles winkend.

Heran, mein Freund! – Ihr heißet Nicodemus.

Famulus.

Hochwürdiger Herr! so ist mein Nam' – OREMUS.

Mephistopheles.

Das lassen wir!

Famulus.

Wie froh! daß ihr mich kennt.

Mephistopheles.

Ich weiß es wohl, bejahrt und noch Student,
Bemoos'ter Herr! Auch ein gelehrter Mann
Studirt so fort, weil er nicht anders kann.
So baut man sich ein mäßig Kartenhaus,
Der größte Geist baut's doch nicht völlig aus.
Doch euer Meister das ist ein Beschlagner:
Wer kennt ihn nicht den edlen Doctor Wagner,
Den Ersten jetzt in der gelehrten Welt!
Er ist's allein der sie zusammenhält,
Der Weisheit täglicher Vermehrer.
Allwißbegierige Horcher, Hörer
Versammeln sich um ihn zu Hauf.
Er leuchtet einzig vom Katheder;
Die Schlüssel übt er wie Sanct Peter,
Das Untre so das Obre schließt er auf.
Wie er vor allen glüht und funkelt,
Kein Ruf, kein Ruhm hält weiter Stand;
Selbst Faustus Name wird verdunkelt,
Er ist es, der allein erfand.

Famulus.

Verzeiht! Hochwürdiger Herr! wenn ich euch sage,
Wenn ich zu widersprechen wage:
Von allem dem ist nicht die Frage,
Bescheidenheit ist sein beschieden Theil.
In's unbegreifliche Verschwinden
Des hohen Manns weiß er sich nicht zu finden,
Von dessen Wiederkunft erfleht er Trost und Heil.
Das Zimmer, wie zu Doctor Faustus Tagen,
Noch unberührt seitdem er fern,
Erwartet seinen alten Herrn.
Kaum wag' ich's mich herein zu wagen.
Was muß die Sternenstunde sein? –
Gemäuer scheint mir zu erbangen;
Thürpfosten bebten, Riegel sprangen,
Sonst kamt ihr selber nicht herein.

Mephistopheles.

Wo hat der Mann sich hingethan?
Führt mich zu ihm, bringt ihn heran.

Famulus.

Ach! sein Verbot ist gar zu scharf,
Ich weiß nicht ob ich's wagen darf.
Monate lang, des großen Werkes willen,
Lebt' er im allerstillsten Stillen.
Der zarteste gelehrter Männer
Er sieht aus wie ein Kohlenbrenner,
Geschwärzt vom Ohre bis zur Nasen,
Die Augen roth vom Feuerblasen,
So lechzt er jedem Augenblick;
Geklirr der Zange gibt Musik.

Mephistopheles.

Sollt' er den Zutritt mir verneinen?
Ich bin der Mann das Glück ihm zu beschleunen.

Der Famulus geht ab, Mephistopheles setzt sich gravitätisch nieder.

Kaum hab' ich Posto hier gefaßt
Regt sich dort hinten, mir bekannt, ein Gast.
Doch dießmal ist er von den Neusten,
Er wird sich gränzenlos erdreusten.

Baccalaureus den Gang herstürmend.

Thor und Thüre find' ich offen!
Nun, da läßt sich endlich hoffen,
Daß nicht, wie bisher, im Moder
Der Lebendige wie ein Todter
Sich verkümmere, sich verderbe,
Und am Leben selber sterbe.

Diese Mauern, diese Wände
Neigen, senken sich zum Ende
Und wenn wir nicht bald entweichen
Wird uns Fall und Sturz erreichen.
Bin verwegen, wie nicht einer,
Aber weiter bringt mich keiner.

Doch was soll ich heut erfahren!
War's nicht hier, vor so viel Jahren,
Wo ich, ängstlich und beklommen,
War als guter Fuchs gekommen?
Wo ich diesen Bärtigen traute,
Mich an ihrem Schnack erbaute.

Aus den alten Bücherkrusten
Logen sie mir was sie wußten,

Was sie wußten, selbst nicht glaubten,
Sich und mir das Leben raubten.
Wie? – Dort hinten in der Zelle,
Sitzt noch Einer dunkel-helle!

Nahend seh' ich's mit Erstaunen,
Sitzt er noch im Pelz, dem braunen;
Wahrlich wie ich ihn verließ,
Noch gehüllt im rauhen Vließ!
Damals schien er zwar gewandt,
Als ich ihn noch nicht verstand.
Heute wird es nichts verfangen,
Frisch an ihn herangegangen!

Wenn, alter Herr, nicht Lethe's trübe Fluthen
Das schiefgesenkte kahle Haupt durchschwommen,
Seht anerkennend hier den Schüler kommen,
Entwachsen akademischen Ruthen.
Ich find' euch noch wie ich euch sah;
Ein Anderer bin *ich* wieder da.

Mephistopheles.

Mich freut daß ich euch hergeläutet.
Ich schätzt' euch damals nicht gering;
Die Raupe schon, die Chrysalide deutet
Den künftigen bunten Schmetterling.
Am Lockenkopf und Spitzenkragen
Empfandet ihr ein kindliches Behagen. –
Ihr trugt wohl niemals einen Zopf? –
Heut schau' ich euch im Schwedenkopf.
Ganz resolut und wacker seht ihr aus,
Kommt nur nicht absolut nach Haus.

Baccalaureus.

Mein alter Herr! Wir sind am alten Orte,
Bedenkt jedoch erneuter Zeiten Lauf
Und sparet doppelsinnige Worte;
Wir passen nun ganz anders auf.
Ihr hänseltet den guten treuen Jungen,
Das ist euch ohne Kunst gelungen,
Was heut zu Tage niemand wagt.

Mephistopheles.

Wenn man der Jugend reine Wahrheit sagt
Die gelben Schnäbeln keineswegs behagt,
Sie aber hinterdrein nach Jahren
Das alles derb an eigner Haut erfahren,
Dann dünkeln sie es käm' aus eignem Schopf;
Da heißt es denn: der Meister war ein Tropf.

Baccalaureus.

Ein Schelm vielleicht! – denn welcher Lehrer spricht
Die Wahrheit uns direct in's Angesicht?
Ein jeder weiß zu mehren wie zu mindern,
Bald ernst, bald heiter klug zu frommen Kindern.

Mephistopheles.

Zum Lernen gibt es freilich eine Zeit,
Zum Lehren seid ihr, merk' ich, selbst bereit.
Seit manchen Monden, einigen Sonnen
Erfahrungsfülle habt ihr wohl gewonnen.

Baccalaureus.

Erfahrungswesen! Schaum und Dust!
Und mit dem Geist nicht ebenbürtig.
Gesteht! was man von je gewußt
Es ist durchaus nicht wissenswürdig . . .

Mephistopheles nach einer Pause.

Mich deucht es längst. Ich war ein Thor,
Nun komm' ich mir recht schaal und albern vor.

Baccalaureus.

Das freut mich sehr! Da hör' ich doch Verstand;
Der erste Greis, den ich vernünftig fand!

Mephistopheles.

Ich suchte nach verborgen-goldnem Schatze,
Und schauerliche Kohlen trug ich fort.

Baccalaureus.

Gesteht nur, euer Schädel, eure Glatze
Ist nicht mehr werth als jene hohlen dort?

Mephistopheles gemüthlich.

Du weißt wohl nicht, mein Freund, wie grob du bist?

Baccalaureus.

Im Deutschen lügt man, wenn man höflich ist.

Mephistopheles der mit seinem Rollstuhle immer näher in's Proscenium rückt, zum Parterre.

Hier oben wird mir Licht und Luft benommen,
Ich finde wohl bei euch ein Unterkommen?

Baccalaureus.

Anmaßlich find' ich daß zur schlecht'sten Frist
Man etwas sein will, wo man nichts mehr ist.
Des Menschen Leben lebt im Blut, und wo
Bewegt das Blut sich wie im Jüngling so?

Das ist lebendig Blut in frischer Kraft,
Das neues Leben sich aus Leben schafft.
Da regt sich alles, da wird was gethan,
Das Schwache fällt, das Tüchtige tritt heran.
Indessen wir die halbe Welt gewonnen
Was habt ihr denn gethan? genickt, gesonnen,
Geträumt, erwogen, Plan und immer Plan.
Gewiß! das Alter ist ein kaltes Fieber
Im Frost von grillenhafter Noth.
Hat einer dreißig Jahr vorüber,
So ist er schon so gut wie todt.
Am besten wär's euch zeitig todtzuschlagen.

Mephistopheles.

Der Teufel hat hier weiter nichts zu sagen.

Baccalaureus.

Wenn ich nicht will, so darf kein Teufel sein.

Mephistopheles abseits.

Der Teufel stellt dir nächstens doch ein Bein.

Baccalaureus.

Dieß ist der Jugend edelster Beruf!
Die Welt sie war nicht eh' ich sie erschuf;
Die Sonne führt' ich aus dem Meer herauf;
Mit mir begann der Mond des Wechsels Lauf;
Da schmückte sich der Tag auf meinen Wegen,
Die Erde grünte, blühte mir entgegen.
Auf meinen Wink, in jener ersten Nacht,
Entfaltete sich aller Sterne Pracht.
Wer, außer mir, entband euch aller Schranken
Philisterhaft einklemmender Gedanken?

Ich aber frei, wie mir's im Geiste spricht,
Verfolge froh mein innerliches Licht,
Und wandle rasch, im eigensten Entzücken,
Das Helle vor mir, Finsterniß im Rücken.

Ab.

Mephistopheles.

Original, fahr' hin in deiner Pracht! –
Wie würde dich die Einsicht kränken:
Wer kann was Dummes, wer was Kluges denken
Das nicht die Vorwelt schon gedacht? –
Doch sind wir auch mit diesem nicht gefährdet,
In wenig Jahren wird es anders sein:
Wenn sich der Most auch ganz absurd gebärdet,
Es gibt zuletzt doch noch e' Wein.

Zu dem jüngern Parterre das nicht applaudirt.

Ihr bleibt bei meinem Worte kalt,
Euch guten Kindern lass' ich's gehen;
Bedenkt: der Teufel der ist alt,
So werdet alt, ihn zu verstehen!

Laboratorium

im Sinne des Mittelalters, weitläufige unbehülfliche Apparate, zu phantastischen Zwecken.

Wagner am Herde.

Die Glocke tönt, die fürchterliche,
Durchschauert die berußten Mauern.
Nicht länger kann das Ungewisse
Der ernstesten Erwartung dauern.
Schon hellen sich die Finsternisse;
Schon in der innersten Phiole
Erglüht es wie lebendige Kohle,
Ja wie der herrlichste Carfunkel,
Verstrahlend Blitze durch das Dunkel;
Ein helles weißes Licht erscheint!
O daß ich's dießmal nicht verliere! –
Ach Gott! was rasselt an der Thüre?

Mephistopheles eintretend.

Willkommen! es ist gut gemeint.

Wagner ängstlich.

Willkommen! zu dem Stern der Stunde.

Leise.

Doch haltet Wort und Athem fest im Munde,
Ein herrlich Werk ist gleich zu Stand gebracht.

Mephistopheles leiser.

Was gibt es denn?

Wagner leiser.

Es wird ein Mensch gemacht.

Mephistopheles.

Ein Mensch? Und welch verliebtes Paar
Habt ihr in's Rauchloch eingeschlossen?

Wagner.

Behüte Gott! wie sonst das Zeugen Mode war
Erklären wir für eitel Possen.
Der zarte Punct aus dem das Leben sprang,
Die holde Kraft die aus dem Innern drang
Und nahm und gab, bestimmt sich selbst zu zeichnen,
Erst Nächstes, dann sich Fremdes anzueignen,
Die ist von ihrer Würde nun entsetzt;
Wenn sich das Thier noch weiter dran ergetzt,
So muß der Mensch mit seinen großen Gaben
Doch künftig höhern, höhern Ursprung haben.

Zum Herd gewendet.

Es leuchtet! seht! – Nun läßt sich wirklich hoffen,
Daß, wenn wir aus viel hundert Stoffen
Durch Mischung, denn auf Mischung kommt es an,
Den Menschenstoff gemächlich componiren,
In einen Kolben verlutiren
Und ihn gehörig cohobiren,
So ist das Werk im Stillen abgethan.

Zum Herd gewendet.

Es wird! Die Masse regt sich klarer,
Die Überzeugung wahrer, wahrer:

Was man an der Natur Geheimnißvolles pries,
Das wagen wir verständig zu probiren,
Und was sie sonst organisiren ließ,
Das lassen wir krystallisiren.

Mephistopheles.

Wer lange lebt hat viel erfahren,
Nichts Neues kann für ihn auf dieser Welt geschehn,
Ich habe schon, in meinen Wanderjahren,
Krystallisirtes Menschenvolk gesehn.

Wagner bisher immer aufmerksam auf die Phiole.

Es steigt, es blitzt, es häuft sich an,
Im Augenblick ist es gethan.
Ein großer Vorsatz scheint im Anfang toll;
Doch wollen wir des Zufalls künftig lachen,
Und so ein Hirn, das trefflich denken soll,
Wird künftig auch ein Denker machen.

Entzückt die Phiole betrachtend.

Das Glas erklingt von lieblicher Gewalt,
Es trübt, es klärt sich; also muß es werden!
Ich seh' in zierlicher Gestalt
Ein artig Männlein sich gebärden.
Was wollen wir, was will die Welt nun mehr?
Denn das Geheimniß liegt am Tage.
Gebt diesem Laute nur Gehör,
Er wird zur Stimme, wird zur Sprache.

Homunculus in der Phiole zu Wagner.

Nun Väterchen! wie steht's? es war kein Scherz.
Komm, drücke mich recht zärtlich an dein Herz,
Doch nicht zu fest, damit das Glas nicht springe.
Das ist die Eigenschaft der Dinge:

Natürlichem genügt das Weltall kaum,
Was künstlich ist, verlangt geschloss'nen Raum.

Zu Mephistopheles.

Du aber Schalk, Herr Vetter, bist du hier?
Im rechten Augenblick, ich danke dir.
Ein gut Geschick führt dich zu uns herein,
Dieweil ich bin, muß ich auch thätig sein.
Ich möchte mich sogleich zur Arbeit schürzen.
Du bist gewandt, die Wege mir zu kürzen.

Wagner.

Nur noch ein Wort! bisher mußt' ich mich schämen,
Denn alt und jung bestürmt mich mit Problemen.
Zum Beispiel nur: noch niemand konnt' es fassen
Wie Seel' und Leib so schön zusammenpassen,
So fest sich halten als um nie zu scheiden,
Und doch den Tag sich immerfort verleiden.
Sodann –

Mephistopheles.

Halt' ein! ich wollte lieber fragen:
Warum sich Mann und Frau so schlecht vertragen?
Du kommst, mein Freund, hierüber nie in's Reine.
Hier gibt's zu thun, das eben will der Kleine.

Homunculus.

Was gibt's zu thun?

Mephistopheles auf eine Seitenthüre deutend.

Hier zeige deine Gabe!

Wagner immer in die Phiole schauend.

Fürwahr, du bist ein allerliebster Knabe!

Die Seitenthür öffnet sich, man sieht Faust auf dem Lager hingestreckt.

Homunculus erstaunt.

Bedeutend! –

Die Phiole entschlüpft aus Wagners Händen, schwebt über Faust und beleuchtet ihn.

Schön umgeben! – Klar Gewässer
Im dichten Haine, Fraun die sich entkleiden;
Die allerliebsten! – Das wird immer besser.
Doch eine läßt sich glänzend unterscheiden,
Aus höchstem Helden-, wohl aus Götterstamme.
Sie setzt den Fuß in das durchsichtige Helle;
Des edlen Körpers holde Lebensflamme
Kühlt sich im schmiegsamen Krystall der Welle. –
Doch welch Getöse rasch bewegter Flügel,
Welch Sausen, Plätschern wühlt im glatten Spiegel?
Die Mädchen fliehn verschüchtert; doch allein
Die Königin sie blickt gelassen drein
Und sieht, mit stolzem weiblichem Vergnügen,
Der Schwäne Fürsten ihrem Knie sich schmiegen,
Zudringlich-zahm. Er scheint sich zu gewöhnen. –
Auf einmal aber steigt ein Dunst empor
Und deckt mit dichtgewebtem Flor
Die lieblichste von allen Scenen.

Mephistopheles.

Was du nicht alles zu erzählen hast!
So klein du bist, so groß bist du Phantast.
Ich sehe nichts –

Homunculus.

Das glaub' ich. Du aus Norden,
Im Nebelalter jung geworden,
Im Wust von Ritterthum und Pfäfferei,

Wo wäre da dein Auge frei!
Im Düstern bist du nur zu Hause.

Umherschauend.

Verbräunt Gestein, bemodert, widrig,
Spitzbögig, schnörkelhaftest, niedrig! –
Erwacht uns dieser, gibt es neue Noth,
Er bleibt gleich auf der Stelle todt.
Waldquellen, Schwäne, nackte Schönen,
Das war sein ahnungsvoller Traum;
Wie wollt' er sich hierher gewöhnen!
Ich, der bequemste, duld' es kaum.
Nun fort mit ihm.

Mephistopheles.

Der Ausweg soll mich freuen.

Homunculus.

Befiehl den Krieger in die Schlacht,
Das Mädchen führe du zum Reihen,
So ist gleich alles abgemacht.
Jetzt eben, wie ich schnell bedacht,
Ist classische Walpurgisnacht;
Das Beste was begegnen könnte
Bringt ihn zu seinem Elemente.

Mephistopheles.

Dergleichen hab' ich nie vernommen.

Homunculus.

Wie wollt' es auch zu euren Ohren kommen?
Romantische Gespenster kennt ihr nur allein,
Ein echt Gespenst auch classisch hat's zu sein.

Mephistopheles.

Wohin denn aber soll die Fahrt sich regen?
Mich widern schon antikische Collegen.

Homunculus.

Nordwestlich, Satan, ist dein Lustrevier;
Südöstlich dießmal aber segeln wir –
An großer Fläche fließt Peneios frei,
Umbuscht, umbaumt, in still- und feuchten Buchten,
Die Ebne dehnt sich zu der Berge Schluchten,
Und oben liegt Pharsalus alt und neu.

Mephistopheles.

O weh! hinweg! und laßt mir jene Streite
Von Tyrannei und Sklaverei bei Seite.
Mich langeweilt's, denn kaum ist's abgethan,
So fangen sie von vorne wieder an;
Und keiner merkt: er ist doch nur geneckt
Vom Asmodeus der dahinter steckt.
Sie streiten sich, so heißt's, um Freiheitsrechte,
Genau besehn sind's Knechte gegen Knechte.

Homunculus.

Den Menschen laß ihr widerspenstig Wesen,
Ein jeder muß sich wehren wie er kann,
Vom Knaben auf, so wird's zuletzt ein Mann.
Hier fragt sich's nur wie dieser kann genesen?
Hast du ein Mittel so erprob' es hier,
Vermagst du's nicht so überlaß es mir.

Mephistopheles.

Manch Brockenstückchen wäre durchzuproben,
Doch Heidenriegel find' ich vorgeschoben.

Das Griechenvolk es taugte nie recht viel!
Doch blendet's euch mit freiem Sinnen-Spiel,
Verlockt des Menschen Brust zu heitern Sünden,
Die unsern wird man immer düster finden.
Und nun was soll's?

Homunculus.

Du bist ja sonst nicht blöde;
Und wenn ich von thessalischen Hexen rede,
So denk' ich hab' ich was gesagt.

Mephistopheles lüstern.

Thessalische Hexen! Wohl! das sind Personen
Nach denen hab' ich lang gefragt.
Mit ihnen Nacht für Nacht zu wohnen
Ich glaube nicht daß es behagt;
Doch zum Besuch! Versuch!

Homunculus.

Den Mantel her,
Und um den Ritter umgeschlagen!
Der Lappen wird euch, wie bisher,
Den einen mit dem andern tragen,
Ich leuchte vor.

Wagner ängstlich.

Und ich?

Homunculus.

Eh nun
Du bleibst zu Hause Wichtigstes zu thun.
Entfalte du die alten Pergamente,
Nach Vorschrift sammle Lebens-Elemente
Und füge sie mit Vorsicht eins an's andre.

Das *Was* bedenke, mehr bedenke *Wie*?
Indessen ich ein Stückchen Welt durchwandre
Entdeck' ich wohl das Tüpfchen auf das I.
Dann ist der große Zweck erreicht,
Solch einen Lohn verdient ein solches Streben:
Gold, Ehre, Ruhm, gesundes langes Leben,
Und Wissenschaft und Tugend – auch vielleicht.
Leb' wohl!

Wagner betrübt.

Leb' wohl! Das drückt das Herz mir nieder.
Ich fürchte schon ich seh' dich niemals wieder.

Mephistopheles.

Nun zum Peneios frisch hinab,
Herr Vetter ist nicht zu verachten.

AD SPECTATORES.

Am Ende hängen wir doch ab
Von Creaturen die wir machten.

Classische Walpurgisnacht.

Pharsalische Felder.

Finsterniß.

Erichtho.

Zum Schauderfeste dieser Nacht, wie öfter schon,
Tret' ich einher, Erichtho, ich die düstere;
Nicht so abscheulich wie die leidigen Dichter mich
Im Übermaß verlästern. . . Endigen sie doch nie
In Lob und Tadel. . . Überbleicht erscheint mir schon
Von grauer Zelten Woge weit das Thal dahin,
Als Nachgesicht der sorg- und grauenvollsten Nacht.
Wie oft schon wiederholt' sich's! Wird sich immerfort
In's Ewige wiederholen. . . Keiner gönnt das Reich
Dem andern, dem gönnt's keiner der's mit Kraft erwarb
Und kräftig herrscht. Denn jeder, der sein innres Selbst
Nicht zu regieren weiß, regierte gar zu gern
Des Nachbars Willen, eignem stolzem Sinn gemäß. . .
Hier aber ward ein großes Beispiel durchgekämpft:
Wie sich Gewalt Gewaltigerem entgegenstellt,
Der Freiheit holder tausendblumiger Kranz zerreißt,
Der starre Lorbeer sich um's Haupt des Herrschers biegt.
Hier träumte Magnus früher Größe Blüthentag,

Dem schwanken Zünglein lauschend wachte Cäsar dort!
Das wird sich messen. Weiß die Welt doch wem's gelang.

Wachfeuer glühen, rothe Flammen spendende,
Der Boden haucht vergoss'nen Blutes Widerschein,
Und angelockt von seltnem Wunderglanz der Nacht
Versammelt sich hellenischer Sage Legion.
Um alle Feuer schwankt unsicher, oder sitzt
Behaglich, alter Tage fabelhaft Gebild. . .
Der Mond, zwar unvollkommen, aber leuchtend hell,
Erhebt sich, milden Glanz verbreitend überall;
Der Zelten Trug verschwindet, Feuer brennen blau.

Doch, über mir! welch unerwartet Meteor?
Es leuchtet und beleuchtet körperlichen Ball.
Ich wittre Leben. Da geziemen will mir's nicht
Lebendigem zu nahen, dem ich schädlich bin;
Das bringt mir bösen Ruf und frommt mir nicht.
Schon sinkt es nieder. Weich' ich aus mit Wohlbedacht!

Entfernt sich.

Die **Luftfahrer** oben.

Homunculus.

Schwebe noch einmal die Runde
Über Flamm- und Schaudergrauen;
Ist es doch in Thal und Grunde
Gar gespenstisch anzuschauen.

Mephistopheles.

Seh' ich, wie durch's alte Fenster
In des Nordens Wust und Graus,
Ganz abscheuliche Gespenster;
Bin ich hier wie dort zu Haus.

Homunculus.

Sieh! da schreitet eine Lange
Weiten Schrittes vor uns hin.

Mephistopheles.

Ist es doch als wär' ihr bange;
Sah uns durch die Lüfte ziehn.

Homunculus.

Laß sie schreiten! setz' ihn nieder
Deinen Ritter, und sogleich
Kehret ihm das Leben wieder,
Denn er sucht's im Fabelreich.

Faust den Boden berührend.

Wo ist sie? –

Homunculus.

Wüßten's nicht zu sagen,
Doch hier wahrscheinlich zu erfragen.
In Eile magst du, eh' es tagt,
Von Flamm' zu Flamme spürend gehen:
Wer zu den Müttern sich gewagt
Hat weiter nichts zu überstehen.

Mephistopheles.

Auch ich bin hier an meinem Theil;
Doch wüßt' ich Besseres nicht zu unserm Heil
Als: jeder möge durch die Feuer
Versuchen sich sein eigen Abentheuer.
Dann, um uns wieder zu vereinen,
Laß deine Leuchte, Kleiner, tönend scheinen.

Homunculus.

So soll es blitzen, soll es klingen.

Das Glas dröhnt und leuchtet gewaltig.

Nun frisch zu neuen Wunderdingen!

Ab.

Faust allein.

Wo ist sie! – Frage jetzt nicht weiter nach. . .
Wär's nicht die Scholle die sie trug,
Die Welle nicht die ihr entgegen schlug,
So ist's die Luft die ihre Sprache sprach.
Hier! durch ein Wunder, hier in Griechenland!
Ich fühlte gleich den Boden wo ich stand;
Wie mich, den Schläfer, frisch ein Geist durchglühte,
So steh' ich, ein Antäus an Gemüthe.
Und find' ich hier das Seltsamste beisammen,
Durchforsch' ich ernst dieß Labyrinth der Flammen.

Entfernt sich.

Mephistopheles umherspürend.

Und wie ich diese Feuerchen durchschweife,
So find' ich mich doch ganz und gar entfremdet,
Fast alles nackt, nur hie und da behemdet:
Die Sphinxe schamlos, unverschämt die Greife,
Und was nicht alles, lockig und beflügelt,
Von vorn und hinten sich im Auge spiegelt. . .
Zwar sind auch wir von Herzen unanständig,
Doch das Antike find' ich zu lebendig;
Das müßte man mit neustem Sinn bemeistern
Und mannichfaltig modisch überkleistern. . . .
Ein widrig Volk! doch darf mich's nicht verdrießen
Als neuer Gast anständig sie zu grüßen. . . .
Glückzu! den schönen Fraun, den klugen Greisen.

Greif schnarrend.

Nicht Greisen! Greifen! – Niemand hört es gern
Daß man ihn Greis nennt. Jedem Worte klingt
Der Ursprung nach wo es sich her bedingt:
Grau, grämlich, griesgram, greulich, Gräber, grimmig,
Etymologisch gleicherweise stimmig,
Verstimmen uns.

Mephistopheles.

Und doch, nicht abzuschweifen,
Gefällt das *Grei* im Ehrentitel *Greifen*.

Greif wie oben und immer so fort.

Natürlich! die Verwandtschaft ist erprobt,
Zwar oft gescholten, mehr jedoch gelobt;
Man greife nun nach Mädchen, Kronen, Gold,
Dem Greifenden ist meist Fortuna hold.

Ameisen von der colossalen Art.

Ihr sprecht von Gold, wir hatten viel gesammelt,
In Fels- und Höhlen heimlich eingerammelt;
Das Arimaspen-Volk hat's ausgespürt,
Sie lachen dort, wie weit sie's weggeführt.

Greife.

Wir wollen sie schon zum Geständniß bringen.

Arimaspen.

Nur nicht zur freien Jubelnacht.
Bis morgen ist's alles durchgebracht,
Es wird uns dießmal wohl gelingen.

Mephistopheles hat sich zwischen die Sphinxe gesetzt.

Wie leicht und gern ich mich hierher gewöhne,
Denn ich verstehe Mann für Mann.

Sphinx.

Wir hauchen unsre Geistertöne
Und ihr verkörpert sie alsdann.
Jetzt nenne dich bis wir dich weiter kennen.

Mephistopheles.

Mit vielen Namen glaubt man mich zu nennen –
Sind Briten hier? Sie reisen sonst so viel,
Schlachtfeldern nachzuspüren, Wasserfällen,
Gestürzten Mauern, classisch dumpfen Stellen;
Das wäre hier für sie ein würdig Ziel.
Sie zeugten auch: Im alten Bühnen-Spiel
Sah man mich dort als OLD INIQUITY.

Sphinx.

Wie kam man drauf?

Mephistopheles.

Ich weiß es selbst nicht wie.

Sphinx.

Mag sein! Hast du von Sternen einige Kunde?
Was sagst du zu der gegenwärt'gen Stunde?

Mephistopheles aufschauend.

Stern schießt nach Stern, beschnittner Mond scheint helle
Und mir ist wohl an dieser trauten Stelle,
Ich wärme mich an deinem Löwenfelle.
Hinauf sich zu versteigen wär' zum Schaden,
Gib Räthsel auf, gib allenfalls Charaden.

Sphinx.

Sprich nur dich selbst aus, wird schon Räthsel sein.
Versuch' einmal dich innigst aufzulösen:
„Dem frommen Manne nöthig wie dem bösen,
Dem ein Plastron, ascetisch zu rapiren,
Cumpan dem andern, Tolles zu vollführen,
Und beides nur, um Zeus zu amüsiren."

Erster Greif schnarrend.

Den mag ich nicht!

Zweiter Greif stärker schnarrend.

Was will uns der?

Beide.

Der Garstige gehöret nicht hierher!

Mephistopheles brutal.

Du glaubst vielleicht des Gastes Nägel krauen
Nicht auch so gut wie deine scharfen Klauen?
Versuch's einmal!

Sphinx milde.

Du magst nur immer bleiben,
Wird dich's doch selbst aus unsrer Mitte treiben;
In deinem Lande thust dir was zu Gute,
Doch, irr' ich nicht, hier ist dir schlecht zu Muthe.

Mephistopheles.

Du bist recht appetitlich oben anzuschauen,
Doch unten hin, die Bestie macht mir Grauen.

Sphinx.

Du Falscher kommst zu deiner bittern Buße,
Denn unsre Tatzen sind gesund;
Dir mit verschrumpftem Pferdefuße
Behagt es nicht in unserem Bund.

Sirenen präludiren oben.

Mephistopheles.

Wer sind die Vögel in den Ästen
Des Pappelstromes hingewiegt?

Sphinx.

Gewahrt euch nur! die Allerbesten
Hat solch ein Sing-Sang schon besiegt.

Sirenen.

Ach was wollt ihr euch verwöhnen
In dem Häßlich-Wunderbaren!
Horcht, wir kommen hier zu Schaaren
Und in wohlgestimmten Tönen,
So geziemet es Sirenen.

Sphinxe sie verspottend in derselben Melodie.

Nöthigt sie herabzusteigen!
Sie verbergen in den Zweigen
Ihre garstigen Habichtskrallen,
Euch verderblich anzufallen,
Wenn ihr euer Ohr verleiht.

Sirenen.

Weg! das Hassen, weg! das Neiden;
Sammeln wir die klarsten Freuden,

Unter'm Himmel ausgestreut!
Auf dem Wasser, auf der Erde
Sei's die heiterste Gebärde
Die man dem Willkommnen beut.

Mephistopheles.

Das sind die saubern Neuigkeiten
Wo aus der Kehle, von den Saiten
Ein Ton sich um den andern flicht.
Das Trallern ist bei mir verloren,
Es krabbelt wohl mir um die Ohren
Allein zum Herzen dringt es nicht.

Sphinxe.

Sprich nicht vom Herzen! das ist eitel;
Ein lederner verschrumpfter Beutel
Das paßt dir eher zu Gesicht.

Faust herantretend.

Wie wunderbar! das Anschaun thut mir G'nüge,
Im Widerwärtigen große, tüchtige Züge.
Ich ahne schon ein günstiges Geschick;
Wohin versetzt mich dieser ernste Blick?

Auf Sphinxe bezüglich.

Vor solchen hat einst Ödipus gestanden;

Auf Sirenen bezüglich.

Vor solchen krümmte sich Ulyß in hänfnen Banden;

Auf Ameisen bezüglich.

Von solchen ward der höchste Schatz gespart;

Auf Greife bezüglich.

Von diesen treu und ohne Fehl bewahrt.
Vom frischen Geiste fühl' ich mich durchdrungen,
Gestalten groß, groß die Erinnerungen.

Mephistopheles.

Sonst hättest du dergleichen weggeflucht,
Doch jetzo scheint es dir zu frommen;
Denn wo man die Geliebte sucht,
Sind Ungeheuer selbst willkommen.

Faust zu den Sphinxen.

Ihr Frauenbilder müßt mir Rede stehn:
Hat eins der Euren Helena gesehn?

Sphinxe.

Wir reichen nicht hinauf zu ihren Tagen,
Die letztesten hat Hercules erschlagen.
Von Chiron könntest du's erfragen;
Der sprengt herum in dieser Geisternacht,
Wenn er dir steht, so hast du's weit gebracht.

Sirenen.

Sollte dir's doch auch nicht fehlen! . . .
Wie Ulyß bei uns verweilte,
Schmähend nicht vorübereilte,
Wußt' er vieles zu erzählen;
Würden alles dir vertrauen,
Wolltest du zu unsern Gauen
Dich an's grüne Meer verfügen.

Sphinx.

Laß dich, Edler, nicht betrügen.
Statt daß Ulyß sich binden ließ,
Laß unsern guten Rath dich binden;
Kannst du den hohen Chiron finden,
Erfährst du was ich dir verhieß.

Faust entfernt sich.

Mephistopheles verdrießlich.

Was krächzt vorbei mit Flügelschlag?
So schnell daß man's nicht sehen mag,
Und immer eins dem andern nach,
Den Jäger würden sie ermüden.

Sphinx.

Dem Sturm des Winterwinds vergleichbar,
Alcides Pfeilen kaum erreichbar;
Es sind die raschen Stymphaliden.
Und wohlgemeint ihr Krächzegruß,
Mit Geierschnabel und Gänsefuß.
Sie möchten gern in unsern Kreisen
Als Stammverwandte sich erweisen.

Mephistopheles wie verschüchtert.

Noch andres Zeug zischt zwischen drein.

Sphinx.

Vor diesen sei euch ja nicht bange,
Es sind die Köpfe der lernäischen Schlange,
Vom Rumpf getrennt, und glauben was zu sein.
Doch sagt, was soll nur aus euch werden?
Was für unruhige Gebärden?
Wo wollt ihr hin? Begebt euch fort! . . .
Ich sehe, jener Chorus dort
Macht euch zum Wendehals. Bezwingt euch nicht,
Geht hin! begrüßt manch reizendes Gesicht.
Die Lamien find's, lustfeine Dirnen,
Mit Lächelmund und frechen Stirnen,
Wie sie dem Satyrvolk behagen;
Ein Bocksfuß darf dort alles wagen.

Mephistopheles.

Ihr bleibt doch hier? daß ich euch wiederfinde.

Sphinxe.

Ja! Mische dich zum luftigen Gesinde.
Wir, von Ägypten her, sind längst gewohnt
Daß unsereins in tausend Jahre thront.
Und respectirt nur unsre Lage,
So regeln wir die Mond- und Sonnentage.
Sitzen vor den Pyramiden,
Zu der Völker Hochgericht;
Überschwemmung, Krieg und Frieden –
Und verziehen kein Gesicht.

Peneios

umgeben von Gewässern und Nymphen.

Peneios.

Rege dich du Schilfgeflüster!
Hauche leise Rohrgeschwister,
Säuselt leichte Weidensträuche,
Lispelt Pappelzitterzweige
Unterbrochnen Träumen zu! . . .
Weckt mich doch ein grauslich Wittern,
Heimlich allbewegend Zittern
Aus dem Wallestrom und Ruh.

Faust an den Fluß tretend.

Hör' ich recht, so muß ich glauben:
Hinter den verschränkten Lauben
Dieser Zweige, dieser Stauden
Tönt ein menschenähnlichs Lauten.
Scheint die Welle doch ein Schwätzen,
Lüftlein wie – ein Scherzergetzen.

Nymphen zu Faust.

Am besten geschäh' dir,
Du legtest dich nieder,
Erholtest im Kühlen
Ermüdete Glieder,

Genössest der immer
Dich meidenden Ruh;
Wir säuseln, wir rieseln,
Wir flüstern dir zu.

Faust.

Ich wache ja! O laßt sie walten
Die unvergleichlichen Gestalten
Wie sie dorthin mein Auge schickt.
So wunderbar bin ich durchdrungen!
Sind's Träume? Sind's Erinnerungen?
Schon einmal warst du so beglückt.
Gewässer schleichen durch die Frische
Der dichten, sanft bewegten Büsche,
Nicht rauschen sie, sie rieseln kaum;
Von allen Seiten hundert Quellen
Vereinen sich im reinlich hellen,
Zum Bade flach vertieften Raum.
Gesunde junge Frauenglieder
Vom feuchten Spiegel doppelt wieder
Ergetztem Auge zugebracht!
Gesellig dann und fröhlich badend,
Erdreistet schwimmend, furchtsam watend;
Geschrei zuletzt und Wasserschlacht.
Begnügen sollt' ich mich an diesen,
Mein Auge sollte hier genießen,
Doch immer weiter strebt mein Sinn.
Der Blick dringt scharf nach jener Hülle,
Das reiche Laub der grünen Fülle
Verbirgt die hohe Königin.

Wundersam! auch Schwäne kommen
Aus den Buchten hergeschwommen,

Majestätisch rein bewegt.
Ruhig schwebend, zart gesellig,
Aber stolz und selbstgefällig
Wie sich Haupt und Schnabel regt . . . .
Einer aber scheint vor allen
Brüstend kühn sich zu gefallen,
Segelnd rasch durch alle fort;
Sein Gefieder bläht sich schwellend,
Welle selbst, auf Wogen wellend,
Dringt er zu dem heiligen Ort . . . .
Die andern schwimmen hin und wieder
Mit ruhig glänzendem Gefieder,
Bald auch in regem prächtigen Streit
Die scheuen Mädchen abzulenken,
Daß sie an ihren Dienst nicht denken,
Nur an die eigne Sicherheit.

Nymphen.

Leget, Schwestern, euer Ohr
An des Ufers grüne Stufe;
Hör' ich recht, so kommt mir's vor
Als der Schall von Pferdes Hufe.
Wüßt' ich nur wer dieser Nacht
Schnelle Botschaft zugebracht.

Faust.

Ist mir doch als dröhnt' die Erde
Schallend unter eiligem Pferde.
Dorthin mein Blick!
Ein günstiges Geschick,
Soll es mich schon erreichen?
O Wunder ohne Gleichen!

Ein Reuter kommt herangetrabt,
Er scheint von Geist und Muth begabt,
Von blendend-weißem Pferd getragen . . . .
Ich irre nicht, ich kenn' ihn schon,
Der Philyra berühmter Sohn! –
Halt, Chiron! halt! Ich habe dir zu sagen . . .

Chiron.

Was gibt's? Was ist's?

Faust.

Bezähme deinen Schritt!

Chiron.

Ich raste nicht.

Faust.

So bitte! Nimm mich mit!

Chiron.

Sitz' auf! so kann ich nach Belieben fragen:
Wohin des Wegs? Du stehst am Ufer hier,
Ich bin bereit dich durch den Fluß zu tragen.

Faust aufsitzend.

Wohin du willst. Für ewig dank' ich's dir . . . .
Der große Mann, der edle Pädagog,
Der, sich zum Ruhm, ein Heldenvolk erzog,
Den schönen Kreis der edlen Argonauten
Und alle die des Dichters Welt erbauten.

Chiron.

Das lassen wir an seinem Ort!
Selbst Pallas kommt als Mentor nicht zu Ehren;
Am Ende treiben sie's nach ihrer Weise fort
Als wenn sie nicht erzogen wären.

Faust.

Den Arzt, der jede Pflanze nennt,
Die Wurzeln bis in's Tiefste kennt,
Dem Kranken Heil, dem Wunden Lindrung schafft,
Umarm' ich hier in Geist- und Körperkraft!

Chiron.

Ward neben mir ein Held verletzt,
Da wußt' ich Hülf' und Rath zu schaffen!
Doch ließ ich meine Kunst zuletzt
Den Wurzelweibern und den Pfaffen.

Faust.

Du bist der wahre große Mann
Der Lobeswort nicht hören kann;
Er sucht bescheiden auszuweichen
Und thut als gäb' es Seinesgleichen.

Chiron.

Du scheinest mir geschickt zu heucheln,
Dem Fürsten wie dem Volk zu schmeicheln.

Faust.

So wirst du mir denn doch gestehn:
Du hast die Größten deiner Zeit gesehn,
Dem Edelsten in Thaten nachgestrebt,
Halbgöttlich ernst die Tage durchgelebt.
Doch unter den heroischen Gestalten
Wen hast du für den Tüchtigsten gehalten?

Chiron.

Im hehren Argonautenkreise
War jeder brav nach seiner eignen Weise,

Und, nach der Kraft die ihn beseelte,
Konnt' er genügen, wo's den andern fehlte.
Die Dioskuren haben stets gesiegt
Wo Jugendfüll' und Schönheit überwiegt.
Entschluß und schnelle That zu andrer Heil
Den Boreaden ward's zum schönen Theil.
Nachsinnend, kräftig, klug, im Rath bequem,
So herrschte Jason, Frauen angenehm.
Dann Orpheus, zart und immer still bedächtig,
Schlug er die Leier allen übermächtig.
Scharfsichtig Lynceus, der, bei Tag und Nacht,
Das heil'ge Schiff durch Klipp' und Strand gebracht. . . .
Gesellig nur läßt sich Gefahr erproben:
Wenn einer wirkt, die andern alle loben.

Faust.

Von Hercules willst nichts erwähnen?

Chiron.

O weh! errege nicht mein Sehnen. . .
Ich hatte Phöbus nie gesehn,
Noch Ares, Hermes, wie sie heißen,
Da sah ich mir vor Augen stehn
Was alle Menschen göttlich preisen.
So war er ein geborner König,
Als Jüngling herrlichst anzuschaun;
Dem ältern Bruder unterthänig
Und auch den allerliebsten Fraun.
Den zweiten zeugt nicht Gäa wieder;
Nicht führt ihn Hebe himmelein;
Vergebens mühen sich die Lieder,
Vergebens quälen sie den Stein.

Faust.

So sehr auch Bildner auf ihn pochen,
So herrlich kam er nie zur Schau.
Vom schönsten Mann hast du gesprochen,
Nun sprich auch von der schönsten Frau!

Chiron.

Was! . . Frauen-Schönheit will nichts heißen,
Ist gar zu oft ein starres Bild;
Nur solch ein Wesen kann ich preisen
Das froh und lebenslustig quillt.
Die Schöne bleibt sich selber selig;
Die Anmuth macht unwiderstehlich,
Wie Helena, da ich sie trug.

Faust.

Du trugst sie?

Chiron.

Ja, auf diesem Rücken.

Faust.

Bin ich nicht schon verwirrt genug,
Und solch ein Sitz muß mich beglücken!

Chiron.

Sie faßte so mich in das Haar
Wie du es thust.

Faust.

O ganz und gar
Verlier' ich mich! Erzähle wie?
Sie ist mein einziges Begehren!
Woher? wohin? ach, trugst du sie?

Chiron.

Die Frage läßt sich leicht gewähren.
Die Dioskuren hatten, jener Zeit,
Das Schwesterchen aus Räuberfaust befreit.
Doch diese, nicht gewohnt besiegt zu sein,
Ermannten sich und stürmten hinterdrein.
Da hielten der Geschwister eiligen Lauf
Die Sümpfe bei Eleusis auf;
Die Brüder wateten, ich patschte, schwamm hinüber;
Da sprang sie ab und streichelte
Die feuchte Mähne, schmeichelte
Und dankte lieblich-klug und selbstbewußt.
Wie war sie reizend! jung, des Alten Lust!

Faust.

Erst zehen Jahr! . . .

Chiron.

Ich seh', die Philologen
Sie haben dich so wie sich selbst betrogen.
Ganz eigen ist's mit mythologischer Frau;
Der Dichter bringt sie, wie er's braucht, zur Schau:
Nie wird sie mündig, wird nicht alt,
Stets appetitlicher Gestalt,
Wird jung entführt, im Alter noch umfreit;
G'nug, den Poeten bindet keine Zeit.

Faust.

So sei auch sie durch keine Zeit gebunden!
Hat doch Achill auf Pherä sie gefunden,
Selbst außer aller Zeit. Welch seltnes Glück:
Errungen Liebe gegen das Geschick!

Und sollt' ich nicht, sehnsüchtigster Gewalt,
In's Leben ziehn die einzigste Gestalt?
Das ewige Wesen, Göttern ebenbürtig,
So groß als zart, so hehr als liebenswürdig?
Du sahst sie einst, *heut* hab' ich sie gesehn,
So schön wie reizend, wie ersehnt so schön.
Nun ist mein Sinn, mein Wesen streng umfangen,
Ich lebe nicht, kann ich sie nicht erlangen.

Chiron.

Mein fremder Mann! als Mensch bist du entzückt;
Doch unter Geistern scheinst du wohl verrückt.
Nun trifft sich's hier zu deinem Glücke;
Denn alle Jahr, nur wenig Augenblicke,
Pfleg' ich bei Manto vorzutreten,
Der Tochter Äsculaps; im stillen Beten
Fleht sie zum Vater: daß, zu seiner Ehre,
Er endlich doch der Ärzte Sinn verkläre
Und vom verwegnen Todtschlag sie bekehre. . .
Die liebste mir aus der Sibyllengilde;
Nicht fratzenhaft bewegt, wohlthätig milde;
Ihr glückt es wohl, bei einigem Verweilen,
Mit Wurzelkräften dich von Grund zu heilen.

Faust.

Geheilt will ich nicht sein, mein Sinn ist mächtig;
Da wär' ich ja wie andre niederträchtig.

Chiron.

Versäume nicht das Heil der edlen Quelle!
Geschwind herab! Wir sind zur Stelle.

Faust.

Sag' an! Wohin hast du, in grauser Nacht,
Durch Kiesgewässer, mich an's Land gebracht?

Chiron.

Hier trotzten Rom und Griechenland im Streite,
Peneios rechts, links den Oymp zur Seite,
Das größte Reich das sich im Sand verliert;
Der König flieht, der Bürger triumphirt.
Blick' auf! hier steht, bedeutend nah,
Im Mondenschein der ewige Tempel da.

Manto inwendig träumend.

Von Pferdes Hufe
Erklingt die heilige Stufe,
Halbgötter treten heran.

Chiron.

Ganz recht!
Nur die Augen aufgethan!

Manto erwachend.

Willkommen! ich seh' du bleibst nicht aus.

Chiron.

Steht dir doch auch dein Tempelhaus!

Manto.

Streifst du noch immer unermüdet?

Chiron.

Wohnst du doch immer still umfriedet,
Indeß zu kreisen mich erfreut.

Manto.

Ich harre, mich umkreis't die Zeit.
Und dieser?

Chiron.

Die verrufene Nacht
Hat strudelnd ihn hierhergebracht.
Helenen, mit verrückten Sinnen,
Helenen will er sich gewinnen,
Und weiß nicht wie und wo beginnen;
Asklepischer Cur vor andern werth.

Manto.

Den lieb' ich, der Unmögliches begehrt.

Chiron ist schon weit weg.

Manto.

Tritt ein, Verwegner, sollst dich freuen;
Der dunkle Gang führt zu Persephoneien.
In des Olympus hohlem Fuß
Lauscht sie geheim verbotnem Gruß.
Hier hab' ich einst den Orpheus eingeschwärzt,
Benutz' es besser, frisch! beherzt!

Sie steigen hinab.

Am obern Peneios

wie zuvor.

Sirenen.

Stürzt euch in Peneios Fluth!
Plätschernd ziemt es da zu schwimmen,
Lied und Lieder anzustimmen,
Dem unseligen Volk zu Gut.
Ohne Wasser ist kein Heil!
Führen wir mit hellem Heere
Eilig zum ägäischen Meere,
Würd' uns jede Lust zu Theil.

Erdbeben.

Sirenen.

Schäumend kehrt die Welle wieder,
Fließt nicht mehr im Bett darnieder;
Grund erbebt, das Wasser staucht,
Kies und Ufer berstend raucht.
Flüchten wir! Kommt alle, kommt!
Niemand dem das Wunder frommt.

Fort! ihr edlen frohen Gäste
Zu dem seeisch heitern Feste,
Blinkend, wo die Zitterwellen,
Ufernetzend, leise schwellen;

Da wo Luna doppelt leuchtet,
Uns mit heil'gem Thau befeuchtet.
Dort ein freibewegtes Leben,
Hier ein ängstlich Erde-Beben;
Eile jeder Kluge fort!
Schauderhaft ist's um den Ort.

Seismos in der Tiefe brummend und polternd.

Einmal noch mit Kraft geschoben,
Mit den Schultern brav gehoben!
So gelangen wir nach oben,
Wo uns alles weichen muß.

Sphinxe.

Welch ein widerwärtig Zittern,
Häßlich grausenhaftes Wittern!
Welch ein Schwanken, welches Beben,
Schaukelnd Hin- und Widerstreben!
Welch unleidlicher Verdruß!
Doch wir ändern nicht die Stelle,
Bräche los die ganze Hölle.

Nun erhebt sich ein Gewölbe
Wundersam. Es ist derselbe,
Jener Alte, längst Ergraute,
Der die Insel Delos baute,
Einer Kreißenden zu Lieb'
Aus der Wog' empor sie trieb.
Er, mit Streben, Drängen, Drücken,
Arme straff, gekrümmt den Rücken,
Wie ein Atlas an Gebärde,
Hebt er Boden, Rasen, Erde,

Kies und Gries und Sand und Letten,
Unsres Ufers stille Betten.
So zerreißt er eine Strecke
Quer des Thales ruhige Decke.
Angestrengtest, nimmer müde,
Colossale Karyatide;
Trägt ein furchtbar Steingerüste,
Noch im Boden bis zur Büste;
Weiter aber soll's nicht kommen,
Sphinxe haben Platz genommen.

Seismos.

Das hab' ich ganz allein vermittelt,
Man wird mir's endlich zugestehn;
Und hätt' ich nicht geschüttelt und gerüttelt,
Wie wäre diese Welt so schön? –
Wie ständen eure Berge droben
In prächtig-reinem Ätherblau,
Hätt' ich sie nicht hervorgeschoben
Zu mahlerisch-entzückter Schau!
Als, angesichts der höchsten Ahnen,
Der Nacht, des Chaos, ich mich stark betrug
Und, in Gesellschaft von Titanen,
Mit Pelion und Ossa als mit Ballen schlug.
Wir tollten fort in jugendlicher Hitze,
Bis überdrüssig, noch zuletzt,
Wir dem Parnaß, als eine Doppelmütze,
Die beiden Berge frevelnd aufgesetzt. . . .
Apollen hält ein froh Verweilen
Dort nun mit seliger Musen Chor.
Selbst Jupitern und seinen Donnerkeilen
Hob ich den Sessel hoch empor.

Jetzt so, mit ungeheurem Streben,
Drang aus dem Abgrund ich herauf
Und fordre laut, zu neuem Leben,
Mir fröhliche Bewohner auf.

Sphinxe.

Uralt müßte man gestehen
Sei das hier Emporgebürgte,
Hätten wir nicht selbst gesehen
Wie sich's aus dem Boden würgte.
Bebuschter Wald verbreitet sich hinan,
Noch drängt sich Fels auf Fels bewegt heran;
Ein Sphinx wird sich daran nicht kehren:
Wir lassen uns im heiligen Sitz nicht stören.

Greife.

Gold in Blättchen, Gold in Flittern
Durch die Ritzen seh' ich zittern.
Laßt euch solchen Schatz nicht rauben;
Imsen auf! es auszuklauben.

Chor der Ameisen.

Wie ihn die Riesigen
Empor geschoben,
Ihr Zappelfüßigen
Geschwind nach oben!
Behendest aus und ein!
In solchen Ritzen
Ist jedes Bröselein
Werth zu besitzen.
Das Allermindeste
Müßt ihr entdecken
Auf das geschwindeste

In allen Ecken.
Allemsig müßt ihr sein,
Ihr Wimmelschaaren;
Nur mit dem Gold herein!
Den Berg laßt fahren.

Greife.

Herein! Herein! Nur Gold zu Hauf,
Wir legen unsre Klauen drauf;
Sind Riegel von der besten Art,
Der größte Schatz ist wohl verwahrt.

Pygmäen.

Haben wirklich Platz genommen,
Wissen nicht wie es geschah.
Fraget nicht woher wir kommen,
Denn wir sind nun einmal da!
Zu des Lebens lustigem Sitze
Eignet sich ein jedes Land;
Zeigt sich eine Felsenritze,
Ist auch schon der Zwerg zur Hand.
Zwerg und Zwergin, rasch zum Fleiße,
Musterhaft ein jedes Paar;
Weiß nicht, ob es gleicher Weise
Schon im Paradiese war.
Doch wir finden's hier zum besten,
Segnen dankbar unsern Stern;
Denn, im Osten wie im Westen,
Zeugt die Mutter Erde gern.

Daktyle.

Hat sie in einer Nacht
Die Kleinen hervorgebracht;

Sie wird die Kleinsten erzeugen,
Finden auch Ihresgleichen.

Pygmäen-Älteste.

Eilet bequemen
Sitz einzunehmen!
Eilig zum Werke;
Schnelle für Stärke!
Noch ist es Friede;
Baut euch die Schmiede,
Harnisch und Waffen
Dem Heer zu schaffen.

Ihr Imsen alle,
Rührig im Schwalle,
Schafft uns Metalle!
Und ihr Daktyle,
Kleinste, so viele,
Euch sei befohlen
Hölzer zu holen!
Schichtet zusammen
Heimliche Flammen,
Schaffet uns Kohlen.

Generalissimus.

Mit Pfeil und Bogen
Frisch ausgezogen!
An jenem Weiher
Schießt mir die Reiher,
Unzählig nistende,
Hochmüthig brüstende,
Auf einen Ruck!

Alle wie Einen;
Daß wir erscheinen
Mit Helm und Schmuck.

Imsen und *Daktyle.*

Wer wird uns retten!
Wir schaffen 's Eisen,
Sie schmieden Ketten.
Uns loszureißen
Ist noch nicht zeitig,
Drum seid geschmeidig.

Die Kraniche des Ibykus.

Mordgeschrei und Sterbeklagen!
Ängstlich Flügelflatterschlagen!
Welch ein Ächzen, welch Gestöhn
Dringt herauf zu unsern Höhn!
Alle sind sie schon ertödtet,
See von ihrem Blut geröthet;
Mißgestaltete Begierde
Raubt des Reihers edle Zierde.
Weht sie doch schon auf dem Helme
Dieser Fettbauch-Krummbein-Schelme.
Ihr Genossen unsres Heeres,
Reihenwanderer des Meeres,
Euch berufen wir zur Rache
In so nahverwandter Sache;
Keiner spare Kraft und Blut,
Ewige Feindschaft dieser Brut!

Zerstreuen sich krächzend in den Lüften.

Mephistopheles in der Ebne.

Die nordischen Hexen wußt' ich wohl zu meistern,
Mir wird's nicht just mit diesen fremden Geistern.
Der Blocksberg bleibt ein gar bequem Local,
Wo man auch sei, man findet sich zumal.
Frau *Ilse* wacht für uns auf ihrem *Stein*,
Auf seiner *Höh* wird *Heinrich* munter sein,
Die *Schnarcher* schnauzen zwar das *Elend* an,
Doch alles ist für tausend Jahr gethan.
Wer weiß denn hier nur, wo er geht und steht,
Ob unter ihm sich nicht der Boden bläht?. .
Ich wandle lustig durch ein glattes Thal
Und hinter mir erhebt sich auf einmal
Ein Berg, zwar kaum ein Berg zu nennen,
Von meinen Sphinxen mich jedoch zu trennen
Schon hoch genug – hier zuckt noch manches Feuer
Das Thal hinab, und flammt um's Abentheuer . . .
Noch tanzt und schwebt mir lockend, weichend vor,
Spitzbübisch gaukelnd, der galante Chor.
Nur sachte drauf! Allzugewohnt an's Naschen
Wo es auch sei, man sucht was zu erhaschen.

Lamien Mephistopheles nach sich ziehend.

Geschwind, geschwinder!
Und immer weiter!
Dann wieder zaudernd,
Geschwätzig plaudernd.
Es ist so heiter
Den alten Sünder
Uns nach zu ziehen,
Zu schwerer Buße.
Mit starrem Fuße

Kommt er geholpert,
Einher gestolpert;
Er schleppt das Bein,
Wie wir ihn fliehen,
Uns hinterdrein.

Mephistopheles stillstehend.

Verflucht Geschick! Betrogne Mannsen!
Von Adam her verführte Hansen!
Alt wird man wohl, wer aber klug?
Warst du nicht schon vernarrt genug!

Man weiß, das Volk taugt aus dem Grunde nichts,
Geschnürten Leibs, geschminkten Angesichts.
Nichts haben sie Gesundes zu erwidern,
Wo man sie anfaßt, morsch in allen Gliedern.
Man weiß, man sieht's, man kann es greifen,
Und dennoch tanzt man, wenn die Luder pfeifen!

Lamien innehaltend.

Halt! er besinnt sich, zaudert, steht;
Entgegnet ihm daß er euch nicht entgeht!

Mephistopheles fortschreitend.

Nur zu! und laß dich in's Gewebe
Der Zweifelei nicht thörig ein;
Denn wenn es keine Hexen gäbe,
Wer Teufel möchte Teufel sein!

Lamien anmuthigst.

Kreisen wir um diesen Helden;
Liebe wird in seinem Herzen
Sich gewiß für Eine melden.

Mephistopheles.

Zwar bei ungewissem Schimmer
Scheint ihr hübsche Frauenzimmer,
Und so möcht' ich euch nicht schelten.

Empuse eindringend.

Auch nicht mich! als eine solche
Laßt mich ein in eure Folge.

Lamien.

Die ist in unserm Kreis zuviel,
Verdirbt doch immer unser Spiel.

Empuse zu Mephistopheles.

Begrüßt von Mühmichen Empuse,
Der Trauten mit dem Eselsfuße;
Du hast nur einen Pferdefuß
Und doch, Herr Vetter, schönsten Gruß!

Mephistopheles.

Hier dacht' ich lauter Unbekannte
Und finde leider Nahverwandte;
Es ist ein altes Buch zu blättern:
Vom Harz bis Hellas immer Vettern!

Empuse.

Entschieden weiß ich gleich zu handeln,
In vieles könnt ich mich verwandeln;
Doch euch zu Ehren hab ich jetzt
Das Eselsköpfchen aufgesetzt.

Mephistopheles.

Ich merk' es hat bei diesen Leuten
Verwandtschaft Großes zu bedeuten;

Doch mag sich was auch will eräugnen,
Den Eselskopf möcht' ich verläugnen.

Lamien.

Laß diese Garstige, sie verscheucht
Was irgend schön und lieblich deucht;
Was irgend schön und lieblich wär',
Sie kommt heran, es ist nicht mehr!

Mephistopheles.

Auch diese Mühmchen, zart und schmächtig,
Sie sind mir allesammt verdächtig;
Und hinter solcher Wänglein Rosen
Fürcht' ich doch auch Metamorphosen.

Lamien.

Versuch' es doch! sind unsrer viele.
Greif' zu! Und hast du Glück im Spiele,
Erhasche dir das beste Loos.
Was soll das lüsterne Geleier?
Du bist ein miserabler Freier,
Stolzirst einher und thust so groß! –
Nun mischt er sich in unsre Schaaren;
Laßt nach und nach die Masken fahren
Und gebt ihm euer Wesen bloß.

Mephistopheles.

Die Schönste hab' ich mir erlesen. . . .

Sie umfassend.

O weh mir! welch ein dürrer Besen!

Eine andere ergeifend.

Und diese? . . . . Schmähliches Gesicht!

Lamien.

Verdienst du's besser? dünk' es nicht.

Mephistopheles.

Die Kleine möcht' ich mir verpfänden . . . .
Lacerte schlüpft mir aus den Händen!
Und schlangenhaft der glatte Zopf.
Dagegen fass' ich mir die Lange . . . .
Da pack' ich eine Thyrsusstange!
Den Pinienapfel als den Kopf.
Wo will's hinaus? . . . . Noch eine Dicke,
An der ich mich vielleicht erquicke;
Zum letztenmal gewagt! Es sei!
Recht quammig, quappig, das bezahlen
Mit hohem Preis Orientalen . . . .
Doch ach! der Bovist platzt entzwei!

Lamien.

Fahrt auseinander, schwankt und schwebet
Blitzartig, schwarzen Flugs umgebet
Den eingedrungnen Hexensohn!
Unsichre, schauderhafte Kreise!
Schweigsamen Fittigs, Fledermäuse!
Zu wohlfeil kommt er doch davon.

Mephistopheles sich schüttlend.

Viel klüger, scheint es, bin ich nicht geworden;
Absurd ist's hier, absurd im Norden,
Gespenster hier wie dort vertrackt,
Volk und Poeten abgeschmackt.
Ist eben hier eine Mummenschanz,
Wie überall ein Sinnentanz.

Ich griff nach holden Maskenzügen
Und faßte Wesen daß mich's schauerte. . . .
Ich möchte gerne mich betrügen,
Wenn es nur länger dauerte.

Sich zwischen dem Gestein verirrend.

Wo bin ich denn? Wo will's hinaus?
Das war ein Pfad, nun ist's ein Graus.
Ich kam daher auf glatten Wegen,
Und jetzt steht mir Geröll entgegen.
Vergebens klettr' ich auf und nieder,
Wo find' ich meine Sphinxe wieder?
So toll hätt' ich mir's nicht gedacht,
Ein solch Gebirg in Einer Nacht!
Das heiß' ich frischen Hexenritt,
Die bringen ihren Blocksberg mit.

Oreas vom Naturfels.

Herauf hier! Mein Gebirg ist alt,
Steht in ursprünglicher Gestalt.
Verehre schroffe Felsensteige,
Des Pindus letztgedehnte Zweige.
Schon stand ich unerschüttert so
Als über mich Pompejus floh.
Daneben, das Gebild des Wahns
Verschwindet schon bei'm Krähn des Hahns.
Dergleichen Mährchen seh' ich oft entstehn
Und plötzlich wieder untergehn.

Mephistopheles.

Sei Ehre dir, ehrwürdiges Haupt!
Von hoher Eichenkraft umlaubt;

Der allerklarste Mondenschein
Dringt nicht zur Finsterniß herein. –
Doch neben am Gebüsche zieht
Ein Licht das gar bescheiden glüht.
Wie sich das alles fügen muß!
Fürwahr! es ist Homunculus.
Woher des Wegs, du Kleingeselle?

Homunculus.

Ich schwebe so von Stell' zu Stelle
Und möchte gern im besten Sinn entstehn,
Voll Ungeduld mein Glas entzwei zu schlagen;
Allein was ich bisher gesehn,
Hinein da möcht' ich mich nicht wagen.
Nur, um dir's im Vertraun zu sagen:
Zwei Philosophen bin ich auf der Spur,
Ich horchte zu, es hieß: Natur! Natur!
Von diesen will ich mich nicht trennen,
Sie müssen doch das irdische Wesen kennen;
Und ich erfahre wohl am Ende
Wohin ich mich am allerklügsten wende.

Mephistopheles.

Das thu' auf deine eigne Hand.
Denn, wo Gespenster Platz genommen,
Ist auch der Philosoph willkommen.
Damit man seiner Kunst und Gunst sich freue,
Erschafft er gleich ein Dutzend neue.
Wenn du nicht irrst, kommst du nicht zu Verstand!
Willst du entstehn, entsteh auf eigne Hand!

Homunculus.

Ein guter Rath ist auch nicht zu verschmähn.

Mephistopheles.

So fahre hin! Wir wollen's weiter sehn.

Trennen sich.

Anaxagoras zu *Thales.*

Dein starrer Sinn will sich nicht beugen,
Bedarf es Weitres dich zu überzeugen?

Thales.

Die Welle beugt sich jedem Winde gern,
Doch hält sie sich vom schroffen Felsen fern.

Anaxagoras.

Durch Feuerdunst ist dieser Fels zu Handen.

Thales.

Im Feuchten ist Lebendiges erstanden.

Homunculus zwischen beiden.

Laßt mich an eurer Seite gehn,
Mir selbst gelüstet's zu entstehn!

Anaxagoras.

Hast du, o Thales, je, in Einer Nacht,
Solch einen Berg aus Schlamm hervorgebracht?

Thales.

Nie war Natur und ihr lebendiges Fließen
Auf Tag und Nacht und Stunden angewiesen.
Sie bildet regelnd jegliche Gestalt,
Und selbst im Großen ist es nicht Gewalt.

Anaxagoras.

Hier aber war's! Plutonisch grimmig Feuer,
Äolischer Dünste Knallkraft ungeheuer

Durchbrach des flachen Bodens alte Kruste
Daß neu ein Berg sogleich entstehen mußte.

Thales.

Was wird dadurch nun weiter fortgesetzt?
Er ist auch da, und das ist gut zuletzt.
Mit solchem Streit verliert man Zeit und Weile
Und führt doch nur geduldig Volk am Seile.

Anaxagoras.

Schnell quillt der Berg von Myrmidonen,
Die Felsenspalten zu bewohnen,
Pygmäen, Imsen, Däumerlinge
Und andre thätig kleine Dinge.

Zum Homunculus.

Nie hast du Großem nachgestrebt,
Einsiedlerisch-beschränkt gelebt;
Kannst du zur Herrschaft dich gewöhnen,
So lass' ich dich als König krönen.

Homunculus.

Was sagt mein Thales?

Thales.

Will's nicht rathen;
Mit Kleinen thut man kleine Thaten,
Mit Großen wird der Kleine groß.
Sieh hin! die schwarze Kranich-Wolke!
Sie droht dem aufgeregten Volke
Und würde so dem König drohn.
Mit scharfen Schnäbeln, krallen Beinen,
Sie stechen nieder auf die Kleinen;
Verhängniß wetterleuchtet schon.

Ein Frevel tödtete die Reiher,
Umstellend ruhigen Friedensweiher.
Doch jener Mordgeschosse Regen
Schafft grausam-blut'gen Rache-Segen,
Erregt der Nahverwandten Wuth
Nach der Pygmäen frevlem Blut.
Was nützt nun Schild und Helm und Speer?
Was hilft der Reiherstrahl den Zwergen?
Wie sich Daktyl und Imse bergen!
Schon wankt, es flieht, es stürzt das Heer.

Anaxagoras nach einer Pause feierlich.

Konnt' ich bisher die Unterirdischen loben,
So wend' ich mich in diesem Fall nach oben . . .
Du! droben ewig unveraltete,
Dreinamig-Dreigestaltete,
Dich ruf' ich an bei meines Volkes Weh,
Diana, Luna, Hekate!
Du Brust-erweiternde, im-Tiefsten-sinnige,
Du ruhig-scheinende, gewaltsam-innige,
Eröffne deiner Schatten grausen Schlund,
Die alte Macht sei ohne Zauber kund!

Pause.

Bin ich zu schnell erhört!
Hat mein Flehn
Nach jenen Höhn
Die Ordnung der Natur gestört?

Und größer, immer größer nahet schon
Der Göttin rundumschriebner Thron,
Dem Auge furchtbar, ungeheuer!
In's Düstre röthet sich sein Feuer. . .

Nicht näher! drohend-mächtige Runde,
Du richtest uns und Land und Meer zu Grunde!

So wär' es wahr, daß dich thessalische Frauen,
In frevlend magischem Vertrauen,
Von deinem Pfad herabgesungen?
Verderblichstes dir abgerungen? . . .
Das lichte Schild hat sich umdunkelt,
Auf einmal reißt's und blitzt und funkelt!
Welch ein Geprassel! Welch ein Zischen!
Ein Donnern, Windgethüm dazwischen! –
Demüthig zu des Thrones Stufen! –
Verzeiht! Ich hab' es hergerufen.

Wirft sich auf's Angesicht.

Thales.

Was dieser Mann nicht alles hört' und sah!
Ich weiß nicht recht wie uns geschah;
Auch hab' ich's nicht mit ihm empfunden.
Gestehen wir, es sind verrückte Stunden,
Und Luna wiegt sich ganz bequem
An ihrem Platz so wie vordem.

Homunculus.

Schaut hin nach der Pygmäen Sitz,
Der Berg war rund, jetzt ist er spitz.
Ich spürt' ein ungeheures Prallen,
Der Fels war aus dem Mond gefallen,
Gleich hat er, ohne nachzufragen,
So Freund als Feind gequetscht, erschlagen.
Doch muß ich solche Künste loben,
Die schöpferisch, in einer Nacht,

Zugleich von unten und von oben,
Dieß Berggebäu zu Stand gebracht.

Thales.

Sei ruhig! Es war nur gedacht.
Sie fahre hin die garstige Brut!
Daß du nicht König warst ist gut.
Nun fort zum heitern Meeresfeste,
Dort hofft und ehrt man Wundergäste.

Entfernen sich.

Mephistopheles an der Gegenseite kletternd.

Da muß ich mich durch steile Felsentreppen,
Durch alter Eichen starre Wurzeln schleppen!
Auf meinem Harz der harzige Dunst
Hat was vom Pech und das hat meine Gunst;
Zunächst der Schwefel. . . . Hier, bei diesen Griechen
Ist von dergleichen kaum die Spur zu riechen;
Neugierig aber wär' ich, nachzuspüren
Womit sie Höllenqual und Flamme schüren.

Dryas.

In deinem Lande sei einheimisch klug,
Im fremden bist du nicht gewandt genug.
Du solltest nicht den Sinn zur Heimath kehren,
Der heiligen Eichen Würde hier verehren.

Mephistopheles.

Man denkt an das was man verließ,
Was man gewohnt war bleibt ein Paradies.
Doch sagt: was in der Höhle dort,
Bei schwachem Licht, sich dreifach hingekauert?

Dryas.

Die Phorkyaden! Wage dich zum Ort
Und sprich sie an, wenn dich nicht schauert.

Mephistopheles.

Warum denn nicht! – Ich sehe was, und staune.
So stolz ich bin, muß ich mir selbst gestehn:
Dergleichen hab' ich nie gesehn,
Die sind ja schlimmer als Alraune. . . .
Wird man die urverworfnen Sünden
Im mindesten noch häßlich finden,
Wenn man dieß Dreigethüm erblickt?
Wir litten sie nicht auf den Schwellen
Der grauenvollsten unsrer Höllen.
Hier wurzelt's in der Schönheit Land,
Das wird mit Ruhm antik genannt. . . .
Sie regen sich, sie scheinen mich zu spüren,
Sie zwitschern pfeifend, Fledermaus-Vampyren.

Phorkyas.

Gebt mir das Auge, Schwestern, daß es frage,
Wer sich so nah an unsre Tempel wage.

Mephistopheles.

Verehrteste! Erlaubt mir euch zu nahen
Und euren Segen dreifach zu empfahen.
Ich trete vor, zwar noch als Unbekannter,
Doch, irr' ich nicht, weitläufiger Verwandter.
Altwürdige Götter hab' ich schon erblickt,
Vor Ops und Rhea tiefstens mich gebückt;
Die Parzen selbst, des Chaos, eure Schwestern,
Ich sah sie gestern – oder ehegestern;

Doch Euresgleichen hab' ich nie erblickt,
Ich schweige nun und fühle mich entzückt.

Phorkyaden.

Er scheint Verstand zu haben dieser Geist.

Mephistopheles.

Nur wundert's mich daß euch kein Dichter preis't.
Und sagt! wie kam's, wie konnte das geschehn?
Im Bilde hab' ich nie euch Würdigste gesehn;
Versuch's der Meißel doch euch zu erreichen,
Nicht Juno, Pallas, Venus und dergleichen.

Phorkyaden.

Versenkt in Einsamkeit und stillste Nacht
Hat unser Drei noch nie daran gedacht!

Mephistopheles.

Wie sollt' es auch? da ihr, der Welt entrückt,
Hier niemand seht und niemand euch erblickt.
Da müßtet ihr an solchen Orten wohnen
Wo Pracht und Kunst auf gleichem Sitze thronen,
Wo jeden Tag, behend, im Doppelschritt,
Ein Marmorblock als Held in's Leben tritt.
Wo –

Phorkyaden.

Schweige still und gib uns kein Gelüsten!
Was hülf' es uns und wenn wir's besser wüßten?
In Nacht geboren, Nächtlichem verwandt,
Beinah uns selbst, ganz allen unbekannt.

Mephistopheles.

In solchem Fall hat es nicht viel zu sagen,
Man kann sich selbst auch andern übertragen.

Euch Dreien g'nügt Ein Auge, g'nügt Ein Zahn,
Da ging' es wohl auch mythologisch an
In zwei die Wesenheit der drei zu fassen,
Der dritten Bildniß mir zu überlassen,
Auf kurze Zeit.

Eine.

Wie dünkt's euch? ging' es an?

Die andern.

Versuchen wir's! – doch ohne Aug' und Zahn.

Mephistopheles.

Nun habt ihr g'rad das Beste weggenommen,
Wie würde da das strengste Bild vollkommen!

Eine.

Drück' du ein Auge zu, 's ist leicht geschehn,
Laß alsofort den Einen Raffzahn sehn,
Und, im Profil, wirst du sogleich erreichen
Geschwisterlich vollkommen uns zu gleichen.

Mephistopheles.

Viel Ehr'! Es sei!

Phorkyaden.

Es sei!

Mephistopheles als Phorkyas im Profil.

Da steh' ich schon,
Des Chaos vielgeliebter Sohn!

Phorkyaden.

Des Chaos Töchter sind wir unbestritten.

Mephistopheles.

Man schilt mich nun, o Schmach! Hermaphroditen.

Phorkyaden.

Im neuen Drei der Schwestern welche Schöne!
Wir haben zwei der Augen, zwei der Zähne.

Mephistopheles.

Vor aller Augen muß ich mich verstecken,
Im Höllenpfuhl die Teufel zu erschrecken.

Ab.

Felsbuchten des ägäischen Meers.

Mond im Zenith verharrend.

Sirenen
auf den Klippen umher gelagert, flötend und singend.

Haben sonst bei nächtigem Grauen
Dich thessalisische Zauberfrauen
Frevelhaft herabgezogen,
Blicke ruhig von dem Bogen
Deiner Nacht auf Zitterwogen
Mildeblitzend Glanzgewimmel
Und erleuchte das Getümmel
Das sich aus den Wogen hebt.
Dir zu jedem Dienst erbötig,
Schöne Luna, sei uns gnädig!

Nereiden und *Tritonen* als Meerwunder.

Tönet laut in schärfern Tönen,
Die das breite Meer durchdröhnen,
Volk der Tiefe ruft fortan!
Vor des Sturmes grausen Schlünden
Wichen wir zu stillsten Gründen,
Holder Sang zieht uns heran.

Seht! Wie wir im Hochentzücken
Uns mit goldenen Ketten schmücken,
Auch zu Kron- und Edelsteinen
Spang- und Gürtelschmuck vereinen.
Alles das ist eure Frucht.
Schätze, scheiternd hier verschlungen,
Habt ihr uns herangesungen,
Ihr Dämonen unsrer Bucht.

Sirenen.

Wissen's wohl, in Meeresfrische
Glatt behagen sich die Fische,
Schwanken Lebens ohne Leid;
Doch! Ihr festlich regen Schaaren,
Heute möchten wir erfahren
Daß ihr mehr als Fische seid.

Nereiden und *Tritonen.*

Ehe wir hieher gekommen
Haben wir's zu Sinn genommen,
Schwestern, Brüder, jetzt geschwind!
Heut bedarf's der kleinsten Reise
Zum vollgültigsten Beweise
Daß wir mehr als Fische sind.

Entfernen sich.

Sirenen.

Fort sind sie im Nu!
Nach Samothrace g'rade zu,
Verschwunden mit günstigem Wind.
Was denken sie zu vollführen
Im Reiche der hohen Kabiren?

Sind Götter! Wundersam eigen,
Die sich immerfort selbst erzeugen
Und niemals wissen was sie sind.

Bleibe auf deinen Höhn,
Holde Luna, gnädig stehn;
Daß es nächtig verbleibe,
Uns der Tag nicht vertreibe.

Thales am Ufer zu *Homunculus.*

Ich führte dich zum alten Nereus gern;
Zwar sind wir nicht von seiner Höhle fern,
Doch hat er einen harten Kopf,
Der widerwärtige Sauertopf.
Das ganze menschliche Geschlecht
Macht's ihm, dem Griesgram, nimmer recht.
Doch ist die Zukunft ihm entdeckt,
Dafür hat jedermann Respect
Und ehret ihn auf seinem Posten;
Auch hat er manchem wohlgethan.

Homunculus.

Probiren wir's und klopfen an!
Nicht gleich wird's Glas und Flamme kosten.

Nereus.

Sind's Menschenstimmen die mein Ohr vernimmt?
Wie es mir gleich im tiefsten Herzen grimmt!
Gebilde, strebsam Götter zu erreichen,
Und doch verdammt sich immer selbst zu gleichen.
Seit alten Jahren konnt' ich göttlich ruhn,
Doch trieb mich's an den Besten wohlzuthun;

Und schaut' ich dann zuletzt vollbrachte Thaten,
So war es ganz als hätt' ich nicht gerathen.

Thales.

Und doch, o Greis des Meers, vertraut man dir;
Du bist der Weise, treib' uns nicht von hier!
Schau' diese Flamme, menschenähnlich zwar,
Sie deinem Rath ergibt sich ganz und gar.

Nereus.

Was Rath! Hat Rath bei Menschen je gegolten?
Ein kluges Wort erstarrt im harten Ohr.
So oft auch That sich grimmig selbst gescholten,
Bleibt doch das Volk selbstwillig wie zuvor.
Wie hab' ich Paris väterlich gewarnt,
Eh' sein Gelüst ein fremdes Weib umgarnt.
Am griechischen Ufer stand er kühnlich da,
Ihm kündet' ich was ich im Geiste sah:
Die Lüfte qualmend, überströmend Roth,
Gebälke glühend, unten Mord und Tod:
Troja's Gerichtstag, rhythmisch festgebannt,
Jahrtausenden so schrecklich als gekannt.
Des Alten Wort dem Frechen schien's ein Spiel,
Er folgte seiner Lust und Ilios fiel –
Ein Riesenleichnam, starr nach langer Qual,
Des Pindus Adlern gar willkommnes Mahl.
Ulyssen auch! sagt' ich ihm nicht voraus
Der Circe Listen, des Cyklopen Graus?
Das Zaudern sein, der Seinen leichten Sinn,
Und was nicht alles! Bracht' ihm das Gewinn?
Bis vielgeschaukelt ihn, doch spät genug,
Der Woge Gunst an gastlich Ufer trug.

Thales.

Dem weisen Mann gibt solch Betragen Qual,
Der gute doch versucht es noch einmal.
Ein Quentchen Danks wird, hoch ihn zu vergnügen,
Die Centner Undanks völlig überwiegen.
Denn nichts Geringes haben wir zu flehn:
Der Knabe da wünscht weislich zu entstehn.

Nereus.

Verderbt mir nicht den seltensten Humor!
Ganz andres steht mir heute noch bevor:
Die Töchter hab' ich alle herbeschieden,
Die Grazien des Meeres, die Doriden.
Nicht der Olymp, nicht euer Boden trägt
Ein schön Gebild das sich so zierlich regt.
Sie werfen sich, anmuthigster Gebärde,
Vom Wasserdrachen auf Neptunus Pferde,
Dem Element auf's zarteste vereint,
Daß selbst der Schaum sie noch zu heben scheint.
Im Farbenspiel von Venus Muschelwagen
Kommt Galatee, die schönste, nun getragen,
Die, seit sich Kypris von uns abgekehrt,
In Paphos wird als Göttin selbst verehrt.
Und so besitzt die Holde, lange schon,
Als Erbin, Tempelstadt und Wagenthron.

Hinweg! Es ziemt, in Vaterfreudenstunde,
Nicht Haß dem Herzen, Scheltwort nicht dem Munde.
Hinweg zu Proteus! Fragt den Wundermann:
Wie man entstehn und sich verwandlen kann.

Entfernt sich gegen das Meer.

Thales.

Wir haben nichts durch diesen Schritt gewonnen,
Trifft man auch Proteus, gleich ist er zerronnen;
Und steht er euch, so sagt er nur zuletzt
Was staunen macht und in Verwirrung setzt.
Du bist einmal bedürftig solchen Raths,
Versuchen wir's und wandlen unsres Pfads!

Entfernen sich.

Sirenen oben auf den Felsen.

Was sehen wir von weiten
Das Wellenreich durchgleiten?
Als wie nach Windes Regel
Anzögen weiße Segel,
So hell sind sie zu schauen,
Verklärte Meeresfrauen.
Laßt uns herunterklimmen,
Vernehmt ihr doch die Stimmen.

Nereiden und *Tritonen.*

Was wir auf Händen tragen
Soll allen euch behagen.
Chelonens Riesen-Schilde
Entglänzt ein streng Gebilde:
Sind Götter die wir bringen;
Müßt hohe Lieder singen.

Sirenen.

Klein von Gestalt,
Groß von Gewalt,
Der Scheiternden Retter,
Uralt verehrte Götter.

Nereiden und *Tritonen.*

Wir bringen die Kabiren,
Ein friedlich Fest zu führen;
Denn wo sie heilig walten,
Neptun wird freundlich schalten.

Sirenen.

Wir stehen euch nach,
Wenn ein Schiff zerbrach,
Unwiderstehbar an Kraft
Schützt ihr die Mannschaft.

Nereiden und *Tritonen.*

Drei haben wir mitgenommen,
Der vierte wollte nicht kommen,
Er sagte, er sei der rechte
Der für sie alle dächte.

Sirenen.

Ein Gott den andern Gott
Macht wohl zu Spott.
Ehrt ihr alle Gnaden,
Fürchtet jeden Schaden.

Nereiden und *Tritonen.*

Sind eigentlich ihrer sieben.

Sirenen.

Wo sind die drei geblieben?

Nereiden und *Tritonen.*

Wir wüßten's nicht zu sagen,
Sind im Olymp zu erfragen;

Dort wes't auch wohl der achte,
An den noch niemand dachte.
In Gnaden uns gewärtig,
Doch alle noch nicht fertig.

Diese Unvergleichlichen
Wollen immer weiter,
Sehnsuchtsvolle Hungerleider
Nach dem Unerreichlichen.

Sirenen.

Wir sind gewohnt,
Wo es auch thront,
In Sonn' und Mond
Hinzubeten, es lohnt.

Nereiden und Tritonen.

Wie unser Ruhm zum höchsten prangt
Dieses Fest anzuführen!

Sirenen.

Die Helden des Alterthums
Ermangeln des Ruhms,
Wo und wie er auch prangt,
Wenn sie das goldne Vließ erlangt,
Ihr die Kabiren.

Wiederholt als Allgesang.

Wenn sie das goldne Vließ erlangt,
Wir! ihr! die Kabiren.

Nereiden und Tritonen ziehen vorüber.

Homunculus.

Die Ungestalten seh' ich an
Als irden-schlechte Töpfe,
Nun stoßen sich die Weisen dran
Und brechen harte Köpfe.

Thales.

Das ist es ja was man begehrt,
Der Rost macht erst die Münze werth.

Proteus unbemerkt.

So etwas freut mich alten Fabler!
Je wunderlicher desto respectabler.

Thales.

Wo bist du, Proteus?

Proteus bauchrednerisch, bald nah, bald fern.

Hier! und hier!

Thales.

Den alten Scherz verzeih' ich dir;
Doch, einem Freund nicht eitle Worte!
Ich weiß, du sprichst vom falschen Orte.

Proteus als aus der Ferne.

Leb' wohl!

Thales leise zu Homunculus.

Er ist ganz nah. Nun leuchte frisch,
Er ist neugierig wie ein Fisch;
Und wo er auch gestaltet stockt,
Durch Flammen wird er hergelockt.

Homunculus.

Ergieß' ich gleich des Lichtes Menge,
Bescheiden doch, daß ich das Glas nicht sprenge.

Proteus in Gestalt einer Riesen-Schildkröte.

Was leuchtet so anmuthig schön?

Thales den Homunculus verhüllend.

Gut! Wenn du Lust hast, kannst du's näher sehn.
Die kleine Mühe laß dich nicht verdrießen
Und zeige dich auf menschlich beiden Füßen.
Mit unsern Gunsten sei's, mit unserm Willen,
Wer schauen will was wir verhüllen.

Proteus edel gestaltet.

Weltweise Kniffe sind dir noch bewußt.

Thales.

Gestalt zu wechseln bleibt noch deine Lust.

Hat den Homunculus enthüllt.

Proteus erstaunt.

Ein leuchtend Zwerglein! Niemals noch gesehn!

Thales.

Es fragt um Rath und möchte gern entstehn.
Er ist, wie ich von ihm vernommen,
Gar wundersam nur halb zur Welt gekommen.
Ihm fehlt es nicht an geistigen Eigenschaften,
Doch gar zu sehr am greiflich Tüchtighaften.
Bis jetzt gibt ihm das Glas allein Gewicht,
Doch wär' er gern zunächst verkörperlicht.

Proteus.

Du bist ein wahrer Jungfern-Sohn,
Eh' du sein solltest bist du schon!

Thales leise.

Auch scheint es mir von andrer Seite kritisch,
Er ist, mich dünkt, hermaphroditisch.

Proteus.

Da muß es desto eher glücken,
So wie er anlangt wird sich's schicken.
Doch gilt es hier nicht viel Besinnen,
Im weiten Meere mußt du anbeginnen!
Da fängt man erst im Kleinen an
Und freut sich Kleinste zu verschlingen,
Man wächs't so nach und nach heran
Und bildet sich zu höherem Vollbringen.

Homunculus.

Hier weht gar eine weiche Luft,
Es grunelt so und mir behagt der Duft!

Proteus.

Das glaub' ich, allerliebster Junge!
Und weiter hin wird's viel behäglicher,
Auf dieser schmalen Strandeszunge
Der Dunstkreis noch unsäglicher;
Da vorne sehen wir den Zug,
Der eben herschwebt, nah genug.
Kommt mit dahin!

Thales.

Ich gehe mit.

Homunculus.

Dreifach merkwürd'ger Geisterschritt!

Telchinen von Rhodus

auf Hippokampen und Meerdrachen, Neptunens Dreizack handhabend.

Chor.

Wir haben den Dreizack Neptunen geschmiedet
Womit er die regesten Wellen begütet.
Entfaltet der Donnrer die Wolken, die vollen,
Entgegnet Neptunus dem greulichen Rollen;
Und wie auch von oben es zackig erblitzt,
Wird Woge nach Woge von unten gespritzt;
Und was auch dazwischen in Ängsten gerungen,
Wird, lange geschleudert, vom Tiefsten verschlungen,
Weßhalb er uns heute den Scepter gereicht,
Nun schweben wir festlich, beruhigt und leicht.

Sirenen.

Euch, dem Helios Geweihten,
Heitern Tags Gebenedeiten,
Gruß zur Stunde, die bewegt
Luna's Hochverehrung regt!

Telchinen.

Alllieblichste Göttin am Bogen da droben!
Du hörst mit Entzücken den Bruder beloben.

Der seligen Rhodus verleihst du ein Ohr,
Dort steigt ihm ein ewiger Päan hervor.
Beginnt er den Tagslauf und ist es gethan,
Er blickt uns mit feurigem Strahlenblick an.
Die Berge, die Städte, die Ufer, die Welle
Gefallen dem Gotte, sind lieblich und helle.
Kein Nebel umschwebt uns, und schleicht er sich ein,
Ein Strahl und ein Lüftchen, die Insel ist rein!
Da schaut sich der Hohe in hundert Gebilden,
Als Jüngling, als Riesen, den großen, den milden.
Wir ersten wir waren's, die Göttergewalt
Aufstellten in würdiger Menschengestalt.

Proteus.

Laß du sie singen, laß sie prahlen!
Der Sonne heiligen Lebestrahlen
Sind todte Werke nur ein Spaß.
Das bildet, schmelzend, unverdrossen;
Und haben sie's in Erz gegossen,
Dann denken sie, es wäre was.
Was ist's zuletzt mit diesen Stolzen?
Die Götterbilder standen groß, –
Zerstörte sie ein Erdestoß;
Längst sind sie wieder eingeschmolzen.

Das Erdetreiben, wie's auch sei,
Ist immer doch nur Plackerei;
Dem Leben frommt die Welle besser;
Dich trägt in's ewige Gewässer
Proteus-Delphin.

Er verwandelt sich.

Schon ist's gethan!

Da soll es dir zum schönsten glücken,
Ich nehme dich auf meinen Rücken;
Vermähle dich dem Ocean.

Thales.

Gib nach dem löblichen Verlangen
Von vorn die Schöpfung anzufangen!
Zu raschem Wirken sei bereit!
Da regst du dich nach ewigen Normen,
Durch tausend, abertausend Formen,
Und bis zum Menschen hast du Zeit.

Homunculus besteigt den Proteus-Delphin.

Proteus.

Komm geistig mit in feuchte Weite,
Da lebst du gleich in Läng' und Breite,
Beliebig regest du dich hier;
Nur strebe nicht nach höheren Orden,
Denn bist du erst ein Mensch geworden,
Dann ist es völlig aus mit dir.

Thales.

Nachdem es kommt; 's ist auch wohl fein
Ein wackrer Mann zu seiner Zeit zu sein.

Proteus zu Thales.

So einer wohl von deinem Schlag!
Das hält noch eine Weile nach;
Denn unter bleichen Geisterschaaren
Seh' ich dich schon seit vielen hundert Jahren.

Sirenen auf den Felsen.

Welch ein Ring von Wölkchen ründet
Um den Mond so reichen Kreis?
Tauben sind es, liebentzündet,
Fittige wie Licht so weiß.
Paphos hat sie hergesendet,
Ihre brünstige Vogelschaar;
Unser Fest, es ist vollendet,
Heitre Wonne voll und klar!

Nereus zu Thales tretend.

Nennte wohl ein nächtiger Wanderer
Diesen Mondhof Lufterscheinung;
Doch wir Geister sind ganz anderer
Und der einzig richtigen Meinung.
Tauben sind es, die begleiten
Meiner Tochter Muschelfahrt,
Wunderflugs besondrer Art,
Angelernt vor alten Zeiten.

Thales.

Auch ich halte das für's Beste
Was dem wackern Mann gefällt,
Wenn im stillen, warmen Neste
Sich ein Heiliges lebend hält.

Psyllen und *Marsen*
auf Meerstieren, Meerkälbern und Widdern.

In Cyperns rauhen Höhle-Grüften,
Vom Meergott nicht verschüttet,
Vom Seismos nicht zerrüttet,
Umweht von ewigen Lüften,

Und, wie in den ältesten Tagen,
In still-bewußtem Behagen
Bewahren wir Cypriens Wagen
Und führen, bei'm Säuseln der Nächte,
Durch liebliches Wellengeflechte,
Unsichtbar dem neuen Geschlechte,
Die lieblichste Tochter heran.
Wir leise Geschäftigen scheuen
Weder Adler noch geflügelten Leuen,
Weder Kreuz noch Mond,
Wie es oben wohnt und thront,
Sich wechselnd wegt und regt,
Sich vertreibt und todtschlägt,
Saaten und Städte niederlegt.
Wir, so fortan,
Bringen die lieblichste Herrin heran.

Sirenen.

Leicht bewegt, in mäßiger Eile,
Um den Wagen, Kreis um Kreis,
Bald verschlungen Zeil' an Zeile
Schlangenartig reihenweis,
Naht euch, rüstige Nereiden,
Derbe Fraun, gefällig wild,
Bringet, zärtliche Doriden,
Galateen, der Mutter Bild:
Ernst, den Göttern gleich zu schauen,
Würdiger Unsterblichkeit,
Doch wie holde Menschenfrauen
Lockender Anmuthigkeit.

Doriden

im Chor an Nereus vorbeiziehend, sämmtlich auf Delphinen.

Leih' uns Luna Licht und Schatten,
Klarheit diesem Jugendflor;
Denn wir zeigen liebe Gatten
Unserm Vater bittend vor.

Zu Nereus.

Knaben sind's, die wir gerettet
Aus der Brandung grimmem Zahn,
Sie, auf Schilf und Moos gebettet,
Aufgewärmt zum Licht heran,
Die es nun mit heißen Küssen
Treulich uns verdanken müssen;
Schau' die Holden günstig an!

Nereus.

Hoch ist der Doppelgewinn zu schätzen:
Barmherzig sein, und sich zugleich ergetzen.

Doriden.

Lobst du, Vater, unser Walten,
Gönnst uns wohl erworbene Lust,
Laß uns fest, unsterblich halten
Sie an ewiger Jugendbrust.

Nereus.

Mögt euch des schönen Fanges freuen,
Den Jüngling bildet euch als Mann;
Allein ich könnte nicht verleihen
Was Zeus allein gewähren kann.
Die Welle, die euch wogt und schaukelt,
Läßt auch der Liebe nicht Bestand,

Und hat die Neigung ausgegaukelt,
So setzt gemächlich sie an’s Land.

Doriden.

Ihr, holde Knaben, seid uns werth,
Doch müssen wir traurig scheiden;
Wir haben ewige Treue begehrt,
Die Götter wollen’s nicht leiden.

Die Jünglinge.

Wenn ihr uns nur so ferner labt,
Uns wackre Schiffer-Knaben;
Wir haben’s nie so gut gehabt
Und wollen’s nicht besser haben.

Galatee auf dem Muschelwagen nähert sich.

Nereus.

Du bist es, mein Liebchen!

Galatee.

O Vater! das Glück!
Delphine, verweilet! mich fesselt der Blick.

Nereus.

Vorüber schon, sie ziehen vorüber
In kreisenden Schwunges Bewegung;
Was kümmert sie die innre herzliche Regung!
Ach! nähmen sie mich mit hinüber!
Doch ein einziger Blick ergetzt,
Daß er das ganze Jahr ersetzt.

Thales.

Heil! Heil! auf's neue!
Wie ich mich blühend freue,
Vom Schönen, Wahren durchdrungen. . .
Alles ist aus dem Wasser entsprungen!!
Alles wird durch das Wasser erhalten!
Ocean, gönn' uns dein ewiges Walten.
Wenn du nicht Wolken sendetest,
Nicht reiche Bäche spendetest,
Hin und her nicht Flüsse wendetest,
Die Ströme nicht vollendetest,
Was wären Gebirge, was Ebnen und Welt?
Du bist's der das frischeste Leben erhält.

Echo. Chorus der sämmtlichen Kreise.

Du bist's dem das frischeste Leben entquellt.

Nereus.

Sie kehren schwankend fern zurück,
Bringen nicht mehr Blick zu Blick;
In gedehnten Kettenkreisen
Sich festgemäß zu erweisen,
Windet sich die unzählige Schaar.
Aber Galatea's Muschelthron
Seh' ich schon und aber schon.
Er glänzt wie ein Stern
Durch die Menge;
Geliebtes leuchtet durch's Gedränge,
Auch noch so fern
Schimmert's hell und klar,
Immer nah und wahr.

Homunculus.

In dieser holden Feuchte
Was ich auch hier beleuchte
Ist alles reizend schön.

Proteus.

In dieser Lebensfeuchte
Erglänzt erst deine Leuchte
Mit herrlichem Getön.

Nereus.

Welch neues Geheimniß in Mitte der Schaaren
Will unseren Augen sich offengebahren?
Was flammt um die Muschel, um Galatee's Füße?
Bald lodert es mächtig, bald lieblich, bald süße,
Als wär' es von Pulsen der Liebe gerührt.

Thales.

Homunculus ist es, von Proteus verführt. . .
Es sind die Symptome des herrischen Sehnens,
Mir ahnet das Ächzen beängsteten Dröhnens;
Er wird sich zerschellen am glänzenden Thron;
Jetzt flammt es, nun blitzt es, ergießet sich schon.

Sirenen.

Welch feuriges Wunder verklärt uns die Wellen,
Die gegen einander sich funkelnd zerschellen?
So leuchtet's und schwanket und hellet hinan:
Die Körper sie glühen auf nächtlicher Bahn,
Und ringsum ist alles vom Feuer umronnen;
So herrsche denn Eros der alles begonnen!

Heil dem Meere! Heil den Wogen!
Von dem heiligen Feuer umzogen;
Heil dem Wasser! Heil dem Feuer!
Heil dem seltnen Abentheuer!

All Alle!

Heil den mildgewogenen Lüften!
Heil geheimnißreichen Grüften!
Hochgefeiert seid allhier,
Element' ihr alle vier!

Dritter Act.

Vor dem Palaste des Menelas zu Sparta.

Helena tritt auf und Chor gefangener Trojanerinnen. Panthalis Chorführerin.

Helena.

Bewundert viel und viel gescholten Helena
Vom Strande komm' ich wo wir erst gelandet sind,
Noch immer trunken von des Gewoges regsamem
Geschaukel, das vom phrygischen Blachgefild uns her
Auf sträubig-hohem Rücken, durch Poseidons Gunst
Und Euros Kraft, in vaterländische Buchten trug.
Dort unten freuet nun der König Menelas
Der Rückkehr sammt den tapfersten seiner Krieger sich.
Du aber heiße mich willkommen, hohes Haus,
Das Tyndareos, mein Vater, nah dem Hange sich
Von Pallas Hügel wiederkehrend aufgebaut
Und, als ich hier mit Klytämnestren schwesterlich,
Mit Castor auch und Pollux fröhlich spielend wuchs,
Vor allen Häusern Sparta's herrlich ausgeschmückt.
Gegrüßet seid mir, der ehrnen Pforte Flügel ihr!
Durch euer gastlich ladendes Weiteröffnen einst
Geschah's daß mir, erwählt aus vielen, Menelas
In Bräutigams-Gestalt entgegen leuchtete.

Eröffnet mir sie wieder, daß ich ein Eilgebot
Des Königs treu erfülle, wie der Gattin ziemt.
Laßt mich hinein! und alles bleibe hinter mir,
Was mich umstürmte bis hieher, verhängnißvoll.
Denn seit ich diese Schwelle sorgenlos verließ,
Cytherens Tempel besuchend, heiliger Pflicht gemäß,
Mich aber dort ein Räuber griff, der phrygische,
Ist viel geschehen, was die Menschen weit und breit
So gern erzählen, aber der nicht gerne hört
Von dem die Sage wachsend sich zum Mährchen spann.

Chor.

Verschmähe nicht, o herrliche Frau,
Des höchsten Gutes Ehrenbesitz!
Denn das größte Glück ist dir einzig beschert,
Der Schönheit Ruhm der vor allen sich hebt.
Dem Helden tönt sein Name voran,
Drum schreitet er stolz,
Doch beugt sogleich hartnäckigster Mann
Vor der allbezwingenden Schöne den Sinn.

Helena.

Genug! mit meinem Gatten bin ich hergeschifft
Und nun von ihm zu seiner Stadt vorausgesandt;
Doch welchen Sinn er hegen mag errath' ich nicht.
Komm' ich als Gattin? komm' ich eine Königin?
Komm' ich ein Opfer für des Fürsten bittern Schmerz
Und für der Griechen lang erduldetes Mißgeschick?
Erobert bin ich, ob gefangen weiß ich nicht!
Denn Ruf und Schicksal bestimmten fürwahr die Unsterblichen
Zweideutig mir, der Schöngestalt bedenkliche
Begleiter, die an dieser Schwelle mir sogar

Mit düster drohender Gegenwart zur Seite stehn.
Denn schon im hohlen Schiffe blickte mich der Gemahl
Nur selten an, auch sprach er kein erquicklich Wort.
Als wenn er Unheil sänne saß er gegen mir.
Nun aber, als des Eurotas tiefem Buchtgestad
Hinangefahren der vordern Schiffe Schnäbel kaum
Das Land begrüßten, sprach er, wie vom Gott bewegt:
Hier steigen meine Krieger, nach der Ordnung, aus,
Ich mustre sie am Strand des Meeres hingereiht,
Du aber ziehe weiter, ziehe des heiligen
Eurotas fruchtbegabtem Ufer immer auf,
Die Rosse lenkend auf der feuchten Wiese Schmuck,
Bis daß zur schönen Ebene du gelangen magst,
Wo Lakedämon, einst ein fruchtbar weites Feld,
Von ernsten Bergen nah umgeben, angebaut.
Betrete dann das hochgethürmte Fürstenhaus
Und mustere mir die Mägde, die ich dort zurück
Gelassen, sammt der klugen alten Schaffnerin.
Die zeige dir der Schätze reiche Sammlung vor,
Wie sie dein Vater hinterließ und die ich selbst
In Krieg und Frieden, stets vermehrend, aufgehäuft.
Du findest alles nach der Ordnung stehen: denn
Das ist des Fürsten Vorrecht, daß er alles treu
In seinem Hause, wiederkehrend, finde, noch
An seinem Platze jedes wie er's dort verließ.
Denn nichts zu ändern hat für sich der Knecht Gewalt.

Chor.

Erquicke nun am herrlichen Schatz,
Dem stets vermehrten, Augen und Brust;
Denn der Kette Zier, der Krone Geschmuck
Da ruhn sie stolz und sie dünken sich was;

Doch tritt nur ein und fordre sie auf,
Sie rüsten sich schnell.
Mich freuet zu sehn Schönheit in dem Kampf
Gegen Gold und Perlen und Edelgestein.

Helena.

Sodann erfolgte des Herren ferneres Herrscherwort:
Wenn du nun alles nach der Ordnung durchgesehn,
Dann nimm so manchen Dreifuß als du nöthig glaubst
Und mancherlei Gefäße die der Opfrer sich
Zur Hand verlangt, vollziehend heiligen Festgebrauch.
Die Kessel, auch die Schalen, wie das flache Rund,
Das reinste Wasser aus der heiligen Quelle sei
In hohen Krügen, ferner auch das trockne Holz,
Der Flammen schnell empfänglich, halte da bereit,
Ein wohlgeschliffnes Messer fehle nicht zuletzt;
Doch alles andre geb' ich deiner Sorge heim.
So sprach er, mich zum Scheiden drängend; aber nichts
Lebendigen Athems zeichnet mir der Ordnende
Das er, die Olympier zu verehren, schlachten will.
Bedenklich ist es, doch ich sorge weiter nicht
Und alles bleibe hohen Göttern heimgestellt,
Die das vollenden, was in ihrem Sinn sie deucht,
Es möge gut von Menschen, oder möge bös
Geachtet sein, die Sterblichen wir ertragen das.
Schon manchmal hob das schwere Beil der Opfernde
Zu des erdgebeugten Thieres Nacken weihend auf
Und konnt' es nicht vollbringen, denn ihn hinderte
Des nahen Feindes oder Gottes Zwischenkunft.

Chor.

Was geschehen werde sinnst du nicht aus;
Königin, schreite dahin

Guten Muths.
Gutes und Böses kommt
Unerwartet dem Menschen;
Auch verkündet glauben wir's nicht.
Brannte doch Troja, sahen wir doch
Tod vor Augen, schmählichen Tod;
Und sind wir nicht hier
Dir gesellt, dienstbar freudig,
Schauen des Himmels blendende Sonne
Und das Schönste der Erde
Huldvoll, dich, uns Glücklichen.

Helena.

Sei's wie es sei! Was auch bevorsteht, mir geziemt
Hinaufzusteigen ungesäumt in das Königshaus,
Das lang entbehrt und viel ersehnt und fast verscherzt
Mir abermals vor Augen steht, ich weiß nicht wie.
Die Füße tragen mich so muthig nicht empor
Die hohen Stufen die ich kindisch übersprang.

Ab.

Chor.

Werfet, o Schwestern, ihr
Traurig gefangenen,
Alle Schmerzen in's Weite;
Theilet der Herrin Glück,
Theilet Helenens Glück,
Welche zu Vaterhauses Herd,
Zwar mit spätzurückkehrendem,
Aber mit desto festerem
Fuße freudig herannaht.

Preiset die heiligen,
Glücklich herstellenden
Und heimführenden Götter!
Schwebt der Entbundene
Doch wie auf Fittigen
Über das Rauhste, wenn umsonst
Der Gefangene sehnsuchtsvoll
Über die Zinne des Kerkers hin
Armausbreitend sich abhärmt.

Aber sie ergriff ein Gott
Die Entfernte;
Und aus Ilios Schutt
Trug er hierher sie zurück,
In das alte, das neugeschmückte
Vaterhaus,
Nach unsäglichen
Freuden und Qualen,
Früher Jugendzeit
Angefrischt zu gedenken.

Panthalis als Chorführerin.

Verlasset nun des Gesanges freudumgebnen Pfad
Und wendet nach der Thüre Flügeln euren Blick.
Was seh' ich, Schwestern? Kehret nicht die Königin,
Mit heftigen Schrittes Regung, wieder zu uns her?
Was ist es, große Königin, was konnte dir
In deines Hauses Hallen, statt der Deinen Gruß,
Erschütterndes begegnen? Du verbirgst es nicht;
Denn Widerwillen seh' ich an der Stirne dir,
Ein edles Zürnen das mit Überraschung kämpft.

Helena welche die Thürflügel offen gelassen hat, bewegt.

Der Tochter Zeus geziemet nicht gemeine Furcht
Und flüchtig-leise Schreckenshand berührt sie nicht;
Doch das Entsetzen, das dem Schoos der alten Nacht
Von Urbeginn entsteigend, vielgestaltet noch
Wie glühende Wolken, aus des Berges Feuerschlund,
Herauf sich wälzt, erschüttert auch des Helden Brust.
So haben heute grauenvoll die Stygischen
In's Haus den Eintritt mir bezeichnet, daß ich gern
Von oft betretner, langersehnter Schwelle mich,
Entlass'nem Gaste gleich, entfernend scheiden mag.
Doch nein! gewichen bin ich her an's Licht, und sollt
Ihr weiter nicht mich treiben, Mächte, wer ihr seid.
Auf Weihe will ich sinnen, dann gereinigt mag
Des Herdes Gluth die Frau begrüßen wie den Herrn.

Chorführerin.

Entdecke deinen Dienerinnen, edle Frau,
Die dir verehrend beistehn, was begegnet ist.

Helena.

Was ich gesehen sollt ihr selbst mit Augen sehn,
Wenn ihr Gebilde nicht die alte Nacht sogleich
Zurück geschlungen in ihrer Tiefe Wunderschoos.
Doch daß ihr's wisset, sag' ich's euch mit Worten an:
Als ich des Königs-Hauses ernsten Binnenraum,
Der nächsten Pflicht gedenkend, feierlich betrat,
Erstaunt' ich ob der öden Gänge Schweigsamkeit.
Nicht Schall der emsig Wandelnden begegnete
Dem Ohr, nicht raschgeschäftiges Eiligthun dem Blick,
Und keine Magd erschien mir, keine Schaffnerin,
Die jeden Fremden freundlich sonst begrüßenden.

Als aber ich dem Schoose des Herdes mich genaht,
Da sah ich, bei verglommner Asche lauem Rest,
Am Boden sitzen welch verhülltes großes Weib,
Der Schlafenden nicht vergleichbar, wohl der Sinnenden.
Mit Herrscherworten ruf' ich sie zur Arbeit auf,
Die Schaffnerin mir vermuthend, die indeß vielleicht
Des Gatten Vorsicht hinterlassend angestellt;
Doch eingefaltet sitzt die Unbewegliche;
Nur endlich rührt sie, auf mein Dräun, den rechten Arm,
Als wiese sie von Herd und Halle mich hinweg.
Ich wende zürnend mich ab von ihr und eile gleich
Den Stufen zu, worauf empor der Thalamos
Geschmückt sich hebt und nah daran das Schatzgemach;
Allein das Wunder reißt sich schnell vom Boden auf,
Gebietrisch mir den Weg vertretend, zeigt es sich
In hagrer Größe, hohlen, blutig-trüben Blicks,
Seltsamer Bildung, wie sie Aug' und Geist verwirrt.
Doch red' ich in die Lüfte; denn das Wort bemüht
Sich nur umsonst Gestalten schöpferisch aufzubaun.
Da seht sie selbst! sie wagt sogar sich an's Licht hervor!
Hier sind wir Meister, bis der Herr und König kommt.
Die grausen Nachtgeburten drängt der Schönheitsfreund,
Phöbus, hinweg in Höhlen, oder bändigt sie.

Phorkyas

auf der Schwelle zwischen den Thürpfosten auftretend.

Chor.

Vieles erlebt' ich, obgleich die Locke
Jugendlich wallet mir um die Schläfe!
Schreckliches hab' ich vieles gesehen,
Kriegrischen Jammer, Ilios Nacht,
Als es fiel.

Durch das umwölkte, staubende Tosen
Drängender Krieger hört' ich die Götter
Fürchterlich rufen, hört' ich der Zwietracht
Eherne Stimme schallen durch's Feld,
Mauerwärts.

Ach! sie standen noch, Ilios
Mauern, aber die Flammengluth
Zog vom Nachbar zum Nachbar schon
Sich verbreitend von hier und dort
Mit des eignen Sturmes Wehn
Über die nächtliche Stadt hin.

Flüchtend sah ich, durch Rauch und Gluth
Und der züngelnden Flamme Loh'n,
Gräßlich zürnender Götter Nahn,
Schreitend Wundergestalten
Riesengroß durch düsteren
Feuerumleuchteten Qualm hin.

Sah ich's, oder bildete
Mir der angstumschlungene Geist
Solches Verworrene? sagen kann
Nimmer ich's, doch daß ich dieß
Gräßliche hier mit Augen schau'
Solches gewiß ja weiß ich;
Könnt' es mit Händen fassen gar,
Hielte von dem Gefährlichen
Nicht zurücke die Furcht mich.

Welche von Phorkys
Töchtern nur bist du?
Denn ich vergleiche dich

Diesem Geschlechte.
Bist du vielleicht der graugebornen,
Eines Auges und Eines Zahns
Wechselsweis theilhaftigen
Graien eine gekommen?

Wagest du Scheusal
Neben der Schönheit
Dich vor dem Kennerblick
Phöbus zu zeigen?
Tritt du dennoch hervor nur immer,
Denn das Häßliche schaut Er nicht,
Wie sein heilig Auge noch
Nie erblickte den Schatten.

Doch uns Sterbliche nöthigt, ach,
Leider trauriges Mißgeschick
Zu dem unsäglichen Augenschmerz,
Den das Verwerfliche, Ewig-unselige
Schönheitliebenden rege macht.

Ja so höre denn, wenn du frech
Uns entgegenest, höre Fluch,
Höre jeglicher Schelte Drohn,
Aus dem verwünschenden Munde der Glücklichen
Die von Göttern gebildet sind.

Phorkyas.

Alt ist das Wort, doch bleibet hoch und wahr der Sinn,
Daß Scham und Schönheit nie zusammen, Hand in Hand,
Den Weg verfolgen über der Erde grünen Pfad.
Tief eingewurzelt wohnt in beiden alter Haß,
Daß, wo sie immer irgend auch des Weges sich

Begegnen, jede der Gegnerin den Rücken kehrt.
Dann eilet jede wieder heftiger, weiter fort,
Die Scham betrübt, die Schönheit aber frech gesinnt,
Bis sie zuletzt des Orcus hohle Nacht umfängt,
Wenn nicht das Alter sie vorher gebändigt hat.
Euch find' ich nun, ihr Frechen, aus der Fremde her
Mit Übermuth ergossen, gleich der Kraniche
Laut-heiser klingendem Zug, der über unser Haupt,
In langer Wolke, krächzend sein Getön herab
Schickt, das den stillen Wandrer über sich hinauf
Zu blicken lockt; doch ziehn sie ihren Weg dahin,
Er geht den seinen; also wird's mit uns geschehn.

Wer seid denn ihr? daß ihr des Königs Hochpalast
Mänadisch wild, Betrunknen gleich umtoben dürft?
Wer seid ihr denn, daß ihr des Hauses Schaffnerin
Entgegen heulet, wie dem Mond der Hunde Schaar?
Wähnt ihr, verborgen sei mir welch Geschlecht ihr seid,
Du kriegerzeugte, schlachterzogne junge Brut?
Mannlustige du, so wie verführt verführende,
Entnervend beide, Kriegers auch und Bürgers Kraft.
Zu Hauf euch sehend scheint mir ein Cicaden-Schwarm
Herabzustürzen, deckend grüne Feldersaat.
Verzehrerinnen fremden Fleißes! Naschende
Vernichterinnen aufgekeimten Wohlstands ihr,
Erobert', marktverkauft', vertauschte Waare du!

Helena.

Wer gegenwarts der Frau die Dienerinnen schilt,
Der Gebietrin Hausrecht tastet er vermessen an;
Denn ihr gebührt allein das Lobenswürdige
Zu rühmen, wie zu strafen was verwerflich ist.

Auch bin des Dienstes ich wohl zufrieden, den sie mir
Geleistet als die hohe Kraft von Ilios
Umlagert stand und fiel und lag; nicht weniger
Als wir der Irrfahrt kummervolle Wechselnoth
Ertrugen, wo sonst jeder sich der nächste bleibt.
Auch hier erwart' ich gleiches von der muntren Schaar;
Nicht was der Knecht sei, fragt der Herr, nur wie er dient.
Drum schweige du und grinse sie nicht länger an.
Hast du das Haus des Königs wohl verwahrt bisher,
Anstatt der Hausfrau, solches dient zum Ruhme dir;
Doch jetzo kommt sie selber, tritt nun du zurück,
Damit nicht Strafe werde statt verdienten Lohns.

Phorkyas.

Den Hausgenossen drohen bleibt ein großes Recht,
Das gottbeglückten Herrschers hohe Gattin sich
Durch lange Jahre weise Leitung wohl verdient.
Da du, nun Anerkannte! neu den alten Platz
Der Königin und Hausfrau wiederum betrittst,
So fasse längst erschlaffte Zügel, herrsche nun,
Nimm in Besitz den Schatz und sämmtlich uns dazu.
Vor allem aber schütze mich die ältere
Vor dieser Schaar, die, neben deiner Schönheit Schwan,
Nur schlecht befittigt', schnatterhafte Gänse sind.

Chorführerin.

Wie häßlich neben Schönheit zeigt sich Häßlichkeit.

Phorkyas.

Wie unverständig neben Klugheit Unverstand.

Von hier an erwidern die Choretiden, einzeln aus dem Chor heraustretend.

Choretide 1.

Von Vater Erebus melde, melde von Mutter Nacht.

Phorkyas.

So sprich von Scylla, leiblich dir Geschwisterkind.

Choretide 2.

An deinem Stammbaum steigt manch Ungeheur empor.

Phorkyas.

Zum Orcus hin! da suche deine Sippschaft auf.

Choretide 3.

Die dorten wohnen sind dir alle viel zu jung.

Phorkyas.

Tiresias den Alten gehe buhlend an.

Choretide 4.

Orions Amme war dir Ur-Urenkelin.

Phorkyas.

Harpyen wähn' ich fütterten dich im Unflat auf.

Choretide 5.

Mit was ernährst du so gepflegte Magerkeit?

Phorkyas.

Mit Blute nicht, wonach du allzulüstern bist.

Choretide 6.

Begierig du auf Leichen, ekle Leiche selbst!

Phorkyas.

Vampyren-Zähne glänzen dir im frechen Maul.

Chorführerin.

Das deine stopf' ich, wenn ich sage wer du seist.

Phorkyas.

So nenne dich zuerst, das Räthsel hebt sich auf.

Helena.

Nicht zürnend, aber traurend schreit' ich zwischen euch,
Verbietend solchen Wechselstreites Ungestüm!
Denn Schädlicheres begegnet nichts dem Herrscherherrn
Als treuer Diener heimlich unterschworner Zwist.
Das Echo seiner Befehle kehrt alsdann nicht mehr
In schnell vollbrachter That wohlstimmig ihm zurück,
Nein, eigenwillig brausend tos't es um ihn her,
Den selbstverirrten, in's Vergebne scheltenden.
Dieß nicht allein. Ihr habt in sittelosem Zorn
Unsel'ger Bilder Schreckgestalten hergebannt,
Die mich umdrängen, daß ich selbst zum Orcus mich
Gerissen fühle, vaterländ'scher Flur zum Trutz.
Ist's wohl Gedächtniß? war es Wahn, der mich ergreift?
War ich das alles? Bin ich's? Werd' ich's künftig sein,
Das Traum- und Schreckbild jener Städteverwüstenden?
Die Mädchen schaudern, aber du die älteste
Du stehst gelassen, rede mir verständig Wort.

Phorkyas.

Wer langer Jahre mannichfaltigen Glücks gedenkt,
Ihm scheint zuletzt die höchste Göttergunst ein Traum.
Du aber hochbegünstigt, sonder Maß und Ziel,
In Lebensreihe sahst nur Liebesbrünstige,
Entzündet rasch zum kühnsten Wagstück jeder Art.
Schon Theseus haschte früh dich, gierig aufgeregt,
Wie Herakles stark, ein herrlich schön geformter Mann.

Helena.

Entführte mich, ein zehenjährig schlankes Reh,
Und mich umschloß Aphidnus Burg in Attika.

Phorkyas.

Durch Castor und durch Pollux aber bald befreit,
Umworben standst du ausgesuchter Helden-Schaar.

Helena.

Doch stille Gunst vor allen, wie ich gern gesteh',
Gewann Patroclus, er des Peliden Ebenbild.

Phorkyas.

Doch Vaterwille traute dich an Menelas,
Den kühnen Seedurchstreicher, Hausbewahrer auch.

Helena.

Die Tochter gab er, gab des Reichs Bestellung ihm.
Aus ehlichem Beisein sproßte dann Hermione.

Phorkyas.

Doch als er fern sich Creta's Erbe kühn erstritt,
Dir Einsamen da erschien ein allzuschöner Gast.

Helena.

Warum gedenkst du jener halben Witwenschaft?
Und welch Verderben gräßlich mir daraus erwuchs?

Phorkyas.

Auch jene Fahrt mir freigebornen Creterin
Gefangenschaft erschuf sie, lange Sklaverei.

Helena.

Als Schaffnerin bestellt' er dich sogleich hieher,
Vertrauend vieles, Burg und kühn erworbnen Schatz.

Phorkyas.

Die du verließest, Ilios umthürmter Stadt
Und unerschöpften Liebesfreuden zugewandt.

Helena.

Gedenke nicht der Freuden! allzuherben Leids
Unendlichkeit ergoß sich über Brust und Haupt.

Phorkyas.

Doch sagt man, du erschienst ein doppelhaft Gebild,
In Ilios gesehen und in Ägypten auch.

Helena.

Verwirre wüsten Sinnes Aberwitz nicht gar.
Selbst jetzo, welche denn ich sei, ich weiß es nicht.

Phorkyas.

Dann sagen sie: aus hohlem Schattenreich herauf
Gesellte sich inbrünstig noch Achill zu dir!
Dich früher liebend gegen allen Geschicks Beschluß.

Helena.

Ich als Idol, ihm dem Idol verband ich mich.
Es war ein Traum, so sagen ja die Worte selbst.
Ich schwinde hin und werde selbst mir ein Idol.

Sinkt dem Halbchor in die Arme.

Chor.

Schweige, schweige!
Mißblickende, mißredende du!
Aus so gräßlichen einzahnigen
Lippen was enthaucht wohl
Solchem furchtbaren Greuelschlund.

Denn der Bösartige wohlthätig erscheinend,
Wolfesgrimm unter schafwolligem Vließ,
Mir ist er weit schrecklicher als des drei-
köpfigen Hundes Rachen.
Ängstlich lauschend stehn wir da,
Wann? wie? wo nur bricht's hervor
Solcher Tücke
Tiefauflauerndes Ungethüm?

Nun denn, statt freundlich mit Trost reich begabten,
Letheschenkenden, holdmildesten Worts
Regest du auf aller Vergangenheit
Bösestes mehr denn Gutes,
Und verdüsterst allzugleich
Mit dem Glanz der Gegenwart
Auch der Zukunft
Mild aufschimmerndes Hoffnungslicht.

Schweige, schweige!
Daß der Königin Seele,
Schon zu entfliehen bereit,
Sich noch halte, festhalte
Die Gestalt aller Gestalten
Welche die Sonne jemals beschien.

Helena hat sich erholt und steht wieder in der Mitte.

Phorkyas.

Tritt hervor aus flüchtigen Wolken, hohe Sonne dieses Tags,
Die verschleiert schon entzückte, blendend nun im Glanze herrscht.

Wie die Welt sich dir entfaltet schaust du selbst mit holdem Blick.
Schelten sie mich auch für häßlich, kenn' ich doch das Schöne wohl.

Helena.

Tret' ich schwankend aus der Öde die im Schwindel mich umgab,
Pflegt' ich gern der Ruhe wieder, denn so müd' ist mein Gebein:
Doch es ziemet Königinnen, allen Menschen ziemt es wohl,
Sich zu fassen, zu ermannen, was auch drohend überrascht.

Phorkyas.

Stehst du nun in deiner Großheit, deiner Schöne vor uns da,
Sagt dein Blick, daß du befiehlest, was befiehlst du? sprich es aus.

Helena.

Eures Haders frech Versäumniß auszugleichen seid bereit,
Eilt ein Opfer zu bestellen wie der König mir gebot.

Phorkyas.

Alles ist bereit im Hause, Schale, Dreifuß, scharfes Beil,
Zum Besprengen, zum Beräuchern; das zu Opfernde zeig' an.

Helena.

Nicht bezeichnet' es der König.

Phorkyas.

Sprach's nicht aus? O Jammerwort!

Helena.

Welch ein Jammer überfällt dich?

Phorkyas.

Königin, du bist gemeint!

Helena.

Ich?

Phorkyas.

Und diese.

Chor.

Weh und Jammer!

Phorkyas.

Fallen wirst du durch das Beil.

Helena.

Gräßlich! doch geahnt, ich Arme!

Phorkyas.

Unvermeidlich scheint es mir.

Chor.

Ach! Und uns? was wird begegnen?

Phorkyas.

Sie stirbt einen edlen Tod;
Doch am hohen Balken drinnen, der des Daches Giebel trägt,
Wie im Vogelfang die Drosseln, zappelt ihr der Reihe nach.

Helena und Chor stehen erstaunt und erschreckt, in bedeutender, wohl vorbereiteter Gruppe.

Phorkyas.

Gespenster! – – – Gleich erstarrten Bildern steht ihr da,
Geschreckt vom Tag zu scheiden der euch nicht gehört.

Die Menschen, die Gespenster sämmtlich gleich wie ihr,
Entsagen auch nicht willig hehrem Sonnenschein;
Doch bittet oder rettet niemand sie vom Schluß;
Sie wissen's alle, wenigen doch gefällt es nur.
Genug, ihr seid verloren! Also frisch an's Werk.

Klatscht in die Hände; darauf erscheinen an der Pforte vermummte Zwerggestalten, welche die ausgesprochenen Befehle alsobald mit Behendigkeit ausführen.

Herbei du düstres, kugelrundes Ungethüm,
Wälzt euch hieher, zu schaden gibt es hier nach Lust.
Dem Tragaltar, dem goldgehörnten, gebet Platz,
Das Beil, es liege blinkend über dem Silberrand,
Die Wasserkrüge füllet, abzuwaschen gibt's
Des schwarzen Blutes greuelvolle Besudelung.
Den Teppich breitet köstlich hier am Staube hin,
Damit das Opfer niederkniee königlich
Und eingewickelt, zwar getrennten Haupts sogleich,
Anständig würdig aber doch bestattet sei.

Chorführerin.

Die Königin stehet sinnend an der Seite hier,
Die Mädchen welken gleich gemähtem Wiesengras;
Mir aber deucht, der Ältesten, heiliger Pflicht gemäß
Mit dir das Wort zu wechseln, Ur-Urälteste.
Du bist erfahren, weise, scheinst uns gut gesinnt,
Obschon verkennend hirnlos diese Schaar dich traf.
Drum sage, was du möglich noch von Rettung weißt.

Phorkyas.

Ist leicht gesagt: Von der Königin hängt allein es ab
Sich selbst zu erhalten, euch Zugaben auch mit ihr.
Entschlossenheit ist nöthig und die behendeste.

Chor.

Ehrenwürdigste der Parzen, weiseste Sibylle du,
Halte gesperrt die goldene Schere, dann verkünd' uns Tag und Heil;
Denn wir fühlen schon im Schweben, Schwanken, Bammeln unergetzlich
Unsere Gliederchen, die lieber erst im Tanze sich ergetzten,
Ruhten drauf an Liebchens Brust.

Helena.

Laß diese bangen! Schmerz empfind' ich, keine Furcht;
Doch kennst du Rettung, dankbar sei sie anerkannt.
Dem Klugen, Weitumsichtigen zeigt fürwahr sich oft
Unmögliches noch als möglich. Sprich und sag' es an.

Chor.

Sprich und sage, sag' uns eilig: wie entrinnen wir den grausen,
Garstigen Schlingen? die bedrohlich, als die schlechtesten Geschmeide,
Sich um unsre Hälse ziehen. Vorempfinden wir's, die Armen,
Zum Entathmen, zum Ersticken, wenn du, Rhea, aller Götter
Hohe Mutter, dich nicht erbarmst.

Phorkyas.

Habt ihr Geduld des Vortrags langgedehnten Zug
Still anzuhören? Mancherlei Geschichten sind's.

Chor.

Geduld genug! Zuhörend leben wir indeß.

Phorkyas.

Dem der zu Hause verharrend edlen Schatz bewahrt
Und hoher Wohnung Mauern auszukitten weiß,
Wie auch das Dach zu sichern vor des Regens Drang,
Dem wird es wohlgehn lange Lebenstage durch:
Wer aber seiner Schwelle heilige Richte leicht
Mit flüchtigen Sohlen überschreitet freventlich,
Der findet wiederkehrend wohl den alten Platz,
Doch umgeändert alles, wo nicht gar zerstört.

Helena.

Wozu dergleichen wohlbekannte Sprüche hier?
Du willst erzählen, rege nicht an Verdrießliches.

Phorkyas.

Geschichtlich ist es, ist ein Vorwurf keineswegs.
Raubschiffend ruderte Menelas von Bucht zu Bucht,
Gestad' und Inseln, alles streift' er feindlich an,
Mit Beute wiederkehrend, wie sie drinnen starrt.
Vor Ilios verbracht' er langer Jahre zehn,
Zur Heimfahrt aber weiß ich nicht wie viel es war.
Allein wie steht es hier am Platz um Tyndareos
Erhabnes Haus? wie stehet es mit dem Reich umher?

Helena.

Ist dir denn so das Schelten gänzlich einverleibt,
Daß ohne Tadeln du keine Lippe regen kannst?

Phorkyas.

So viele Jahre stand verlassen das Thal-Gebirg,
Das hinter Sparta nordwärts in die Höhe steigt,
Taygetos im Rücken, wo als muntrer Bach

Herab Eurotas rollt und dann durch unser Thal
An Rohren breit hinfließend eure Schwäne nährt.
Dort hinten still im Gebirgthal hat ein kühn Geschlecht
Sich angesiedelt, dringend aus cimmerischer Nacht,
Und unersteiglich feste Burg sich aufgethürmt,
Von da sie Land und Leute placken wie's behagt.

Helena.

Das konnten sie vollführen? Ganz unmöglich scheint's.

Phorkyas.

Sie hatten Zeit, vielleicht an zwanzig Jahre sind's.

Helena.

Ist Einer Herr? sind's Räuber viel, Verbündete?

Phorkyas.

Nicht Räuber sind es, Einer aber ist der Herr.
Ich schelt' ihn nicht und wenn er schon mich heimgesucht.
Wohl konnt' er alles nehmen, doch begnügt' er sich
Mit wenigen Freigeschenken, nannt' er's, nicht Tribut.

Helena.

Wie sieht er aus?

Phorkyas.

Nicht übel! mir gefällt er schon.
Es ist ein munterer, kecker, wohlgebildeter,
Wie unter Griechen wenig' ein verständ'ger Mann.
Man schilt das Volk Barbaren, doch ich dächte nicht
Daß grausam einer wäre, wie vor Ilios
Gar mancher Held sich menschenfresserisch erwies.
Ich acht' auf seine Großheit, ihm vertraut' ich mich.

Und seine Burg! die solltet ihr mit Augen sehn!
Das ist was anderes gegen plumpes Mauerwerk
Das eure Väter, mir nichts dir nichts, aufgewälzt,
Cyklopisch wie Cyklopen, rohen Stein sogleich
Auf rohe Steine stürzend; dort hingegen, dort
Ist alles senk- und wagerecht und regelhaft.
Von außen schaut sie! himmelan sie strebt empor,
So starr, so wohl in Fugen, spiegelglatt wie Stahl.
Zu klettern hier – ja selbst der Gedanke gleitet ab.
Und innen großer Höfe Raumgelasse, rings
Mit Baulichkeit umgeben, aller Art und Zweck'.
Da seht ihr Säulen, Säulchen, Bogen, Bögelchen,
Altane, Galerien, zu schauen aus und ein,
Und Wappen.

Chor.

Was sind Wappen?

Phorkyas.

Ajax führte ja
Geschlungene Schlang' im Schilde, wie ihr selbst gesehn.
Die Sieben dort vor Theben trugen Bildnerein
Ein jeder auf seinem Schilde, reich bedeutungsvoll.
Da sah man Mond und Stern' am nächtigen Himmelsraum,
Auch Göttin, Held und Leiter, Schwerter, Fackeln auch,
Und was Bedrängliches guten Städten grimmig droht.
Ein solch Gebilde führt auch unsre Heldenschaar
Von seinen Ur-Urahnen her in Farbenglanz.
Da seht ihr Löwen, Adler, Klau' und Schnabel auch,
Dann Büffelhörner, Flügel, Rosen, Pfauenschweif,
Auch Streifen, gold und schwarz und silbern, blau und roth.

Dergleichen hängt in Sälen Reih an Reihe fort,
In Sälen, gränzenlosen, wie die Welt so weit;
Da könnt ihr tanzen!

Chor.

Sage, gibt's auch Tänzer da?

Phorkyas.

Die besten! goldgelockte, frische Bubenschaar.
Die duften Jugend, Paris duftete einzig so,
Als er der Königin zu nahe kam.

Helena.

Du fällst
Ganz aus der Rolle, sage mir das letzte Wort!

Phorkyas.

Du sprichst das letzte, sagst mit Ernst vernehmlich ja!
Sogleich umgeb' ich dich mit jener Burg.

Chor.

O sprich
Das kurze Wort! und rette dich und uns zugleich.

Helena.

Wie? sollt' ich fürchten, daß der König Menelas
So grausam sich verginge mich zu schädigen?

Phorkyas.

Hast du vergessen, wie er deinen Deiphobus,
Des todtgekämpften Paris Bruder, unerhört
Verstümmelte, der starrsinnig Witwe dich erstritt

Und glücklich kebs'te; Nas' und Ohren schnitt er ab
Und stümmelte mehr so; Greuel war es anzuschaun.

Helena.

Das that er jenem, meinetwegen that er das.

Phorkyas.

Um jeneswillen wird er dir das Gleiche thun.
Untheilbar ist die Schönheit; der sie ganz besaß
Zerstört sie lieber, fluchend jedem Theilbesitz.

Trompeten in der Ferne; der Chor fährt zusammen.

Wie scharf der Trompete Schmettern Ohr und Eingeweid'
Zerreißend anfaßt, also krallt sich Eifersucht
Im Busen fest des Mannes, der das nie vergißt
Was einst er besaß und nun verlor, nicht mehr besitzt.

Chor.

Hörst du nicht die Hörner schallen? siehst der Waffen Blitze nicht?

Phorkyas.

Sei willkommen, Herr und König, gerne geb' ich Rechenschaft.

Chor.

Aber wir?

Phorkyas.

Ihr wißt es deutlich, seht vor Augen ihren Tod,
Merkt den eurigen da drinne; nein, zu helfen ist euch nicht.

Pause.

Helena.

Ich sann mir aus das Nächste was ich wagen darf.
Ein Widerdämon bist du, das empfind' ich wohl

Und fürchte, Gutes wendest du zum Bösen um.
Vor allem aber folgen will ich dir zur Burg;
Das andre weiß ich; was die Königin dabei
Im tiefen Busen geheimnißvoll verbergen mag,
Sei jedem unzugänglich. Alte! geh voran.

Chor.

O wie gern gehen wir hin,
Eilenden Fußes;
Hinter uns Tod,
Vor uns abermals
Ragender Veste
Unzugängliche Mauer.
Schütze sie eben so gut,
Eben wie Ilios Burg,
Die doch endlich nur
Niederträchtiger List erlag.

Nebel verbreiten sich, umhüllen den Hintergrund, auch die Nähe, nach Belieben.

Wie? aber wie?
Schwestern, schaut euch um!
War es nicht heiterer Tag?
Nebel schwanken streifig empor
Aus Eurotas heil'ger Fluth;
Schon entschwand das liebliche
Schilfumkränzte Gestade dem Blick,
Auch die frei, zierlich-stolz
Sanfthingleitenden Schwäne
In gesell'ger Schwimmlust
Seh' ich, ach, nicht mehr!

Doch, aber doch
Tönen hör' ich sie,
Tönen fern heiseren Ton!
Tod verkündenden, sagen sie;
Ach daß uns er nur nicht auch,
Statt verheißener Rettung Heil,
Untergang verkünde zuletzt;
Uns den schwangleichen, lang-
Schön weißhalsigen, und ach!
Unsrer Schwanerzeugten.
Weh uns, weh, weh!

Alles deckte sich schon
Rings mit Nebel umher.
Sehen wir doch einander nicht!
Was geschieht? gehen wir?
Schweben wir nur
Trippelnden Schrittes am Boden hin?
Siehst du nichts? schwebt nicht etwa gar
Hermes voran? Blinkt nicht der goldne Stab
Heischend, gebietend uns wieder zurück
Zu dem unerfreulichen, grautagenden,
Ungreifbarer Gebilde vollen,
Überfüllten, ewig leeren Hades?

Ja, auf einmal wird es düster, ohne Glanz entschwebt der Nebel
Dunkelgräulich, mauerbräunlich. Mauern stellen sich dem Blicke,
Freiem Blicke starr entgegen. Ist's ein Hof? ist's tiefe Grube?

Schauerlich in jedem Falle! Schwestern, ach! wir sind gefangen,
So gefangen wie nur je.

Innerer Burghof, umgeben von reichen phantastischen Gebäuden des Mittelalters.

Chorführerin.

Vorschnell und thöricht, echt wahrhaftes Weibsgebild!
Vom Augenblick abhängig, Spiel der Witterung,
Des Glücks und Unglücks, keins von beiden wißt ihr je
Zu bestehn mit Gleichmuth. Eine widerspricht ja stets
Der andern heftig, überquer die andern ihr;
In Freud' und Schmerz nur heult und lacht ihr gleichen Tons.
Nun schweigt! und wartet horchend was die Herrscherin
Hochsinnig hier beschließen mag für sich und uns.

Helena.

Wo bist du, Pythonissa? heiße wie du magst,
Aus diesen Gewölben tritt hervor der düstern Burg.
Gingst etwa du, dem wunderbaren Heldenherrn
Mich anzukündigen, Wohlempfang bereitend mir,
So habe Dank und führe schnell mich ein zu ihm;
Beschluß der Irrfahrt wünsch' ich. Ruhe wünsch' ich nur.

Chorführerin.

Vergebens blickst du, Königin, allseits um dich her;
Verschwunden ist das leidige Bild, verblieb vielleicht
Im Nebel dort, aus dessen Busen wir hieher,
Ich weiß nicht wie, gekommen, schnell und sonder Schritt.
Vielleicht auch irrt sie zweifelhaft im Labyrinth

Der wundersam aus vielen einsgewordnen Burg,
Den Herrn erfragend fürstlicher Hochbegrüßung halb.
Doch sieh, dort oben regt in Menge sich allbereits
In Galerien, am Fenster, in Portalen rasch
Sich hin und her bewegend viele Dienerschaft;
Vornehm-willkommnen Gastempfang verkündet es.

Chor.

Aufgeht mir das Herz! o, seht nur dahin
Wie so sittig herab mit verweilendem Tritt
Jungholdeste Schaar anständig bewegt
Den geregelten Zug. Wie? auf wessen Befehl
Nur erscheinen gereiht und gebildet so früh
Von Jünglingsknaben das herrliche Volk?
Was bewundr' ich zumeist! Ist es zierlicher Gang,
Etwa des Haupts Lockhaar um die blendende Stirn,
Etwa der Wänglein Paar, wie die Pfirsiche roth
Und eben auch so weichwollig beflaumt?
Gern biss' ich hinein, doch ich schaudre davor,
Denn in ähnlichem Fall, da erfüllte der Mund
Sich, gräßlich zu sagen! mit Asche.
Aber die schönsten
Sie kommen daher;
Was tragen sie nur?
Stufen zum Thron,
Teppich und Sitz,
Umhang und zelt-
artigen Schmuck;
Über überwallt er,
Wolkenkränze bildend,
Unsrer Königin Haupt,
Denn schon bestieg sie

Eingeladen herrlichen Pfühl.
Tretet heran,
Stufe für Stufe
Reihet euch ernst.
Würdig, o würdig, dreifach würdig
Sei gesegnet ein solcher Empfang!

Alles vom Chor Ausgesprochene geschieht nach und nach.

Faust.

Nachdem Knaben und Knappen in langem Zug herabgestiegen, erscheint er oben an der Treppe in ritterlicher Hofkleidung des Mittelalters und kommt langsam würdig herunter.

Chorführerin ihn aufmerksam beschauend.

Wenn diesem nicht die Götter, wie sie öfter thun,
Für wenige Zeit nur wundernswürdige Gestalt,
Erhabnen Anstand, liebenswerthe Gegenwart
Vorübergänglich liehen; wird ihm jedesmal
Was er beginnt gelingen, sei's in Männerschlacht,
So auch im kleinen Kriege mit den schönsten Fraun.
Er ist fürwahr gar vielen andern vorzuziehn,
Die ich doch auch als hochgeschätzt mit Augen sah.
Mit langsam-ernstem, ehrfurchtsvoll gehaltnem Schritt
Seh' ich den Fürsten; wende dich, o Königin!

Faust herantretend, einen Gefesselten zur Seite.

Statt feierlichsten Grußes, wie sich ziemte,
Statt ehrfurchtsvollem Willkomm bring' ich dir
In Ketten hart geschlossen solchen Knecht,
Der, Pflicht verfehlend, mir die Pflicht entwand.
Hier kniee nieder! dieser höchsten Frau

Bekenntniß abzulegen deiner Schuld.
Dieß ist, erhabne Herrscherin, der Mann
Mit seltnem Augenblitz vom hohen Thurm
Umherzuschaun bestellt, dort Himmelsraum
Und Erdenbreite scharf zu überspähn,
Was etwa da und dort sich melden mag,
Vom Hügelkreis in's Thal zur festen Burg
Sich regen mag, der Heerden Woge sei's,
Ein Heereszug vielleicht; wir schützen jene,
Begegnen diesem. Heute, welch Versäumniß!
Du kommst heran, er meldet's nicht, verfehlt
Ist ehrenvoller, schuldigster Empfang
So hohen Gastes. Freventlich verwirkt
Das Leben hat er, läge schon im Blut
Verdienten Todes; doch nur du allein
Bestrafst, begnadigst, wie dir's wohl gefällt.

Helena.

So hohe Würde wie du sie vergönnst,
Als Richterin, als Herrscherin, und wär's
Versuchend nur, wie ich vermuthen darf;
So üb' ich nun des Richters erste Pflicht,
Beschuldigte zu hören. Rede denn.

Thurmwärter Lynceus.

Laß mich knieen, laß mich schauen,
Laß mich sterben, laß mich leben,
Denn schon bin ich hingegeben
Dieser gottgegebnen Frauen.

Harrend auf des Morgens Wonne,
Östlich spähend ihren Lauf,

Ging auf einmal mir die Sonne
Wunderbar im Süden auf.

Zog den Blick nach jener Seite,
Statt der Schluchten, statt der Höhn,
Statt der Erd- und Himmelsweite,
Sie die Einzige zu spähn.

Augenstrahl ist mir verliehen
Wie dem Luchs auf höchstem Baum,
Doch nun mußt' ich mich bemühen
Wie aus tiefem, düsterm Traum.

Wüßt' ich irgend mich zu finden?
Zinne? Thurm? geschloss'nes Thor?
Nebel schwanken, Nebel schwinden,
Solche Göttin tritt hervor!

Aug' und Brust ihr zugewendet
Sog ich an den milden Glanz,
Diese Schönheit wie sie blendet
Blendete mich Armen ganz.

Ich vergaß des Wächters Pflichten,
Völlig das beschworne Horn;
Drohe nur mich zu vernichten,
Schönheit bändigt allen Zorn.

Helena.

Das Übel das ich brachte darf ich nicht
Bestrafen. Wehe mir! Welch streng Geschick
Verfolgt mich, überall der Männer Busen
So zu bethören, daß sie weder sich

Noch sonst ein Würdiges verschonten. Raubend jetzt,
Verführend, fechtend, hin und her entrückend,
Halbgötter, Helden, Götter, ja Dämonen,
Sie führten mich im Irren her und hin.
Einfach die Welt verwirrt' ich, doppelt mehr,
Nun dreifach, vierfach bring' ich Noth auf Noth.
Entferne diesen Guten, laß ihn frei;
Den Gottbethörten treffe keine Schmach.

Faust.

Erstaunt, o Königin, seh' ich zugleich
Die sicher Treffende, hier den Getroffnen;
Ich seh' den Bogen, der den Pfeil entsandt,
Verwundet jenen. Pfeile folgen Pfeilen
Mich treffend. Allwärts ahn' ich überquer
Gefiedert schwirrend sie in Burg und Raum.
Was bin ich nun? Auf einmal machst du mir
Rebellisch die Getreusten, meine Mauern
Unsicher. Also fürcht' ich schon, mein Heer
Gehorcht der siegend unbesiegten Frau.
Was bleibt mir übrig als mich selbst und alles,
Im Wahn das Meine, dir anheim zu geben?
Zu deinen Füßen laß mich, frei und treu,
Dich Herrin anerkennen, die sogleich
Auftretend sich Besitz und Thron erwarb.

Lynceus

mit einer Kiste und Männer die ihm andere nachtragen.

Du siehst mich, Königin, zurück!
Der Reiche bettelt einen Blick,
Er sieht dich an und fühlt sogleich
Sich bettelarm und fürstenreich.

Was war ich erst? was bin ich nun?
Was ist zu wollen? was zu thun?
Was hilft der Augen schärfster Blitz!
Er prallt zurück an deinem Sitz.

Von Osten kamen wir heran
Und um den Westen war's gethan;
Ein lang- und breites Volksgewicht,
Der erste wußte vom letzten nicht.

Der erste fiel, der zweite stand,
Des dritten Lanze war zur Hand;
Ein jeder hundertfach gestärkt,
Erschlagne Tausend unbemerkt.

Wir drängten fort, wir stürmten fort,
Wir waren Herrn von Ort zu Ort;
Und wo ich herrisch heut befahl,
Ein andrer morgen raubt' und stahl.

Wir schauten, – eilig war die Schau;
Der griff die allerschönste Frau,
Der griff den Stier von festem Tritt,
Die Pferde mußten alle mit.

Ich aber liebte zu erspähn
Das Seltenste was man gesehn,
Und was ein andrer auch besaß,
Das war für mich gedörrtes Gras.

Den Schätzen war ich auf der Spur,
Den scharfen Blicken folgt' ich nur,
In alle Taschen blickt' ich ein,
Durchsichtig war mir jeder Schrein.

Und Haufen Goldes waren mein,
Am herrlichsten der Edelstein:
Nun der Smaragd allein verdient
Daß er an deinem Herzen grünt.

Nun schwanke zwischen Ohr und Mund
Das Tropfenei aus Meeresgrund;
Rubinen werden gar verscheucht,
Das Wangenroth sie niederbleicht.

Und so den allergrößten Schatz
Versetz' ich hier auf deinen Platz,
Zu deinen Füßen sei gebracht
Die Ernte mancher blut'gen Schlacht.

So viele Kisten schlepp' ich her,
Der Eisenkisten hab' ich mehr;
Erlaube mich auf deiner Bahn
Und Schatzgewölbe füll' ich an.

Denn du bestiegest kaum den Thron,
So neigen schon, so beugen schon
Verstand und Reichthum und Gewalt
Sich vor der einzigen Gestalt.

Das alles hielt ich fest und mein,
Nun aber lose, wird es dein,
Ich glaubt' es würdig, hoch und baar,
Nun seh' ich, daß es nichtig war.

Verschwunden ist was ich besaß,
Ein abgemähtes, welkes Gras:
O gib mit einem heitern Blick
Ihm seinen ganzen Werth zurück!

Faust.

Entferne schnell die kühn erworbne Last,
Zwar nicht getadelt, aber unbelohnt.
Schon ist Ihr alles eigen was die Burg
Im Schoos verbirgt, Besondres Ihr zu bieten
Ist unnütz. Geh und häufe Schatz auf Schatz
Geordnet an. Der ungesehnen Pracht
Erhabnes Bild stell' auf! Laß die Gewölbe
Wie frische Himmel blinken, Paradiese
Von lebelosem Leben richte zu.
Voreilend ihren Tritten laß beblümt
An Teppich Teppiche sich wälzen, ihrem Tritt
Begegne sanfter Boden, ihrem Blick,
Nur Göttliche nicht blendend, höchster Glanz.

Lynceus.

Schwach ist was der Herr befiehlt,
Thut's der Diener, es ist gespielt:
Herrscht doch über Gut und Blut
Dieser Schönheit Übermuth.
Schon das ganze Heer ist zahm,
Alle Schwerter stumpf und lahm,
Vor der herrlichen Gestalt
Selbst die Sonne matt und kalt,
Vor dem Reichthum des Gesichts
Alles leer und alles nichts.

Ab.

Helena zu Faust.

Ich wünsche dich zu sprechen, doch herauf
An meine Seite komm! der leere Platz
Beruft den Herrn und sichert mir den meinen.

Faust.

Erst knieend laß die treue Widmung dir
Gefallen, hohe Frau; die Hand die mich
An deine Seite hebt laß mich sie küssen.
Bestärke mich als Mitregenten deines
Gränzunbewußten Reichs, gewinne dir
Verehrer, Diener, Wächter all' in Einem.

Helena.

Vielfache Wunder seh' ich, hör' ich an,
Erstaunen trifft mich, fragen möcht' ich viel.
Doch wünscht' ich Unterricht, warum die Rede
Des Manns mir seltsam klang, seltsam und freundlich.
Ein Ton scheint sich dem andern zu bequemen,
Und hat ein Wort zum Ohre sich gesellt,
Ein andres kommt, dem ersten liebzukosen.

Faust.

Gefällt dir schon die Sprechart unsrer Völker,
O so gewiß entzückt auch der Gesang,
Befriedigt Ohr und Sinn im tiefsten Grunde.
Doch ist am sichersten wir üben's gleich,
Die Wechselrede lockt es, ruft's hervor.

Helena.

So sage denn, wie sprech' ich auch so schön?

Faust.

Das ist gar leicht, es muß von Herzen gehn.
Und wenn die Brust von Sehnsucht überfließt,
Man sieht sich um und fragt –

Helena.

Wer mit genießt.

Faust.

Nun schaut der Geist nicht vorwärts, nicht zurück,
Die Gegenwart allein –

Helena.

Ist unser Glück.

Faust.

Schatz ist sie, Hochgewinn, Besitz und Pfand;
Bestätigung wer gibt sie?

Helena.

Meine Hand.

Chor.

Wer verdächt' es unsrer Fürstin,
Gönnet sie dem Herrn der Burg
Freundliches Erzeigen.
Denn gesteht, sämmtliche sind wir
Ja Gefangene, wie schon öfter,
Seit dem schmählichen Untergang
Ilios und der ängstlich-
Labyrinthischen Kummerfahrt.

Fraun, gewöhnt an Männerliebe,
Wählerinnen sind sie nicht,
Aber Kennerinnen.
Und wie goldlockigen Hirten,
Vielleicht schwarzborstigen Faunen,
Wie es bringt die Gelegenheit,
Über die schwellenden Glieder
Vollertheilen sie gleiches Recht.

Nah und näher sitzen sie schon
An einander gelehnet,
Schulter an Schulter, Knie an Knie,
Hand in Hand wiegen sie sich
Über des Throns
Aufgepolsterter Herrlichkeit.
Nicht versagt sich die Majestät
Heimlicher Freuden
Vor den Augen des Volkes
Übermüthiges Offenbarsein.

Helena.

Ich fühle mich so fern und doch so nah
Und sage nur zu gern: da bin ich! da!

Faust.

Ich athme kaum, mir zittert, stockt das Wort,
Es ist ein Traum, verschwunden Tag und Ort.

Helena.

Ich scheine mir verlebt und doch so neu,
In dich verwebt, dem Unbekannten treu.

Faust.

Durchgrüble nicht das einzigste Geschick,
Dasein ist Pflicht und wär's ein Augenblick.

Phorkyas heftig eintretend.

Buchstabirt in Liebes-Fibeln,
Tändelnd grübelt nur am Liebeln,
Müßig liebelt fort im Grübeln,
Doch dazu ist keine Zeit.
Fühlt ihr nicht ein dumpfes Wettern?
Hört nur die Trompete schmettern,

Das Verderben ist nicht weit.
Menelas mit Volkes-Wogen
Kommt auf euch herangezogen;
Rüstet euch zu herbem Streit!
Von der Sieger-Schaar umwimmelt,
Wie Deiphobus verstümmelt
Büßest du das Fraun-Geleit.
Bammelt erst die leichte Waare,
Dieser gleich ist am Altare
Neugeschliffnes Beil bereit.

Faust.

Verwegne Störung! widerwärtig dringt sie ein,
Auch nicht in Gefahren mag ich sinnlos Ungestüm.
Den schönsten Boten Unglücksbotschaft häßlicht ihn;
Du Häßlichste gar, nur schlimme Botschaft bringst du gern.
Doch dießmal soll dir's nicht gerathen, leeren Hauchs
Erschüttere du die Lüfte. Hier ist nicht Gefahr,
Und selbst Gefahr erschiene nur als eitles Dräun.

Signale, Explosionen von den Thürmen, Trompeten und Zinken, kriegerische Musik, Durchmarsch gewaltiger Heereskraft.

Faust.

Nein, gleich sollst du versammelt schauen
Der Helden ungetrennten Kreis:
Nur der verdient die Gunst der Frauen,
Der kräftigst sie zu schützen weiß.

Zu den Heerführern, die sich von den Colonnen absondern und herantreten.

Mit angehaltnem stillen Wüthen,
Das euch gewiß den Sieg verschafft,

Ihr Nordens jugendliche Blüthen,
Ihr Ostens blumenreiche Kraft.

In Stahl gehüllt, vom Strahl umwittert,
Die Schaar die Reich um Reich zerbrach,
Sie treten auf, die Erde schüttert,
Sie schreiten fort, es donnert nach.

An Pylos traten wir zu Lande,
Der alte Nestor ist nicht mehr,
Und alle kleinen Königsbande
Zersprengt das ungebundne Heer.

Drängt ungesäumt von diesen Mauern
Jetzt Menelas dem Meer zurück;
Dort irren mag er, rauben, lauern,
Ihm war es Neigung und Geschick.

Herzoge soll ich euch begrüßen,
Gebietet Sparta's Königin,
Nun legt ihr Berg und Thal zu Füßen,
Und euer sei des Reichs Gewinn.

Germane du! Corinthus Buchten
Vertheidige mit Wall und Schutz,
Achaia dann mit hundert Schluchten
Empfehl' ich, Gothe, deinem Trutz.

Nach Elis ziehn der Franken Heere,
Messene sei der Sachsen Loos,
Normanne reinige die Meere
Und Argolis erschaff' er groß.

Dann wird ein jeder häuslich wohnen,
Nach außen richten Kraft und Blitz;
Doch Sparta soll euch überthronen,
Der Königin verjährter Sitz.

All-Einzeln sieht sie euch genießen
Des Landes dem kein Wohl gebricht;
Ihr sucht getrost zu ihren Füßen
Bestätigung und Recht und Licht.

Faust steigt herab, die Fürsten schließen einen Kreis um ihn, Befehl und Anordnung näher zu vernehmen.

Chor.

Wer die Schönste für sich begehrt,
Tüchtig vor allen Dingen
Seh' er nach Waffen weise sich um;
Schmeichelnd wohl gewann er sich
Was auf Erden das Höchste;
Aber ruhig besitzt er's nicht:
Schleicher listig entschmeicheln sie ihm,
Räuber kühnlich entreißen sie ihm,
Dieses zu hinderen sei er bedacht.

Unsern Fürsten lob' ich drum,
Schätz' ihn höher vor andern,
Wie er so tapfer klug sich verband
Daß die Starken gehorchend stehn
Jedes Winkes gewärtig.
Seinen Befehl vollziehn sie treu,
Jeder sich selbst zu eignem Nutz
Wie dem Herrscher zu lohnendem Dank,
Beiden zu höchlichem Ruhmes-Gewinn.

Denn wer entreißet sie jetzt,
Dem gewalt'gen Besitzer?
Ihm gehört sie, ihm sei sie gegönnt,
Doppelt von uns gegönnt, die er
Sammt ihr zugleich innen mit sicherster Mauer,
Außen mit mächtigstem Heer umgab.

Faust.

Die Gaben, diesen hier verliehen –
An jeglichen ein reiches Land –
Sind groß und herrlich, laß sie ziehen!
Wir halten in der Mitte Stand.

Und sie beschützen um die Wette,
Ringsum von Wellen angehüpft,
Nichtinsel dich, mit leichter Hügelkette
Europens letztem Bergast angeknüpft.

Das Land, vor aller Länder Sonnen,
Sei ewig jedem Stamm beglückt,
Nun meiner Königin gewonnen,
Das früh an ihr hinaufgeblickt.

Als, mit Eurotas Schilfgeflüster,
Sie leuchtend aus der Schale brach,
Der hohen Mutter, dem Geschwister
Das Licht der Augen überstach.

Dieß Land, allein zu dir gekehret,
Entbietet seinen höchsten Flor;
Dem Erdkreis, der dir angehöret,
Dein Vaterland, o! zieh es vor.

Und duldet auch auf seiner Berge Rücken
Das Zackenhaupt der Sonne kalten Pfeil,
Läßt nun der Fels sich angegrünt erblicken,
Die Ziege nimmt genäschig kargen Theil.

Die Quelle springt, vereinigt stürzen Bäche,
Und schon sind Schluchten, Hänge, Matten grün.
Auf hundert Hügeln unterbrochner Fläche
Siehst Wollenheerden ausgebreitet ziehn.

Vertheilt, vorsichtig abgemessen schreitet
Gehörntes Rind hinan zum jähen Rand,
Doch Obdach ist den sämmtlichen bereitet,
Zu hundert Höhlen wölbt sich Felsenwand.

Pan schützt sie dort und Lebensnymphen wohnen
In buschiger Klüfte feucht erfrischtem Raum,
Und, sehnsuchtsvoll nach höhern Regionen,
Erhebt sich zweighaft Baum gedrängt an Baum.

Alt-Wälder sind's! Die Eiche starret mächtig
Und eigensinnig zackt sich Ast an Ast;
Der Ahorn mild, von süßem Safte trächtig,
Steigt rein empor und spielt mit seiner Last.

Und mütterlich im stillen Schattenkreise
Quillt laue Milch bereit für Kind und Lamm;
Obst ist nicht weit, der Ebnen reife Speise,
Und Honig trieft vom ausgehöhlten Stamm.

Hier ist das Wohlbehagen erblich,
Die Wange heitert wie der Mund,
Ein jeder ist an seinem Platz unsterblich:
Sie sind zufrieden und gesund.

Und so entwickelt sich am reinen Tage
Zu Vaterkraft das holde Kind.
Wir staunen drob; noch immer bleibt die Frage:
Ob's Götter, ob es Menschen sind?

So war Apoll den Hirten zugestaltet
Daß ihm der schönsten einer glich;
Denn wo Natur im reinen Kreise waltet
Ergreifen alle Welten sich.

Neben ihr sitzend.

So ist es mir, so ist es dir gelungen,
Vergangenheit sei hinter uns gethan;
O fühle dich vom höchsten Gott entsprungen,
Der ersten Welt gehörst du einzig an.

Nicht feste Burg soll dich umschreiben!
Noch zirkt, in ewiger Jugendkraft
Für uns, zu wonnevollem Bleiben,
Arkadien in Sparta's Nachbarschaft.

Gelockt auf sel'gem Grund zu wohnen,
Du flüchtetest in's heiterste Geschick!
Zur Laube wandeln sich die Thronen,
Arkadisch frei sei unser Glück!

Der Schauplatz verwandelt sich durchaus.
An eine Reihe von Felsenhöhlen lehnen sich geschloss'ne Lauben. Schattiger Hain bis an die rings umgebende Felsensteile hinan. Faust und Helena werden nicht gesehen. Der Chor liegt schlafend vertheilt umher.

Phorkyas.

Wie lange Zeit die Mädchen schlafen weiß ich nicht,
Ob sie sich träumen ließen was ich hell und klar

Vor Augen sah, ist ebenfalls mir unbekannt.
Drum weck' ich sie. Erstaunen soll das junge Volk;
Ihr Bärtigen auch, die ihr da drunten sitzend harrt,
Glaubhafter Wunder Lösung endlich anzuschaun.
Hervor! hervor! Und schüttelt eure Locken rasch;
Schlaf aus den Augen! Blinzt nicht so, und hört mich an!

Chor.

Rede nur, erzähl', erzähle was sich Wunderlichs begeben,
Hören möchten wir am liebsten was wir gar nicht glauben können,
Denn wir haben lange Weile diese Felsen anzusehn.

Phorkyas.

Kaum die Augen ausgerieben, Kinder, langeweilt ihr schon?
So vernehmt: in diesen Höhlen, diesen Grotten, diesen Lauben
Schutz und Schirmung war verliehen, wie idyllischem Liebespaare,
Unserm Herrn und unsrer Frauen.

Chor.

Wie, da drinnen?

Phorkyas.

Abgesondert
Von der Welt, nur mich die Eine riefen sie zu stillem Dienste.
Hochgeehrt stand ich zur Seite, doch, wie es Vertrauten ziemet,
Schaut' ich um nach etwas andrem. Wendete mich hier- und dorthin,
Suchte Wurzeln, Moos und Rinden, kundig aller Wirksamkeiten,
Und so blieben sie allein.

Chor.

Thust du doch als ob da drinnen ganze Welträume wären,
Wald und Wiese, Bäche, Seen; welche Mährchen spinnst du ab!

Phorkyas.

Allerdings, ihr Unerfahrnen! das sind unerforschte Tiefen:
Saal an Sälen, Hof an Höfen, diese spürt' ich sinnend aus.
Doch auf einmal ein Gelächter echo't in den Höhlen-Räumen;
Schau' ich hin, da springt ein Knabe von der Frauen Schoos zum Manne,
Von dem Vater zu der Mutter; das Gekose, das Getändel,
Thöriger Liebe Neckereien, Scherzgeschrei und Lustgejauchze
Wechselnd übertäuben mich.
Nackt ein Genius ohne Flügel, faunenartig ohne Thierheit,
Springt er auf den festen Boden, doch der Boden gegenwirkend
Schnellt ihn zu der luft'gen Höhe, und im zweiten, dritten Sprunge
Rührt er an das Hochgewölb.

Ängstlich ruft die Mutter: springe wiederholt und nach Belieben,
Aber hüte dich zu fliegen, freier Flug ist dir versagt.
Und so mahnt der treue Vater: in der Erde liegt die Schnellkraft,
Die dich aufwärts treibt, berühre mit der Zehe nur den Boden,
Wie der Erdensohn Antäus bist du alsobald gestärkt.
Und so hüpft er auf die Masse dieses Felsens, von der Kante
Zu dem andern und umher so wie ein Ball geschlagen springt.

Doch auf einmal in der Spalte rauher Schlucht ist er verschwunden,
Und nun scheint er uns verloren. Mutter jammert, Vater tröstet,
Achselzuckend steh' ich ängstlich. Doch nun wieder welch Erscheinen!
Liegen Schätze dort verborgen? Blumenstreifige Gewande
Hat er würdig angethan.
Quasten schwanken von den Armen, Binden flattern um den Busen,
In der Hand die goldne Leier, völlig wie ein kleiner Phöbus
Tritt er wohlgemuth zur Kante, zu dem Überhang; wir staunen.
Und die Eltern vor Entzücken werfen wechselnd sich an's Herz.
Denn wie leuchtet's ihm zu Haupten? Was erglänzt ist schwer zu sagen,
Ist es Goldschmuck, ist es Flamme übermächtiger Geisteskraft.
Und so regt er sich gebärdend, sich als Knabe schon verkündend
Künftigen Meister alles Schönen, dem die ewigen Melodien
Durch die Glieder sich bewegen; und so werdet ihr ihn hören,
Und so werdet ihr ihn sehn zu einzigster Bewunderung.

Chor.

Nennst du ein Wunder dieß,
Creta's Erzeugte?
Dichtend belehrendem Wort
Hast du gelauscht wohl nimmer?
Niemals noch gehört Joniens,

Nie vernommen auch Hellas
Urväterlicher Sagen
Göttlich-heldenhaften Reichthum?

Alles was je geschieht
Heutigen Tages
Trauriger Nachklang ist's
Herrlicher Ahnherrn-Tage;
Nicht vergleicht sich dein Erzählen
Dem was liebliche Lüge,
Glaubhaftiger als Wahrheit,
Von dem Sohne sang der Maja.

Diesen zierlich und kräftig doch
Kaum geborenen Säugling
Faltet in reinster Windeln Flaum,
Strenget in köstlicher Wickeln Schmuck
Klatschender Wärterinnen Schaar
Unvernünftigen Wähnens.
Kräftig und zierlich aber zieht
Schon der Schalk die geschmeidigen
Doch elastischen Glieder
Listig heraus, die purpurne
Ängstlich drückende Schale
Lassend ruhig an seiner Statt;
Gleich dem fertigen Schmetterling,
Der aus starrem Puppenzwang
Flügel entfaltend behendig schlüpft,
Sonne-durchstrahlten Äther kühn
Und muthwillig durchflatternd.

So auch er, der behendeste,
Daß er Dieben und Schälken,

Vortheilsuchenden allen auch
Ewig günstiger Dämon sei.
Dieß bethätigt er alsobald
Durch gewandteste Künste.
Schnell des Meeres Beherrscher stiehlt
Er den Trident, ja dem Ares selbst
Schlau das Schwert aus der Scheide;
Bogen und Pfeil dem Phöbus auch,
Wie dem Hephästos die Zange;
Selber Zeus, des Vaters, Blitz
Nähm' er, schreckt' ihn das Feuer nicht;
Doch dem Eros siegt er ob
In beinstellendem Ringerspiel;
Raubt auch Cyprien, wie sie ihm kos't,
Noch vom Busen den Gürtel.

Ein reizendes, reinmelodisches Saitenspiel erklingt aus der Höhle. Alle merken auf und scheinen bald innig gerührt. Von hier an bis zur bemerkten Pause durchaus mit vollstimmiger Musik.

Phorkyas.

Höret allerliebste Klänge,
Macht euch schnell von Fabeln frei,
Eurer Götter alt Gemenge
Laßt es hin, es ist vorbei.

Niemand will euch mehr verstehen,
Fordern wir doch höhern Zoll:
Denn es muß von Herzen gehen,
Was auf Herzen wirken soll.

Sie zieht sich nach den Felsen zurück.

Chor.

Bist du, fürchterliches Wesen,
Diesem Schmeichelton geneigt,
Fühlen wir, als frisch genesen,
Uns zur Thränenlust erweicht.

Laß der Sonne Glanz verschwinden,
Wenn es in der Seele tagt,
Wir im eignen Herzen finden
Was die ganze Welt versagt.

Helena, Faust, Euphorion in dem oben beschriebenen Costüm.

Euphorion.

Hört ihr Kindeslieder singen,
Gleich ist's euer eigner Scherz;
Seht ihr mich im Tacte springen,
Hüpft euch elterlich das Herz.

Helena.

Liebe, menschlich zu beglücken
Nähert sie ein edles Zwei,
Doch zu göttlichem Entzücken
Bildet sie ein köstlich Drei.

Faust.

Alles ist sodann gefunden:
Ich bin dein und du bist mein;
Und so stehen wir verbunden,
Dürft' es doch nicht anders sein!

Chor.

Wohlgefallen vieler Jahre
In des Knaben mildem Schein
Sammelt sich auf diesem Paare.
O! wie rührt mich der Verein.

Euphorion.

Nun laßt mich hüpfen,
Nun laßt mich springen,
Zu allen Lüften
Hinauf zu dringen
Ist mir Begierde,
Sie faßt mich schon.

Faust.

Nur mäßig! mäßig!
Nicht in's Verwegne,
Daß Sturz und Unfall
Dir nicht begegne,
Zu Grund uns richte
Der theure Sohn.

Euphorion.

Ich will nicht länger
Am Boden stocken;
Laßt meine Hände,
Laßt meine Locken,
Laßt meine Kleider,
Sie sind ja mein.

Helena.

O denk'! o denke
Wem du gehörest!

Wie es uns kränke,
Wie du zerstörest
Das schön errungene
Mein, Dein und Sein.

Chor.

Bald lös't , ich fürchte,
Sich der Verein!

Helena und *Faust.*

Bändige! bändige!
Eltern zu Liebe
Überlebendige,
Heftige Triebe!
Ländlich im Stillen
Ziere den Plan.

Euphorion.

Nur euch zu Willen
Halt' ich mich an.

Durch den Chor sich schlingend und ihn zum Tanze fortziehend.

Leichter umschweb' ich hie
Muntres Geschlecht.
Ist nun die Melodie,
Ist die Bewegung recht?

Helena.

Ja, das ist wohlgethan,
Führe die Schönen an
Künstlichem Reihn.

Faust.

Wäre das doch vorbei!
Mich kann die Gaukelei
Gar nicht erfreun.

Euphorion und Chor tanzend und singend bewegen sich in verschlungenem Reihen.

Chor.

Wenn du der Arme Paar
Lieblich bewegest,
Im Glanz dein lockig Haar
Schüttelnd erregest,
Wenn dir der Fuß so leicht
Über die Erde schleicht,
Dort und da wieder hin
Glieder um Glied sich ziehn,
Hast du dein Ziel erreicht,
Liebliches Kind;
All' unsre Herzen sind
All' dir geneigt.

Pause.

Euphorion.

Ihr seid so viele
Leichtfüßige Rehe,
Zu neuem Spiele
Frisch aus der Nähe,
Ich bin der Jäger,
Ihr seid das Wild.

Chor.

Willst du uns fangen,
Sei nicht behende,

Denn wir verlangen
Doch nur am Ende
Dich zu umarmen,
Du schönes Bild!

Euphorion.

Nur durch die Haine!
Zu Stock und Steine!
Das leicht Errungene
Das widert mir,
Nur das Erzwungene
Ergetzt mich schier.

Helena und *Faust.*

Welch ein Muthwill'! welch ein Rasen!
Keine Mäßigung ist zu hoffen.
Klingt es doch wie Hörnerblasen
Über Thal und Wälder dröhnend;
Welch ein Unfug! welch Geschrei!

Chor einzeln schnell eintretend.

Uns ist er vorbei gelaufen,
Mit Verachtung uns verhöhnend
Schleppt er von dem ganzen Haufen
Nun die Wildeste herbei.

Euphorion ein junges Mädchen hereintragend.

Schlepp' ich her die derbe Kleine
Zu erzwungenem Genusse.
Mir zur Wonne, mir zur Lust
Drück' ich widerspenstige Brust,

Küss' ich widerwärtigen Mund,
Thue Kraft und Willen kund.

Mädchen.

Laß mich los! In dieser Hülle
Ist auch Geistes Muth und Kraft,
Deinem gleich ist unser Wille
Nicht so leicht hinweggerafft.
Glaubst du wohl mich im Gedränge?
Deinem Arm vertraust du viel!
Halte fest, und ich versenge
Dich den Thoren mir zum Spiel.

Sie flammt auf und lodert in die Höhe.

Folge mir in leichte Lüfte,
Folge mir in starre Grüfte,
Hasche das verschwundne Ziel.

Euphorion die letzten Flammen abschüttelnd.

Felsengedränge hier
Zwischen dem Waldgebüsch,
Was soll die Enge mir,
Bin ich doch jung und frisch.
Winde sie sausen ja,
Wellen sie brausen da,
Hör' ich doch beides fern,
Nah wär' ich gern.

Er springt immer höher felsauf.

Helena, Faust und *Chor.*

Wolltest du den Gemsen gleichen?
Vor dem Falle muß uns graun.

Euphorion.

Immer höher muß ich steigen,
Immer weiter muß ich schaun.
Weiß ich nun wo ich bin!
Mitten der Insel drin,
Mitten in Pelops Land,
Erde- wie seeverwandt.

Chor.

Magst nicht in Berg und Wald
Friedlich verweilen?
Suchen wir alsobald
Reben in Zeilen,
Reben am Hügelrand;
Feigen und Apfelgold.
Ach in dem holden Land
Bleibe du hold!

Euphorion.

Träumt ihr den Friedenstag?
Träume wer träumen mag.
Krieg! ist das Losungswort.
Sieg! und so klingt es fort.

Chor.

Wer im Frieden
Wünschet sich Krieg zurück
Der ist geschieden
Vom Hoffnungsglück.

Euphorion.

Welche dieß Land gebar
Aus Gefahr in Gefahr,

Frei, unbegränzten Muths,
Verschwendrisch eignen Bluts;
Dem nicht zu dämpfenden
Heiligen Sinn,
Alle den Kämpfenden
Bring' es Gewinn!

Chor.

Seht hinauf wie hoch gestiegen!
Und er scheint uns doch nicht klein,
Wie im Harnisch, wie zum Siegen,
Wie von Erz und Stahl der Schein.

Euphorion.

Keine Wälle, keine Mauern,
Jeder nur sich selbst bewußt;
Feste Burg um auszudauern
Ist des Mannes ehrne Brust.
Wollt ihr unerobert wohnen,
Leicht bewaffnet rasch in's Feld;
Frauen werden Amazonen
Und ein jedes Kind ein Held.

Chor.

Heilige Poesie,
Himmelan steige sie,
Glänze, der schönste Stern,
Fern und so weiter fern,
Und sie erreicht uns doch
Immer, man hört sie noch,
Vernimmt sie gern.

Euphorion.

Nein, nicht ein Kind bin ich erschienen,
In Waffen kommt der Jüngling an;
Gesellt zu Starken, Freien, Kühnen,
Hat er im Geiste schon gethan.
Nun fort!
Nun dort
Eröffnet sich zum Ruhm die Bahn.

Helena und *Faust.*

Kaum in's Leben eingerufen,
Heitrem Tag gegeben kaum,
Sehnest du von Schwindelstufen
Dich zu schmerzenvollem Raum.
Sind denn wir
Gar nichts dir?
Ist der holde Bund ein Traum?

Euphorion.

Und hört ihr donnern auf dem Meere?
Dort widerdonnern Thal um Thal,
In Staub und Wellen Heer dem Heere,
In Drang um Drang zu Schmerz und Qual.
Und der Tod
Ist Gebot,
Das versteht sich nun einmal.

Helena, Faust und *Chor.*

Welch Entsetzen! welches Grauen!
Ist der Tod denn dir Gebot?

Euphorion.

Sollt' ich aus der Ferne schauen?
Nein! ich theile Sorg' und Noth.

Die Vorigen.

Übermuth und Gefahr,
Tödtliches Loos!

Euphorion.

Doch! – und ein Flügelpaar
Faltet sich los!
Dorthin! Ich muß! ich muß!
Gönnt mir den Flug!

Er wirft sich in die Lüfte, die Gewande tragen ihn einen Augenblick, sein Haupt strahlt, ein Lichtschweif zieht nach.

Chor.

Ikarus! Ikarus!
Jammer genug.

Ein schöner Jüngling stürzt zu der Eltern Füßen, man glaubt in dem Todten eine bekannte Gestalt zu erblicken; doch das Körperliche verschwindet sogleich, die Aureole steigt wie ein Komet zum Himmel auf, Kleid, Mantel und Lyra bleiben liegen.

Helena und *Faust.*

Der Freude folgt sogleich
Grimmige Pein.

Euphorions Stimme aus der Tiefe.

Laß mich im düstern Reich,
Mutter, mich nicht allein!

Pause.

Chor. Trauergesang.

Nicht allein! – wo du auch weilest,
Denn wir glauben dich zu kennen,
Ach! wenn du dem Tag enteilest,
Wird kein Herz von dir sich trennen.
Wüßten wir doch kaum zu klagen,
Neidend singen wir dein Loos:
Dir in klar- und trüben Tagen
Lied und Muth war schön und groß.

Ach! zum Erdenglück geboren,
Hoher Ahnen, großer Kraft,
Leider! früh dir selbst verloren,
Jugendblüthe weggerafft.
Scharfer Blick die Welt zu schauen,
Mitsinn jedem Herzensdrang,
Liebesgluth der besten Frauen
Und ein eigenster Gesang.

Doch du ranntest unaufhaltsam
Frei in's willenlose Netz,
So entzweitest du gewaltsam
Dich mit Sitte, mit Gesetz;
Doch zuletzt das höchste Sinnen
Gab dem reinen Muth Gewicht,
Wolltest Herrliches gewinnen,
Aber es gelang dir nicht.

Wem gelingt es? – Trübe Frage,
Der das Schicksal sich vermummt,
Wenn am unglückseligsten Tage
Blutend alles Volk verstummt.

Doch erfrischet neue Lieder,
Steht nicht länger tief gebeugt:
Denn der Boden zeugt sie wieder,
Wie von je er sie gezeugt.

Völlige Pause. Die Musik hört auf.

Helena zu Faust.

Ein altes Wort bewährt sich leider auch an mir:
Daß Glück und Schönheit dauerhaft sich nicht vereint.
Zerrissen ist des Lebens wie der Liebe Band,
Bejammernd beide, sag' ich schmerzlich Lebewohl!
Und werfe mich noch einmal in die Arme dir.
Persephoneia, nimm den Knaben auf und mich.

Sie umarmt Faust, das Körperliche verschwindet, Kleid und Schleier bleiben ihm in den Armen.

Phorkyas zu Faust.

Halte fest was dir von allem übrig blieb.
Das Kleid laß es nicht los. Da zupfen schon
Dämonen an den Zipfeln, möchten gern
Zur Unterwelt es reißen. Halte fest!
Die Göttin ist's nicht mehr die du verlorst,
Doch göttlich ist's. Bediene dich der hohen,
Unschätzbarn Gunst und hebe dich empor,
Es trägt dich über alles Gemeine rasch
Am Äther hin, so lange du dauern kannst.
Wir sehn uns wieder, weit, gar weit von hier.

Helenens Gewande lösen sich in Wolken auf, umgeben Faust, heben ihn in die Höhe und ziehen mit ihm vorüber.

Phorkyas nimmt Euphorions Kleid, Mantel und Lyra von der Erde, tritt in's Proscenium, hebt die Exuvien in die Höhe und spricht:

Noch immer glücklich aufgefunden!
Die Flamme freilich ist verschwunden,
Doch ist mir um die Welt nicht leid.
Hier bleibt genug, Poeten einzuweihen,
Zu stiften Gild- und Handwerksneid;
Und kann ich die Talente nicht verleihen,
Verborg' ich wenigstens das Kleid.

Sie setzt sich im Proscenium an eine Säule nieder.

Panthalis.

Nun eilig, Mädchen! Sind wir doch den Zauber los,
Der alt-thessalischen Vettel wüsten Geisteszwang;
So des Geklimpers viel-verworrner Töne Rausch,
Das Ohr verwirrend, schlimmer noch den innern Sinn.
Hinab zum Hades! Eilte doch die Königin
Mit ernstem Gang hinunter. Ihrer Sohle sei
Unmittelbar getreuer Mägde Schritt gefügt.
Wir finden sie am Throne der Unerforschlichen.

Chor.

Königinnen freilich überall sind sie gern;
Auch im Hades stehen sie oben an,
Stolz zu ihres Gleichen gesellt,
Mit Persephonen innigst vertraut;
Aber wir im Hintergrunde
Tiefer Asphodelos-Wiesen,
Langgestreckten Pappeln,
Unfruchtbaren Weiden zugesellt,
Welchen Zeitvertreib haben wir?

Fledermaus-gleich zu piepsen,
Geflüster, unerfreulich, gespenstig.

Panthalis.

Wer keinen Namen sich erwarb, noch Edles will,
Gehört den Elementen an, so fahret hin!
Mit meiner Königin zu sein verlangt mich heiß:
Nicht nur Verdienst, auch Treue wahrt uns die Person.

Ab.

Alle.

Zurückgegeben sind wir dem Tageslicht,
Zwar Personen nicht mehr,
Das fühlen, das wissen wir,
Aber zum Hades kehren wir nimmer.
Ewig lebendige Natur
Macht auf uns Geister,
Wir auf sie vollgültigen Anspruch.

Ein Theil des Chors.

Wir, in dieser tausend Äste Flüsterzittern, Säuselschweben,
Reizen tändlend, locken leise, wurzelauf des Lebens Quellen
Nach den Zweigen; bald mit Blättern, bald mit Blüthen überschwänglich
Zieren wir die Flatterhaare frei zu luftigem Gedeihn.
Fällt die Frucht, sogleich versammeln lebenslustig Volk und Heerden
Sich zum Greifen, sich zum Naschen, eilig kommend, emsig drängend;
Und, wie vor den ersten Göttern, bückt sich alles um uns her.

Ein andrer Theil.

Wir, an dieser Felsenwände weithinleuchtend glattem Spiegel
Schmiegen wir, in sanften Wellen uns bewegend, schmeichelnd an;
Horchen, lauschen jedem Laute, Vogelsängen, Röhrigflöten,
Sei es Pans furchtbarer Stimme, Antwort ist sogleich bereit;
Säuselt's, säuseln wir erwidernd, donnert's, rollen unsre Donner
In erschütterndem Verdoppeln, dreifach, zehnfach hinten nach.

Ein dritter Theil.

Schwestern! Wir, bewegtern Sinnes, eilen mit den Bächen weiter;
Denn es reizen jener Ferne reichgeschmückte Hügelzüge,
Immer abwärts, immer tiefer, wässern wir, mäandrisch wallend,
Jetzt die Wiese, dann die Matten, gleich den Garten um das Haus.
Dort bezeichnen's der Cypressen schlanke Wipfel, über Landschaft,
Uferzug und Wellenspiegel nach dem Äther steigende.

Ein vierter Theil.

Wallt ihr andern wo's beliebet, wir umzingeln, wir umrauschen
Den durchaus bepflanzten Hügel, wo am Stab die Rebe grünt;
Dort zu aller Tage Stunden läßt die Leidenschaft des Winzers
Uns des liebevollsten Fleißes zweifelhaft Gelingen sehn.

Bald mit Hacke, bald mit Spaten, bald mit Häufeln, Schneiden, Binden,
Betet er zu allen Göttern, fördersamst zum Sonnengott.
Bacchus kümmert sich, der Weichling, wenig um den treuen Diener,
Ruht in Lauben, lehnt in Höhlen, faselnd mit dem jüngsten Faun.
Was zu seiner Träumereien halbem Rausch er je bedurfte,
Immer bleibt es ihm in Schläuchen, ihm in Krügen und Gefäßen
Rechts und links der kühlen Grüfte ewige Zeiten aufbewahrt.
Haben aber alle Götter, hat nun Helios vor allen,
Lüftend, feuchtend, wärmend, gluthend Beeren-Füllhorn aufgehäuft,
Wo der stille Winzer wirkte, dort auf einmal wird's lebendig,
Und es rauscht in jedem Laube, raschelt um von Stock zu Stock.
Körbe knarren, Eimer klappern, Tragebutten ächzen hin,
Alles nach der großen Kufe zu der Keltrer kräft'gem Tanz;
Und so wird die heilige Fülle reingeborner saftiger Beeren
Frech zertreten, schäumend, sprühend mischt sich's widerlich zerquetscht.
Und nun gellt in's Ohr der Cymbeln mit der Becken Erzgetöne,
Denn es hat sich Dionysos aus Mysterien enthüllt;
Kommt hervor mit Ziegenfüßlern, schwenkend Ziegenfüßlerinnen,
Und dazwischen schreit unbändig grell Silenus öhrig Thier.
Nichts geschont! Gespaltne Klauen treten alle Sitte nieder,
Alle Sinne wirbeln taumlich, gräßlich übertäubt das Ohr.

Nach der Schale tappen Trunkne, überfüllt sind Kopf und Wänste,
Sorglich ist noch ein- und andrer, doch vermehrt er die Tumulte,
Denn um neuen Most zu bergen, leert man rasch den alten Schlauch!

Der Vorhang fällt.

Phorkyas

im Proscenium richtet sich riesenhaft auf, tritt aber von den Kothurnen herunter, lehnt Maske und Schleier zurück und zeigt sich als Mephistopheles, um, in sofern es nöthig wäre, im Epilog das Stück zu commentiren.

Vierter Act.

Hochgebirg,

starre, zackige Felsen-Gipfel. Eine Wolke zieht herbei, lehnt sich an, senkt sich auf eine vorstehende Platte herab. Sie theilt sich.

Faust tritt hervor.

Der Einsamkeiten tiefste schauend unter meinem Fuß,
Betret' ich wohlbedächtig dieser Gipfel Saum,
Entlassend meiner Wolke Tragewerk, die mich sanft
An klaren Tagen über Land und Meer geführt.
Sie lös't sich langsam, nicht zerstiebend, von mir ab.
Nach Osten strebt die Masse mit geballtem Zug,
Ihr strebt das Auge staunend in Bewundrung nach.
Sie theilt sich wandelnd, wogenhaft, veränderlich.
Doch will sich's modeln. – Ja! das Auge trügt mich nicht! –
Auf sonnbeglänzten Pfühlen herrlich hingestreckt,
Zwar riesenhaft, ein göttergleiches Fraungebild,
Ich seh's! Junonen ähnlich, Leda'n, Helenen,
Wie majestätisch lieblich mir's im Auge schwankt.
Ach! schon verrückt sich's! Formlos breit und aufgethürmt,
Ruht es in Osten, fernen Eisgebirgen gleich,
Und spiegelt blendend flücht'ger Tage großen Sinn.

Doch mir umschwebt ein zarter lichter Nebelstreif
Noch Brust und Stirn, erheiternd, kühl und schmeichelhaft.

Nun steigt es leicht und zaudernd hoch und höher auf,
Fügt sich zusammen. – Täuscht mich ein entzückend Bild,
Als jugenderstes, längstentbehrtes höchstes Gut?
Des tiefsten Herzens frühste Schätze quellen auf,
Aurorens Liebe, leichten Schwung bezeichnet's mir,
Den schnellempfundnen, ersten, kaum verstandnen Blick,
Der, festgehalten, überglänzte jeden Schatz.
Wie Seelenschönheit steigert sich die holde Form,
Lös't sich nicht auf, erhebt sich in den Äther hin
Und zieht das Beste meines Innern mit sich fort.

Ein Sieben-Meilenstiefel tappt auf. Ein anderer folgt alsbald. Mephistopheles steigt ab. Die Stiefel schreiten eilig weiter.

Mephistopheles.

Das heiß' ich endlich vorgeschritten!
Nun aber sag', was fällt dir ein?
Steigst ab in solcher Greuel Mitten,
Im gräßlich gähnenden Gestein?
Ich kenn' es wohl, doch nicht an dieser Stelle,
Denn eigentlich war das der Grund der Hölle.

Faust.

Es fehlt dir nie an närrischen Legenden,
Fängst wieder an dergleichen auszuspenden.

Mephistopheles ernsthaft.

Als Gott der Herr – ich weiß auch wohl warum –
Uns, aus der Luft, in tiefste Tiefen bannte,
Da, wo centralisch glühend, um und um,
Ein ewig Feuer flammend sich durchbrannte,

Wir fanden uns bei allzugroßer Hellung
In sehr gedrängter, unbequemer Stellung.
Die Teufel fingen sämmtlich an zu husten,
Von oben und von unten aus zu pusten;
Die Hölle schwoll von Schwefel-Stank und Säure,
Das gab ein Gas! Das ging in's Ungeheure,
So daß gar bald der Länder flache Kruste,
So dick sie war, zerkrachend bersten mußte.
Nun haben wir's an einem andern Zipfel,
Was ehmals Grund war ist nun Gipfel.
Sie gründen auch hierauf die rechten Lehren
Das Unterste in's Oberste zu kehren.
Denn wir entrannen knechtisch-heißer Gruft
In's Übermaß der Herrschaft freier Luft.
Ein offenbar Geheimniß wohl verwahrt
Und wird nur spät den Völkern offenbart.
(EPHES. 6.12.)

Faust.

Gebirgesmasse bleibt mir edel-stumm,
Ich frage nicht woher und nicht warum?
Als die Natur sich in sich selbst gegründet,
Da hat sie rein den Erdball abgeründet,
Der Gipfel sich, der Schluchten sich erfreut
Und Fels an Fels und Berg an Berg gereiht;
Die Hügel dann bequem hinabgebildet,
Mit sanftem Zug sie in das Thal gemildet.
Da grünt's und wächst's, und um sich zu erfreuen
Bedarf sie nicht der tollen Strudeleien.

Mephistopheles.

Das sprecht ihr so! Das scheint euch sonnenklar,
Doch weiß es anders der zugegen war.

Ich war dabei, als noch da drunten, siedend,
Der Abgrund schwoll und strömend Flammen trug;
Als Molochs Hammer, Fels an Felsen schmiedend,
Gebirges-Trümmer in die Ferne schlug.
Noch starrt das Land von fremden Centnermassen;
Wer gibt Erklärung solcher Schleudermacht?
Der Philosoph er weiß es nicht zu fassen,
Da liegt der Fels, man muß ihn liegen lassen,
Zu Schanden haben wir uns schon gedacht. –
Das treu-gemeine Volk allein begreift
Und läßt sich im Begriff nicht stören;
Ihm ist die Weisheit längst gereift:
Ein Wunder ist's, der Satan kommt zu Ehren.
Mein Wandrer hinkt, an seiner Glaubenskrücke,
Zum Teufelsstein, zur Teufelsbrücke.

Faust.

Es ist doch auch bemerkenswerth zu achten,
Zu sehn wie Teufel die Natur betrachten.

Mephistopheles.

Was geht mich's an! Natur sei wie sie sei!
's ist Ehrenpunct! – Der Teufel war dabei.
Wir sind die Leute Großes zu erreichen;
Tumult, Gewalt und Unsinn! sieh das Zeichen! –
Doch, daß ich endlich ganz verständlich spreche,
Gefiel dir nichts an unsrer Oberfläche?
Du übersahst, in ungemess'nen Weiten,
Die Reiche der Welt und ihre Herrlichkeiten;
(Matth. 4.)
Doch, ungenügsam wie du bist,
Empfandest du wohl kein Gelüst?

Faust.

Und doch! ein Großes zog mich an.
Errathe!

Mephistopheles.

Das ist bald gethan.
Ich suchte mir so eine Hauptstadt aus,
Im Kerne Bürger-Nahrungs-Graus,
Krummenge Gäßchen, spitze Giebeln,
Beschränkten Markt, Kohl, Rüben, Zwiebeln;
Fleischbänke wo die Schmeißen hausen
Die fetten Braten anzuschmausen;
Da findest du zu jeder Zeit
Gewiß Gestank und Thätigkeit.
Dann weite Plätze, breite Straßen,
Vornehmen Schein sich anzumaßen;
Und endlich, wo kein Thor beschränkt,
Vorstädte gränzenlos verlängt.
Da freut' ich mich an Rollekutschen,
Am lärmigen Hin- und Widerrutschen,
Am ewigen Hin- und Widerlaufen
Zerstreuter Ameis-Wimmelhaufen.
Und wenn ich führe, wenn ich ritte,
Erschien' ich immer ihre Mitte,
Von Hunderttausenden verehrt.

Faust.

Das kann mich nicht zufrieden stellen!
Man freut sich daß das Volk sich mehrt,
Nach seiner Art behäglich nährt,
Sogar sich bildet, sich belehrt,
Und man erzieht sich nur Rebellen.

Mephistopheles.

Dann baut' ich, grandios, mir selbst bewußt,
Am lustigen Ort ein Schloß zur Lust.
Wald, Hügel, Flächen, Wiesen, Feld
Zum Garten prächtig umbestellt.
Vor grünen Wänden Sammet-Matten,
Schnurwege, kunstgerechte Schatten,
Cascadensturz, durch Fels zu Fels gepaart,
Und Wasserstrahlen aller Art;
Ehrwürdig steigt es dort, doch an den Seiten
Da zischt's und pißt's, in tausend Kleinigkeiten.
Dann aber ließ' ich allerschönsten Frauen
Vertraut-bequeme Häuslein bauen;
Verbrächte da gränzenlose Zeit
In allerliebst-geselliger Einsamkeit.
Ich sage Fraun; denn ein für allemal
Denk' ich die Schönen im Plural.

Faust.

Schlecht und modern! Sardanapal!

Mephistopheles.

Erräth man wohl wornach du strebtest?
Es war gewiß erhaben kühn.
Der du dem Mond um so viel näher schwebtest,
Dich zog wohl deine Sucht dahin?

Faust.

Mit nichten! dieser Erdenkreis
Gewährt noch Raum zu großen Thaten.
Erstaunenswürdiges soll gerathen,
Ich fühle Kraft zu kühnem Fleiß.

Mephistopheles.

Und also willst du Ruhm verdienen?
Man merkt's du kommst von Heroinen.

Faust.

Herrschaft gewinn' ich, Eigenthum!
Die That ist alles, nichts der Ruhm.

Mephistopheles.

Doch werden sich Poeten finden,
Der Nachwelt deinen Glanz zu künden,
Durch Thorheit Thorheit zu entzünden.

Faust.

Von allem ist dir nichts gewährt.
Was weißt du was der Mensch begehrt?
Dein widrig Wesen, bitter, scharf,
Was weiß es was der Mensch bedarf?

Mephistopheles.

Geschehe denn nach deinem Willen!
Vertraue mir den Umfang deiner Grillen.

Faust.

Mein Auge war auf's hohe Meer gezogen,
Es schwoll empor, sich in sich selbst zu thürmen.
Dann ließ es nach und schüttete die Wogen,
Des flachen Ufers Breite zu bestürmen.
Und das verdroß mich; wie der Übermuth
Den freien Geist, der alle Rechte schätzt,
Durch leidenschaftlich aufgeregtes Blut
In's Mißbehagen des Gefühls versetzt.
Ich hielt's für Zufall, schärfte meinen Blick,
Die Woge stand und rollte dann zurück,

Entfernte sich vom stolz erreichten Ziel;
Die Stunde kommt, sie wiederholt das Spiel.

Mephistopheles AD SPECTATORES.

Da ist für mich nichts Neues zu erfahren,
Das kenn' ich schon seit hunderttausend Jahren.

Faust leidenschaftlich fortfahrend.

Sie schleicht heran, an abertausend Enden
Unfruchtbar selbst Unfruchtbarkeit zu spenden;
Nun schwillt's und wächs't und rollt und überzieht
Der wüsten Strecke widerlich Gebiet.
Da herrschet Well' auf Welle kraftbegeistet,
Zieht sich zurück und es ist nichts geleistet,
Was zur Verzweiflung mich beängstigen könnte!
Zwecklose Kraft unbändiger Elemente!
Da wagt mein Geist sich selbst zu überfliegen;
Hier möcht' ich kämpfen, dieß möcht' ich besiegen.

Und es ist möglich! – fluthend wie sie sei,
An jedem Hügel schmiegt sie sich vorbei;
Sie mag sich noch so übermüthig regen,
Geringe Höhe ragt ihr stolz entgegen,
Geringe Tiefe zieht sie mächtig an.
Da faßt' ich schnell im Geiste Plan auf Plan:
Erlange dir das köstliche Genießen
Das herrische Meer vom Ufer auszuschließen,
Der feuchten Breite Gränzen zu verengen
Und, weit hinein, sie in sich selbst zu drängen.
Von Schritt zu Schritt wußt' ich mir's zu erörtern;
Das ist mein Wunsch, den wage zu befördern!

Trommeln und kriegerische Musik im Rücken der Zuschauer, aus der Ferne, von der rechten Seite her.

Mephistopheles.

Wie leicht ist das! Hörst du die Trommeln fern?

Faust.

Schon wieder Krieg! der Kluge hört's nicht gern.

Mephistopheles.

Krieg oder Frieden. Klug ist das Bemühen
Zu seinem Vortheil etwas auszuziehen.
Man paßt, man merkt auf jedes günstige Nu.
Gelegenheit ist da, nun, Fauste, greife zu!

Faust.

Mit solchem Räthselkram verschone mich!
Und kurz und gut, was soll's? Erkläre dich.

Mephistopheles.

Auf meinem Zuge blieb mir nicht verborgen,
Der gute Kaiser schwebt in großen Sorgen;
Du kennst ihn ja. Als wir ihn unterhielten,
Ihm falschen Reichthum in die Hände spielten,
Da war die ganze Welt ihm feil.
Denn jung ward ihm der Thron zu Theil,
Und ihm beliebt' es falsch zu schließen:
Es könne wohl zusammengehn,
Und sei recht wünschenswerth und schön,
Regieren und zugleich genießen.

Faust.

Ein großer Irrthum. Wer befehlen soll,
Muß im Befehlen Seligkeit empfinden.
Ihm ist die Brust von hohem Willen voll,
Doch was er will, es darf's kein Mensch ergründen.

Was er den Treusten in das Ohr geraunt,
Es ist gethan und alle Welt erstaunt.
So wird er stets der Allerhöchste sein,
Der Würdigste –, Genießen macht gemein.

Mephistopheles.

So ist er nicht! Er selbst genoß und wie?
Indeß zerfiel das Reich in Anarchie,
Wo groß und klein sich kreuz und quer befehdeten,
Und Brüder sich vertrieben, tödteten,
Burg gegen Burg, Stadt gegen Stadt,
Zunft gegen Adel – Fehde hat,
Der Bischof mit Capitel und Gemeinde;
Was sich nur ansah waren Feinde.
In Kirchen Mord und Todtschlag, vor den Thoren
Ist jeder Kauf- und Wandersmann verloren.
Und allen wuchs die Kühnheit nicht gering;
Denn leben hieß sich wehren – Nun, das ging.

Faust.

Es ging, es hinkte, fiel, stand wieder auf;
Dann überschlug sich's, rollte plump zu Hauf.

Mephistopheles.

Und solchen Zustand durfte niemand schelten,
Ein jeder konnte, jeder wollte gelten.
Der Kleinste selbst er galt für voll.
Doch war's zuletzt den Besten allzutoll.
Die Tüchtigen sie standen auf mit Kraft
Und sagten: Herr ist der uns Ruhe schafft.
Der Kaiser kann's nicht, will's nicht – laßt uns wählen,
Den neuen Kaiser neu das Reich beseelen,

Indem er jeden sicher stellt,
In einer frisch geschaffnen Welt
Fried' und Gerechtigkeit vermählen.

Faust.

Das klingt sehr pfäffisch.

Mephistopheles.

Pfaffen waren's auch,
Sie sicherten den wohlgenährten Bauch.
Sie waren mehr als andere betheiligt.
Der Aufruhr schwoll, der Aufruhr ward geheiligt;
Und unser Kaiser, den wir froh gemacht,
Zieht sich hieher, vielleicht zur letzten Schlacht.

Faust.

Er jammert mich, er war so gut und offen.

Mephistopheles.

Komm, sehn wir zu, der Lebende soll hoffen.
Befrein wir ihn aus diesem engen Thale!
Einmal gerettet ist's für tausendmale.
Wer weiß wie noch die Würfel fallen?
Und hat er Glück, so hat er auch Vasallen.

Sie steigen über das Mittelgebirg herüber und beschauen die Anordnung des Heeres im Thal. Trommeln und Kriegsmusik schallt von unten auf.

Mephistopheles.

Die Stellung, seh' ich, gut ist sie genommen;
Wir treten zu, dann ist der Sieg vollkommen.

Faust.

Was kann da zu erwarten sein?
Trug! Zauberblendwerk! Hohler Schein.

Mephistopheles.

Kriegslist um Schlachten zu gewinnen!
Befestige dich bei großen Sinnen,
Indem du deinen Zweck bedenkst.
Erhalten wir dem Kaiser Thron und Lande,
So kniest du nieder und empfängst
Die Lehn von gränzenlosem Strande.

Faust.

Schon manches hast du durchgemacht,
Nun, so gewinn' auch eine Schlacht.

Mephistopheles.

Nein, du gewinnst sie! Diesesmal
Bist du der Obergeneral.

Faust.

Das wäre mir die rechte Höhe
Da zu befehlen wo ich nichts verstehe!

Mephistopheles.

Laß du den Generalstab sorgen
Und der Feldmarschall ist geborgen.
Kriegsunrath hab' ich längst verspürt,
Den Kriegsrath gleich voraus formirt
Aus Urgebirgs Urmenschenkraft;
Wohl dem der sie zusammenrafft.

Faust.

Was seh' ich dort was Waffen trägt?
Hast du das Bergvolk aufgeregt?

Mephistopheles.

Nein! aber, gleich Herrn Peter Squenz,
Vom ganzen Praß die Quintessenz.

Die drei Gewaltigen treten auf.
(Sam. II. 23. 8.)

Mephistopheles.

Da kommen meine Bursche ja!
Du siehst, von sehr verschiednen Jahren,
Verschiednem Kleid und Rüstung sind sie da,
Du wirst nicht schlecht mit ihnen fahren.

Ad Spectatores.

Es liebt sich jetzt ein jedes Kind
Den Harnisch und den Ritterkragen;
Und, allegorisch wie die Lumpe sind,
Sie werden nur um desto mehr behagen.

Raufebold jung, leicht bewaffnet, bunt gekleidet.

Wenn einer mir in's Auge sieht,
Werd' ich ihm mit der Faust gleich in die Fresse fahren,
Und eine Memme, wenn sie flieht,
Fass' ich bei ihren letzten Haaren.

Habebald männlich, wohl bewaffnet, reich gekleidet.

So leere Händel das sind Possen,
Damit verdirbt man seinen Tag;
Im Nehmen sei nur unverdrossen,
Nach allem andern frag' hernach.

Haltefest bejahrt, stark bewaffnet, ohne Gewand.

Damit ist auch nicht viel gewonnen,
Bald ist ein großes Gut zerronnen,

Es rauscht im Lebensstrom hinab.
Zwar nehmen ist recht gut, doch besser ist's behalten;
Laß du den grauen Kerl nur walten
Und niemand nimmt dir etwas ab.

Sie steigen allzusammen tiefer.

Auf dem Vorgebirg.

Trommeln und kriegerische Musik von unten. Des Kaisers Zelt wird aufgeschlagen.

Kaiser. Obergeneral. Trabanten.

Obergeneral.

Noch immer scheint der Vorsatz wohl erwogen,
Daß wir, in dieß gelegene Thal,
Das ganze Heer gedrängt zurückgezogen;
Ich hoffe fest uns glückt die Wahl.

Kaiser.

Wie es nun geht, es muß sich zeigen;
Doch mich verdrießt die halbe Flucht, das Weichen.

Obergeneral.

Schau hier, mein Fürst, auf unsre rechte Flanke.
Solch ein Terrain wünscht sich der Kriegsgedanke;
Nicht steil die Hügel, doch nicht allzu gänglich,
Den Unsern vortheilhaft, dem Feind verfänglich.
Wir, halb versteckt, auf wellenförmigem Plan;
Die Reiterei sie wagt sich nicht heran.

Kaiser.

Mir bleibt nichts übrig als zu loben;
Hier kann sich Arm und Brust erproben.

Obergeneral.

Hier, auf der Mittelwiese flachen Räumlichkeiten,
Siehst du den Phalanx, wohlgemuth zu streiten.
Die Piken blinken flimmernd in der Luft,
Im Sonnenglanz, durch Morgennebelduft.
Wie dunkel wogt das mächtige Quadrat!
Zu Tausenden glüht's hier auf große That.
Du kannst daran der Masse Kraft erkennen,
Ich trau' ihr zu der Feinde Kraft zu trennen.

Kaiser.

Den schönen Blick hab' ich zum erstenmal.
Ein solches Heer gilt für die Doppelzahl.

Obergeneral.

Von unsrer Linken hab' ich nichts zu melden,
Den starren Fels besetzen wackere Helden.
Das Steingeklipp, das jetzt von Waffen blitzt,
Den wichtigen Paß der engen Klause schützt.
Ich ahne schon hier scheitern Feindeskräfte
Unvorgesehn im blutigen Geschäfte.

Kaiser.

Dort ziehn sie her die falschen Anverwandten,
Wie sie mich Oheim, Vetter, Bruder nannten,
Sich immer mehr und wieder mehr erlaubten,
Dem Scepter Kraft, dem Thron Verehrung raubten,
Dann, unter sich entzweit, das Reich verheerten
Und nun gesammt sich gegen mich empörten.

Die Menge schwankt im ungewissen Geist,
Dann strömt sie nach wohin der Strom sie reißt.

Obergeneral.

Ein treuer Mann, auf Kundschaft ausgeschickt,
Kommt eilig felsenab; sei's ihm geglückt!

Erster Kundschafter.

Glücklich ist sie uns gelungen,
Listig, muthig unsre Kunst,
Daß wir hin und her gedrungen;
Doch wir bringen wenig Gunst,
Viele schwören reine Huldigung
Dir, wie manche treue Schaar;
Doch Unthätigkeits-Entschuldigung:
Innere Gährung, Volksgefahr.

Kaiser.

Sich selbst erhalten bleibt der Selbstsucht Lehre,
Nicht Dankbarkeit und Neigung, Pflicht und Ehre.
Bedenkt ihr nicht, wenn eure Rechnung voll,
Daß Nachbars Hausbrand Euch verzehren soll?

Obergeneral.

Der zweite kommt, nur langsam steigt er nieder,
Dem müden Manne zittern alle Glieder.

Zweiter Kundschafter.

Erst gewahrten wir vergnüglich
Wilden Wesens irren Lauf;
Unerwartet, unverzüglich
Trat ein neuer Kaiser auf.

Und auf vorgeschriebnen Bahnen
Zieht die Menge durch die Flur;
Den entrollten Lügenfahnen
Folgen alle. – Schafsnatur!

Kaiser.

Ein Gegenkaiser kommt mir zum Gewinn,
Nun fühl' ich erst daß Ich der Kaiser bin.
Nur als Soldat legt' ich den Harnisch an,
Zu höherm Zweck ist er nun umgethan.
Bei jedem Fest, wenn's noch so glänzend war,
Nichts ward vermißt, *mir* fehlte die Gefahr.
Wie ihr auch seid, zum Ringspiel riethet ihr,
Mir schlug das Herz, ich athmete Turnier.
Und hättet ihr mir nicht vom Kriegen abgerathen,
Jetzt glänzt' ich schon in lichten Heldenthaten.
Selbstständig fühlt' ich meine Brust besiegelt,
Als ich mich dort im Feuerreich bespiegelt,
Das Element drang gräßlich auf mich los,
Es war nur Schein, allein der Schein war groß.
Von Sieg und Ruhm hab' ich verwirrt geträumt,
Ich bringe nach was frevelhaft versäumt.

Die Herolde werden abgefertigt zu Herausforderung des Gegenkaisers.

Faust geharnischt, mit halbgeschloss'nem Helme. Die drei Gewaltigen gerüstet und gekleidet wie oben.

Faust.

Wir treten auf und hoffen, ungescholten;
Auch ohne Noth hat Vorsicht wohl gegolten.

Du weißt das Bergvolk denkt und simulirt,
Ist in Natur- und Felsenschrift studirt.
Die Geister, längst dem flachen Land entzogen,
Sind mehr als sonst dem Felsgebirg gewogen.
Sie wirken still durch labyrinthische Klüfte,
Im edlen Gas metallisch reicher Düfte;
In stetem Sondern, Prüfen und Verbinden,
Ihr einziger Trieb ist Neues zu erfinden.
Mit leisem Finger geistiger Gewalten
Erbauen sie durchsichtige Gestalten;
Dann im Krystall und seiner ewigen Schweigniß
Erblicken sie der Oberwelt Ereigniß.

Kaiser.

Vernommen hab' ich's und ich glaube dir;
Doch, wackrer Mann, sag' an: was soll das hier?

Faust.

Der Nekromant von Norcia, der Sabiner,
Ist dein getreuer, ehrenhafter Diener.
Welch greulich Schicksal droht' ihm ungeheuer,
Das Reisig prasselte, schon züngelte das Feuer;
Die trocknen Scheite, rings umher verschränkt,
Mit Pech und Schwefelruthen untermengt;
Nicht Mensch, noch Gott, noch Teufel konnte retten,
Die Majestät zersprengte glühende Ketten.
Dort war's in Rom. Er bleibt dir hoch verpflichtet,
Auf deinen Gang in Sorge stets gerichtet.
Von jener Stund' an ganz vergaß er sich,
Er fragt den Stern, die Tiefe nur für Dich.
Er trug uns auf, als eiligstes Geschäfte,
Bei dir zu stehn. Groß sind des Berges Kräfte;

Da wirkt Natur so übermächtig frei,
Der Pfaffen Stumpfsinn schilt es Zauberei.

Kaiser.

Am Freudentag wenn wir die Gäste grüßen,
Die heiter kommen, heiter zu genießen,
Da freut uns jeder wie er schiebt und drängt,
Und, Mann für Mann, der Säle Raum verengt.
Doch höchst willkommen muß der Biedre sein,
Tritt er als Beistand kräftig zu uns ein,
Zur Morgenstunde, die bedenklich waltet,
Weil über ihr des Schicksals Wage schaltet.
Doch lenket hier, im hohen Augenblick,
Die starke Hand vom willigen Schwert zurück,
Ehrt den Moment, wo manche Tausend schreiten,
Für oder wider mich zu streiten.
Selbst ist der Mann! Wer Thron und Kron' begehrt,
Persönlich sei er solcher Ehren werth.
Sei das Gespenst, das gegen uns erstanden
Sich Kaiser nennt und Herr von unsern Landen,
Des Heeres Herzog, Lehnsherr unsrer Großen,
Mit eigner Faust in's Todtenreich gestoßen!

Faust.

Wie es auch sei das Große zu vollenden,
Du thust nicht wohl dein Haupt so zu verpfänden.
Ist nicht der Helm mit Kamm und Busch geschmückt?
Er schützt das Haupt das unsern Muth entzückt.
Was, ohne Haupt, was förderten die Glieder?
Denn schläfert jenes, alle sinken nieder,
Wird es verletzt, gleich alle sind verwundet,
Erstehen frisch, wenn jenes rasch gesundet.

Schnell weiß der Arm sein starkes Recht zu nützen,
Er hebt den Schild den Schädel zu beschützen,
Das Schwert gewahret seiner Pflicht sogleich,
Lenkt kräftig ab und wiederholt den Streich;
Der tüchtige Fuß nimmt Theil an ihrem Glück,
Setzt dem Erschlagnen frisch sich in's Genick.

Kaiser.

Das ist mein Zorn, so möcht' ich ihn behandeln,
Das stolze Haupt in Schemeltritt verwandeln!

Herolde kommen zurück.

Wenig Ehre, wenig Geltung
Haben wir daselbst genossen,
Unsrer kräftig edlen Meldung
Lachten sie als schaler Possen:
„Euer Kaiser ist verschollen,
Echo dort im engen Thal;
Wenn wir sein gedenken sollen,
Mährchen sagt: – Es war einmal."

Faust.

Dem Wunsch gemäß der Besten ist's geschehn,
Die, fest und treu, an deiner Seite stehn.
Dort naht der Feind, die Deinen harren brünstig,
Befiehl den Angriff, der Moment ist günstig.

Kaiser.

Auf das Commando leist' ich hier Verzicht.

Zum Oberfeldherrn.

In deinen Händen, Fürst, sei deine Pflicht.

Obergeneral.

So trete denn der rechte Flügel an!
Des Feindes Linke, eben jetzt im Steigen,

Soll, eh' sie noch den letzten Schritt gethan,
Der Jugendkraft geprüfter Treue weichen.

Faust.

Erlaube denn daß dieser muntre Held
Sich ungesäumt in deine Reihen stellt,
Sich deinen Reihen innigst einverleibt
Und, so gesellt, sein kräftig Wesen treibt.

Er deutet zur Rechten.

Raufebold tritt vor.

Wer das Gesicht mir zeigt der kehrt's nicht ab
Als mit zerschlagnen Unter- und Oberbacken;
Wer mir den Rücken kehrt, gleich liegt ihm schlapp
Hals, Kopf und Schopf hinschlotternd graß im Nacken.
Und schlagen deine Männer dann
Mit Schwert und Kolben wie ich wüthe,
So stürzt der Feind, Mann über Mann,
Ersäuft im eigenen Geblüte.

Ab.

Obergeneral.

Der Phalanx unsrer Mitte folge sacht,
Dem Feind begegn' er, klug mit aller Macht,
Ein wenig rechts, dort hat bereits, erbittert,
Der Unsern Streitkraft ihren Plan erschüttert.

Faust auf den Mittelsten deutend.

So folge denn auch dieser deinem Wort.
Er ist behend, reißt alles mit sich fort.

Habebald tritt hervor.

Dem Heldenmuth der Kaiserschaaren
Soll sich der Durst nach Beute paaren;

Und allen sei das Ziel gestellt:
Des Gegenkaisers reiches Zelt.
Er prahlt nicht lang auf seinem Sitze,
Ich ordne mich dem Phalanx an die Spitze.

Eilebeute Marketenderin, sich an ihn anschmiegend.

Bin ich auch ihm nicht angeweibt,
Er mir der liebste Buhle bleibt.
Für uns ist solch ein Herbst gereift!
Die Frau ist grimmig wenn sie greift,
Ist ohne Schonung wenn sie raubt;
Im Sieg voran! und alles ist erlaubt.

Beide ab.

Obergeneral.

Auf unsre Linke, wie vorauszusehn,
Stürzt ihre Rechte, kräftig. Widerstehn
Wird Mann für Mann dem wüthenden Beginnen
Den engen Paß des Felswegs zu gewinnen.

Faust winkt nach der Linken.

So bitte, Herr, auch diesen zu bemerken,
Es schadet nichts, wenn Starke sich verstärken.

Haltefest tritt vor.

Dem linken Flügel keine Sorgen!
Da wo ich bin ist der Besitz geborgen;
In ihm bewähret sich der Alte,
Kein Strahlblitz spaltet was ich halte.

Ab.

Mephistopheles von oben herunter kommend.

Nun schauet wie im Hintergrunde
Aus jedem zackigen Felsenschlunde

Bewaffnete hervor sich drängen,
Die schmalen Pfade zu verengen,
Mit Helm und Harnisch, Schwertern, Schilden
In unserm Rücken eine Mauer bilden,
Den Wink erwartend zuzuschlagen.

Leise zu den Wissenden.

Woher das kommt müßt ihr nicht fragen.
Ich habe freilich nicht gesäumt,
Die Waffensäle ringsum ausgeräumt;
Da standen sie zu Fuß, zu Pferde
Als wären sie noch Herrn der Erde;
Sonst waren's Ritter, König, Kaiser,
Jetzt sind es nichts als leere Schneckenhäuser;
Gar manch Gespenst hat sich darein geputzt,
Das Mittelalter lebhaft aufgestutzt.
Welch Teufelchen auch drinne steckt,
Für dießmal macht es doch Effect.

Laut.

Hört wie sie sich voraus erbosen,
Blechklappernd aneinander stoßen!
Auch flattern Fahnenfetzen bei Standarten,
Die frischer Lüftchen ungeduldig harrten.
Bedenkt, hier ist ein altes Volk bereit
Und mischte gern sich auch zum neuen Streit.

Furchtbarer Posaunenschall von oben, im feindlichen Heere merkliche Schwankung.

Faust.

Der Horizont hat sich verdunkelt,
Nur hie und da bedeutend funkelt
Ein rother ahnungsvoller Schein;
Schon blutig blinken die Gewehre,

Der Fels, der Wald, die Atmosphäre,
Der ganze Himmel mischt sich ein.

Mephistopheles.

Die rechte Flanke hält sich kräftig;
Doch seh' ich, ragend unter diesen,
Hans Raufbold, den behenden Riesen,
Auf seine Weise rasch geschäftig.

Kaiser.

Erst sah ich Einen Arm erhoben,
Jetzt seh' ich schon ein Dutzend toben,
Naturgemäß geschieht es nicht.

Faust.

Vernahmst du nichts von Nebelstreifen
Die auf Siciliens Küsten schweifen?
Dort, schwankend klar, im Tageslicht,
Erhoben zu den Mittellüften,
Gespiegelt in besondern Düften,
Erscheint ein seltsames Gesicht:
Da schwanken Städte hin und wider,
Da steigen Gärten auf und nieder,
Wie Bild um Bild den Äther bricht.

Kaiser.

Doch wie bedenklich! Alle Spitzen
Der hohen Speere seh' ich blitzen;
Auf unsrer Phalanx blanken Lanzen
Seh' ich behende Flämmchen tanzen.
Das scheint mir gar zu geisterhaft.

Faust.

Verzeih, o Herr, das sind die Spuren
Verschollner geistiger Naturen,

Ein Widerschein der Dioskuren,
Bei denen alle Schiffer schwuren;
Sie sammeln hier die letzte Kraft.

Kaiser.

Doch sage: wem sind wir verpflichtet
Daß die Natur, auf uns gerichtet,
Das Seltenste zusammenrafft?

Mephistopheles.

Wem als dem Meister, jenem hohen,
Der dein Geschick im Busen trägt?
Durch deiner Feinde starkes Drohen
Ist er im Tiefsten aufgeregt.
Sein Dank will dich gerettet sehen,
Und sollt' er selbst daran vergehen.

Kaiser.

Sie jubelten mich pomphaft umzuführen,
Ich war nun was, das wollt' ich auch probiren
Und fand's gelegen, ohne viel zu denken,
Dem weißen Barte kühle Luft zu schenken.
Dem Klerus hab' ich eine Lust verdorben
Und ihre Gunst mir freilich nicht erworben.
Nun sollt' ich, seit so manchen Jahren,
Die Wirkung frohen Thuns erfahren?

Faust.

Freiherzige Wohlthat wuchert reich;
Laß deinen Blick sich aufwärts wenden!
Mich deucht Er will ein Zeichen senden,
Gib Acht, es deutet sich sogleich.

Kaiser.

Ein Adler schwebt im Himmelhohen,
Ein Greif ihm nach mit wildem Drohen.

Faust.

Gib Acht: gar günstig scheint es mir.
Greif ist ein fabelhaftes Thier;
Wie kann er sich so weit vergessen
Mit echtem Adler sich zu messen?

Kaiser.

Nunmehr, in weitgedehnten Kreisen,
Umziehn sie sich; – in gleichem Nu,
Sie fahren auf einander zu
Sich Brust und Hälse zu zerreißen.

Faust.

Nun merke wie der leidige Greif,
Zerzerrt, zerzaus't, nur Schaden findet
Und mit gesenktem Löwenschweif,
Zum Gipfelwald gestürzt, verschwindet.

Kaiser.

Sei's, wie gedeutet, so gethan!
Ich nehm' es mit Verwundrung an.

Mephistopheles gegen die Rechte.

Dringend wiederholten Streichen
Müssen unsre Feinde weichen,
Und, mit ungewissem Fechten,
Drängen sie nach ihrer Rechten
Und verwirren so im Streite
Ihrer Hauptmacht linke Seite.

Unsers Phalanx feste Spitze
Zieht sich rechts und gleich dem Blitze
Fährt sie in die schwache Stelle. –
Nun, wie sturmerregte Welle
Sprühend, wüthen gleiche Mächte
Wild in doppeltem Gefechte;
Herrlichers ist nichts ersonnen,
Uns ist diese Schlacht gewonnen!

Kaiser an der linken Seite zu Faust.

Schau! Mir scheint es dort bedenklich,
Unser Posten steht verfänglich.
Keine Steine seh' ich fliegen,
Niedre Felsen sind erstiegen,
Obre stehen schon verlassen.
Jetzt! – Der Feind, zu ganzen Massen
Immer näher angedrungen,
Hat vielleicht den Paß errungen,
Schlußerfolg unheiligen Strebens!
Eure Künste sind vergebens.

Pause.

Mephistopheles.

Da kommen meine beiden Raben,
Was mögen die für Botschaft haben?
Ich fürchte gar es geht uns schlecht.

Kaiser.

Was sollen diese leidigen Vögel?
Sie richten ihre schwarzen Segel
Hierher vom heißen Felsgefecht.

Mephistopheles zu den Raben.

Setzt euch ganz nah zu meinen Ohren.
Wen ihr beschützt ist nicht verloren,
Denn euer Rath ist folgerecht.

Faust zum Kaiser.

Von Tauben hast du ja vernommen,
Die aus den fernsten Landen kommen,
Zu ihres Nestes Brut und Kost.
Hier ist's mit wichtigen Unterschieden:
Die Taubenpost bedient den Frieden,
Der Krieg befiehlt die Rabenpost.

Mephistopheles.

Es meldet sich ein schwer Verhängniß,
Seht hin! gewahret die Bedrängniß
Um unsrer Helden Felsenrand.
Die nächsten Höhen sind erstiegen,
Und würden sie den Paß besiegen,
Wir hätten einen schweren Stand.

Kaiser.

So bin ich endlich doch betrogen!
Ihr habt mich in das Netz gezogen,
Mir graut seitdem es mich umstrickt.

Mephistopheles.

Nur Muth! Noch ist es nicht mißglückt.
Geduld und Pfiff zum letzten Knoten;
Gewöhnlich geht's am Ende scharf.
Ich habe meine sichern Boten,
Befehlt daß ich befehlen darf.

Obergeneral der indessen herangekommen.

Mit diesen hast du dich vereinigt,
Mich hat's die ganze Zeit gepeinigt,
Das Gaukeln schafft kein festes Glück.
Ich weiß nichts an der Schlacht zu wenden,
Begannen sie's, sie mögen's enden,
Ich gebe meinen Stab zurück.

Kaiser.

Behalt' ihn bis zu bessern Stunden,
Die uns vielleicht das Glück verleiht.
Mir schaudert vor dem garstigen Kunden
Und seiner Rabentraulichkeit.

Zu Mephistopheles.

Den Stab kann ich dir nicht verleihen,
Du scheinst mir nicht der rechte Mann,
Befiehl und such' uns zu befreien;
Geschehe, was geschehen kann.

Ab in's Zelt mit dem Obergeneral.

Mephistopheles.

Mag ihn der stumpfe Stab beschützen!
Uns andern könnt' er wenig nützen,
Es war so was vom Kreuz daran.

Faust.

Was ist zu thun?

Mephistopheles.

Es ist gethan! –
Nun, schwarze Vettern, rasch im Dienen,
Zum großen Bergsee! grüßt mir die Undinen

Und bittet sie um ihrer Fluthen Schein.
Durch Weiberkünste, schwer zu kennen,
Verstehen sie vom Sein den Schein zu trennen,
Und jeder schwört das sei das Sein.

Pause.

Faust.

Den Wasserfräulein müssen unsre Raben
Recht aus dem Grund geschmeichelt haben,
Dort fängt es schon zu rieseln an.
An mancher trocknen, kahlen Felsenstelle
Entwickelt sich die volle, rasche Quelle,
Um jener Sieg ist es gethan.

Mephistopheles.

Das ist ein wunderbarer Gruß,
Die kühnsten Klettrer sind confus.

Faust.

Schon rauscht Ein Bach zu Bächen mächtig nieder,
Aus Schluchten kehren sie gedoppelt wieder,
Ein Strom nun wirft den Bogenstrahl,
Auf einmal legt er sich in flache Felsenbreite
Und rauscht und schäumt, nach der und jener Seite,
Und stufenweise wirft er sich in's Thal.
Was hilft ein tapfres, heldenmäßiges Stemmen?
Die mächtige Woge strömt sie wegzuschwemmen.
Mir schaudert selbst vor solchem wilden Schwall.

Mephistopheles.

Ich sehe nichts von diesen Wasserlügen,
Nur Menschen-Augen lassen sich betrügen

Und mich ergetzt der wunderliche Fall.
Sie stürzen fort zu ganzen hellen Haufen,
Die Narren wähnen zu ersaufen,
Indem sie frei auf festem Lande schnaufen
Und lächerlich mit Schwimmgebärden laufen.
Nun ist Verwirrung überall.

Die Raben sind wieder gekommen.

Ich werd' euch bei dem hohen Meister loben;
Wollt ihr euch nun als Meister selbst erproben,
So eilet zu der glühnden Schmiede,
Wo das Gezwerg-Volk, nimmer müde,
Metall und Stein zu Funken schlägt.
Verlangt, weitläufig sie beschwatzend,
Ein Feuer, leuchtend, blinkend, platzend,
Wie man's im hohen Sinne hegt.
Zwar Wetterleuchten in der weiten Ferne,
Blickschnelles Fallen allerhöchster Sterne
Mag jede Sommernacht geschehn;
Doch Wetterleuchten in verworrnen Büschen
Und Sterne die am feuchten Boden zischen,
Das hat man nicht so leicht gesehn.
So müßt ihr, ohn' euch viel zu quälen,
Zuvörderst bitten, dann befehlen.

Raben ab. Es geschieht wie vorgeschrieben.

Mephistopheles.

Den Feinden dichte Finsternisse!
Und Tritt und Schritt in's Ungewisse!
Irrfunken-Blick an allen Enden,
Ein Leuchten plötzlich zu verblenden.
Das alles wäre wunderschön,
Nun aber braucht's noch Schreckgetön.

Faust.

Die hohlen Waffen aus der Säle Grüften
Empfinden sich erstarkt in freien Lüften;
Da droben klappert's, rasselt's lange schon,
Ein wunderbarer, falscher Ton.

Mephistopheles.

Ganz recht! sie sind nicht mehr zu zügeln,
Schon schallt's von ritterlichen Prügeln,
Wie in der holden alten Zeit.
Armschienen, wie der Beine Schienen,
Als Guelfen und als Ghibellinen,
Erneuen rasch den ewigen Streit.
Fest, im ererbten Sinne wöhnlich,
Erweisen sie sich unversöhnlich,
Schon klingt das Tosen weit und breit.
Zuletzt, bei allen Teufelsfesten,
Wirkt der Parteihaß doch zum besten,
Bis in den allerletzten Graus;
Schallt wider-widerwärtig panisch,
Mitunter grell und scharf-satanisch,
Erschreckend in das Thal hinaus.

Kriegstumult im Orchester, zuletzt übergehend in militärisch heitre Weisen.

Des Gegenkaisers Zelt.

Thron, reiche Umgebung.

Habebald. Eilebeute.

Eilebeute.

So sind wir doch die ersten hier!

Habebald.

Kein Rabe fliegt so schnell als wir.

Eilebeute.

O! welch ein Schatz liegt hier zu Hauf!
Wo fang' ich an? Wo hör' ich auf?

Habebald.

Steht doch der ganze Raum so voll!
Weiß nicht wozu ich greifen soll.

Eilebeute.

Der Teppich wär' mir eben recht,
Mein Lager ist oft gar zu schlecht.

Habebald.

Hier hängt von Stahl ein Morgenstern,
Dergleichen hätt' ich lange gern.

Eilebeute.

Den rothen Mantel goldgesäumt,
So etwas hatt' ich mir geträumt.

Habebald die Waffe nehmend.

Damit ist es gar bald gethan,
Man schlägt ihn todt und geht voran.
Du hast soviel schon aufgepackt
Und doch nichts Rechtes eingesackt.
Den Plunder laß an seinem Ort,
Nehm' eines dieser Kistchen fort!
Dieß ist des Heers beschiedner Sold,
In seinem Bauche lauter Gold.

Eilebeute.

Das hat ein mörderisch Gewicht,
Ich heb' es nicht, ich trag' es nicht.

Habebald.

Geschwinde duck' dich! Mußt dich bücken!
Ich hucke dir's auf den starken Rücken.

Eilebeute.

O weh! O weh, nun ist's vorbei!
Die Last bricht mir das Kreuz entzwei.

Das Kistchen stürzt und springt auf.

Habebald.

Da liegt das rothe Gold zu Hauf,
Geschwinde zu und raff' es auf.

Eilebeute kauert nieder.

Geschwinde nur zum Schoos hinein!
Noch immer wird's zur G'nüge sein.

Habebald.

Und so genug! und eile doch!

Sie steht auf.

O weh, die Schürze hat ein Loch!
Wohin du gehst und wo du stehst
Verschwenderisch die Schätze säst.

Trabanten unsres Kaisers.

Was schafft ihr hier am heiligen Platz?
Was kramt ihr in dem Kaiserschatz?

Habebald.

Wir trugen unsre Glieder feil
Und holen unser Beutetheil.
In Feindes-Zelten ist's der Brauch
Und wir, Soldaten sind wir auch.

Trabanten.

Das passet nicht in unsern Kreis
Zugleich Soldat und Diebsgeschmeiß,
Und wer sich unserm Kaiser naht
Der sei ein redlicher Soldat.

Habebald.

Die Redlichkeit die kennt man schon,
Sie heißet: Contribution.
Ihr alle seid auf gleichem Fuß:
Gib her! das ist der Handwerksgruß.

Zu Eilebeute.

Mach' fort und schleppe was du hast,
Hier sind wir nicht willkommner Gast.

Ab.

Erster Trabant.

Sag', warum gabst du nicht sogleich
Dem frechen Kerl einen Backenstreich?

Zweiter.

Ich weiß nicht, mir verging die Kraft,
Sie waren so gespensterhaft.

Dritter.

Mir ward es vor den Augen schlecht,
Da flimmert' es, ich sah nicht recht.

Vierter.

Wie ich es nicht zu sagen weiß:
Es war den ganzen Tag so heiß,
So bänglich, so beklommen schwül,
Der eine stand, der andre fiel,
Man tappte hin und schlug zugleich,
Der Gegner fiel vor jedem Streich,
Vor Augen schwebt' es wie ein Flor,
Dann summt's und saust's und zischt' im Ohr.
Das ging so fort, nun sind wir da
Und wissen selbst nicht wie's geschah.

Kaiser mit vier Fürsten treten auf.

Die Trabanten entfernen sich.

Kaiser.

Es sei nun wie ihm sei! uns ist die Schlacht gewonnen,
Des Feinds zerstreute Flucht im flachen Feld zerronnen.
Hier steht der leere Thron, verrätherischer Schatz,
Von Teppichen umhüllt, verengt umher den Platz.

Wir, ehrenvoll geschützt von eigenen Trabanten,
Erwarten Kaiserlich der Völker Abgesandten;
Von allen Seiten her kommt frohe Botschaft an:
Beruhigt sei das Reich, uns freudig zugethan.
Hat sich in unsern Kampf auch Gaukelei geflochten,
Am Ende haben wir uns nur allein gefochten.
Zufälle kommen ja dem Streitenden zu Gut,
Vom Himmel fällt ein Stein, dem Feinde regnet's Blut,
Aus Felsenhöhlen tönt's von mächtigen Wunderklängen,
Die unsre Brust erhöhn, des Feindes Brust verengen.
Der Überwundne fiel, zu stets erneutem Spott,
Der Sieger, wie er prangt, preis't den gewognen Gott.
Und alles stimmt mit ein, er braucht nicht zu befehlen,
Herr Gott, dich loben wir! aus Millionen Kehlen.
Jedoch zum höchsten Preis wend' ich den frommen Blick,
Das selten sonst geschah, zur eignen Brust zurück.
Ein junger, muntrer Fürst mag seinen Tag vergeuden,
Die Jahre lehren ihn des Augenblicks Bedeuten.
Deßhalb denn ungesäumt verbind' ich mich sogleich
Mit euch vier Würdigen, für Haus und Hof und Reich.

Zum ersten.

Dein war, o Fürst! des Heers geordnet kluge Schichtung,
Sodann, im Hauptmoment, heroisch kühne Richtung;
Im Frieden wirke nun wie es die Zeit begehrt,
Erzmarschall nenn' ich dich, verleihe dir das Schwert.

Erzmarschall.

Dein treues Heer, bis jetzt im Inneren beschäftigt,
Wenn's an der Gränze dich und deinen Thron bekräftigt,
Dann sei es uns vergönnt, bei Festesdrang im Saal
Geräumiger Väterburg, zu rüsten dir das Mahl.

Blank trag' ich's dir dann vor, blank halt' ich dir's zur Seite,
Der höchsten Majestät zu ewigem Geleite.

Der *Kaiser* zum zweiten.

Der sich, als tapfrer Mann, auch zart gefällig zeigt,
Du! sei Erzkämmerer, der Auftrag ist nicht leicht.
Du bist der Oberste von allem Hausgesinde,
Bei deren innerm Streit ich schlechte Diener finde;
Dein Beispiel sei fortan in Ehren aufgestellt,
Wie man dem Herrn, dem Hof und allen wohlgefällt.

Erzkämmerer.

Des Herren großen Sinn zu fördern bringt zu Gnaden,
Den Besten hülfreich sein, den Schlechten selbst nicht schaden,
Dann klar sein ohne List, und ruhig ohne Trug!
Wenn du mich, Herr, durchschaust, geschieht mir schon genug.
Darf sich die Phantasie auf jenes Fest erstrecken?
Wenn du zur Tafel gehst, reich' ich das goldne Becken,
Die Ringe halt' ich dir, damit zur Wonnezeit
Sich deine Hand erfrischt, wie mich dein Blick erfreut.

Kaiser.

Zwar fühl' ich mich zu ernst auf Festlichkeit zu sinnen,
Doch sei's! Es fördert auch frohmüthiges Beginnen.

Zum dritten.

Dich wähl' ich zum Erztruchseß! Also sei fortan
Dir Jagd, Geflügel-Hof und Vorwerk unterthan;
Der Lieblingsspeisen Wahl laß mir zu allen Zeiten
Wie sie der Monat bringt und sorgsam zubereiten.

Erztruchseß.

Streng Fasten sei für mich die angenehmste Pflicht,
Bis, vor dich hingestellt, dich freut ein Wohlgericht.

Der Küche Dienerschaft soll sich mit mir vereinigen,
Das Ferne beizuziehn, die Jahrszeit zu beschleunigen.
Dich reizt nicht Fern und Früh womit die Tafel prangt,
Einfach und kräftig ist's wornach dein Sinn verlangt.

Kaiser zum vierten.

Weil unausweichlich hier sich's nur von Festen handelt,
So sei mir, junger Held, zum Schenken umgewandelt.
Erzschenke, sorge nun daß unsre Kellerei
Auf's reichlichste versorgt mit gutem Weine sei.
Du selbst sei mäßig, laß nicht über Heiterkeiten,
Durch der Gelegenheit Verlocken, dich verleiten.

Erzschenk.

Mein Fürst, die Jugend selbst, wenn man ihr nur vertraut,
Steht, eh' man sich's versieht, zu Männern auferbaut.
Auch ich versetze mich zu jenem großen Feste;
Ein Kaiserlich Büffet schmück' ich auf's allerbeste,
Mit Prachtgefäßen, gülden, silbern allzumal,
Doch wähl' ich dir voraus den lieblichsten Pokal:
Ein blank venedisch Glas, worin Behagen lauschet,
Des Weins Geschmack sich stärkt und nimmermehr berauschet.
Auf solchen Wunderschatz vertraut man oft zu sehr;
Doch deine Mäßigkeit, du Höchster, schützt noch mehr.

Kaiser.

Was ich euch zugedacht in dieser ernsten Stunde,
Vernahmt ihr mit Vertraun aus zuverlässigem Munde.
Des Kaisers Wort ist groß und sichert jede Gift,
Doch zur Bekräftigung bedarf's der edlen Schrift,
Bedarf's der Signatur. Die förmlich zu bereiten,
Seh' ich den rechten Mann zu rechter Stunde schreiten.

Der Erzbischof-Erzcanzler tritt auf.

Kaiser.

Wenn ein Gewölbe sich dem Schlußstein anvertraut,
Dann ist's mit Sicherheit für ewige Zeit erbaut.
Du siehst vier Fürsten da! Wir haben erst erörtert,
Was den Bestand zunächst von Haus und Hof befördert.
Nun aber, was das Reich in seinem Ganzen hegt,
Sei, mit Gewicht und Kraft, der Fünfzahl auferlegt.
An Ländern sollen sie vor allen andern glänzen,
Deßhalb erweitr' ich gleich jetzt des Besitzthums Gränzen,
Vom Erbtheil jener die sich von uns abgewandt.
Euch Treuen sprech' ich zu so manches schöne Land,
Zugleich das hohe Recht euch, nach Gelegenheiten,
Durch Anfall, Kauf und Tausch in's Weitre zu verbreiten;
Dann sei bestimmt vergönnt zu üben ungestört
Was von Gerechtsamen euch Landesherrn gehört.
Als Richter werdet ihr die Endurtheile fällen,
Berufung gelte nicht von euern höchsten Stellen.
Dann Steuer, Zins und Beth', Lehn und Geleit und Zoll,
Berg-, Salz- und Münzregal euch angehören soll.
Denn meine Dankbarkeit vollgültig zu erproben,
Hab' ich euch ganz zunächst der Majestät erhoben.

Erzbischof.

Im Namen aller sei dir tiefster Dank gebracht,
Du machst uns stark und fest und stärkest deine Macht.

Kaiser.

Euch fünfen will ich noch erhöhtere Würde geben.
Noch leb' ich meinem Reich und habe Lust zu leben;
Doch hoher Ahnen Kette zieht bedächtigen Blick
Aus rascher Strebsamkeit in's Drohende zurück.

Auch werd' ich, seiner Zeit, mich von den Theuren trennen,
Dann sei es eure Pflicht den Folger zu ernennen.
Gekrönt erhebt ihn hoch auf heiligem Altar,
Und friedlich ende dann was jetzt so stürmisch war.

Erzcanzler.

Mit Stolz in tiefster Brust, mit Demuth an Gebärde,
Stehn Fürsten dir gebeugt, die ersten auf der Erde.
So lang das treue Blut die vollen Adern regt,
Sind wir der Körper den dein Wille leicht bewegt.

Kaiser.

Und also sei, zum Schluß, was wir bisher bethätigt,
Für alle Folgezeit durch Schrift und Zug bestätigt.
Zwar habt ihr den Besitz als Herren völlig frei,
Mit dem Beding jedoch, daß er untheilbar sei.
Und wie ihr auch vermehrt was ihr von uns empfangen,
Es soll's der ält'ste Sohn in gleichem Maß erlangen.

Erzcanzler.

Dem Pergament alsbald vertrau' ich wohlgemuth,
Zum Glück dem Reich und uns, das wichtigste Statut;
Reinschrift und Sieglung soll die Canzelei beschäftigen,
Mit heiliger Signatur wirst du's, der Herr, bekräftigen.

Kaiser.

Und so entlass' ich euch, damit den großen Tag,
Gesammelt, jedermann sich überlegen mag.

Die weltlichen Fürsten entfernen sich.

Der geistliche bleibt und spricht pathetisch.

Der Canzler ging hinweg, der Bischof ist geblieben,
Vom ernsten Warnegeist zu deinem Ohr getrieben!
Sein väterliches Herz von Sorge bangt's um dich.

Kaiser.

Was hast du Bängliches zur frohen Stunde? sprich!

Erzbischof.

Mit welchem bittern Schmerz find' ich, in dieser Stunde,
Dein hochgeheiligt Haupt mit Satanas im Bunde.
Zwar, wie es scheinen will, gesichert auf dem Thron,
Doch leider! Gott dem Herrn, dem Vater Papst zum Hohn.
Wenn dieser es erfährt, schnell wird er sträflich richten,
Mit heiligem Strahl dein Reich, das sündige, zu vernichten.
Denn noch vergaß er nicht wie du, zur höchsten Zeit,
An deinem Krönungstag den Zauberer befreit.
Von deinem Diadem, der Christenheit zum Schaden,
Traf das verfluchte Haupt der erste Strahl der Gnaden.
Doch schlag' an deine Brust und gib, vom frevlen Glück,
Ein mäßig Schärflein gleich dem Heiligthum zurück;
Den breiten Hügelraum, da wo dein Zelt gestanden,
Wo böse Geister sich zu deinem Schutz verbanden,
Dem Lügenfürsten du ein horchsam Ohr geliehn,
Den stifte, fromm belehrt, zu heiligem Bemühn;
Mit Berg und dichtem Wald, so weit sie sich erstrecken,
Mit Höhen die sich grün zu fetter Weide decken,
Fischreichen, klaren Seen, dann Bächlein ohne Zahl,
Wie sie sich, eilig schlängelnd, stürzen ab zu Thal;
Das breite Thal dann selbst, mit Wiesen, Gauen, Gründen:
Die Reue spricht sich aus, und du wirst Gnade finden.

Kaiser.

Durch meinen schweren Fehl bin ich so tief erschreckt,
Die Gränze sei von dir nach eignem Maß gesteckt.

Erzbischof.

Erst! der entweihte Raum, wo man sich so versündigt,
Sei alsobald zum Dienst des Höchsten angekündigt.

Behende steigt im Geist Gemäuer stark empor,
Der Morgensonne Blick erleuchtet schon das Chor,
Zum Kreuz erweitert sich das wachsende Gebäude,
Das Schiff erlängt, erhöht sich zu der Gläubigen Freude,
Sie strömen brünstig schon durch's würdige Portal,
Der erste Glockenruf erscholl durch Berg und Thal,
Von hohen Thürmen tönt's, wie sie zum Himmel streben,
Der Büßer kommt heran, zu neugeschaffnem Leben.
Dem hohen Weihetag, er trete bald herein!
Wird deine Gegenwart die höchste Zierde sein.

Kaiser.

Mag ein so großes Werk den frommen Sinn verkündigen,
Zu preisen Gott den Herrn, so wie mich zu entsündigen.
Genug! Ich fühle schon wie sich mein Sinn erhöht.

Erzbischof.

Als Canzler fördr' ich nun Schluß und Formalität.

Kaiser.

Ein förmlich Document, der Kirche das zu eignen,
Du legst es vor, ich will's mit Freuden unterzeichnen.

Erzbischof

hat sich beurlaubt, kehrt aber bei'm Ausgang um.

Dann widmest du zugleich dem Werke, wie's entsteht,
Gesammte Landsgefälle: Zehnten, Zinsen, Beth',
Für ewig. Viel bedarf's zu würdiger Unterhaltung,
Und schwere Kosten macht die sorgliche Verwaltung.
Zum schnellen Aufbau selbst auf solchem wüsten Platz
Reichst du uns einiges Gold, aus deinem Beuteschatz.
Daneben braucht man auch, ich kann es nicht verschweigen,
Entferntes Holz und Kalk und Schiefer und dergleichen.

Die Fuhren thut das Volk, vom Predigtstuhl belehrt,
Die Kirche segnet den der ihr zu Diensten fährt.

Ab.

Kaiser.

Die Sünd' ist groß und schwer womit ich mich beladen,
Das leidige Zaubervolk bringt mich in harten Schaden.

Erzbischof

abermals zurückkehrend mit tiefster Verbeugung.

Verzeih, o Herr! Es ward dem sehr verrufnen Mann
Des Reiches Strand verliehn; doch diesen trifft der Bann,
Verleihst du reuig nicht der hohen Kirchenstelle
Auch dort den Zehnten, Zins und Gaben und Gefälle.

Kaiser verdrießlich.

Das Land ist noch nicht da, im Meere liegt es breit.

Erzbischof.

Wer's Recht hat und Geduld für den kommt auch die Zeit.
Für uns mög' Euer Wort in seinen Kräften bleiben!

Ab.

Kaiser allein.

So könnt' ich wohl zunächst das ganze Reich verschreiben.

Fünfter Act.

Offene Gegend.

Wandrer.

Ja! sie sind's die dunkeln Linden,
Dort, in ihres Alters Kraft.
Und ich soll sie wieder finden,
Nach so langer Wanderschaft!
Ist es doch die alte Stelle,
Jene Hütte, die mich barg,
Als die sturmerregte Welle
Mich an jene Dünen warf!
Meine Wirthe möcht' ich segnen,
Hülfsbereit, ein wackres Paar,
Das, um heut mir zu begegnen,
Alt schon jener Tage war.
Ach! das waren fromme Leute!
Poch' ich? ruf' ich? – Seid gegrüßt!
Wenn, gastfreundlich, auch noch heute
Ihr des Wohlthuns Glück genießt.

Baucis. Mütterchen, sehr alt.

Lieber Kömmling! Leise! Leise!
Ruhe! laß den Gatten ruhn!
Langer Schlaf verleiht dem Greise
Kurzen Wachens rasches Thun.

Wandrer.

Sage, Mutter, bist du's eben,
Meinen Dank noch zu empfahn,
Was du für des Jünglings Leben
Mit dem Gatten einst gethan?
Bist du Baucis, die, geschäftig,
Halberstorbnen Mund erquickt?

Der **Gatte** tritt auf.

Du Philemon, der, so kräftig,
Meinen Schatz der Fluth entrückt?
Eure Flammen raschen Feuers,
Eures Glöckchens Silberlaut,
Jenes grausen Abentheuers
Lösung war euch anvertraut.

Und nun laßt hervor mich treten,
Schaun das gränzenlose Meer;
Laßt mich knieen, laßt mich beten,
Mich bedrängt die Brust so sehr.

Er schreitet vorwärts auf der Düne.

Philemon zu Baucis.

Eile nur den Tisch zu decken,
Wo's im Gärtchen munter blüht.
Laß ihn rennen, ihn erschrecken,
Denn er glaubt nicht was er sieht.

Neben dem Wandrer stehend.

Das euch grimmig mißgehandelt,
Wog' auf Woge, schäumend wild,
Seht als Garten ihr behandelt,
Seht ein paradiesisch Bild.

Älter, war ich nicht zu Handen,
Hülfreich nicht wie sonst bereit,
Und, wie meine Kräfte schwanden,
War auch schon die Woge weit.
Kluger Herren kühne Knechte
Gruben Gräben, dämmten ein,
Schmälerten des Meeres Rechte,
Herrn an seiner Statt zu sein.
Schaue grünend Wies' an Wiese,
Anger, Garten, Dorf und Wald. –
Komm nun aber und genieße,
Denn die Sonne scheidet bald. –
Dort im Fernsten ziehen Segel!
Suchen nächtlich sichern Port.
Kennen doch ihr Nest die Vögel,
Denn jetzt ist der Hafen dort.
So erblickst du in der Weite
Erst des Meeres blauen Saum,
Rechts und links, in aller Breite,
Dichtgedrängt bewohnten Raum.

Am Tische zu drei, im Gärtchen.

Baucis.

Bleibst du stumm? und keinen Bissen
Bringst du zum verlechzten Mund?

Philemon.

Möcht' er doch vom Wunder wissen,
Sprichst so gerne, thu's ihm kund.

Baucis.

Wohl! ein Wunder ist's gewesen!
Läßt mich heut noch nicht in Ruh;

Denn es ging das ganze Wesen
Nicht mit rechten Dingen zu.

Philemon.

Kann der Kaiser sich versünd'gen
Der das Ufer ihm verliehn?
Thät's ein Herold nicht verkünd'gen
Schmetternd im Vorüberziehn?
Nicht entfernt von unsern Dünen
Ward der erste Fuß gefaßt,
Zelte, Hütten! – Doch im Grünen
Richtet bald sich ein Palast.

Baucis.

Tags umsonst die Knechte lärmten,
Hack' und Schaufel, Schlag um Schlag;
Wo die Flämmchen nächtig schwärmten
Stand ein Damm den andern Tag.
Menschenopfer mußten bluten,
Nachts erscholl des Jammers Qual,
Meerab flossen Feuergluthen,
Morgens war es ein Canal.
Gottlos ist er, ihn gelüstet
Unsre Hütte, unser Hain;
Wie er sich als Nachbar brüstet
Soll man unterthänig sein.

Philemon.

Hat er uns doch angeboten
Schönes Gut im neuen Land!

Baucis.

Traue nicht dem Wasserboden,
Halt' auf deiner Höhe Stand!

Philemon.

Laßt uns zur Capelle treten!
Letzten Sonnenblick zu schaun.
Laßt uns läuten, knieen, beten!
Und dem alten Gott vertraun.

Palast.

Weiter Ziergarten, großer gradgeführter Canal.

Faust im höchsten Alter wandelnd, nachdenkend.

Lynceus der *Thürmer* durch's Sprachrohr.

Die Sonne sinkt, die letzten Schiffe
Sie ziehen munter hafenein.
Ein großer Kahn ist im Begriffe
Auf dem Canale hier zu sein.
Die bunten Wimpel wehen fröhlich,
Die starren Masten stehn bereit,
In dir preis't sich der Bootsmann selig,
Dich grüßt das Glück zur höchsten Zeit.

Das Glöckchen läutet auf der Düne.

Faust auffahrend.

Verdammtes Läuten! Allzuschändlich
Verwundet's, wie ein tückischer Schuß;
Vor Augen ist mein Reich unendlich,
Im Rücken neckt mich der Verdruß,
Erinnert mich durch neidische Laute:
Mein Hochbesitz er ist nicht rein,
Der Lindenraum, die braune Baute,
Das morsche Kirchlein ist nicht mein.

Und wünscht' ich dort mich zu erholen,
Vor fremdem Schatten schaudert mir,
Ist Dorn den Augen, Dorn den Sohlen,
O! wär' ich weit hinweg von hier!

Thürmer wie oben.

Wie segelt froh der bunte Kahn
Mit frischem Abendwind heran!
Wie thürmt sich sein behender Lauf
In Kisten, Kasten, Säcken auf!

Prächtiger Kahn, reich und bunt beladen mit Erzeugnissen fremder Weltgegenden.

Mephistopheles. Die drei gewaltigen Gesellen.

Chorus.

Da landen wir,
Da sind wir schon.
Glückan! dem Herren,
Dem Patron.

Sie steigen aus, die Güter werden an's Land geschafft.

Mephistopheles.

So haben wir uns wohl erprobt,
Vergnügt wenn der Patron es lobt.
Nur mit zwei Schiffen ging es fort,
Mit zwanzig sind wir nun im Port.
Was große Dinge wir gethan,
Das sieht man unsrer Ladung an.
Das freie Meer befreit den Geist,
Wer weiß da was Besinnen heißt!

Da fördert nur ein rascher Griff,
Man fängt den Fisch, man fängt ein Schiff,
Und ist man erst der Herr zu drei,
Dann hakelt man das vierte bei;
Da geht es denn dem fünften schlecht,
Man hat Gewalt, so hat man Recht.
Man fragt um's *Was?* und nicht um's *Wie?*
Ich müßte keine Schifffahrt kennen:
Krieg, Handel und Piraterie,
Dreieinig sind sie, nicht zu trennen.

Die drei gewaltigen Gesellen.

Nicht Dank und Gruß!
Nicht Gruß und Dank!
Als brächten wir
Dem Herrn Gestank.
Er macht ein
Widerlich Gesicht;
Das Königsgut
Gefällt ihm nicht.

Mephistopheles.

Erwartet weiter
Keinen Lohn,
Nahmt ihr doch
Euren Theil davon.

Die Gesellen.

Das ist nur für
Die Langeweil,
Wir alle fordern
Gleichen Theil.

Mephistopheles.

Erst ordnet oben
Saal an Saal
Die Kostbarkeiten
Allzumal.
Und tritt er zu
Der reichen Schau,
Berechnet er alles
Mehr genau,
Er sich gewiß
Nicht lumpen läßt
Und gibt der Flotte
Fest nach Fest.
Die bunten Vögel kommen morgen,
Für die werd' ich zum besten sorgen.

Die Ladung wird weggeschafft.

Mephistopheles zu Faust.

Mit ernster Stirn, mit düstrem Blick
Vernimmst du dein erhaben Glück.
Die hohe Weisheit wird gekrönt,
Das Ufer ist dem Meer versöhnt;
Vom Ufer nimmt, zu rascher Bahn,
Das Meer die Schiffe willig an;
So sprich daß hier, hier vom Palast
Dein Arm die ganze Welt umfaßt.
Von dieser Stelle ging es aus,
Hier stand das erste Breterhaus;
Ein Gräbchen ward hinabgeritzt
Wo jetzt das Ruder emsig spritzt.

Dein hoher Sinn, der Deinen Fleiß
Erwarb des Meers, der Erde Preis.
Von hier aus –

Faust.

Das verfluchte *hier!*
Das eben, leidig lastet's mir.
Dir Vielgewandtem muß ich's sagen,
Mir gibt's im Herzen Stich um Stich,
Mir ist's unmöglich zu ertragen!
Und wie ich's sage schäm' ich mich.
Die Alten droben sollten weichen,
Die Linden wünscht' ich mir zum Sitz,
Die wenig Bäume, nicht mein eigen,
Verderben mir den Welt-Besitz.
Dort wollt' ich, weit umher zu schauen,
Von Ast zu Ast Gerüste bauen,
Dem Blick eröffnen weite Bahn,
Zu sehn was alles ich gethan,
Zu überschaun mit einem Blick
Des Menschengeistes Meisterstück,
Bethätigend, mit klugem Sinn,
Der Völker breiten Wohngewinn.

So sind am härt'sten wir gequält
Im Reichthum fühlend was uns fehlt.
Des Glöckchens Klang, der Linden Duft
Umfängt mich wie in Kirch' und Gruft.
Des allgewaltigen Willens Kür
Bricht sich an diesem Sande hier.
Wie schaff' ich mir es vom Gemüthe!
Das Glöcklein läutet und ich wüthe.

Mephistopheles.

Natürlich! daß ein Hauptverdruß
Das Leben dir vergällen muß.
Wer läugnet's! Jedem edlen Ohr
Kommt das Geklingel widrig vor.
Und das verfluchte Bim-Baum-Bimmel,
Umnebelnd heitern Abendhimmel,
Mischt sich in jegliches Begebniß,
Vom ersten Bad bis zum Begräbniß,
Als wäre, zwischen Bim und Baum,
Das Leben ein verschollner Traum.

Faust.

Das Widerstehn, der Eigensinn
Verkümmern herrlichsten Gewinn,
Daß man, zu tiefer, grimmiger Pein,
Ermüden muß gerecht zu sein.

Mephistopheles.

Was willst du dich denn hier geniren,
Mußt du nicht längst colonisiren?

Faust.

So geht und schafft sie mir zur Seite! –
Das schöne Gütchen kennst du ja,
Das ich den Alten ausersah.

Mephistopheles.

Man trägt sie fort und setzt sie nieder,
Eh' man sich umsieht stehn sie wieder;
Nach überstandener Gewalt
Versöhnt ein schöner Aufenthalt.

Er pfeift gellend.

Die Drei treten auf.

Mephistopheles.

Kommt! Wie der Herr gebieten läßt,
Und morgen gibt's ein Flottenfest.

Die Drei.

Der alte Herr empfing uns schlecht,
Ein flottes Fest ist uns zu Recht.

Ab.

Mephistopheles ad Spectatores.

Auch hier geschieht was längst geschah,
Denn Naboths Weinberg war schon da.
(Regum I.21.)

Tiefe Nacht.

Lynceus der *Thürmer*
auf der Schloßwarte, singend.

Zum Sehen geboren,
Zum Schauen bestellt,
Dem Thurme geschworen
Gefällt mir die Welt.
Ich blick' in die Ferne,
Ich seh' in der Näh
Den Mond und die Sterne,
Den Wald und das Reh.
So seh' ich in allen
Die ewige Zier,
Und wie mir's gefallen
Gefall' ich auch mir.
Ihr glücklichen Augen
Was je ihr gesehn,
Es sei wie es wolle,
Es war doch so schön!

Pause.

Nicht allein mich zu ergetzen
Bin ich hier so hoch gestellt;
Welch ein greuliches Entsetzen

Droht mir aus der finstern Welt!
Funkenblicke seh' ich sprühen
Durch der Linden Doppelnacht,
Immer stärker wühlt ein Glühen
Von der Zugluft angefacht.
Ach! die innre Hütte lodert,
Die bemoos't und feucht gestanden,
Schnelle Hülfe wird gefodert,
Keine Rettung ist vorhanden.
Ach! die guten alten Leute,
Sonst so sorglich um das Feuer,
Werden sie dem Qualm zur Beute!
Welch ein schrecklich Abentheuer!
Flamme flammet, roth in Gluthen
Steht das schwarze Moosgestelle;
Retteten sich nur die Guten
Aus der wildentbrannten Hölle!
Züngelnd lichte Blitze steigen
Zwischen Blättern, zwischen Zweigen;
Äste dürr, die flackernd brennen,
Glühen schnell und stürzen ein.
Sollt ihr Augen dieß erkennen!
Muß ich so weitsichtig sein!
Das Capellchen bricht zusammen
Von der Äste Sturz und Last.
Schlängelnd sind, mit spitzen Flammen,
Schon die Gipfel angefaßt.
Bis zur Wurzel glühn die hohlen
Stämme, purpurroth im Glühn. –

Lange Pause, Gesang.

Was sich sonst dem Blick empfohlen,
Mit Jahrhunderten ist hin.

Faust auf dem Balcon, gegen die Dünen.

Von oben welch ein singend Wimmern?
Das Wort ist hier, der Ton zu spat;
Mein Thürmer jammert; mich, im Innern,
Verdrießt die ungeduld'ge That.
Doch sei der Lindenwuchs vernichtet
Zu halbverkohlter Stämme Graun,
Ein Luginsland ist bald errichtet,
Um in's Unendliche zu schaun.
Da seh' ich auch die neue Wohnung,
Die jenes alte Paar umschließt,
Das, im Gefühl großmüthiger Schonung,
Der späten Tage froh genießt.

Mephistopheles und *die Dreie* unten.

Da kommen wir mit vollem Trab,
Verzeiht! es ging nicht gütlich ab.
Wir klopften an, wir pochten an,
Und immer ward nicht aufgethan;
Wir rüttelten, wir pochten fort,
Da lag die morsche Thüre dort;
Wir riefen laut und drohten schwer,
Allein wir fanden kein Gehör.
Und wie's in solchem Fall geschicht,
Sie hörten nicht, sie wollten nicht;
Wir aber haben nicht gesäumt,
Behende dir sie weggeräumt.
Das Paar hat sich nicht viel gequält,
Vor Schrecken fielen sie entseelt.
Ein Fremder, der sich dort versteckt
Und fechten wollte, ward gestreckt.

In wilden Kampfes kurzer Zeit,
Von Kohlen, rings umher gestreut,
Entflammte Stroh. Nun lodert's frei,
Als Scheiterhaufen dieser drei.

Faust.

Wart ihr für meine Worte taub!
Tausch wollt' ich, wollte keinen Raub.
Dem unbesonnenen wilden Streich
Ihm fluch' ich, theilt es unter euch!

Chorus.

Das alte Wort, das Wort erschallt:
Gehorche willig der Gewalt!
Und bist du kühn und hältst du Stich,
So wage Haus und Hof und – Dich.

Ab.

Faust auf dem Balcon.

Die Sterne bergen Blick und Schein,
Das Feuer sinkt und lodert klein;
Ein Schauerwindchen fächelt's an,
Bringt Rauch und Dunst zu mir heran.
Geboten schnell, zu schnell gethan! –
Was schwebet schattenhaft heran?

Mitternacht.

Vier graue Weiber treten auf.

Erste.

Ich heiße der Mangel.

Zweite.

Ich heiße die Schuld.

Dritte.

Ich heiße die Sorge.

Vierte.

Ich heiße die Noth.

Zu drei.

Die Thür ist verschlossen, wir können nicht ein,
Drinn wohnet ein Reicher, wir mögen nicht 'nein.

Mangel.

Da werd' ich zum Schatten.

Schuld.

Da werd' ich zu nicht.

Noth.

Man wendet von mir das verwöhnte Gesicht.

Sorge.

Ihr Schwestern, ihr könnt nicht und dürft nicht hinein.
Die Sorge sie schleicht sich durch's Schlüsselloch ein.

Sorge verschwindet.

Mangel.

Ihr, graue Geschwister, entfernt euch von hier.

Schuld.

Ganz nah an der Seite verbind' ich mich dir.

Noth.

Ganz nah an der Ferse begleitet die Noth.

Zu drei.

Es ziehen die Wolken, es schwinden die Sterne!
Dahinten, dahinten! von ferne, von ferne,
Da kommt er der Bruder, da kommt er der – – –
– – Tod.

Ab.

Faust im Palast.

Vier sah ich kommen, drei nur gehn,
Den Sinn der Rede konnt' ich nicht verstehn.
Es klang so nach als hieß es – Noth,
Ein düstres Reimwort folgte – Tod.
Es tönte hohl, gespensterhaft gedämpft.
Noch hab' ich mich in's Freie nicht gekämpft.
Könnt' ich Magie von meinen Pfad entfernen,
Die Zaubersprüche ganz und gar verlernen;
Stünd' ich, Natur! vor dir ein Mann allein,
Da wär's der Mühe werth ein Mensch zu sein.

Das war ich sonst, eh' ich's im Düstern suchte,
Mit Frevelwort mich und die Welt verfluchte.
Nun ist die Luft von solchem Spuk so voll
Daß niemand weiß wie er ihn meiden soll.
Wenn auch Ein Tag uns klar vernünftig lacht,
In Traumgespinnst verwickelt uns die Nacht;
Wir kehren froh von junger Flur zurück,
Ein Vogel krächzt; was krächzt er? Mißgeschick.
Von Aberglauben früh und spat umgarnt:
Es eignet sich, es zeigt sich an, es warnt.
Und so verschüchtert stehen wir allein.
Die Pforte knarrt und niemand kommt herein.

Erschüttert.

Ist jemand hier?

Sorge.

Die Frage fordert ja!

Faust.

Und du, wer bist denn du?

Sorge.

Bin einmal da.

Faust.

Entferne dich!

Sorge.

Ich bin am rechten Ort.

Faust erst ergrimmt, dann besänftigt für sich.

Nimm dich in Acht und sprich kein Zauberwort.

Sorge.

Würde mich kein Ohr vernehmen,
Müßt' es doch im Herzen dröhnen;

In verwandelter Gestalt
Üb' ich grimmige Gewalt.
Auf den Pfaden, auf der Welle,
Ewig ängstlicher Geselle,
Stets gefunden, nie gesucht,
So geschmeichelt wie verflucht.
Hast du die Sorge nie gekannt?

Faust.

Ich bin nur durch die Welt gerannt.
Ein jed Gelüst ergriff ich bei den Haaren,
Was nicht genügte ließ ich fahren,
Was mir entwischte ließ ich ziehn.
Ich habe nur begehrt und nur vollbracht,
Und abermals gewünscht und so mit Macht
Mein Leben durchgestürmt; erst groß und mächtig;
Nun aber geht es weise, geht bedächtig.
Der Erdenkreis ist mir genug bekannt,
Nach drüben ist die Aussicht uns verrannt;
Thor! wer dorthin die Augen blinzelnd richtet,
Sich über Wolken Seinesgleichen dichtet;
Er stehe fest und sehe hier sich um;
Dem Tüchtigen ist diese Welt nicht stumm;
Was braucht er in die Ewigkeit zu schweifen;
Was er erkennt läßt sich ergreifen;
Er wandle so den Erdentag entlang;
Wenn Geister spuken, geh' er seinen Gang,
Im Weiterschreiten find' er Qual und Glück,
Er! unbefriedigt jeden Augenblick.

Sorge.

Wen ich einmal mir besitze
Dem ist alle Welt nichts nütze,

Ewiges Düstre steigt herunter,
Sonne geht nicht auf noch unter,
Bei vollkommnen äußern Sinnen
Wohnen Finsternisse drinnen,
Und er weiß von allen Schätzen
Sich nicht in Besitz zu setzen.
Glück und Unglück wird zur Grille,
Er verhungert in der Fülle,
Sei es Wonne, sei es Plage
Schiebt er's zu dem andern Tage,
Ist der Zukunft nur gewärtig
Und so wird er niemals fertig.

Faust.

Hör' auf! so kommst du mir nicht bei!
Ich mag nicht solchen Unsinn hören.
Fahr' hin! die schlechte Litanei
Sie könnte selbst den klügsten Mann bethören.

Sorge.

Soll er gehen, soll er kommen,
Der Entschluß ist ihm genommen;
Auf gebahnten Weges Mitte
Wankt er tastend halbe Schritte.
Er verliert sich immer tiefer,
Siehet alle Dinge schiefer,
Sich und andre lästig drückend,
Athem holend und erstickend;
Nicht erstickt und ohne Leben,
Nicht verzweiflend, nicht ergeben.
So ein unaufhaltsam Rollen,
Schmerzlich Lassen, widrig Sollen,

Bald Befreien, bald Erdrücken,
Halber Schlaf und schlecht Erquicken
Heftet ihn an seine Stelle
Und bereitet ihn zur Hölle.

Faust.

Unselige Gespenster! so behandelt ihr
Das menschliche Geschlecht zu tausendmalen;
Gleichgültige Tage selbst verwandelt ihr
In garstigen Wirrwarr netzumstrickter Qualen.
Dämonen, weiß ich, wird man schwerlich los,
Das geistig-strenge Band ist nicht zu trennen;
Doch deine Macht, o Sorge, schleichend groß,
Ich werde sie nicht anerkennen.

Sorge.

Erfahre sie, wie ich geschwind
Mich mit Verwünschung von dir wende!
Die Menschen sind im ganzen Leben blind,
Nun Fauste! werde du's am Ende.

Sie haucht ihn an. Ab.

Faust erblindet.

Die Nacht scheint tiefer tief hereinzudringen,
Allein im Innern leuchtet helles Licht,
Was ich gedacht ich eil' es zu vollbringen;
Des Herren Wort es gibt allein Gewicht.
Vom Lager auf, ihr Knechte! Mann für Mann!
Laßt glücklich schauen was ich kühn ersann.
Ergreift das Werkzeug, Schaufel rührt und Spaten!
Das Abgesteckte muß sogleich gerathen.

Auf strenges Ordnen, raschen Fleiß
Erfolgt der allerschönste Preis;
Daß sich das größte Werk vollende
Genügt Ein Geist für tausend Hände.

Großer Vorhof des Palasts.

Fackeln.

Mephistopheles als Aufseher, voran.

Herbei, herbei! Herein, herein!
Ihr schlotternden Lemuren,
Aus Bändern, Sehnen und Gebein
Geflickte Halbnaturen.

Lemuren im Chor.

Wir treten dir sogleich zur Hand,
Und, wie wir halb vernommen,
Es gilt wohl gar ein weites Land
Das sollen wir bekommen.

Gespitzte Pfähle die sind da,
Die Kette lang zum Messen;
Warum an uns der Ruf geschah
Das haben wir vergessen.

Mephistopheles.

Hier gilt kein künstlerisch Bemühn;
Verfahret nur nach eignen Maßen;
Der Längste lege längelang sich hin,
Ihr andern lüftet rings umher den Rasen;

Wie man's für unsre Väter that,
Vertieft ein längliches Quadrat!
Aus dem Palast in's enge Haus,
So dumm läuft es am Ende doch hinaus.

Lemuren mit neckischen Gebärden grabend.

Wie jung ich war und lebt' und liebt',
Mich deucht das war wohl süße;
Wo's fröhlich klang und lustig ging
Da rührten sich meine Füße.

Nun hat das tückische Alter mich
Mit seiner Krücke getroffen;
Ich stolpert' über Grabes Thür,
Warum stand sie just offen!

Faust aus dem Palaste tretend tastet an den Thürpfosten.

Wie das Geklirr der Spaten mich ergetzt!
Es ist die Menge, die mir fröhnet,
Die Erde mit sich selbst versöhnet,
Den Wellen ihre Gränze setzt,
Das Meer mit strengem Band umzieht.

Mephistopheles bei Seite.

Du bist doch nur für uns bemüht
Mit deinen Dämmen, deinen Buhnen;
Denn du bereitest schon Neptunen,
Dem Wasserteufel, großen Schmaus.
In jeder Art seid ihr verloren; –
Die Elemente sind mit uns verschworen,
Und auf Vernichtung läuft's hinaus.

Faust.

Aufseher!

Mephistopheles.

Hier!

Faust.

Wie es auch möglich sei
Arbeiter schaffe Meng' auf Menge,
Ermuntere durch Genuß und Strenge,
Bezahle, locke, presse bei!
Mit jedem Tage will ich Nachricht haben
Wie sich verlängt der unternommene Graben.

Mephistopheles halblaut.

Man spricht, wie man mir Nachricht gab,
Von keinem Graben, doch vom Grab.

Faust.

Ein Sumpf zieht am Gebirge hin,
Verpestet alles schon Errungene;
Den faulen Pfuhl auch abzuziehn,
Das Letzte wär' das Höchsterrungene.
Eröffn' ich Räume vielen Millionen,
Nicht sicher zwar, doch thätig-frei zu wohnen.
Grün das Gefilde, fruchtbar; Mensch und Heerde
Sogleich behaglich auf der neusten Erde,
Gleich angesiedelt an des Hügels Kraft,
Den aufgewälzt kühn-emsige Völkerschaft.
Im Innern hier ein paradiesisch Land,
Da rase draußen Fluth bis auf zum Rand,
Und wie sie nascht gewaltsam einzuschießen,
Gemeindrang eilt die Lücke zu verschließen.
Ja! diesem Sinne bin ich ganz ergeben,
Das ist der Weisheit letzter Schluß:
Nur der verdient sich Freiheit wie das Leben,

Der täglich sie erobern muß.
Und so verbringt, umrungen von Gefahr,
Hier Kindheit, Mann und Greis sein tüchtig Jahr.
Solch ein Gewimmel möcht' ich sehn,
Auf freiem Grund mit freiem Volke stehn.
Zum Augenblicke dürft' ich sagen:
Verweile doch, du bist so schön!
Es kann die Spur von meinen Erdetagen
Nicht in Äonen untergehn. –
Im Vorgefühl von solchem hohen Glück
Genieß' ich jetzt den höchsten Augenblick.

Faust sinkt zurück, die Lemuren fassen ihn auf und legen ihn auf den Boden.

Mephistopheles.

Ihn sättigt keine Lust, ihm g'nügt kein Glück,
So buhlt er fort nach wechselnden Gestalten;
Den letzten, schlechten, leeren Augenblick
Der Arme wünscht ihn fest zu halten.
Der mir so kräftig widerstand,
Die Zeit wird Herr, der Greis hier liegt im Sand.
Die Uhr steht still –

Chor.

Steht still! Sie schweigt wie Mitternacht.
Der Zeiger fällt.

Mephistopheles.

Er fällt, es ist vollbracht.

Chor.

Es ist vorbei.

Mephistopheles.

Vorbei! ein dummes Wort.
Warum vorbei?

Vorbei und reines Nicht, vollkommnes Einerlei!
Was soll uns denn das ew'ge Schaffen!
Geschaffenes zu nichts hinwegzuraffen!
Da ist's vorbei! Was ist daran zu lesen?
Es ist so gut als wär' es nicht gewesen,
Und treibt sich doch im Kreis als wenn es wäre.
Ich liebte mir dafür das Ewig-Leere.

Grablegung.

Lemur. Solo.

Wer hat das Haus so schlecht gebaut,
Mit Schaufeln und mit Spaten?

Lemuren. Chor.

Dir, dumpfer Gast im hänfnen Gewand,
Ist's viel zu gut gerathen.

Lemur. Solo.

Wer hat den Saal so schlecht versorgt?
Wo blieben Tisch und Stühle?

Lemuren. Chor.

Es war auf kurze Zeit geborgt;
Der Gläubiger sind so viele.

Mephistopheles.

Der Körper liegt und will der Geist entfliehn,
Ich zeig' ihm rasch den blutgeschriebnen Titel; –
Doch leider hat man jetzt so viele Mittel
Dem Teufel Seelen zu entziehn.
Auf altem Wege stößt man an,
Auf neuem sind wir nicht empfohlen;

Sonst hätt' ich es allein gethan,
Jetzt muß ich Helfershelfer holen.

Uns geht's in allen Dingen schlecht!
Herkömmliche Gewohnheit, altes Recht,
Man kann auf gar nichts mehr vertrauen.
Sonst mit dem letzten Athem fuhr sie aus,
Ich paßt' ihr auf und, wie die schnellste Maus,
Schnapps! hielt ich sie in fest verschloss'nen Klauen.
Nun zaudert sie und will den düstern Ort,
Des schlechten Leichnams ekles Haus nicht lassen;
Die Elemente die sich hassen,
Die treiben sie am Ende schmählich fort.
Und wenn ich Tag' und Stunden mich zerplage,
Wann? wie? und *wo?* das ist die leidige Frage;
Der alte Tod verlor die rasche Kraft,
Das *Ob?* sogar ist lange zweifelhaft;
Oft sah ich lüstern auf die starren Glieder;
Es war nur Schein, das rührte, das regte sich wieder.

Phantastisch-flügelmännische Beschwörungs-Gebärden.

Nur frisch heran! verdoppelt euren Schritt,
Ihr Herrn vom g'raden, Herrn vom krummen Horne,
Von altem Teufelsschrot und Korne,
Bringt ihr zugleich den Höllenrachen mit.
Zwar hat die Hölle Rachen viele! viele!
Nach Standsgebühr und Würden schlingt sie ein;
Doch wird man auch bei diesem letzten Spiele
In's künftige nicht so bedenklich sein.

Der greuliche Höllenrachen thut sich links auf.

Eckzähne klaffen; dem Gewölb des Schlundes
Entquillt der Feuerstrom in Wuth,
Und in dem Siedequalm des Hintergrundes

Seh' ich die Flammenstadt in ewiger Gluth.
Die rothe Brandung schlägt hervor bis an die Zähne,
Verdammte, Rettung hoffend, schwimmen an;
Doch colossal zerknirscht sie die Hyäne
Und sie erneuen ängstlich heiße Bahn.
In Winkeln bleibt noch vieles zu entdecken,
So viel Erschrecklichstes im engsten Raum!
Ihr thut sehr wohl die Sünder zu erschrecken,
Sie halten's doch für Lug und Trug und Traum.

Zu den Dickteufeln vom kurzen, g'raden Horne.

Nun wanstige Schuften mit den Feuerbacken!
Ihr glüht so recht vom Höllenschwefel feist;
Klotzartige, kurze, nie bewegte Nacken!
Hier unten lauert ob's wie Phosphor gleißt:
Das ist das Seelchen, Psyche mit den Flügeln,
Die rupft ihr aus, so ist's ein garstiger Wurm;
Mit meinem Stempel will ich sie besiegeln,
Dann fort mit ihr im Feuer-Wirbel-Sturm.

Paßt auf die niedern Regionen,
Ihr Schläuche, das ist eure Pflicht;
Ob's ihr beliebte da zu wohnen,
So accurat weiß man das nicht.
Im Nabel ist sie gern zu Haus,
Nehmt es in Acht, sie wischt euch dort heraus.

Zu den Dürrteufeln vom langen, krummen Horne.

Ihr Firlefanze, flügelmännische Riesen,
Greift in die Luft, versucht euch ohne Rast;
Die Arme strack, die Klauen scharf gewiesen,
Daß ihr die flatternde, die flüchtige faßt.
Es ist ihr sicher schlecht im alten Haus
Und das Genie es will gleich obenaus.

Glorie von oben, rechts.

Himmlische Heerschaar.

Folget Gesandte,
Himmelsverwandte,
Gemächlichen Flugs:
Sündern vergeben,
Staub zu beleben;
Allen Naturen
Freundliche Spuren
Wirket im Schweben
Des weilenden Zugs.

Mephistopheles.

Mißtöne hör' ich, garstiges Geklimper,
Von oben kommt's mit unwillkommnem Tag;
Es ist das bübisch-mädchenhafte Gestümper,
Wie frömmelnder Geschmack sich's lieben mag.
Ihr wißt wie wir, in tiefverruchten Stunden,
Vernichtung sannen menschlichem Geschlecht;
Das Schändlichste was wir erfunden
Ist ihrer Andacht eben recht.

Sie kommen gleisnerisch die Laffen!
So haben sie uns manchen weggeschnappt,
Bekriegen uns mit unsern eignen Waffen;
Es sind auch Teufel, doch verkappt.
Hier zu verlieren wär' euch ew'ge Schande;
An's Grab heran und haltet fest am Rande!

Chor der *Engel* Rosen streuend.

Rosen, ihr blendenden,
Balsam versendenden!

Flatternde, schwebende,
Heimlich belebende,
Zweiglein beflügelte,
Knospen entsiegelte,
Eilet zu blühn.

Frühling entsprieße,
Purpur und Grün;
Tragt Paradiese
Dem Ruhenden hin.

Mephistopheles zu den Satanen.

Was duckt und zuckt ihr? ist das Höllenbrauch?
So haltet Stand und laßt sie streuen.
An seinen Platz ein jeder Gauch!
Sie denken wohl mit solchen Blümeleien
Die heißen Teufel einzuschneien;
Das schmilzt und schrumpft vor eurem Hauch.
Nun pustet, Püstriche! – Genug, genug!
Vor eurem Broden bleicht der ganze Flug. –
Nicht so gewaltsam! schließet Maul und Nasen!
Fürwahr ihr habt zu stark geblasen.
Daß ihr doch nie die rechten Maße kennt.
Das schrumpft nicht nur, es bräunt sich, dorrt, es brennt!
Schon schwebt's heran mit giftig klaren Flammen,
Stemmt euch dagegen, drängt euch fest zusammen!
Die Kraft erlischt, dahin ist aller Muth!
Die Teufel wittern fremde Schmeichelgluth.

Engel. Chor.

Blüthen die seligen,
Flammen die fröhlichen,

Liebe verbreiten sie,
Wonne bereiten sie,
Herz wie es mag.
Worte die wahren,
Äther im Klaren,
Ewigen Schaaren
Überall Tag.

Mephistopheles.

O Fluch! o Schande solchen Tröpfen!
Satane stehen auf den Köpfen,
Die Plumpen schlagen Rad auf Rad
Und stürzen ärschlings in die Hölle.
Gesegn' euch das verdiente heiße Bad!
Ich aber bleib' auf meiner Stelle. –

Sich mit den schwebenden Rosen herumschlagend.

Irrlichter, fort! du! leuchte noch so stark,
Du bleibst gehascht ein ekler Gallert-Quark.
Was flatterst du? Willst du dich packen! –
Es klemmt wie Pech und Schwefel mir im Nacken.

Engel. Chor.

Was euch nicht angehört
Müsset ihr meiden,
Was euch das Innre stört
Dürft ihr nicht leiden.
Dringt es gewaltig ein,
Müssen wir tüchtig sein.
Liebe nur Liebende
Führet herein.

Mephistopheles.

Mir brennt der Kopf, das Herz, die Leber brennt,
Ein überteuflisch Element!
Weit spitziger als Höllenfeuer. –
Drum jammert ihr so ungeheuer,
Unglückliche Verliebte! die, verschmäht,
Verdrehten Halses nach der Liebsten späht.

Auch mir! Was zieht den Kopf auf jene Seite?
Bin ich mit ihr doch in geschwornem Streite!
Der Anblick war mir sonst so feindlich scharf.
Hat mich ein Fremdes durch und durch gedrungen?
Ich mag sie gerne sehn die allerliebsten Jungen;
Was hält mich ab daß ich nicht fluchen darf? –
Und wenn ich mich bethören lasse,
Wer heißt denn künftighin der Thor?
Die Wetterbuben die ich hasse
Sie kommen mir doch gar zu lieblich vor! –

Ihr schönen Kinder, laßt mich wissen:
Seid ihr nicht auch von Lucifers Geschlecht?
Ihr seid so hübsch, fürwahr ich möcht' euch küssen,
Mir ist's als kämt ihr eben recht.
Es ist mir so behaglich, so natürlich
Als hätt' ich euch schon tausendmal gesehn,
So heimlich-kätzchenhaft begierlich;
Mit jedem Blick aufs neue schöner schön.
O nähert euch, o gönnt mir Einen Blick!

Engel.

Wir kommen schon, warum weichst du zurück?
Wir nähern uns und wenn du kannst so bleib'.

Die Engel nehmen, umherziehend, den ganzen Raum ein.

Mephistopheles der in's Proscenium gedrängt wird.

Ihr scheltet uns verdammte Geister
Und seid die wahren Hexenmeister;
Denn ihr verführet Mann und Weib. –
Welch ein verfluchtes Abentheuer!
Ist dieß das Liebeselement?
Der ganze Körper steht in Feuer,
Ich fühle kaum daß es im Nacken brennt. –
Ihr schwanket hin und her, so senkt euch nieder,
Ein bißchen weltlicher bewegt die holden Glieder;
Fürwahr der Ernst steht euch recht schön.
Doch möcht' ich euch nur einmal lächeln sehn;
Das wäre mir ein ewiges Entzücken.
Ich meine so, wie wenn Verliebte blicken,
Ein kleiner Zug am Mund so ist's gethan.
Dich, langer Bursche, dich mag ich am liebsten leiden,
Die Pfaffenmiene will dich gar nicht kleiden,
So sieh mich doch ein wenig lüstern an!
Auch könntet ihr anständig-nackter gehen,
Das lange Faltenhemd ist übersittlich –
Sie wenden sich – Von hinten anzusehen! –
Die Racker sind doch gar zu appetitlich.

Chor der *Engel.*

Wendet zur Klarheit
Euch, liebende Flammen!
Die sich verdammen
Heile die Wahrheit;
Daß sie vom Bösen
Froh sich erlösen,
Um in dem Allverein
Selig zu sein.

Mephistopheles sich fassend.

Wie wird mir! – Hiobsartig, Beul' an Beule
Der ganze Kerl, dem's vor sich selber graut,
Und triumphirt zugleich, wenn er sich ganz durchschaut,
Wenn er auf sich und seinen Stamm vertraut;
Gerettet sind die edlen Teufelstheile,
Der Liebespuk er wirft sich auf die Haut;
Schon ausgebrannt sind die verruchten Flammen,
Und, wie es sich gehört, fluch' ich euch allzusammen!

Chor der *Engel.*

Heilige Gluthen!
Wen sie umschweben
Fühlt sich im Leben
Selig mit Guten.
Alle vereinigt
Hebt euch und preis't,
Luft ist gereinigt,
Athme der Geist!

Sie erheben sich, Faustens Unsterbliches entführend.

Mephistophles sich umsehend.

Doch wie? – wo sind sie hingezogen?
Unmündiges Volk, du hast mich überrascht,
Sind mit der Beute himmelwärts entflogen;
Drum haben sie an dieser Gruft genascht!
Mir ist ein großer, einziger Schatz entwendet,
Die hohe Seele die sich mir verpfändet
Die haben sie mir pfiffig weggepascht.

Bei wem soll ich mich nun beklagen?
Wer schafft mir mein erworbenes Recht?

Du bist getäuscht in deinen alten Tagen,
Du hast's verdient, es geht dir grimmig schlecht.
Ich habe schimpflich mißgehandelt,
Ein großer Aufwand, schmählich! ist verthan,
Gemein Gelüst, absurde Liebschaft wandelt
Den ausgepichten Teufel an.
Und hat mit diesem kindisch-tollen Ding
Der Klugerfahrne sich beschäftigt,
So ist fürwahr die Thorheit nicht gering
Die seiner sich am Schluß bemächtigt.

Bergschluchten,

Wald, Fels, Einöde.

Heilige Anachoreten gebirgauf vertheilt, gelagert zwischen Klüften.

Chor und *Echo.*

Waldung, sie schwankt heran,
Felsen, sie lasten dran,
Wurzeln, sie klammern an,
Stamm dicht an Stamm hinan.
Woge nach Woge spritzt,
Höhle die tiefste schützt.
Löwen, sie schleichen stumm-
Freundlich um uns herum,
Ehren geweihten Ort,
Heiligen Liebeshort.

PATER ECSTATICUS auf- und abschwebend.

Ewiger Wonnebrand,
Glühendes Liebeband,
Siedender Schmerz der Brust,
Schäumende Gottes-Lust.
Pfeile, durchdringet mich,
Lanzen, bezwinget mich,

Keulen, zerschmettert mich,
Blitze, durchwettert mich;
Daß ja das Nichtige
Alles verflüchtige,
Glänze der Dauerstern,
Ewiger Liebe Kern.

PATER PROFUNDUS. Tiefe Region.

Wie Felsenabgrund mir zu Füßen
Auf tiefem Abgrund lastend ruht,
Wie tausend Bäche strahlend fließen
Zum grausen Sturz des Schaums der Fluth,
Wie strack, mit eignem kräftigen Triebe,
Der Stamm sich in die Lüfte trägt,
So ist es die allmächtige Liebe
Die alles bildet, alles hegt.

Ist um mich her ein wildes Brausen,
Als wogte Wald und Felsengrund,
Und doch stürzt, liebevoll im Sausen,
Die Wasserfülle sich zum Schlund,
Berufen gleich das Thal zu wässern;
Der Blitz, der flammend niederschlug,
Die Atmosphäre zu verbessern
Die Gift und Dunst im Busen trug;

Sind Liebesboten, sie verkünden
Was ewig schaffend uns umwallt.
Mein Innres mög' es auch entzünden
Wo sich der Geist, verworren, kalt,
Verquält in stumpfer Sinne Schranken,
Scharfangeschloss'nem Kettenschmerz.

O Gott! beschwichtige die Gedanken,
Erleuchte mein bedürftig Herz.

PATER SERAPHICUS. Mittlere Region.

Welch ein Morgenwölkchen schwebet
Durch der Tannen schwankend Haar;
Ahn' ich was im Innern lebet?
Es ist junge Geisterschaar.

Chor seliger Knaben.

Sag' uns, Vater, wo wir wallen,
Sag' uns, Guter, wer wir sind?
Glücklich sind wir, allen, allen
Ist das Dasein so gelind.

PATER SERAPHICUS.

Knaben! Mitternachts Geborne,
Halb erschlossen Geist und Sinn,
Für die Eltern gleich Verlorne,
Für die Engel zum Gewinn.
Daß ein Liebender zugegen
Fühlt ihr wohl, so naht euch nur;
Doch von schroffen Erdewegen,
Glückliche! habt ihr keine Spur.
Steigt herab in meiner Augen
Welt- und erdgemäß Organ,
Könnt sie als die euern brauchen,
Schaut euch diese Gegend an.

Er nimmt sie in sich.

Das sind Bäume, das sind Felsen,
Wasserstrom, der abestürzt
Und mit ungeheurem Wälzen
Sich den steilen Weg verkürzt.

Selige Knaben von innen.

Das ist mächtig anzuschauen,
Doch zu düster ist der Ort,
Schüttelt uns mit Schreck und Grauen,
Edler, Guter, laß uns fort.

PATER SERAPHICUS.

Steigt hinan zu höherm Kreise,
Wachset immer unvermerkt,
Wie, nach ewig reiner Weise,
Gottes Gegenwart verstärkt.
Denn das ist der Geister Nahrung
Die im freisten Äther waltet,
Ewigen Liebens Offenbarung
Die zur Seligkeit entfaltet.

Chor seliger Knaben um die höchsten Gipfel kreisend.

Hände verschlinget
Freudig zum Ringverein,
Regt euch und singet
Heil'ge Gefühle drein;
Göttlich belehret
Dürft ihr vertrauen,
Den ihr verehret
Werdet ihr schauen.

Engel schwebend in der höheren Atmosphäre,
Faustens Unsterbliches tragend.

Gerettet ist das edle Glied
Der Geisterwelt vom Bösen,
„Wer immer strebend sich bemüht
Den können wir erlösen."

Und hat an ihm die Liebe gar
Von oben Theil genommen,
Begegnet ihm die selige Schaar
Mit herzlichem Willkommen.

Die jüngeren Engel.

Jene Rosen, aus den Händen
Liebend-heiliger Büßerinnen,
Halfen uns den Sieg gewinnen,
Uns das hohe Werk vollenden,
Diesen Seelenschatz erbeuten.
Böse wichen als wir streuten,
Teufel flohen als wir trafen.
Statt gewohnter Höllenstrafen
Fühlten Liebesqual die Geister;
Selbst der alte Satans-Meister
War von spitzer Pein durchdrungen.
Jauchzet auf! es ist gelungen.

Die vollendeteren Engel.

Uns bleibt ein Erdenrest
Zu tragen peinlich,
Und wär' er von Asbest
Er ist nicht reinlich.
Wenn starke Geisteskraft
Die Elemente
An sich herangerafft,
Kein Engel trennte
Geeinte Zwienatur
Der innigen Beiden,
Die ewige Liebe nur
Vermag's zu scheiden.

Die jüngeren Engel.

Nebelnd um Felsenhöh
Spür' ich so eben,
Regend sich in der Näh,
Ein Geister-Leben.
Die Wölkchen werden klar,
Ich seh' bewegte Schaar
Seliger Knaben,
Los von der Erde Druck,
Im Kreis gesellt,
Die sich erlaben
Am neuen Lenz und Schmuck
Der obern Welt.
Sei er zum Anbeginn,
Steigendem Vollgewinn
Diesen gesellt!

Die seligen Knaben.

Freudig empfangen wir
Diesen im Puppenstand;
Also erlangen wir
Englisches Unterpfand.
Löset die Flocken los
Die ihn umgeben,
Schon ist er schön und groß
Von heiligem Leben.

DOCTOR MARIANUS. In der höchsten, reinlichsten Zelle.

Hier ist die Aussicht frei,
Der Geist erhoben.
Dort ziehen Fraun vorbei,
Schwebend nach oben.

Die Herrliche, mitteninn,
Im Sternenkranze,
Die Himmelskönigin,
Ich seh's am Glanze.

Entzückt.

Höchste Herrscherin der Welt!
Lasse mich, im blauen
Ausgespannten Himmelszelt,
Dein Geheimniß schauen.
Billige was des Mannes Brust
Ernst und zart beweget
Und mit heiliger Liebeslust
Dir entgegen träget.

Unbezwinglich unser Muth
Wenn du hehr gebietest,
Plötzlich mildert sich die Gluth
Wie du uns befriedest.
Jungfrau, rein im schönsten Sinn,
Mutter, Ehren würdig,
Uns erwählte Königin,
Göttern ebenbürtig.

Um sie verschlingen
Sich leichte Wölkchen,
Sind Büßerinnen,
Ein zartes Völkchen,
Um Ihre Kniee
Den Äther schlürfend,
Gnade bedürfend.

Dir, der Unberührbaren,
Ist es nicht benommen
Daß die leicht Verführbaren
Traulich zu dir kommen.

In die Schwachheit hingerafft
Sind sie schwer zu retten;
Wer zerreißt aus eigner Kraft
Der Gelüste Ketten?
Wie entgleitet schnell der Fuß
Schiefem, glattem Boden?
Wen bethört nicht Blick und Gruß,
Schmeichelhafter Odem?

MATER GLORIOSA schwebt einher.

Chor der *Büßerinnen.*

Du schwebst zu Höhen
Der ewigen Reiche,
Vernimm das Flehen,
Du Ohnegleiche,
Du Gnadenreiche!

MAGNA PECCATRIX (ST. LUCAE VII. 36).

Bei der Liebe die den Füßen
Deines gottverklärten Sohnes
Thränen ließ zum Balsam fließen,
Trotz des Pharisäer-Hohnes;
Beim Gefäße das so reichlich
Tropfte Wohlgeruch hernieder,
Bei den Locken die so weichlich
Trockneten die heil'gen Glieder –

MULIER SAMARITANA (ST. JOH. IV).

Bei dem Bronn zu dem schon weiland
Abram ließ die Heerde führen,
Bei dem Eimer der dem Heiland
Kühl die Lippe durft' berühren;
Bei der reinen, reichen Quelle
Die nun dorther sich ergießet,
Überflüssig, ewig helle,
Rings durch alle Welten fließet –

MARIA AEGYPTIACA (ACTA SANCTORUM).

Bei dem hochgeweihten Orte
Wo den Herrn man niederließ,
Bei dem Arm der von der Pforte
Warnend mich zurücke stieß;
Bei der vierzigjährigen Buße
Der ich treu in Wüsten blieb,
Bei dem seligen Scheidegruße
Den im Sand ich niederschrieb –

Zu drei.

Die du großen Sünderinnen
Deine Nähe nicht verweigerst
Und ein büßendes Gewinnen
In die Ewigkeiten steigerst,
Gönn' auch dieser guten Seele,
Die sich einmal nur vergessen,
Die nicht ahnte daß sie fehle,
Dein Verzeihen angemessen!

UNA POENITENTIUM sonst *Gretchen* genannt.
Sich anschmiegend.

Neige, neige,
Du Ohnegleiche,
Du Strahlenreiche,
Dein Antlitz gnädig meinem Glück.
Der früh Geliebte,
Nicht mehr Getrübte
Er kommt zurück.

Selige Knaben in Kreisbewegung sich nähernd.

Er überwächs't uns schon
An mächtigen Gliedern;
Wird treuer Pflege Lohn
Reichlich erwiedern.
Wir wurden früh entfernt
Von Lebechören,
Doch dieser hat gelernt,
Er wird uns lehren.

Die eine Büßerin sonst *Gretchen* genannt.

Vom edlen Geisterchor umgeben,
Wird sich der Neue kaum gewahr,
Er ahnet kaum das frische Leben,
So gleicht er schon der heiligen Schaar.
Sieh! wie er jedem Erdenbande
Der alten Hülle sich entrafft,
Und aus ätherischem Gewande
Hervortritt erste Jugendkraft.
Vergönne mir ihn zu belehren,
Noch blendet ihn der neue Tag.

MATER GLORIOSA.

Komm! hebe dich zu höhern Sphären,
Wenn er dich ahnet, folgt er nach.

DOCTOR MARIANUS auf dem Angesicht anbetend.

Blicket auf zum Retterblick,
Alle reuig Zarten,
Euch zu seligem Geschick
Dankend umzuarten.
Werde jeder bess're Sinn
Dir zum Dienst erbötig;
Jungfrau, Mutter, Königin,
Göttin, bleibe gnädig!

CHORUS MYSTICUS.

Alles Vergängliche
Ist nur ein Gleichniß;
Das Unzulängliche
Hier wird's Ereigniß;
Das Unbeschreibliche
Hier ist's gethan;
Das Ewig-Weibliche
Zieht uns hinan.

FINIS.

Nachwort

Mit den *Leiden des jungen Werther*, seinem ersten Roman, bietet diese Sammlung Goethe'scher Werke den Text, mit dem der Dichter als Autor allgemein bekannt wurde und der fast zu einem Synonym für die Literatur des Sturm und Drang geworden ist; *Iphigenie* wird als *das* Stück der (freilich nicht von ihrem vermeintlichen Mitbegründer so genannten) Weimarer Klassik angesehen; beide Teile des *Faust* schließlich fassen in den gut sechzig Jahren ihrer Entstehung die Welt des jungen wie des alten Goethe in sich. Dennoch: Für das Ganze der literarischen Arbeit eines von 1749-1832 währenden Lebens können sie schon darum nicht stehen, weil der Lyriker Goethe nur in einzelnen Passagen dieser Werke, der Naturforscher nur indirekt in ihnen erscheint. Die Zusammenstellung der Texte dieses Bandes ist von einer anderen Absicht bestimmt: Ausgewählt wurden diejenigen Arbeiten Goethes, die auf Gymnasien und Gesamtschulen in der Sekundarstufe II bevorzugt gelesen werden.

Jedem dieser drei Werke wird kaum ein Schüler oder eine Schülerin im Unterricht begegnen. Diese Textsammlung ist darum auch eine Anregung, über den in der Schule behandelten Stoff hinaus weiterzulesen. Für die Arbeit im Unterricht bedarf es zuverlässiger Texte. Zu diesem Zweck hat sich der Studienkreis für einen durchaus ungewöhnlichen Weg entschieden: Der Fraktursatz der Weimarer Ausgabe: *Goethes Werke. Herausgegeben im Auftrage der Großherzogin Sophie von Sachsen.* Abt. I-IV, 133 in 143 Bdn. Weimar 1887-1919 (i.f. zitiert als WA Abt., Bd., Seite) – wurde ohne jede weitere Modernisierung in einer dem heutigen Leser vertrauten Antiquaschrift neu gedruckt. Damit werden die in diesem Band versammelten Arbeiten zwar nicht in ihrer ursprünglichen Gestalt gegeben: Goethe selbst hat, zumal in seinen letzten Lebensjahren, die nicht selten in einer langen Entstehungsgeschichte vielfach veränderten Texte von ihm bestimmten Helfern zur orthographischen Bearbeitung anvertraut. Immerhin aber kommt die Textgestalt der

Weimarer Ausgabe, bei allen Einwänden, die man gegen sie erheben kann (s. u.), in Orthographie und Zeichensetzung den zu Goethes Lebzeiten veranstalteten Drucken näher, als dies in für die Schule gemachten Ausgaben üblich ist.

Die hier versammelten Texte sind mit denen der Weimarer Ausgabe seiten- und zeilenidentisch. (Die Zeilenzähler sind ebenso wie die Seitenzahlen der jeweiligen Bände (oben links und rechts) beibehalten worden; letztere durch eine durchlaufende Paginierung (unten Mitte) ergänzt.) Auf jede Änderung von Orthographie und Zeichensetzung wurde verzichtet. Der Satzspiegel wurde, soweit dies drucktechnisch möglich war, in heute gängiger (Antiqua-)Schrift reproduziert. (G e s p e r r t gedruckte Hervorhebungen im Text und die Namen jeweils sprechender (Dramen-)Figuren erscheinen *kursiv*. Die gesperrt gedruckten Titel, Akt- und Szenenbezeichnungen erscheinen, dem Schriftgrad der Vorlage möglichst angepasst, in einer breiter laufenden Schrift; ebenso die Namen auf- und abtretender (Dramen-) Figuren. Diese sind freilich in den Regieanweisungen der Szenen nicht einheitlich in gleicher Breite gesperrt; schmalere Sperrungen erscheinen *kursiv*, die Namen mit ihrem Auftreten sprechender Figuren *kursiv* in breiter laufender Schrift. Antiquaschrift im Fraktursatz erscheint in KAPITÄLCHEN.)

Die Weimarer Ausgabe war die erste, die es sich zum Ziel setzte, die gesamte literarische Arbeit Goethes - „*Werke* (im engeren Sinne), *naturwissenschaftliche Schriften, Tagebücher, Briefe*" (WA I,1, XIX) – vollständig zu dokumentieren. (Von den amtlichen Schriften und den Gesprächen des Autors sah man ab.) Diese Dokumentation sollte eine historisch-kritische sein. Von einer historisch-kritischen Ausgabe verlangt man heute, dass sie dem Leser die Entwicklung, die ein Text in verschiedenen Arbeitsphasen durchlaufen hat, möglichst vollständig nachvollziehbar macht. Dadurch soll die Entscheidung für eine bestimmte Fassung eines Textes jeweils einsichtig werden. Inwieweit die Weimarer Ausgabe einem solchen Anspruch genügt, ist inzwischen zweifelhaft geworden: Für die Bedeutung dieses Unternehmens spricht, dass es bis heute das einzige seiner Art geblieben ist.

Anlass und Grundlage war eine Erbschaft: „Den 18. April 1885 starb Walther v. Goethe [der zweite von Goethes beiden Enkeln]. Den folgenden Tag ward sein am 24. September 1883 errichtetes Testament eröffnet. Niemand wird ohne Bewegung die Bestimmungen lesen, in denen der letzte Nachkomme Goethes zum letzten Male seine Stimme erhebt. Mit richtigem Urtheil und Gefühl war das, was er selbst nun nicht mehr behüten konnte, endlich den rechten Händen anvertraut worden. Der Familie Carl Augusts [Goethes Arbeitgeber und Freund] mußte die Goethes sich doch am nächsten verbunden fühlen: die Großherzogin Sophie von Sachsen wurde zur freien Erbin des litterarischen Goetheschen Nachlasses eingesetzt." (WA I,1, XIII) Herman Grimm, einer der leitenden Herausgeber, verschweigt in seinem Vorwort zur Weimarer Ausgabe die Gründe für sein Lob nicht: Vor dem Tod Walther v. Goethes war Goethes Nachlass dem Einblick der sich im 19. Jahrhundert rasch entwickelnden „Goetheforschung" entzogen geblieben. Nun wurde, neben anderen Gründungen in Sachen Goethe (ein Museum und eine Gesellschaft), ein „Goethe-Archiv mit besonderer eigener Verwaltung" gegründet (ebd., XIV). Der auf Veranlassung der Großherzogin zusammengezogene Kreis renommierter Philologen beriet sich noch im Sommer 1885 über „Grundsätze für die Weimarische Ausgabe von Goethes Werken" (ebd., XVIII). Heute unvorstellbar, erschienen schon 1887 die ersten Bände der Ausgabe, die man nach der Erbin des Nachlasses auch Sophien-Ausgabe nennt.

Die Konzeption der Weimarer Ausgabe hatte es auf deren kulturpolitische Bedeutung für den erst vor wenigen Jahren gegründeten Nationalstaat abgesehen. Herman Grimm: „Die Werke Goethes gehören zu den kostbarsten Besitzthümern des deutschen Volkes. [...] Wären Homer und Dante nicht gewesen, so würde die Geschichte ihrer Völker nicht den Anblick glänzender Schönheit bieten, der sie umgiebt. Zukünftigen Geschlechtern werden aus Shakspeares und Goethes Dichtungen unsere Zeiten von ähnlichem Glanze überstrahlt entgegentreten. Ein Vorgefühl, dem wir vertrauen, sagt uns, daß dem so sein werde." (Ebd., XI) Etwas von diesem Glanz, den Glanz eines Denkmals, sollte schon die Weimarer Ausgabe abstrahlen. Darum zum einen ihr Anspruch auf Vollständigkeit. Zum anderen der Bezug der Herausgeber auf das Vorbild Goethe. Bernard Suphan schreibt im editorischen Vorbericht: *„bei Allem, was Gestalt und Erscheinung der Ausgabe im Großen wie im Einzelnen betrifft, soll befolgt werden, was uns als Goethes selbstwillige Verfügung bekannt ist.* In den Tagebüchern und Briefen, die in genauem Anschluß an die urkundlichen Vorlagen gegeben werden, soll Goethe dem Leser in seiner ganzen Eigenheit sich darstellen. Für den Druck der Werke hat er selbst die Norm gegeben in der *Ausgabe letzter Hand.*" (Ebd, XIX)

Der Entscheidung für die *Ausgabe letzter Hand*: *Goethe's Werke. Vollständige Ausgabe letzter Hand. Unter des durchlauchtigsten deutschen Bundes* [gegen Nachdrucke] *schützenden Privilegien. Stuttgart und Tübingen, in der J. G. Cotta'schen Buchhandlung.* 40 Bde. 1827-1830 – entspringen Eigenschaften der Weimarer Ausgabe, die man heute als nachteilig ansieht. Zum einen bevorzugt sie gegenüber früheren, entstehungs- und wirkungsgeschichtlich oft bedeutsameren Fassungen der Texte die letzte Redaktion durch den Autor; davon abweichende Textpassagen und -einzelheiten werden in die „Lesarten"-Apparate der einzelnen Bände verbannt. Auf diese Weise wurde z. B., anders als im 18., in unserem Jahrhundert die auch hier abgedruckte zweite Fassung des *Werther*-Romans die maßgebliche. Zum anderen hatte Goethe für die *Ausgabe letzter Hand* den Altphilologen Carl Wilhelm Göttling damit beauftragt, Orthographie und Zeichensetzung der einzelnen Arbeiten einheitlich zu gestalten. Seine systematisierende Arbeit hat die Weimarer Ausgabe, wo sie ihr nicht konsequent genug durchgeführt erschien, weitergeführt (vgl. ebd., XXI). Zusätzlich hat sie, z.B. vor längeren Relativsätzen, Kommata eingefügt (vgl.

ebd., XXIV). Schließlich wurde „die Verwendung des y, zumal in der Verbindung ey“ stark eingeschränkt und „das alte Zeichen, das gegen 1830 hin aus den Drucken mehr und mehr verschwindet“, weitgehend durch „i“ ersetzt (vgl. ebd., XXIf.).

Die Tendenz zur Rücksicht „auf das gegenwärtig Übliche“ (ebd.) hat sich freilich in den auf die Weimarer folgenden Ausgaben noch verstärkt; sie kehrt sich erst in den letzten Jahren in eine (selten konsequente) Bevorzugung der Erstdrucke und der Handschriften in ihrer historischen Gestalt um.

Die folgenden Bemerkungen zu den einzelnen Arbeiten beschränken sich weitgehend darauf, deren Entstehungsgeschichte zu skizzieren. Die umfassendste Sammlung von *Äußerungen des Dichters über seine poetischen Werke* ist noch immer: *Goethe über seine Dichtungen.* Hrsg. v. Hans Gerhard Gräf. 3 Tle. in 9 Bdn. Frankfurt am Main 1901-1914. (Die hier ausgewählten Äußerungen Goethes werden in der Regel nach der Weimarer Ausgabe zitiert.) *Dokumente zur Wirkungsgeschichte in Deutschland* versammelt Karl Robert Mandelkow in: *Goethe im Urteil seiner Kritiker.* 4 Bde. München 1975-1984. Für einen Kommentar sei auf die neueren Studienausgaben verwiesen: *Sämtliche Werke nach Epochen seines Schaffens. Münchner Ausgabe.* Hrsg. v. Karl Richter u. a. 21 in 30 Bdn. München 1985ff. Und: *Sämtliche Werke. Briefe, Tagebücher und Gespräche* [Frankfurter Ausgabe]. Hrsg. v. Friedmar Apel, Hendrik Birus u. a. 40 Bde. Frankfurt 1985ff. Darüber hinaus findet man Überlegungen zur Interpretation, Informationen zur Rezeptions- und Wirkungsgeschichte der Werke und eine Fülle von Literatur in den Artikeln, die das *Goethe-Handbuch* (Hrsg. v. B. Witte u. a. 4 Bde. Stuttgart, Weimar 1996-1998) zu den einzelnen Werken bereithält. Dort (Bd. 4.1, S. 223-233) auch Horst Nahlers Artikel *Editionen,* der über die Goethe-Ausgaben des 19. und des 20. Jahrhunderts informiert und insbesondere die Vorzüge und Schwächen der Weimarer Ausgabe bündig gegeneinander abwägt.

Zu *Die Leiden des jungen Werther*

Die Arbeit an *Werther* beginnt Anfang Februar 1774. Vierzig Jahre später, in seiner Autobiographie (*Aus meinem Leben. Dichtung und Wahrheit, 13. Buch*; WA I,28, 224), bemerkt Goethe zur Niederschrift seines ersten Romans: „Ich hatte mich äußerlich völlig isolirt, ja die Besuche meiner Freunde verbeten, und so legte ich auch innerlich alles bei Seite, was nicht unmittelbar hierher gehörte. Dagegen faßte ich alles zusammen, was einigen Bezug auf meinen Vorsatz hatte, und wiederholte mir mein nächstes Leben, von dessen Inhalt ich noch keinen dichterischen Gebrauch gemacht hatte. Unter solchen Umständen, nach so langen und vielen geheimen Vorbereitungen, schrieb ich den Werther in vier Wochen, ohne daß ein Schema des Ganzen, oder die Behandlung eines Theils irgend vorher wäre zu Papier gebracht gewesen."

Goethe wollte den „Überdruß [...] schildern [...], mit welchem die Menschen, ohne durch Noth gedrungen zu sein, das Leben empfinden" (Ebd., 208). Im autobiographischen Rückblick sieht er seine Generation und sich selbst „von der Grille des Selbstmords" erfasst, „welche sich in jenen herrlichen Friedenszeiten bei einer müßigen Jugend eingeschlichen hatte": „Unter einer ansehnlichen Waffensammlung besaß ich auch einen kostbaren wohlgeschliffenen Dolch. Diesen legte ich mir jederzeit neben das Bette, und ehe ich das Licht auslöschte, versuchte ich, ob es mir wohl gelingen möchte, die scharfe Spitze ein paar Zoll tief in die Brust zu senken. Da dieses aber niemals gelingen wollte, so lachte ich mich zuletzt selbst aus, warf alle hypochondrischen Fratzen hinweg, und beschloß zu leben. Um dieß aber mit Heiterkeit thun zu können, mußte ich eine dichterische Aufgabe zur Ausführung bringen, wo alles, was ich über diesen wichtigen Punct empfunden, gedacht und gewähnt, zur Sprache kommen sollte. Ich versammelte hierzu die Elemente, die sich schon ein paar Jahre in mir herumtrieben, ich vergegenwärtigte mir die Fälle, die mich am meisten gedrängt und geängstigt; aber es wollte sich nichts gestalten: es fehlte mir eine Begebenheit, eine Fabel, in welcher sie sich verkörpern könnten." (Ebd., 220f.)

Diese Lücke in den „geheimen Vorbereitungen" zum Roman füllte Johann Christian Kestner. In Charlotte Buff, die Verlobte des Freundes, hatte sich Goethe während seines Aufenthalts in Wetzlar verliebt. (Goethe hielt sich von Mai bis September 1772 am Sitz des Reichskammergerichts, wo Kestner arbeitete, auf, um, eher widerwillig, seine rechtswissenschaftlichen Studien durch praktische Kenntnisse zu ergänzen. Die erotischen, aber auch gesellschaftliche und juristische Aspekte dieses Aufenthalts stellt das *12. Buch* von *Dichtung und Wahrheit* dar.) Im November 1772, Goethe war wieder in Frankfurt, sandte ihm Kestner einen ausführlichen Bericht über die letzten Lebensmonate und den Selbstmord eines gemeinsamen Bekannten (Erstdruck in: *Goethe und Werther. Briefe Goethe's, meistens aus seiner Jugendzeit, mit erläuternden Dokumenten*. Hrsg. v. August Kestner. Stuttgart u. Augsburg. 2. Aufl. 1855, S. 87-100): Carl Wilhelm Jerusalem, auch er, im Rahmen einer Gesandtschaft, am Reichskammergericht tätig, trägt in diesem Bericht viele Züge, die Goethe *Werther* aufprägen und die er vierzig Jahre später als für seine Generation symptomatisch ansehen wird: Unzufriedenheit mit dem bürokratischen Gang der Arbeit, das Gefühl der Demütigung durch den adligen Teil der ständisch gegliederten Gesellschaft, eine Vorliebe für einsame Spaziergänge und empfindsame Literatur, schließlich die Liebe zu einer schon gebundenen Frau. Darüber hinaus bildet Goethes Roman Jerusalems Sterbe-Arrangement bis ins Detail (z. B. der Bitte um Pistolen „zu einer vorhabenden Reise", des Briefeschreibens oder Lessings auf dem Schreibpulte aufgeschlagen liegenden Dramas *Emilia Galotti*) nach. Und mit den medizinischen Einzelheiten, die Kestner über Jerusalems durchaus unschönes Sterben berichtet, übernimmt Goethe auch sprachliche Details des Berichts: Ein Satz Kestners wird zum letzten des Romans.

Die Einzelheiten verschweigt Goethe, wo er diesen Bezug seines Schreibens anspricht: „Auf einmal erfahre ich die Nachricht von Jerusalems Tode, und unmittelbar nach dem allgemeinen Gerüchte sogleich die genauste und umständlichste Beschreibung des Vorgangs, und in diesem Augenblick war der Plan zu Werthern gefunden; das Ganze schoß von allen Seiten zusammen und ward eine solide Masse, wie das Wasser im Gefäß, das eben auf dem Puncte des Gefrierens steht, durch die geringste Erschütterung sogleich in ein festes Eis verwandelt wird." (Ebd., 221)

In dieser Darstellung verschwinden die fünfzehn Monate, die bis zur Niederschrift des Romans noch vergehen sollten. Stattdessen erscheint erneut Maximiliane La Roche, eine junge Frau, die Goethe auf dem Rückweg von Wetzlar in Koblenz kennen und schätzen gelernt hatte und der er in Frankfurt wieder begegnet. Maximiliane Brentano hatte inzwischen geheiratet. Das Verhältnis zu ihr gleicht dem zu Charlotte Buff; aber anders als Kestner duldet August Brentano die erotisch gefärbte Freundschaft Goethes und Maximilianes nicht: „Jerusalems Tod, der durch die unglückliche Neigung zu der Gattin eines Freundes verursacht ward, schüttelte mich aus dem Traum, und weil ich nicht bloß mit Beschaulichkeit das, was ihm und mir begegnet, betrachtete, sondern das Ähnliche, was mir im Augenblicke selbst widerfuhr, mich in leidenschaftliche Bewegung setzte, so konnte es nicht fehlen, daß ich jener Production, die ich eben unternahm, alle die Gluth einhauchte, welche keine Unterscheidung zwischen dem Dichterischen und dem Wirklichen zuläßt." (Ebd., 223f.)

Auf diese Unterscheidung aber kommt es dem vierzig Jahre älteren Goethe an. Auch wenn sich *Die Leiden des jungen Werther*, wie Goethes „nächstes Leben", scheinbar von selbst schreiben: Der Autor weist auf die Spuren der Arbeit hin, betont den Kunstcharakter des Romans: „Das nunmehr fertige Manuscript lag im Concept, mit wenigen Correkturen und Abänderungen, vor mir. Es ward sogleich geheftet: denn der Band dient der Schrift ungefähr wie der Rahmen einem Bilde: man sieht viel eher, ob sie denn auch in sich wirklich bestehe. Da ich dieses Werklein ziemlich unbewußt, einem Nachtwandler ähnlich, geschrieben hatte, so verwunderte ich mich selbst darüber, als ich es nun durchging, um daran etwas zu ändern oder zu bessern." (Ebd., 224)

Ende Mai geht das Manuskript an den Leipziger Verleger Weygand, der Goethe um eine literarische Arbeit gebeten hatte. Weil dieser zur Ostermesse nicht liefern konnte, erscheinen *Die Leiden des jungen Werthers* zur Herbst- oder Michaelismesse (Oktober 1774) in zwei Bänden. (Der Titel verliert das Genitiv-s zum ersten Mal in einer Ausgabe von 1808, und: „*Werther* heisst es auch auf dem von Goethe approbirten Titelblatt für die Weygandsche Ausgabe von 1825" (WA I,19, 353).) Noch im selben Jahr druckt Weygand die Erstauflage nach und bringt im folgenden eine „Zweyte ächte Auflage" heraus: 1775 erscheinen auch fünf der von der Weimarer Ausgabe verzeichneten Raubdrucke (vgl. WA I,19, 313-315); die meisten wie die autorisierte Erstausgabe ohne Nennung des Autors. Insgesamt weiß man von gut fünfzig *Werther*-Drucken zu Lebzeiten Goethes; Übersetzungen ins Französische (1775), ins Englische (1779) und ins Italienische (1781) sorgten zusätzlich dafür, dass der Roman sein meistverkauftes Buch wurde – und blieb.

Sein Erscheinen war eine Sensation. Schon im November 1774 schreibt Christian Heinrich Schmid in der Weimarer Zeitschrift *Der Teutsche Merkur*: „Unter allen Göttern und Götterkindern, welche in Herders Himmel über die Stämme teutscher Nation herrschen, wird keiner jetzt begieriger gelesen, und hat also mehr Einfluß auf den Modegeschmack unserer Tage, als Herr *Göthe*." (Zit. n. *Goethe im Urtheile seiner Zeitgenossen*. Hrsg. v. Julius W. Braun. 3 Bde. Berlin 1883-1885. Bd.1, S. 61.) Mit Erscheinen des *Werther* wird Goethe zum führenden Exponenten einer literarischen Richtung, die man später, nach dem Titel eines 1776 von Friedrich Maximilian Klinger geschriebenen Dramas, *Sturm und Drang* genannt hat.

Ein Jahr zuvor hatte der Dichter, Literaturtheoretiker und Philosoph Johann Gottfried Herder mit der Textsammlung *Von deutscher Art und Kunst. Einige fliegende Blätter* ein kunsttheoretisches Manifest veröffentlicht, auf das sich die neue Literatur berufen konnte. Goethe war in der Sammlung mit seinem Aufsatz *Von deutscher Baukunst* vertreten. Dieser Text feiert den aufgrund seiner naturhaften Individualität in einmaliger Weise schöpferischen Künstler in einem nur scheinbar entlegenen Beispiel: Alles Lob gilt dem „Genius", der Erwin von Steinbach, einen Baumeister des späten Mittelalters, zur architektonischen Konzeption des Straßburger Münsters beflügelte: Auf seine Künstlerpersönlichkeit führt Goethe den überwältigenden Eindruck zurück, den er beschreibt. Während seines Straßburger Aufenthalts 1770/1 war Goethe von Herder nachdrücklich auf die Bedeutung der Volkspoesie aufmerksam gemacht worden: Mit der kunstvoll arrangierten Einfachheit der zu dieser Zeit entstandenen so genannten *Sesenheimer Lieder* hatte er sich endgültig aus den literarischen Konventionen der Aufklärung herausgeschrieben. (Die Ausdrucksmöglichkeiten vor allem der lyrischen Genres hatte er, nach eigenem Bekunden seit seinem „zehenten Jahre" (Brief an die Schwester Cornelia vom 11.5.1767; WA IV,1, 88), zunehmend bewusster ausgelotet.) Nun, in den Jahren 1773 und 1774, entstehen *Wandrers Sturmlied, Prometheus, Ganymed* und andere Gedichte in freien Rhythmen, die zunächst nur im Kreis der Freunde zirkulierten. Friedrich Gottlieb Klopstock, der als erster in deutscher Sprache mit freien Rhythmen experimentierte, hatte die Naturerfahrung des lyrischen Ich wieder und wieder als Gotteserfahrung gestaltet; Goethe dichtet sie in die (durchaus widersprüchliche) Selbsterfahrung einer sich mit den Göttern messenden Künstlernatur um. Im Sommer 1773 schließlich war in Frankfurt *Götz von Berlichingen mit der eisernen Hand. Ein Schauspiel* als Privatdruck erschienen. Die Wahl eines Stoffes aus der deutschen Geschichte, die Zusammenführung von dramatischen Personen verschiedenen Standes und insbesondere die anti-aristotelische und an Shakespeare orientierte Dramaturgie des Stücks bewirkten, dass es alsbald kontrovers diskutiert wurde. Seine Uraufführung fand mit großem Erfolg im April 1774 statt. Mit Werther wurde Goethe einem breiten Publikum bekannt, und „so war nun das größte Glück oder Unglück, daß jedermann von diesem seltsamen jungen Autor, der so unvermuthet und so kühn hervorgetreten, Kenntniß gewinnen wollte" (WA I,28, 234).

Für den alten Goethe beruht dieser Publikumserfolg ebenso wie die Polarisierung des publizistischen Echos in enthusiastische Feier und entschiedene Ablehnung auf einer Verwechslung von Dichtung und Wirklichkeit. Sie begegnet ihm zuerst im Kreise der Freunde, denen er *Werther* vorliest: „Wie ich mich nun aber dadurch erleichtert und aufgeklärt fühlte, die Wirklichkeit in Poesie verwandelt zu haben, so verwirrten sich meine Freunde daran, indem sie glaubten, man müsse die Poesie in Wirklichkeit verwandeln, einen solchen Roman nachspielen und sich allenfalls selbst erschießen: und was hier im Anfang unter wenigen vorging, ereignete sich nachher im großen Publicum und dieses Büchlein, was mir so viel genützt hatte, ward als höchst schädlich verrufen." (Ebd., 225)

1775 stellt Goethe für Weygands „Zweite ächte Auflage." des Romans dem ersten und dem zweiten Teil ein Motto in Versen voran. Das zweite Motto wendet sich, durchaus ironisch, aber doch entschieden, gegen eine Lesart, die sich allzu sehr mit der Hauptfigur des Romans identifiziert:

Du beweinst, du liebst ihn, liebe Seele,
Rettest sein Gedächtniß von der Schmach;
Sieh, dir winkt sein Geist aus seiner Höle:
Sey ein Mann, und folge mir nicht nach.
(WA I,19, 388)

In den Text des Romans selbst greift Goethe erst in den achtziger Jahren ein. Zwischen November 1782 und September 1786 entsteht (hauptsächlich unter der Hand der Schreiber Georg Carl Vogel und Philipp Friedrich Seidel) in vier Arbeitsphasen ein

Manuskript, in dem die Vorlage, ein nicht autorisierter Nachdruck des *Werther*, umgearbeitet und erweitert wird.

Dabei versucht Goethe zum einen, seinen Text an eine veränderte Rechtschreibung und namentlich an die Vorschläge zu einer Normierung der hochdeutschen Schriftsprache anzupassen, die der Sprachforscher Johann Christoph Adelung (z. B. in seinem Buch *Grundzüge der deutschen Orthographie* (1782)) gemacht hatte. So wird die Verkleinerungssilbe „-gen" zu „-chen" umgeschrieben und es stehen z. B. statt „Cabinetgen", „Gräsgen" und „Mädgen" in der zweiten Fassung „Kabinettchen" (S. 11, Z. 15), „Gräschen" (S. 12, Z. 9) und „Mädchen" (S. 13, Z. 16). Weniger konsequent wird ein in oder am Ende einzelner Wörter ausgelassenes (synkopiertes oder apokopiertes) „e" in die Neufassung eingesetzt. Ebenso hat Goethe die anlautenden Silben oder Buchstaben, die, charakteristisch für den Stil des Sturm und Drang, in der ersten Fassung weggelassen wurden (Aphairesis), nur zum Teil ausgeschrieben: „Nur eins, mein Bester, in der Welt ist es [statt: ist's] selten mit dem *Entweder Oder* gethan" (S. 65).

Wichtiger als diese Änderungen sind die oft scheinbar geringen Erweiterungen des Romans: Für das Jahr 1771 hat Goethe ihm die Briefe *„Am 30. Mai."* (den Beginn der Geschichte des „Bauerbursch[en]"; S. 25ff.), *„Am 26. Juli."* (eine Bitte an Lotte um „Aufträge"; S. 61f.) und die Nachschrift *„Abends."* (Werthers Blick ins Tagebuch; S. 66); für das Jahr 1772 die Briefe *„Den 8. Februar."* (Werther zieht sich von jeder Gesellschaft zurück; S. 102f.), *„Am 16. Junius."* (der „Wandrer" reflektiert nurmehr den Umstand, dass er schreibt; S. 116), *„Am 4. September."* (das „Bauerbursch[en]"-Idyll wird zerstört; S. 119ff.), *„Am 12. September."* (die „Canarienvogel"-Episode; S. 124f.); *„Am 27. October Abends."* („ohne sie wird mir alles zu nichts"; S. 131), *„Am 22. November."* („Ich witzle mich mit meinen Schmerzen herum"; S. 136) und *„Am 26. November."* („Ach sind denn Menschen vor mir schon so elend gewesen?"; S. 137) hinzugefügt: In den längeren Briefen dokumentiert Werther seine Verkennung der Wirklichkeit. Sie vergrößern die Distanz des Lesers zur Hauptfigur des Romans nicht weniger als die kürzeren, in denen sich der Überschwang seiner Gefühle noch über das mit der ersten Fassung gegebene Maß hinaus steigert.

Die Briefe „am 8. Dec." und „am 17. Dec." wurden in den Schlussteil: *„Der Herausgeber an die Leser"* umgestellt („*"Am 12. December."*, S. 154ff.; „*"Am 14. December."*, S. 156f.). Im Anschluss an diese Briefe berichtet der „Herausgeber", dass Werthers „Entschluß, die Welt zu verlassen [...] Kraft gewonnen" habe (S. 157). In der Neufassung des Romans geht ihnen der ausführliche Bericht über die Verhaftung des „Bauerbursch[en]" und über Werthers vergeblichen Versuch, ihn zu retten voraus (S. 147, Z. 9 bis S. 153, Z. 26 sind neu hinzugekommen). Darüber hinaus hat Goethe im Schlussteil des Romans die Passagen erweitert und umgeschrieben, in denen Lottes Gefühle für Werther und für ihren Mann und insbesondere ihr Verhalten nach Werthers Übergriff und bei der Übergabe der Pistolen beleuchtet werden. Diese Redaktion erreicht, was Goethe Kestner in einem Brief vom 2. Mai 1783 für die umgearbeitete Fassung verspricht: „Dabey war unter andern meine Intention Alberten so zu stellen, daß ihn wohl der leidenschaftliche Jüngling, aber doch der Leser nicht verkennt." (WA IV,6, 157)

Zu diesem Zeitpunkt ist Goethe nicht mehr „der leidenschaftliche Jüngling", den der Roman darstellt – wenn er es jemals gewesen ist. Gleichwohl ist der Abstand, den der alte Goethe zu *Werther* im Gespräch mit Johann Peter Eckermann am 2. Januar 1824 bezeugt, ein Anzeichen seiner Bedeutung – für ihn und für uns: „Übrigens habe ich das Buch, wie schon öfter gesagt, seit seinem Erscheinen nur ein einzigesmal wieder gelesen und mich gehütet, es abermals zu tun. Es sind lauter Brandraketen! – Es wird mir unheimlich dabei und ich fürchte, den pathologischen Zustand wieder durchzuempfinden, aus dem es hervorging." (*Gespräche mit Goethe in den letzten Jahren seines Lebens.* Hrsg. v. Heinz Schlaffer. München 1986 (= *Münchner Ausgabe.* Bd. 19), S. 490.)

Zu *Iphigenie auf Tauris. Ein Schauspiel*

Für viele Leser verkörpert sich in *Iphigenie auf Tauris* das Humanitätsideal der „Weimarer Klassik". Ebenso scheint die Gestaltung des Stücks das ästhetische Ideal eines Dichters zu verwirklichen, der dem literarischen Aufbegehren des Sturm und Drang entwachsen ist. Gleichwohl wird das *Schauspiel* bereits in den ersten Weimarer Jahren konzipiert und, zunächst in Prosa, ausgeführt. Es wird also unter jenen Umständen geschrieben, denen sich Goethe, wie er noch 1829 Eckermann gegenüber verlautet, durch die „Flucht nach Italien" entzieht, „um sich zu poetischer Produktivität wieder herzustellen" (*Gespräche* [...], S. 282). Erst auf dieser Reise legt Goethe die Grundlagen für seinen Anteil an jener literarischen Epoche, als deren beispielhafte Verkörperung die Arbeiten seiner mittleren Lebensjahre noch heute gelten: „Froh empfind' ich mich nun auf klassischem Boden begeistert; / Vor- und Mitwelt spricht lauter und reizender mir. / Hier befolg' ich den Rath, durchblättre die Werke der Alten / Mit geschäftiger Hand, täglich mit neuem Genuß." (5. Römische Elegie; WA I,1,239)

Im November 1775 war Goethe auf eine Einladung von Carl August, dem Herzog von Sachsen-Weimar-Eisenach, nach Weimar gereist. Dieser hatte den acht Jahre älteren Dichter im Dezember 1775 in Frankfurt kennen gelernt. Die Einladung beruhte auf gegenseitigem Gefallen. Ihr Zweck war zunächst ganz unbestimmt, doch wurde Goethe von Carl August innerhalb weniger Monate in die Regierung und Verwaltung des kleinen, finanziell maroden und dringend reformbedürftigen Herzogtums eingebunden. Im Frühjahr 1776 schenkte ihm der Herzog ein Haus; im Juni wurde Goethe gegen den Willen der Weimarer Bürokratie zum Geheimen Legationsrat ernannt; im selben Monat nahm ihn Carl August in den Kreis seiner engsten Berater, das Geheime Consilium, auf. In den folgenden Jahren wurde der studierte Jurist zu den verschiedensten Verwaltungstätigkeiten verpflichtet und gewann dabei zunehmend an Erfahrung und Kompetenz.

In dieser Vielzahl von Aufgaben, zu denen die Verpflichtungen des Lebens bei Hofe traten, stellt sich der Dichter dem Blick eines alten Freundes wie folgt dar: Am 11. Juli 1782 schreibt Johann Gottfried Herder an Johann Georg Hamann: „Er ist also jetzt Wirklicher Geheimer Rath, Kammerpräsident, Präsident des Kriegscollegii, Aufseher des Bauwesens bis zum Wegbau hinunter* (*„Director des Bergwerks" [fügt Herder unten seinem Text hinzu]) dabei auch directeur des plaisirs, Hofpoet, Verfasser von schönen Festivitäten, Hofopern, Balletts, Redoutenaufzügen, Inscriptionen, Kunstwerken etc. Direktor der Zeichen-Akademie, in der er den Winter über Vorlesungen über die Osteologie gehalten; selbst überall der erste Akteur, Tänzer, kurz das fac totum des Weimarschen u. so Gott will, bald der maior domus sämmtlicher Ernestinischer [einer Adelsdynastie im sächsich-thüringischen Grenzgebiet] Häuser, bei denen er zur Anbetung umherzieht. Er ist baronisirt u. an seinem Geburtstage (wird seyn der 28. August anni currentis) wird die Standeserhebung erklärt werden. Er ist aus seinem Garten in die Stadt gezogen u. macht ein adlich Haus, hält Lesegesellschaften, die sich bald in Aßembleen verwandeln werden etc. etc. Bei alle dem gehts in Geschäften, wie es gehen will u. mag: meine Gegenwart ist hier beinah unnütz u. wird mir von Tag zu Tage lästiger." (*Briefe. Gesamtausgabe 1765-1803.* Hrsg. v. den nationalen Forschungs- und Gedenkstätten der klassischen deutschen Literatur (Goethe- und Schiller-Archiv). 9 Bde. Weimar 1977-1988. Bd. 10: Register. Hrsg. v. d. Stiftung Weimarer Klassik. Weimar 1996. Bd. 4, S. 226.)

Auch wenn man die literarischen Gelegenheitsarbeiten Goethes nicht gering schätzen mag; auch wenn man an in diesen Jahren entstehende Gedichte wie die beiden *An den Mond* oder *Harzreise im Winter* denkt: Seine großen Dramen-Projekte *Egmont, Torquato Tasso* und *Faust* konnte Goethe im ersten Weimarer Jahrzehnt ebenso wenig fertig stellen wie den *Wil-*

helm Meister-Roman. *Iphigenie* ist, auch wenn Goethe mit dieser Arbeit zunächst unzufrieden bleibt, eine Ausnahme.

Die erste Prosafassung entsteht zwischen dem 14. Februar und dem 28. März 1779. In diesen Zeitraum fällt auch der für Mitte März geplante erste Kirchgang der Herzogin Luise nach der Geburt ihrer Tochter Anfang Februar: ein feierlicher Anlass, für den das Stück zunächst möglicherweise vorgesehen war. Andererseits werden Goethe während der Arbeit Perspektiven neu bewusst, die über solche Gelegenheitsdichtung hinausweisen. Am 3. März schreibt er aus Buttstädt, wo er sich zur Aushebung von Rekruten aufhält, an den Herzog: „Übrigens lass ich mir von allerley erzählen, und alsdenn steig ich in meine alte Burg der Poesie und koche an meinem Töchtergen. Bey dieser Gelegenheit seh ich doch auch dass ich diese gute Gabe der himmlischen ein wenig zu kavalier behandle und ich habe würcklich Zeit wieder häuslicher mit meinem Talent zu werden wenn ich ie noch was hervorbringen will." (WA IV,4, 21)

Im französischen Drama des 17. Jahrhunderts wurde der Iphigenie-Stoff mehrfach aufgegriffen (u.a. in Jean Racines fragmentarischer Bearbeitung *Iphigénie en Tauride* (1697)). Im 18. Jahrhundert stellte er ein beliebtes Opernsujet (am bekanntesten heute: *Iphigénie en Aulide* (1774) und *Iphigénie en Tauride* (1779) von Christoph Willibald Gluck). Goethe hält sich für die Handlungsführung seiner *Iphigenie* hauptsächlich an ein antikes Vorbild: Er kannte Euripides' um 412 v. Chr. entstandene Tragödie *Iphigenia bei den Taurern* zunächst vermutlich in einer französischen Prosaübersetzung. Bei Euripides steht zum einen die Wiedererkennung der Geschwister Iphigenie und Orest auf dem Spiel: Die Priesterin des taurischen Artemis-Kultes wird von ihrem Bruder, den sie tot glaubte, erkannt, bevor sie ihn der Göttin zum Opfer hinrichtet. Danach geht es um das Gelingen der Intrige, die den Geschwistern und Pylades die Flucht mit dem Bild der Artemis ermöglichen soll. Die Iphigenie des Euripides erreicht von Thoas eine Verzögerung des Opfers, zu deren Begründung der Iphigenie Goethes von Pylades und Orest ganz ähnliche Argumente vorgegeben werden (V. 1398-1401 u. 1430-1440): Vorgeblich zur Entsühnung des Orest vom Muttermord samt Bild der Artemis auf See, bedürfen die Fliehenden göttlicher Hilfe gegen widrige Winde: Athene greift ein, Thoas hat das Nachsehen, und das von Apoll zur Sühne der von ihm geforderten Tat im Orakel empfohlene Unternehmen gelingt: Orest wird von der Epilepsie befreit.

In Goethes Schauspiel ist Orest bereits gegen Ende des vierten Akts dauerhaft geheilt (V. 1536-45). Seine Heilung beginnt zwar im Heiligen Hain der Diana, zugleich aber, näher, in den Armen der Schwester (V. 1341f.). Und wie die Lösung jener Doppeldeutigkeit, die das Orakel dem Wort „Schwester" verliehen hatte (V. 2107-2117), ist auch die Lösung des dramatischen Konflikts eine menschliche. Eine weibliche, genauer gesagt. Während Orest und Pylades – die Griechen erscheinen bei Goethe fast barbarischer als die Taurer – gegen Thoas mit gewalttätiger Intrige vorgehen wollen, sucht Iphigenie einen anderen Weg (V. 1908-1912). Sie setzt ihr eigenes und das Leben von Pylades und Orest aufs Spiel und gewinnt eine Möglichkeit, ihr Geschlecht von dem Fluch zu befreien, den „Gewalt und List, der Männer höchster Ruhm," (V. 2142) über Generationen hinweg erneuert hatten.

Das Stück wurde am 4. April 1779 uraufgeführt; Goethe selbst spielte, in griechischen Gewändern, den Orest.

Unzufrieden mit der ersten Fassung, versucht der Dichter in den beiden folgenden Jahren, seinen Text zu verbessern, und lässt erst danach einzelne Freunde in den Genuss einer Abschrift von *Iphigenie in Tauris* kommen. 1786 dann führen der Vorschlag einer Ausgabe von *Goethe's Schriften* durch den Leipziger Verleger Georg Joachim Göschen und die Anregungen Herders sowie Christoph Martin Wielands zu dem Versuch, *Iphigenie* in Verse umzugestalten. Wieland hatte die Dialoge seines Singspiels *Alceste* (wie *Iphigenie* nach Euripides; 1773) in (unregelmäßigen) Jamben geschrieben. Für Goethe erweist sich das Experiment, die rhythmische Prosa der früheren Fassungen in ein metrisches Gleichmaß zu zwingen, als äußerst schwierig. Während des Sommer-Aufenthalts in Karlsbad, den er Anfang September durch seine Flucht nach Italien beenden sollte, schreibt Goethe an Herder, der ebenfalls dort weilte: „Ich bin in grose Noth gerathen, die ich dir sogleich anzeigen und klagen muß. Nach deinem Abschied laß ich noch in der Elecktra des Sophokles. Die langen Jamben ohne Abschnitt und das sonderbare Wälzen und Rollen des Periods, haben sich mir so eingeprägt daß mir nun die kurzen Zeilen der Iphigenie ganz höckerig, übelklingend und unlesbar werden. Ich habe gleich angefangen die erste Scene umzuändern. Damit ich aber nicht zu weit gehe und Maas und Ziel festgesetzt werde, bitt ich dich etwa um 5 Uhr um eine Lecktion. Ich will zu dir kommen! G." (WA IV,8, 8) Die Lösung des Problems der „langen Jamben": der gegenüber dem griechischen um einen Fuß verkürzte, fünfhebige Vers des Dramas („Heraús in eúre Schátten, rége Wípfel" (V. 1) war das Ergebnis harter Arbeit in den ersten Wochen der Italien-Reise. Erst Ende Dezember schließt Goethe das Manuskript ab; am 13. Januar 1787 schickt er eine Abschrift an Herder, dem er im Begleitbrief die Vollmacht erteilt, den Text in seinem Sinne zu korrigieren: „Hier lieber Bruder die Iphigenia. [...] Du hast nun auch hier einmal wieder mehr was ich gewollt, als was ich gethan habe! Wenn ich nur dem Bilde, das du dir von diesem Kunstwercke machtest, näher gekommen bin. Denn ich fühlte wohl bey deinen freundschafftlichen Bemühungen um dieses Stück, daß du mehr das daran schätztest was es seyn könnte als was es war. [...] Vorzüglich bitt ich dich hier und da dem Wohlklange nachzuhelfen. Auf den Blättern die mit resp. Ohren bezeichnet sind, finden sich Verse mit Bleystift angestrichen die mir nicht gefallen und die ich doch jetzt nicht ändern kann. Ich habe mich an dem Stück so müde gearbeitet. Du verbesserst das mit einem Federzuge. Ich gebe dir volle Macht und Gewalt. [...] Lies es mit der Frauen und laß es Fr. v. Stein sehen und gebt euren Segen dazu. Auch wünscht ich daß es Wieland ansähe der zuerst die schlotternde Prosa in einen gemeßnern Schritt richten wollte und mir die Unvollkommenheit des Wercks nur desto lebendiger fühlen ließ. Macht damit was ihr wollt, dann laß es abschreiben [...]." (WA IV,8, 133f.) *Iphigenie auf Tauris. Ein Schauspiel* erschien 1787 im dritten Band der *Schriften*. Zusammen mit Lessings Drama *Nathan der Weise* und Schillers *Dom Karlos, Infant von Spanien* (*Don Karlos. Ein dramatisches Gedicht*, so der Titel der letzten Fassung (1805)), wurde ab März 1785 zunächst fragmentarisch in Göschens Zeitschrift (*Rheinische*) *Thalia* gedruckt – hat Goethes *Iphigenie* den fünfhebigen Jambus (Blankvers) als *den* Vers im deutschen Drama etabliert.

Zu *Faust. Eine Tragödie*

Am 1. Juni 1831 schreibt Goethe seinem Berliner Freund Carl Friedrich Zelter von der Arbeit, „den zweyten Theil meines Faust zu vollenden": „Es ist keine Kleinigkeit, das, was man im zwanzigsten Jahre concipirt hat, im 82. außer sich darzustellen und ein solches inneres lebendiges Knochengeripp mit Sehnen, Fleisch und Oberhaut zu bekleiden, auch wohl dem fertig Hingestellten noch einige Mantelfalten umzuschlagen, damit alles zusammen ein offenbares Räthsel bleibe, die Menschen fort und fort ergetze und ihnen zu schaffen mache." (WA, IV,48, 205f.) Nach dieser Aussage hätte die Arbeit am Stück 1769 begonnen. Die Autobiographie macht aus Goethes erster Begegnung mit dem *Faust*-Stoff „ein offenbares Räthsel". Dort (*Aus meinem Leben. Dichtung und Wahrheit, 10. Buch*; WA I,27, 320f.) sagt er über sein Verhältnis zu Herder in Straßburg 1770/1: „Am sorgfältigsten verbarg ich ihm das Interesse an gewissen Gegenständen, die sich bei mir eingewurzelt hatten und sich nach und nach zu poetischen Gestalten ausbilden wollten. Es war Götz von Berlichingen und Faust. Die Lebensbeschreibung des erstern hatte mich im Innersten ergriffen. [...] Die bedeutende Puppenspielfabel des andern klang und summte gar vieltönig in mir wieder."

Zum Puppenspiel dramatisiert, könnte die *Faust*-Fabel Goethe schon als Kind in Frankfurt und dann erneut in Straßburg begegnet sein: 1770 gastierte dort eine Theatertruppe mit einer deutschen Fassung von Christopher Marlowes *The Tragicall History of D. Faustus* (um 1590).

Das Stück des Zeitgenossen Shakespeares wie die unzähligen, erst im 19. Jahrhundert schriftlich fixierten Puppenspiel-Versionen gehen auf einen Text zurück, in dem zum ersten Mal das Leben eines Georgius Sabellicus (oder Johann) Faustus (junior) literarisch dargestellt wurde. Der lebte, urkundlich äußerst dürftig dokumentiert, etwa von 1480 bis 1540 und zog als Wahrsager und magischer Heiler von Stadt zu Stadt. Von der (reformatorischen) Geistlichkeit angefeindet und von den etablierten Gelehrten verachtet, verhalf ihm der Eindruck, den er auf seine Klienten machte, zu einigem Ruhm. Freilich wurde ihm auch schon zu Lebzeiten ein Bündnis mit dem Teufel nachgesagt, der ihn schließlich in Staufen (Breisgau) geholt haben soll. 1587 brachte der Frankfurter Verleger Johann Spies ein Buch heraus, das um den historischen Faust die ihn betreffenden Legenden und zu ihm passende Anekdoten, aber auch allerlei einschlägiges Wissen der Zeit und die nachdrückliche Warnung ihm nachzufolgen versammelte: Die *HISTORIA Von D. Johann Fausten / dem weitbeschreyten Zauberer vnnd Schwartzkuenstler* [...] wurde vielfach nachgedruckt und übersetzt; bis ins 18. Jahrhundert erschienen auf ihrer Grundlage bearbeitete *Faust*-Darstellungen: Durch diese so genannten Volksbücher, durch die Dramatisierungen des Stoffes und durch mündliche Überlieferung war die *Faust*-Figur im Bewusstsein vieler Leute gegenwärtig.

Diese Tradition gab der *Faust*-Dichtung einige Figuren und Motive vor: zuallererst die Figur des Gelehrten, der die Grenzen der kirchlich geduldeten Naturforschung überschreitet, der sich von der Theologie ab- und esoterischem Wissen, schließlich der schwarzen Magie zuwendet. Erkenntnisdrang und Lebensgier begründen seinen Pakt mit einem Abgesandten der

Hölle, der ihn mit sich auf die Reise durch „die kleine, dann die große Welt" (V. 2052) nimmt. Diese Reise führt, die Konzeption des zweiten Teils anstoßend, schon in den Volksbüchern an einen kaiserlichen Hof und zur Begegnung mit der (in der griechischen Überlieferung) schönsten aller Frauen: Helena. Ihr entspricht im ersten Teil Fausts Begegnung mit Margarete: Auch ihre Geschichte ist, als die einer von einem Studenten verführten jungen Frau, die aus Verzweiflung ihr Kind tötet, in einem der Volksbücher vorgebildet. (Vgl. dazu Albrecht Schönes *Faust. Kommentare*, Frankfurt am Main 1994 (= Frankfurter Ausgabe. Abt. I. Bd. 7.2), S. 194ff.) Zudem hatte Goethe Einsicht in die Akten eines Strafprozesses, der dazu führte, dass der 24-jährigen Susanna Margaretha Brandt 1772 auf dem Marktplatz der Stadt Frankfurt wegen Kindstötung der Kopf abgeschlagen wurde. Mit dem Universitätsmilieu und den Anlässen, die es der Satire bietet, war Goethe in seiner Leipziger Studienzeit (1765 bis 1768) in Berührung gekommen. In Auerbachs Keller zeigte ein Wandgemälde das (in der frühen Fassung auch bei Goethe von Faust) vollbrachte Weinwunder, ein anderes Mephistos Abgang aus dem Lokal, wie er Altmayer in der fünften Szene des ersten Teils erscheint.

Nachdem er auf die „Puppenspielfabel" hingewiesen hat, lässt der alte Goethe die (Um-)Deutung der durch die Faust-Tradition vorgegebenen Figuren und Motive als Identifizierung mit der Hauptfigur seines Stücks erscheinen: „Auch ich hatte mich in allem Wissen umhergetrieben und war früh genug auf die Eitelkeit desselben hingewiesen worden. Ich hatte es auch im Leben auf allerlei Weise versucht, und war immer unbefriedigter und gequälter zurückgekommen. Nun trug ich diese Dinge, so wie manche andre, mit mir herum und ergötzte mich daran in einsamen Stunden, ohne jedoch etwas davon aufzuschreiben. Am meisten aber verbarg ich vor Herdern meine mystisch-cabbalistische Chemie und was sich darauf bezog, ob ich mich *gleich* noch sehr gern heimlich beschäftigte, sie consequenter auszubilden, als man sie mir überliefert hatte." (WA I,27, 321)

Die Bemerkung: „Faust war schon vorgerückt," reiht das Stück zu jenen „angefangenen Arbeiten", von deren Vorlesung die Autobiographie für das Frühjahr 1772 berichtet (WA I,28, 98). Wie weit die Arbeit fortgeschritten war, kann man den Aussagen verschiedener Zuhörer solcher Vorlesungen nicht eindeutig entnehmen. Aus dem *Faust* las Goethe immer mal wieder auch in Weimar; das Manuskript begleitete ihn 1786 nach Italien.

Es ist nicht erhalten. Erich Schmidt, der Bearbeiter der *Faust*-Bände der Weimarer Ausgabe fand 1887 im Nachlass eines Weimarer Hoffräuleins, Luise von Göchhausen, eine in den 70er Jahren des 18. Jahrhunderts gefertigte Abschrift und gab sie noch im selben Jahr unter dem Titel *Goethes Faust in ursprünglicher Gestalt nach der Göchhausenschen Abschrift* (Weimar 1887) heraus. Der Sachgehalt dieses Titels und der von Schmidt eingeführten Bezeichnung „Urfaust" ist inzwischen mehr als fraglich geworden. Man vermutet, dass Göchhausen nicht das im November 1775 nach Weimar mitgebrachte Manuskript, sondern eine Abschrift vorlag. Diese umfasste, möglicherweise in einer inzwischen verdichteten Form, einen Teil des vorhandenen Materials, während ein anderer, vielleicht unfertig, vielleicht allzu anstößig, beiseite gelassen worden war.

Nach eigener Aussage hat Goethe die konzeptionelle Arbeit und das Schreiben an *Faust* erst in Italien (nach *Iphigenie* und *Egmont*) wieder aufgenommen. In einem auf den 1. März 1788 datierten und für den erst 1829 erschienenen dritten Band seines Reiseberichts (*Italiänische Reise. Zweiter Römischer Aufenthalt*, WA I,32, 288f.) wohl ohne Vorlage des Originals gestalteten Brief an Herder heißt es: „Natürlich ist es ein ander Ding, das Stück jetzt oder vor funfzehn Jahren ausschreiben, ich denke, es soll nichts dabei verlieren, besonders da ich jetzt glaube den Faden wieder gefunden zu haben. Auch was den Ton des Ganzen betrifft, bin ich getröstet; ich habe schon eine neue Scene ausgeführt, und wenn ich das Papier räuchre, so dächt' ich, sollte sie mir niemand aus den alten herausfinden. [...] Das alte Manuscript macht mir manchmal zu denken, wenn ich es vor mir sehe. Es ist noch das erste, ja in den Hauptscenen gleich so ohne Concept hingeschrieben, nun ist es so gelb von der Zeit, so vergriffen (die Lagen waren nie geheftet), so mürbe und an den Rändern zerstoßen, daß es wirklich wie das Fragment eines alten Codex aussieht, so daß ich, wie ich damals in eine frühere Welt mich mit Sinnen und Ahnden versetzte, mich jetzt in eine selbst gelebte Vorzeit wieder versetzen muß. "

Die „neue Scene": damit ist vermutlich der zweite Teil der Paktszene (ab V. 1770: „Und was der ganzen Menschheit zugetheilt ist," und V. 2051-2072) gemeint: In Göchhausens Abschrift klafft zwischen dem Abgang Wagners in der *Nacht-Szene* (nach V. 601) und dem (noch ganz unvermittelten) Auftritt Mephistos zur Studienberatung (ab V. 1851) ein Loch, das durch die Verständigung über den Inhalt des Vertrags zwischen Faust und Mephistopheles ein wenig kleiner wird. Das Beratungsgespräch selbst wird, wie die Szene *Auerbachs Keller in Leipzig* umgeschrieben (letztere in Verse gebracht). Außerdem entstehen in Rom die *Hexenküche* – mit der Verjüngung Fausts ist seine Begegnung mit Margarete unter neue Vorzeichen gestellt – und *Wald und Höhle*. Diese Szene schließt mit den aus der frühen Fassung umgestellten und umgeschriebenen Versen 3342 bis 3369 und erscheint im Druck von 1790 nach der Szene *Am Brunnen*.

Nach Weimar zurückgekehrt arbeitet Goethe an diesen Szenen weiter, aber: „Faust ist fragmentirt, das heißt in seiner Art für dießmal abgethan. [...] Nun wünsche ich daß Ihnen das Stückwerk noch einmal einen guten Abend machen möge." (An Carl August am 5. November 1789; WA IV,9, 160) Zur Ostermesse 1790 lässt der Verleger Georg Joachim Göschen im siebten Band von *Goethe's Schriften Faust. Ein Fragment* erscheinen.

Stückwerk, in der Tat. Neben dem abgebrochenen Selbstmordversuch Fausts (V. 602-784) und dem sich anschließenden Osterspaziergang in der Szene *Vor dem Thor* fehlt mit dem ersten Teil der zweiten *Studirzimmer*-Szene vor allem die als Wette vieldeutig schillernde Abmachung zwischen Faust und Mephistopheles (V. 1530-1769). Dieser tritt – der *Prolog im Himmel* und die erste *Studirzimmer*-Szene sind noch nicht geschrieben – weiterhin ganz unangekündigt auf. Die Margareten-Handlung bricht, obwohl sie schon bis an ihr Ende im *Kerker* ausgeführt war, nach der *Dom*-Szene ab. Wie die *Schriften* war *Faust. Ein Fragment* geschäftlich ein Misserfolg. Bei seinen Lesern fand der Text ein lebhaftes und überwiegend positives Echo.

1794 wandelt sich das bis dahin kühle Verhältnis zwischen Goethe und Friedrich Schiller: Aus der gegenseitigen Annäherung erwächst, durch einen reichhaltigen Briefwechsel dokumentiert, eine Zusammenarbeit (vor allem in ästhetischen Fragen). Schiller und Goethe beraten sich über die jeweils anstehenden Arbeiten. Und auch wenn Goethe die Faust betreffenden Vorschläge Schillers souverän nicht befolgt: Es ist nicht zuletzt dem Drängen und den vielfältigen Ermutigungen Schillers zuzuschreiben, dass *„der Tragödie erster Theil"* ein Jahr nach Schillers Tod (1805) fertig gestellt werden kann.

Am 22. Juni 1797, Schiller hatte sich schon mehrfach nach der Arbeit erkundigt, berichtet Goethe von dem Entschluss, „an meinen Faust zu gehen": „Da die verschiednen Teile dieses Gedichts, in Absicht auf die Stimmung, verschieden behandelt werden können, wenn sie sich nur dem Geist und Ton des Ganzen subordinieren, da übrigens die ganze Arbeit subjektiv ist, so kann ich in einzelnen Momenten daran arbeiten und so bin ich auch jetzt etwas zu leisten im Stande." (*Briefwechsel zwischen Schiller und Goethe in den Jahren 1794 bis 1805.* Hrsg. v. Manfred Beetz. München 1990 (= *Münchner Ausgabe.* Bd. 8.1), S. 359f.) In der auf Goethes Bitte hin einsetzenden Diskussion fordert Schiller „eine philosophische Behandlung", die aus den Teilen eine Idee des ganzen Gedichts hervortreten ließe (23. Juni; *Briefwechsel,* S. 361); er wünscht sich einen „poetischen Reif", der die „so hoch aufquellende Masse" zusammenhielte (26. Juni; *Briefwechsel,* S. 363). Goethe hingegen beharrt auf einer „barbarischen Komposition", er bevorzugt weiterhin eine Dramaturgie, die an Shakespeare orientiert, lockerer gefügt ist, als es Schiller fordert. Eine relative Selbstständigkeit der einzelnen Teile aber hatte Schiller im Rahmen der gemeinsamen Überlegungen *Über epische und dramatische Dichtung* – so der Titel des Aufsatzes, in dem Goethe Schiller im Dezember 1797 die Ergebnisse präsentiert – in seinem Brief vom 25. April (*Briefwechsel*, S. 336) nicht dem Drama, sondern dem epischen Gedicht zugeschrieben. Goethe: „Ich werde sorgen daß die Teile anmutig und unterhaltend sind und etwas denken lassen, bei dem Ganzen, das immer ein Fragment bleiben wird, mag mir die neue Theorie des epischen Gedichts zu statten kommen." (27. Juni; *Briefwechsel*, S. 364)

In Arbeitsphasen, die durch lange Pausen unterbrochen werden, mit Texten, die zunächst gar nicht für den *Faust* bestimmt sind (das *Vorspiel auf dem Theater* und der *Walpurgisnachtstraum*) fügt Goethe dem *Faust*-Fragment Teil um Teil hinzu. Zunächst, noch im Juni 1797, die *Zueignung*. Am 5. Mai 1798 berichtet er Schiller von dem Versuch, die in Prosa geschriebenen Szenen der frühen Fassung „in Reime zu bringen" (*Briefwechsel*, S. 570), wie es denn mit der *Kerker*-Szene tatsächlich geschieht, während *Trüber Tag. Feld* ein Zeugnis frühester Arbeit an *Faust* bleibt. Erst um die Jahrhundertwende entsteht, nach intensivem Quellenstudium, eine *Walpurgisnacht*, die freilich ohne die für sie geplante satanische Messe und ihre sexuellen Exzesse im Druck erscheinen wird. (Vgl. dazu Schönes *Faust. Kommentare*, S. 342ff.) Um 1800 entsteht neben dem *Prolog im Himmel* auch eine *Helena im Mittelalter*. Das Stück bleibt zunächst Fragment und wird ein Vierteljahrhundert später zum dritten Akt des ebenfalls in dieser Zeit in Ansätzen konzipierten zweiten Teils. Der erste Teil erscheint, zum ersten Mal unter dem Obertitel *Eine Tragödie*, zur Ostermesse 1808 als 8. Band der Ausgabe *Goethe's Werke* bei dem Tübinger Verleger Cotta.

Eine weitere Werkausgabe, die ab 1827 ebenfalls bei Cotta erscheinende *Vollständige Ausgabe letzter Hand* ist für Goethe der Anlass, sich der *Faust*-Dichtung noch einmal, ein letztes Mal zuzuwenden. Seit 1819 nicht mehr im Staatsdienst und sehr zurückgezogen lebend, beginnt er 1825 den zweiten Teil neu zu konzipieren und zu schreiben. Zunächst den dritten Akt. Die ganz andere, von dem Blick auf die *Faust*-Figur zu einem Welt-Theater erweiterte Perspektive des zweiten Teils wird in einem Brief an Wilhelm von Humboldt vom 22. Oktober 1826 (WA IV 41, 202f.) deutlich: „Ich habe den ganzen Sommer zu Hause zugebracht und ungestört an der Ausgabe meiner Werke fortgearbeitet. Erinnern Sie sich wohl noch, mein Theuerster, einer dramatischen *Helena*, die im zweyten Theil von Faust erscheinen sollte? [...] Es ist eine meiner ältesten Conceptionen, sie ruht auf der Puppenspiel-Überlieferung, daß Faust den Mephistopheles genöthigt, ihm die Helena zum Beilager heranzuschaffen. Ich habe von Zeit zu Zeit daran fortgearbeitet, aber abgeschlossen konnte das Stück nicht werden, als in der Fülle der Zeiten, da es denn jetzt seine volle 3000 Jahre spielt, von Troja's Untergang bis zur Einnahme von Missolunghi [im griechischen Freiheitskrieg 1824]. Dieß kann man also auch für eine Zeiteinheit rechnen, im höheren Sinne; die Einheit des Orts und der Handlung sind aber auch im gewöhnlichen Sinn auf's genauste beobachtet." Nachdem 1827 im 4. Band der *Ausgabe letzter Hand* der spätere dritte Akt unter dem programmatischen Titel: *Helena klassisch-romantische Phantasmagorie. Zwischenspiel zu Faust* erschienen ist, geht Goethe an die Arbeit zum ersten Akt. Ein knappes Jahr später erscheinen die Verse 4613-6026 als Beginn des zweiten Teils im 12. Band der *Ausgabe letzter Hand*; ihnen folgt dort die Notiz: „(ist fortzusetzen)". Gut drei Jahre dauert die Ende 1830 abgeschlossene Arbeit am 2. Akt. Der vermutlich sehr viel früher konzipierte 5. Akt wird schon 1825 in Angriff genommen und 1830/1 fertig gestellt. Zuletzt, im Frühjahr und Sommer 1831 folgt der 4. Akt. Noch in seinen letzten Lebenswochen ändert Goethe das fertige Manuskript in einigen Details; er lässt es zu seinen Lebzeiten ganz bewusst nicht mehr erscheinen.

Fünf Tage vor seinem Tod spricht Goethe diese Verweigerung in seinem letzten, an Wilhelm von Humboldt gerichteten

Brief (WA IV,49, 283f.) an: „Ganz ohne Frage würd es mir unendliche Freude machen, meinen werthen, durchaus dankbar anerkannten, weit vertheilten Freunden auch bey Lebzeiten diese sehr ernsten Scherze zu widmen, mitzutheilen und ihre Erwiderung zu vernehmen. Der Tag ist aber wirklich so absurd und confus, daß ich mich überzeuge, meine redlichen, lange verfolgten Bemühungen um dieses seltsame Gebäu würden schlecht belohnt und an den Strand getrieben, wie ein Wrack in Trümmern daliegen und von dem Dünenschutt der Stunden zunächst überschüttet werden. Verwirrende Lehre zu verwirrtem Handel waltet über die Welt, und ich habe nichts angelegentlicher zu thun als dasjenige was an mir ist und geblieben ist wo möglich zu steigern und meine Eigentümlichkeiten zu cohobiren, wie Sie es, würdiger Freund, auf Ihrer Burg ja auch bewerkstelligen. [...] Verzeihung diesem verspäteten Blatte! Ohngeachtet meiner Abgeschlossenheit findet sich selten eine Stunde, wo man sich diese Geheimnisse des Lebens vergegenwärtigen mag."

treu angehörig

Weimar den 17 März 1832. J.W.v. Goethe.